ଏକ ଭାରତୀୟ ଜେଲ୍‌ରେ ମୋର କେତୋଟି ବର୍ଷ

(ସ୍ମୃତିଲେଖ)

ଏକ ଭାରତୀୟ ଜେଲ୍‌ରେ
ମୋର କେତୋଟି ବର୍ଷ

ମୂଳ ରଚନା

ମେରୀ ଟାଇଲର୍

ଅନୁବାଦ

ସ୍ନେହ ମିଶ୍ର

ବ୍ଲାକ୍ ଈଗଲ୍ ବୁକ୍ସ

ଭୁବନେଶ୍ୱର, ଓଡ଼ିଶା

BLACK EAGLE BOOKS

Dublin, USA

ଏକ ଭାରତୀୟ ଜେଲ୍‌ରେ ମୋର କେତୋଟି ବର୍ଷ /
ମୂଳ ରଚନା: ମେରୀ ଟାଇଲର୍
ଅନୁବାଦ: ସ୍ନେହ ମିଶ୍ର
ବ୍ଲାକ୍ ଇଗଲ୍ ବୁକ୍ସ : ଭୁବନେଶ୍ୱର, ଓଡ଼ିଶା • ଡବ୍‌ଲିନ୍, ଯୁକ୍ତରାଷ୍ଟ୍ର ଆମେରିକା

BLACK EAGLE BOOKS

USA address:
7464 Wisdom Lane
Dublin, OH 43016

India address:
E/312, Trident Galaxy, Kalinga Nagar,
Bhubaneswar-751003, Odisha, India

E-mail: info@blackeaglebooks.org
Website: www.blackeaglebooks.org

First International Edition Published by
BLACK EAGLE BOOKS, 2024

EKA BHARATIYA JAILRE MORA KETOTI BARSHA
BY MARY TAYLER
Translated by **Sneha Mishra**

Cover & Interior Design: Ezy's Publication

ISBN- 978-1-64560-641-3 (Paperback)

Printed in the United States of America

ମୋର ପୂର୍ବଜ –

୰ ଶ୍ରୀ ନରହରି ମିଶ୍ର, ୰ ଶ୍ରୀ ପ୍ରଦ୍ୟୁମ୍ନ ମିଶ୍ର, ୰ ପଣ୍ଡିତ ଶ୍ରୀ ଲକ୍ଷ୍ମଣ ମିଶ୍ର, ୰ ଶ୍ରୀ ବିଦ୍ୟାଧର ମିଶ୍ର, ୰ ଶ୍ରୀ ଧନୁର୍ଜୟ ମିଶ୍ର, ୰ ଶ୍ରୀମତୀ ବେଣୀ ଦେବୀ, ୰ ଶ୍ରୀମତୀ ଉର୍ମିଳା ଦେବୀ, ୰ ଶ୍ରୀମତୀ ସାଉଁଟି ଦେବୀ, ୰ ଶ୍ରୀମତୀ ମାୟା ଦେବୀ, ୰ ଶ୍ରୀମତୀ ଭାନୁମତୀ ଦେବୀ, ୰ ଶ୍ରୀମତୀ ତାରା ଦେବୀ, ୰ ଶ୍ରୀମତୀ ରାଧା ଦେବୀ, ୰ ଶ୍ରୀମତୀ ଜଇ ଦେବୀଙ୍କୁ ....

ମୋର ବିନମ୍ର ସ୍ମୃତି-ତର୍ପଣ

୧

ନକ୍‌ସଲ୍ ପନ୍ଥୀ !

୧୯୭୦ ମସିହା - ଜୁନ୍ ମାସ । ଭାରତର ବିହାର ପ୍ରଦେଶ ଅନ୍ତର୍ଗତ ସେଣ୍ଟ୍ରାଲ୍ ଜେଲ୍‌ରେ ମୋ କୋଠରୀକୁ ସଦ୍ୟ ଅଣାହୋଇଥିବା ଗୋଟେ ଟେବୁଲ୍ ଉପରେ ମୁଁ ବସିଥାଏ । ମୋ ସାମ୍ନାରେ ଛଅ / ସାତ ଜଣ ସାଦା ପୋଷାକଧାରୀ ପୋଲିସ ଅଫିସର । କେଇଜଣ ମୋ ମୁହଁ ସାମ୍ନାକୁ ଝୁଙ୍କି ଆସି ବାରମ୍ବାର ଜେରା କରୁଥାନ୍ତି । ମଝିରେ ପ୍ରାୟ ଗୋଟିଏ ଫୁଟ୍‌ର ବ୍ୟବଧାନ । ଆଉ କେଇଜଣ ବେଶ୍ ଅଳସ ଗତିରେ ପଦଚାରଣ କରୁଥିଲେ । ମନେ ମନେ ତାଙ୍କର କାର୍ଯ୍ୟଦକ୍ଷତାକୁ ମାପୁଥିଲେ ବୋଧହୁଏ । କିନ୍ତୁ ସେମାନଙ୍କର ଦୃଷ୍ଟି ମୋ ଉପରେ ନିବଦ୍ଧ ଥାଏ । ଜଣେ କନିଷ୍ଠ ପୋଲିସ ଅଫିସର ମୋତେ ଜେରା କରୁଥାନ୍ତି । ମୁହଁଟି ବେଶ୍ ଫୁଲୁକା । ନାଲି ଆଖି ଦିଓଟି ଭିତରକୁ ପଶି ଯାଇଛି । ମୁହଁରେ କାଠିନ୍ୟତାର ଛାପ । ଏ ଦୈନନ୍ଦିନ ପଚରାଉଚୁରା ବ୍ୟାପାରରେ ମୁହଁର ଭାବଭଙ୍ଗୀ ଅଭ୍ୟସ୍ତ ଜଣାପଡୁଥିଲା ।

"ତମେ ଚାଇନିଜ ।"

"ନା, ବ୍ରିଟିଶ୍ ।"

"ମୁଁ କହୁଛି ତମେ ଚାଇନିଜ୍ । ତମର ପାସପୋର୍ଟ କାହିଁ ?"

"କଲିକତାରେ" ।

"ତମେ ମିଛ କହୁଛ । ମୋ ପାଖରେ ତମର ପାସପୋର୍ଟ ଅଛି । କଣ ଦେଖିବାକୁ ଚାହଁ ?"

କଲିକତାରେ ମୋ ଶାଶୁଘର । ସେଇଠୁ ସେମାନେ ମୋର ଟଙ୍କା ଓ ସବୁ ଜିନିଷପତ୍ର ଜବତ କରିନେଇଥିଲେ । ଭାରତକୁ ଆସିବା ବାଟରେ ମୁଁ ବୁଲିଥିବା ଅନ୍ୟାନ୍ୟ ଦେଶମାନଙ୍କର ଟିକଟ ସେମାନଙ୍କୁ ବେଶ୍ ଦ୍ୱନ୍ଦରେ ପକାଇ ଦେଇଥିଲା ।

"ତମେ ଚୀନ୍ ଯାଇଥିଲ ?"

"ନା" ।

"ଆଫ୍ରିକା ?"

"ନା" ।

ଦୁଇ ଦିନ ପରେ ଭାରତ ଓ ବ୍ରିଟେନ୍‌ର ବିଭିନ୍ନ ସମ୍ବାଦପତ୍ରରେ ମୁଁ ଚୀନ, ଜାପାନ ଓ ବିଭିନ୍ନ ଆଫ୍ରିକୀୟ ଦେଶ ଆଦି ବୁଲିଥିବା କଥା ବିସ୍ତୃତ ଆକାରରେ ବାହାରି ପଡ଼ିଲା । ବିଶେଷତଃ ନେପାଳ ଓ ପାକିସ୍ଥାନର ଟିକଟ ମୋର ପ୍ରଶ୍ନକର୍ତ୍ତାମାନଙ୍କୁ ବ୍ୟତିବ୍ୟସ୍ତ କରି ପକାଉଥିଲା ।

"ତମେ ଚୀନରୁ ଚୋରାରେ ଅସ୍ତ୍ରଶସ୍ତ୍ର ଚାଲାଣ କରୁଛ ।"

"ଏଠି ଗୋଟିଏ ବିଦ୍ରୋହୀ ସଂଗଠନ ଗଢ଼ିବା ପାଇଁ ତମକୁ ପଠାଯାଇଛି ।"

x x x x

ଜଣେ ତଥାକଥିତ ଜାତୀୟତାବାଦୀ ଅନ୍ଦାଜରେ ଗୋଟେ ପାହୁଣ୍ଡ ଆଗକୁ ବଢ଼ିଗଲେ ।

"ବ୍ରିଟିଶ୍ ରାଜତ୍ୱରୁ ଆମେ ମୁକ୍ତି ପାଇ ସାରିଛୁ ଭାବୁଥିଲି । କିନ୍ତୁ ଦେଖୁଛି ତମେ ସବୁ ପୁଣି ଥରେ ଆମ ଉପରେ ଶାସନ କରିବାକୁ ତିଆର ।"

ବାରମ୍ବାର ମୋ ଅତୀତ ଜୀବନର ଘଟଣା ପୁଙ୍ଖାନୁପୁଙ୍ଖ ଭାବରେ ବୁଝେଇବାକୁ ପଡ଼ିଲା । ମୋ ବାପାଙ୍କ ନାଁ, ମୋ ଠିକଣା, ମୋ ନିଯୋକ୍ତା, ମୋ ସଂପୂର୍ଣ୍ଣ ଭ୍ରମଣ ବୃତ୍ତାନ୍ତ, ଛଅ ମାସ ପୂର୍ବେ ମୁଁ ଇଂଲଣ୍ଡ ଛାଡ଼ିବା ପରଠାରୁ କେଉଁ ଦିନ କୋଉ ହୋଟେଲରେ ରହିଛି,.... ଇତ୍ୟାଦି ଇତ୍ୟାଦି । ତାପରେ ରାଜନୈତିକ ପ୍ରଶ୍ନର ପର୍ବ ।

"ଚୀନ ସଂପର୍କରେ ତମର ମତାମତ କଣ ?"

"ମୁଁ ଜଣେ ତାର ପ୍ରଶଂସକ ।"

"ଚୀନ ଆମର ଚିରଶତ୍ରୁ । ତମେ ଉତ୍ତର ଭିଏତନାମକୁ ସମର୍ଥନ କର ?"

"କୌଣସି ବିଦେଶୀ ଶକ୍ତିର ବିନା ହସ୍ତକ୍ଷେପରେ ନିଜର ସମସ୍ୟା ଉପରେ ସିଦ୍ଧାନ୍ତ ନେବାର ଭିଏତ୍‌ନାମୀ ଲୋକଙ୍କର ଅଧିକାର ରହିଛି ନିଶ୍ଚୟ ।"

"ଉତ୍ତର କୋରିଆ ଉପରେ ତମର ଧାରଣା କଣ ?"

"ସେ ବିଷୟରେ ବେଶୀ କିଛି ଜାଣିନି ।"

ସମ୍ବାଦପତ୍ରକୁ ସେମାନଙ୍କ କହିବା ଅନୁସାରେ ମୁଁ ଜଣେ ମାଓ-ସମର୍ଥକ । ଜଣେ ବିପଜ୍ଜନକ କମ୍ୟୁନିଷ୍ଟ ବିଦ୍ରୋହୀ ।

"ଅମଳେନ୍ଦୁ ପାଖରେ କି ପ୍ରକାର ବନ୍ଧୁକ ଥିଲା ।"

"ସେ ନିରସ୍ତ୍ର ଥିଲେ ।"

"ତମେ ପୁଣି ମିଛ କହୁଛ । ତାକୁ ଫାଶୀ ଖୁଣ୍ଟରେ ଝୁଲେଇ ଦେବାକୁ ଆମ ପାଖରେ ଯଥେଷ୍ଟ ପ୍ରମାଣ ରହିଛି, ବୁଝିଲ ।"

"ନା, ଆଉ ହେବନି । ସତକଥାଟି ପାଇବାକୁ ହେଲେ ଆଗ ୟାର ପେଟ ଅଣ୍ଡାଳିବାକୁ ପଡ଼ିବ ।"

"ମୁଁ ମୋର ସ୍ୱାମୀଙ୍କୁ ଟିକିଏ ଦେଖିପାରିବି ? ସେଥିପାଇଁ ମୁଁ ଜଣେ ଓକିଲ ଯୋଗାଡ଼ କରିବାକୁ ଚାହେଁ ।"

"ତୋ ସ୍ୱାମୀ ପୁଣି କିଏ ବେ ? ତୁ ଜମାରୁ ବାହା ହେଇନୁ । ସବୁ ନକ୍‌ସଲପନ୍ଥୀମାନଙ୍କ ତୁ ଏଠି ଗୋଟେ ରକ୍ଷିତା ।"

"ବିରକ୍ତିକର ଜନ୍ତୁଟାଏ କୋଉଠିକାର ।"

"ତାଙ୍କର ଖରାପ ବ୍ୟବହାର ପାଇଁ ମୁଁ ଦୁଃଖିତ । ତମେ ଅବଶ୍ୟ ତମର ସ୍ୱାମୀଙ୍କୁ ଦେଖିପାରିବ । ଖାଲି ଗୋଟେ ଦରଖାସ୍ତ ଲେଖିଦିଅ ।"

ତା ପର ଦିନ ସମ୍ବାଦପତ୍ରର ବିବରଣୀ ଅନୁଯାୟୀ ମୁଁ କୁଆଡ଼େ ମୋର "ଆଇନ-ଅସ୍ୱୀକୃତ" ସ୍ୱାମୀଙ୍କ ସହିତ ଜେଲରେ ରହିବାପାଇଁ କର୍ତ୍ତୃପକ୍ଷଙ୍କୁ ଆବେଦନ କରିଥିଲି ।

ୟାର ଠିକ୍ ପାଞ୍ଚ ବର୍ଷ ପରେ ମୁଁ ଭାରତ ଛାଡ଼ିଲି । ଅମଳେନ୍ଦୁଙ୍କୁ ଆଉ ଥରକ ପାଇଁ ବି ମୁଁ ଦେଖିନି ।

ପୁଣି ସେଇ ପ୍ରଶ୍ନୋତ୍ତର ପର୍ବ । ମୋର ଜିନିଷପତ୍ର ସହିତ ମୋ ପାଟିରୁ ବାହାରୁଥିବା ପ୍ରତ୍ୟେକ ଶବ୍ଦକୁ ତନ୍ନତନ୍ନ କରି ପରୀକ୍ଷା ନିରୀକ୍ଷା ଚାଲିଥାଏ ।

"ତମେ ଭାରତ କାହିଁକି ଆସିଥିଲ ?"

"ଏଇ ଦେଶଟି ବୁଲି ଦେଖିବାକୁ, ଏଠାକାର ଲୋକଙ୍କ ସଂପର୍କରେ କିଛି ଜାଣିବାକୁ ।"

"ତେବେ ଏଠି ରହିଲ କାହିଁକି ?"

ଭାରତରେ ରହିବାର କାରଣ ମୁଁ ସେମାନଙ୍କୁ କେମିତି ବୁଝେଇଥାନ୍ତି ? ଆଉ ଯୋଉଟା କେବେ ନ୍ୟାୟ ସଂଗତ ନୁହେଁ, ଯାହା କେବେ ଯୁକ୍ତିଯୁକ୍ତ ନୁହେଁ ତାକୁ ପ୍ରଶ୍ରୟ ଦେଉଥିବା ଏ ତଥାକଥିତ ଆଇନ-ରକ୍ଷାକାରୀ ମାନେ ଯେମିତି ମୋ କଥା ଅବା ବୁଝିଯାଇଥାନ୍ତେ ।

୧୯୬୯ ମସିହା ଡିସେମ୍ବର ପହିଲାରୁ ମୁଁ ମୋର ଅନୁବାଦ କାମ ପ୍ରାୟ ଛାଡ଼ି

ଦେଇଥିଲି । ଛଅ ମାସ ପାଇଁ ଭାରତ ତଥା ଅନ୍ୟାନ୍ୟ ଦେଶକୁ ବୁଲିଯିବାର ମୋର ବହୁତ ଆଗରୁ ଯୋଜନା ଥିଲା ଏବଂ ସେଥିପାଇଁ ମୁଁ କିଛି କିଛି ସଞ୍ଚୟ ମଧ୍ୟ କରୁଥିଲି । ଆମ ଘରଟା ଟିଲ୍‌ବରି ପୋତାଶ୍ରୟ ପାଖରେ । ସେଠି ପ୍ରାୟ ସବୁବେଳେ ଗହଳି ଲାଗି ରହିଥାଏ । କେତେବେଳେ ଜାହାଜରେ ମାଲ୍ ଲଦେଇ ଚାଲିଥାଏ ତ ଆଉ କେତେବେଳେ ମାଲ୍ ଖଲାସ କିମ୍ବା ଜାହାଜ ମରାମତି ଚାଲିଥାଏ । ସ୍କୁଲରେ ପଢ଼ିଲା ଦିନଠୁ ଦୂର ବିଦେଶର ଏ ଜାହାଜ ସବୁକୁ ଦେଖି ମୁଁ ନିଜ ଭିତରେ ବେଳେବେଳେ ଉଲ୍ଲସିତ ହୋଇଉଠେ । ବିଦେଶ ଯାତ୍ରା ପ୍ରତି ମୋର ଆକର୍ଷଣ କ୍ରମଶଃ ବଢ଼ିଚାଲେ । ବିଭିନ୍ନ ଦେଶର ଲୋକ ଏବଂ ସେମାନଙ୍କ ଚାଲିଚ଼ଳଣି ଜାଣିବାକୁ ଆଗ୍ରହ ହୁଏ । ସେଥିପାଇଁ ତେର-ଚଉଦ ବର୍ଷରୁ ମୁଁ ମୋର ହାତ ଖର୍ଚ୍ଚରୁ କିଛି କିଛି ସଞ୍ଚୟ କରି ରଖୁଥାଏ । ଖରା ଛୁଟି ସବୁ କୋଉ ଦେଶରେ କେମିତି କଟେଇବି ଭାବି ବେଳେବେଳେ ମୁଁ କଳ୍ପନା ବିଳାସୀ ହୋଇପଡ଼େ । ଲଣ୍ଡନ ଓ ଜର୍ମାନୀରେ ମୋର ବିଶ୍ୱବିଦ୍ୟାଳୟ ଶିକ୍ଷା ସମୟରେ ମୁଁ ପ୍ରାୟ ପାଞ୍ଚଟି ମହାଦେଶର ଛାତ୍ରଛାତ୍ରୀଙ୍କ ସହିତ ମିଳାମିଶା କରିବାର ସୁଯୋଗ ପାଇଥିଲି । ଆମ ଇଂରେଜ ମାନଙ୍କ ଉପରେ ସେମାନଙ୍କର କିପରି ଧାରଣା ତାହା ଧୀରେ ଧୀରେ ଜାଣିବାକୁ ପାଇଲି । ସ୍କୁଲରେ ଆମକୁ ପଢ଼ାଯାଉଥିବା 'ଗୌରବମୟ' ଇଂରେଜ ସାମ୍ରାଜ୍ୟବାଦର ଇତିହାସ କିପରି ଏକ ଫମ୍ପା ଆବାଜ ମୁଁ ହୃଦବୋଧ କରିପାରୁଥିଲି । ବ୍ରିଟେନ ତଥା ଅନ୍ୟାନ୍ୟ ଔପନିବେଶିକ ଶକ୍ତି ମାନଙ୍କର ଭୁଲ୍ ନୀତି ଅନୁସରଣ ଯୋଗୁଁ ବହୁ ଦରିଆ ପାରି ଦେଶ ଅଦ୍ୟାବଧି ଉତ୍କଟ ଦାରିଦ୍ର୍ୟ ଭିତରେ ପଡ଼ିରହିଛନ୍ତି । ଭାରତବର୍ଷ ଏହାର ଜ୍ୱଳନ୍ତ ଉଦାହରଣ । ଯେଉଁ ଇତିହାସ ମଣିଷର ଅଶ୍ରୁ ଓ କ୍ଷୁଧାର କାରଣ ତାକୁ ନେଇ ମୁଁ କେମିତି ଗର୍ବ କରିପାରିଥାନ୍ତି । କେତେବେଳେ ଆତ୍ମଗ୍ଲାନିରେ ମୋର ମନ ବିଷାକ୍ତ ହୋଇଉଠେ ।

ଉତ୍ତର ଲଣ୍ଡନ ଅନ୍ତର୍ଗତ ଉଇଲ୍‌ସଡେନରେ ଗୋଟିଏ ସ୍କୁଲରେ ମୁଁ ଦୁଇ ବର୍ଷ ପାଇଁ ଶିକ୍ଷୟିତ୍ରୀ ଥିଲି । ବିଭିନ୍ନ ଦେଶର ପିଲାମାନେ ସେଠାକୁ ପଢ଼ିବା ପାଇଁ ଆସୁଥିଲେ । ସେମାନଙ୍କ ସହିତ କଥାବାର୍ତ୍ତା ଛଳରେ ମୁଁ ବିଭିନ୍ନ ଜାତି, ଧର୍ମ, ବର୍ଣ୍ଣ ଓ ଗୋଷ୍ଠୀ ସମ୍ପର୍କରେ ଜାଣିବାକୁ ପାଇଲି । ଅବସର ସମୟରେ ମୁଁ ଜାତିଗତ ବୈଷମ୍ୟ ବିରୁଦ୍ଧରେ ଚାଲିଥିବା ପ୍ରଚାର ପାଇଁ କାମ କରୁଥିଲି । ଏହି ସମୟରେ ଜର୍ମାନୀରେ ମୁଁ ଗ୍ରୀଷ୍ମ ଛୁଟି କଟାଉଥିବା ବେଳେ ଅମଳେନ୍ଦୁ ସେନ୍‌ଙ୍କ ସହିତ ମୋର ଦେଖା ହୋଇଥିଲା । ଅମଳେନ୍ଦୁ ସେତେବେଳେ ପଶ୍ଚିମ ଜର୍ମାନୀରେ ଜଣେ ତାଲିମପ୍ରାପ୍ତ ଇଞ୍ଜିନିୟର ଭାବରେ କାମ କରୁଥିଲେ । ସାଧାରଣ ଆଳାପ ଆଲୋଚନାରୁ ଆମ

ଦୁହିଁଙ୍କ ଭିତରେ ବନ୍ଧୁତାର ସୂତ୍ରପାତ ହେଲା । ରାଜନୈତିକ ଓ ସାମାଜିକ ସମସ୍ୟା ଉପରେ ଆମ ଦୁଇ ଜଣଙ୍କର ଦୃଷ୍ଟିଭଙ୍ଗୀ ସମାନ । ଆମେ ପରସ୍ପର ପ୍ରତି ଆହୁରି ପାଖେଇ ଆସିଲୁ । ୧୯୬୭ ମସିହାର ଶେଷ ଆଡ଼କୁ ଅମଳେନ୍ଦୁ ନିଜର ଜନ୍ମଭୂମି ପୂର୍ବଭାରତ ଅନ୍ତର୍ଗତ ବଙ୍ଗଦେଶକୁ ଫେରିଯିବା ପାଇଁ ସ୍ଥିର କଲେ । ୟୁରୋପର ସବୁ ସୁଖ ସ୍ୱାଚ୍ଛନ୍ଦକୁ ଛାଡ଼ିଦେଇ ନିଜ ଦେଶ ପାଇଁ କିଛିଟା କରିବାର ତାଙ୍କର ଏଇ ସିଦ୍ଧାନ୍ତକୁ ମୋର କେବଳ ସମ୍ମତି ନ ଥିଲା, ସମ୍ମାନ ଓ ଶ୍ରଦ୍ଧା ମଧ୍ୟ ଥିଲା ।

କଲିକତାରୁ ଅମଳେନ୍ଦୁ ମୋ ପାଖକୁ ନିୟମିତ ଚିଠି ଲେଖୁଥିଲେ । କେତେ ମାସ ଛୁଟି ନେଇ ଥରେ ଭାରତ ବୁଲିଆସିବା ପାଇଁ ସେ ମତେ ଲେଖିଲେ । ନିଜେ ନ ଦେଖିଲେ ମୁଁ ଭାରତକୁ ବୁଝିପାରିବିନି – ଏଇୟା ଥିଲା ତାଙ୍କର ଯୁକ୍ତି, ରହିବା ପାଇଁ କିଛି ଅସୁବିଧା ହେବ ନାହିଁ । ତାଙ୍କ ଘରେ ମୁଁ ଖୁସିରେ ରହିପାରିବି । ଏମିତି ସୁଯୋଗ ଆଦୌ ଛାଡ଼ିବା କଥା ନୁହଁ, ମୁଁ ଭାବିଲି । ଆଉ ସେଥିପାଇଁ ଛଅ ମାସ ଭିତରେ ମୁଁ ଗୁଡ଼ାଏ ଟଙ୍କା ସଞ୍ଚୟ କରି ପକେଇଲି ।

ମୋ ବାପା ମାଁ ଅମଳେନ୍ଦୁଙ୍କୁ ଥରେ ମାତ୍ର ଦେଖିଥିଲେ । ତଥାପି ମୋର ଏଇ ସିଦ୍ଧାନ୍ତରେ ସେମାନେ ଏକପ୍ରକାର ସ୍ତବ୍ଧ ହେଇ ଯାଇଥିଲେ । ଘରଠାରୁ ଏତେ ଦୂରରେ ପୁଣି ଏତେ ଦିନ ଧରି ଭାରତରେ ମୋର ରହିବାଟାକୁ ସେମାନେ ସହଜରେ ଗ୍ରହଣ କରି ପାରୁ ନ ଥିଲେ । ସପ୍ତାହାନ୍ତ ଛୁଟିପରେ ମୁଁ ମୋର ପ୍ରିୟ ମାଁଙ୍କୁ ଚୁମ୍ବନ ଦେଇ ବିଦାୟ ଜଣାଇଲି । ଆଶ୍ଚର୍ଯ୍ୟର କଥା ବାପା ମତେ ଆଗ ପରି କୌଣସି କଥାରେ ସତର୍କ କରି କିଛି କହିଲେନି । କେବଳ ଏତିକି କହିଲେ:

"ଦେଖ୍ ମାଁ, ତୁ ସେଠି ଅନେକ ଭୀତିପ୍ରଦ ଅବସ୍ଥା ଦେଖିବୁ । କିନ୍ତୁ ସେଥିରେ ମଜ୍ଜି ଯିବୁ ନାହିଁ, ସେଇ ଭାବପ୍ରବଣତାଠାରୁ ନିଜକୁ ଦୂରେଇ ରଖିବାକୁ ଚେଷ୍ଟା କରିବୁ ।"

ବାପା ଭାବରେ ସେ ମୋର ଚିନ୍ତାଧାରା ଓ ଭାବପ୍ରବଣତାକୁ ବୋଧହୁଏ ମୋଠାରୁ ବି ଅଧିକ ଜାଣିଥିଲେ । ଭାରତରେ ମୁଁ ସାମ୍ନା କରିବାକୁ ଥିବା ଦାରିଦ୍ର୍ୟ, ଯନ୍ତ୍ରଣା ଓ ଅମାନୁଷିକତା ମତେ ଏକ ଭିନ୍ନ ମଣିଷ କରିଦେଇ ପାରେ, ଏଇ ଆଶଙ୍କା ତାଙ୍କର ଥିଲା ନିଶ୍ଚୟ ।

ଛଅ ସପ୍ତାହ ପରେ, ୧୯୭୦ ମସିହା ଜାନୁୟାରୀ ୧୮ ତାରିଖରେ ମୁଁ ତୁର୍କୀ, ଇରାନ୍, ଆଫଗାନିସ୍ଥାନ ଓ ପଶ୍ଚିମ ପାକିସ୍ଥାନ ଅତିକ୍ରମ କରି 'କାଲ୍‌କାମେଲ୍'ରେ ତୃତୀୟଶ୍ରେଣୀ ଡବାରେ ଗୋଟେ ସିଟ୍ ପାଇଁ ଟିକଟ କିଣିଲି । ଦିଲ୍ଲୀ ଓ କଲିକତା ଭିତରେ ବିଜୁଳୀ ବେଗରେ ଟ୍ରେନ୍‌ଟି ଚାଲିଥାଏ । ଦୀର୍ଘ ଦୁଇ ବର୍ଷ ପରେ ଅମଳେନ୍ଦୁ

ସହିତ ମୋର ଦେଖାହେବ । ମୋ ସହିତ ସେ ଦାର୍ଜିଲିଂ ଓ ଶ୍ରୀଲଙ୍କା ଯାଇପାରିବେ କି ନା ସନ୍ଦେହ । ଟ୍ରେନ୍‌ରେ ବସି ମୁଁ ଖାଲି ସେଇ କଥା ଭାବୁଥାଏ । ମୋର କଳ୍ପନାର ଭାରତ ଓ ବାସ୍ତବତାର ଭାରତ ଭିତରେ ଅନେକ ପାର୍ଥକ୍ୟ, ଏକଥା ଟ୍ରେନ୍ ଯାତ୍ରା ଆରମ୍ଭରୁ ମୁଁ ସୂଚ଼ନା ପାଇଗଲି । ଜଣେ ନୌବିଭାଗୀୟ ଯୁବ କର୍ମଚାରୀ କମ୍ପାର୍ଟମେଣ୍ଟରେ ମୋ ସିଟ ଖୋଜିବାରେ ସାହାଯ୍ୟ କରିଥିଲେ । ମଝିରେ ମଝିରେ ସେ ମୋ ସହିତ କଥାବାର୍ତ୍ତା କରୁଥାନ୍ତି । କଥାବାର୍ତ୍ତା ଛଳରେ ସେ କଲିକତା କିପରି ତଣ୍ଟିକଟା ଓ ଗଣ୍ଡଗୋଳିଆ ଜାଗା ସେ ବିଷୟରେ ମତେ ସମ୍ୟକ୍ ଧାରଣା ଦେଇଗଲେ । ସମଗ୍ର ପଶ୍ଚିମବଙ୍ଗ ଆଭ୍ୟନ୍ତରୀଣ ଅଶାନ୍ତି ଓ ବିଦ୍ରୋହରେ ତାତି ଉଠିଛି । ଏପରିକି ଶାସନ କଳର ନିୟନ୍ତ୍ରଣ ବାହାରେ । ଚାଷୀମାନେ ଜମିଦାର ମାନଙ୍କ ଜମିବାଡି ଲୁଟି ନେଉଛନ୍ତି । ଦଳ ମଧ୍ୟରେ ସଂଘର୍ଷ ଲାଗି ରହିଛି । ଆଇନ୍ କାନୁନ କିଛିର ଠିକଣା ନାହିଁ । ମୁଁ ସେଠି ପାରୁପର୍ଯ୍ୟନ୍ତ କମ୍ ଦିନ ରହିବା ଉଚିତ । ସେ ମତ ଦେଲେ ।

ଉତ୍ତର ବଙ୍ଗ ଅନ୍ତର୍ଗତ ନକ୍ସାଲ ବାଡ଼ୀରେ ୧୯୬୭ ମସିହାରେ ହେଇଥିବା କୃଷକ ସଂପ୍ରଦାୟର ବିଦ୍ରୋହ ସଂପର୍କରେ ମୁଁ ଲଣ୍ଡନର ସମ୍ବାଦପତ୍ରରୁ ପଢ଼ି ଜାଣିଥିଲି । ଭାରତରେ ଏକ ଅବଶ୍ୟମ୍ଭାବୀ ବିପ୍ଳବର ଆଶାରେ ମୁଁ ସେତେବେଳେ ଏକ ପ୍ରକାର ଉଲ୍ଲସିତ ହୋଇ ଉଠିଥିଲି କହିଲେ ଚଳେ । ଭାରତ ପରି ଏକ ବିରାଟ ଓ ଜନବହୁଳ ଦେଶରେ କୌଣସି ସଂସ୍କାରବାଦୀ ପରିବର୍ତ୍ତନ ସମଗ୍ର ବିଶ୍ୱ ରାଜନୀତିର ଧାରାକୁ ବହୁତ ପ୍ରଭାବିତ କରିପାରିବ । ଯୁବ ଅଫିସରଙ୍କ କଥାବାର୍ତ୍ତାକୁ ମୁଁ ବିନା ଉକ୍ତିରେ ଶୁଣୁଥାଏ । ସେ ଯାହା ବି ହେଉ, କ୍ଷତିଗ୍ରସ୍ତ ଜମିଦାରଙ୍କ ସମସ୍ୟା ବିଷୟରେ ମୁଁ ତାଙ୍କ ପରି ଭାବୁ ନଥିଲି । ମୁଁ ଭାବୁଥିଲି ସେଇ ଉପାୟହୀନ ଚାଷୀ ଓ ସେମାନଙ୍କର ସାଂଘାତିକ ଚରମ ଅବସ୍ଥା ଯାହାକି ଶେଷରେ ଫସଲ ଲୁଟିବାକୁ ତାଙ୍କୁ ବାଧ୍ୟ କରିଛି ।

ମତେ ଦିଆଯାଇଥିବା ସତର୍କବାଣୀ ଓ ଭାରତର ପରିସ୍ଥିତି ସମ୍ପର୍କରେ ମୋର ସମ୍ୟକ୍ ପରିଚିତି ସତ୍ତ୍ୱେ ମଧ୍ୟ ମୁଁ କଲିକତା ପାଇଁ ନଛୋଡ଼ବନ୍ଧା ଥିଲି । ଷ୍ଟେସନରୁ ଗୋଟିଏ ଟେକ୍ସି ନେଇ ଆସିବା ରାସ୍ତାରେ ମୁଁ ଦେଖୁଥିଲି କଲିକତାକୁ – ଏକ ରୁଗ୍ଣ ମାନବଜାତିର ବୋଝରେ କଲିକତା ଯେପରି ଏକ ଜୀର୍ଣ୍ଣ ଶିବିକା- ଆବର୍ଜନା ପରି ବିକ୍ଷିପ୍ତ ହୋଇପଡ଼ିଛି । କଲିକତାର ପ୍ରତ୍ୟେକ କାନ୍ଥ ମତେ ବାରମ୍ବାର ଧକ୍କା ଦେଇ ସ୍ଲୋଗାନ୍ ଦେଉଥାଏ :

Political Power comes from the Barrel of a Gun. Red salute to Naxalbari, China's path is Our path.

ଏମତି ଆହୁରି ରାଜନୈତିକ ସ୍ଲୋଗାନ କାନ୍ଥସାରା ଭର୍ତ୍ତି ହୋଇଥାଏ । ବଙ୍ଗର ପ୍ରତି ଜିଲ୍ଲାରେ ଏକ ସଶସ୍ତ୍ର ସଂଘର୍ଷ ଧୀରେ ଧୀରେ ମୁଣ୍ଡ ଟେକି ଉଠୁଛି ତାହା ମାନଚିତ୍ରରେ ଦର୍ଶାଇ ବତୀଖୁଣ୍ଟ ମାନଙ୍କରେ ଝୁଲାଇ ଦିଆଯାଇଥାଏ ।

ପୂର୍ବବଙ୍ଗର ଶରଣାର୍ଥୀ ମାନଙ୍କ ଦ୍ୱାରା ଏକ ଜନାକୀର୍ଣ୍ଣ ଅଞ୍ଚଳରେ ଅମଳେନ୍ଦୁଙ୍କ ଘର । ତାଙ୍କର ପରିବାର ମଧ୍ୟ ସେଇଠି ଶରଣାର୍ଥୀ ଗୋଷ୍ଠୀର । ୧୯୪୭ ମସିହାରେ ଭାରତ ଓ ପାକିସ୍ଥାନ ଭିତରେ ହୋଇଥିବା ଦେଶ ବିଭାଜନ ପରେ ସେମାନେ ତାଙ୍କର ପଡ଼ୋଶୀମାନଙ୍କ ପରି ଘର ଛାଡ଼ି ଚାଲି ଆସିଥିଲେ । ଏକ ବଙ୍ଗୀୟ ପରିବାର ଭିତରେ ସେମାନଙ୍କର ଚାଲିଚଳନ ସହିତ ନିଜକୁ ଅଭ୍ୟସ୍ତ କରୁକରୁ ମୋର ପ୍ରଥମ କେତୋଟି ଦିନ କଟିଗଲା । ଅନେକ ବନ୍ଧୁବାନ୍ଧବ ଓ ସଂପର୍କୀୟ ମାନଙ୍କ ସହିତ ଦେଖା ହେଲା । ସେମାନଙ୍କର ଆଚାର ବ୍ୟବହାର ଓ ସବୁ ପ୍ରକାର ଶିଷ୍ଟାଚାରରେ ମୁଁ ପରିତୃପ୍ତ ହେଇଗଲି । ସେଠାକାର ବାଟଘାଟ ଦୋକାନ ବଜାର ତଥା ତାଙ୍କ ଘର ସାମ୍ନାର ପୋଖରୀକୂଳରେ ଥିବା ନଡ଼ିଆ ଗଛ ତଳେ ସ୍ପେସିଆଲ ବ୍ରାଞ୍ଚ୍ ପୋଲିସ କଡ଼ା ପହରା ଦେଉଥିବା ମଧ୍ୟ ଅତି ଶୀଘ୍ର ଜାଣିଗଲି । ମୋର ବହି ଗୁଡ଼ିକ ଭିତରୁ ଗୋଟିଏ ବହି ଯେପରି ପେକିଂରୁ ପ୍ରକାଶିତ ହୋଇ ନଥାଏ ସେ କଥା ଅମଳେନ୍ଦୁଙ୍କ ବଡ଼ ଭାଇ ମତେ ବାରମ୍ବାର ପଚାରି ବୁଝୁଥାନ୍ତି । କାରଣ ଚୀନରୁ ପ୍ରକାଶିତ ବହି ଗୁଡ଼ିକ ବ୍ୟାଜାପ୍ତ କରି ନିଆଯାଉଥିଲା ଓ ବହି ମାଲିକଙ୍କୁ ଗିରଫ କରାଯାଉଥିଲା । ଆଉ ଜଣେ ପଡ଼ୋଶୀଙ୍କ କହିବାନୁସାରେ ସେ ତାଙ୍କ ଘରେ ପୂଜା ହେଉଥିବା ତାଙ୍କର ପୂର୍ବଜମାନଙ୍କର ଗୋଟିଏ ଖଣ୍ଡାକୁ ଘର ପାଖ ଗାଡ଼ିଆ ପାଣି ଭିତରକୁ ଫିଙ୍ଗି ଦେଇଥିଲେ । ଚୋରା ଅସ୍ତ୍ରଶସ୍ତ୍ର ରଖିବା ଆଳରେ ପୋଲିସ କାଳେ ତାଙ୍କୁ ଚାଲାଣ କରିଦେବ, ସେଇ ଭୟରେ ଖଣ୍ଡାଟିକୁ ସେ ଘରେ ରଖିବାକୁ ଚାହିଁଲେନି ।

ଜାନୁୟାରୀ ବେଳକୁ ଟିକିଏ ଗରମ ଲାଗି ଆସୁଥିଲା । ଯଦି ଦକ୍ଷିଣ ଭାରତ ଯିବି ତାହେଲେ ପାଗ ବେଶୀ ଗରମ ହେବା ଆଗରୁ ଯାଇ ବୁଲି ଆସିବା କଥା - ମୁଁ ଭାବିଲି । ମୁଁ ପୁରୀ ଯିବାପାଇଁ ସ୍ଥିର କଲି । ଓଡ଼ିଶାରେ ସମୁଦ୍ରକୂଳରେ ଅବସ୍ଥିତ ପୁରୀ ଏକ ମନୋରମ ସହର । କଲିକତାରେ କିଛି ଦିନ ବୁଲାବୁଲି କରି ସାରିଲା ପରେ ମାସେ କିମ୍ବା ଦୁଇ ମାସ ପରେ ଫେରି ଆସିବାର ପ୍ରତିଶ୍ରୁତି ଦେଇ ମୁଁ କଲିକତା ଛାଡିଲି । ଅମଳେନ୍ଦୁ ମୋ ସହିତ ଆସି ପାରିଲେନି । ତେଣୁ ଜାନୁୟାରୀ ପଚିଶ ତାରିଖରେ ମୁଁ ପୁରୀ ଏକସପ୍ରେସ ଯୋଗେ ଯାତ୍ରାରମ୍ଭ କଲି ।

ପରବର୍ତ୍ତୀ ଦୁଇ ମାସ ଭିତରେ ମୁଁ ପୁରୀ, ମାଡ୍ରାସ, ଶ୍ରୀଲଙ୍କା, ବମ୍ବେ ଓ କାଠମାଣ୍ଡୁର ବିଭିନ୍ନ ସ୍ଥାନ ବୁଲି ଦେଖିଲି । ଦର୍ଶନୀୟ ସ୍ଥାନ, ଇତିହାସ ପ୍ରସିଦ୍ଧ ମନ୍ଦିର,

ପୁରାତନ ଯୁଗର ପ୍ରସ୍ତର-ଖୋଦିତ ଚାରୁକଳା ଦେଖିବାରେ ଓ ଗ୍ରୀଷ୍ମମଣ୍ଡଳୀୟ ବେଳାଭୂମିରେ କିଛିଦିନ ନିଜକୁ ହଜେଇ ଦେବାର ଅପଚେଷ୍ଟା କରିଥିଲି । ବେଳେବେଳେ ମୁଁ ଅନ୍ୟ ପର୍ଯ୍ୟଟକଙ୍କ ସହିତ ବସ୍ ଓ କାର ଭ୍ରମଣରେ ଯୋଗଦିଏ । କିନ୍ତୁ କେମିତି କେଜାଣି ସେମାନଙ୍କ ଭିତରେ ସଂପୂର୍ଣ୍ଣ ରୂପେ ମୁଁ ନିଜକୁ ହଜେଇ ପାରେନି । ମୋ ନିଜ ଅଜାଣତରେ ସେମାନଙ୍କ ଠାରୁ ଦୂରେଇ ଯାଏ । ସେମାନଙ୍କ ଦୃଷ୍ଟିରେ ମୁଁ ଭାରତକୁ ଦେଖୁ ନଥିଲି, ଏକଥା ମୁଁ ଭଲରୂପେ ଜାଣି ପାରୁଥିଲି, କେତେକ ନିର୍ଦ୍ଦିଷ୍ଟ ଦୃଶ୍ୟାବଳୀ ମୋ ଉପରେ ଯେ କୌଣସି ସ୍ମୃତିସ୍ତମ୍ଭ, ମନୋରମ ଦୃଶ୍ୟ କିମ୍ବା ଯାନ୍ତ୍ରିକ ସାଫଲ୍ୟ ଅପେକ୍ଷା ଅତି ଗଭୀର ପ୍ରଭାବ ପକେଇଥିଲା । ବନାରସରେ ମୋର ସହ ପର୍ଯ୍ୟଟକ ମାନେ ଗୋଲ୍‌ଡେନ୍ ଟେମ୍ପଲ ଓ ମହାରାଜା-ପେଲେସ୍ ଦେଖି ଆଶ୍ଚର୍ଯ୍ୟ-ଚକିତ ହୋଇଗଲାବେଳେ ମୁଁ ଗଙ୍ଗାନଦୀ କୂଳରେ ସକାଳେ ପଢ଼ିଥିବା ନୋଟିସ୍ ବିଷୟରେ ଭାବି ଚାଲିଥାଏ: PHOTOGRAPHING OF BEGGARS, BATHERS, LEPERS, DEAD BODIES, ETC., IS STRICTLY PROHIBITED.

ଆଗ୍ରାଠାରେ ଠିକ୍ ଗୋଟିଏ କର୍ତ୍ତବ୍ୟ ସମ୍ପାଦନ କଲାପରି ମୁଁ ତାଜମହଲର କେତେଗୁଡ଼ିଏ ଫଟୋ ଉଠାଇଲି । କିନ୍ତୁ ସେଠାକାର ଗୋଟିଏ ଦୃଶ୍ୟ ମୋର ବାରମ୍ବାର ମନେ ପଡ଼େ - ଅର୍ଦ୍ଧନଗ୍ନ ରିକ୍‌ସା ଚାଳକ କେଇଜଣ ମୋ ପଛରେ ଘଣ୍ଟା ଘଣ୍ଟା ଧରି ଏକ ପ୍ରକାର ଗୋଡ଼େଇ ଚାଲିଥାନ୍ତି । ଏଇ ଆଶାରେ ଯେ କାଳେ ମୁଁ ରିକ୍‌ସାଟିଏ ଭଡ଼ା ନେବି ଆଉ ତାଙ୍କ ଭିତରୁ କାହାର ତେଲ ଲୁଣ ସଂସାରର ଦିନିକିଆ ଚଳଣି ପାଇଁ କେଇଟା ପଇସା ଦେଇଦେବି । ମୋ ପିଛା ଧରିବାରେ ତାଙ୍କ ଭିତରେ ଗୋଟେ ପ୍ରକାର ପ୍ରତିଯୋଗୀତା ଚାଲିଥାଏ ଯେମିତି । ପୁରୀଠାରେ ମୁଁ ମହାପ୍ରଭୁ ଜଗନ୍ନାଥଙ୍କ ପବିତ୍ର ମନ୍ଦିର ବାହାରେ ଛିଡା ହେଲି । ମନ୍ଦିର ଅପେକ୍ଷା ସେଠି ଧାଡ଼ି ବାନ୍ଧି ଭିକ୍ଷା ମାଗୁଥିବା କୁଷ୍ଠରୋଗୀ ମାନଙ୍କ ଦୃଶ୍ୟ ମତେ ବେଶୀ ସ୍ପର୍ଶ କଲା । ଏମିତି ଆହୁରି ନଗର ଓ ମହାନଗରରେ ଥିବା ପର୍ଯ୍ୟଟନ ସ୍ଥାନ ଦୃଶ୍ୟ ଭିତରେ ମୁଁ ନିଜକୁ ଆଉ ହଜେଇ ପାରୁ ନଥିଲି । ରାସ୍ତା କଡ଼ରେ ଅବହେଳିତ ଭାବରେ ପଡ଼ି ରହିଥିବା କେଉଁ ଆସନ୍ନ-ପ୍ରସବାର ବେଦନାକ୍ତ ମୁହଁ, ନର୍ଦ୍ଦମାର ପାଣିରେ ବାସନ ଧୋଉଥିବା ବୁଭୁକ୍ଷୁର ବିଷର୍ଣ୍ଣ ମୁହଁ ମୋତେ କ୍ରମଶଃ ବିବ୍ରତ କରିପକାଉଥିଲା । ସର୍ବୋପରି ସମଗ୍ର କଲିକତା ମହାନଗରୀ ମୋ ଆଖିରେ ଯେମିତି ଏକ ଜୀବନ୍ତ ନର୍କପୁରୀ । କାଦୁଅ ପଚ୍‌ପଚ୍ ଖାଲଖମା ଭର୍ତ୍ତି ରାସ୍ତାର ଭିଡ଼ କାଟି କାଟି ନଗ୍ନପ୍ରାୟ କଙ୍କାଳସାର ରିକ୍‌ସା ଚାଳକ ମାନଙ୍କ ଖାଲିପାଦରେ ରିକ୍‌ସା ଟାଣିବାର ଦୃଶ୍ୟଟାକୁ ମୁଁ ଚେଷ୍ଟାକଲେ ବି ଭୁଲି ପାରୁ

ନଥାଏ । ମଣିଷର ଜୀବନ ପୋକଜୋକ ଠାରୁ ବି ଏମିତି ହୀନ ହୋଇପାରେ ମୋର କଳ୍ପନାର ବାହାରେ ଥିଲା ।

ଭାରତ କାହିଁକି ଆଉ ବେଶୀ ଦିନ ସ୍ଥିର ହୋଇ ରହିପାରିବନି, ଏକଥା ବୁଝିବାରେ ମୋର ଆଉ ଅସୁବିଧା ନଥିଲା । କଲିକତାରେ ମୋର ପ୍ରଥମ କେତେ ଦିନର ରହଣି ଭିତରେ ମୁଁ ଯାହା ଶୁଣିବାକୁ ପାଇଲି ତାହା ଏକ ଆସନ୍ନ ଅଗ୍ନ୍ୟୁତ୍ପାତର ପୂର୍ବାଭାସ ଭଳି ମନେ ହେଲା । ଏମିତି କେତେ ମାସ ଚାଲିଗଲା । ମୋ ଚାରିପଟେ ବେଢ଼ି ରହିଥିବା ଭିକାରୀ, କୁଷ୍ଠରୋଗୀ, ବୁଭୁକ୍ଷୁ, ଅବହେଳିତ ଓ ଲାଂଛିତଙ୍କ ପ୍ରତି ମୋର ସମବେଦନା ଆହୁରି ଗଭୀର ହେଲା । ଭାରତରେ ମୁଁ ଯେ ଜଣେ ବିଦେଶୀ ପର୍ଯ୍ୟଟକ ମାତ୍ର ଏ କଥା ମୁଁ କାହିଁକି ଆଉ ଗ୍ରହଣ କରିପାରୁ ନ ଥିଲି । ଭାରତର ପୁରାତନ ଇତିହାସ ଓ ସଂସ୍କୃତି କଳା ସ୍ଥାପତ୍ୟ ସବୁ ଯେମିତି ମୋ ପାଇଁ ଅର୍ଥଶୂନ୍ୟ ହେଇ ପଡ଼ିଥିଲା ।

ମୁଁ କଲିକତା ଫେରିଲାପରେ ଦେଖିଲି ସେଠି ଆହୁରି ଅସ୍ଥିରତା ବଢ଼ିଯାଇଛି । ମିଳିତ ସାମ୍ମୁଖ୍ୟ ସରକାର ଇସ୍ତଫା ଦେଇ ସାରିଥିଲେଓ ବଙ୍ଗ ରାଜ୍ୟରେ ରାଷ୍ଟ୍ରପତି ଶାସନ ଜାରି ହୋଇଥିଲା । ମୁଁ ଟଙ୍କା ବଦଳେଇବା ପାଇଁ ବ୍ୟାଙ୍କ୍‌କୁ ଗଲି । ଗ୍ରାମାଞ୍ଚଳରେ ସଶସ୍ତ୍ର ସଂଗ୍ରାମର ସଠିକ୍ କୌଶଳ ବିଷୟରେ କିରାଣୀମାନେ କଥାବାର୍ତ୍ତା ହେଉଥିବାର ଶୁଣିଲି । ଆନ୍ଧ୍ର ପ୍ରଦେଶର ଶ୍ରୀକାକୁଲମରେ ନକ୍‌ସଲପନ୍ଥୀମାନେ ମୁକ୍ତ କରିଥିବା ପ୍ରାୟ ତିନିଶହ ଗାଁ ବିଷୟରେ ଛାତ୍ର ଓ ବୁଦ୍ଧିଜୀବୀମାନେ ଚା ଦୋକାନରେ ବେଶ୍ ଉତ୍ତେଜିତ ହୋଇ କଥାବାର୍ତ୍ତା କରୁଥାନ୍ତି । ପଶ୍ଚିମ ବଙ୍ଗର ମେଦିନୀପୁରଠାରେ ଏମିତି ଆହୁରି କେତେଗୁଡ଼ିଏ ଅଞ୍ଚଳ ମୁକ୍ତ କରାଯିବ ବୋଲି ଶୁଣାଯାଉଥିଲା । ନକ୍‌ସାଲପନ୍ଥୀମାନେ ଅନେକ ସଂଖ୍ୟାରେ କଲିକତାରେ ଲୁଚି ରହିଥିବାର ଆଶଙ୍କା କରାଯାଉଥିଲା ।

ନକ୍‌ସାଲପନ୍ଥୀ ସମର୍ଥକ ମାନେ ଗୋଟିଏ କଥାରେ ସହମତ ହେଉଥିଲେ ଯେ ଭାରତରେ ଏ ସଂଗ୍ରାମର ପ୍ରଥମ ଲକ୍ଷ୍ୟ ଗ୍ରାମାଞ୍ଚଳରେ ଜମିଜମା ଏବଂ ସାମାଜିକ ସଂସ୍କାର ହେବା ଆବଶ୍ୟକ ଯେଉଁଠାରେ କି ଜନସଂଖ୍ୟାର ସତୁରୀଭାଗ ଲୋକ ଅଦ୍ୟାବଧି ଏକ ସାମନ୍ତବାଦୀ ବ୍ୟବସ୍ଥାର ଶୀକାର ହେଇ ପଡ଼ିରହିଛନ୍ତି । ଫଳତଃ ବହୁ ଶିକ୍ଷିତ ଯୁବକ ମାନେ ସବୁଜ ବିପ୍ଳବର ରାଜନୀତି ପ୍ରଚାର କରିବା ପାଇଁ ଏବଂ ଚାଷୀ ମାନଙ୍କର ସଂଗ୍ରାମରେ ଯୋଗ ଦେବା ପାଇଁ ଗ୍ରାମାଞ୍ଚଳକୁ ଚାଲିଗଲେ । ଅମଳେନ୍ଦୁଙ୍କର ଜ୍ଞାତିଭାଇମାନେ ମତେ ଥରେ ଗୋଟିଏ ବିଶ୍ୱବିଦ୍ୟାଳୟ ବୁଲେଇବାକୁ ନେଇଥିଲେ । କାନ୍ଥସାରା ସ୍ଲୋଗାନ୍‌ରେ ଭର୍ତ୍ତି ହୋଇଥାଏ । ସମଗ୍ର ବିଶ୍ୱବିଦ୍ୟାଳୟଟା ମତେ

ଗୋଟିଏ ଭୂତକୋଠି ପରି ଲାଗିଲା । ସହରୀ ଜୀବନଧାରାରେ ଅଧିକାଂଶ ସମୟ ବିତେଇଥିବା ଶିକ୍ଷିତ ଯୁବକ ଘର ଛାଡ଼ି ଚାଷୀମାନଙ୍କର ଦୁଷ୍କର ଜୀବନରେ ଭାଗ ନେଉଥିଲେ । ଘରଦ୍ୱାର ଆମୋଦପ୍ରମୋଦ ଶିକ୍ଷା, ଏପରିକି ନିଜକୁ ମଧ୍ୟ ଏକ ଉତ୍କୃଷ୍ଟତର ଭାରତ ଗଠନର ନିଶାରେ ଜଳାଞ୍ଜଳୀ ଦେଇଯାଉଥିଲେ । ନକ୍ସାଲପନ୍ଥୀମାନଙ୍କ ପ୍ରତି ଲୋକମାନଙ୍କ ଭିତରେ ଏକ କ୍ରମବର୍ଦ୍ଧିଷ୍ଣୁ ସମବେଦନା ମୁଁ ଅନୁମାନ କଲି । ଏକ ସାମାଜିକ ପରିବର୍ତ୍ତନ ପାଇଁ ସେମାନଙ୍କର ବଳବତୀ ଇଚ୍ଛା ଓ ସମସାମୟିକ ପାର୍ଲିଆମେଣ୍ଟାରୀ ପାର୍ଟିଗୁଡ଼ିକ ପ୍ରତି ବୀତସ୍ପୃହ ଭାବ ଏହାର କାରଣ ମୋର ବୋଧ ହେଲା ।

ମୋର ବ୍ରିଟେନ୍‌କୁ ଫେରିବାର ସମୟ ପାଖେଇ ଆସିଲା । ମୁଁ ଓ ଭାରତ ବିଷୟରେ ଚିନ୍ତିତ ଥିବା ଆହୁରି କେତେ ଜଣଙ୍କ ସହ ଏଠାକାର ଜନ ସାଧାରଣଙ୍କୁ କିପରି ଭାବରେ ସାହାଯ୍ୟ କରିପାରିବୁ ସେଇ ବିଷୟରେ ଅମଳେନ୍ଦୁ ଓ ତାଙ୍କର ବନ୍ଧୁମାନଙ୍କ ସହିତ ଆଲୋଚନା କରୁଥିଲି । ଦିନେ କଥା ପ୍ରସଙ୍ଗରେ ଅମଳେନ୍ଦୁଙ୍କର ଜଣେ ବନ୍ଧୁ କହିଲେ, "ଯଦି ଆପଣ ପ୍ରକୃତରେ କୌଣସି ଉପାୟରେ ସାହାଯ୍ୟ କରିବାକୁ ଚାହାନ୍ତି, ତାହେଲେ ଏଠି ଆମ ସହିତ ରହିଯାଉ ନାହାନ୍ତି କାହିଁକି ?" ପ୍ରସ୍ତାବଟି ଆଦୌ ଖାମଖିଆଲୀ ନ ଥିଲା, କିନ୍ତୁ ପ୍ରଥମେ ମତେ ଏହା ଏକବାର ଅସମ୍ଭବ ଲାଗିଲା । ଇଂଲଣ୍ଡରେ ମୋର ଘର, ଚାକିରୀ ସବୁକିଛି ରହିଛି, ତାଛଡ଼ା ମୋ ଘରଲୋକେ ମୋର ବାଟ ଚାହିଁ ବସି ଥିବେ । କିନ୍ତୁ ମୁଁ ସ୍ୱଚକ୍ଷୁରେ ଦେଖିଥିବା ଏଠାକାର ମଣିଷର ଯନ୍ତ୍ରଣାପୂର୍ଣ୍ଣ ଜୀବନ ମଧ୍ୟ ମତେ ବିବ୍ରତ କରି ପକାଉଥିଲା । ଯାପରେ ନିର୍ବିକାର ଚିତ୍ତରେ ଲଣ୍ଡନ ଫେରିଯାଇ ସେଠାରେ ଏକ ଆରାମଦାୟକ ଜୀବନକୁ ଗ୍ରହଣ କରିନେବାଟା ମତେ କାହିଁକି ଏକପ୍ରକାର ପ୍ରତାରଣା ପରି ଲାଗିଲା । ଯେମିତି କିଛି ବି ହୋଇନାହିଁ । ସବୁ ଯେମିତି ଠିକ୍ ଠାକ୍ ଚାଲିଛି - କଥାଟାକୁ ଏପରି ଧରିନେବାରେ ମୁଁ ଖୁବ୍ ଅସ୍ୱସ୍ତିବୋଧ କରୁଥିଲି । କେତେ ଦିନ ଚିନ୍ତା କଲେ ପରେ ମୁଁ ବର୍ତ୍ତମାନ ପାଇଁ କିଛି ଦିନ ରହିଯିବାକୁ ସ୍ଥିର କଲି, ଅନ୍ତତଃ ଭାରତର ପରିସ୍ଥିତି ବିଷୟରେ ମୋ ଅନୁଧ୍ୟାନ ସଂପୂର୍ଣ୍ଣ ହେବା ଯାଏଁ ।

କେତେ ବର୍ଷ ୟୁରୋପରେ ଟ୍ରେନିଂ ନେଲାପରେ ଅମଳେନ୍ଦୁଙ୍କୁ ବେଶ୍ ଦରମା ମିଳୁଥିବା ଗୋଟିଏ ଚାକିରୀ ମିଳିଥିଲା । ଆମୋଦପ୍ରମୋଦ ଓ ଆରାମରେ ଜୀବନଟାକୁ ବିତେଇଦେବା ପାଇଁ ସେଇ ଚାକିରୀରେ ସବୁ ସୁବିଧା ସୁଯୋଗ ଥିଲା । ତା ପରିବର୍ତ୍ତେ ଅମଳେନ୍ଦୁ ଏକ ସାଧାରଣ ଜୀବନକୁ ବାଛିନେଲେ ଏବଂ ସମାଜର ନିମ୍ନଶ୍ରେଣୀର ଲୋକଙ୍କର ସମସ୍ୟା ସହିତ ତାଙ୍କର ଅଧିକାଂଶ ସମୟ କଟାଉଥିଲେ । ବିଦେଶରେ

ସେ ନିଜେ ଦେଖିଥିବା ବିଳାସମୟ ଓ ଚକଚକ୍ୟ ପୂର୍ଣ୍ଣ ଜୀବନ ନିଜ ଦେଶର ଦୁରାବସ୍ଥା ପ୍ରତି ତାଙ୍କୁ ଅଧିକ ସଚେତନ କରି ଦେଇଥିଲା । ପ୍ରକୃତ ଅର୍ଥରେ ଭାରତକୁ କେବେ ସ୍ୱାଧୀନ ବୋଲି କୁହାଯାଇ ପାରିବ ନାହିଁ ଯେ ପର୍ଯ୍ୟନ୍ତ ତାର ଜନ ସାଧାରଣ ଯଥେଷ୍ଟ ଖାଦ୍ୟ, ବସ୍ତ୍ର, ବାସଗୃହ, ଶିକ୍ଷା ଏବଂ ଡାକ୍ତରୀ ଚିକିତ୍ସା ପାଇ ନାହାନ୍ତି ।

କଲିକତାରେ କେତେ ସପ୍ତାହ ଏକାଠି କଟାଇଲା ପରେ ତାଙ୍କର ସାଧାରଣ ଜୀବନଧାରା ସହିତ ମୁଁ ନିଜକୁ ସାମିଲ କରିନିଏ ବୋଲି ସିଏ ଚାହିଁଲେ । ଭାରତୀୟ ଲୋକଙ୍କର ପ୍ରତି ଆମର ସମବେଦନା ପରସ୍ପର ପ୍ରତି ଆମର ଅନୁରାଗକୁ ଆହୁରି ଦୃଢ଼ୀଭୂତ କରିଥିଲା । ଆମେ ପରସ୍ପରକୁ ଭଲରୂପେ ଜାଣିଥିଲୁ । ଆମ ଦୁହିଁଙ୍କର ନୀତି ଓ ଆଦର୍ଶ ସମାନ ଏବଂ ଅମଳେନ୍ଦୁଙ୍କର ପରିବାରବର୍ଗ ମତେ ଖୁବ୍ ଭଲ ପାଉଥିଲେ । ପ୍ରଥମରୁ ତାଙ୍କ ଘରର ଚଳଣି ସହିତ ମୁଁ ନିଜକୁ ସହଜରେ ଖାପ ଖୁଆଇ ପାରିଥିଲି । ତଥାପି, ଏପରି ପଦକ୍ଷେପ ନେବା ପାଇଁ ନିଷ୍ପତ୍ତି କରିବାଟା ମତେ ଖୁବ୍ କଷ୍ଟକର ମନେ ହେଲା । ଅନେକ ଦିନ ଧରି ମୋ ଭିତରେ ମାନସିକ ଦ୍ୱନ୍ଦ ଲାଗି ରହିଲା । କିନ୍ତୁ ଶେଷରେ ମୁଁ ଉପଲବ୍ଧି କଲି ଯେ ଇଂଲଣ୍ଡ ଫେରିଯାଇ ଅମଳେନ୍ଦୁଙ୍କୁ ପୁନର୍ବାର ଆଉ ଦେଖି ନ ପାରିବାର ଚିନ୍ତା ମତେ ଗଭୀର ଭାବରେ ବ୍ୟଥିତ କରୁଛି । ବିଳାସ ଓ ପ୍ରାଚୁର୍ଯ୍ୟର ମୋହକୁ ସେ ଏତେ ସହଜରେ କେମିତି ଏଡ଼ି ଦେଇ ପାରିଲେ । ଭାରତୀୟ ପରିପ୍ରେକ୍ଷୀରେ ମୁଁ ଅମଳେନ୍ଦୁଙ୍କର ସଂକଳ୍ପ ଦେଖି ଆତ୍ମହରା ହୋଇପଡ଼େ । ପରିଶେଷରେ ତାଙ୍କୁ ମୁଁ ମୋର ଉତ୍ତର ଦେବାକୁ ସକ୍ଷମ ହେଲି ଏବଂ ନିରାଡ଼ମ୍ବର ଉତ୍ସବରେ ଆମର ବିବାହ ହେଲା । ଆମ ପାଇଁ ଏହାର କୌଣସି ଧର୍ମନୈତିକ ଗୁରୁତ୍ୱ ନ ଥିଲା, ଆମର ଇଚ୍ଛା ଓ ଉଦ୍ଦେଶ୍ୟକୁ ସାକାର ରୂପ ଦେବାପାଇଁ ଏହାଥିଲା ସବୁଠାରୁ ସହଜ ଓ ସରଳ ମାର୍ଗ ।

ଏହାର କିଛି ଦିନ ପୂର୍ବରୁ ମୁଁ ମୋର ଜୀବନର ନିଷ୍ଠୁରତମ ଚିଠିଟାଏ ଲେଖିଥିଲି । ମୋର ଫେରନ୍ତା ବାଟକୁ ଚାହିଁ ବସିଥିବା ମୋର ବାପା-ମାଙ୍କୁ ମୁଁ ନିଜର ପରିସ୍ଥିତି ସଂପର୍କରେ ବୁଝେଇବାକୁ ଚେଷ୍ଟା କରିଥିଲି । ମୋର ନିଷ୍ପତ୍ତିରେ ସେମାନେ ନିରାଶ ହେଲେ, ଆଘାତ ମଧ୍ୟ ପାଇଲେ । ଏହା ସ୍ୱାଭାବିକ । କିନ୍ତୁ ମୋର ମାଁ ମତେ ଲେଖିଲେ 'ମୁଁ ଯୋଉଠି ବି ରହେ ଯେମିତି ଖୁସିରେ ରହେ । ମୁଁ ଯାହା ଠିକ୍ ବୋଲି ଭାବିବି ତାହା ଯେମିତି ନିଶ୍ଚୟ କରିବି ।' - ଏହାହିଁ ସେମାନଙ୍କର ଇଚ୍ଛା ।

ଯଦି ମୁଁ ଭାରତରେ ରହିବି, ତାହେଲେ ଏ ବୈପ୍ଳବିକ ପରିବର୍ତ୍ତନର କେନ୍ଦ୍ରସ୍ଥଳୀ ଗ୍ରାମ ଗୁଡ଼ିକ ବିଷୟରେ ଆହୁରି କିଛି ଖୋଜି ବାହାର କରିବା ମୋର ପ୍ରଥମ କାମ ବୋଲି ମୁଁ ଭାବିଲି । ଗ୍ରାମାଞ୍ଚଳରେ ଅଦ୍ୟାପି ପ୍ରଭାବ ବିସ୍ତାର କରୁଥିବା

ସାମନ୍ତବାଦ, ଜମିଦାର, ମହାଜନ ମାନଙ୍କ ପାଖରେ ଗରୀବ ଚାଷୀମାନଙ୍କର ଅସରନ୍ତି ଋଣଭାର, ବାହାବନ୍ଧା ଶ୍ରମିକ, ଗୋତିପ୍ରଥା, ପ୍ରବାସୀ ଜମିଦାର ମାନଙ୍କ ଶହଶହ ଏକର ଜମି ଅଧିକାର, ଭାଗଚାଷୀଙ୍କ ଦ୍ୱାରା ତାର ବ୍ୟବହାର ଆଦି ବିଷୟରେ ଖବର କାଗଜରେ ପଢ଼ି ମୁଁ ଉପଲବ୍ଧି କଲି ଯେ ମୋର ସମଗ୍ର ଯାତ୍ରା ଭିତରେ ଗ୍ରାମ୍ୟ ଭାରତ ବିଷୟରେ ଖୁବ୍ କମ୍ ଜାଣିଛି । ମୁଁ ଅନେକ ସ୍ମୃତିସ୍ତମ୍ଭ ଏବଂ ରାଜପ୍ରସାଦ, ସାଗରସୀମା ଏବଂ ପର୍ଯ୍ୟଟକଙ୍କୁ ଆକୃଷ୍ଟ କରୁଥିବା ମହାନଗରୀ ଦେଖିଥିଲି; ମୁଁ ସହର ତଳି ଅଞ୍ଚଳ ଏବଂ ଜନ-ବହୁଳତାର ଅଦୃଷ୍ଟରେ ବାନ୍ଧିହୋଇଥିବା ଜନଗହଳିପୂର୍ଣ୍ଣ ସହରୀ ବସ୍ତିଗୁଡ଼ିକ ବୁଲି ଦେଖିଥିଲି । କିନ୍ତୁ ଭାରତର ଗ୍ରାମାଞ୍ଚଳ ସହିତ ପରିଚିତ ନ ହେବାଯାଏଁ ମୁଁ ଭାରତକୁ ଦେଖିଛି ବୋଲି କହିବାର ସତ୍ ସାହସ ମୋର ନ ଥିଲା । ମୁଁ ଅମଲେନ୍ଦୁଙ୍କୁ ଏମିତି ଏକ ଅଞ୍ଚଳକୁ ମତେ ନେଇଯିବାକୁ ମୁଁ କହିଲି ଯେଉଁଠାରେ ମୁଁ ଗ୍ରାମ୍ୟ ଅବସ୍ଥାର ବାସ୍ତବତାକୁ ଦେଖିପାରିବି । ମେ' ମାସର ଶେଷରେ ଆମେ ଟ୍ରେନ୍ ଯୋଗେ କଲିକତା ଛାଡ଼ିଲୁ ।

ବଙ୍ଗ ଏବଂ ବିହାର ସୀମାରେ ଏବଂ ଲୌହ ନଗରୀ ଜାମସେଦପୁରର ଅନତି ଦୂରରେ ଅବସ୍ଥିତ ସିଂହଭୂମି ଜିଲ୍ଲାରେ ମୁଁ ଦୁଇ ଦିନ ଥିଲି ଏବଂ ସେତେବେଳେ ମତେ ଗିରଫ କରାଗଲା । ଆମେ ଝାଟିମାଟିର ଗୋଟିଏ ନୂଆଁଣିଆଁ ଚାଳ ଘରେ ରହୁଥିଲୁ । ଘରଟି ଜଣେ ଗରିବ ଚାଷୀର ଯାହାକୁ କେତେ ମାଇଲ ଦୂରରେ ଥିବା ଏଠାକାର ପାଖ ବସଷ୍ଟପରୁ ଆସିବା ରାସ୍ତାରେ ଭେଟିଥିଲୁ । ଭାରତର ପ୍ରାୟ ଅଧିକାଂଶ ଗାଁ ସହରାଞ୍ଚଳରୁ ଅନେକ ଦୂରରେ । ଗମନାଗମନର କିଛି ସୁବିଧା ନାହିଁ । ରହିବା ପାଇଁ ହୋଟେଲ୍ କିମ୍ବା ଗେଷ୍ଟ ହାଉସ୍‌ର ମଧ୍ୟ କୌଣସି ବ୍ୟବସ୍ଥା ନାହିଁ । କିନ୍ତୁ ସେଠାକାର ଲୋକଙ୍କର ଅତିଥିପରାୟଣତା ଦେଖିଲେ ଆଶ୍ଚର୍ଯ୍ୟ ନ ହେଇ ରହି ହୁଏ ନାହିଁ । ସଂପୂର୍ଣ୍ଣ ଅଜଣା, ଅଚିହ୍ନା ଲୋକକୁ ମଧ୍ୟ ଘରକୁ ଡାକିନେଇ ବେଶ୍ ସତ୍କାର କରିଥାନ୍ତି । ହିନ୍ଦୁ ଧର୍ମ ଅନୁସାରେ ଅତିଥି ହିଁ ସାକ୍ଷାତ ଭଗବାନ । ଏଇ ଗାଁର ଅଧିବାସୀ କହିଲେ ପ୍ରାୟତଃ ଆଦିବାସୀ । ତାଙ୍କ ରୋଜଗାର କହିଲେ ଅଳ୍ପ କିଛି ଚାଷ ଜମି । ମରୁଡ଼ି ଯୋଗୁଁ କୋଉଟା ଚାଷ ଜମି ଓ କୋଉଟା ପଡ଼ିଆ ଭୂଇଁ ଆଦୌ ବାରି ହେଉ ନ ଥାଏ । ଚାରିଆଡ଼ ଶୁଖିଲା, ଗଛ କହିଲେ କାଁ ଭାଁ ଘାସଲଟା, ଜଙ୍ଗଲବୁଦା କେଇଟି ମାତ୍ର । ଗାଁଟିର ଚାରିପାଖ ଗଛପତ୍ର ଆଉ ପାହାଡ଼ ଘେରା । ରାଜ୍ୟ ସୀମାର କିଛି ମାଇଲ ଦୂରରେ ମେଦିନୀପୁର । ସେଠିକାର ଜନବସତି ସହିତ ନକ୍ସାଲପନ୍ଥୀ ମାନେ ନିଜକୁ ସାମିଲ୍ କରି ନେଇଥିଲେ । ସିଂହଭୂମିର କେତେକ ଅଞ୍ଚଳ ଭିତରକୁ ମଧ୍ୟ ସେମାନେ ପ୍ରବେଶ କରି ସାରିଥିଲେ । କିନ୍ତୁ ସେଇ ଗାଁଟିରେ କେହି ଏମାନଙ୍କ ବିଷୟରେ ଶୁଣି ବି

ନ ଥିଲେ । ସେ ଯାହା ବି ହେଉ, କୌଣସି ନୂଆଁ ଲୋକ ଆସିଲେ ସେ ବିଷୟରେ ସଙ୍ଗେ ସଙ୍ଗେ ପୋଲିସକୁ ରିପୋର୍ଟ କରିବାକୁ ସେଇ ଗାଁର ମୁଖିଆକୁ ଆଗରୁ ନିର୍ଦ୍ଦେଶ ଦିଆଯାଇଥିଲା । ମୁଁ ଏ ବିଷୟରେ କିଛି ଜାଣି ନ ଥିଲେ ବି ମୋର ଉପସ୍ଥିତି ସେମାନେ ଜାଣି ସାରିଥିଲେ ।

ସେଦିନ ବଡ଼ି ସକାଳୁ ଅମଳେନ୍ଦୁ ଓ ତାଙ୍କର ସାନ ଭାଇ ପ୍ରାୟ ଛଅ ମାଇଲ ଦୂରରେ ଥିବା ଟାଉନ୍ ବଜାରକୁ ଚାଲିକି ଗଲେ । ସେଠୁ ଜାମ୍‌ସେଦ୍‌ପୁରକୁ ବସ୍ ଧରି ଯିବାର ଥିଲା । ସେଦିନ ସନ୍ଧ୍ୟାରେ ସେମାନେ ଫେରି ଆସିବାର ଥିବାରୁ ମୁଁ ଗାଁରେ ଦିନଟା ରହିଯିବାକୁ ସ୍ଥିର କଲି ।

ମୁଁ ଚାଳ ଘରଟା ସାମ୍ନାପଟ ମାଟି ଅଗଣାରେ ବସିଥାଏ । ଆଗ ରାତିର ରନ୍ଧା ହେଇଥିବା ପାଣି ମିଶା ଭାତକୁ ଗୋଟେ କଂସାରେ ଧରି ଖାଇ ବସିଥାଏ । ଭାତଟା ଖଟାଳିଆ ଲାଗୁଥାଏ । ତା ସାଙ୍ଗକୁ କଞ୍ଚା ପିଆଜର ବାସ୍ନା । ମୋ ଚାରିପଟେ ସ୍ତ୍ରୀ ଲୋକ ଓ ପିଲାମାନେ ବସି ମତେ ଡବଡବ ହେଇ ଅନେଇ ଥାନ୍ତି । କଣ୍ଟା ଓ ଛୁରୀ ବିନା ମୁଁ ଖାଇବାରେ କେମିତି ହଡ଼ବଡ଼େଇ ଯାଏ ସେଇଟାକୁ ସେମାନେ ଆଶ୍ଚର୍ଯ୍ୟ ହୋଇ ଅନେଇ ରହନ୍ତି । ପ୍ରାୟ ଖାଇବା ବେଳେ ସମସ୍ତେ ଆସି ରୁଣ୍ଡ ହେଇଯାଆନ୍ତି । କଷ୍ଟେ ମଷ୍ଟେ ବହୁ ଚେଷ୍ଟା କରି କିଛି ଭାତ ଖାଇ ପେଟଟା ପୁରେଇଲି । ଆହୁରି ତିନି ଭାଗ ଭାତ ଥାଏ । ମୁଁ କଂସାଟାକୁ ଆଡ଼େଇ ଦେଲି । ଖାଇ ସାରୁ ସାରୁ ମୋର ଆଖି ଯୋଡ଼ିକ ନିଦେଇ ଆସିଲା । ଅଗଣାରେ ପଡ଼ିଥିବା କାଠରେ ଶୋଇ ପଡ଼ିଲି । ହଠାତ୍ କେହି ଜଣେ ମତେ ଜୋର୍‌ରେ ହଲାଇ ଦେଇ ଉଠାଇ ଦେଲା ଓ ଶୀଘ୍ର ଘର ଛାଡ଼ି ଚାଲିଯିବାକୁ ଇସାରା ଦେଲା । ନିଦ ମଳମଳ ଅବସ୍ଥାରେ ଆଶ୍ଚର୍ଯ୍ୟ ହେଇ ସେ ଦେଖାଉଥିବା ଫାଟକ ଆଡ଼େ ଚାଲିଲି । ମୁଁ ବାହାରେ ପାଦ ରଖିଛି କି ନା ପାଞ୍ଚ ଜଣ ସଶସ୍ତ୍ର ପୋଲିସ ଆସି ମତେ ଘେରିଗଲେ । ମୋର, ବେକ, କଟ୍‌ଟି ଅଣ୍ଟାରେ ଦଉଡ଼ି ବାନ୍ଧି ଦେଇ ଏକ ପ୍ରକାର ଘୋଷାଡ଼ି ଘୋଷାଡ଼ି ନେବାକୁ ବସିଲେ । ବେକରେ ଜୋର୍‌ରେ ଦଉଡ଼ି ବାନ୍ଧି ଦେଇଥିବାରୁ ମୁଁ ନିଶ୍ୱାସ ନେଇ ପାରୁ ନ ଥାଏ । ଦଉଡ଼ି ଟିକିଏ ହୁଗୁଳା କରିଦେବାକୁ ମୁଁ ବାରମ୍ବାର ସେମାନଙ୍କୁ କହିଲି । ମତେ ସେମାନେ ଗାଁ ବାହାରେ ଗୋଟେ ପଦା ଜାଗାକୁ ନେଇ ଯାଇ ଗଛ ତଳେ ବସାଇ ଦେଲେ । ନାଲି ପିମ୍ପୁଡ଼ି ଯାକ ମୋର ଜଙ୍ଘ ଓ ନିତମ୍ବରେ କାମୁଡ଼ି ପକାଉଥାନ୍ତି । ମୋ ମୁଣ୍ଡ ଉପରେ ସୂର୍ଯ୍ୟ ଦାଉ ଦାଉ ହେଇ ଜଳୁଥାଏ ଓ ଗରମରେ ମୁଁ ଅସ୍ଥିର ହୋଇ ପଡୁଥିଲି । ଜଙ୍ଗଲରେ ପଡ଼ିଥିବା କ୍ୟାମ୍ପରୁ ଆସୁଥିବା ତାଙ୍କର ଉପରିସ୍ଥ ଅଫିସରଙ୍କୁ ସେମାନେ ଅପେକ୍ଷା କରିଥିଲେ । ସେମାନେ ମତେ ଠିଆ କରେଇଦେଲେ ଓ ଖାନତଲାସ

କରିବାକୁ ଯାଇ ମୋର ଟଙ୍କା, ହାତ ଘଣ୍ଟା, ରୁମାଲ ଓ ଖିରପିନ୍ ସବୁ ନେଇଗଲେ । ମୋର ଛାତି ଉପରକୁ ବୁଲି ଆସୁଥିବା ହାତଟାକୁ ମୁଁ ରାଗିଯାଇ ଛିଞ୍ଚାଡ଼ି ଦେଲି । ସେମାନେ ପ୍ରଥମ ଥର ପାଇଁ ଜାଣିଲେ ଯେ ମୋର ବାବୁରି ବାଳ ଓ ଢ଼ିଲା କୁର୍ତ୍ତା ସତ୍ତ୍ୱେ ମୁଁ ଜଣେ ସ୍ତ୍ରୀଲୋକ । ମୁଁ ପୁଣି ବସିପଡ଼ିଲି । ତାଙ୍କ ଭିତରୁ ଜଣେ ଦୟା ପରବଶ ହେଇ ମତେ ତା ବୋତଲରୁ କିଛି ପିଇବା ପାଣି ଦେଲା ଓ ମୋ କପାଳ ଚାରିପଟେ ଖଣ୍ଡେ କନା ବାନ୍ଧିଦେଲା । ଅଫିସର ଜଣକ ପହଞ୍ଚିଲେ । ଖୁବ୍ ଉଦ୍ଧତ । କଥା କଥାକେ ମୁହଁରୁ ଇଂରାଜୀ ବାହାରୁଥାଏ । ଜଙ୍ଗଲ ଭିତରେ ଦେଇ ଯାଇଥିବା ଗୋଡ଼ି ପଥର ଭରା ପାହାଡ଼ି ରାସ୍ତାରେ ଆମେ ଘଣ୍ଟାଏ କାଳ ଧରି ଚାଲିଥିଲୁ । ମୁଁ ରବର ଯୋତା ପିନ୍ଧିଥିବାରୁ ବାଟରେ ମୋର ପାଦ କଟିଯାଇ ରକ୍ତ ବୋହିବାକୁ ଲାଗିଲା । ଅଫିସର ଜଣକ ମତେ ଠେଲି ଦେଇ ଆହୁରି ଜୋରରେ ଚାଲିବାକୁ କହୁଥିଲେ । ଖରାରେ ମୋର ମୁଣ୍ଡ ଘୁରିବାକୁ ଲାଗିଲା । ମୋ ଦୁଇ ହାତ ପଛପଟେ ବନ୍ଧା ହୋଇଥିବାରୁ ସେଇ ଖାଲ ଢ଼ିପ ରାସ୍ତାରେ ଖାପ ଖୁଆଇ ଚାଲି ମଧ୍ୟ ପାରୁ ନ ଥାଏ । ଆମେ ଗାଁ ପାଖ ହେଇଯିବାରୁ ଅଫିସର ଜଣକ ମତେ ସେଠି ଅଟକି ଯିବାକୁ ଆଦେଶ ଦେଲେ । ସେ ମୋର ଖାନତଲାସୀ ନେବାକୁ ଚାହିଁଲେ । ମୁଁ ତାଙ୍କୁ କହିଦେଲି ଯେ ଗାଁରେ କନେଷ୍ଟବଲ ଦୁଇଜଣ ମୋର ଖାନତଲାସୀ ନେଇ ସାରିଲେଣି । ସେ ଧମକ ଦେଇ କହିଲେ ଯେ "ସେ କୁଆଡ଼େ ଏଥରକ ମୋର ସବୁ ଲୁଗାପଟା କାଢ଼ି ନେବେ ଓ ମତେ ଭଲକରି ତଲାସୀ ନେବେ ।" ମୁଁ ତାଙ୍କୁ ସତର୍କ କରି କହିଲି ଯେ ମୁଁ ଜଣେ ବିଦେଶୀ ନାଗରିକ । ଯଦି ମୋ ଦେହରେ ସେ ଟିପ ସୁଦ୍ଧା ଦିଏ ତାହେଲେ ତାଙ୍କର ସେ ଚାକିରୀ ଚାଲିଯିବ । ଦୃଢ଼ ବିଶ୍ୱାସ ଅପେକ୍ଷା ମୁଁ ଅସହାୟତାର ଚାପରେ ହିଁ ଏକଥା କହି ପକାଇଲି । କିନ୍ତୁ ତାକୁ କଥାଟା ଗୋଟେ କୌଶଳ ପରି କାଟୁ କଲା ଓ ଲୋକଟା ମତେ ଏକୁଟିଆ ଛାଡ଼ିଦେଲା ।

ସିନିଅର ଅଫିସର ମାନେ କ୍ୟାମ୍ପରେ କୋକାକୋଲା ପିଇ ଓ ବିସ୍କୁଟ ଖାଇ ଖାଇ ଅପେକ୍ଷା କରିଥିଲେ । ମତେ ସେମାନେ ମୋର ସାଥୀମାନଙ୍କ ବିଷୟରେ ପଚାରିଲେ । ମୁଁ କିଛି ଜାଣିନି ବୋଲି କହିବାରୁ ମତେ ସେମାନେ ଗୋଟିଏ ଜିପ୍‌ରେ ବସେଇ ସେଠୁ କିଛି ମାଇଲ ଦୂରରେ ଥିବା ଯାଦୁଗୋଡ଼ା ଗାଁର ପୋଲିସ ଥାନାକୁ ପଠାଇଦେଲେ । ବାଟରେ ସଶସ୍ତ୍ର କନେଷ୍ଟବଲ ମାନଙ୍କ ଭିତରୁ ଜଣେ ମତେ କହିଲା ଯେ ସେ ଦୁଇ ଦିନ ହେବ କିଛି ଖାଇନି । ନକ୍ସାଲ୍‌ପନ୍ଥୀ ମାନଙ୍କୁ ଖୋଜି ବାହାର କରିବା ପାଇଁ ସେମାନେ ସାରା ଅଞ୍ଚଳଟାକୁ ଛାଣି ପକାଇବାରେ ଲାଗିଛନ୍ତି । ତାଙ୍କର ଅଫିସରମାନେ ଏମାନଙ୍କ ପାଇଁ ଖାଇବା ପିଇବାର କିଛି ବନ୍ଦୋବସ୍ତ କରି ନ ଥିଲେ ।

ପୋଲିସ ଷ୍ଟେସନର ପଛପଟ ଗୋଟିଏ କୋଠରୀରେ ଅର୍ଦ୍ଧସାମରିକ କେନ୍ଦ୍ରୀୟ ରିଜର୍ଭ ପୋଲିସ ମୋର ଚାରିପଟେ କଡ଼ା ପହରା ଦେଉଥିଲେ । ତାଙ୍କ ଭିତରୁ ଜଣେ ମୋ ଆଖିରେ ଆଖି ମିଳେଇବାକୁ ଚେଷ୍ଟା କରୁଥିଲା । ମୁଁ କୁଆଡ଼େ ନ ଚାହିଁ ନିରୁଦ୍‌ବିଗ୍ନ, ନିର୍ବିକାର ହେଇ କାଠ ଖଟିଆରେ ବସି ରହିଥାଏ । ଅସଂଖ୍ୟ ଅଫିସର ଓ ସାଧାରଣ ନାଗରିକ ସେଠାକୁ ଯିବା ଆସିବା କରୁଥିଲେ । ପ୍ରତ୍ୟେକେ ମତେ ସେଇ ସମାନ ପ୍ରଶ୍ନ କେତୋଟି ପଚାରୁଥିଲେ ଓ ମୁଁ ଦେଉଥିବା ଉତ୍ତର ଗୁଡ଼ିକୁ ଛୋଟ ଟିପାଖାତା ମାନଙ୍କରେ ଲେଖି ନେଉଥିଲେ । ମୁଁ ଗାଧୋଇବାକୁ ଚାହେଁ କି ବୋଲି ସେମାନେ ପଚାରିଲେ ଓ ପରେ ମୁଁ ଜାଣିପାରିଲି ଯେ କବାଟର ଗୋଟେ କଣା ବାଟ ଦେଇ ସେମାନେ ମତେ ଚାହିଁ ରହିଥିଲେ । ମତେ ସେମାନେ ବାହାରକୁ ନେଇଗଲେ ଓ ମୋର କେତେଗୁଡ଼ିଏ ଫଟୋ ଉଠାଇଦେଲେ । ଅବିଶ୍ରାନ୍ତ ଧାରାରେ ଚାଲିଥିବା ଏଇ ପ୍ରଶ୍ନ ସବୁର ଉତ୍ତର ଦେଇ ମୁଁ କ୍ଳାନ୍ତ ହୋଇ ପଡ଼ିଲି । କିନ୍ତୁ ଖଟରେ ଶୋଇ ପଡିବାକୁ ଡର ଲାଗୁଥିଲା । ମେଲା କବାଟ ଦେଇ ଜଣେ ପିଲାକୁ ତଳେ ବସିଥିବାର ମୁଁ ଦେଖି ପାରିଲି । ତାର କଚଟିରେ ହାତକଡି ଲଗା ହୋଇଥାଏ । ଅଣ୍ଟାରେ ଦଉଡ଼ି ବନ୍ଧା ହୋଇଥାଏ । ଗୋଟେ ଆଖି ଫୁଲିଯାଇ ନାଲି ଦେଖା ଯାଉଥାଏ ଓ ତାର ଗାଲ ଉପରେ ରକ୍ତ ବୋହି ପଡୁଥାଏ । ଛୋଟ ଲୁଗା ଖଣ୍ଡିଏ ପିନ୍ଧିଥାଏ ଓ ଜ୍ୱରରେ ପିଲାଟା କମ୍ପୁଥାଏ ।

ସେମାନେ ବ୍ୟାଜାପ୍ତ ତାଲିକା ପଢୁଥିଲେ ।

"ଅମଳେନ୍ଦୁ ସେନ୍, ଚାରିଶହ ଟଙ୍କା ।"

ଗୋଟେ ଧକ୍କାରେ ଯେମିତି ମୁଁ ଚମକି ପଡ଼ିଲି ଓ ଜାଣିପାରିଲି ଯେ ସେମାନେ ଅମଳେନ୍ଦୁଙ୍କୁ ଗିରଫ କରି ନେଲେଣି । ତା ପରେ ପରେ ସେଇ କୋଠରୀ ଭିତରକୁ ଆସିଥିବା ଅଫିସର ଜଣକୁ ମତେ ଅମଳେନ୍ଦୁ ସହିତ ଏକାଠି ରଖିବାକୁ ଓ ସେଇ ଅମାର୍ଜିତ ଲୁଙ୍ଗୁପୁଙ୍ଗିଆ ପୋଲିସ ମାନଙ୍କ ପାଖରୁ ନେଇ ଅନ୍ୟ କୌଣସି ସ୍ଥାନରେ ରଖିବାକୁ ମୁଁ ଅନୁରୋଧ କଲି । ସେ ମୋର ଅନୁରୋଧକୁ ଆଡ଼େଇ ଦେଇ ଚାଲିଗଲେ । କିନ୍ତୁ ହଠାତ୍ ସେଦିନ ସନ୍ଧ୍ୟାରେ ମତେ ପାଖ କୋଠରୀକୁ ଯିବା ପାଇଁ ସେମାନେ ଆଦେଶ ଦେଲେ ଯେଉଁଠିକି ଅମଳେନ୍ଦୁ, ତାଙ୍କ ଭାଇ ଓ ଆହୁରି ପନ୍ଦର ଜଣ ଦଉଡ଼ିରେ ଏକାଠି ବନ୍ଧାହୋଇ ଚଟାଣଟାରେ ବସିଥିଲେ । ଆମକୁ ଖାଇବାକୁ ଦିଆଗଲା, ଖାଇବା ସକାଶେ ଖାଲି ଗୋଟେ ହାତ ଖୋଲି ଦିଆଗଲା । ତାପରେ ସେମାନେ ଅମଳେନ୍ଦୁ ଓ ଅନ୍ୟମାନଙ୍କୁ ଜେଲ୍ ହାଜତ ଭିତରକୁ ନେଇଗଲେ । ଆମେ ବାକିମାନେ ରାତିରେ ସେଇଠି ପଡ଼ି ରହିଲୁ । ମୁଁ ତଳେ ଗଡ଼ିଯାଇ ଶୋଇପଡ଼ିଲି । ଆଖି

ଫୁଲିଯାଇଥିବା ପିଲାଟି ସେମିତି ଜ୍ୱରରେ କମ୍ପୁଥିଲା । ତାର ଲୁଗାପଟା ଫେରାଇ ଦେବା ପାଇଁ କହିବାରୁ ଅଫିସର ଜଣକ ପିଲାଟା ଉପରେ ଖିଙ୍କାରୀ ଉଠିଲା । ମତେ ପୁଲିସ ଦେଇଥିବା ଲୁଗା ଖଣ୍ଡିକ ମୁଁ ପିଲାଟାର କାନ୍ଧରେ ଘୋଡ଼େଇ ଦେଲି । ସେମାନେ ତାକୁ ବନ୍ଧୁକ ମୁନରେ ଆଘାତ କରିଥିଲେ ।

ତା ପରଦିନ ସକାଳେ ସେମାନେ ସିଂହଭୂମିର ଚାଇଁବସା ସହରକୁ ଆମକୁ ନେଇଗଲେ । ସେମାନେ ମୋର ରବର ଜୋତା ହଳକ ମୋଠୁ ନେଇଗଲେ ଓ ପୁରୁଷ ମାନଙ୍କଠାରୁ ତାଙ୍କର କାମିଜ୍ ଓ ଫତେଇ ଛାଡ଼ି ସବୁ ଜିନିଷ ନେଇଗଲେ । ସେଇ ଦିନ ସାରା ଆମେ ପୋଲିସ ଗାଡ଼ି ଭିତରେ ଗରମରେ ନ ଖାଇ ନ ପିଇ ବସିରହିଲୁ । ଆମ ଭିତରୁ କେତେ ଜଣ ଅଳ୍ପ ବୟସର ଯୁବକମାନେ ଗୀତ ଗାଉଥିଲେ ଓ ଥଟ୍ଟା ତାମସା କରୁଥିଲେ । ମୁଁ ସେଠି ବସି ଅମଲେନ୍ଦୁ ସହିତ ଚୁପିଚୁପି କଥା ହେଉଥିଲି । ଅନ୍ତତଃ ମୁଁ ଜଲଦି ଖଲାସ ହେଇଯିବି ବୋଲି ନିଶ୍ଚିତ ହୋଇ, ଯାପରେ ଜେଲ୍‌ରେ ତାଙ୍କୁ ଦେଖା କରିବାକୁ ଯିବାପାଇଁ ଅମଲେନ୍ଦୁ ମୃଦୁ ପରିହାସରେ କହୁଥିଲେ ।

ଚାଇଁବସା ଜେଲରେ ତିନି ଦିନ ବିତିଗଲା । ଜେଲର୍ ଜଣକ ମୁଁ ପୁରୁଷ କି ସ୍ତ୍ରୀ ବୋଲି ମତେ ପଚାରିଲେ ଓ ଜେଲର୍ ପରିଚାରିକାକୁ ମୋର ଲିଙ୍ଗ ପରୀକ୍ଷା କରିବା ପାଇଁ କହିଲେ । ମତେ ମହିଳା ୱାର୍ଡ଼କୁ ନିଆଗଲା । ରାତିରେ ଗୋଟେ ବଡ଼ ଶୟନାଗାରରେ ଆମ ସମସ୍ତଙ୍କୁ ଜାକି ମାଡି ରଖି ଦିଆଗଲା । ପାଇଖାନାରୁ ଆସୁଥିବା ଦୁର୍ଗନ୍ଧରେ ନାକ ଫାଟି ପଡୁଥିଲା । ଶୋଇବା ଘର ଭିତରେ ଅସହ୍ୟ ଗରମ ଓ ଦୁର୍ଗନ୍ଧ ଯୋଗୁଁ ବାନ୍ତି ଆସି ଯାଉଥିଲା । ଜେଲର୍ ପରିଚାରିକା ମଧ୍ୟ ଆମ ସହିତ ଶୋଉଥିଲା । ଶୟନାଗାରର ଶେଷ ଆଡ଼କୁ ପାଇଖାନା ଘରକୁ ଲାଗି ଶୋଇଥିବା କେତେ ଜଣ ଅପରାଧୀ ଆଡ଼କୁ ବାଡ଼ି ହଲେଇ ହଲେଇ ପରିଚାରିକାଜଣକ ବହୁତ ଗାଳି ଗୁଲଜ କରୁଥିଲା । ସକାଳୁ ସେ ଡ୍ୟୁଟିକୁ ଚାଲିଗଲା ଓ ଜଣେ ୱାର୍ଡ଼ ବଏ ଆସି ତା ଖଟିଆରେ ଗଡ଼ି ପଡ଼ିଲା । କେତେଜଣ ସ୍ତ୍ରୀଲୋକ ତାକୁ ଭାରି ଗେଲ ସୁଆଗ କଲେ । ଥଟ୍ଟାରେ ତାର ବେଲ୍‌ଟ କାଢ଼ି ନେଲେ ଓ ଚାବିକାଠି ନେଇ ଲୁଚାଇ ଦେଲେ । ମୁଁ ବହୁତ ଥକି ପଡ଼ିଥିଲି ଓ ସେମାନେ କଣ କରୁଛନ୍ତି ସେସବୁ ଦେଖିବା ଅବସ୍ଥାରେ ନ ଥିଲି କହିଲେ ଚଳେ । ଅନ୍ୟ ସ୍ତ୍ରୀ ଲୋକମାନେ ତେଲ ଓ ସାବୁନ ଆଣିଲେ । ଜଙ୍ଗଲୀ ରାସ୍ତାରେ ମତେ ଜବରଦସ୍ତି ଚ଼ଲେଇ ଆଣିଥିବାରୁ ମୋ ଗୋଡ଼ ଓ ପାଦରେ ତେଲ ଘଷି ସେମାନେ ମତେ ଗାଧୋଇଦେଲେ ।

ତୃତୀୟ ଦିନ ରାତିରେ ଏକ ମଧ୍ୟବିତ୍ତ ବଙ୍ଗୀୟ ପରିବାରରୁ ଇଂରାଜୀରେ

କଥାବାର୍ତ୍ତା କରି ପାରୁଥିବା ଝିଅଟିଏ ଆସି ପହଞ୍ଚିଲା । ନାଁ ତାର କଳ୍ପନା । ମୁଁ ଗିରଫ ହେବାର ପରଦିନ କଳ୍ପନା ଗିରଫ ହୋଇଥିଲା । ପୋଲିସର ତନାଘନା ଅନୁସନ୍ଧାନ ସମୟରେ ମୋ ପରି ଓ ଅନ୍ୟମାନଙ୍କ ପରିକା ତାକୁ ମଧ୍ୟ ନକ୍‌ସଲପନ୍ଥୀ ବୋଲି ଦୋଷୀ ସାବ୍ୟସ୍ତ କରି ଗିରଫ କରାଯାଇଥିଲା । ସେ ଖୁବ୍ କ୍ଳାନ୍ତ ହୋଇ ପଡ଼ିଥିଲା ଓ ପୋଲିସ ଥାନାରେ ତାର ଦୁଇ ଦିନର ରହଣି ଭିତରେ ସେ ଦେଖିଥିବା ନିର୍ଯ୍ୟାତନା ଓ ମାଡ଼ପିଟ ବିଷୟରେ କହି ଚାଲିଥିଲା । କଚ୍‌ଟିକୁ ବାନ୍ଧିଦେଇ ପାଞ୍ଚ ଜଣ ଲୋକଙ୍କୁ କିପରି କାନ୍ଥ ଉପରୁ ଟାଙ୍ଗି ଦିଆଯାଇ ବନ୍ଧୁକ ମୁନରେ ମାଡ଼ ଦିଆଯାଉଥିଲା ସେଇ ବିଷୟରେ କଳ୍ପନା ମତେ କହି ଚାଲିଥିଲା । ଯେଉଁମାନେ ଯା ପରେ ମଧ୍ୟ "କିଛି କହୁ ନ ଥିଲେ", ସେମାନଙ୍କ ଗୁହ୍ୟ ଦ୍ୱାରରେ ତାତିଲା ଖଡ଼ିକା ପୁରାଇ ଦିଆଯାଉଥିଲା ଓ ଅସହ୍ୟ ଯନ୍ତ୍ରଣାରେ ସେମାନେ ଚିତ୍କାର କରି ଉଠୁଥିଲେ । ପୋଲିସ ଜେରା ହେବା ଆଗରୁ ପ୍ରାୟ ଅଠର ଜଣ ପୁରୁଷଙ୍କ ସହିତ ତାକୁ ଗୋଟିଏ ଛୋଟିଆ ଜେଲ୍ ହାଜତରେ ତାଲା ପକାଇ ରଖାଯାଇଥିଲା ।

ଚାଇଁବସା ଜେଲ୍ ଅଫିସରେ ପୋଲିସ ପଚ଼ରାଉଚୁରା କରିବାରେ ଲାଗିଥିଲା । ଅନ୍ୟ ମହିଳା ବନ୍ଦୀମାନେ ମତେ ପିନ୍ଧିବାକୁ ଲୁଗା ଦେଇଥିବାରୁ ଏବଂ ସେମାନଙ୍କ ସହିତ ମୋର ସଂପର୍କ ବୃଦ୍ଧି ପାଉଥିବାରୁ ଇଣ୍ଟେଲିଜେନ୍‌ସ ଅଫିସର ମାନେ ଖୁବ୍ ବିରକ୍ତ ହେଉଥିଲେ । ମୁଁ ଏହି ମହିଳା ବନ୍ଦୀମାନଙ୍କ ସହ ମିଶିପାରିବି ବୋଲି ସେମାନଙ୍କର କଳ୍ପନା ବାହାରେ ଥିଲା । କାରଣ ସେମାନେ ନିଜେ ଲୋକ ସଂପର୍କରେ ଆସୁ ନ ଥିଲେ । ସେମାନେ ବୁଝି ନ ଥିଲେ ଯେ ଗୋଟିଏ ଅନୁରୂପ ଭାଷା ଓ ସଂସ୍କୃତି ବିନା ମଧ୍ୟ ପାରସ୍ପରିକ ସହାନୁଭୂତି ମାଧ୍ୟମରେ ସଂପର୍କଟିଏ ସୃଷ୍ଟି କରାଯାଇପାରେ । କାଳେ ତାଙ୍କର କର୍ତ୍ତୃତ୍ୱ ପ୍ରତି କୌଣସି ଅଘଟଣ ବା ଅପବାଦ ଆସିଯିବ ଭାବି ଜେଲର ଜଣକ ମୋ ହାତରେ ମହିଳା ବନ୍ଦୀମାନେ ପିନ୍ଧେଇଥିବା କାଚ଼ ଚୁଡ଼ିକୁ ଭାଙ୍ଗିଦେଲେ ଏବଂ ସେମାନଙ୍କୁ "ଚୋରଣୀ ଓ ଖୁଣୀ" କହି ମତେ ତାଙ୍କ ସହିତ ମିଳାମିଶା ନ କରିବାକୁ ସତର୍କ କରିଦେଲେ ।

୧୯୭୦ ମସିହା ଜୁନ୍ ୧ ତାରିଖ ସୋମବାର ଦିନ ଆମେ ସ୍ଥାନାନ୍ତରିତ ହେଲୁ । ଦୁଇ ଡଜନ ହେବ ସଶସ୍ତ୍ର ପ୍ରହରୀ ମାନଙ୍କର ଉପସ୍ଥିତି ପ୍ରତି ଟିକିଏ ସୁଦ୍ଧା ଭ୍ରୁକ୍ଷେପ ନ କରି ମୁଁ ଅମଳେନ୍ଦୁ ସହିତ ଗପସପ କରୁଥିଲି । ସେଇଠୁ ୧୪୨ ମାଇଲ ଦୂରରେ ଥିବା ହଜାରୀବାଗ ଜେଲକୁ ଆମେ ଯାଉଥିବାର ଅମଳେନ୍ଦୁ ମତେ କହିଲେ । ମୁଁ ଏ ଜାଗାଟିର ନାଁ ମଧ୍ୟ ଆଗରୁ ଶୁଣି ନ ଥିଲି । ପ୍ରତିଷେଧକମୂଳକ ଅଟକରେ ଯା ପୂର୍ବରୁ ଦୁଇ ମାସ ଧରି ଜେଲ ଭୋଗିଥିବା ଆମର ଜଣେ ସାଥୀ ଆମକୁ ଜେଲ୍

ଜୀବନ ଓ ସେଠି ଦିଆଯାଉଥିବା ଖାଦ୍ୟପେୟ ଓ ପିନ୍ଧିବାକୁ ଦିଆଯାଉଥିବା ଲୁଗାପଟା ବିଷୟରେ ଶୁଣାଉଥିଲେ । ଆମକୁ ଜେଲ୍‌ରେ ବେଶୀ ଦିନ ରହିବାକୁ ପଡ଼ିବ ନାହିଁ ଭାବି ଆମେ କେହି ହେଲେ କଥାଟାକୁ ଗୁରୁତ୍ୱ ସହ ଚିନ୍ତା କରୁ ନ ଥିଲୁ । ପୁରା ଦୁଇବର୍ଷ ଜେଲ୍‌ରେ ବିତାଇବା ପରେ ମୁଁ ଜାଣିପାରୁଥିଲି ଯେ ଆମେ ପ୍ରକୃତରେ ସେତେବେଳେ କେତେ ନିର୍ବୋଧ ଓ ନୀରିହ ଥିଲୁ ।

ହଜାରୀବାଗ ଜେଲ୍ ଅଫିସରେ ଚଷମାପିନ୍ଧା କିରାଣୀ ଜଣକ କଞ୍ଚନା ପଛେ ପଛେ ମୁଁ ଫିମେଲ ୱାର୍ଡକୁ ଯାଉଥିବାର ଦେଖି ରାଗରେ ଗର୍ଜି ଉଠିଲା ଓ ପୁରୁଷବନ୍ଦୀଙ୍କ ମେଳରେ ମତେ ଭୂଇଁରେ ଲେପେଟେଇ ହେଇ ବସି ରହିବା ପାଇଁ ହୁକୁମ ଦେଲା । ଏଥିରେ ସମସ୍ତେ ଯାକ ଜୋର୍‌ରେ ହସି ଉଠିଲେ । ଥତମତ ହୋଇ ସେ ମୋର ଜାତି, ପିତୃ ପରିଚ଼ୟ ଓ ଆହୁରି ଅନ୍ୟାନ୍ୟ ବିଷୟ ପୁଙ୍ଖାନୁପୁଙ୍ଖ ଭାବରେ ପଚ଼ରିବାକୁ ଆରମ୍ଭ କଲା । ତାପରେ ଅମଳେନ୍ଦୁ ପାଖରୁ ଶେଷ ଥର ପାଇଁ ମୁଁ ବିଦାୟ ନେଲି । ତାଙ୍କ ସହିତ କଥା ହେବାକୁ ଆଉ ଅନୁମତି ପାଇଲି ନାହିଁ । ସେମାନେ ପଥର ଚଟାଣ ଉପରେ ଯାକିଜୁକି ହେଇ ବସିବା ଅବସ୍ଥାରେ ମୁଁ ଅମଳେନ୍ଦୁଙ୍କର ମୁଣ୍ଡର ଶୀର୍ଷକୁ ମୋ ମୁଣ୍ଡ ସହତ ବଜାଇ ସ୍ପର୍ଶ କରିପାରିଲି ଓ ଅମଳେନ୍ଦୁଙ୍କ ଭାଇଙ୍କ ସହିତ ଟିକିଏ ହସ ବିନିମୟ କରି ମୁଁ କଞ୍ଚନା ସହିତ ଗୋଟେ ୱାର୍ଡ଼ରକୁ ଅନୁସରଣ କରି ଚ଼ଲିଲି । ଗୋଟେ ଉଚ୍ଚା ଚଉକାଠ ଉପରେ ବସାହୋଇଥିବା ଛୋଟ ଦ୍ୱାର ମୁହଁ କବାଟ ଦେଇ ୱାର୍ଡ଼ରଟି ଆମକୁ ଜେଲ୍‌ର ଭିତରକୁ ନେଇଗଲା । ଭିତରଟା ପୁରାପୁରି ଅନ୍ଧାର । ୱାର୍ଡ଼ରର ଲଣ୍ଠନ ଆଲୁଅରେ ବାଟ ଦେଖି ଆମେ ଖାଲି ପାଦରେ ଗୋଟେ ପଥୁରିଆ ରାସ୍ତାରେ ଚ଼ଲିଲୁ । ଉଚ୍ଚ ପାଚ଼େରୀ କାନ୍ଥ ପାର ହେବାପରେ ଲୁହା ବାଡ଼ ଲାଗିଥିବା ଆଉ ଗୋଟିଏ ଗେଟ୍ ପାଖରେ ପହଞ୍ଚିଲୁ । ଆମେ ଭିତରକୁ ପ୍ରବେଶ କରିବା ମାତ୍ରେ ଆମ ପଛରେ ଲୌହ ଫାଟକଟି ବନ୍ଦ ହେଇଗଲା ।

୨

ଏକାନ୍ତ

ତା ପରଦିନ ସକାଳ ସାଢ଼େ ପାଞ୍ଚଟାରେ ହଠାତ୍ ମୋର ଗିରଫ ହେବାର ପଞ୍ଚମ ଦିନରେ "ମେଟିନୀ" ଜଣକ ଆସି ମତେ ନିଦରୁ ଉଠାଇଦେଲା । କ୍ଳାନ୍ତ, ଶ୍ରାନ୍ତ ହେଇ ମୁଁ ଗଭୀର ନିଦରେ ଶୋଇ ପଡ଼ିଥିଲି । "ମେଟିନୀ" (mate ଶବ୍ଦରେ ହିନ୍ଦୀ- ସ୍ତ୍ରୀଲିଙ୍ଗ ସୂଚକ ଅନ୍ତ୍ୟବର୍ଣ୍ଣକୁ ଯୋଡ଼ି ଦିଆଯାଇଛି) ହେଉଛି ଫିମେଲ ୱାର୍ଡ଼ ଦାୟିତ୍ୱରେ ଥିବା ସବୁଠୁ ବିଶ୍ୱାସୀ ବନ୍ଦୀ । ୱାର୍ଡ଼ ବାହାରେ ଯାକିଜୁକି ହୋଇ ଧାଡ଼ି ବାନ୍ଧି ବସିଥିବା ଡଜନେ କିମ୍ବା ଦୁଇ ଡ଼ଜନ ସ୍ତ୍ରୀ ଲୋକମାନଙ୍କ ସହିତ ବସିବା ପାଇଁ ସେ ମତେ ଓ କଲ୍ପନାକୁ ପଠାଇ ଦେଲା । ଚିଫ୍ ହେଡ୍ ୱାର୍ଡ଼ର ସେମାନଙ୍କୁ ଜଣ ଜଣ କରି ଗଣୁଥିଲେ । ସେମାନଙ୍କର ମୁହଁ ଘୋଡ଼ା ହେଇଥିଲା । ମୁହଁ ସବୁ ତଳକୁ ପୋତା ହେଇଥିଲା । କେଇ ଜଣ ଶୋଇପଡ଼ିଥିବା ଛୁଆମାନଙ୍କୁ କାଖରେ ଜାକିଧରିଥିଲେ । ଟିକିଏ ସୁଦ୍ଧା ହଲଚଲ୍ ନ ହୋଇ, ନୀରବରେ ନମ୍ରତାର ସହିତ ଅପେକ୍ଷା କରି ବସିଥିଲେ । ଆଉ ୱାର୍ଡ଼ର ଜଣକ ହାତରେ ଧରିଥିବା ଲୋଚକୋଚ କାଗଜ ଖଣ୍ଡିକୁ ଦେଖି ଯୋଡ଼ିକ ପରେ ଯୋଡ଼ିକୁ ତାଙ୍କ ବାଡ଼ିରେ ଟିକିଏ ପିଟିଦେଇ ଧାଡ଼ିର ଏ ମୁଣ୍ଡରୁ ସେ ମୁଣ୍ଡକୁ ଟହଲମାରି ଚେକ୍ କରୁଥିଲେ । ମେଟିନୀର ନିର୍ଦ୍ଦେଶକୁ ଅମାନ୍ୟ କରି ଆମେ ସେମାନଙ୍କ ସହିତ ଯାକିଜୁକି ହୋଇ ବସିଲୁନି । ବରଂ ସେଠି ଛିଡ଼ା ହୋଇ ରହିଲୁ । ୱାର୍ଡ଼ର ଚାଲିଯିବା ପରେ ଆମେ ଆମର ନୂଆଁ ପରିବେଶକୁ ପର୍ଯ୍ୟବେକ୍ଷଣ କଲୁ । ହଜାରୀବାଗ କେନ୍ଦ୍ରୀୟ ଜେଲର ଫିମେଲ ୱାର୍ଡ଼ଟି ହଠାତ୍ ଦେଖିଲା କ୍ଷଣି ବେଶ୍ ଭଲ ଲାଗୁଥିଲା । ହଳଦିଆ ରଙ୍ଗରେ ଧଉଳା ହେଇଥିବା ଲମ୍ବା ଅଥଚ ନିଚ୍ଚା ଫିମେଲ ୱାର୍ଡ଼କୁ ବିସ୍ତୀର୍ଣ୍ଣ ଲାଲମାଟି ଘେରି ରହିଥିଲା । ଦୁଇ ପାର୍ଶ୍ୱରେ ପନିପରିବା ବଗିଚା, ଫାଟକରୁ ୱାର୍ଡ଼ ପର୍ଯ୍ୟନ୍ତ ପଡ଼ିଥିବା ରାସ୍ତା କଡ଼ରେ, ତାଛଡ଼ା ଡାହାଣପଟ କାନ୍ଥ କଡ଼ରେ ବୁଦାକୁ ବୁଦା ଚମେଲୀ ଫୁଲ ବାଡ଼ ଦିଆ ହେଇଥିଲା । ଆମ୍ବ, ପିଜୁଳି, ଲେମ୍ବୁ, ଲିମ୍ବ ଓ

ବୁଗେନ୍‌ଭିଲା ପରି କେତେଗୁଡ଼ିଏ ଗଛ ଲଗା ହେଇଥିଲା । ସମଗ୍ର ଜାଗାଟିକୁ ମାଟିଆ ରଙ୍ଗର ମୁଗୁନି ପଥରରେ ତିଆରି ବାର ଫୁଟର କାନ୍ଥ ବେଢ଼ି ରହିଥିଲା ।

ଆମର ପର୍ଯ୍ୟବେକ୍ଷଣ ନ ସରୁଣୁ ଫାଟକଟି ଆଉ ଥରେ ଖୋଲିଗଲା ଓ ନୀଳ ରଙ୍ଗର ଗାରପକା ଖଦଡ଼ ଲୁଗା ପିନ୍ଧିଥିବା ଦୁଇ ଜଣ ପୁରୁଷ କଇଦୀ ଆଉ ଜଣେ ୱାର୍ଡ଼ର ସହିତ ଭିତରକୁ ପଶି ଆସିଲେ । ନିହାତି ଅପରିଷ୍କାର ଦେଖାଯାଉଥିବା ଦୁଇଟି ବାଲ୍‌ଟିରେ ସେମାନେ ମହିଳା କଏଦୀ ମାନଙ୍କ ପାଇଁ ଜଳଖିଆ ଦେବାକୁ ଆସୁଥିଲେ । ଗେଟ୍ ଭିତରେ ଗୋଟିଏ ନିଚ୍ଚା ସିମେଣ୍ଟ କାନ୍ଥ ଉପରେ ଧାଡ଼ି କରି ରଖା ହେଇଥିବା ସ୍ତ୍ରୀଲୋକ ମାନଙ୍କର ତାଟିଆ ମାନଙ୍କରେ ଖାଦ୍ୟତକ ଅଜାଡ଼ି ଦେଇ ସେମାନେ ଏକବାର ଦୌଡ଼ି ଚାଲିଗଲେ । 'ମେଇମୁନ୍', ମେଟିନୀ ଜଣକ ଆମକୁ ଡାକିଲା ଓ ଆମ ଦି ଜଣଙ୍କୁ ମେଞ୍ଚାଏ ହେବ କଞ୍ଚା ବିରିଚୂଣା ଆଉ ପ୍ରାୟ ଅଧ ଲିଟର ଧରୁଥିବା ଗୋଟେ ଆଲୁମିନିୟମ ତାଟିଆରେ ଗୋଡ଼ିମିଶା କଳା ରାବ ଗୁଡ଼ରେ ତିଆରି ଅଠାଳିଆ ବଟିକାପରି କଣ ଅଜାଡ଼ି ଦେଲା । ପୁଣି ଦାନ୍ତ ଘଷିବା ପାଇଁ ଛଅ ଇଞ୍ଚର କାଠି ଖଣ୍ଡିଏ ଆମକୁ ବଢ଼ାଇ ଦେଲା । ସଙ୍ଗେ ସଙ୍ଗେ ବିରିଚୂଣାରେ ଲାଗିଥିବା ମାଟିକୁ ଦୃଷ୍ଟି ନ ଦେଇ ମୁଁ ପାଟିରେ ପକାଇ ଚୋବାଇବାକୁ ଲାଗିଲି । ମୋର ଏ କାଣ୍ଡକୁ ଆଶ୍ଚର୍ଯ୍ୟ ଚକିତ ହୋଇ ଦେଖୁଥିବା ମହିଳା ବନ୍ଦୀ ମାନଙ୍କ ପ୍ରତି ମଧ ମୁଁ ସେତେବେଳେ ସଚେତନ ନ ଥିଲି । ସେମାନଙ୍କର ପ୍ରଥା ଅନୁସାରେ ସକାଳୁ ଅଘଷା ମୁହଁରେ ଖାଦ୍ୟ ସ୍ପର୍ଶ କରିବାଟା ଚିନ୍ତାର ବାହାରେ ଥିଲା । କେତେ ବର୍ଷ ପରେ ତାଙ୍କ ସହିତ ଭଲ ଭାବରେ ଚିହ୍ନା ପରିଚୟ ହେଲା ପରେ ପ୍ରାୟ ପ୍ରତିଦିନ ସକାଳୁ ସେମାନେ ମୋର ସେ ଦିନର କାଣ୍ଡକୁ ମନେ ପକାଇ ଦେଉଥିଲେ । ମୋ ଅପେକ୍ଷା କଳ୍ପନାର ଖାଇବା ରୁଚିଟା ଆଉ ଟିକିଏ ଉନ୍ନତ ଥିଲା କହିଲେ ଚଳେ । ସେ ଅନିଚ୍ଛା ସତ୍ତ୍ୱେ ଅଳ୍ପ ଟିକିଏ ବିରିଚୂଣା ଚୋବାଇଲା ଓ କପେ ଚା ପାଇଁ ଅପେକ୍ଷା କରି ବସିଲା । ସେ ତାକୁ "ଘୋଡ଼ାଦାନା" କହି ଆଡ଼େଇ ଦେଲା ଓ ତାଟିଆକୁ ପାଣି ସୁରେଇର ଢ଼ାଙ୍କୁଣୀ ଉପରେ ରଖିଦେଲା । ଏଥିରେ ମେଟିନୀ ଜଣକ ଆମ ଉପରକୁ ଉହୁଙ୍କି ଆସିଲା । ତାଟିଆକୁ ସେଇଠୁ ଫିଙ୍ଗିଦେଲା ଓ ପାଣିକୁ ଅଶୁଦ୍ଧ କରି ଦେଇଥିବାରୁ ସେ କଳ୍ପନା ଉପରେ ଗର୍ଜିଉଠିଲା । ମୁଁ ଏ ଗର୍ଜନ ତର୍ଜନର ଅର୍ଥ କିଛି ବୁଝି ପାରୁ ନ ଥାଏ । ପରେ କଳ୍ପନା ବୁଝାଇଦେଲା ଯେ ହିନ୍ଦୁ ମତ ଅନୁସାରେ ଅଇଁଠା ଖାଦ୍ୟକୁ ଅଶୁଦ୍ଧ ଓ ଆବର୍ଜନା ବୋଲି ଧରାଯାଏ । ପରେ ପ୍ରକୃତରେ ମୁଁ ଜାଣିପାରିଲି ଯେ ମେଟିନୀ ଜଣକ ହେଉଛି ମୁସଲମାନ ।

ଆମେ ଆମର 'ନୂଆ ଘରଟାକୁ' ତନ୍ନତନ୍ନ କରି ଦେଖିବାରେ ଲାଗିଗଲୁ ।

କିନ୍ତୁ କେତୋଟି ମିନିଟ୍ ଭିତରେ ଗୋଟେ ପ୍ରକାର ଧାଁ ଧଉଡ଼ ଆରମ୍ଭ ହେଇଗଲା । ସବୁ ସ୍ତ୍ରୀ ଲୋକଯାକ ଠେଲାପେଲା ହେଇ ସେଇ ସୁବୃହତ୍ ଶୟନାଗାର ଭିତରକୁ ପଶିଗଲେ ଏବଂ ଗେଟ୍ ପାଖରେ ଧାଡ଼ି ବାନ୍ଧି ଠିଆ ହେଇପଡ଼ିଲେ । ତାଙ୍କ ପିନ୍ଧା ଶାଢ଼ୀର କାନିରେ ମୁହଁ ଢାଙ୍କି ମୁହଁ ତଳକୁ ପୋତି ସେମାନେ ଠିଆ ହେଇଥିଲେ । ମେଟିନୀ ଜଣକ ତରତର ହେଇ ତଳେ ଗଦା ହେଇଥିବା ସରକାରୀ ଖାକି ପୋଷାକ ଭିତରକୁ କେତେ ଗୁଡ଼ିଏ ଗୋଲାପୀ ରଙ୍ଗର ସ୍ୟାଣ୍ଡାଲ ସବୁକୁ ଠେଲିଦେଇ ରଖିଦେଲା । କେତେ ମାସ ପରେ ଆମେ ଜାଣିଲୁ ଯେ କଣ ପାଇଁ ସେ ସେଗୁଡ଼ିକୁ ଲୁଚାଇ ରଖିଥିଲା । ଜେଲ୍ ଭିତରେ ଚପଲ ପିନ୍ଧିବାକୁ ଦିଆଯାଉ ନ ଥିଲା । ଗୋଟେ ୱାର୍ଡ଼ର ପାଖରୁ ସେ ଗୁଡ଼ା ଗୁପ୍ତରେ କିଣା ଯାଇଥିଲା ।

ଗେଟ୍ ବାହାର ଘଣ୍ଟିଟି ଗୋଟେ ପ୍ରକାର ଉନ୍ମତ୍ତ ଭାବରେ ବାଜି ଚାଲିଥିଲା । ଗେଟ୍ ଖୋଲାହେବା କ୍ଷଣି ଦୁଇ ଜଣ ଅଫିସର ଜେଲ୍ ଭିତରକୁ ପଶି ଆସିଲେ । ତାଙ୍କ ସାଙ୍ଗରେ ଥିଲେ ଚିଫ୍ ହେଡ୍ ୱାର୍ଡ଼ର ଓ କେତେଜଣ ଖାକି ପୋଷାକ ପିନ୍ଧା ସଶସ୍ତ୍ର ରକ୍ଷୀ । ସେଇ ମାସ କେଇଟା ଭିତରେ ଆମେ ଏମିତି ଆଦବ କାଇଦା ସହ ବେଶ୍ ପରିଚ଼ିତ ହେଇ ଯାଇଥିଲୁ । ସଶସ୍ତ୍ର ରକ୍ଷୀ ବିନା ସୁପରିଟେଣ୍ଡେଣ୍ଟ ଓ ଜେଲର କେବେ ବନ୍ଦୀମାନଙ୍କ ଭିତରକୁ ଆସୁ ନ ଥିଲେ । ମହିଳା ପ୍ରହରୀ ଜଣକ ହଡ଼ ବଡ଼େଇ ଯାଇ ସାବଧାନ ଭଙ୍ଗୀରେ ଛିଡ଼ା ହେଲା ଓ ସାଲ୍ୟୁଟ୍ ଜଣାଇଲା । ସାଲ୍ୟୁଟ ଜଣାଇଲା ବେଳେ ତାର ଉପରକୁ ଉଠୁଥିବା ହାତଟା ତାର ମୋଟା ଖାକି ରଙ୍ଗର ଶାଢ଼ୀର କୁଞ୍ଚରେ ଲାଖି ଯାଇଥିଲା । କଳ୍ପନା ଓ ମୋତେ ଧାଡ଼ିର ସବାଶେଷରେ ଛିଡ଼ା କରାଯାଇଥିଲା । ଅଫିସର ଦୁଇ ଜଣ ଅନ୍ୟ ମହିଳା ବନ୍ଦୀ ମାନଙ୍କ ଉପସ୍ଥିତି ବିଷୟରେ ଆଦୌ ସଚ଼େତନ ସୁଦ୍ଧା ନ ହୋଇ ତାଙ୍କ ପାଖ ଦେଇ ବେଶ୍ ନିର୍ବିକାରରେ ଚାଲି ଆସିଲେ ଓ ଆମ ସାମ୍ନାରେ ଆସି ଅଟକି ଗଲେ । ଆମର ଉପସ୍ଥିତିକୁ ଆଦୌ ଖାତିର ନ କଲା ପରି ଭଙ୍ଗୀରେ ମହିଳା ପ୍ରହରୀ ଜଣକୁ ହିନ୍ଦୀରେ କଣ ସବୁ ନିର୍ଦ୍ଦେଶ ଦେବାରେ ଲାଗିଲେ । କଳା ଚଷମା ପିନ୍ଧିଥିବା ଗେଡ଼ା ଗେଟମା ଲୋକଟା ଜେଲ୍ ସୁପରିଟେଣ୍ଡେଣ୍ଟ । ସିଏ ଶେଷରେ ଆମ ଆଡ଼କୁ ଘୁରିଯାଇ ଆମର କଣ କହିବାକୁ ଅଛି କି ବୋଲି ପଚାରିଲେ । କଳ୍ପନା ସଙ୍ଗେ ସଙ୍ଗେ ବୁଦ୍ଧି ଖଟାଇ ଖବର କାଗଜ, ସାବୁନ ଓ ଲୁଗା ପାଇଁ କହିଲା । ତାର କିଛି ପ୍ରତି ଉତ୍ତର ମିଳିଲା ନାହିଁ । ସେମାନେ ଯେମିତି ହଠାତ୍ ଆସିଥିଲେ, ଠିକ୍ ସେମିତି ଚାଲିଗଲେ । ତା ପରେ ପରେ ମହିଳା ପ୍ରହରୀ ଜଣକ ଶୋଇବା ହଲ୍‌ରେ ସବାଶେଷ ଆଡ଼କୁ ଥିବା ଦୁଇଟା ବନ୍ଦୀ ଗୃହରେ ରଖାଯାଇଥିବା କମ୍ବଳ ଓ ବାସନକୁସନ ସବୁ ବାହାର କରି ଆଣିବା ପାଇଁ ସବୁ ବନ୍ଦୀ ମାନଙ୍କୁ ପଠାଇ ଦେଲା ।

କଞ୍ଚନା ସେମାନଙ୍କର ହିନ୍ଦୀ କଥା ବାର୍ତ୍ତାରୁ କିଛିଟା ବୁଝିପାରିଲା ଓ ଆମ ଦୁଇ ଜଣଙ୍କୁ ନିଃସଙ୍ଗ କାରାଗାରରେ ରଖାଯିବ ବୋଲି ମତେ କହିଲା ।

ସେଦିନ ସକାଳ ଦଶଟା ବେଳକୁ ମୁଁ ଗୋଟିଏ ପନ୍ଦର ଫୁଟ ବିଶିଷ୍ଟ ବନ୍ଦ କୋଠରୀରେ ନିଜକୁ ପାଇଲି । ଖାଲି ଗୋଟିଏ ମାଟିର ମାଠିଆ ଆଉ ତିନିଟି ଛିଣ୍ଡା ମୋଟା କମ୍ବଳ ଛାଡ଼ିଦେଲେ ଘରଟାରେ ଆଉ କିଛି ହିଁ ନ ଥିଲା । କାହିଁ କେତେ ପିଢ଼ିର ବନ୍ଦୀ ମାନଙ୍କର ଝାଳ ଗନ୍ଧ ଓ ତେଲ ଚିକିଟାରେ କମ୍ବଳ ଗୁଡ଼ିକ ଟାଣ ହୋଇ ଯାଇଥିଲା । କମ୍ବଳ ଗୁଡ଼ିକୁ ଭାଙ୍ଗି ମୁଁ ପଥର ଚଟାଣ ଉପରେ ଗଦି ତିଆରି କଲି । ମୋର ବନ୍ଦୀ ଗୃହଟି ଶୋଇବା ହଲ୍ ଘରଟାର ଗୋଟେ କଣ ମାତ୍ର ଥିଲା । ଗେଟ୍ ଠାରୁ ବେଶ୍ ଦୂରରେ ଆଉ ହତାର ଶେଷ ମୁଣ୍ଡରେ ଥିବା ଅଗଣାଟି ଆଡ଼କୁ ମୋ କୋଠରୀଟି ମୁହାଁଇଥିଲା । ଦୁଇଟି ଯାକ ବାହାର କାନ୍ଥ ଖରା ବର୍ଷା ଶୀତର ପ୍ରକୋପକୁ ସଦା ଉନ୍ମୁକ୍ତ । ଝରକା ବଦଳରେ ତିନି ଚାରି ଫୁଟ ଚଉଡ଼ାର ଖୋଲା ମୁହଁ ମାନ ଚଟାଣର ଆଠ ଫୁଟ ଉଞ୍ଚ ଛାଡ଼ି ରହିଥିଲେ । କବାଟରେ ଲୁହାର ଗୋଟିଏ ଲମ୍ବା ଶିକୁଳି ଓ ଗୋଟେ ଓଜନିଆ କୋଲପ ଲାଗିଥିଲା । ରଙ୍ଗଛଡ଼ା କାନ୍ଥ ମାନଙ୍କରେ ଛାପିଛାପିକା ପୁରୁଣା ଚୂନ ଲେପର ଚିହ୍ନ । କେତେ ଦିନୁ ମରା ହୋଇଥିବା ଖିଲର ଆବୁଡ଼ା ଖାବୁଡ଼ା ଚିହ୍ନରେ କାନ୍ଥଟା ବସନ୍ତ ବିକ୍ଷତ ମୁହଁଟିଏ ପରି ଦେଖାଯାଉଥାଏ । ଗୋଟେ ପାଖକୁ ଅଣ୍ଟାଏ ଉଚ୍ଚର ନଡ଼ବଡ଼ିଆ କାଠ ଗେଟ୍ ପାଇଖାନାଟିକୁ ତାର ଶକ୍ତିମତେ ଲୁଚେଇ ରଖିଥାଏ । ପାଇଖାନା ନୁହେଁ ଯେ ଗୋଟେ ଉଠା ଚଟାଣ ଯାରି ମଝିରେ ଛୋଟ ଗାତଟିଏ ଆଉ ଗାତ ତଳେ ଭଙ୍ଗା ମାଟି ହାଣ୍ଡିଟାଏ । ମୋ ପାଇଖାନାଟି ଶୋଇବା ହଲର୍ର ଗୋଟେ ମାତ୍ର ପାଇଖାନା ପାଖକୁ ଲାଗି ରହିଥାଏ ଯେଉଁ ହଲ୍‌ରେ ଜେଲ୍‌ର ବାକି ସବୁ ମହିଳା ବନ୍ଦୀମାନେ ଶୋଉଥିଲେ । ଏଇ ଦୁଇଟିଯାକ ପାଇଖାନା ଓ କଞ୍ଚନାର ପାଇଖାନାର ଖୋଲା ନାଳମାନ ମୋ କୋଠରୀ ବାହାର କାନ୍ଥ ପଟ ଦେଇ ଯାଉଥାଏ ଓ ରାତିରେ ଅସହ୍ୟ ଦୁର୍ଗନ୍ଧରେ ମତେ ଅତିଷ୍ଠ କରି ପକାଉଥାଏ । ଭଙ୍ଗା ସିମେଣ୍ଟ କାନ୍ଥର ଫାଙ୍କ ଆଉ ଇଟା ଯୋଡ଼େଇରେ ତିଆରି ଭଙ୍ଗା ନାଳମାନ ଅସଂଖ୍ୟ ମାଛି ଓ ବେଶ୍ ବଡ଼ ବଡ଼ ମଶା ମାନଙ୍କର ଗୋଟେ ପ୍ରକାର ପ୍ରଜନନ କ୍ଷେତ୍ର ହୋଇ ପଡ଼ିଥିଲା । ପରସ୍ପର ସଲାସୁତୁରାରେ ସେମାନେ ଯେମିତି ପ୍ରତି ରାତିରେ ମୋ ଜେଲ୍ ପ୍ରକୋଷ୍ଠରେ ପହରା ଦେଇ ମୋର ସାମାନ୍ୟତମ ନିଦ୍ରା ଓ ବିଶ୍ରାମରେ ମଧ୍ୟ ବ୍ୟାଘାତ ସୃଷ୍ଟି କରୁଥିଲେ ।

"ନିଃସଙ୍ଗ କାରାବାସ"ରେ ମୋର କେତେ ଦିନ ସ୍ୱପ୍ନ ପରି କଟିଗଲା । ପ୍ରତିଦିନ ସକାଳେ ଓ ସନ୍ଧ୍ୟାରେ ଚିଫ୍ ହେଡ୍ ୱାର୍ଡ଼ର ମୋ କୋଠରୀର ତାଲା ତନଖି

କରିବାକୁ ଆସୁଥିଲେ । ବେଶ୍ ଗହଳ ଚହଳ କରି କାର୍ଯ୍ୟବ୍ୟସ୍ତ ମେଟିନୀ ଖାଇବା ଜିନିଷ ଓ ପାଣି ନେଇ ଆସୁଥିଲେ । ମହିଳା ୱାର୍ଡ଼ର ଜଣକ ବେଶ୍ ଥତମତ ହୋଇ ମୋ କୋଠରୀର ତାଲା ଖୋଲି ମତେ ଦାନ୍ତ ଘଷିବା ପାଇଁ ଓ ଗାଧୋଇବା ପାଇଁ ଛାଡୁଥିଲେ । ଏତିକି ପ୍ରକ୍ରିୟା ଛାଡ଼ିଦେଲେ ବାକି ଦିନଗୁଡ଼ା ନିଃଶବ୍ଦ ରହୁଥିଲା । ଯେତେବେଳେ ପଚ଼ରାଉଚୁରା ପର୍ବ ଆରମ୍ଭ ହେଲା ମୁଁ ସାଦା ପୋଷାକରେ ଥିବା ପୋଲିସ ଅଫିସର ମାନଙ୍କୁ ସ୍ୱାଗତ କଲି । ଜେଲର କଏଦୀ ମାନେ ଟେବୁଲ ଓ ଚୌକିମାନ ଧରି ତାଙ୍କ ପଛରେ ବେଶ୍ ସଂତ୍ରସ୍ତ ହେଇ ଆସୁଥିଲେ । ଅନ୍ତତଃ କାହା ସାଙ୍ଗରେ ଦିପଦ କଥା ହେବାର ସୁଯୋଗ ଭାବି ମୁଁ ଚଞ୍ଚଳ ହେଇ ପଡୁଥିଲି । ହିନ୍ଦୀ ଜଣା ନ ଥିବାରୁ ମୁଁ ମୋର ଅତି ଦରକାରୀ ଜିନିଷ ପାଇଁ ମଧ ମେଟିନୀ କିମ୍ବା ମହିଳା ୱାର୍ଡ଼ରକୁ କହି ପାରୁ ନ ଥିଲି । ଏପରି ସ୍ଥଳେ ପୋଲିସର ଉପସ୍ଥିତି ମଧ ଶ୍ୱାସ ରୋଧ କରି ପକାଉଥିବା ମୋର ଜେଲ୍ ପ୍ରକୋଷ୍ଠ ଭିତରକୁ ବାହ୍ୟ ପୃଥିବୀର ଝଲକାଏ ପବନ ପରି ଲାଗୁଥିଲା ।

ଯା ଭିତରେ ମୁଁ ପଚରାଉଚୁରା ଖେଳର କଳାଟି ଶିଖି ଯାଇଥିଲି । ମୁଁ ମୋ ଅତୀତ ଜୀବନର ପ୍ରତ୍ୟେକ ଘଟଣା ପୁଙ୍ଖାନୁପୁଙ୍ଖ ଓ ବିସ୍ତୃତ ଭାବରେ ବର୍ଣ୍ଣନା କରିଦେଉଥିଲି କାରଣ ମୁଁ ଜାଣିଥିଲି ଏଇ ବର୍ଣ୍ଣନା ସେମାନଙ୍କ ବିଶେଷ କାମରେ ଲାଗିବ ନାହିଁ । ପୃଥିବୀ ସାରା ଇଣ୍ଟେଲିଜେନ୍‌ସ ସାର୍ଭିସ ଦ୍ୱାରା ସଂଗୃହୀତ ହୋଇଥିବା ମୋ ବିଷୟରେ ଅଦରକାରୀ ଖବରର ଫାଇଲ୍‌ର ବୃଦ୍ଧିକରିବ ମାତ୍ର । ବାସ୍ତବ କ୍ଷେତ୍ରରେ ଏହା କୌଣସି ସୂତ୍ର ବାହାର କରିବାର ଖୋରାକ ଦେବ ନାହିଁ । କୌଣସି ନକ୍‌ସଲପନ୍ଥୀ ନେତାଙ୍କ ସହିତ ମୋର ଚିହ୍ନା ପରିଚ଼ୟ ଅଛି କି ନାହିଁ ଓ ଏହି ଆନ୍ଦୋଳନ ସଂପର୍କରେ ମୋର ଧାରଣା ବା ମତାମତ କଣ ସେ ବିଷୟରେ ଜାଣିବାକୁ ସେମାନେ ବେଶ୍ ଉତ୍ସୁକ ଥିଲେ । ସେମାନଙ୍କର ତଥାକଥିତ "ଚରମପନ୍ଥୀ ମୁକାବିଲା" ପରିପ୍ରେକ୍ଷୀରେ ବିହାରର ଗୋଟିଏ ଗାଁରେ ମୋର ଉପସ୍ଥିତି ତାଙ୍କର ବିଶ୍ୱାସକୁ ଆହୁରି ପ୍ରମାଣସିଦ୍ଧ କରିଦେଲା ଯେ ମୁଁ କୁଆଡ଼େ ଅସ୍ତ୍ରଶସ୍ତ୍ର ଚୋରା କାରବାରରେ ସଂପୃକ୍ତ ଏବଂ ଏକ କୁଖ୍ୟାତ ଆନ୍ତର୍ଜାତିକ ସଂଗଠନ ପକ୍ଷରୁ ଭାରତରେ ନକ୍‌ସଲବାଦୀ ଆନ୍ଦୋଳନକୁ ପ୍ରୋତ୍ସାହନ ଓ ଦିଗ୍‌ଦର୍ଶନ ଦେବାପାଇଁ ମତେ ପଠାଯାଇଛି । ଏପରିକି ମତେ ଏଇ ପରିସ୍ଥିତିରେ ସାହାଯ୍ୟ କରିବାକୁ ଆଗ୍ରହୀ ଥିବା ଇଂଲଣ୍ଡର ବନ୍ଧୁମାନଙ୍କ ପାଖରୁ ଆସୁଥିବା ଟେଲିଗ୍ରାମ ଖଣ୍ଡିକ ମଧ ସେମାନଙ୍କୁ ଏକ 'ରହସ୍ୟମୟ ଟେଲିଗ୍ରାମ' ପରି ଜଣା ଯାଉଥିଲା । ଟେଲିଗ୍ରାମଟିରେ କିଛି 'ତଥ୍ୟ ଉଦ୍‌ଘାଟନକାରୀ ରହସ୍ୟ' ନିଶ୍ଚେ ରହିଥିବ ବୋଲି ସେମାନେ ଭାବୁଥିଲେ । ଠିକ୍

ଅନ୍ୟମାନଙ୍କ ପରି ତାଙ୍କର ଦୈନନ୍ଦିନ ଖାନତଲାସୀ ଧାରାରେ ମତେ ଧରିଆଣି ପ୍ରେସ୍ ସାମ୍ନାରେ ଜଣେ ନକ୍ସାଲପନ୍ଥୀ ନେତା ରୂପେ ଚିତ୍ରଣ କରିପାରିଥିଲେ । କାରଣ ନକ୍ସଲବାଦୀ ଆନ୍ଦୋଳନକୁ ଦମନ କରିବାକୁ ଚାହୁଁଥିବା ସରକାର ସାମ୍ନାରେ ସେମାନେ ତାଙ୍କର କର୍ମ ତତ୍ପରତା ଓ କାର୍ଯ୍ୟ ଦକ୍ଷତାର ନମୂନା ରୂପେ ଏହାକୁ ଦେଖାଇବାକୁ ଚାହୁଁଥିଲେ ।

ମୋର ଜେଲ୍ ପ୍ରକୋଷ୍ଠର ପରବର୍ତ୍ତୀ କୋଠରୀଟାରେ କଳ୍ପନା ମଧ୍ୟ ଏମିତି ପଚରାଉଚୁରାର ଦୈନନ୍ଦିନ ପର୍ବ ଭିତରେ ଦିନ କାଟୁଥିଲା । ଆମେ ପରସ୍ପରକୁ ଦେଖିପାରୁ ନ ଥିଲୁ । କିନ୍ତୁ ବାହାର ଜେଲ କାନ୍ଥରେ ରଖାଯାଇଥିବା ଛୋଟ ଗମ୍ବୁଜ ଆକୃତିର ପହରା ଚୌକିରେ ଜଗିଥିବା ସଶସ୍ତ୍ର ପ୍ରହରୀମାନଙ୍କୁ ଛାଡ଼ିଦେଲେ ଅନ୍ୟ ସମସ୍ତେ ଯେତେବେଳେ ଶୋଇ ପଡୁଥିଲେ ମୁଁ ଓ କଳ୍ପନା ନିଜ କୋଠରୀ ଲୁହା ଛଡ଼ ପାଖରେ ଛିଡା ହେଇ ବେଶ୍ ରାତି ଅଧଯାଏଁ ଆମର ଦିନଯାକର ଅନୁଭୂତି ଓ ଅଭିଜ୍ଞତା ସଂପର୍କରେ ବଡ଼ ପାଟିରେ କଥା ହେଉଥିଲୁ । ଗୋଟିଏ ବା ଦୁଇଟି ସପ୍ତାହ ପରେ ପୋଲିସ୍ ମତେ ଆଉ ଜେଲରେ ରଖିବ ବୋଲି ମୁଁ କଳ୍ପନା ସୁଦ୍ଧା କରି ନ ଥିଲି । ସେମାନେ ନିଜେ ମଧ୍ୟ ସ୍ୱୀକାର କରିଥିଲେ ଯେ ମତେ ଅଟକ କରି ରଖିବାରେ ସେମାନଙ୍କର ବିଶେଷ କିଛି ଆଗ୍ରହ ନାହିଁ । ସେମାନଙ୍କ ଠାରୁ ବେଶୀ ନିରାଶ ବାଣୀ ଶୁଣାଉଥିବା ଲୋକଟି କହିଥିଲା ଯେ ତିନି ମାସ ଭିତରେ ମୁଁ ଜେଲ୍‌ରୁ ମୁକୁଳି ଯିବି । ସେତେବେଳେ ମୋର ଟିକିଏ ସୁଦ୍ଧା ଧାରଣା ନ ଥିଲା ଯେ ମତେ ଗିରଫ କରିବା ଘଟଣାଟି ବାହାରେ ଗୋଟେ ଚହଲ ସୃଷ୍ଟି କରିଦେଇଛି । ଖବର କାଗଜର ମୁଖ ପୃଷ୍ଠାରେ ମତେ 'Guerilla Girl' ରୂପେ ଚିତ୍ରଣ କରାଯାଉଥିଲା । ଜଙ୍ଗଲ ଭିତରେ ଆତ୍ମଗୋପନ କରିଥିବା ଅବସ୍ଥାରେ ମତେ କେମିତି ଜବତ କରାଗଲା ତଥା ମୁଁ ଜଙ୍ଗଲ ଭିତରେ ପୋଲିସ ସହିତ କିପରି ବନ୍ଧୁକ ଯୁଦ୍ଧ ଚଳାଇଥିଲି, ଗୋଟିଏ ୟୁରାନିୟମ କମ୍ପ୍ଲେକ୍ସକୁ କିପରି ଉଡାଇ ଦେବାକୁ ଚେଷ୍ଟା କରିଥିଲି ଓ ଗୋଟିଏ ପୋଲିସ ଷ୍ଟେସନରେ କିପରି ବୋମା ପକାଇଥିଲି - ଏ ସବୁର ବିସ୍ତୃତ ବର୍ଣ୍ଣନାରେ ଖବର କାଗଜର ପୃଷ୍ଠା ମୁଖରିତ ହେଲା ।

ଶେଷରେ ପ୍ରଶ୍ନକର୍ତ୍ତାମାନେ ଚାଲିଗଲେ । ଦିଲ୍ଲୀ, ପାଟନା, କଲିକତା ଓ ପଞ୍ଜାବ ଫେରିଯାଇ ସେଠାରେ ସେମାନଙ୍କର ବିଡ଼ାବନ୍ଧା ବୁଦ୍ଧିମତ୍ତାକୁ ପ୍ରୟୋଗ କରିଥିବେ । ମୁଁ ପୁଣି ସେଇ ପନ୍ଦର ଫୁଟ ବିଶିଷ୍ଟ ଆବଦ୍ଧ ପୃଥିବୀ ଭିତରେ ବୁଡ଼ି ରହିଲି । ମୋ ପ୍ରକୋଷ୍ଠର ଲୁହାଛଡ଼ର ବାହାରେ ଥିବା ଜେଲ୍‌ର ଅନ୍ୟାନ୍ୟ ଅଂଶଠାରୁ ବି ମୁଁ ଏକବାର ବିଚ୍ଛିନ୍ନ ହୋଇ ରହୁଥିଲି । ଯାପରେ ବିଗତ ପନ୍ଦର ଦିନ ଭିତରେ

ଘଟିଯାଇଥିବା ଘଟଣା ମାନଙ୍କର ପ୍ରଭାବ ମୋ ଉପରେ ପଡ଼ିଲା । ସେତେବେଳ ଯାଏଁ ମୁଁ ମୋ ଚାରିପଟେ କଣ ସବୁ ଘଟି ଯାଉଥିଲା, ସେ ବିଷୟରେ ମୁଁ କ୍ୱଚିତ୍ ସଚେତନ ଥିଲି । ଯେପରିକି ମୋ ନିଜସ୍ୱ ମନଟା ମୋ ଉପରେ ହେଇଯାଇଥିବା ଏଇ ଆକସ୍ମିକ ଧକ୍‌କାକୁ ସମ୍ଭାଳି ନେବା ପାଇଁ ମୋରି ଭିତରେ ସୁରକ୍ଷା ବଳୟଟିଏ ତିଆରି କରି ଚାଲିଥିଲା । ବର୍ତ୍ତମାନ ମୁଁ ଏକୁଟିଆ ଥିବାରୁ ଗୁଡ଼ାଏ କଥା ଚିନ୍ତା କରିବାକୁ ସମୟ ପାଇଥିଲି । ଆଶ୍ଚର୍ଯ୍ୟର କଥା ମୁଁ ଆଦୌ ଭୟଭୀତ ହେଇ ନ ଥିଲି । ଯେ କୌଣସି ମୁହୂର୍ତ୍ତରେ ମୁଁ ଏଠୁ ଖଲାସ ହେଇଯିବି ବୋଲି ସଂପୂର୍ଣ୍ଣ ଆଶା ରଖିଥିବାରୁ ନିଜ ବିଷୟରେ ବିଶେଷ ବ୍ୟସ୍ତ ଲାଗୁ ନଥିଲା । ତେବେ ମୋର ବାପା ମାଁ'ଙ୍କ ବିଷୟରେ ମୁଁ ବହୁତ ଚିନ୍ତିତ ରହୁଥିଲି । ମୋର ଗିରଫ ହେବାର ଖବର ସେମାନେ ନିଶ୍ଚୟ ଜାଣି ପାରିଥିବାର ଅନୁମାନ କଲି । ସେମାନଙ୍କର ଦୁର୍ଦ୍ଦଶା ବି ଅନୁମାନ କରିପାରୁଥିଲି । ମୋ ଚିନ୍ତାରେ ସେମାନଙ୍କର ମାନସିକ ଉଦ୍‌ବେଗ ଭାବିନେଲା ମାତ୍ରକେ ମୁଁ ଖୁବ୍ ଉଦାସ ହୋଇପଡ଼ିଲି । ତା ସହିତ ଅମଳେନ୍ଦୁଙ୍କ ସମ୍ଭାବ୍ୟ ଭବିଷ୍ୟତ ଭାବିନେଇ ମୁଁ ଆହୁରି ମ୍ରିୟମାଣ ହେଇ ପଡୁଥିଲି । ମତେ ପଚରାଉଚୁରା କରୁଥିବା ପୋଲିସ ମତେ କହୁଥିଲେ ଯେ ଅମଳେନ୍ଦୁଙ୍କୁ କୁଆଡ଼େ ମୋ ଅପେକ୍ଷା ଆହୁରି ଅନେକ ଗୁଣ ଖରାପ ଅବସ୍ଥାରେ ରଖାଯାଇଛି । ଯାହା ବି ହେଉ ମୋ ବାପା ମାଁଙ୍କୁ ଚିଠିଟିଏ ଲେଖିବା ଓ ଅମଳେନ୍ଦୁ ସହିତ ଦେଖା କରିବାକୁ ମତେ ଅନୁମତି ଦେବା (ଯାହାକି ମୋର ପ୍ରଶ୍ନକର୍ତ୍ତାମାନେ ମତେ ଆଗରୁ ପ୍ରତିଶ୍ରୁତି ଦେଇଥିଲେ) ପାଇଁ କର୍ତ୍ତୃପକ୍ଷଙ୍କ ଉପରେ ଚାପ ଦେବା ବ୍ୟତୀତ ମୁଁ ଆଉ କିଛି କରିପାରୁ ନ ଥିଲି । ଅନେକ ଆଗରୁ ନିଜର ସଚେତନ ପ୍ରଚେଷ୍ଟା ନ ଥାଇ ସୁଦ୍ଧା ମୁଁ ନିଜେ ପରିସ୍ଥିତିର ମୁଠି ଭିତରକୁ ଚାଲି ଆସିଥିଲି ଏବଂ ମୋର ଦୈନନ୍ଦିନ ରୁଟିନ୍ ତଥା ମୋର ଜୀବନକୁ ନିୟନ୍ତ୍ରଣ କରୁଥିବା ଚରିତ୍ର ମାନଙ୍କ ସହିତ ନିଜକୁ ଖାପ ଖୁଆଇ ନେଇ ସାରିଥିଲି ।

ଠିକ୍ ଭୋର ସାଢ଼େ ଚାରିଟା ବେଳକୁ ମଝିରେ ଥିବା ପହରା ଚୌକିର ଅସଂଯତ ଭାବରେ ବାଜୁଥିବା ଘଣ୍ଟିର ଶ୍ରୁତିକଟୁ ଆବାଜ ଆସେ । ୱାର୍ଡ଼ରମାନଙ୍କୁ ତାଙ୍କର ସକାଳ ଡ୍ୟୁଟିରେ ଯିବାପାଇଁ ଘଣ୍ଟିଟି ବାଜୁଥିଲା । ତାର କିଛି ସମୟ ପରେ କଇଦୀମାନଙ୍କୁ ତାଙ୍କର ସାରା ଦିନର କାମ ଆରମ୍ଭ କରିବା ପାଇଁ ଆଉ ଥରେ ଘଣ୍ଟିଟି ତିନିଟି ଆବାଜ ଦଉଥିଲା । ସକାଳ ପାହିଲା ମାତ୍ରକେ ଶୋଇବା ଘରକୁ ଲାଗି ପଥର ଚଟାଣରେ ଚିଫ୍ ହେଡ ୱାର୍ଡ଼ରଙ୍କ ଓଜନିଆ ବୁଟର ମଚ୍‌ମଚ୍ ଆବାଜ ମତେ ଚେତେଇ ଦେଉଥିଲା ଯେ ଜେଲ ଅଫିସ ନିୟମ ଅନୁଯାୟୀ ମୋର ଶୋଇବା ସମୟ ଶେଷ ହୋଇଗଲା । ମୋ କୋଠରୀକୁ ଥିବା ତିନୋଟି ପାହାଚ୍‌ରେ ତାଙ୍କର ବିଶାଳ ଧଇଁସଇଁ

ବପୁନେଇ ଆସୁଆସୁ ଓଜନଦାର କୋଲପ ଓ ରଟରାଟ ଶବ୍ଦ କରୁଥିବା ଲୁହା ରେଲିଂକୁ ଚେକ୍ କରି ଦେଖୁଥିଲେ ଯେପରି ମୁଁ ପଞ୍ଜୁରୀ ଭିତରେ ସୁରକ୍ଷିତ ଭାବରେ ବାନ୍ଧି ହେଇ ରହିଛି କି ନା । ଗତ କେଇ ସପ୍ତାହ ଧରି ସେତିକି ବେଳେ ପ୍ରତି ସକାଳ ଓ ସନ୍ଧ୍ୟାରେ ସେ ମୋ ପ୍ରତି ଏଇ କେତୋଗୋଟି ଶବ୍ଦ ଉଚ୍ଚାରଣ କରୁଥିଲେ, 'ଏକ୍ ଆଦମୀ, ଠିକ୍ ହୈ ନା ?' (ଜଣେ ଲୋକ, ଠିକ୍ ଅଛି ତ ?) ଆଗ ରାତି ମାନଙ୍କରେ କଳ୍ପନା ସହିତ ହେଇଥିବା ବେଆଇନ୍ କଥାବାର୍ତ୍ତାରୁ ପୋଷା ସାରୀ ପରି ଶିଖିଥିବା ଖଣ୍ଡିଆ ହିନ୍ଦୀରେ ବେଳେବେଳେ ମୁଁ ବ୍ୟାୟାମ କରିବାକୁ ବାହାରକୁ ଛାଡ଼ିବା ପାଇଁ ତାଙ୍କୁ କହୁଥିଲି । ଲେଖାଲେଖି କରିବା ପାଇଁ କାଗଜପତ୍ର ଆଣିବାକୁ ଓ ଅମଳେନ୍ଦୁ ସହିତ ଦେଖା କରିବାର ବ୍ୟବସ୍ଥା କରିଦେବା ପାଇଁ ମଧ୍ୟ କହୁଥିଲି । କିନ୍ତୁ ଲୋକଟା ତା ଡାହାଳ ମୁହଁ ପରି ଦେଖାଯାଉଥିବା ଦାଢ଼ିଆ ମୁହଁରେ ହଡ଼ବଡ଼େଇ ଯାଇ ସନ୍ଦେହୀ ଆଖିରେ ମତେ ଅନଉଥିଲା ଓ ମୁଣ୍ଡ ହଲାଇ ମନା କରୁଥିଲା । ଭୟଙ୍କର ରାକ୍ଷସ ପରି ଦେଖା ଯାଉଥିବା ଲୋକଟା ପଶମର ଫତେଇ ଓ ତାର ଥାକୁଲା ଗୋଡ଼ ଦୁଇଟାକୁ ପ୍ରଦର୍ଶନୀରେ ଦେଖାଇଲା ପରି ମଣ୍ଡଦିଆ ହାଫ୍ ପେଣ୍ଟରେ ଭାରି ଅଖାଡୁଆ ମନେ ହେଉଥିଲା । ମୁଁ ବୁଝିପାରିଲି ଯେ ଲୋକଟା ମୋ ସହିତ କିଭଳି ବ୍ୟବହାର କରିବ ତାହା ଜାଣିପାରୁ ନାହିଁ । ସେଠାକୁ ଆସୁଥିବା ଗତାନୁଗତିକ ପ୍ରକାରର ବନ୍ଦୀ ପରିବର୍ତ୍ତେ ଜଣେ 'ମେମ୍‌ସାହେବ'ର ଉପସ୍ଥିତି ତାକୁ ବିବ୍ରତ କରୁଥିଲା ବୋଧହୁଏ । କଦବା କେମିତି ସେ ତାର ସାର୍ବଜନୀନ ମହୌଷଧି ଦେବା ପରି କଳ୍ପନାକୁ ଆଶ୍ୱାସନା ଦଉଥିଲା ଯେ ଆମେ ଦୁଇ ଜଣ ଖୁବ୍ ଶିଘ୍ର ଏଠାରୁ ମୁକ୍ତି ପାଇଯିବୁ । ଅବଶ୍ୟ ଆମ କ୍ଷେତ୍ରରେ ସେ ପ୍ରକୃତରେ ଏହା ବିଶ୍ୱାସ କରୁଥିଲା । ସମ୍ଭବତଃ ସେ ତାର ସରକାରୀ ଚାକିରୀ କାଳରେ ଶିକ୍ଷିତା ମହିଳା ମାନଙ୍କୁ ଏପରି ଅବସ୍ଥାରେ ରଖାଯାଇଥିବାର କେବେ ଦେଖି ନ ଥିଲା । ସନ୍ଧ୍ୟା ସମୟରେ ତାଲା ତନଖି ପରେ ଅନ୍ଧାର ହେବା ଆଗରୁ ସେ ପୁଣି ମୋ କୋଠରୀ ଭିତରକୁ ତେରେଛି ଚାହୁଁଥିଲା । କାଳେ କୌଣସି ନିଷିଦ୍ଧ ଜିନିଷ ମୁଁ ଗୁପ୍ତରେ ଲୁଚେଇ ରଖିଥିବ ଭାବି ସେ ମୋ କୋଠରୀର ପ୍ରତି କୋଣ ଅନୁକୋଣକୁ ଦରାଣ୍ଡି ଦରାଣ୍ଡି ଚାହୁଁଥିଲା । ଦିନେ ମୁଁ ବାହାର ପାଣି କଳ ପାଖରେ ଗୋଟେ ଛିଣ୍ଡା ଦଉଡ଼ିଟିଏ ପାଇଲି ଓ ତାକୁ ଆଣି ମୋ କୋଠରୀର ରେଲିଂରେ ବାନ୍ଧି ଲୁଗା ଶୁଖେଇଲି । ଦଉଡ଼ିଟାକୁ କାଢ଼ିଦେବା ପାଇଁ ମତେ କହିବା ପୂର୍ବରୁ ଲୋକଟା ଚୁପ୍‌ଚାପ ଘଡ଼ିଏ କାଳ ସେଇଟାକୁ ନିରେଖି ଚାହିଁଲା । ତାକୁ ବ୍ୟାଜାପ୍ତ କରିଦେବା ପରେ ସେ କଳ୍ପନାକୁ ବୁଝେଇଦେଲା ଯେ ଜେଲ୍ ଭିତରେ ଦଉଡ଼ି ରଖିବାଟା ଆଇନ ବିରୁଦ୍ଧ । ମୁଁ ନିଜକୁ ଜଣେ ଭର୍ତ୍ସିତା ସ୍କୁଲ ଝିଅ ପରି ଅନୁଭବ କଲି ।

ନିଜର ସନ୍ଧ୍ୟାକାଳୀନ ତଦାରଖି ଘେରାରେ ଆସୁଥିବା ଚିଫ୍ ହେଡ୍ ଓ୍ୱାର୍ଡ଼ରଙ୍କ ପଛେ ପଛେ ମେଇମୁନ୍ ବା ମେଟିନୀ ଜଣକ ପରିଭ୍ରମଣ କରି ଆସୁଥିଲା । ତାର ଢ଼ଙ୍ଗଢ଼ାଙ୍ଗରୁ ସେ ଯେତିକି ଆଜ୍ଞାନୁବର୍ତ୍ତୀ ଜଣାପଡୁଥିଲା, ସେତିକି ଆତ୍ମବଡ଼ିମା ପ୍ରିୟ ବୋଲି ମଧ୍ୟ ମନେ ହେଉଥିଲା । ପିନ୍ଧା ଶାଢ଼ୀରେ ତା ମୁଣ୍ଡରେ ଓଢ଼ଣା ଟାଣି ଓଠଟାକୁ ଅଳ୍ପ ବାଙ୍କେଇ ସଲ୍ଲଜ ଚାହାଣୀରେ ହସୁଥାଏ । ହାତ ଦୁଇଟି ଯୋଡ଼ହସ୍ତ, ଯେମିତି ପ୍ରାର୍ଥନା କରୁଛି । ମୁହଁଟି ସବୁବେଳେ ଉପର ପଟକୁ ଢ଼ଳି ରହି ଯେମିତି ଉପର ମହଲର ଆଦେଶକୁ ଅପେକ୍ଷା କରିଥାଏ । ତାର ଚଳିଚଳନରୁ ସେ ଆମକୁ ଜଣାଇଦେବାକୁ ଚାହେଁ ଯେ ସେ ଏଇ ଶାସନ ବ୍ୟବସ୍ଥାର ଏକ ଉପାଦେୟ ଅଙ୍ଗ । ପ୍ରକୃତରେ କର୍ତ୍ତୃପକ୍ଷଙ୍କ ପାଖରେ ସେ ଜଣେ ସମ୍ବାଦ ସରବରାହକାରୀ ଓ ତାଙ୍କର ଅଦ୍ଭୁତ ଖିଆଲ ସଂପାଦନାକାରୀ ଥିଲା । ଆମେ ଦେଖୁଥିବା ଅନ୍ୟାନ୍ୟ ସ୍ତ୍ରୀଲୋକ ମାନଙ୍କ ଅପେକ୍ଷା ସେ ହୃଷ୍ଟପୃଷ୍ଟ ଓ ଚିକ୍କଣ ଦେଖାଯାଉଥିଲା ଓ ଭଲ ବେଶ ପୋଷାକ ମଧ୍ୟ ପିନ୍ଧୁଥିଲା । ପରେ ପରେ ଆମେ ତାର ଏଇ ଉନ୍ନତିର କାରଣଟା ଜାଣିପାରିଲୁ । ଅନ୍ୟ ବନ୍ଦୀମାନଙ୍କ ପାଇଁ ତାର ଜିମାରେ ଦିଆଯାଉଥିବା ଖାଦ୍ୟ ସାମଗ୍ରୀରୁ ଚୋରି କରି ବିକ୍ରି କରୁଥିଲା । ପ୍ରତିଦିନ ଆମ ମାନଙ୍କ ପାଇଁ ଆସୁଥିବା ଦୈନିକ ଖୋରାକିର ପରିମାଣ କମିଯାଉଥିବାର ଆମେ ଜାଣି ପାରିଲୁ । ଆମ ପାଇଁ ଯାହା ବି ଆସେ ତାରି ଜରିଆରେ ହିଁ ଆସିଥାଏ । ତାର ଏଇ ଚଳାକିରେ ରାଗିଯାଇ ଜେଲରଙ୍କ ପାଖରେ ତା ନାଁରେ ନାଲିଶ୍ କରିବା ପାଇଁ ଭାବିଲି । କଳ୍ପନା ମତେ ମନାକଲା । ସେ ମତେ ବୁଝାଇ ଦେଲା ଯେ ମେଇମୁନ୍ ମଧ୍ୟ ଆମରି ପରି ଜଣେ ବନ୍ଦୀ । ଆମ ପରି ସମଦଶାପନ୍ନ ବନ୍ଦୀମାନଙ୍କର ଥିବା ଏକତାକୁ ପ୍ରତାରଣା କରି ତାର ଏଇ ଅସାଧୁତାକୁ ପଦାରେ ଆମ ପକ୍ଷରେ ଉଚିତ ହେବ ନାହିଁ । ସର୍ବୋପରି ମେଇମୁନ୍ ଓ ମହିଳା ଓ୍ୱାର୍ଡ଼ର ଏ ଦୁହିଁଙ୍କ ସହିତ ଶତ୍ରୁତା ଆଚରଣ କରିବାର ଅବସ୍ଥାରେ ଆମେ ନ ଥିଲୁ । କାରଣ ସେମାନଙ୍କର ସଦିଚ୍ଛା ଯୋଗୁଁ ହିଁ ଆମ ପାଇଁ ଥିବା ଜେଲ୍‌ର କଡ଼ା ନୀତି ନିୟମରୁ ଆମେ ଅଳ୍ପେ ବହୁତେ ରକ୍ଷା ପାଇଯାଉଥିଲୁ ଓ ଆମର କଠୋର ଦୟନୀୟ ଅବସ୍ଥାରେ କିଛିଟା ରିହାତି ପାଉଥିଲୁ । ତେଣୁ ଯଦିଓ ତାର ଏଇ ଛୋଟ ଛୋଟ ଚୋରି ଚପାଟିରେ ଆମକୁ ବିରକ୍ତ ଲାଗୁଥିଲା, ତଥାପି ଆମେ ପାଟି ନ ଖୋଲିବାକୁ ସ୍ଥିର କଲୁ । ଯେଉଁଠି ତିମି ମାଛ ତୁମକୁ ଖଣ୍ଡ ବିଖଣ୍ଡ କରି ଗିଳି ଦେବାକୁ ପାଟି ମେଲାଇ ବସିଛନ୍ତି, ସେଇଠି କେରାଣ୍ଡି ମାଛ ସାଙ୍ଗରେ କଳି କରି କଣ ବା ଲାଭ ?

ଫିମେଲ୍ ଓ୍ୱାର୍ଡ଼ର ଅଧିକାଂଶ ଦାୟିତ୍ୱ ମେଟିନୀ ଉପରେ ନ୍ୟସ୍ତ ହୋଇଥାଏ ଓ ଓ୍ୱାର୍ଡ଼ର ସବୁ ନିଷ୍ପତ୍ତି ଚିଫ୍ ହେଡ୍ ଓ୍ୱାର୍ଡ଼ର ହିଁ ନେଇଥାନ୍ତି । ଏ ଦୁଇ ଜଣଙ୍କ ମଝିରେ ଆଉ

ତିନି ଜଣ ମହିଳା ୱାର୍ଡ଼ର ଥିଲେ ଯେଉଁମାନେ ତତ୍ତ୍ୱାବଧାରକ ପରି କାମ କରୁଥିଲେ । ଜେଲ୍ ଭିତରେ ପୁଣି ଗୋଟିଏ ଜେଲ୍ ପରି ମହିଳା ଶ୍ରେଣୀ ଭିତରେ ସେମାନଙ୍କୁ ବନ୍ଦୀ କରି ରଖାଯାଇଥିଲା । ବାହାରୁ ଜଣେ ୱାର୍ଡ଼ର ଗେଟ୍ ନ ଖୋଲିବା ପର୍ଯ୍ୟନ୍ତ ସେମାନେ ବାହାରି ପାରୁ ନ ଥିଲେ । ଦିନ ରାତି ଆମ ଉପରେ କଡ଼ା ନଜର ରଖିବାକୁ ସେମାନଙ୍କୁ ନିର୍ଦ୍ଦେଶ ଦିଆଯାଇଥାଏ । ତେଣୁ ଆମ କୋଠରୀରୁ ଲମ୍ବିଥିବା ଅଗଣା ମଝିରେ ଥିବା କୁଡ଼ିଆ ପରି ଛୋଟ ଘରଟାରେ ସେମାନଙ୍କୁ ଅଧିକାଂଶ ସମୟ ଡ୍ୟୁଟି କରିବାକୁ ପଡୁଥିଲା । ବସିବସି ଅଳସୁଆ ଓ ବିରକ୍ତ ଲାଗୁଥିବାରୁ ସେମାନେ ଅଗଣାରେ ପଡ଼ିଥିବା କାଠର ପଟା ଖଟରେ ପ୍ରାୟ ଘୁମୋଉଥିଲେ କିମ୍ବା ଘଣ୍ଟା ଘଣ୍ଟା ଧରି ସେମିତି ପଡ଼ି ରହୁଥିଲେ । ସେତିକିବେଳେ ତାଙ୍କର ସବୁଠୁ ପ୍ରିୟ କଇଦୀ ମାନେ ତାଙ୍କୁ ଘେରିଯାଇ ବସୁଥିଲେ ଓ ସେମାନେ ସବୁ ନିଜ ଘର କୁଟୁମ୍ବ ବିଷୟରେ ଗପୁଥିଲେ ଓ ଅନ୍ୟ ମହିଳା ୱାର୍ଡ଼ର, ଜେଲର ଅନ୍ୟାନ୍ୟ କର୍ମଚାରୀ ଏବଂ ଅନ୍ୟ କଇଦୀ ମାନଙ୍କର ନାଁରେ ଚୁଗୁଲି କରୁଥିଲେ । ଯେମିତି ଜଣା ପଡୁଥିଲା ଯେ ସେମାନଙ୍କର ସବୁଠୁ ମନ ପସନ୍ଦ କାମ ହେଲା ସୋରିଷ ତେଲରେ ଦେହ ମୋଡ଼ି ହେବା । ଆମ ସାଂଗରେ କଥାବାର୍ତ୍ତା ହେବାରେ ସବୁପ୍ରକାର ନିଷେଧାଦେଶ ଲାଗୁ ରହିଥିବା ସତ୍ତ୍ୱେ ସମ୍ଭବତଃ ସେମାନେ ନିଜର ଉତ୍ସୁକତାକୁ ରୋକି ପାରୁ ନ ଥିଲେ ଓ କଲ୍ପନା ସହିତ ଦି ଚାରିପଦ କଥା ହେବାପାଇଁ ଚାଲି ଆସୁଥିଲେ । ସେମାନେ ସବୁ ଅତି ଗରିବ ଥିଲେ ଓ ସେମାନଙ୍କର ଚାକିରୀର ମାନ ଦାସତ୍ୱଠାରୁ ସାମାନ୍ୟ ଉଚ୍ଚରେ ଥିଲା । ସେମାନଙ୍କର ଛୁଟି ଦିନଟିଏ ନ ଥିଲା କହିଲେ ଚଳେ । ଯଦିବା କେବେ ଛୁଟି ଦିନଟିଏ ଯୁଟେ ତଥାପି ବୋଲ ହାକ ପାଇଁ ଜେଲ ହତା ଭିତରେ ସେମାନଙ୍କୁ ରହିବାକୁ ପଡ଼ିଥାଏ । ଏପରିକି ବଜାରକୁ ସଉଦାପତ୍ର ପାଇଁ ଗଲେ ବି ଚିଫ୍ ହେଡ୍ ୱାର୍ଡ଼ରଙ୍କଠାରୁ ଅନୁମତି ନେବାକୁ ପଡ଼ିଥାଏ । ଆମେ ପ୍ରାୟ ଦେଖୁଥିଲୁ ଯେ ସେମାନଙ୍କୁ କେବଳ ଜେଲ୍ କର୍ମଚାରୀମାନେ ଉତ୍ପୀଡ଼ନ କରୁ ନ ଥିଲେ, ତା ସହିତ ସେମାନଙ୍କର ପୁରୁଷ ସହକର୍ମୀ ବା ୱାର୍ଡ଼ରମାନେ ମଧ୍ୟ ଅନେକ ଦୁର୍ବ୍ୟବହାର ଦେଖାଉଥିଲେ । ଦିନରାତି ଆମକୁ ତାଲାବନ୍ଦ କରି ରଖିବାରେ ସେମାନେ ମନଦୁଃଖ କଲାପରି ଜଣାପଡୁଥିଲେ । କେବେ କେମିତି ତାଙ୍କ ଭିତରୁ ଜଣେ କେହି ସାହସୀ ଆମ ଦୁଇ ଜଣଙ୍କର ତାଲା ଖୋଲି ଦେଇ ଘଣ୍ଟା ଘଣ୍ଟା ଧରି କଥାବାର୍ତ୍ତା ହେବାପାଇଁ ଆମକୁ ଛାଡ଼ି ଦେଉଥିଲେ ।

ଦିନବେଳେ ମହିଳା ୱାର୍ଡ଼ର ଫାଟକର ଚାବିଟି ଜେଲ୍‌ରେ ଥିବା ଶହେ ପଚାଶ ଜଣ ୱାର୍ଡ଼ରମାନଙ୍କ ଭିତରେ ବଛା ଯାଇଥିବା ଜଣେ 'ଡ୍ୟୁଟି ୱାର୍ଡ଼ର' ହେପାଜତରେ

ରହୁଥିଲା । କଇଦୀମାନଙ୍କ ପାଇଁ ଖାଦ୍ୟ, ପେୟ, ସେମାନଙ୍କ ଚିକିତ୍ସା ପାଇଁ ଡାକ୍ତର ଆଣିବାରେ ତଥା ଅନ୍ୟାନ୍ୟ ଅତ୍ୟାବଶ୍ୟକୀୟ କାମରେ ଗେଟ୍ ଖୋଲିବାର ଦାୟିତ୍ୱ ତାର ଥିଲା । ଜେଲ୍‌ର ସବୁ ପ୍ରକାର ଦୈନନ୍ଦିନ ଦାୟିତ୍ୱ ଜେଲର୍‌ଙ୍କ ଉପରେ ନ୍ୟସ୍ତ ରହୁଥିଲା । ତାଙ୍କ ତଳ ପାହ୍ୟାରେ ଥିବା ସହକାରୀ ଜେଲ୍‌ର ମାନଙ୍କ ଓ କିରାଣୀ ମାନଙ୍କ ଭିତରେ କୌଣସି କର୍ମଚାରୀ ହାତରେ ଶାସନ ବିଭାଗ ରହୁଥିଲା । ଜେଲ୍‌ର ଶ୍ରେଣୀ ବ୍ୟବସ୍ଥା ଭିତରେ ସର୍ବୋଚ୍ଚ ଶାସନ କର୍ତ୍ତା ସୁପରିଟେଣ୍ଡେଣ୍ଟଙ୍କ ପାଖରେ ଜେଲର୍ ଉତ୍ତରଦାୟୀ ହେଇ ରହୁଥିଲେ । କଳା ଚଷମା, ଗରମ ଟୋପି, ଆଉ ନାଲି ରଙ୍ଗର ବଡ଼ ବଡ଼ ପଟା ପଡ଼ିଥିବା ଜାକେଟ୍ ପିନ୍ଧିଥିବା ହଜାରୀବାଗ୍ ସୁପରିଟେଣ୍ଡେଣ୍ଟ ଜେଲ୍ ଅପେକ୍ଷା ଗୋଟେ ଫିଲ୍ମ ସେଟ୍‌ରେ ବେଶୀ ଶୋଭା ପାଇଥାନ୍ତେ । ତାଙ୍କୁ ଦେଖିଲା ମାତ୍ରେ ଗୋଟିଏ ପୁରୁଣା ସିନେମାର ପ୍ରଯୋଜକ ଓ ଜଣେ ଖେଳୁଆଡ଼ ଶୀକାରୀର ଚେହେରା ମୋର ମନେ ପଡ଼ିଯାଉଥିଲା । ସେ ପାଶ୍ଚାତ୍ୟାନୁରାଗୀ ଉଚ୍ଚ ମଧ୍ୟବିତ୍ତ ଶ୍ରେଣୀର ଲୋକ । କାନାଡ଼ାରେ କିଛି ବର୍ଷ କଟାଇଥିଲେ । ସେଇଠୁ କିଛିଟା ଆମେରିକୀୟ ଉଚ୍ଚାରଣ ଶୈଳୀ ମଧ୍ୟ ଶିଖି ଆସିଥିଲେ । କିନ୍ତୁ କଥାବାର୍ତ୍ତା ମଝିରେ ତାର ବ୍ୟବହାର ପ୍ରାୟ ଭୁଲିଯାଉଥିଲେ । ଆମ ପରି ତାଙ୍କର ଅଧସ୍ତନ କର୍ମଚାରୀମାନଙ୍କ ପାଇଁ ମଧ୍ୟ ତାଙ୍କର ଅନିଶ୍ଚିତ ସ୍ୱଭାବଟା ଉତ୍ତେଜନାର କାରଣ ଥିଲା । ଆଗରୁ ସେ ନିଜେ ଦେଇଥିବା ନିର୍ଦ୍ଦେଶଗୁଡ଼ିକୁ ବାରମ୍ବାର ପରିବର୍ତ୍ତନ କରି ଏମିତି କର୍ତ୍ତୃତ୍ୱ ଜାହିର କରୁଥିଲେ ଯେ ଶେଷରେ କେହି ବି ଜାଣି ପାରୁ ନ ଥିଲେ କି ପ୍ରକୃତରେ ସେ କଣ କରିବାକୁ ଚାହୁଁଛନ୍ତି । ଜେଲ୍ କର୍ମଚାରୀମାନେ ତାଙ୍କୁ ପାରୁପର୍ଯ୍ୟନ୍ତ ଆଡ଼େଇଯାଇ କାମ କରୁଥିଲେ ଯେପରିକି ତାଙ୍କର କ୍ରମଃ-ପରିବର୍ତ୍ତନଶୀଳ ମନର ହାବୁଡ଼ରେ ପୁଣି ଧରା ନ ପଡ଼ନ୍ତି ।

ପ୍ରଥମ କେତେ ଦିନ ରହଣିର ଏକରାହିଆ ନୀରସ ବିରକ୍ତିଟା ବେଳେବେଳେ ତାଙ୍କର ଅପ୍ରତ୍ୟାଶିତ ଓ ଆକସ୍ମିକ ଆଗମନ ଦ୍ୱାରା ଭଙ୍ଗ ହେଉଥିଲା । କେତେଜଣ ପୋଲିସ ଅଫିସର କିମ୍ବା କେତେ ଜଣ ସ୍ଥାନୀୟ ସଂଭ୍ରାନ୍ତ ଲୋକମାନଙ୍କୁ ସାଙ୍ଗରେ ନେଇ ତାଙ୍କର ନୂତନ ଅନ୍ତେବାସୀନି ମାନଙ୍କୁ ଯାଞ୍ଚ କରିବାକୁ ଆସୁଥିଲେ । କାଳେ ସେ ଦେଇଥିବା ନିର୍ଦ୍ଦେଶ ପାଳନରେ ନିଜ ଅଜାଣତରେ ରହିଯାଇଥିବା କିଛି ଦୋଷ ତ୍ରୁଟି ସାହେବଙ୍କ ଦୃଷ୍ଟିରେ ପଡ଼ିଯିବ ଭାବି ମହିଳା ଓ୍ୱାର୍ଡ଼ର ମାନେ ଭୟଭୀତ ହେଇ ପଡୁଥିଲେ । ଦିନେ କଇଦୀ ମାନଙ୍କ ଭିତରୁ ଛୋଟ ଝିଅଟିଏ ଗୋଲାପି ରଙ୍ଗର ଦୁଇଟି ଗୋଲାପ ଫୁଲ ମତେ ଦେବାକୁ ଆସିଲା ଯେଉଁଟା କି ସେ ହତା ଭିତରେ ଥିବା ବୁଦାରୁ ତୋଳି ଆଣିଥିଲା । ଝିଅଟାର ସ୍ନେହପୂର୍ଣ୍ଣ ଚାହାଁଣୀରେ ମୁଁ ଆନନ୍ଦିତ

ହୋଇଗଲି । ଫୁଲ ଦୁଇଟିର ରଙ୍ଗ ଓ ବାସ୍ନାର ସ୍ପର୍ଶରେ ମୋର ରୁକ୍ଷ ଜେଲ୍ ପ୍ରକୋଷ୍ଠଟି ପୁରିଗଲା ଯେମିତି । ମୁଁ ଖୁସିରେ ଫୁଲ ଦୁଇଟିକୁ ମୋର ପାଣି କୁଣ୍ଡରେ ରଖିଦେଲି ।

ସେ ଦିନ ଅପରାହ୍ଣରେ ହିଁ ସୁପରିଟେଣ୍ଡେଣ୍ଟ ଆବିର୍ଭାବ ହେବାକୁ ମନ ବଳାଇଲେ ଓ ମୋ କୋଠରୀ ବାଟ ଦେଇ ଯାଉ ଯାଉ ଫୁଲ ଦୁଇଟିକୁ ଦେଖି ପକାଇଲେ । "ଗଧ ଛୁଆ କୋଉଠିକାର !" ସେ ମହିଳା ପ୍ରହରୀ ଉପରେ ଗର୍ଜି ଉଠିଲେ । ଆଣ୍ଠେଇବାକୁ ଗୋଟେ କୁକୁରକୁ କେମିତି ଡକାଯାଏ, ଠିକ୍ ସେଇ ଢ଼ଙ୍ଗରେ ସେ ତାକୁ ଡାକିଲେ ଓ ମୁଁ ଗୋଲାପ କୋଉଠୁ ପାଇଲି ସେ କଥା ପଚାରିଲେ । ସେ ସ୍ତବ୍ଧ ହୋଇଗଲା । ଅନ୍ୟ ବନ୍ଦୀମାନଙ୍କ ସହିତ ସେ ମତେ କଥାବର୍ତ୍ତା କରିବାକୁ ଛାଡ଼ିଦେବାର ଅଭିଯୋଗ କରି ଓ ମୋର କୈଫିୟତକୁ ଆଡ଼େଇ ଦେଇ ତାକୁ ସଂଗେ ସଂଗେ କାର୍ଯ୍ୟରରୁ ନିଲମ୍ବିତ କରିଦେଲେ । ଏପରି ଅନ୍ୟାୟରେ କ୍ଷୁବ୍ଧ ହେଇ ମୁଁ ଓ କଳ୍ପନା ପ୍ରହରୀଟି ପୁନର୍ବାର ଚାକିରୀରେ ଅବସ୍ଥାପିତ ହେବାଯାଏଁ ଭୁକ୍ ହରତାଳ କରିବାକୁ ସ୍ଥିର କଲୁ । ତା ପର ଦିନ ତାକୁ କାର୍ଯ୍ୟରେ ଯୋଗ ଦେବାକୁ ଅନୁମତି ଦିଆଗଲା । ଏଇ ଘଟଣା ପରେ ପ୍ରହରୀ ଜଣକ ହୃଦୟଙ୍ଗମ କଲା ଯେ ସେମାନଙ୍କୁ ହଇରାଣ ହରକତ କରିବା ଆମର ଉଦ୍ଦେଶ୍ୟ ନୁହେଁ । ବରଂ ଦରକାର ପଡ଼ିଲେ ସେମାନଙ୍କ ସପକ୍ଷରେ ଆମେ ଛିଡ଼ା ହେବୁ । ତା ପରଠୁ ସେମାନେ ଆମ ପ୍ରତି ଅଧିକ ସହାନୁଭୂତିଶୀଳ ହେଇଗଲେ । ଅବଶ୍ୟ ଚାକିରୀ ଯିବା ଭୟରେ ସେମାନେ ତଥାପି ଆମ ସହିତ ଜଗି ରଖି ଚଳୁଥିଲେ ।

ପ୍ରତି ଥର ସୁପରିଟେଣ୍ଡେଣ୍ଟ ଆସିଲାବେଳେ ଆମେ ସେଇ ଗୋଟିଏ ଅନୁରୋଧ କରୁଥିଲୁ: ଆମକୁ ଗୋଟିଏ କୋଠରୀରେ ରଖାଯାଉ । ଏଥିରେ ତାଙ୍କର ଗର୍ଜନ ତର୍ଜନ- ଉତ୍ତରଟା ମଧ୍ୟ କେବେ ବଦଳୁ ନ ଥିଲା । "କଦାପି ନୁହେଁ । ତମେ ସବୁ ନକ୍ସଲପନ୍ଥୀ ନେତା । ଏକାଠି ରହି ଏଠୁ ଖସି ପଳାଇଯିବାର ମସୁଧା କରିବ ଓ ସରକାର ବିରୁଦ୍ଧରେ ଷଡ଼ଯନ୍ତ୍ର କରିବ ।" ଆମକୁ ନେତା ଆଖ୍ୟା ଦିଆଯାଉଥିବାର ଶୁଣି ହସ ଲାଗିଲା । ତେବେ ସାରା ଦିନର ସମୟ ଅଯଥା ଅପଚୟ ନ କରି ଏକାଠି ପଢ଼ା ପଢ଼ି କରିବାର ଆମର ଯୋଜନାଟି ବାଧାପ୍ରାପ୍ତ ହେଲା । ଆମ ପାଖରେ ଥିବା ଜିନିଷ କେତେଟା ଯଥା:- ଖଣ୍ଡେ ଗିଲ୍‌ଟି ତାଟିଆ ଓ ଗୋଟେ ପାଣିପିଆ ଗିଲାସ, ଗୋଟେ ପାନିଆଁ, ଗୋଟେ ହାତ ଆରିସି, ଦୁଇଟା ଔଷଧ ଶିଶି, ମାଟିଆ ରଙ୍ଗର ଦୁଇ ଖଣ୍ଡ ମୋଟା କପଡ଼ା ଓ ଜେଲ୍ ତିଆରି ଶାଢ଼ୀ କେତେ ଖଣ୍ଡକୁ ସମ୍ଭାଳି ରଖିବାରେ ଆମର ସାରା ସମୟ ଯାଉଥିଲା । ସକାଳେ ମୁଁ ଗୋଟେ କାଠିରେ ଅଧ ଘଣ୍ଟା ଧରି ଦାନ୍ତ ଘଷୁଥିଲି । କାଠିର ଗୋଟେ ଆଡ଼କୁ ଚୋବେଇ ଚୋବେଇ ଏକ ତନ୍ତୁମୟ

ଗୋଛା କରି ଦେଉଥିଲି ଓ ସେଇଟାକୁ ବ୍ରସ୍ ପରି ଦାନ୍ତରେ ଘଷୁଥିଲି । ଖାଇ ସାରିଲା ପରେ ସୁରେଇରୁ ପାଣି ନେଇ ତାଟିଆ ଖଣ୍ଡିକୁ ଧୋଉଥିଲି ଓ ସେଇଟା ଚକ୍ ଚକ୍ କରିବା ଯାଏଁ ଅନେକ ସମୟ ଧରି ଶାଢ଼ୀ କାନିରେ ପୋଛୁଥିଲି । ମୋର ଦୁଇ ଇଞ୍ଚ ବହଳର ବାଳକୁ ଥରକୁ ଥର କୁଣ୍ଡାଇ ପକାଉଥିଲି । ପାରୁ ପର୍ଯ୍ୟନ୍ତ ମନେ ପକାଇ ପାରୁଥିବା କବିତା ଗୁଡ଼ିକୁ ଆବୃତ୍ତି କରୁଥିଲି । ବ୍ୟାୟାମ କରିବା କଥା ଚିନ୍ତା କଲି । କିନ୍ତୁ ବାରମ୍ବାର ପତଳା ଝାଡ଼ା ହେବା ଯୋଗୁଁ ଓ ଚଟାଣ ଉପରେ ଶୋଇ ଶୋଇ ଆଣ୍ଠୁ ଗଣ୍ଠି ଦରଜ ହେବାରୁ ତାହା ମଧ୍ୟ ହେଇପାରିଲା ନାହିଁ । ବାରମ୍ବାର ଅନୁରୋଧ ସତ୍ତ୍ୱେ ଆମକୁ ଲେଖାଲେଖି ପାଇଁ କିଛି ଜିନିଷ ଯୋଗାଇ ଦିଆଯାଉ ନ ଥିଲା । ଅନେକ କଟାଛଟା ପରେ କଳା ରଙ୍ଗର ତେଲିଆ ସ୍ୟାହି ଲାଗିଥିବା ଗୋଟେ ଖବରକାଗଜ ଦିଆଯାଉଥିଲା । ସେଇ ଖଣ୍ଡିକ ଆମେ ପରସ୍ପର ଭାଗ କରି ପଢୁଥିଲୁ । ଜଣେ ପଢ଼ି ସାରିଲା ପରେ ଅନ୍ୟ ଜଣକୁ ତାହା ଦେବା ପାଇଁ ପ୍ରତି ଥର ଆମକୁ ମହିଳା ପ୍ରହରୀ ଜଣକୁ ଡାକିବାକୁ ପଡୁଥିଲା । ଦୁଇ ଦିନ ପରେ କାହାକୁ ହଇରାଣ ନ କରି କକ୍ଷନାର ପାଇଖାନା କାନ୍ଥରେ ଥିବା କଣା ବାଟେ ଆମେ ସେଇଟା ଦିଆନିଆ ହେଲୁ । ଦିନେ, ସେତିକିବେଳେ ମୋଇମୁନ୍ ଦେଖିପକାଇଲା । ତା ପରଦିନ ସକାଳେ କେତେ ଜଣ ପୁରୁଷ କଇଦୀ ଆସି ସେଠି ଗୋଟେ ପଟା ପିଟି ଦେଇଗଲେ । ଦୁଇ ଘଣ୍ଟା ପରେ ସିମେଣ୍ଟ ପଲସ୍ତରାରୁ କଣ୍ଟା ଖସିଯାଇ ପଟା ଖଣ୍ଡିକ ତଳେ ପଡ଼ିଗଲା ।

ଖବରକାଗଜକୁ ଛାଡ଼ି ଆମର ଲେଖାପଢ଼ା ଭିତରେ ଜେଲ୍ ଲାଇବ୍ରେରୀରୁ କେତେ ଖଣ୍ଡି ବହି ଥିଲା । କେଟ୍‌ଲଗ୍‌ରୁ ବୋସୱେଲଙ୍କ Life of Johnson ଓ ସେକ୍‌ସପିଅରଙ୍କ ବହି କେତୋଟି ମୁଁ ବାଛିଥିଲି ଓ ସେଗୁଡ଼ିକର ଆସିବା ବାଟକୁ ସହର୍ଷରେ ଚାହିଁ ବସିଥିଲି । ସ୍ୱପ୍ନଭଙ୍ଗଟା ମତେ ଅପେକ୍ଷା କରିଥିଲା । ନଷ୍ଟ ପ୍ରାୟ ହଳଦିଆ ପୃଷ୍ଠା ସବୁ ଅସଂଖ୍ୟ ଓଡ଼ଶ ଫୋଡ଼ଫୋଡ଼ କରି ଦେଇଥିବାରୁ ଅକ୍ଷରମାନ ଚିହ୍ନି ହେଉ ନ ଥିଲା । ପ୍ରତି ପୃଷ୍ଠାରେ ଓଡ଼ଶ ରକ୍ତ ଦାଗ ଲାଗିଥିଲା । ବହିରୁ ଖସି ଆସି ସେ ଗୁଡ଼ିକ ମୋ କମ୍ବଳ ଭିତରକୁ ପଶିଗଲେ । ମୁଁ ମଧ୍ୟ ସେଗୁଡ଼ିକର ସ୍ୱଚ୍ଛ ରଙ୍ଗ ଓ ଅଦ୍ଭୁତ ଗନ୍ଧରେ ଅଭ୍ୟସ୍ତ ହେଇଯାଉଥିଲି । ଖାଇପିଇ ମୋଟା ହେଇଗଲେ ସେଗୁଡ଼ିକର ରଙ୍ଗ ଚେଷ୍ଟନଟ୍ ରଙ୍ଗ ପରି ଦେଖାଯାଉଥିଲା । ମୋ ରକ୍ତକୁ ଆହାର କରି ସେଗୁଡ଼ା ଫୁଲୁଥିଲେ ।

ପ୍ରତିଦିନ ଗାଧୁଆ ସମୟଟା ଗୋଟେ ଝମେଲା ଥିଲା । ମୋ ଜେଲ-ପ୍ରକୋଷ୍ଠରୁ ସେଠି ଥିବା ମାତ୍ର ଗୋଟିଏ ପାଣି କଳକୁ ମୋତେ କୋଡ଼ିଏ ଗଜ ପଡୁଥିଲା । ମଝିରେ ଗୋଟେ ଲମ୍ବା ସରୁ ସିମେଣ୍ଟ ନାଳୀ ଥିଲା । ସକାଳେ, ମଧ୍ୟାହ୍ନରେ

ଓ ସନ୍ଧ୍ୟାରେ ଦୁଇ ଘଣ୍ଟା ଲେଖାଏଁ ପାଣି ଆସୁଥିଲା । ମହିଳା ପ୍ରହରୀ ସାମ୍ନାରେ ମୁଁ ଗାଧୋଇଲା ବେଳେ ଅନ୍ୟ ବନ୍ଦୀମାନଙ୍କୁ ତାଲା ପକାଇ ରଖା ହେଉଥିଲା । ନାଳୀ ପାଖରେ ତାତିଲା ସିମେଣ୍ଟ ଚଟାଣ ଉପରେ ପାଦ ଛାଟି ଛାଟି ପାଣି କଳରୁ ଝୁଲୁଥିବା ବାଲ୍‌ଟିରୁ ଗିଲ୍‌ଟି ଗିଲାସରେ ପାଣି ଆଣି ମୋ ଦେହରେ ଢାଳୁଥିଲି । ପାଖରେ ଥିବା ପୁରୁଷ ବନ୍ଦୀଖାନାରେ ନର୍ଦ୍ଦମାକୁ ଲାଗି ପାଣି ପାଇପଟା ମାଟି ଉପର ହେଇ ଆସିଥିଲା । ଖରାଦିନେ ପାଣି ସବୁ ବେଳେ ଗରମ ରହୁଥିଲା । ଝଲମଲ୍ ମଧ୍ୟାହ୍ନ ସୂର୍ଯ୍ୟରେ, ଝାଞ୍ଜି ପବନରେ ନାଳ ନର୍ଦ୍ଦମାର ଦୁର୍ଗନ୍ଧରେ ଗାଧୋଇ ତାତିଲା ବାଲି ଉପରେ ଖାଲି ପାଦରେ ଚାଲିଚାଲି ମୋ ପ୍ରକୋଷ୍ଠକୁ ଆସିଲାବେଳେ ମତେ ଭାଜି ହେଇଗଲା ପରି ଲାଗୁଥିଲା । ଆଦୌ ତାଜା ଲାଗୁ ନ ଥିଲା । ସିମେଣ୍ଟ ଚଟାଣ ଉପରେ ପିଟି ପିଟି ଲୁଗା କିପରି ସଫା କରାଯାଏ ତାହା ଜଣେ ମହିଳା ପ୍ରହରୀ ବତେଇ ଦେଲା । ମୋର ଦୁଇ ଖଣ୍ଡି କପଡ଼ା ଛାଡ଼ିଦେଲେ ମୋର ଆଉ କିଛି ଲୁଗାପଟା ନ ଥିଲା । ମୋର ସ୍ଲାକ୍‌ସ ଓ ଟି-ସାର୍ଟ ଶୁଖିବା ଯାଏଁ ସେଇଟାକୁ ମୁଁ ଦେହରେ ଗୁଡ଼େଇ ହେଇ ରହୁଥିଲି । ଏମିତି ଅବାଗିଆ ବେଶଭୂଷାରେ ବାରମ୍ବାର ମତେ ଅଫିସ କର୍ମଚାରୀ ମାନଙ୍କର ସାମ୍ନା କରିବାକୁ ପଡୁଥିଲା । କିନ୍ତୁ ପାରିପାର୍ଶ୍ୱିକ ପରିସ୍ଥିତି ସହିତ ମୁଁ ଅପରିଚିତ ଥିବାରୁ କିଛି ଅଖାଡୁଆ ଲାଗୁ ନ ଥିଲା । ଆଉ ସୁପରିଟେଣ୍ଡେଣ୍ଟଙ୍କୁ ମୁଁ ଖଣ୍ଡେ ବ୍ଲାଉଜ ପାଇଁ କହିଥିଲି । କିନ୍ତୁ ଅତି ଶୀଘ୍ର ମୁଁ ମୁକ୍ତି ପାଇବା ଉପରେ ଥିବାରୁ ସେଇ ଖଣ୍ଡିକର ଆଉ ଦରକାର ନାହିଁ ସେ କହିଲେ ।

କଳ୍ପନା ସହିତ ବଡ଼ ପାଟିରେ ରଡ଼ି ରଡ଼ି କଥାବାର୍ତ୍ତାରେ ହାଲିଆ ହେଇଗଲା ପରେ ରାତି ଅଧରେ ମୁଁ ଲୁହା ବାଡ଼ ପାଖରେ ନୀରବରେ ଜେଲ୍‌ର ବାହାର କାନ୍ଥ ସେ ପଟେ ଥିବା ପିପ୍‌ପଳ ଗଛ ଉପରେ ଉଠୁଥିବା ସ୍ୱଚ୍ଛ ଓ ପ୍ରଶାନ୍ତ ଜହ୍ନକୁ ଧ୍ୟାନମଗ୍ନ ହେଇ ଅନେଇ ରହିଥାଏ । ପାଖରେ ଥିବା ପୁରୁଷ ବନ୍ଦୀଶାଳାର ଛାତ ଉପରେ ଧଳା ପେଚାଟିଏ ନିସ୍ତବ୍ଧ ହେଇ ବସିଥାଏ । ଗଛ ଓ ନାଳର ଆଖେ ପାଖେ ବେଙ୍ଗ ସବୁ ଖପ୍ ଖାପ୍ ଡେଉଁଥାନ୍ତି । ମୋର ପ୍ରକୋଷ୍ଠର ବାହାରେ ଥିବା ଅଗଣା ହଜାର ହଜାର ନିଦ୍ରାଭିଭୂତ ପକ୍ଷୀମାନଙ୍କର ବସା ପାଲଟି ଯାଇଥାଏ । ମୁଁ ଅନୁଭବ କଲି ଯେ ଏକ ଅପରିଚିତ ଜାଗାରେ ଯୋଉଠିକାର ଭାଷା ସୁଦ୍ଧା ମୁଁ ବୁଝି ପାରୁ ନ ଥିଲି କିମ୍ବା ପରିସ୍ଥିତିକୁ ହୃଦୟଙ୍ଗମ କରି ପାରୁ ନ ଥିଲି ସେଠି ଅନ୍ତତଃ ପ୍ରକୃତି ମୋ ପାଇଁ ଅନୁଭୂତିଯୋଗ୍ୟ ଦୃଶ୍ୟମାନ ହେଇ ରହିଥିଲା । ମୋର କାରାବାସ ସତ୍ତ୍ୱେ ପ୍ରକୃତି ମତେ ତା ଠାରୁ ଦୂରେଇ ରଖି ନ ଥିବାରୁ ମୁଁ କୃତ୍ୟ କୃତ୍ୟ ହେଇଗଲି ।

ପହିଲାରୁ ଆମେ ଜାଣିଗଲୁ ଯେ ଜେଲ୍ କର୍ତ୍ତୃପକ୍ଷଙ୍କ ଆଳସ୍ୟ, ଅନିଚ୍ଛା ଓ

ଅପାରଗତା ବିରୁଦ୍ଧରେ ସଂଗ୍ରାମ କଲେ ଯାଇ ଆମ ଅବସ୍ଥା କିଛିଟା ସୁଧୁରିଯିବ। ଆଗରୁ କେବେ ଜେଲ ଭିତରେ ପାଦ ସୁଦ୍ଧା ରଖି ନ ଥିବାରୁ ମୁଁ କିମ୍ବା କଞ୍ଚନା ଜେଲର ନୀତି ନିୟମ ବିଷୟରେ ଏକ ଅସ୍ପଷ୍ଟ ଧାରଣା ବ୍ୟତୀତ ଆଉ କିଛି ଜାଣି ନ ଥିଲୁ। ସମ୍ଭବତଃ ସ୍କୁଲ ଶିକ୍ଷୟିତ୍ରୀ ଭାବରେ ମୋର ସ୍ୱଭାବସିଦ୍ଧ ଆଗ୍ରହ ଯୋଗୁଁ ମୁଁ ଜେଲ ମେନୁଏଲ୍ ଦେଖିବାକୁ ମାଗିଲି। ମୋର ଏଇ ଅଦରକାରୀ ଅନୁରୋଧ ସେମାନଙ୍କୁ ଉତ୍‌କ୍ଷିପ୍ତ କରିଦେଲା। ଜେଲ୍ ମେନୁଏଲ୍‌ର ଗୋଟେ ମାତ୍ର କପି ଥିଲା। ସେଇଟା ଦିଆଯାଇପାରିବ ନାହିଁ। ନିୟମ ଅନୁସାରେ ତାହା ଜେଲ୍ ଅଫିସରେ ରହିବା କଥା। ସେଠିକି ଯାଇ ପଢ଼ିବାକୁ ମୋତେ ଅନୁମତି ମିଳିବ ନାହିଁ। ଜେଲଟା ଯଦି ନୀତି ନିୟମ ଅନୁଯାୟୀ ଚାଲୁଥାନ୍ତା ତା ହେଲେ ମୋର ସେଇଟା ଦରକାର ହିଁ ପଡ଼ି ନ ଥାନ୍ତା। ଶେଷରେ ଜେଲ ସାହେବ ଆସିଲେ ଓ କହିଲେ ଯେ ଜେଲ୍ ମେନୁଏଲ ଆଦୌ ନାହିଁ। ସେଇଟା ଆଉ ଛପା ହେଉ ନ ଥିବାରୁ ଯେତିକି ନୀତି ନିୟମ ମନେ ଥିଲା ସେଥିରେ ଜେଲ୍ ପରିଚାଳନା ହେଉଥିଲା। କୌଣସି ଲିଖିତ ନୀତି ନିୟମ ନ ମିଳିବାରୁ ଆମର ଅଧିକାର ବିଷୟରେ ନିଶ୍ଚିତ ହେବାଟା ସମ୍ଭବ ହେଲା ନାହିଁ କିମ୍ବା ଆମର କେଉଁ ଦାବୀ ଓ ଆବଶ୍ୟକତା ନ୍ୟାୟତଃ ପୂରଣ ହେବା କଥା ତାହା ମଧ୍ୟ ଆମେ ଜାଣି ପାରିଲୁ ନାହିଁ। ଜେଲ୍‌ର ଅଧିକାଂଶ କର୍ମଚାରୀ ମାନଙ୍କର ଧାରଣା ଯେ ଜେଲ୍‌ରେ ଥିବା ପ୍ରତ୍ୟେକ ଲୋକ ନିଶ୍ଚୟ କିଛି ଅପରାଧ କରିଥିବେ ଓ ସରକାର ଅର୍ଥାତ୍ ସେମାନେ ତାଙ୍କୁ ଦୟାକରି ଖାଦ୍ୟ ତଥା ଆଶ୍ରୟ ଯୋଗାଇ ଦେଉଛନ୍ତି। ନୀତି ନିୟମ କଥା ଜାଣିବାକୁ ଚାହିଁବା ଓ ନିଜ 'ଅଧିକାର' ପ୍ରସଙ୍ଗ ଉଠାଇବାଟା ତାଙ୍କ ପାଇଁ ବଦ୍‌ମାସୀ ବ୍ୟତୀତ ଆଉ କିଛି ନ ଥିଲା। ସେ ଯାହା ହେଉ ପ୍ରଥମରୁ ହିଁ ଆମେ ଏପରି ପରିସ୍ଥିତିର ସମ୍ମୁଖୀନ ହେଲୁ ଯେ କର୍ତ୍ତୃପକ୍ଷଙ୍କ ସହିତ ବିବାଦ ହେବା ବ୍ୟତୀତ ଅନ୍ୟ ଉପାୟ ନ ଥିଲା। ସବୁ ଅବ୍ୟବସ୍ଥା ସହିତ ଖାପ ଖୁଆଇ ଥରେ ଚଳିଗଲେ ସେମାନେ ତାର ଫାଇଦା ଉଠେଇବେ।

ପ୍ରତିଦିନ ମଧ୍ୟାହ୍ନରେ ମେଟିନୀ ମେଞ୍ଚେ ଖାଇବାଟା ଆଣି ବନ୍ଦ କବାଟ ତଳକୁ ରଖିଦିଏ ଓ ମତେ ଖାଇବା ପାଇଁ କହିଦେଇଯାଏ। ସବୁ ଦିନ ସେଇ ଏକା ପ୍ରକାର: ଗୋଡ଼ି ଓ ଚକ୍ଷୁମିଶା ପେଜୁଆ ବଗଡ଼ା ଭାତ, ସାଗୁଆ-କଳା ରଙ୍ଗର ଡାଲି ପାଣି ଭିତରେ ଅଳ୍ପ ଟିକିଏ ଡାଲି ଲୁଚି଼ ଯାଇଥାଏ, ହଳଦୀ ଓ ଲଙ୍କା ଗୁଣ୍ଡ ଗୋଳା ହୋଇ ଭାତ ପେଜରେ ରନ୍ଧା ପାଞ୍ଚ ଛଅ ଖଣ୍ଡି ଆଳୁ। ଦିନେ ସେଇଟା ଦେଖୁ ଦେଖୁ ଭୋକ ମରିଗଲା। କଣା ତାଟିଆରୁ କଳା ପାଣି ନିଗିଡ଼ି ଚଟାଣ ଉପରେ ବୋହି ଯାଉଥିଲା। ତାଟିଆଟା ଛୁଇଁଛି କିନା ଆରପଟୁ କଞ୍ଚନା ବଡ଼ ପାଟିରେ ଖାଇବାକୁ ମନା କଲା।

ଉନ୍ନତ ମାନର ଖାଦ୍ୟ ପାଇଁ ଆମେ ଭୁକ୍ ହରତାଳରେ ବସିବାକୁ ସ୍ଥିର କଲୁ । ପରେ ଜେଲର ଆସିଲା ପରେ ନିଷ୍ପତ୍ତି ନିଆଗଲା ଯେ କଳ୍ପନା ନକ୍‌ସାଲପନ୍ଥୀ ବିଭାଗରୁ ମିଲ୍ ପାଇବ ଯୋଉଠି କି ଆଗରୁ ଖାଦ୍ୟ ପ୍ରସଙ୍ଗକୁ ନେଇ ଗୋଟେ ଅନଶନ ହୋଇଥିଲା ଓ ମତେ ପତଳା ଝାଡ଼ା ହେଉଥିବାରୁ ମୋର ମିଲ୍‌ଟା ଜେଲ୍ ହସ୍‌ପିଟାଲ୍‌ରୁ ଅଣାହେବ । ତା ପର ଦିନ ମୋର ଡାଲି ଗିନାରୁ ଚଉଦଟା ଗୋଟା ଲଙ୍କା ଛାଣି ଆଣି ଡାକ୍ତରଙ୍କୁ ଦେଖାଇବା ପାଇଁ ରଖିଲି । ସହଜରେ ଆକ୍ରାନ୍ତ ହୋଇପଡୁଥିବା ଏକ ପାଚନ ପ୍ରକ୍ରିୟା ପାଇଁ ଏହା ଉପଯୁକ୍ତ ପଥ୍ୟ ନୁହେଁ ଦର୍ଶାଇ ଡାକ୍ତରଙ୍କ ପାଖରେ ମୁଁ ଅଭିଯୋଗ ବାଢ଼ିଲି । ଡାକ୍ତର ସେଥିପ୍ରତି କର୍ଣ୍ଣପାତ କଲେ ନାହିଁ ।

କିଛି ଦିନ ପରେ ଆମ ସହିତ ଏରେଷ୍ଟ ହେଇ ଆସିଥିବା ପୁରୁଷମାନେ କଳ୍ପନା ପାଇଁ ଯାଉଥିବା ଖାଦ୍ୟ ଭିତରେ ଗୋଟେ ଖବର ପଠାଇବାକୁ ଚେଷ୍ଟା କଲେ । ଆମକୁ ଦେବା ଆଗରୁ ସେଥିରୁ ସବୁଦିନ ପରି ତାର ଭାଗଟା କାଢ଼ିଦେବା ବେଳେ ମେଇମୁନ୍ ଦେଖିଲା ଯେ ରୁଟି ଭିତରେ ଚିଠି ଖଣ୍ଡେ ଭଙ୍ଗା ହେଇ ରଖାହୋଇଛି । ତା ପରଠାରୁ ଆମକୁ ନିଜେ ରାନ୍ଧି ଖାଇବାକୁ କୁହାଗଲା । ରୁଦ୍ଧ କାରାବାସରୁ ଏ କ୍ଷଣିକ ମୁକ୍ତିର ସ୍ୱୀକୃତି ପାଇ ଆମେ ଆନନ୍ଦରେ ଉଲୁସି ଉଠିଲୁ । ଏଇଟା ଆମ ପାଇଁ ଏକ ବଡ଼ ସଫଳତା ଥିଲା ।

ଆମର ସାପ୍ତାହିକୀ ସଉଦା ବାବଦକୁ ପ୍ରତି ରବିବାର ଦିନ ଆମକୁ ଚାଉଳ, ଖଦଡ଼ା ଅଟା, ମସୁରୀ ଡାଲି, ଆଳୁ, ପିଆଜ କେଇଟା, ଅଳ୍ପ ସୋରିଷ ତେଲ, ମୁଠାଏ ଲଙ୍କା ଓ ହଳଦୀ ଗୁଣ୍ଡ ଦିଆଯାଉଥିଲା । ସେସବୁକୁ ରଖିବା ପାଇଁ ଆମକୁ କିଛି ଜାଗା ଦିଆହେଲା ନାହିଁ । କିନ୍ତୁ ୱାର୍ଡ଼ର ପାଖରୁ ଆମେ କୌଣସି ମତେ ଦୁଇଟି ବସ୍ତା ଆଣିଲୁ ଓ କଳ୍ପନାର କୋଠରୀ କୋଣଟାରେ ସବୁ ଜନିଷକୁ ଗଦା କରି ତା ଉପରେ ଢ଼ାଙ୍କିଦେଲୁ । ସପ୍ତାହକୁ ଥରେ ଛେଳି ମାଂସ ଦିଆ ହେଉଥିଲା । ମାଂସରୁ ଉତ୍କଟ ଆଇଁସିଆ ଗନ୍ଧ ଉଠୁଥିଲା ଓ ଏତେ ଟାଣ ଥିଲା ଯେ ଘଣ୍ଟା ଘଣ୍ଟା ଧରି ସିଝାଇବା ପରେ ମଧ୍ୟ ଚମଡ଼ା ପରି ଚେମେଡ଼ା ହେଇ ରହୁଥିଲା । ୟୁରୋପୀୟ ହେଇଥିବା କାରଣରୁ ମୋ କ୍ଷେତ୍ରରେ କେତେଟା ରିହାତି ମଞ୍ଜୁର କରାଯାଉଥିଲା । ଅନେକ ଆବେଦନ ପତ୍ର ପରେ ମତେ ଅପେକ୍ଷାକୃତ ଟିକିଏ ସରୁ ଚାଉଳ, ଅଳ୍ପ ଚା' ଓ ଚିନି ଓ ଟିକିଏ ଅଧିକା ତେଲ ଦିଆଗଲା । ଅବଶ୍ୟ ବ୍ରିଟିଶ ରାଜତ୍ୱ ସମୟରେ ଇଂରେଜମାନେ ନିଜକୁ ସୁହାଇଲା ଭଳି ତିଆରି କରିଥିବା ଜେଲ୍ ନିୟମ ଓ ସ୍ୱାଧୀନତା ପରେ ମଧ୍ୟ ଭାରତ ସରକାରଙ୍କ ଦ୍ୱାରା ଅପରିବର୍ତ୍ତିତ ରହିଥିବା ସେହି ନିୟମରେ ୟୁରୋପୀୟ ବନ୍ଦୀମାନଙ୍କ ପାଇଁ ଯେପରି ରାଜକୀୟ ଚର୍ଚ୍ଚାର ବ୍ୟବସ୍ଥା ରହିଥିଲା, ତା ତୁଳନାରେ ଏଇଟା

ସାମାନ୍ୟ ମାତ୍ର । ଷ୍ଟୋର ଦାୟିତ୍ୱରେ ଥିବା କଇଦୀ ଜଣକ କାନ୍ଧରୁ ପାଦ ଯାଏଁ କଳା ଲୁହା କଡ଼ି ପିନ୍ଧି ଭୟଙ୍କର ଦେଖାଯାଉଥିଲା । ସେହି ଦାୟିତ୍ୱରେ ଥିବା ଯୋଗୁଁ ସେ ଜେଲ୍ କର୍ମଚାରୀ ମାନଙ୍କ ଉପରେ ତାର ପ୍ରଭାବ ରହିଥିଲା । ତା ହାତରେ ସବୁ ଜିନିଷ ରହିଥିବାରୁ ନିଜେ ଉଠାଇ ଆଣିଥିବା ଯାଡୁ ସ୍ୟାଡୁ ଜିନିଷପତ୍ର ମେଟିନୀ ହାତରେ ପଡୁଥିଲା ।

ତା ପରଠାରୁ ଆମର ଦୈନନ୍ଦିନ କାର୍ଯ୍ୟକ୍ରମର ରୋଷେଇଟା ମୁଖ୍ୟ ପ୍ରସଙ୍ଗ ହେଲା । ବାହାରେ ବେଶୀ ସମୟ ରହିପାରିବୁ ବୋଲି ଆମେ ରନ୍ଧାକାମକୁ ପାରୁ ପର୍ଯ୍ୟନ୍ତ ଲମ୍ବେଇବାରେ ଲାଗିଲୁ । ପ୍ରକୃତରେ ରନ୍ଧାରେ ଆମର ଖୁବ୍ କମ ସମୟ ଲାଗୁଥିଲା । ଡେକଚିରେ ଚାଉଳ, ଡାଲି ଓ ଆଳୁକୁ ଘଣ୍ଟା ଘଣ୍ଟା ଧରି ସିଝାଇବାରୁ ପେଜୁଆ ମଣ୍ଡ ପରି ହେଇଯାଉଥିଲା । ମହିଳା ୱାର୍ଡ଼ର ଜଣକ ଏଥିରେ ଅଧୈର୍ଯ୍ୟ ହେଇଗଲେ । ଆମେ ସବୁ ବୁଝାଇ ଦେଉଥିଲୁ ଯେ ଆମେ ଇଂଲିଶ ଖାନା ତିଆରି କରୁଛୁ ଓ ସେଇଟା ତିଆରି କରିବାରେ ଅନେକ ସମୟ ଲାଗେ । ମନଇଚ୍ଛା ଗିଲାସ ଗିଲାସ ପାଣିଆ ନାଲି ଚା ପିଉଥିଲୁ । ତା ସହିତ ଆମ ପେଟ ଭିତରକୁ ଯାଉଥିବା ଆଲୁମିନିୟମ ଧାତୁ ଓ ତାର ବାସ୍ନା ସହ ଆମେ ଅଭ୍ୟସ୍ତ ହେଇ ଯାଇଥିଲୁ । ଘଣ୍ଟା ଘଣ୍ଟା ଧରି ଆମେ ଅସରନ୍ତି ଗପରେ ବୁଡ଼ି ରହିଥିଲୁ । ଦୁଇ ସପ୍ତାହ ଭିତରେ ମୁଁ ଓ କଳ୍ପନା ପରସ୍ପରର ଜୀବନ ତଥା ପରିବାରବର୍ଗ ବିଷୟରେ ପରିଚିତ ହେଇଗଲୁ । ବିଶେଷତଃ, ତା ପାଖରୁ ଭାରତୀୟ ଚାଲିଚଳଣ ଓ ସଂସ୍କୃତି ବିଷୟରେ ଅନେକଟା ଶିଖିଗଲି । ପ୍ରଥମ କେତେଟା ଯନ୍ତ୍ରଣାପୂର୍ଣ୍ଣ ମାସରେ ତାର ଉପସ୍ଥିତି ମୋର ଜୀବନକୁ ସହଜ କରି ଦେଇଥିଲା । ସବୁକଥାକୁ ବୁଝାଇବାରେ, ଅନୁବାଦ କରିବାରେ ଅସୀମ ଧୈର୍ଯ୍ୟର ସହିତ ମୋର ରାଗକୁ ନିୟନ୍ତ୍ରଣ କରି ଶିଖାଇବାରେ ସେ ମତେ ଅନେକ ସାହାଯ୍ୟ କରୁଥିଲା । ଆଗରୁ କେବେ ଜଣେ ଇଂରେଜ ଦେଖି ନଥିବା ମହିଳାମାନେ ତାରି ଯୋଗୁଁ ମତେ ଗ୍ରହଣ କରିନେଲେ । ତା ବିନା ମୁଁ ଯେ କଣ କରିଥାନ୍ତି ମୁଁ ଜାଣେନା ।

ବର୍ଷା ଋତୁ ଆସିଲାରୁ ନାନା ଅସୁବିଧା ହେଲା । ପ୍ରାୟ ପ୍ରତିଦିନ ବର୍ଷା ହେଲା । ଅପରାହ୍ନ ଗୁଡା ଭୟାନକ ବିଷୁବ ମଣ୍ଡଳୀୟ ବୃଷ୍ଟିପାତ ଓ ପ୍ରଚଣ୍ଡ ଝଡ଼ ପବନରେ କଳା ପାଲଟିଗଲେ । ପ୍ରତି ବର୍ଷାରେ ଆମର କୋଠରୀ ଭିତରେ ବନ୍ୟା ମାଡ଼ିଗଲା । କମ୍ବଳସବୁ ତିନ୍ତି ଗଲା । ଶୋଇବାକୁ କୋଉଠି ଶୁଖିଲା ଜାଗା ଖଣ୍ଡେ ନ ପାଇ ଆମେ କୋଣଟାରେ ମୋଡ଼ି ମାଡ଼ି ହେଇ ବସି ରହିଲୁ । ଲୁହା ରେଲିଂର ଉପର ଅଂଶକୁ ଝୋଟ ତିଆରି ଅଖାରେ ଘୋଡ଼େଇ ରଖିବାକୁ ସୁପରିଟେଣ୍ଡେଣ୍ଟ ଆମକୁ ଅନୁମତି ଦେଲେ । କିନ୍ତୁ ମହିଳା ୱାର୍ଡ଼ର ଜଣକ ଯେମିତି ଆମର କାର୍ଯ୍ୟକଳାପ ଉପରେ ତୀକ୍ଷ୍ଣ

ଦୃଷ୍ଟି ରଖି ପାରିବ ସେଥିପାଇଁ ସେ ତଳ ଅଂଶଟିକୁ ଖୋଲା ରଖିବା ପାଇଁ କହିଲେ । ଫଳତଃ ବର୍ଷା ପାଣି ଅବାଧରେ ଭିତରକୁ ପଶିଲା । ବାରମ୍ବାର ଚେଷ୍ଟା ସତ୍ତ୍ୱେ ଜାଳେଣି କୋଇଲା ଜଳିଲା ନାହିଁ । ବେଳେବେଳେ ଆମେ ବର୍ଷା ପବନରେ ରାତି ଅଧ ଯାଏଁ ଉପାସରେ ରହି ଯାଉଥିଲୁ । ଆମ ଭିତରୁ ଜଣେ କେବେ ଭାରି କଷ୍ଟରେ କଳା ଦାଗ ବସିଥିବା ଓ ଧୂଆଁଳିଆ ବାସୁଥିବା ଅଧସେକା ରୁଟି ଦୁଇ ପଟ କରି ପାରୁଥିଲା । ଏସବୁ ସତ୍ତ୍ୱେ ବର୍ଷାକୁ ଆମେ ସ୍ୱାଗତ କରୁଥିଲୁ । କାରଣ ବର୍ଷା ଯୋଗୁଁ ଆମକୁ ଟିକେ ଅତିରିକ୍ତ ସ୍ୱାଧୀନତା ମିଳିଥିଲା । ସେଇ ବର୍ଷାରେ କୌଣସି ଅଫିସର ବାହାରକୁ ବାହାରିବାର ସାହସ କରୁ ନ ଥିଲେ । ତେଣୁ ଆମେ କେତେ ଘଣ୍ଟା ନିର୍ବିଘ୍ନରେ ଓ ଆରାମରେ ଗପ କରୁଥିଲୁ । ଜଣେ କୋଠରୀ ଭିତରେ ଓ ଆଉ ଜଣେ କୋଠରୀ ବାହାର ଥାକରେ ବସି ଗପ କରୁ । ଅଖାରୁ ତଥାପି ବର୍ଷା ପାଣି ଆମ ଉପରେ ପଡୁଥାଏ । ମହିଳା ୱାର୍ଡ଼ର ଜଣକ ଭାବେ ଯେ ଆମେ ଦୁହେଁ ତୁଛା ବାୟାଣୀ । କିନ୍ତୁ ସପ୍ତାହବ୍ୟାପୀ ନିଃସଙ୍ଗ କାରାବାସ ପରେ ଟିକିଏ କଥାବାର୍ତ୍ତାର ସୁଯୋଗ ପାଇଲା ମାତ୍ରେ ଆମେ ଝାମ୍ପି ନେଉଥିଲୁ । କୋର୍ଟକୁ ନିଆଗଲା ବେଳେ ଆମେ କଣ କରିବୁ ସେ ବିଷୟରେ କଥାବାର୍ତ୍ତା କଲୁ । ମନରେ ଅକ୍ଳାନ୍ତ ଆଶା ରଖି ଆମେ ନିଜର ସୁରକ୍ଷା ପାଇଁ ଯୋଜନା କଲୁ ଓ କାଠଗଡ଼ାରୁ ନିଜ ସପକ୍ଷରେ ଦେବାକୁ ଥିବା ଯୁକ୍ତିର ଉପସ୍ଥାପନା ମଧ୍ୟ ତିଆରି କରିନେଲୁ ।

ଅନେକ ଥର ଆମେ କୋର୍ଟକୁ ଚାଲାଣ ହେବାର ଗୁଜବ ଶୁଣୁଥିଲୁ । କିନ୍ତୁ ପ୍ରତି ଥର ସେଇ ତାରିଖରେ ଆମେ ଜେଲ୍ ଅଫିସକୁ ଚାଲିକି ଯାଉଥିଲୁ । ଜଣେ ମୋଟା ସୋଟା ଲୋକାଲ୍ ମାଜିଷ୍ଟ୍ରେଟଙ୍କ ଆଗରେ ହାଜର ହେଉଥିଲୁ । ଆମେ ଅନ୍ୟ ଏକ ଜିଲ୍ଲାରୁ ଏରେଷ୍ଟ ହେଇ ଆସିଥିବାରୁ ଏଇ କେସ୍‌ଟି ତାଙ୍କ ପରିସର ଭୁକ୍ତ ନୁହେଁ ବୋଲି କହି ନିଜେ ନିଜର ଅକ୍ଷମତା ଜଣାଇ ଦେଉଥିଲେ । ଯାଠୁ ଅଧିକା ଆଉ କିଛି ହେଉ ନ ଥିଲା । ଅଫିସକୁ ଏଇ କେଇଟା ପାହୁଣ୍ଡ ଚାଲିଯିବାଟା ଆମର ଦୈନନ୍ଦିନ ରୁଟିନ୍ ବନ୍ଧା ଜୀବନରେ ସ୍ୱାଗତଯୋଗ୍ୟ ପରିବର୍ତ୍ତନଟିଏ ଥିଲା । ବାଟରେ ଅମଳେନ୍ଦୁଙ୍କୁ ଦେଖିବାର ଆଶାଟିଏ ମୋ ମନ ଭିତରେ ଉଙ୍କି ମାରୁଥିଲେ ହେଁ ତାହା କେବେ ଚରିତାର୍ଥ ହେଉ ନ ଥିଲା । ଦିନେ ଠିକ୍ ଆମ ସମୟରେ ପୁରୁଷ ବନ୍ଦୀ ମାନଙ୍କ ଭିତରୁ ଜଣକୁ ଘେରାଉ କରିଥିବାର ଦେଖିଲୁ । ସେ ଆମକୁ ରାଜନୈତିକ ବନ୍ଦୀର ମର୍ଯ୍ୟାଦା ଦାବୀ କରିବାକୁ ଜୋର ଦେଇ କହିଲା । ସେଇଟା ମଞ୍ଜୁର ହୋଇଗଲେ ଆମକୁ ନାନା ପ୍ରକାର ସୁବିଧା ମିଳିବ । ମୁଁ ଓ କଞ୍ଚନା ଆବେଦନ ପତ୍ର ଲେଖିଲୁ । କିନ୍ତୁ ପ୍ରକୃତରେ ଆମେ କୌଣସି ସ୍ୱତନ୍ତ୍ର ସୁବିଧା ପାଇବା ପାଇଁ ଦାବୀ କରିବା ଉଚିତ କି ନା ତାହା ଜାଣି ନ ଥିଲୁ ।

ଆମର ଆହୁରି ଭୟ ଥିଲା ଯେ ତା ଦ୍ୱାରା ଆମେ ମହିଳା ବନ୍ଦୀମାନଙ୍କ ଠାରୁ ଦୂରେଇ ଯିବୁ । ତେବେ ଆମକୁ ଚିନ୍ତା କରିବାକୁ ପଡ଼ିଲା ନାହିଁ । ସୁପରିଟେଣ୍ଡେଣ୍ଟ ଘୋଷଣା କଲେ ଯେ ଆମେ ଅପରାଧୀ ହୋଇଥିବାରୁ ଆମକୁ ସେଇ ପ୍ରକାର ବ୍ୟବହାର ମିଳିବ ।

ପ୍ରଥମେ ଅଫିସକୁ ଗଲାବେଳେ ଆମେ ମାଜିଷ୍ଟ୍ରେଟଙ୍କୁ ଆମ ବିରୁଦ୍ଧରେ ଥିବା ଅଭିଯୋଗର ସଂପୂର୍ଣ୍ଣ ବିବରଣୀ ମାଗିଲୁ । ସେ ଭାରତୀୟ ପିଙ୍ଗଳ ଆଇନ୍‌ର ଚାରିଟି ଧାରାର ଉଦ୍ଧୃତି କଲେ । ଆମେ ତ ଆମ ସହିତ ଅନ୍ୟ ପଚାଶ ଜଣଙ୍କ (ଯେଉଁମାନେ କି ଆମ ପରି ଏକା ଜାଗାରୁ ଓ ଏକା ସମୟରେ ଗିରଫ ହେଇଥିଲେ) ବିରୁଦ୍ଧରେ ମାରାତ୍ମକ ଅସ୍ତ୍ରଶସ୍ତ୍ର ଧରି ଦଙ୍ଗା କରିବା, କଳି ତକରାଳ ଓ ମରାମରି କରିବା, ସଶସ୍ତ୍ର ଡକାୟତି ଓ ହତ୍ୟା ଉଦ୍ୟମ ଆଦି ଅଭିଯୋଗ ରହିଥିଲା । ଉପରୋକ୍ତ ଅପରାଧ ପାଇଁ ସର୍ବାଧିକ ଜେଲ୍ ଦଣ୍ଡ ଦଶ ବର୍ଷ । ସେଇଟା ଶୁଣି ମୁଁ ଆଶ୍ୱସ୍ତ ହେଇଥିଲି ଓ ସେଇ ଗୋଟେ କଥା ଖାଲି ମୋର ମନେ ଥିଲା । କେତେ ସପ୍ତାହ ପରେ ମାଜିଷ୍ଟ୍ରେଟ୍‌ଙ୍କୁ ଦେଖା କରିଯିବାଟା ବନ୍ଦ ହେଇଗଲା । ସେ କିନ୍ତୁ ଆମକୁ ନ ଦେଖି ଆମର ଗିରଫ ପରୱାନାକୁ ପୁଣି ଆରମ୍ଭ କରିଦେଲେ । ଆଇନର ସରକାରୀ ବ୍ୟାଖ୍ୟା ଥିଲା ଯେ ଜଣେ ଗିରଫ ହୋଇଥିବା ବ୍ୟକ୍ତି ଗିରଫ ହେବାର ଚବିଶ ଘଣ୍ଟା ମଧ୍ୟରେ ଜଣେ ମାଜିଷ୍ଟ୍ରେଟଙ୍କ ପାଖରେ ହାଜର ହେବ ଓ ପ୍ରତି ପନ୍ଦର ଦିନରେ ଥରେ ଲେଖାଏଁ ଯାଇ ହାଜିରା ଦେବ ।

ପ୍ରାୟ ମାସେ ହେବ ବିଚ୍ଛିନ୍ନ ହୋଇ ରହିବା ପରେ କଲିକତା ସ୍ଥିତ ଡେପୁଟି ହାଇକମିଶନରୁ ବାଣିଜ୍ୟ ଦୂତ ବିଭାଗର ଜଣେ ବ୍ରିଟିଶ ଅଫିସର ମତେ ଦେଖା କରିବାର ଅନୁମତି ପାଇଲେ । ତାଙ୍କ ପାଖରେ ଭାରତୀୟ କର୍ତ୍ତୃପକ୍ଷ ନିଜ ତରଫରୁ ଘଟଣା ମାନଙ୍କର ବ୍ୟାଖ୍ୟା କରି ଦେଇଥିଲେ । ସେ ଖାଲି ମୋର ସ୍ୱାସ୍ଥ୍ୟ ବିଷୟରେ ଓ ଯଥେଷ୍ଟ ଖାଇବାକୁ ମିଳୁଛି କି ନାହିଁ ସେଇ କଥା ପଚାରି ଦେଇଗଲେ । ସେ ମତେ ଜଣେଇ ଦେଲେ ଯେ ଆଉ ହଳେ ଅନ୍ତର୍ବାସ ପାଇଁ ମୁଁ କରିଥିବା ଆବେଦନର ଅନୁମତି ରାଜ୍ୟର ରାଜଧାନୀ ପାଟନାରୁ ମିଳିପାରିବ । ଅନ୍ତର୍ବାସ ପାଇଁ ବିହାର ସରକାରଙ୍କ ମୁଖ୍ୟ ସଚିବଙ୍କ ପାଖରେ ମୋର ଲିଖିତ ଆବେଦନ ଉପସ୍ଥାପିତ କରିବା କଥା ଭାବିଲା କ୍ଷଣି ମତେ ହସ ଲାଗିଲା ।

ଅମଳେନ୍ଦୁଙ୍କୁ ଦେଖା କରିବାକୁ ମୋର ଅନୁରୋଧ ପ୍ରତି ବ୍ରିଟିଶ ଅଫିସର ଜଣକ ସମ୍ବେଦନା ଦେଖାଇଲେ ନାହିଁ । ଭାରତୀୟ କର୍ତ୍ତୃପକ୍ଷ ମୋର ବିବାହର ବୈଧତାକୁ ନେଇ ପ୍ରଶ୍ନ ଉଠାଇଲେ । ଅମଳେନ୍ଦୁ ସହିତ ପରାମର୍ଶ କରିବାରେ ମତେ

ବାରଣ କରିବା ପାଇଁ ଏଇଟା ବାହାନା ମାତ୍ର ଥିଲା । ଅମଳେନ୍ଦୁ ସହିତ ପରାମର୍ଶ ନ କରି ମୁଁ କିଛି କରିପାରୁ ନ ଥିଲି । କୋଠରୀକୁ ଫେରିଆସି ପୁରା ସାକ୍ଷାତ୍‌ଟି ବିଷୟରେ ଚିନ୍ତା କଲି । ସେଥିରୁ କିଛି କାମ ହେଲା ନାହିଁ କିମ୍ବା କୌଣସି ଗୁରୁତ୍ୱପୂର୍ଣ୍ଣ ଆଲୋଚ଼ନା ମଧ୍ୟ ହେଲା ନାହିଁ ଭାବି ମୁଁ ରାଗିଗଲି । କେତେ ମାସ ପରେ ଆଉ ଜଣେ ବ୍ରିଟିଶ୍ ପଦାଧିକାରୀ ଆସି କେତେ ଧାଡ଼ି ସରକାରୀ ଶାସନ ବାଣୀ ରୋକ୍‌ଠୋକ୍ ମୋ ମୁହଁ ଉପରେ ଶୁଣାଇ ଦେଇଗଲେ । ଭାରତରେ ଯାହା ବି ହେଉଥାଉ ମୋର ସେଥିରେ ଆଦୌ ମୁଣ୍ଡ ପୁରାଇବାର ନ ଥିଲା । ଜେଲ୍‌ରୁ ଖଲାସ ହେଇଗଲାପରେ ଯଦି କିଛି ଯୋଜନା କାର୍ଯ୍ୟକାରୀ କରିବା ପାଇଁ ମୁଁ ଭାବିଥାଏ ତାହେଲେ ସେଇଟା ମୁଁ ନିଶ୍ଚିତ ରୂପେ ଭୁଲିଯିବା ଉଚିତ । ସେଇ ପ୍ରଥମ ସାକ୍ଷାତ ପରେ ଯେତେବେଳେ କି ଗୋଟେ ଦଳ ସ୍ପେସିଏଲ୍ ବ୍ରାଞ୍ଚ ପୋଲିସ ଉପସ୍ଥିତ ଥିଲେ, ଖବରକାଗଜ ମାନଙ୍କରେ ଭାରତୀୟ କର୍ତ୍ତୃପକ୍ଷଙ୍କ ମୋ ପ୍ରତି ବ୍ୟବହାର ଭୂୟସୀ ପ୍ରଶଂସାର ସବିଶେଷ ବିବରଣୀ ପ୍ରକାଶ ପାଇଲା ।

ଯା ପରେ ପରେ ମୁଁ ଜେଲ୍‌ରେ ପ୍ରଥମ ଚିଠି ପାଇ ଖୁସିରେ ନାଚ଼ି ଉଠିଲି । ଚିଠିଟି ଦଳେ ଅଜଣା ସ୍କୁଲ ପିଲାଙ୍କ ପାଖରୁ ଆସିଥିଲା । ଭାରତକୁ ସଠିକ୍ ମାର୍ଗରେ ଯିବା ପାଇଁ ମୁଁ ସାହାଯ୍ୟ କରୁଥିବାରୁ ଚିଠିରେ ସେମାନେ ମୋ ପ୍ରତି ତାଙ୍କର ସମର୍ଥନ ଓ କୃତଜ୍ଞତା ଜଣାଇଥିଲେ । ପତ୍ରାଳାପର ତିକ୍ତ ଅନୁଭୂତି ଦୃଷ୍ଟିରୁ ଏପରି ଭାବପ୍ରବଣତା ମାନ କର୍ତ୍ତୃପକ୍ଷଙ୍କ ସେନ୍‌ସରରେ କେମିତି ଅନୁମୋଦନ ପାଇ ଆସିଲା ସେଥିରେ ମୁଁ ଆଶ୍ଚର୍ଯ୍ୟ ହେଇଗଲି । ଠିକ୍ ସେଇଦିନ, ମାଡ୍ରାସର ଜଣେ "ଉଚ୍ଚ ବଂଶଜ" ଭଦ୍ରବ୍ୟକ୍ତିଙ୍କ ତରଫରୁ ଲେଖିଥିବା ଭଦ୍ରମହିଳାଙ୍କ ଠାରୁ କଲ୍ପନା ଖଣ୍ଡେ ଚିଠି ପାଇଲା । ଭଦ୍ରବ୍ୟକ୍ତି ଜଣକ ଆମ ଭିତରୁ ଜଣକୁ ବା ଉଭୟଙ୍କୁ ବିବାହ କରିବାକୁ ଚ଼ାହାନ୍ତି । (ଆମ ଦୁଇ ଜଣଙ୍କ ନାମ ଖବର କାଗଜରେ ପ୍ରକାଶିତ ହୋଇଥିଲା) । ତେବେ ସର୍ତ୍ତ ଥିଲା ଯେ ଆମେ "ସୁନ୍ଦର ଓ ଆମର ବୟସ ପଚ଼ିଶ ବର୍ଷ ତଳକୁ ହେଇଥିବା ଆବଶ୍ୟକ ।" ଯାର ଅର୍ଥ ଗୁରୁତର କି ନୁହେଁ ସେ କଥା ଆମେ ଜାଣି ନ ଥିଲୁ । କିନ୍ତୁ ମଜାରେ ଓ୍ୱାର୍ଡ଼ରଙ୍କ ଠାରୁ ଖାଲି ଚିଠି କାଗଜ ଖଣ୍ଡେ ମାଗି ଆଣି ଆହୁରି ଅଧିକ ତଥ୍ୟ ଜାଣିବା ଉଦ୍ଦେଶ୍ୟରେ ଉତ୍ତର ଲେଖିଲୁ । ବୋଧହୁଏ ଏଥିପାଇଁ ଆମେ ସେ ବିଷୟରେ ଆଉ କିଛି ଶୁଣିବାକୁ ପାଇଲୁ ନାହିଁ ।

ଅନ୍ୟ ବନ୍ଦୀମାନଙ୍କ ବିଷୟରେ ଆମେ ଅଧିକ ଜାଣିବାକୁ ଚ଼ାହିଁଲୁ । କିନ୍ତୁ ସବୁ ଯୋଗାଯୋଗ ଲୁଚ଼ା ଚ଼ୋରାରେ ହେଉଥିଲା ଓ ବିପଜ୍ଜନକ ଥିଲା । ଆମ କୋଠରୀର ଅତି ପାଖକୁ ଆସିବାର ସାହସ କରୁଥିବା ମହିଳା ବନ୍ଦୀମାନେ ମେଟିନୀ ଓ ମହିଳା

ୱାର୍ଡ଼ର ପାଖରୁ ଗାଳି ଶୁଣୁଥିଲେ ଓ ବେଳେବେଳେ ମାଡ଼ ଖାଉଥିଲେ । ତଥାପି କିଛି ଚୁମ୍ବକୀୟ ଶକ୍ତି ଅପେକ୍ଷାକୃତ ସାହସୀମାନଙ୍କୁ ଆମ ପାଖକୁ ଟାଣି ଆଣୁଥିଲା । ଉତ୍ତପ୍ତ ଅପରାହ୍ନରେ ସମସ୍ତେ ବିଶ୍ରାମ ନେଉଥିଲା ବେଳେ ସେମାନଙ୍କ ଭିତରୁ କେତେ ଜଣ ଛାଇ ପରି ଆମର ଲୁହା ରେଲିଂ ପାଖରେ ଛିଡ଼ା ହେଉଥିଲେ । ସେମାନଙ୍କ ସହିତ କିଛି ଅର୍ଥପୂର୍ଣ୍ଣ କଥାବାର୍ତ୍ତା କରିପାରୁ ନ ଥିଲେ ମଧ୍ୟ ତାଙ୍କର ଭାବଭଙ୍ଗୀରେ ପ୍ରକାଶିତ ମୋ ପ୍ରତି ସହାନୁଭୂତି ଓ ଉଦ୍‌ବେଗ ମତେ ଛୁଇଁ ଯାଉଥିଲା । ରାତିରେ ତାଙ୍କ ଭିତରୁ ଜଣେ ଗୋଲଗାଲ ଋଷୀ ଝିଅଟିଏ ମୋ ପାଇଁ ତେଲ ଡିବିରି ଆଣି ଦେଉଥିଲା । ଠିକ୍ ଦୁଆର ମୁହଁ ଭିତରକୁ ସେଇଟା ତଳେ ରଖୁ ରଖୁ ସେ ମତେ ଚାହିଁ ଚୁପ୍‌କିନା ହସିଦିଏ ଓ ମୋ ସହିତ କଥା ହେବାକୁ ତାକୁ ମେଟିନୀ ଓ ମହିଳା ୱାର୍ଡ଼ର ମନା କରୁଥିବାରୁ ତାଙ୍କ ଆଡ଼କୁ ମୁହଁଟା ନେଫେଡ଼ି ଦେଇ ଚାଲିଯାଏ । ଡାକ୍ତରୀ ପ୍ରେସକ୍ରିପ୍‌ସନ ଅନୁସାରେ ମତେ ଦିଆଯାଉଥିବା ଗୋଟେ କମଳା ଲେମ୍ବୁରୁ ଫାଳେ ଲେଖାଏଁ ତା ପାଇଁ ମୁଁ ରଖି ଦେଉଥିଲି । ମୋ କୋଠରୀ ଭିତରକୁ ଆସିଲା ମାତ୍ରେ ତା ହାତରେ ଚୁପ୍‌କିନା ମୁଁ ସେଇଟା ଗୁଞ୍ଜିଦିଏ । ଶାଢ଼ୀ କାନି ତଳେ ଘୋଡ଼େଇ ନେଇ ସେ ମେଟିନୀ ଓ ମହିଳା ୱାର୍ଡର ଆଖି ଆଢୁଆଳରେ ଖାଇବା ପାଇଁ ପାଇଖାନା ଭିତରୁ ଧାଇଁଯାଏ । ଅନ୍ୟ ବନ୍ଦୀ ମାନଙ୍କ ସହିତ କଷ୍ଟନାର କଥାବାର୍ତ୍ତାରୁ ଆମେ ଜାଣିଲୁ ଯେ ତାଙ୍କ ଭିତରୁ ଅଧିକାଂଶ ବିଚାର ଅପେକ୍ଷାରେ ଅଛନ୍ତି । ଅନେକେ କେତେ ବର୍ଷ ହେଲା ସେଠି ରହି ସାରିଥିଲେଣି । କେତେକଙ୍କର ଛୋଟ ଛୁଆ ସବୁ ଥିଲେ । ଗିରଫ ହେଲାବେଳେ ଅତି ଛୋଟ ଥିବା ହେତୁରୁ ମା ପାଖରୁ ଅଲଗା ନ ରହି ବରଂ ଜେଲ୍‌ରେ ବଢୁଥିଲେ । ସେମାନେ ମୋ ପାଇଁ ଆନନ୍ଦର ଖୋରାକ ଥିଲେ । ତାଙ୍କର ମୁରବି ମାନଙ୍କ ଠାରୁ ଗାଳି ଶୁଣିଲେ ମଧ୍ୟ ସେମାନେ ମୋ କୋଠରୀକୁ ଆକର୍ଷିତ ହେଇ ଆସୁଥିଲେ । ମୋ ଲୁହା ରେଲିଂ ସାମ୍ନା ଥାକକୁ ଚଢ଼ି ସେମାନେ ତାଙ୍କ ବାଳରେ ବେଣୀ ଗୁନ୍ଥି ଦେବା ପାଇଁ ମତେ କହୁଥିଲେ, ଦର୍ପଣ ଦେଖିବା ପାଇଁ ଜିଦ୍ କରୁଥିଲେ, ନତୁବା ମୋର ଚଷମା ପିନ୍ଧିବା ପାଇଁ ମାଗୁଥିଲେ । ମୋର ଜେଲ୍ ପ୍ରକୋଷ୍ଠ ଝାଡୁ କରିବା ପାଇଁ ମତେ ଦିଆଯାଇଥିବା ଝାଡୁର ମୋଟା କାଠିମାନ ନେଇ ତାଙ୍କ ପାଇଁ ଖେଳଣା ତିଆରି କରି ତାଙ୍କର ମନଖୁସି କରୁଥିଲି ଓ ମୋର ଖାଇବାରୁ କିଛି ତାଙ୍କ ପାଇଁ ରଖୁଥିଲି ।

ତିନି ମାସର ଆଂଶିକ ନିଃସଙ୍ଗ କାରାବାସ ପରେ ସୁପରିଟେଣ୍ଡେଣ୍ଟ ଯେ କେବେ ଆମକୁ ଏକାଠି ରହିବାକୁ ରୁମ୍ ଦେବେ ସେ ଆଶା ମୁଁ ଛାଡ଼ି ଦେଇଥିଲି । ଏପରିକି ମୁଁ ମୋ ପାଇଁ ଏକ ନୀତି ତିଆରି କରି ଦେଇଥିଲି: "କର୍ତ୍ତୃପକ୍ଷ ଯାହା ତମକୁ କେବେ ଦେବେ ନାହିଁ ସେଥିପ୍ରତି ଲାଳାୟିତ ହେଇ ତାଙ୍କୁ ତମକୁ ସେଥିରୁ ବଞ୍ଚିତ

କରିବାର ଆତ୍ମସନ୍ତୋଷର ସୁଯୋଗ ଦିଅ ନାହିଁ। ତମର ନିଜର ବିକଳ୍ପ ତିଆରି କର।” ତା’ପରେ ଦିନେ ସେପ୍ଟେମ୍ବରର ସକାଳରେ ମୋ ରୁମ୍ ବାଟ ଦେଇ ଟହଲ ମାରି ଯାଉଥିବା ବେଳେ ସୁପରିଟେଣ୍ଡେଣ୍ଟ ତାଙ୍କ ଆଡ଼ୁ ଏକ ନୂଆଁ ପରାମର୍ଶ ଦେଲା ପରି ପଚାରିଲେ, “ତମେ ଦୁହେଁ ଦିନବେଳେ ଏକାଠି ରହିବାକୁ ଚାହଁ କି ?” ଆମ ଉତ୍ତର ଦେବାର ଦରକାର ହିଁ ପଡ଼ି ନଥିଲା। ତା ପରଦିନ ସକାଳୁ ଆମର ଜେଲ୍ ପ୍ରକୋଷ୍ଠର ତାଲା ଖୋଲା ହେଲା ଓ ଆମକୁ ବାହାରର ଦିବାଲୋକ ଭିତରକୁ ତଥା ‘ସ୍ୱାଧୀନତା’ର ଏକ ନୂତନ ଯୁଗ ଭିତରକୁ ଯିବାକୁ ଦିଆଗଲା।

୩

ଜଣେ ରାଜନୈତିକ ବନ୍ଦୀ

ସକାଳୁ ସଞ୍ଜ ପର୍ଯ୍ୟନ୍ତ ଆମକୁ ଖୋଲା ଛାଡ଼ିବାର ପ୍ରଥମ ଦିନ ଓ ମେଇମୁନର ବିଦାୟ ନେବା ଦିନଟା ସଂଯୋଗବଶତଃ ମିଳିଗଲା । ଆମେ ଏଥିରେ ଆଶ୍ୱସ୍ତ ହେଲୁ । ଅନ୍ୟ ବନ୍ଦୀମାନଙ୍କ ସହିତ ତାର ଚଲାକୀ ଓ ତୋଡ୍‌ଫୋଡ କଥାବାର୍ତ୍ତା ସାମ୍ନାରେ ଚୁପ୍ ରହିବାଟା ଦିନକୁ ଦିନ ମୁସ୍କିଲ୍ ହେଇ ପଡୁଥିଲା । ତାର ଯିବାଟା ମଧ୍ୟ ଅପ୍ରତ୍ୟାଶିତ ଥିଲା । ଛଅ ବର୍ଷ ବିଳମ୍ବ ପରେ ତାର ବିଚାର ଆରମ୍ଭ ହେଲା । ଜଣାଗଲା ଯେ ସେଇ ମାମଲାର ଜଣେ ମୁଖ୍ୟ ସାକ୍ଷୀ ତା ଭିତରେ ମରିଯାଇଛି ଓ ଅନ୍ୟ ଜଣଙ୍କର ପତ୍ତା ମିଳୁନାହିଁ । ପ୍ରମାଣ ଅଭାବରୁ ବିଚାରପତି ତାକୁ ଓ ତାର ସ୍ୱାମୀକୁ ଉଭୟଙ୍କୁ ଖଲାସ କରିଦେଲେ । ସେ ଓ ତାର ସ୍ୱାମୀ ଜଣେ ଯୁବତୀକୁ ଅପହରଣ କରିବାର ଅପରାଧରେ ଅଭିଯୁକ୍ତ ହେଇଥିଲେ ଯିଏ କି ପରବର୍ତ୍ତୀ ସମୟରେ ତାର ସଉତୁଣୀ ହେଇଥିଲା । ମାମଲାଟି ବିଚାରଧୀନ ଥିବାବେଳେ ତାକୁ ମଧ୍ୟ ଜିମାରେ ରଖା ଯାଇଥିଲା ।

ମେଇମୁନ୍‌ର ଉତ୍ତରାଧିକାରୀ ହେଇ ଆସିଲା ନାଗୋ ବାଇଶ ତେଇଶ ବର୍ଷର ଯୁବତୀଟିଏ । କେତେବର୍ଷ ହେଲା ଜେଲ୍‌ରେ ଥିଲା । ହତ୍ୟା ଉଦ୍ୟମ ଅଭିଯୋଗରେ ତାକୁ ଦିଆଯାଇଥିବା ସାତ ବର୍ଷ ଜେଲ୍ ଦଣ୍ଡରୁ କେତେଟା ବର୍ଷ ଭୋଗି ସାରିଥିଲା । ସାଧାରଣତଃ ଦୀର୍ଘ ଦିନ ଧରି ଜେଲ୍ ଭୋଗିବାକୁ ଥିବା କଇଦୀମାନଙ୍କୁ କର୍ତ୍ତୃପକ୍ଷ ଦାୟିତ୍ୱସମ୍ପନ୍ନ ପଦ ପାଇଁ ବାଛୁଥିଲେ ଓ ଭଲ କାମ କଲେ ଜେଲ୍ ଦଣ୍ଡରୁ କିଛିଟା ରିହାତି ମିଳିବ ବୋଲି ସେମାନଙ୍କୁ ଉତ୍ସାହିତ କରୁଥିଲେ । ଫଳରେ ସରକାର ମେଟିନୀ ଓ ସେମାନଙ୍କର ପୁରୁଷ ସହକର୍ମୀ 'ମେଟ୍'ଙ୍କୁ ନେଇ ଗୋଟେ ଶ୍ରେଣୀର ସହକାରୀ କର୍ମଚାରୀ ପାଇଥିଲା । ସନ୍ତୋଷଜନକ ଓ ଆନୁଗତ୍ୟପୂର୍ଣ୍ଣ କାମ ବଦଳରେ ସେମାନେ ବିଭିନ୍ନ ଆଳରେ କିଛି ଟଙ୍କା ଓ 'ବୋନସ୍' ଆୟ କରିପାରୁଥିଲେ । ଯଦିଓ ନିଜ ସହବନ୍ଦୀଙ୍କ ଉପରେ ତାର ପୂର୍ବଜା ପରି ନାଗୋ କିଛିଟା ତୋଡ୍‌ଫୋଡ

କରୁଥିଲା । ଆମ ସହିତ ବ୍ୟବହାରରେ ସେ ବେଶ୍ ସତର୍କ ରହୁଥିଲା । ସାରା ଦିନ ଆମକୁ ଖୋଲା ଛାଡ଼ି ଦିଆଯାଇ ଥିବାରୁ ଆମେ ଏବେ ମହିଳା ୱାର୍ଡର ବାକି ଜାଗାରେ କଣ ହେଉଛି ତାହା ଦେଖି ପାରୁଥିଲୁ । ଆମେ ନାନା ଝାମେଲାର କାରଣ ହେଇଥିଲୁ ।

ତିନି ମାସ ଧରି ରୁଦ୍ଧ କୋଠରୀରେ ରହିବା ପରେ ପାଚିରୀରେ ବୁଲିବାଟା ଆମ ପାଇଁ ବେଶ୍ ରୋମାଞ୍ଚକର ଥିଲା । ଖୋଲା ପବନରେ ବୁଲିବୁଲି ଆମେ ଆମର ଯୋଜନାମାନ ତିଆରି କରୁଥିଲୁ । ପାଗଟା ଧୀରେ ଧୀରେ ଶୀତଳ ହେବାରୁ ମୋର ସ୍ୱାସ୍ଥ୍ୟରେ ଉନ୍ନତି ଘଟିଲା ଓ ଶରତ ଋତୁର ସ୍ୱଚ୍ଛ ସ୍ଫଟିକ ଦିନ ମୋ ଭିତରେ ଅଫୁରନ୍ତ ଶକ୍ତି ସଞ୍ଚାର କଲା । ବେଳେବେଳେ ମୁଁ ଓ କଳ୍ପନା ଅବିରାମ ଚାଲିବାରେ ଲାଗିଥାଉ । ସକାଳ ସାଢ଼େ ପାଞ୍ଚଟାରୁ ମଧ୍ୟାହ୍ନ ଖରା ଯାଏଁ ବୁଲିବୁଲି କୋଠରୀ ଭିତରର ଶୀତଳତାକୁ ଫେରୁଥିଲୁ । ହାତ ହଲାଇ ଘେରା ଘେରା ବୁଲିବୁଲି ଆମେ ଗୀତ ଗାଉଥିଲୁ । ଯେମିତିକି ଆମେ କୋଉ ଗାଁ ଗହଳରେ ଅଛୁ । ଅପରାହ୍ନରେ ଆମେ ପିଜୁଳି ଗଛ ତଳେ ବସୁଥାଉ । କଳ୍ପନାର ଜର୍ମାନୀ ଭାଷା ଶିଖିବାର ବେଶୀ ଆଗ୍ରହ ଥିଲା । ମୁଁ ହିନ୍ଦୀ ଓ ବଙ୍ଗଳା ଶିଖିବାକୁ ଚେଷ୍ଟା କରୁଥିଲି । ଲେଖିବା ପାଇଁ କିଛି ନ ଥିବାରୁ ଆମେ ନାଲି ରଙ୍ଗର ଧୂଳି ଉପରେ କାଠି ଖଣ୍ଡିକରେ ଲେଖି ଏସବୁ ଶିଖୁଥିଲୁ ।

ବସ୍ତୁତଃ, ହଜାରୀବାଗ୍ ଜେଲ୍‌ର ମହିଳା ବିଭାଗଟି ବିଚାର ଅପେକ୍ଷାରେ ଥିବା ବନ୍ଦୀ ମାନଙ୍କର ସ୍ୱଳ୍ପ ରହଣୀ ପାଇଁ ଉଦ୍ଦିଷ୍ଟ ଥିଲା । ତେଣୁ ସେଠି କାମ ବେଶୀ ନ ଥିଲା । ପୁରୁଷ ବିଭାଗରେ ସିଲେଇ କର୍ମଶାଳାରେ ତିଆରି ହେଇଥିବା ସରକାରୀ ୟୁନିଫର୍ମରେ ମହିଳାମାନେ ସକାଳେ ବୋତାମଘର ତିଆରି କରୁଥିଲେ । ତାପରେ ହଲ୍ ସଫା, ବଗିଚା କାମ, ରନ୍ଧା ଓ ଏମିତି ଗପସପ କରି ବାକିତକ ସମୟ ବିତାଉଥିଲେ । ହଜାରୀବାଗ୍ ଜେଲ୍‌ରେ ଗୋଟେ ଅଦ୍ଭୁତ ନିୟମ ଥିଲା । ପ୍ରତିଦିନ ବନ୍ଦୀ ମାନଙ୍କୁ ରନ୍ଧା ଡାଲି ଓ ତରକାରୀ ଦିଆ ହେଉଥିବା ସ୍ଥଳେ ଭାତ ଓ ରୁଟି ପାଇଁ ପ୍ରତିଦିନ ସକାଳେ ଅଟା ଓ ଚାଉଳ ଦିଆଯାଉଥିଲା । ତାକୁ ସେମାନେ ପାରୁପର୍ଯ୍ୟନ୍ତ ଚେଷ୍ଟା କରି ତିଆରି କରୁଥିଲେ । ରାନ୍ଧିବା ପାଇଁ ବାସନ କିମ୍ବା ଜାଳେଣି ଦିଆ ହେଉ ନ ଥିଲା । ଗୋଟେ ଦିନ ନ ଖାଇ ତା ବଦଳରେ ସେମାନେ କୋଇଲା ଆଣୁଥିଲେ । ତେବେ ଗିଲ୍‌ଟିର ତାଙ୍କର ଖାଇବା ବାସନରେ ରାନ୍ଧିବାକୁ ପଡୁଥିଲା ।

ବାହାରକୁ ଆସିବାର ଅନୁମତି ପାଇଲା ପରେ କେତେବେଳେ କେମିତି ଆମେ ଆମର ସହବନ୍ଦୀମାନଙ୍କ ସହିତ ବସି କଥାବାର୍ତ୍ତା କରୁଥିଲୁ । ମୁଁ ସେଇ କଥାବାର୍ତ୍ତାରୁ ବେଶୀ କିଛି ବୁଝି ପାରୁ ନ ଥିଲି । କଳ୍ପନା ମୋ ପାଇଁ ଅନୁବାଦ କରି ବୁଝାଉଥିଲା । ସେଥିରୁ ମୁଁ ଅନୁଭବ କଲି ଯେ ଯେତେ ଶିଘ୍ର ସମ୍ଭବ ମୋର ହିନ୍ଦୀ

ଶିଖିନେବା ଦରକାର ।

ବେଳେବେଳେ ସନ୍ଧ୍ୟା ସମୟରେ କମ୍ ବୟସର ସ୍ତ୍ରୀଲୋକ ମାନେ ଗାଁ ଗହଳିର ଗୀତ ଗାଆନ୍ତି ଓ ଧାଡ଼ିବାନ୍ଧି ନାଚନ୍ତି । ଆମେ କେତୋଟି ଲୋକନୃତ୍ୟ ଶିଖିନେଲୁ । ଆରମ୍ଭରୁ ସେଗୁଡ଼ା ସହଜ ଓ ପରେ କେବଳ ପୁନରାବୃତ୍ତି କଲା ପରି ଲାଗିଲା । ମୁଁ କେତୋଟି ତାଳକୁ ଶିଖିନେଲି ବୋଲି ଭାବିଲାବେଳକୁ ଦେଖିଲି ଯେ ନାଚରେ ମସ୍‌ଗୁଲ୍ ହେଇ ମୋର ଡିଆଁ ଡେଇଁଟା ଦେଖଣାହାରୀଙ୍କ ପାଇଁ ମଜାର ବିଷୟ ହେଇଛି ।

ତେବେ ଜୀବନର ଅନ୍ୟ ଗୋଟିଏ ଦିଗ ମଧ୍ୟ ଥିଲା । ଶୀତ ମାଡି ଆସୁ ଆସୁ ଯଥେଷ୍ଟ କମ୍ବଳ ଓ ଲୁଗାପଟା ନ ଥିବାରୁ ବନ୍ଦୀମାନେ ଭାରି କଷ୍ଟ ଭୋଗିଲେ । ଗିରଫ କଲାବେଳେ କଞ୍ଚନା ଓ ମୋ ଠାରୁ କାଢ଼ି ନେଇଯାଇଥିବା ଜୋତା ଆଉ ଆମକୁ ଫେରସ୍ତ କରାଗଲା ନାହିଁ । ଶୀତ ବଢ଼ିଲାରୁ ଆମର ପାଦ ଫାଟି ସେଥିରୁ ରକ୍ତ ବୋହିଲା । ଆମର ଅଧିକାଂଶ ସହବନ୍ଦୀଙ୍କର କେବେ ଆଦୌ ଜୋତା ହିଁ ନ ଥିଲା । ସେମାନଙ୍କର ଗଣ୍ଠିଆ ଟାଣ ତଳିପାଦ ଫାଟି ଘା ହେଇଗଲା । କୋଳମାରି ଯାଉଥିବା ଚଟାଣ ଓ କେବେ ଶୁଖୁ ନ ଥିବା ଘା'ର ଯନ୍ତ୍ରଣାରେ ଛୋଟ ପିଲାମାନେ ଚିର୍‌ଚିରେଇ ଉଠିଲେ । ଆମର ସକାଳ ବୁଲା ଓ ବ୍ୟାୟାମ କାର୍ଯ୍ୟକ୍ରମ ଆଉ ହେଇ ପାରିଲା ନାହିଁ । ପାଦ ପାଇଁ କିଛି ଗୋଟେ ବ୍ୟବସ୍ଥା କରିବାକୁ ପଡ଼ିବ ।

ମନେ ମନେ ଯୋଜନାଟି ସ୍ଥିର କରି ଆମକୁ ଦୟାଳୁ ଲାଗୁଥିବା ଜଣେ ମହିଳା ପ୍ରହରୀକୁ ବାଳ କାଟିବାକୁ କହି ଗୋଟେ କଇଁଚି ମାଗିଲୁ । କଇଁଚିରେ ଆମ କମ୍ବଳରୁ ଖଣ୍ଡେ କାଟି ପକାଇବାର ଦେଖି ବିଚରା ସ୍ତ୍ରୀଲୋକଟି ଡରିଗଲା । ଆମେ ତାକୁ ବୁଝାଇଦେଲୁ ଯେ ଯଦି ସେ ଚୁପ୍ ରହିଯାଏ ତାହେଲେ ଅଫିସ୍‌ର କେହି ଦେଖିପାରିବେ ନାହିଁ । ଜେଲ୍ ହସ୍‌ପିଟାଲ୍‌ରୁ ବାହାନା କରି କିଛି ଗଜ କନା ଆମେ ମାଗି ଆଣିଲୁ । ଚିରା କମ୍ବଳ ଉପରେ ଥାକ ଥାକ କରି ଖବରକାଗଜ ଓ କାଗଜର ପଟା ଦେଇ ତା ଉପରେ ଗଜ କନା ଭିଡି ଦେଇ ଜୋତା ପରିକା ତିଆରି କଲୁ । ଅବାଗିଆ ଦେଖାଗଲେ ହିଁ ସେଥିରେ ଆମର କାମ ଚଳିଗଲା । କିଛି ଦିନ ପାଇଁ ଆମେ ଆମର ବାହାରର କ୍ରିୟାକଳାପ ଚାଲୁ ରଖି ପାରିଲୁ । ଅବଶ୍ୟ ଜେଲ୍ କର୍ତ୍ତୃପକ୍ଷଙ୍କୁ ଆମକୁ ଜୋତା ଯୋଗାଇ ଦେବାପାଇଁ ଆମେ କହିଥିଲୁ । କିଂତୁ ଆମେ ରାଜନୈତିକ ବନ୍ଦୀ ଶ୍ରେଣୀଭୁକ୍ତ ହେଇ ନ ଥିବାରୁ ଆମକୁ ସେପରି କୌଣସି ସୁବିଧା ମିଳୁ ନ ଥିଲା ଯଦିଓ ଶୀତରେ ହଜାରୀବାଗ୍‌ରେ ରାତିରେ ବରଫ ପଡ଼ିବାକୁ ତାପମାତ୍ରା ବେଶୀ ଦୂର ନ ଥିଲା ।

୧୯୭୦ ମସିହାର ନଭେମ୍ବର ମାସରେ ଆମେ 'ରାଜନୈତିକ ବନ୍ଦୀ' କଣ ତାହା ପ୍ରକୃତରେ ଜାଣିଲୁ । ଦିନେ ରାତିରେ ଅପ୍ରତ୍ୟାଶିତ ଭାବରେ ମୋର ରୁମ୍ ଖାଲି କରି କଳ୍ପନା ସହିତ ରହିବାକୁ ମତେ ଆଦେଶ ମିଳିଲା । ଏକା ସାଙ୍ଗରେ ରହିବାର ସୁଖ ଆଶାରେ ମୁଁ ସଙ୍ଗେ ସଙ୍ଗେ ରାଜି ହେଇଗଲି । ଆନନ୍ଦ ଓ ଆଶ୍ଚର୍ଯ୍ୟରେ ଉଲ୍ଲସିତ ହେଇ ଆମେ ପୁରୁଷ କଇଦୀମାନଙ୍କୁ ଖଟ, ମଶିଣା, କମ୍ବଳ, ତକିଆ, ଟେବୁଲ, ଚୌକି, ରନ୍ଧା ବାସନ ଓ ଅନ୍ଧାରରେ ବାରି ହେଉ ନ ଥିବା ଆହୁରି ଅନ୍ୟାନ୍ୟ ଜିନିଷ ନେଇ ମୋ କୋଠରୀକୁ ଯିବାର ଦେଖିଲୁ । ପରେ ସେଇ ରାତିରେ ମୁଁ ରହୁଥିବା କୋଠରୀକୁ ଜଣେ ନୂଆଁ ଅନ୍ତେବାସୀ ଆସି ପହଞ୍ଚିଲା ।

ତା ପରଦିନ ସକାଳେ ହେଡ୍ ଓ୍ୱାର୍ଡର ଆସି ଆମର ଗଣତି କରି ଚାଲିଗଲେ । ନୂଆ ଆସିଥିବା ବନ୍ଦୀଟା ସେଯାଏଁ ଶୋଇଥାଏ । ଛୋଟ ପିଲାଙ୍କ ପରି ରେଲିଂ ଭିତରେ ଆଁଟି କରି ଅନେଇ ଆମେ ନୂଆ ଆଗନ୍ତୁକର ନୀଳ ରଙ୍ଗର ଦାମୀ ଶାଢ଼ୀଟାର କିଛି ଅଂଶ ମଶାରୀ ତଳେ ଦେଖିଲୁ । ଏଇ ନୂଆଁ ଧରଣର କଇଦୀ ସହିତ ଚିହ୍ନା ପରିଚୟ ହେବା ପାଇଁ ଆମେ ଯୋଜନା କଲୁ । ପରେ ସେଦିନ ସକାଳେ ଆମେ ତା ସହିତ କଥାବାର୍ତ୍ତା ହେଲୁ । କୋଇଲା ଖଣି ଶ୍ରମିକ ୟୁନିୟନ୍‌ର ସେ ସେକ୍ରେଟାରୀ ଥିଲା । ହଜାରୀବାଗ୍‌ରୁ ପ୍ରାୟ କୋଡ଼ିଏ ମାଇଲ୍ ଦୂରରେ ଥିବା କେଡ୍‌ଲା କୋଇଲା ଖଣିର ଜଣେ ଖଣି ମେନେଜରର ମର୍ଡର୍ କେସ୍ ସଂକ୍ରାନ୍ତରେ ସେ ଗିରଫ ହେଇ ଆସିଥିଲା । ମାଟି ତଳେ ବିପଦସଙ୍କୁଳ ଖଣି ଖାଦାନରେ ଖଟୁଥିବା ସେଇ ଜୀର୍ଣ୍ଣଶୀର୍ଣ୍ଣ ଶ୍ରମିକମାନଙ୍କର ଏଇ ଅଳଙ୍କାର ଆଭୂଷିତ ଚକଚକ୍ୟଭରା ପ୍ରତିନିଧିକୁ ଦେଖି ମୁଁ ଅବାକ୍ ହେଇଗଲି । ଏଇ ବିଳାସପ୍ରିୟ ନାରୀ ଜଣକ ଜଣାଇଦେଲା ଯେ ମାନବ ସମାଜର ଅପର ଦିଗରେ ଥିବା ଶ୍ରମିକ ମାନଙ୍କ ପାଇଁ ତାରି ହୃଦୟରେ ଅପାର କରୁଣା ରହିଛି ।

କର୍ତ୍ତୃପକ୍ଷଙ୍କ ଦୃଷ୍ଟିକୋଣରୁ ମଧ୍ୟ ସେ ଆମମାନଙ୍କଠାରୁ ପୁରାପୁରି ଅଲଗା ଥିଲା । ଆମ ପରି ଜେଲ୍ ଚାରି କାନ୍ଥ ଭିତରେ ସେ ରହୁ ନ ଥିଲା । ବରଂ ଜେଲ୍ କର୍ତ୍ତୃପକ୍ଷଙ୍କ ଉପରିସ୍ଥ କର୍ମଚାରୀମାନଙ୍କ ସହିତ ଗପ କରୁଥିଲା । ରାତି ନଅଟା ଆଗରୁ ସେ କେବେ ତାର ରୁମ୍‌କୁ ଫେରୁ ନ ଥିଲା । ପ୍ରତିଦିନ ସକାଳେ ସେ ଗୋଟେ ଲମ୍ବା ବଜାର ଚିଠା ଲେଖୁଥିଲା । ମଧ୍ୟାହ୍ନ ଆଗରୁ ସବୁ ଜିନିଷ ବଜାରରୁ ଅଣାହେଇ ତାକୁ ଦିଆଯାଉଥିଲା । ଦାମିକା ବିଦେଶୀ ଖାଦ୍ୟ ଓ ସୁସ୍ୱାଦୁ ଭାରତୀୟ ରନ୍ଧନ ପଦାର୍ଥ ତାର ନିତ୍ୟନୈମିତ୍ତିକ ଆହାରର ଅନ୍ତର୍ଭୁକ୍ତ ଥିଲା । ତାର ମନପସନ୍ଦ ପୋଷାକପତ୍ର ସିଲେଇ ହେଇ ଆସୁଥିଲା । ତାର ମନପସନ୍ଦର ଜୋତା ବାଛି ପିନ୍ଧିବା ପାଇଁ ବଜାରରୁ ଗଦା

ଗଦା ଜୋତା ଅଣା ହେଉଥିଲା । 'ରାଜନୈତିକ ବନ୍ଦୀ'ର ମର୍ଯ୍ୟାଦା ରୂପରେ ଏଇସବୁ ତାର ପ୍ରାପ୍ୟ ଥିଲା ।

ମହିଳା ବନ୍ଦୀମାନଙ୍କ ଭିତରୁ ଅନେକଙ୍କୁ ସେ ଚାକରାଣୀ ପରି ଖଟାଉଥିଲା । ତାର ଇଚ୍ଛା ଅନୁସାରେ ସକାଳୁ ସନ୍ଧ୍ୟା ଯାଏଁ ସେମାନେ ଖଟୁଥିଲେ । ତାର ନିହାତି ବ୍ୟକ୍ତିଗତ କାମ ମଧ୍ୟ ତାଙ୍କ ଦ୍ୱାରା କରେଇବାକୁ ସେ କୁଣ୍ଠାବୋଧ କରୁ ନଥିଲା । ଦିନେ ସକାଳେ ଜଣେ କମ୍ ବୟସର ମହିଳା ବନ୍ଦୀ ତାର ମାସିକ ଋତୁସ୍ରାବର ରକ୍ତଲଗା ଲୁଗା ଧୋଉଥିବାର ଦେଖି ମୋର ଘୃଣା ଆସିଗଲା । ତା ପାଇଁ କାମ କରୁଥିବା ସ୍ତ୍ରୀଲୋକ ମାନଙ୍କୁ କିଛି ପାଉଣା ମିଳୁ ନ ଥିଲା । ସେମାନେ ବିଚାରାଧୀନ ହେଇ ନ ଥିବାରୁ ତାଙ୍କର ସବୁ କାମକୁ 'ସ୍ୱେଚ୍ଛାକୃତ' ବୋଲି ଧରାଯାଉଥିଲା । ଅବଶ୍ୟ ମନା କରିବାର ସାହସ ସେମାନଙ୍କର ନ ଥିଲା । ଜେଲ୍‌ର ସମୁଦାୟ କଇଦୀ ସଂଖ୍ୟାରୁ ମାତ୍ର ଦଶ ପ୍ରତିଶତ ଖଣ୍ଡେ ବିଚାରାଧୀନ ଅବସ୍ଥାରେ ଥିଲେ । ତେଣୁ ଜେଲ୍‌ର ଅଧିକାଂଶ କାମ ଏମିତି ବିନା ପାରିଶ୍ରମିକରେ କରାଯାଉଥିଲା । ପରେ ପରିସ୍ଥିତି ଆହୁରି ଖରାପ ହେବାରୁ ବନ୍ଦୀମାନେ ଉତ୍‌କ୍ଷିପ୍ତ ହେଇଉଠିଲେ । ତେଣୁ ରସଦ ପରିମାଣ ବଢ଼େଇ ସେଇ ହିସାବରେ କିଛିଟା ପାରିଶ୍ରମିକ ଦିଆଗଲା ।

ପନ୍ଦରଦିନ ଭିତରେ 'ରାଜନୈତିକ ବନ୍ଦୀ' ଜଣକର ସରକାରଙ୍କ ତରଫରୁ ଦିଆଯାଉଥିବା ଖାଇବା ଜିନିଷ, ଲୁଗାପଟା, ଘରକରଣା ଜିନିଷ ଇତ୍ୟାଦିରେ ତାର କୋଠରୀ ଭର୍ତ୍ତି କରିଦେଲା । ସେ ମନଇଚ୍ଛା କ୍ଷୀର, ଅଣ୍ଡା ଓ କୁକୁଡ଼ା ମାଂସ ଖାଉଥିଲା । ଅଧିକାଂଶ ଭାରତୀୟଙ୍କ ଭିତରେ ଏସବୁ ଏକ ମହର୍ଗ ବିଳାସ ବୋଲି ଧରାଯାଉଥିଲା ଓ ଜେଲ୍ ଭିତରେ ତ ଖୁବ୍ କ୍ୱଚିତ୍ ଦେଖିବାକୁ ମିଳୁଥିଲା । ତିନି ସପ୍ତାହ ନ ପୁରୁଣୁ ସେ ଜମାନତରେ ଜେଲ୍‌ରୁ ମୁକୁଳି ଗଲାବେଳେ ସବୁକିଛି ଜିନିଷ ନେଇଗଲା । ଜଣେ ମହିଳା ୱାର୍ଡର ପାଇଁ ମାତ୍ର କେତୋଟି ଆଳୁ ଛାଡ଼ି ଦେଇଥିଲା । ସେ ଜେଲ୍ ଅଫିସ୍‌କୁ ଗଲାବେଳେ ଦଳେ କଇଦୀ ତାର ଆଜୁରୁ ବାଜୁରୁ ସବୁ ଜିନିଷ ବୋହି ତା ପଛରେ ଧାଡ଼ି ବାନ୍ଧି ଯାଉଥିଲେ ସତେ ଯେମିତି ବୋଝିଆ ଅନୁଚର ବର୍ଗ ନେଇ ଜଣେ ଯାଉଛି ।

'ରାଜନୈତିକ ବନ୍ଦୀ' ଜଣକ ଗୋଟେ ଧନୀ ପରିବାରର ଥିଲା ଓ ତାର ରାଜନୈତିକ ଉଚ୍ଚାଭିଳାଷ ରହିଥିଲା । ଟ୍ରେଡ୍ ୟୁନିୟନ୍‌ର ନେତୃତ୍ୱକୁ ସେ କ୍ଷମତାର ସିଡ଼ିର ପ୍ରଥମ ପାହାଚ୍ ରୂପେ ବାଛି ନେଇଥିଲା । ପରେ ଆମେ ଖବରକାଗଜରୁ ପଢ଼ିବାକୁ ପାଇଲୁ ଯେ ସେ ବିହାର ବ୍ୟବସ୍ଥାପକ ସଭାର ସଭ୍ୟା ହେଇଯାଇଛି । ସେତିକିବେଳକୁ ସମୟର ସୁବିଧା ନେଇ ସେ ସମାଜବାଦୀରୁ କଂଗ୍ରେସକୁ ନିଜର

ଦଳ ବଦଳ କରି ସାରିଥିଲା । ଧନ ଓ ପ୍ରତିପତ୍ତିର ସ୍ୱାଭାବିକ ଫଳ ସ୍ୱରୂପ ତା ବିରୁଦ୍ଧରେ ଥିବା ମର୍ଡର କେସ୍‌ଟା ବିସ୍ମୃତ ହେଇଯାଇଥିଲା ।

ଯାହା ବି ହେଉ ସେ ଗୋଟେ କାମ ଆମ ପାଇଁ କରି ଯାଇଥିଲା ଯାହା କି ମୁଁ କେବେ ଭୁଲି ପାରିବି ନାହିଁ । ଆମ ଭିତରେ ଥିବା ସବୁ ପ୍ରକାର ପାର୍ଥକ୍ୟ ସତ୍ତ୍ୱେ ସେ ବିନା ବିଚାରରେ ଆଗକୁ ଜେଲ୍‌ରେ ରଖାଯାଇଥିବା ଦିଗଟି ପ୍ରତି ସଚେତନ ଥିଲା । ତାହା ବୁଝିପାରି ତାକୁ କୁହାକୁହି କରି କିଛିଟା ସାହାଯ୍ୟ ପାଇବା କଥା ମୁଁ ଭାବିଲି । ଦିନେ କୁଣ୍ଠାର ସହିତ ଲେଖାଲେଖି କରିବା ପାଇଁ ତାକୁ କିଛି କାଗଜ କଲମ ମାଗିଲି । ତଦ୍ୱାରା ସୁପରିଟେଣ୍ଡେଣ୍ଟଙ୍କ ନିର୍ଦ୍ଦେଶକୁ ଅମାନ୍ୟ ହେଉଥିବାରୁ ମୁଁ ପ୍ରକୃତରେ କୁଣ୍ଠାବୋଧ କରୁଥିଲି । ତେବେ ସେ ଅଫିସ ଗଲାବେଳେ ତାରି ଟେବୁଲରୁ କାଗଜ ଓ ସୀସା 'ଚୋରି' କରି ନେଇଯିବା ପାଇଁ ମତେ ସଙ୍କେତ ଦେଲା । ସେଇ ହିସାବରେ 'ଚୋରି'ଟା କରାହେଲା ।

ପରବର୍ତ୍ତୀ ବର୍ଷ ମାନଙ୍କରେ 'ରାଜନୈତିକ ବନ୍ଦୀ'ର ଏମିତି କେତେ ନମୁନା ମୁଁ ଦେଖିବାକୁ ପାଇଲି । ଜେଲ୍ କର୍ମଚାରୀମାନେ ତାଙ୍କୁ ବେଶ୍ ଖାତିର କରୁଥିଲେ । ସେମାନେ ଜାଣିଥିଲେ ଯେ ଭାରତରେ ଚାଲିଥିବା ସାଂପ୍ରତିକ ଧାରାରେ ଜେଲ୍ ହାଜତରେ ଥିବା ଏଇ ଲୋକମାନେ ଦିନେ କ୍ଷମତାରେ ଆସୀନ ହେଇଯିବେ । ଏପରିକି କେତେ ଜଣ ୱାର୍ଡର ଆମେ ସରକାର ଗଠନ କଲେ ଆମର ମଧ୍ୟ ସେବା କରିବାର ପ୍ରତିଶ୍ରୁତି ଦେଲେ । ସାଧାରଣତଃ ଜେଲ୍ ଚାକିରୀଟା କ୍ଷମତା ଲୋଭ ଥିବା ଅନାକାଂକ୍ଷିତ ଲୋକମାନଙ୍କୁ ଆକର୍ଷିତ କରିଥାଏ ବୋଲି ଧରାଯାଇଥାଏ । କିଂତୁ ଭାରତରେ ଏହା ଆଦୌ ହୁଏ ନାହିଁ । ଗୁରୁତର ବେକାରୀ ସମସ୍ୟାର ପରିସ୍ଥିତିରେ ଅର୍ଥନୈତିକ ଆବଶ୍ୟକତା ହିଁ କର୍ମପ୍ରବଣତାର ଏକମାତ୍ର କାରଣ ହେଇ ରହିଯାଏ । ଅଧିକାଂଶ ଜେଲ୍ କର୍ମଚାରୀ କେବଳ ଟଙ୍କା ପାଇଁ ହିଁ ସେଠି ରହିଥିଲେ । ଅବଶ୍ୟ କେତେକ ଜେଲ୍ କର୍ମଚାରୀଙ୍କ ଭିତରେ ଜେଲ୍-କାମଟି ବନ୍ୟ ପ୍ରବୃତ୍ତିକୁ ଉସୁକାଇ ଦେଉଥିଲା । ଚାକିରୀ ଖଣ୍ଡିକ ରଖିବା ସକାଶେ ଯେତେ ଘୃଣ୍ୟ ହେଲେ ମଧ ଉପର ଆଦେଶକୁ ତାଙ୍କୁ ମାନିବାକୁ ପଡୁଥିଲା । କେତେକ ମୁଁ ମୁଷ୍ଟିମେୟ ୱାର୍ଡ଼ର ବନ୍ଦୀମାନଙ୍କୁ ହଇରାଣ ହରକତ କରି ଆନନ୍ଦ ପାଉଥିବାର ମୁଁ ଦେଖିଲି । ଅନ୍ୟ କେତେ ଜଣ ଆମ ପ୍ରତି ବେଶ୍ ସହାନୁଭୂତିଶୀଳ ଥିଲେ । ଡ୍ୟୁଟିରେ ଥିଲାବେଳେ ସେମାନେ ଆମ ସହିତ ଗପସପ କରିବା ସହିତ ବିଭିନ୍ନ ଖବର ଦଉଥିଲେ । ବିଶେଷତଃ ତାଙ୍କ ଭିତରୁ ଜଣେ ମତେ ଭଲପାଉଥିବା ଓ କେତେଟା ମାତ୍ର କାନ୍ଥ ସେ ପାଖରେ ଥାଇ ମୋଠୁ ହଜାରମାଇଲ୍ ଦୂରରେ ଥିବା ପରି ଅମଳେନ୍ଦୁ ପାଖରୁ ମୋ ପାଖକୁ ବହୁ ବାର୍ତ୍ତା

ଆସୁଥିଲା । ଦିନେ ଏଇ ୱାର୍ଡ଼ର ଜଣଙ୍କ ମତେ କହିଲା ଯେ ଅମଳେନ୍ଦୁଙ୍କ ମା' ଆମକୁ ଦେଖାକରିବା ପାଇଁ ଆସିଥିଲେ । କିଂତୁ ତାଙ୍କୁ ମତେ ଦେଖିବା ପାଇଁ ଅନୁମତି ଦିଆଗଲା ନାହିଁ କିମ୍ବା ମୋ ପାଇଁ ସେ ଆଣିଥିବା ଲୁଗାପଟା ମଧ୍ୟ ରଖାଗଲା ନାହିଁ ।

ମାସ ମାସ ଗଡ଼ିଯିବା ପରେ ସ୍ପଷ୍ଟ ହେଇଗଲା ଯେ ଆମର ଜେଲ୍ ରହଣିଟା ଆମେ ଯେତିକି ଦିନ ଭାବିଥିଲୁ ତାଠୁ ଆହୁରି ଦୀର୍ଘ ହେବାକୁ ଯାଉଛି । ଅକ୍ଟୋବର ମାସରେ ଦୁର୍ଗାପୂଜା ଛୁଟି ପରେ ଆମର ବିଚାର ଆରମ୍ଭ ହେବ ବୋଲି ଗୁଜବ ଶୁଣାଗଲା । କିଂତୁ ଏମିତି ଅନେକ ପୂଜା ପାର୍ବଣ ଚାଲିଗଲା ପରେ ମଧ୍ୟ କିଛି ହେଲା ନାହିଁ । ଆମର ଦୈନନ୍ଦିନ ଜୀବନ ଧାରାରେ ଅସୁବିଧା ବଢ଼ି ଚାଲିଲା । ଘରକୁ ଚିଠି ଖଣ୍ଡେ ଲେଖିବାକୁ ଚାହିଁଲେ ପାଞ୍ଚ ଛଅ ଦିନ ଆଗରୁ ଚିଠି ଫର୍ମ ଖଣ୍ଡିଏ ପାଇଁ ବାରମ୍ବାର ମାଗିବାକୁ ପଡୁଥିଲା । ଆମର ଖାଉଟି ଜିନିଷ ନିୟମିତ ଭାବରେ ଯୋଗାଇଦେବା ପାଇଁ ଆମକୁ ୱାର୍ଡ଼ରଙ୍କୁ ବାରମ୍ବାର ମନେ ପକାଇବାକୁ ପଡୁଥିଲା । ଖବର କାଗଜ ଉପରେ ସେମିତି କଟକଣା ଲାଗୁ ରହିଥିଲା । ଲେଖାଲେଖି ପାଇଁ କାଗଜ ପତ୍ର ମାଗିଲେ ତାହା କର୍ଣ୍ଣ ପାତ କରାଗଲା ନାହିଁ । ତତ୍କ୍ଷଣାତ୍ ତିଆରି ହେଇ ପାରୁଥିବା ଆମର ଜୋତାଟି ମାନ ଛିଣ୍ଡି ଯିବାରୁ ଥଣ୍ଡା ଭୂଇଁରେ ଚାଲି ଗୋଡ଼ ହାତ ଦରଜ ହେଉଥିଲା । ଇଟା ପଥରରେ ଝୁଣ୍ଟିପଡ଼ି ବାରମ୍ବାର ମୋର ପାଦ କଟି ଯାଉଥିଲା । କୋଲ ମାରିଯାଉଥିବା ଚଟାଣରେ ଶୋଇ ଗଣ୍ଠିମାନ ସବୁ ବିନ୍ଧୁଥିଲା । ଶୀତ ଦିନ ଆଦୌ ସୂର୍ଯ୍ୟ କିରଣ ପଡୁ ନ ଥିବା କୋଠରୀ ଗୁଡ଼ିକରେ ଦିନବେଳେ ଆଦୌ ବସି ହେଉ ନ ଥିଲା । ବାହାରେ ପବନ ଆଉ ଧୂଳିରେ ଆମ ଦିହରେ ଚମଡ଼ା ଶୁଖି ଶୁଖି କୁମ୍ଭୀର ଚମଡ଼ା ପରି ଦେଖାଯାଉଥିଲା । ତଥାପି ଅନ୍ୟ ବନ୍ଦୀ ମାନଙ୍କ ତୁଳନାରେ ଆମେ ଭଲ ଥିଲୁ । କଙ୍କନାର ମା' ଆମ ପାଇଁ କେତେ ଖଣ୍ଡ ଲୁଗା ଆଣି ଦେଇଥିଲେ । ଅଧିକାଂଶ ସ୍ତ୍ରୀଲୋକଙ୍କର ଖଣ୍ଡେ ମାତ୍ର ପତଳା ଲୁଗା ଥିଲା । ସେଥିରେ ଏଇ ହାଡ଼ଭଙ୍ଗା ଶୀତୁଆ ପବନରୁ ନିଜକୁ ରକ୍ଷା କରୁଥିଲେ । ଛିଣ୍ଡା କମ୍ବଳ ଭିତରେ ଥରି ଥରିକା ରାତି ପୁହାଇ ଦେଉଥିଲେ । ସେମାନଙ୍କୁ ଦିଆଯାଉଥିବା ନିମ୍ନ ମାନ ଓ ସ୍ୱଳ୍ପ ପରିମାଣର ଡାଲି ତରକାରୀ ଦେଖି ଆମେ ଅନେକ ଆଗରୁ ଡରି ଯାଇଥିଲୁ ।

ଡିସେମ୍ବର ମାସ ଆରମ୍ଭରେ ଆମେ ଲମ୍ବା ଅନଶନରେ ବସିବା ପାଇଁ ସ୍ଥିର କଲୁ । ଆମ ଦୁହିଁଙ୍କର ତଥା ଅନ୍ୟ ବନ୍ଦୀମାନଙ୍କର ଆବଶ୍ୟକତା ପୂରଣ ପାଇଁ ଦାବୀ ହେଲା । ଜେଲର୍ ଆମକୁ କହିଲେଯେ ଏମିତି ଅନଶନରେ କୌଣସି ଉଦ୍ଦେଶ୍ୟ ସାଧନ ହେବ ନାହିଁ । କିଂତୁ ଆମର ଦୃଢ଼ ସଂକଳ୍ପ ଦେଖି ସେ ଆମ ଦୁହିଁଙ୍କୁ ଗୋଟେ ସ୍ୱତନ୍ତ୍ର ପ୍ରକୋଷ୍ଠରେ ବନ୍ଦୀ କରି ରଖିବାପାଇଁ ୱାର୍ଡ଼ରଙ୍କୁ ଆଦେଶ ଦେଲେ । ପାଞ୍ଚ ଦିନ

ଓ ରାତି ଆମେ ସେମିତି ଅନଶନରେ ରହିଲୁ । ସେଇ ସମୟ ଭିତରେ ଆମେ ଡାକ୍ତର, ଚିଫ୍ ହେଡ୍ ୱାର୍ଡ଼ର ଓ ମହିଳା ୱାର୍ଡ଼ରଙ୍କୁ ଛାଡ଼ି ଦେଲେ ଆଉ କାହାକୁ ଦେଖିବାକୁ ପାଇ ନ ଥିଲୁ । ଷଷ୍ଠ ଦିନ ସକାଳେ ଅଫିସ୍‌ର ଜଣେ କିରାଣୀ କଳ୍ପନା ପାଇଁ ହଳେ ଗୋଲାପୀ ରଙ୍ଗର ପ୍ଲାଷ୍ଟିକ୍ ଚଟି ଓ ମୋ ପାଇଁ ରବର ଜୋତା ହଳେ ଆଣି ମୋ ରୁମ୍ ସାମ୍ନାରେ ଠିଆ ହେଲା । ତା ପାଇଁ ସେ ବାଛି ଆଣିଥିବା ଚଟି ହଳଟାକୁ ଦେଖି କଳ୍ପନା ମୁହଁଟାକୁ ବିକୃତ କରି ପକାଇଲା କିଂତୁ ମୁଁ ତାକୁ ବେଶୀ ଢଙ୍ଗ ନ କାଢ଼ିବାକୁ କହିଲି । ଅନ୍ତତଃ ଆମ ଦାବୀ ଗୁଡ଼ିକରୁ ଗୋଟିଏ ପୂରଣ ହେଇଗଲା । ବାକିତକ ମଧ୍ୟ ପୂରଣ ହେବାର ସମ୍ଭାବନା ରହିଥିଲା । ପରେ ସେ ଦିନ ସ୍ଥିର କରାଗଲା ଯେ ସବୁ ବନ୍ଦୀ ମାନଙ୍କୁ ଲୁଗାପଟା ଯୋଗାଇ ଦିଆଯିବ ଓ ଖାଦ୍ୟର ଗୁଣାତ୍ମକ ମାନ ମଧ୍ୟ ବୃଦ୍ଧି କରାଯିବ । ବାକି ସବୁରେ କଟକଣା ସେମିତି ବଳବତ୍ତର ରହିଥାଏ । ଆମର ବିଚାରକୁ ତ୍ୱରାନ୍ୱିତ କରାଯିବା ସଂପର୍କରେ ଜେଲ୍ କର୍ତ୍ତୃପକ୍ଷ କହିଲେ ଯେ ଏଇ ବିଷୟଟି ତାଙ୍କର ହାତ କଥା ନୁହେଁ । ଡାଲଭୂମ୍‌ର ମାଜିଷ୍ଟ୍ରେଟ୍‌ଙ୍କ ପାଖକୁ ଖଣ୍ଡେ ପିଟିସନ୍ ଲେଖିବାପାଇଁ ସେମାନେ ଆମକୁ କହିଲେ । ସେଇ ସବ୍‌ଡ଼ିଭିଜନ୍‌ରୁ ଆମେ ଗିରଫ ହେଇ ଆସିଥିଲୁ ।

ଆମର ଅନଶନ ଧର୍ମଘଟ ଆଉ ବେଶୀ କିଛି କରି ପାରିବ ନାହିଁ ଜାଣି ଆମେ ତାହା ବନ୍ଦ କରିଦେଲୁ । ଅବଶ୍ୟ ଆମେ ଜାଣିଥିଲୁ ଯେ ବନ୍ଦୀ ମାନଙ୍କର ଯେତେ ଅସୁବିଧାକୁ ଘୋଡ଼େଇବା ପାଇଁ ହିଁ ଏଇ ଜେଲ ପିଟିସନ୍‌ର ବାହାନା ତିଆରି କରାଯାଇଥିଲା । ଯେତେ ଲେଖି କରି ଦେଲେ ସୁଦ୍ଧା ତାହା କେବେ କାର୍ଯ୍ୟକାରୀ ହେଉ ନ ଥିଲା । ତେବେ ଯା ଦ୍ୱାରା ଗୋଟେ ଭଲ ଉଦ୍ଦେଶ୍ୟ ସାଧିତ ହେଉଥିଲା । ପ୍ରତି ସପ୍ତାହରେ ଗୋଟେ ପିଟିସନ୍ ଫର୍ମ ମାଗିଲାବେଳେ ଘଣ୍ଟେ ଅଧେ ପାଇଁ କଲମଟିଏ ମିଳି ଯାଉଥିଲା । ଔଷଧ ଶିଶିରେ ମୁଁ କଲମରୁ କାଳି ଢାଳି ଢାଳି ରଖିଦିଏ । ରାତିରେ ତେଲ ଡିବିରି ଆଲୁଅରେ ମୁଁ ଗଳ୍ପ, କବିତା ବା ଘଟଣାବଳୀ ଉପରେ ଆଲୋକପାତ କରି କିଛି ଲେଖେ । ଚ’ ପକେଟ୍‌ର ଖୋଳ, ଲାଇବ୍ରେରୀ ବହିର କଭର ଫାଇଲ ଓ ମୁଁ ସାପ୍ତାହିକୀ ରସଦରେ ଦସ୍ତଖତ କରୁଥିବା ନୋଟ୍ ବୁକ୍‌କୁ କାଗଜ କରି ଏବଂ ଝାଡୁ କାଠି ଖଣ୍ଡିକୁ କଲମ କରି ଲେଖୁଥାଏ ।

ଆମର ଅନଶନ ଧର୍ମଘଟ ପରେ ଆମକୁ ଦଣ୍ଡ ବିଧାନ ସ୍ୱରୂପ ବହୁ କଟକଣାରେ ଯୋଗାଇ ଦିଆଯାଉଥିବା ଖବରକାଗଜ ଗୋଟେ ମାସ ପାଇଁ ବନ୍ଦ କରି ଦିଆଗଲା । କିଂତୁ ଅନ୍ୟ ବନ୍ଦୀ ମାନେ ଖଣ୍ଡେ ଲେଖାଏଁ ଶାଢ଼ୀ ଓ ସାୟା ବ୍ଲାଉଜ ପାଇଁ ଜେଲ୍‌ରେ ତିଆରି ଖଦଡ଼ ଲୁଗା ଖଣ୍ଡେ ଲେଖାଏଁ ତ ପାଇଗଲେ । ବିନା କଇଞ୍ଚି, ଛୁଞ୍ଚି ଓ

ସୂତାରେ ସେମାନେ କେମିତି ତାହା ସିଲେଇ କରିବେ ବୁଝାପଡ଼ିଲା ନାହିଁ । ପରେ ଜଣାପଡ଼ିଲା ଯେ ମହିଳା ୱାର୍ଡ଼ର୍ ଜଣକ ତା'ର ମେସିନ୍‌ରେ ସିଲେଇ କରିବା ବଦଳରେ ପ୍ରତ୍ୟେକଙ୍କୁ ଚଉଲ ରସିଦରୁ କିଛି ପାଉଣା ନେଇଛି ।

ଖ୍ରୀଷ୍ଟମାସର ଅଳ୍ପ କେତେ ଦିନ ଆଗରୁ ଦିନେ ଚିଫ୍ ହେଡ୍ ୱାର୍ଡ଼ର୍ କକ୍ଷନାର ତାଲାକୁ ପରୀକ୍ଷା କଲେ । ତାଲାଟି ଢିଲା ଥିବାର ଦେଖି ତାକୁ ବଦଳ କରିଦେବାକୁ ସ୍ଥିର କଲେ । ତାକୁ ରଖିବା ପାଇଁ ଆଉ କୋଉଠି ଜାଗା ନ ଥିଲା । ତେଣୁ ପୁଣି ଥରେ ରାତିରେ ଆମକୁ ଏକାଠି ରହିବାର ସୁଯୋଗ ମିଳିଗଲା । ସୁପରିଟେଣ୍ଡେଣ୍ଟ ନିର୍ଦ୍ଦେଶ ଦେଇଗଲେ ଯେ ଅନ୍ୟ ଜଣେ ବନ୍ଦୀ ଆମ ସହିତ ଶୋଇ ଆମ ଉପରେ ନଜର ରଖିବ । ପ୍ରତି ରାତିରେ ଜଣେ ଜଣେ ନୂଆଁ ସ୍ତ୍ରୀଲୋକ ଶୋଇବାକୁ ଆସୁଥିଲେ । କାହା ସହିତ ଘନିଷ୍ଠତା ବଢ଼ିଗଲେ କାଳେ ଆମେ ତାକୁ ମତାଇଦେବୁ, ସେଥିପାଇଁ ଏମିତି କରାଯାଉଥିଲା । ଆମର ସହବନ୍ଦୀ ମାନଙ୍କର ପୃଷ୍ଠପଟର ଜୀବନ ଓ ଘଟଣା ସବୁକୁ ଜାଣିବାରେ ଏକ ସୁବର୍ଣ୍ଣ ସୁଯୋଗ ମିଳିଗଲା । ଭାରତୀୟ ସମ୍ବିଧାନରେ ଅନୁସୂଚିତ ଜାତି ଓ ଉପଜାତି ଅର୍ଥାତ୍ ପଛୁଆ ବର୍ଗ ନାମରେ ଅଭିହିତ ଶ୍ରେଣୀରୁ ଅନେକ କଇଦି ଆସିଥିଲେ । ହଜାରୀବାଗ ଅବସ୍ଥିତ ଛୋଟନାଗପୁର ଅଞ୍ଚଳରେ ବହୁ ସଂଖ୍ୟକ ଆଦିବାସୀ ନିଜସ୍ୱ ଭାଷା ଓ ସଂସ୍କୃତି ନେଇ ରହିଥିଲେ । ଅନୁସୂଚିତ ଜାତିମାନଙ୍କୁ ହିଁ ମହାତ୍ମାଗାନ୍ଧୀ ହରିଜନ ବା ଈଶ୍ୱରଙ୍କ ସନ୍ତାନ ଡାକୁଥିଲେ । ତା ଆଗରୁ ଏବଂ ଅଦ୍ୟାବଧି ମଧ୍ୟ ରକ୍ଷଣଶୀଳ ହିନ୍ଦୁ ମାନଙ୍କ ଦୃଷ୍ଟିରେ ସେମାନେ ଅସ୍ପୃଶ୍ୟ ହୋଇ ରହିଥିଲେ ।

ରାତିରେ ଆମ ସହିତ ଶୋଉଥିବା ସହବନ୍ଦୀ ମାନଙ୍କ ଭିତରୁ କେତେ ଜଣ ବିନା ଲାଇସେନ୍‌ସ୍‌ରେ ମଦ ରାନ୍ଧୁଥିବାରୁ ଗିରଫ ହୋଇ ଆସିଥିଲେ । କେତେ ଜଣ ଜମିଜମା ବିବାଦରେ ଏବଂ ଅନ୍ୟ କେତେ ଜଣ ହତ୍ୟା କିମ୍ବା ହତ୍ୟା ଉଦ୍ୟମ ଅଭିଯୋଗରେ ଗିରଫ ହୋଇଥିଲେ । ତାଙ୍କ ଭିତରୁ ଖୁବ୍ କମ୍ ଜଣଙ୍କ ପାଖକୁ ତାଙ୍କ ପରିବାରବର୍ଗ ଦେଖା କରିବାକୁ ଆସୁଥିଲେ । ଚିଠି ପତ୍ର ମଧ୍ୟ କାଁ ଭାଁ ଆସୁଥିଲା । କାରଣ ସେମାନଙ୍କର ପରିବାର ସବୁ ଏତେ ଗରୀବ ଥିଲେ ଯେ ତାଙ୍କ ପାଖକୁ ଆସିବାପାଇଁ ଗାଡ଼ି ଖର୍ଚ୍ଚ କିମ୍ବା ଚିଠି ଲେଖାଇବାପାଇଁ କାହାକୁ ସାମାନ୍ୟ ପାଉଣା ମଧ୍ୟ ଯୋଗାଡ଼ କରି ପାରୁ ନ ଥିଲେ । ସେମାନଙ୍କର କରୁଣ କାହାଣୀ ସବୁ ଶୁଣି ସାରିଲା ପରେ ଆମର ହୃଦ୍‌ବୋଧ ହେଲା ଯେ ଆମର ଏଇ ସହବନ୍ଦୀ ମାନଙ୍କୁ ପାରୁ ପର୍ଯ୍ୟନ୍ତ ସାହାଯ୍ୟ କରିବାରେ ଆମେ ଶକ୍ତି ଓ ସମୟ ବିନିଯୋଗ କଲେ ଯାଇ ଆମର ଜେଲ୍ ରହଣୀଟା ଅର୍ଥପୂର୍ଣ୍ଣ ହୋଇ ପାରିବ ।

ବୁଲାବୁଲି କରୁଥିବା ବେଳେ କଇଦୀମାନେ ଗିଲ୍‌ଟି ତାଟିଆରେ ଚାଉଳ ତ ଛୋଟ ଗୁଡ଼ାଖୁ ଡବାରେ ସୋରିଷ ତେଲ ମାପୁଥିବାର ଆମେ ଦେଖିଲୁ । ରାତିରେ ଆମ ସହିତ ଶୋଉଥିବା ସହବନ୍ଦୀ ଜଣେ ସ୍ତ୍ରୀଲୋକମାନେ ଗୋପନରେ ଚାଉଳ, ଅଟା, ତେଲ, ସାବୁନ ଓ ଗୁଡ଼ ଆଦି ଜିନିଷ ଜେଲ୍ କର୍ମଚାରୀମାନଙ୍କୁ ବିକୁଥିବାର କହିଲା । ତା ବଦଳରେ ସେମାନେ ପଇସା କିମ୍ବା ବଜାରରୁ ତାଙ୍କର ଦରକାରୀ ଜିନିଷ ପାଉଥିଲେ । ବଜାର ଦରରୁ ଆହୁରି ଖୁବ୍ କମ୍ ଦାମ୍‌ରେ ସେମାନେ ବିକୁଥିଲେ । ଯାହା ବି ହେଉ ଏଇ ଉପାୟରେ ସେମାନଙ୍କୁ କର୍ତ୍ତୃପକ୍ଷ ଦେଉ ନ ଥିବା ଜିନିଷ କିଛି ଉପଲବ୍ଧ ହେଉଥିଲା । ଛୋଟ ଛୋଟ ମନ ପସନ୍ଦର ଜିନିଷ ଅନ୍ତତଃ ମିଳୁଥିଲା । ଅଧିକାଂଶ ସ୍ତ୍ରୀଲୋକ ଏମିତି ସଞ୍ଚି ବିକିବାକୁ ଖୁବ୍ କମ୍ ଖାଉଥିଲେ ।

ଏଇ ଉପାୟଟିକୁ ଆମେ କାମରେ ଲଗାଇବାକୁ ସ୍ଥିର କଲୁ । ଖୁବ୍ ସାବଧାନତାର ସହିତ ଆମେ ସାପ୍ତାହିକୀ ରସଦର କିଛି ସଞ୍ଚି ରଖିଲୁ । କଲ୍ପନାର ମୋଟା ବାଳକୁ ବାନ୍ଧିବା ପାଇଁ ରବର ବେଣ୍ଡ, ଟୁଥ୍‌ପେଷ୍ଟ, ସେଫ୍‌ଟି ପିନ୍ ଇତ୍ୟାଦି ଅନେକ ଜିନିଷ ଆମର ଦରକାର ଥିଲା । ଜଣେ ମହିଳା ୱାର୍ଡ଼ରକୁ ଆମେ ଏ କଥା କହିଲୁ । କାଳେ ଆମେ ଏଇ ରହସ୍ୟଟି ପ୍ରଚାର କରିଦେବୁ ଭାବି ସେ ଟିକିଏ କୁନ୍ଥୁ କୁନ୍ଥୁ ହେଲା । ତେବେ ତା ସହିତ ସଲା ସୁତୁରା କରି ଆମେ ଏଇ ଉପାୟରେ କିଛି ଟଙ୍କା ସଞ୍ଚୟ କଲୁ । ଖ୍ରୀଷ୍ଟ୍‌ମାସ ବେଳକୁ ଗୋଟେ ଡବା ନେସ୍‌କେଫ କଫି କିଣିଲୁ । ଯାଠୁ ବଳି ବଡ଼ ଜିନିଷ ଆଉ ବା କଣ ଥାଇପାରେ । ଛୁଟି ଆଗରୁ ଆମେ ଖର୍ଚ୍ଚକାଟରେ ଚଳି ବେଶ୍ ପରିମାଣରେ ଅଟା ଓ ଗୁଡ଼ ସଞ୍ଚୟ କଲୁ । ସେଥିରେ କିଛି ମିଠା ତିଆରି କରି ଅନ୍ୟ ସ୍ତ୍ରୀଲୋକ ମାନଙ୍କୁ ବାଣ୍ଟିଲୁ । ଖ୍ରୀଷ୍ଟମାସ ଦିନ ସକାଳେ ଆମେ ଆଶ୍ଚର୍ଯ୍ୟ ଚକିତ ହେଇଗଲୁ । ଷ୍ଟୋର୍ ଗେଟ୍ ପାଖରେ କେହି ଜଣେ ଆମ ପାଇଁ ଖ୍ରୀଷ୍ଟମାସ୍ କେକ୍ ଓ ଗୋଟେ ଡଜନ କଦଳୀ ଥୋଇ ଦେଇଥିଲା । ଆଉ ସେଇ ଦିନ ଷ୍ଟୋର୍‌ରେ ଥିବା ଆମର କେହି ଜଣେ ଦରଦୀ ଛୁଟି ଦିନରେ ଦିଆଯାଉଥିବା ମାଂସ ରସଦରେ ଆମ ଭାଗରେ ଦୁଇ ଖଣ୍ଡ କଲିଜା ମଧ୍ୟ ପକାଇ ଦେଇଥିଲା । ମହିଳା ୱାର୍ଡ଼ ବାହାରେ ଆମେ ଯେତିକି ଭାବୁଥିଲୁ ତାଠୁ ଅଧିକ ଜଣାଶୁଣା ଥିଲୁ ।

ଖ୍ରୀଷ୍ଟମାସ ପରେ ବି ଆହୁରି ଥଣ୍ଡା ବଢ଼ିଲା । ରାତିରେ ମୋ ପାଖରେ ଥିବା ସବୁ ଲୁଗାପଟାକୁ ଘୋଡ଼ିଘାଡ଼ି ହେଇ ଶୋଉଥିଲୁ । ଦିନେ ସକାଳେ ପାଇଖାନା ସଫା କରୁଥିବା ମେହେନ୍ତର ଜଣକ ତା ଛିଣ୍ଡା ଜାମାରେ ଅସମ୍ଭାଳ ହେଇ ଆସିଯାଉଥିଲା । ମହିଳା ୱାର୍ଡ଼ରରୁ ଅନୁମତି ଆଣି ଆମ ପାଖରେ ଥିବା ଦୁଇଟା ଶାଲ୍‌ରୁ ଗୋଟେ ତାକୁ ଦେଲୁ । କାମ ସାରି ସେ ପୁରୁଷ ୱାର୍ଡ଼କୁ ଯିବାକୁ ବାହାରିଲାବେଳେ ମହିଳା ୱାର୍ଡ଼ର

ଜଣକ ତା ପଛେ ପଛେ ଧାଇଁଗଲା । ଆମଠାରୁ ଚିଠି ପତ୍ର ଘେରା କାରବାର କରୁଥିବାର ଅଭିଯୋଗ ବାଢ଼ି ସେ ଡ୍ୟୁଟିରେ ଥିବା ୱାର୍ଡ଼ରକୁ ତା'ର ଖାନତଲାସୀ ନେବାକୁ ଆଦେଶ ଦେଲା । ସେମାନେ କିଛି ପାଇଲେ ନାହିଁ । କିଂତୁ ଆମର ଏଇ ଉଦାରତା ମହିଳା ୱାର୍ଡ଼ର୍‌ଟା ଭିତରେ ସନ୍ଦେହ ବିଶେଷତଃ ଅସହିଷ୍ଣୁତା ଜାତ କରିଦେଲା । ଅବଶ୍ୟ ତାର ଏଇ ପ୍ରତିକ୍ରିୟାଟି ବୁଝିହେଉଥିଲା । ବୋଧହୁଏ ଆମେ ମେହେନ୍ତରକୁ ଦେଇଥିବା ପରି ଭଲ ଶାଲ୍ ଖଣ୍ଡେ ତା ପାଖରେ ନ ଥିଲା । ଫଳଟା ଅତି ଦୁର୍ଭାଗ୍ୟଜନକ ଥିଲା । ସେଦିନ ମେହେନ୍ତର ପିଲାଟାକୁ କଡ଼ା ଲଗାଇ ଅଲଗା କରି ଏକାକୀ ବନ୍ଦୀ କରି ରଖିଦିଆଗଲା । ମହିଳା ୱାର୍ଡ଼କୁ ଆସିବାକୁ ତାକୁ ମନା କରି ଦିଆଗଲା । ଚିଫ୍ ହେଡ୍ ୱାର୍ଡ଼ର୍‌ଙ୍କ ପାଖରେ ଆମେ ନିବେଦନ କରି ଏହି ଅନ୍ୟାୟୋଚିତ ଦଣ୍ଡବିଧାନକୁ ରୋକିବାକୁ କହିଲୁ ଓ ଘଟଣାର ପରିସ୍ଥିତି ସମ୍ପର୍କରେ ବୁଝାଇଲୁ । କିଂତୁ କିଛି ଫଳ ହେଲା ନାହିଁ । ଆମେ 'ନକସାଲପନ୍ଥୀ' ହେଇଥିବାରୁ ଅନ୍ୟ ବନ୍ଦୀମାନଙ୍କ ସହିତ ଯୋଗାଯୋଗ ନ ରଖିବାକୁ ନିର୍ଦ୍ଦେଶ ଥିଲା ।

ୟା ପରେ ପରେ ଦିନେ ସୁପରିଟେଣ୍ଡେଣ୍ଟ ଆସି ବିହାର ସରକାର ଅମଲେନ୍ଦୁଙ୍କର ପରିବାର ସହିତ ଦେଖା କରିବାର ଅନୁମତି ମତେ ଦେଇଥିବା କଥା କହିଲେ । ସେମାନେ ଅଧାପନ୍ତରିଆ ଭାବରେ ଆମର ବିବାହକୁ 'ସ୍ୱୀକୃତି' ଦେବା ପରି ମତେ ହେଉଥିଲା । ଫେବୃୟାରୀ ଆରମ୍ଭରେ ଅମଲେନ୍ଦୁର ବାପା ମତେ ଦେଖିବାକୁ ଆସିବା କଥା । କିଂତୁ ଦୁର୍ଭାଗ୍ୟବଶତଃ କିଛି ଦିନ ପରେ ଅମଲେନ୍ଦୁ ମୋ ପାଖକୁ ଗୋପନରେ ଲେଖିଥିବା ଚିଠି ଖଣ୍ଡେ ଜଣେ ନିର୍ଦ୍ଦୟୀ ୱାର୍ଡ଼ର ହାତରେ ଧରା ପଡ଼ିଗଲା ସେ ଯାଇ ଜେଲରଙ୍କୁ କଥାଟି ଜଣାଇଦେଲା । ଦଣ୍ଡ ସ୍ୱରୂପ ଅମଲେନ୍ଦୁଙ୍କୁ କଡ଼ା ପିନ୍ଧାଇ ଲୁହା ଗାରଦ ଭିତରେ ରଖାଗଲା । ଆମ ଦୁଇ ଜଣଙ୍କର ସାକ୍ଷାତ-ଅନୁମତିକୁ ପୁନର୍ବାର ଆଦେଶ ଯାଏଁ ରଦ୍ଦ କରି ଦିଆଗଲା । ସେଇ ଭୟଙ୍କର 'ଦଣ୍ଡବେଡ଼ି' ଭିତରେ ଅମଲେନ୍ଦୁଙ୍କୁ କଳ୍ପନା କରି ମୋ ଆଖିରେ ଲୁହ ଜକେଇ ଆସିଲା । ଦୁଇ ଗୋଇଠିରେ ଦୁଇଟି ଲୁହା ଗୋଡ଼େଇ ହେଇ କୋଡ଼ିଏ ଇଞ୍ଚର ଲୁହା ବାଡ଼ିରେ ଯୋଡ଼ ହେଇ ପୁଣି ଅଣ୍ଟା ପାଖରେ ଆଉ ଗୋଟେ ଲୁହା ବାଡ଼ି ସହିତ ବନ୍ଧା ହେଇଥିବ । ଲୁହା ଶିକୁଳିରେ ବନ୍ଦୀର ଅଣ୍ଟାକୁ ବନ୍ଧା ହେଇଥାଏ । ଓଜନିଆ ଚଟାଣ କଡ଼ା ଶିକୁଳି ଯୋଗୁଁ ହଲଚଲ୍ ହେବା ସୁଦ୍ଧା ଅସମ୍ଭବ । ସେଇଟା ପିନ୍ଧି, ଚାଲିବା, ବସିବା, ଶୋଇବା, ଗାଧୋଇବା ବା ପାଇଖାନା ଯିବା ଆଦି କୌଣସି କ୍ରିୟା ସ୍ୱାଭାବିକ ଭାବରେ କରି ହେଉ ନ ଥିଲା ।

କର୍ତ୍ତୃପକ୍ଷଙ୍କ ଦୃଷ୍ଟିକୋଣରେ ସାମାନ୍ୟ ପରିବର୍ତ୍ତନ ଆସିଥିଲେ ହେଁ ଏଇ ଘଟଣା

ପରେ ଆମର ସ୍ଥିତି ଦୁର୍ବିସହ ହେଇପଡ଼ିଲା ।

ଜେଲ୍ ଜୀବନର ଏକ ଅନ୍ୟତମ ଦିଗ ହେଲା ଉପବାସ । ପ୍ରତି ରବିବାର ଦିନ ଇଚ୍ଛୁକ ବନ୍ଦୀ ମାନଙ୍କୁ ଉପବାସ କରିବାକୁ ଅନୁମତି ଦିଆଯାଉଥିଲା ଓ ସ୍ୱାଭାବିକ ଖାଦ୍ୟପେୟ ବଦଳରେ ସେମାନଙ୍କର ସୌଖିନ ଜିନିଷ : ବିଡ଼ି (ପତ୍ରରେ ମୋଡ଼ି ମୋଡ଼ି ତିଆରି ହେଇଥିବା ସିଗାରେଟ) ଖଇନି (ଗୋଟେ ପ୍ରକାର ନସ୍ୟ), କେତେବେଳେ ଅଳ୍ପ ଚିନି ବା ଅନ୍ୟ ଜିନିଷ ଦିଆଯାଉଥିଲା । ଏଇ ବ୍ୟବସ୍ଥାଟି ଆପାତତଃ ଏକ ଉଦାର ଓ ମାନବବାଦୀ ଜଣା ପଡୁଥିଲେ ହେଁ ପ୍ରକୃତରେ ଏହା ବନ୍ଦୀମାନଙ୍କୁ ପାରୁପର୍ଯ୍ୟନ୍ତ ଦବେଇ ରଖିବାର ଏକ ଅଭିନବ କୌଶଳ ଥିଲା । ଏମିତି ଟିକିଏ ଛୋଟ ସୁବିଧା ଯୋଗାଇ ଦେବା ସହିତ ସେଇ ସୁବିଧାକୁ ପୁଣି କାଢ଼ିନେବାର ଭୟ ମଧ୍ୟ ବନ୍ଦୀମାନଙ୍କ ମନରେ ପୁରାଇ ଦିଆଯାଉଥିଲା - ଯେପରିକି ଅନ୍ୟ ସବୁ କଥାରେ ସେମାନେ ମୁହଁ ବନ୍ଦ କରି ରଖିବାକୁ ବାଧ୍ୟ ହେବେ । ଷ୍ଟୋର୍ ଦାୟିତ୍ୱରେ ଥିବା କର୍ମଚାରୀମାନଙ୍କ ପାଇଁ ଲାଭର ଖୋରାକ ମିଳି ଯାଉଥିଲା । ସେଦିନର ଖୋରାକର ଦାମ୍ ତୁଳନାରେ ବେଶ୍ କମ୍ ଦାମ୍‌ର ଜିନିଷ ବନ୍ଦୀମାନଙ୍କୁ ଦିଆଯାଉଥିଲା । ମହିଳା ବନ୍ଦୀମାନେ ଏଇ ଶୋଷଣ ସଂପର୍କରେ ଅବଗତ ଥିଲେ । କିଂତୁ ଉପବାସର ସାଧାରଣ ସୁଯୋଗ ଟିକକ ହରାଇଦେବା ଭୟରେ ସେମାନେ ମୁହଁ ଖୋଲୁ ନ ଥିଲେ । ବିଡ଼ି ଓ ଚିନି ବଦଳରେ ଜେଲ୍ କର୍ମଚାରୀ ମାନଙ୍କଠାରୁ ସେମାନେ ପାଉଥିବା ପଇସାରେ ବଜାରରୁ ନିଜ ପାଇଁ ଚୁଡ଼ି, ପ୍ରସାଧନ, ଔଷଧ, ଲୁଗାପଟା ଓ ଋତୁ ଅନୁଯାୟୀ ପନିପରିବା କିଣୁଥିଲେ । ସପ୍ତାହ ସାରା ସେମାନେ କାଣ୍ଟିକୁଣ୍ଟି କିଛି ଚାଉଳ ଓ ଅଟା ଆଦି ରବିବାର ଦିନ ପାଇଁ ରଖୁଥିଲେ । ରବିବାର ଦିନ ବଡ଼ି ସକାଳୁ ସ୍ତ୍ରୀ ପିଲା, ସମସ୍ତେ ରନ୍ଧା ଭାତ କିମ୍ବା 'ଲପସି'ରେ ପକାଇବାକୁ (ଅଟା ଓ ଲୁଣରେ ତିଆରି ଗୋଟେ ପ୍ରକାର ପିଠା) ଦୁଇ କେରା ଶାଗ ପାଇଁ ପରିବା ବଗିଚାରେ ଦରାଣ୍ଡି ହେଉଥିଲେ । ପନି ପରିବା ସବୁ ମେଟିନୀ ଓ ଜେଲ୍ କର୍ମଚାରୀମାନେ ଖାଉଥିଲେ । ତେବେ ସେମାନେ ପ୍ରାୟତଃ ଖାଉ ନ ଥିବା ଆଳୁ, ମୂଳା ଓ ସୋରିଷ ଶାଗ ଆଦି ବନ୍ଦୀମାନଙ୍କୁ ନେବାକୁ ଦେଉଥିଲେ । ରୋଷେଇ ପାଇଁ ଉପଯୁକ୍ତ ସୁବିଧା ନ ଥିବାରୁ ରବିବାର ମାନଙ୍କରେ ରନ୍ଧାଟା ଗୋଟେ ସମସ୍ୟା ହେଇ ପଡୁଥିଲା । ସମସ୍ତଙ୍କୁ ଭୋକ ଲାଗୁଥିଲା ଆଉ ଚୂଲି ମାତ୍ର ଦୁଇଟି ଥିଲା । ଗୋଟେ ମେଟିନୀର ଓ ଆଉ ଗୋଟେ ଆମର ମେଟିନୀ କେବଳ ତା'ର ପାଖ ଲୋକକୁ ରାନ୍ଧିବାକୁ ଅନୁମତି ଦେଉଥିଲା ଆଉ ସେଇଟା ବି ତାର ରନ୍ଧାବଢ଼ାର ପସରା ସରିଲା ପରେ ଯାଇକି । କେତେ ଜଣ ସ୍ତ୍ରୀଲୋକ ଶୁଖିଲା ଦାନ୍ତ କାଠିରେ ନିଆଁ ଜଳାଇ ସେଥିରେ ରାନ୍ଧି ପକାଉଥିଲେ । ତେଲ

ଟିଣଟାରେ ମାଟି ଲିପା ହେଇଥିବା ଆମର କୋଇଲା ଚୂଲି ସାରା ଦିନ ଯା ହାତରୁ ତା ହାତ ହେଉଥାଏ । ଜଣକର ରନ୍ଧା ସରିବାକୁ ଅପେକ୍ଷା କରୁ କରୁ ଅନ୍ୟମାନଙ୍କୁ ଭୋକ ଲାଗିଯାଉଥିଲା ।

ରବିବାରର ଅନ୍ୟ ଏକ ଘଟଣା ହେଲା 'ମୁଲାକାତି' (ସାକ୍ଷାତ୍) । କେତେ ସପ୍ତାହରେ ଥରେ ସ୍ତ୍ରୀ ଲୋକମାନଙ୍କୁ ସହକାରୀ ଜେଲର୍‌ଙ୍କ ତତ୍ତ୍ୱାବଧାନରେ ଜେଲ୍‌ରେ ଥିବା ତାଙ୍କର ପୁରୁଷ ସଂପର୍କୀୟ ମାନଙ୍କ ସହିତ ଦେଖା କରିବାକୁ ଅନୁମତି ମିଳୁଥିଲା । ଆଶ୍ଚର୍ଯ୍ୟଜନକ ଭାବରେ ଅଧିକାଂଶ ସ୍ତ୍ରୀଲୋକଙ୍କର ବାପା, ଭାଇ, ପୁଅ ଓ ସ୍ୱାମୀ ମଧ୍ୟ ସେଇ ଜେଲ୍‌ରେ ଥିଲେ ଓ ତାଙ୍କର ସେଇ ସମାନ ମାମଲାରେ ଗିରଫ ହେଇ ଆସିଥିଲେ । 'ମୁଲାକାତି' ଦିନ ନିଜର ପୁରୁଷ ସମ୍ପର୍କୀୟଙ୍କୁ କିଛି ଖୁଆଇବା ପାଇଁ ଅଧିକାଂଶ ମହିଳା ବନ୍ଦୀ ନିଜର ଦୈନନ୍ଦିନ ରସଦରୁ କିଛି କିଛି ସଞ୍ଚୟ କରି ରଖୁଥିଲେ । ରାତିରେ ସେମାନେ କିଛି ଚାଉଳ ଓ ମଟର ଚଣା ଭିଜେଇ ରଖୁଥିଲେ । ସକାଳୁ ପଥର ଉପରେ ତାକୁ ବାଟି ସେଥିରେ କିଛି ଗୁଡ଼ ବା ଲୁଣ ମିଶାଇ ଦେଉଥିଲେ । ତାଙ୍କୁ ଦେହରେ ଲଗାଇବାପାଇଁ ଦିଆହେଉଥିବା ସୋରିଷ ତେଲରେ ସେଥିରେ ଚେକା ଚେକା କରି ପିଠା ତିଆରି କରୁଥିଲେ ।

ପ୍ରାୟ ତିନିଟା ବେଳକୁ ବନ୍ଧୁ ପରିବାରବର୍ଗଙ୍କୁ ଦେଖିବାପାଇଁ ସେମାନେ ସଜବାଜ ହେଲ ବାହାରୁଥିଲେ । ସକାଳୁ ଧୋଇ ଶୁଖାଇଥିବା ଶାଢ଼ୀକୁ ଭାଙ୍ଗି ସିଧା କରିପକାଉଥିଲେ । ଭଲ କରି ମୁଣ୍ଡ ବାନ୍ଧି ସମ୍ପର୍କୀୟମାନଙ୍କୁ ଦେବାକୁ ଥିବା ଉପହାର ତକ ସଫା କନା ବା କାଗଜରେ ଗୁଡ଼େଇ ନେଇ ଯାଉଥିଲେ । ପାଞ୍ଚଟା ବାଜିବା ଆଗରୁ ଡ୍ୟୁଟିରେ ଥିବା ୱାର୍ଡ଼ର ଜଣକ ଫାଟକ ଖୋଲିଦେଇ ଅଫିସକୁ ଯାଇଥିବା ଗୋଡ଼ି ବିଛା ରାସ୍ତା ଉପରକୁ ସେମାନଙ୍କୁ ମୁହାଁଇ ଦିଏ । ସେମାନେ ବାହାରି ଗଲାପରେ ତାଲିକାରେ ଲେଖା ପ୍ରତିଟି ନାଁକୁ ଚେକ୍ କରାହୁଏ । ପନ୍ଦର ମିନିଟ୍ ପରେ ତଟକା ଗୁଲିଖଟିର ସମ୍ଭାର ନେଇ ସେମାନେ ଫେରି ଆସନ୍ତି । ନକସାଲପନ୍ଥୀମାନଙ୍କୁ ଛାଡ଼ିଦେଲେ ଅନ୍ୟ ପୁରୁଷ ବନ୍ଦୀ ମାନଙ୍କର ଜେଲ୍ ଭିତରେ ନିଜ ପରିସର ଭିତରେ ବୁଲାବୁଲି କରିବାର କିଛିଟା ସୀମିତ ସ୍ୱାଧିନତା ଥିଲା । ତେଣୁ ଜେଲ୍ ଭିତରର ଟିକିନିଖି ଖବର ସେମାନେ ରଖିପାରୁଥିଲେ । ବିଭିନ୍ନ ମାମଲାର ବିଚାର, ପଦସ୍ଥ କର୍ମଚାରୀଙ୍କର ଜେଲ୍ ପରିଦର୍ଶନ, କାହାର ମୁକ୍ତି, କାହାର ଜମାନତ୍ ଇତ୍ୟାଦିର ଗୁଜବ ବେଶ୍ ଜମୁଥିଲା । କଳ୍ପନା ଓ ମୁଁ କିଛି ତାଜା ଖବର ଶୁଣିବା ଆଶାରେ ବେଶ୍ ଉତ୍ସାହର ସହିତ 'ମୁଲାକାତି'ର ଫେରନ୍ତା ବାଟକୁ ଚାହିଁ ବସୁଥିଲୁ ।

ପ୍ରଥମେ ମୁଁ ଲୋକମାନଙ୍କର ସମ୍ବୋଧନ ଶୈଳୀ ଦେଖି ଘାବରେଇ

ଯାଇଥିଲି । ଭାରତୀୟ ଚଳଣିରେ ମୋଠୁ ବୟସରେ ବଡ଼ ସ୍ତ୍ରୀଲୋକ ମାନଙ୍କୁ ମା (mother) କିମ୍ବା ମାଉସୀ (aunty) ଡକା ହେଉଥିଲା । ନିଜ ଠାରୁ ବୟସରେ ବଡ଼ ମାନଙ୍କୁ ନାଁ ଧରି ଡାକିବାଟା ଶିଷ୍ଟାଚାରର ବାହାରେ ଥିଲା । ଅଧିକାଂଶ ସ୍ତ୍ରୀଲୋକ ମତେ ବେଟୀ (daughter) କିମ୍ବା ଦିଦି (ବଡ଼ ଭଉଣୀ) ଡାକୁଥିଲେ । ଜଣେ ଅବଶ୍ୟ ମତେ 'ନାନୀ' ଡାକୁଥିଲା (ଜେଜେମା) ଯଦିଓ ସେ ବୟସରେ ମୋଠୁ ବହୁତ ବଡ଼ ଥିଲା । ଅନ୍ୟ ସ୍ତ୍ରୀଲୋକମାନେ ତାକୁ ଗାଳି ଦେବାରୁ ସେ କହିଲା, "ସେ ନିଶ୍ଚେ ମୋଠୁ ବୟସରେ ବଡ଼, ତା ବାଳ ତ ପୁରା ଧଳା ପଡ଼ି ଗଲାଣି ।" ଧଳା ବାଳଟା ବୁଢ଼ା ବୟସର ଚିହ୍ନ ବୋଲି ଧରାଯିବାରେ ଏଇଟା ପ୍ରଥମ ଘଟଣା ନ ଥିଲା । ପୋଲିସ୍ ଅଫିସର୍, ୱାର୍ଡ଼ର୍ ଓ ଅନ୍ୟ କର୍ମଚାରୀ ମାନେ ମତେ ସତେଇଶ ବର୍ଷରୁ ଆହୁରି ଅଧିକା ବୟସ ହେଇଥିବ ଭାବୁଥିଲେ ।

ସାଇବନ୍ନିସା ତାଙ୍କ ଭିତରୁ ଜଣେ ଯାହାକୁ ଆମେ 'ମା' ଡାକୁଥିଲୁ- ପଇଁଚାଳିଶ ବର୍ଷର ମୁସଲମାନ ସ୍ତ୍ରୀଲୋକଟିଏ । ସେ, ତା'ର ସ୍ୱାମୀ, ତା'ର ତିନି ଜଣ ଯୁଆନ୍ ପୁଅ ଓ ଜଣେ ପୁତୁରା ସମସ୍ତଙ୍କୁ କୋଡ଼ିଏ ବର୍ଷ ପାଇଁ ଜେଲ୍‌ଦଣ୍ଡ ଦିଆଯାଇଥିଲା । ଜମି ବିବାଦରେ ମାଡ଼ଗୋଳ ହେଇ ସେଥିରେ ତାର ଦିଅର ମରିଗଲା । ସେମାନଙ୍କୁ ଜେଲ୍ ଦଣ୍ଡ ଆଦେଶ ହେଲାବେଳକୁ ତାର ସାନ ପୁଅକୁ ମାତ୍ର ତେର ବର୍ଷ ହେଇଥିଲା ଓ ପାଞ୍ଚ ବର୍ଷ ଜେଲ୍ ଭୋଗି ସାରିଥିଲା । ଏପରିକି ତାର ବଡ଼ ପୁଅକୁ ଆମେ ପ୍ରଥମେ ଦେଖିଲା ବେଳକୁ ଉଣେଇଶ ବର୍ଷ ମାତ୍ର ହେଇଥିଲା । ତାର ଆହୁରି ତିନିଟା ଛୋଟ ଛୁଆ ବାହାରେ ଥିଲେ । ଗାଁର ନିଷ୍କରୁଣ ସାମାଜିକ ସ୍ଥିତିରେ ସେ ଛାଡ଼ି ଆସିଥିବା ତିନି, ଚାରି ଓ ଛଅ ବର୍ଷର ଝିଅ ତିନିଟା କୋଉ ଖରାପ ଲୋକ ହାବୁଡ଼ରେ ପଡ଼ିଯାଇଥିବେ ବା ବାସନ ମାଜି ପେଟ ପୋଷୁଥିବେ, କିଣା ଦାସୀ ହେଇଗଲା ପରେ ଶେଷକୁ ବେଶ୍ୟାଳୟକୁ ବିକ୍ରୀ ହେଇଯାଇଥିବେ ଭାବି ସେ ମଝିରେ ମଝିରେ ଖୁବ୍ କନ୍ଦାକଟା କରେ ।

ତା'ର ନିଜ ଛୁଆ ମାନଙ୍କ ଠାରୁ ବିଛୁଡ଼ି ଯାଇଥିବାରୁ ସାଇବନ୍ନିସା ଆମକୁ ଝିଅ ପରି ସ୍ନେହ କରୁଥିଲା । ସେ ଗହମ ଅଟାରେ ପାଣି ମିଶାଇ ପିଠା ତିଆରି କରୁଥିଲାବେଳେ ଆମେ ତାକୁ ଘେରି ବସିଯାଉ । ତାୱାରୁ କାଢୁ କାଢୁ ଆମେ ପିଠା ପାଇଁ ହାତ ବଢ଼େଇ ଦେଉ । ଆମେ ଖୁସିରେ ଖାଇବା ଦେଖି ସେ ହସୁଥାଏ । ଅଧିକାଂଶ କଇଦୀ ତାଙ୍କ ପରି 'ଅସ୍ପୃଶ୍ୟ' ଓ 'ଅପରିଚ୍ଛନ୍ନ'ଙ୍କ ହାତ ରନ୍ଧା ଜିନିଷ ଆମର ଖାଇବା ଦେଖି ଆଶ୍ଚର୍ଯ୍ୟ ହେଉଥିଲେ । ତାଙ୍କ ତିଆରି ଜିନିଷକୁ ଆମେ ଏତେ ପସନ୍ଦ କରୁଥିବାର ଦେଖି ସେମାନେ ନିଜ ଭାଗରୁ ଖାଇବା ଜିନିଷ ଆଣି ଆମକୁ

ଗୋଟାପଣେ ପୋତି ପକାଉଥିଲେ । ଏଇ ସ୍ତ୍ରୀଲୋକମାନଙ୍କର ବଦାନ୍ୟତା ଓ ଖୋଲା ହୃଦୟ ଦେଖି ମୁଁ ଅଭିଭୂତ ହେଇପଡୁଥିଲି । ତାଙ୍କ ପାଖରେ ଥିବା ସ୍ୱଚ୍ଛ ଜିନିଷକୁ ମଧ୍ୟ ଭାଗ କରି ଖାଇବାରେ ଏମାନଙ୍କୁ ଆନନ୍ଦ ମିଳୁଥିଲା ।

ଆମର ଆଉ ଜଣେ ବିଶେଷ ବାନ୍ଧିବୀ ଥିଲା ରୋହିଣୀ । ହତ୍ୟା ଅଭିଯୋଗରେ ଧରା ହେଇ ଆସିଥିବା ଜଣେ ଋଷୁଣୀ ଯୁବତୀ । ତାର କାମ କରିବାର ଅଦ୍ଭୁତ କ୍ଷମତା ଥିଲା । ବଗିଚାରେ ମାଟି ହାଣିବାକୁ ଆରମ୍ଭ କରି ମୁଖ୍ୟ ମହିଳା ୱାର୍ଡ଼ର୍‌ର ଲୁଗା ଧୋଇବା ଓ ମେଟ୍ରିନୀକୁ ଘରକାମରେ ସାହାଯ୍ୟ କରିବା ଆଦି ଯାବତୀୟ କାମ ସେ କରୁଥିଲା । ସେ ଆମର କାମତକ କରିଦବା ପାଇଁ ମଧ୍ୟ ଆମକୁ କହୁଥିଲା । ସେ ଆମର ଲୁଗା ଧୋଇବା, କୋଠରୀ ଝାଡୁଦେବା ଏପରିକି ଦେହ ମୋଡ଼ିବା ପାଇଁ ମଧ୍ୟ ଋହୁଁଥିଲା । ତେବେ ଆମେ ତାକୁ ବୁଝାଇ ଦେଲୁ ଯେ ଆମେ ପାଠ ପଢ଼ିଛୁ ବୋଲି ଶାରିରୀକ ଶ୍ରମ କିଛି କରିବୁ ନାହିଁ ତା'ର ସେମିତି କିଛି ମାନେ ନାହିଁ । ଅଳ୍ପ କିଛି ପାଠ ପଢ଼ିଥିଲେ କିମ୍ବା ଟିକେ ପଇସା ପତ୍ର ଥିଲା ଲୋକେ ଆଦୌ ନିଜ କାମ କରୁ ନ ଥିବାର ଦେଖି ଦେଖି ଆମର ସହବନ୍ଦୀ ମାନେ ଆମକୁ କୋଇଲା ଜଳାଇବାର, ଘର ଝାଡ଼ିବାର ଓ ବାସନ ଧୋଇବାର ଦେଖି ଅଜବ ଭାବ ଦେଖାଉଥିଲେ । ତେବେ ପ୍ରଥମ ପର୍ଯ୍ୟାୟର ସନ୍ଦେହ ତୁଟିଯିବାପରେ ଆମର କାମ କରିବାର ଆଗ୍ରହ ଯୋଗୁଁ ଆମେ ତାଙ୍କର ଅଧିକ ନିକଟତର ହେଇ ପାରିଲୁ ।

ରୋହିଣୀ ତା'ର ପଢ଼ା ଲେଖା କରିବାର ଗୋପନ ଇଚ୍ଛାଟିକୁ ଆମକୁ କହିଲା । ତାପରେ ଅପରାହ୍ନରେ ସବୁ କାମ ସରିଲା ପରେ କଞ୍ଚନା ତା' ପାଖରେ ଦୁଇ ଘଣ୍ଟା ବସି ହିନ୍ଦୀ ବର୍ଣ୍ଣମାଳା ଶିଖାଇଲା । ପରେ ଏହାର ଏପରି ବିପରୀତ ଫଳ ହେଲା ଯାହା କି ଆମେ କେବେ ଆଶା କରି ନ ଥିଲୁ ।

୪

ଗୁଳିକାଣ୍ଡ

ରବିବାର, ଏପ୍ରିଲ ୦୫, ୧୯୭୧ । ସବୁଦିନ ପରି ଉପବାସ ଚାଲିଥିଲା ଓ ସେଇଟା ମଧ୍ୟ ମୁଲାକାତି ଦିନ ଥିଲା । ଯା ଭିତରେ ମୁଁ ଓ କଳ୍ପନା ଗାଉଁଲି ରନ୍ଧା ବଢ଼ାରେ ବେଶ୍ ପାରି ଯାଇଥିଲୁ । ସକାଳୁ ଚୁଲିଟା ପାଖରେ ଚାରିଚଉଡା କମ୍ବଳ ଉପରେ ବସି ମୁଲାକାତି ପର୍ବକୁ ଯିବାକୁ ଥିବା ସ୍ତ୍ରୀ ଲୋକମାନଙ୍କ ପାଇଁ ମେଞ୍ଚା ମେଞ୍ଚା ମଟର ଛୁଇଁ ପିଠା ତିଆରି କରୁଥିଲୁ । ଚୁଲି ପାଖ ଚଟାଣଟା ତେଲ ଓ ପାଉଁଶ ସରସର ହେଇ ପଡ଼ିଥାଏ । ହୁଏତ ମୋ ହାତଟା ପିଠା ଆଣରେ ସଲବଲ ଓ ଶାଢ଼ିଟା ବି ତେଲ ଓ ଗୁଡ଼ ଛିଟିକାରେ ଚିକିଟାଇ ଯାଇଥାଏ । ହଠାତ୍ ମେଟ୍ରିନୀ ଧାଇଁ ଆସିଲା: "ତମକୁ ଅଫିସ୍ ଯିବାକୁ ପଡ଼ିବ । ତମର ମୁଲାକାତି ଆସିଛି ।" ପ୍ରଥମେ ମୁଁ ତା କଥା ବିଶ୍ୱାସ କଲି ନାହିଁ । କାରଣ ଏମିତି ଥଟ୍ଟା ଆଗରୁ ଆମେ ପରସ୍ପର କେତେ ଥର କରିଛୁ । ଚିଫ୍ ହେଡ୍ ଓ୍ୱାର୍ଡ଼ର୍ ନିଜେ ମତେ ନେବାକୁ ଆସିଲା ପରେ ଯାଇ ମୁଁ ତା କଥା ବିଶ୍ୱାସ କଲି । ଜେଲ୍‌ରେ ପ୍ରାୟ ଏଗାର ମାସ ପରେ ଯାଇ ମୁଁ ଜଣେ ପରିଦର୍ଶକଙ୍କୁ ଭେଟିବାକୁ ଯିବି ଯିଏ କି ଦୂତାବାସର କୌଣସି କର୍ମଚାରୀ ନୁହଁନ୍ତି । ତରତର ହେଇ ମୁଁ ମୁଣ୍ଡଟା କୁଣ୍ଡାଇ ପକାଇଲି । ବାଳ ଗୁଡ଼ା ରୁଢ଼ିଆ ଏ ତେଢ଼ା ମେଢ଼ା ହେଇ ବଢ଼ି ଯାଇଥିଲା । ଆଉ ଶାଢ଼ୀ ନ ଥିବାରୁ ମୁଁ ସେଇ ତେଲ ଚିକିଟା ଶାଢ଼ି ଖଣ୍ଡିକ ପିନ୍ଧି ଗଲି । ମୋର ଟି-ସାର୍ଟ ଓ ପେଣ୍ଟ ଅନେକ ଦିନରୁ ଛିଣ୍ଡି ଯାଇଥିଲା ଓ ମୁଁ ଭାରତୀୟ ଲୁଗା ପିନ୍ଧିବାରେ ଅଭ୍ୟସ୍ତ ହେଇଯାଇଥିଲି ।

ଅଫିସ୍‌ରେ ଗଦା ଗଦା ଫାଇଲ୍ ଓ କାଗଜପତ୍ର ବିଛେଇ ପଡ଼ିଥିଲା । କିରାଣୀ ଓ କଇଦୀଙ୍କ ଲେଖନକାର ମାନଙ୍କର ଭିଡ଼ ଜମିଥିଲା । ହୋ ହଲ୍ଲାର ସମୁଦ୍ରରେ ଗାମ୍ଭୀର୍ଯ୍ୟ ମର୍ଯ୍ୟାଦାର ଦ୍ୱୀପଟିଏ ପରି ସେଇଠି ଅମଳେନ୍ଦୁଙ୍କ ବୃଦ୍ଧ ବାପା ମା' ବସିଥିଲେ । ମତେ ବସିବାକୁ ସେମାନେ ଠାରିଲେ । ଜଣେ କର୍ତ୍ତବ୍ୟ ପରାୟଣ ବୋହୁ ଭାବରେ ମୁଁ ମୋର

ଶାଶୁ ଶ୍ୱଶୁରଙ୍କ ପାଦ ନ ଛୁଇଁବାଟା ଅନେକଙ୍କୁ ଆଶ୍ଚର୍ଯ୍ୟ ଚକିତ କରିଦେଲା । ସେମାନେ ଅମଳେନ୍ଦୁ ଓ ତାଙ୍କର ଭାଇଙ୍କୁ ଦେଖାକରି ସାରିଥିଲେ । ଏକା ସାଙ୍ଗରେ ଆମ ସମସ୍ତଙ୍କୁ ଦେଖା କରିବାକୁ ସେମାନଙ୍କୁ ଅନୁମତି ଦିଆଯାଇ ନଥିଲା । ପାଞ୍ଚ ମାଇଲ୍ ଘୁରି ଘୁରି ଆମକୁ ଦେଖା କରି ଆସିବାର ସେମାନଙ୍କର ପ୍ରଚେଷ୍ଟା ଦେଖି ମୁଁ ଅଭିଭୂତ ହେଇ ପଡ଼ିଲି । ସେମାନେ ମୋ ପାଇଁ ଲୁଗା, ଘର ତିଆରି ନଡ଼ିଆ କୋରା, ବାସ୍ନାଯୁକ୍ତ ସାବୁନ ଓ ଖରାଦିନେ ବିଞ୍ଚି ହେବା ପାଇଁ ତାଳପତ୍ର ପଙ୍ଖାଟିଏ ନେଇ କି ଆସିଥିଲେ । ମୋର ଭଲମନ୍ଦ ବୁଝିବା ପାଇଁ ସେମାନଙ୍କ ଉଦ୍‌ବେଗକୁ ମୁଁ ଅନୁଭବ କରି ପାରୁଥିଲି । ତାଙ୍କ ସହିତ କଥା ହେବା ପାଇଁ ମତେ ମାତ୍ର ଦଶ ମିନିଟ୍ ସମୟ ଦିଆଯାଇଥିଲା । ତା'ପରେ ମୁଁ ଫିମେଲ୍ ୱାର୍ଡ଼କ୍ ଫେରି ଆସିଲି ।

ସେ ଦିନଟା ସାରା ମୁଁ ନିଜ ଉପରେ ବିରକ୍ତ ହେଲି । ସିପାହୀ ହାତରେ ଧରାପଡ଼ି ଯିବି ଭାବି ମାସ ମାସ ଧରି ସାଇତି ରଖିଥିବା କଥା ମୁଁ ସେମାନଙ୍କୁ କହି ପାରିଲିନି । ତାଙ୍କ ସହିତ ଭେଟ ହେଇ ମତେ ଯେତିକି ଖୁସି ଲାଗୁଥିଲା, ମୋ ପାଇଁ ସେମାନେ ଏତେ ଖର୍ଚ୍ଚାନ୍ତ ଓ ହଇରାଣ ହେବାରୁ ଖରାପ ମଧ୍ୟ ଲାଗୁଥିଲା । ଅମଳେନ୍ଦୁଙ୍କୁ ଦେଖି ନ ପାରିବାରୁ ମୋର ମନ କଷ୍ଟ ହେଲା । ସାକ୍ଷାତ୍‌ଟା ସବୁବେଳେ ଗୋଟେ ପ୍ରକାର ଅସ୍ଥିର ଅନୁଭୂତି । ବାହାରର ଜୀବନ, ନିଜର ପ୍ରିୟ ମଣିଷ ଓ ଖୋଜୁଥିବା ଜିନିଷକୁ ଏହା ମନେ ପକାଇ ଦିଏ । 'ସ୍ୱାଭାବିକ' ସ୍ଥିତିକୁ ଆସିବା ପାଇଁ ମତେ ପାଖାପାଖି ଦୁଇ ଦିନ ଲାଗିଗଲା ।

ନଡ଼ିଆ କୋରାଟା ଆମ ପାଇଁ ସମସ୍ୟା ହେଲା : କଳ୍ପନା ଓ ମୁଁ ତାକୁ ସମସ୍ତଙ୍କୁ ବାଣ୍ଟିବାକୁ ଚାହୁଁଥିଲୁ, ଏଣେ ଆମ ପାଇଁ ବେଶୀ ଭାଗ ରଖିବାକୁ ମଧ୍ୟ ଚାହୁଁଥିଲୁ । ଏଥିରେ ଅନ୍ୟ ସ୍ତ୍ରୀଲୋକ ମାନଙ୍କଠାରୁ ଆମର ବିପରୀତ ଆଚରଣ ଦେଖାଦେଲା । ସେମାନେ ଅଳ୍ପ ଟିକିଏ ଜିନିଷ ପାଇଲେ ସୁଦ୍ଧା ସମସ୍ତଙ୍କୁ ବାଣ୍ଟି ଦଉଥିଲେ । ଶେଷରେ ଲୋଭକୁ କୌଣସି ମତେ ଟାଳିଦେଇ ପିଠାତକ ଆମେ ସଭିଙ୍କୁ ସତର୍କତାର ସହିତ ସମାନ ଭାବରେ ବାଣ୍ଟି ଦେଲୁ । ଦୁର୍ଦ୍ଦିନ ପରିସ୍ଥିତିରେ ଛୋଟ ଛୋଟ କଥାରେ ମଧ୍ୟ ବେଶ୍ ସତର୍କତା ଅବଲମ୍ବନ କରିବାକୁ ପଡ଼ିଥାଏ । ଟିକିଏ ନିକିତି ଏପଟେ ସେପଟ ହେଇଗଲେ ଈର୍ଷ୍ୟା ଅସୂୟା ଓ ନିନ୍ଦା ଅପମାନର ଯୁଦ୍ଧ ଲାଗିଯାଏ ।

ନିହାତି ଅସ୍ୱାଭାବିକ ଓ କଷ୍ଟକର ପରିସ୍ଥିତିରେ ଏକାଠି ରହୁଥିବା ସ୍ତ୍ରୀଲୋକମାନଙ୍କର ଛୋଟ ଛୋଟ ଈର୍ଷ୍ୟା ଆମର ଏଇ ମାସ କେଇଟାର ଅପେକ୍ଷାକୃତ ସୁସ୍ଥିର ଜୀବନରେ ପୂର୍ଣ୍ଣଛେଦ ପକାଇଦେଲା । କଳ୍ପନା ରୋହିଣୀକୁ ପାଠ ପଢ଼ାଇବା ଦେଖି ମେଟିନୀର ଇର୍ଷା ହେଲା । ତା ଦୃଷ୍ଟିରେ ସେ ହିଁ ସବୁ କଥାରେ ପ୍ରଥମ

ପର୍ଯ୍ୟାୟଭୁକ୍ତ ହେବା ଦରକାର । ପୁଣି ରୋହିଣୀର ସମ୍ଭାବ୍ୟ ଶିକ୍ଷା ଲାଭ ତାର ସ୍ଥିତି ପ୍ରତି ଏକ ବିପଦ ମଣିଲା । ରାତିରେ ଅଲଗା ଅଲଗା ବନ୍ଦୀ ଶାଳାରେ ଆମକୁ ତାଲା ପକାଇ ରଖିଲା ପରେ ସେ ରୋହିଣୀକୁ ଛିଗୁଲେଇ କଥା କହୁଥିଲା । ଆମେ ତା କଥା ଶୁଣି ପାରୁ ନଥିଲୁ । ତା'ର ଏମିତି ଛୋଟ ଛୋଟ ଅପମାନ ସହି ନ ପାରି ରୋହିଣୀ ଅନେକ ସମୟରେ ଆମ ପାଖରେ କାନ୍ଦେ । ଦିନେ ମେଟିନୀର ଦୌରାତ୍ମ୍ୟରେ ଅତିଷ୍ଠ ହେଇ ଆମେ ତାକୁ ରୋହଣୀକୁ ତା ବାଟରେ ଛାଡ଼ି ଦେବାକୁ ସତର୍କ କରି ଦେଲୁ । ଆମ ପକ୍ଷରେ ସେଇଟା ଓ ଗୋଟେ ମସ୍ତବଡ଼ ଭୁଲ୍ ହେଇଗଲା । ସେ ତାର ପ୍ରତିଶୋଧର ଯୋଜନା ତିଆରି କଲା ।

କିଛି ଦିନ ପରେ ସେ ଚିଫ୍ ହେଡ୍ ୱାର୍ଡ଼ର୍‌ଙ୍କ ପାଖରେ କହ୍ଳନାକୁ ବଗିଚା କୋଣରେ କିଛି ଲୁଚେଇବାର ସେ ଦେଖିଥିବାର ଅଭିଯୋଗ କଲା । ଏଇ ଅଭିଯୋଗ ପରେ ସାଧାରଣ ସୁରକ୍ଷା ବ୍ୟବସ୍ଥାକୁ ଆହୁରି କଡ଼ାକଡ଼ି କରିଦିଆଗଲା । ନକ୍‌ସାଲ୍‌ପନ୍ଥୀ ମାନେ ଜେଲ୍‌ରୁ ଫେରାର ହେଇଯିବାର ଚକ୍ରାନ୍ତ ବିଷୟରେ ସ୍ପେସିଆଲ ବ୍ରାଞ୍ଚ୍ ପୋଲିସ୍‌ରୁ ଏକ ସତର୍କତା ମୂଳକ ଆଦେଶ ଆସିଲା । ତା ଆଗ ଦିନ ଜଣେ ବନ୍ଦୀ ପରିବର୍ତ୍ତେ ତିନି ଜଣ ବନ୍ଦୀ ଆମ ପାଖରେ ଶୋଇବା ପାଇଁ ଆଦେଶ ଦିଆଗଲା । ଏପରି ପରିସ୍ଥିତିରେ ମେଟିନୀ ଯାହାକିଛି କହିଲେ ମଧ୍ୟ ସେ ସବୁକୁ ତା'ଠୁ ବଡ଼ ଜେଲର୍‌ଙ୍କୁ କହିବା ବ୍ୟତୀତ ୱାର୍ଡ଼ରର ଅନ୍ୟ କିଛି ପନ୍ଥା ନ ଥିଲା । ତାର କର୍ତ୍ତବ୍ୟବୋଧ ଆମକୁ ଏ ସବୁ କହିବାକୁ ବାରଣ କରୁଥିଲା । କିଂତୁ ସେଦିନ ତାଲା ପକାଇ ଆମକୁ ରଖିଲାବେଳେ ତାର ଭାବଭଙ୍ଗୀର ଗାମ୍ଭୀର୍ଯ୍ୟରୁ ଆମେ ଜାଣିଗଲୁ ଯେ କିଛି ଗୋଟେ ଗୁରୁତର ଘଟିଯାଇଛି । ପୁରା ଗୋଟିଏ ବର୍ଷ ଜେଲ୍‌ରେ କଟାଇବା ପରେ ଆମେ ଆମର ହେପାଜତକାରୀଙ୍କର ମନର ଭାବ ଟିକିଏ ଏପଟ ସେପଟ ହେଲେ ଜାଣି ଯାଉଥିଲୁ । ସେଦିନ କିଛି ଗୋଟେ ଅଘଟଣ ଘଟିବାର ଆମେ ଆଶଙ୍କା କଲୁ ।

ୱାର୍ଡ଼ର୍ ଚାଲିଯିବା ପରେ ମହିଳା ୱାର୍ଡ଼ର ଜଣେ ଆମର ତାଲା ତନଖି କରିବା ବାହାନାରେ ଆସି ଆମକୁ ଚୁପ୍‌କିନା ଡାକିଲା । ସୁପରିଟେଣ୍ଡେଣ୍ଟ ଓ ଜେଲର୍ ଆମକୁ ଖାନ ତଲାସି କରିବାପାଇଁ ଆସୁଥିବାର କହି ସେ ସତର୍କ କରିଦେଲା ଓ ଲୁଚେଇ ରଖିବା ପାଇଁ ଯାହା ସବୁ ଜିନିଷ ଅଛି ସେତକ ତାକୁ ଦେଇ ଦେବାକୁ କହିଲା । ଆମେ ସଞ୍ଚୟ କରିଥିବା ଟଙ୍କା ଓ ଚୋରା ଚିଠି କେତେଟା ଖଣ୍ଡ ତାକୁ ଦେଇଦେଲୁ । ତା'ପରେ ଆମର ସହବନ୍ଦୀ ମାନଙ୍କ ସହିତ ଏମିତି ବସିଗଲୁ ଯେମିତିକି ଆମେ କିଛି ଜାଣିନୁ । ସବୁ ଖରାଦିନ ରାତି ପରି ଶାଢ଼ି କାଢ଼ି ପକାଇ ଖାଲି ଅନ୍ତର୍ବାସରେ ଆମେ ପଥର ଚଟାଣ ଉପରେ ଗଡୁଥିଲୁ । ଦଶଟା ବେଳକୁ ପଥର କାନ୍ଥରେ ହଠାତ୍ ଆଲୁଅ ଝଲସି

ଉଠିଲା ଓ ପୁରୁଷ ସ୍ୱର ଶୁଣିବାକୁ ମିଳିଲା । ଆଗରୁ ବିନା ସୂଚନାରେ ଏପରିକି ଫିମେଲ୍ ୱାର୍ଡ଼ରେ ପ୍ରବେଶ କରିବା ଆଗରୁ ଦବାଇବାକୁ ଥିବା ଘଣ୍ଟି ମଧ୍ୟ ନ ବଜାଇ ଅଫିସର ମାନେ ଅତର୍କିତ ଭାବରେ ପହଞ୍ଚିଗଲେ । ସେମାନେ ସିଧା ଆମ କୋଠରୀକୁ ଚାଲି ଆସିଲେ । ଆମର ଲୁଗା ପିନ୍ଧିବା ଯାଏଁ ମଧ୍ୟ ଅପେକ୍ଷା କଲେ ନାହିଁ । ଆମ ଉପରେ ଶକ୍ତିଶାଳୀ ଟର୍ଚ୍ଚ ଆଲୁଅ ପକାଇ ବାହାରୁ ଆଦେଶ ଛାଡ଼ିଲେ । ପାଖରେ ଲାଗିଥିବା ଖାଲି କୋଠରୀଟାରେ ମତେ ଓ କଳ୍ପନାକୁ ପୁରାଇ ତାଲା ପକାଇଦେଲେ ଓ ଆମର ଜିନିଷ ପତ୍ର ଛିନ୍‌ଛତ୍ର କରି ଖାନ ତଲାସି କଲେ । କୋଡ଼ିଏ ମିନିଟ୍ ପରେ କୋଠରୀକୁ ଉଠିଥିବା ପାହାଚ ତିନିଟା ଉପରେ ଚିଠି, ତେଲ ଶିଶି, ସାବୁନ୍, ତୁଳା, କପଡ଼ା, ବହି ଓ ଖବର କାଗଜ ବିଛେଇ ଗଲା । ଭୟଭୀତ ନ ହେବାକୁ ସଂକଳ୍ପ କରି ଆମେ ଦୁଇ ଜଣ ଗଳା ଫଟାଇ ଗୀତ ଗାଇବା ସଙ୍ଗେ ସଙ୍ଗେ ଗୀତର ସୁରରେ କୋଠରୀ ଭିତରେ ପାଇଥିବା ଗିଲ୍‌ଟି ଡାଟିଆକୁ ବଜାଇବାରେ ଲାଗିଲୁ । ପରେ ମହିଳା ୱାର୍ଡ଼ର କହିଲା ଯେ ଆମର ଗୀତ ଗାଇବା ଦେଖି ସୁପରିଟେଣ୍ଡେଣ୍ଟଙ୍କ କୁଆଡ଼େ ତୋଡ଼ କମିଯାଇଥିଲା । ଆମର ଜିନିଷ ପତ୍ର ଖାନତଲାସି ସରିବା ପରେ ଜଣେ ମହିଳା ୱାର୍ଡ଼ର୍‌କୁ ଆମକୁ ବ୍ୟକ୍ତିଗତ ଭାବରେ ଖାନତଲାସ କରିବା ପାଇଁ ପଠାଗଲା । କଳ୍ପନା ତା ସାୟାରେ କୁଞ୍ଚେଇ ରଖିଥିବା ସୀସା ଖଣ୍ଡିଏ ବ୍ୟତୀତ ଆଉ କିଛି ସେ ପାଇଲା ନାହିଁ । ଆମର ସପ୍ତାହଯାକର କୋଇଲା ରସଦକୁ ତଳେ ମାଡ଼ି ଦେଇ ସେମାନେ ଚାଲିଗଲେ । ଆମେ ମନ ସ୍ଥିର କରିବାକୁ ଚେଷ୍ଟା କଲୁ । କିଂତୁ ରାତି ଘଟଣାର ଆକସ୍ମିକ ଧକ୍‌କାରେ ଆମେ ଆଉ ବିଶ୍ରାମ ନେଇ ପାରିଲୁ ନାହିଁ ।

ପ୍ରାୟଶ୍ଚିତ୍ତ ଆହୁରି ସରି ନ ଥିଲା । ସବୁଦିନ ପରି ସକାଳୁ ଆମର କାରାକୋଠରୀର କବାଟ ଖୋଲା ହେଲା ନାହିଁ । ଆମକୁ ପିଞ୍ଜରା ଭିତରେ ବନ୍ଧା ହେଇ ରହିବାକୁ ପଡ଼ିଲା । ସେତେବେଳେ ପ୍ରାୟ କୋଡ଼ିଏ ଜଣ କଇଦୀ ଅନେକ ଜଣ ୱାର୍ଡ଼ର୍ ମାନଙ୍କ ସହିତ ଆସି ଆମ ପାଚିରୀ ଘେରିପଟେ ଛାଇ ଗଲେ । ବୁଦା ସବୁ ପୋତି ପକାଇଲେ, ଗଛ ମାନ ହାଣି ପକାଇଦେଲେ ଓ ସାରା ବଗିଚାଟାକୁ ଖୋଳି ତାଡ଼ି ଦେଲେ । ତାଙ୍କର ଧ୍ୱଂସଲୀଳା ସରିଗଲା ପରେ ଆମ ଦେଖିଲୁ ଯେ ଆମର ପ୍ରିୟ ଗଛ ସବୁ ବାର ଫୁଟ ଲମ୍ବର ଖୁମ୍ବ ହେଇଯାଇଛି, ଚମେଲୀ ବୁଦା ମାନ ଆଉ ନାହିଁ । ସେହି ପରି ବୁଗେନ୍ ଭିଲା, ପିଜୁଳି, ଆମ୍ବ ଓ ଲେମ୍ବୁ ଗଛ ସହିତ ମହମହ ବାସୁଥିବା ଗୁଲୁଚି ଫୁଲ ଗଛ ସବୁ ଆଉ କିଛି ନଥିଲା । ଶେଷରେ ବାହାରକୁ ବାହାରିଲା ପରେ ଆମେ ବଗିଚାର କ୍ଷତାକ୍ତ ଅବୟବ ଉପରେ ହତାଶରେ ଘୁରି ବୁଲୁଥିଲୁ ଯେମିତିକି ଆମେ ଆମର ପ୍ରିୟ ବନ୍ଧୁ ମାନଙ୍କୁ ହରାଇ ଦେଇଛୁ । ବଗିଚା ଓ

ଗଛମାନଙ୍କ ମାଧ୍ୟମରେ ଆମେ ପାଉଥିବା ପ୍ରକୃତିର ସାନ୍ନିଧ୍ୟ ଯୋଗୁଁ ଜେଲ୍ ଜୀବନଟା ଆମ ପାଇଁ ସହଣୀୟ ହେଇଥିଲା । ଏବେ ସେତକ ମଧ୍ୟ ଚାଲିଗଲା ।

ଏଇ ଘଟଣା ପରେ, ଗୋଟିଏ ରାତିରେ ଜେଲ୍‌ଟା ଗୋଟେ ପ୍ରକାର ଦୁର୍ଗ ପାଲଟି ଗଲା । ସପ୍ତାହ ସବୁ ଭବିଷ୍ୟତର ଅଶୁଭ ସୂଚନାରେ ଭରିଗଲା । ଆମ ସହିତ ସୁସମ୍ପର୍କ ଥିବା ମହିଳା ୱାର୍ଡ଼ର୍ ମାନେ ଭୟଭୀତ ହେଇ ଅନ୍ୟ ବନ୍ଦୀମାନଙ୍କୁ ଆମ ସାଙ୍ଗରେ ନ ମିଶିବାକୁ ସାବଧାନ କରିଦେଲେ । ଜେଲ୍ ଭିତରେ କିମ୍ବା ବାହାରେ ଘଟୁଥିବା ଘଟଣା ବିଷୟରେ ଆମକୁ ଖବର ଦେଲେ ତାଙ୍କୁ ମାଡ଼ ମାରିବାର ଧମକ ଦେଲେ । ସମସ୍ତଙ୍କ ସନ୍ଦେହ ଓ ଗୋଟେ ପ୍ରକାର ଶତ୍ରୁତା ଘେରରେ ଆମେ ନିଃସଙ୍ଗ ହେଇଗଲୁ । ଅସହାୟ ହେଇ ଆମର ରାଗ ବଢ଼ିଲା । ଆମ କାନ୍ଥ ବାହାରେ କ'ଣ ସବୁ ହେଉଛି ଭାବି ଆମେ ଦିନସବୁ ଅସ୍ଥିରତାରେ କଟାଇଲୁ । ସବୁ ନକସାଲ୍‌ପନ୍ଥୀ ମାନଙ୍କୁ ଖାନତଲାସ କରାଯାଇଛି ବୋଲି ଗୁଜବ ଶୁଣାଗଲା । ମୁଁ ଅମଳେନ୍ଦୁ ବିଷୟରେ ଘାରି ହେଲି । ସେ ଯାଏଁ ନିଃସଙ୍ଗ କାରାବାସରେ ଥିବା ଅମଳେନ୍ଦୁ ଜେଲ୍‌ର ଘଟଣାବଳୀ ବିଷୟରେ ଆମଠାରୁ ମଧ୍ୟ କମ୍ ଅବଗତ ଥିବେ । ମୁଁ ଜାଣେ ମୋ ପାଇଁ ସେ ମଧ୍ୟ ବେଶ୍ ଚିନ୍ତିତ ଥିବେ । କିଂତୁ ମୁଁ ଭଲରେ ଅଛି ବୋଲି ତାଙ୍କୁ ଜଣାଇବାର ଉପାୟ ସୁଦ୍ଧା ନ ଥିଲା । ୱାର୍ଡ଼ର୍ ମାନଙ୍କର କଡ଼ା ନଜରରେ କୌଣସି ଖବର ପଠାଇବାଟା ସମ୍ଭବପର ଦେଖାଯାଉ ନଥିଲା ।

ପୁଣି ଥରେ ଆମକୁ ଅଲଗା ଅଲଗା କାରା କୋଠରୀ ଏକାକୀ ବନ୍ଦ କରି ରଖାଗଲା । ଆମର ଖବର କାଗଜ, ବହି ପତ୍ର ଓ ଚିଠିମାନ ମେଟିନୀ ଓ ମହିଳା ୱାର୍ଡ଼ର୍ ତନଖି କଲେ । ସେମାନଙ୍କର ମୁହଁରେ ପୂର୍ବର ସେଇ ବନ୍ଧୁତା ବା ସହାନୁଭୂତିର ଲେଶ ମାତ୍ର ଚିହ୍ନ ନ ଥିଲା । ଧ୍ୱଂସପ୍ରାପ୍ତ ବଗିଚାର ବନ୍ଧ୍ୟାତ୍ୱରେ ଆମର ମାନସିକତାରେ ପ୍ରତିଫଳିତ ହେଲା । ଥଟ୍ଟାମଜା, ଗୀତ ଗାଇବା ଓ ଖାଇବା ଜିନିଷର ତାଲିକା ପରିବର୍ତ୍ତନ ଆଦି କିଛି କରି ନପାରି ଆମେ ଦବି ଯାଇଥିଲୁ ଓ କାଳେ କିଛି ପୁଣି ଘଟିଯିବା ଆଶଙ୍କାରେ ଅସ୍ଥିର ଓ ଆତଙ୍କିତ ହେଇ ପଡୁଥିଲୁ । ୱାର୍ଡ଼ର୍‌ଙ୍କ ସନ୍ଧ୍ୟାକାଳୀନ ପରିଦର୍ଶନଟା ଆଗ ଅପେକ୍ଷା ବେଶୀ ତୀକ୍ଷ୍ଣ ଓ କଡ଼ାକଡ଼ି ହେଲା । ଦିନେ ସେ ରାନ୍ଧିବା ପାଇଁ ଓ କଞ୍ଚନାର ଲମ୍ବା ବାଳ ପାଇଁ ଆମେ ରଖିଥିବା ସୋରିଷ ଓ ନଡ଼ିଆ ତେଲ ଶିଶି ନେଇଗଲା । ମୋର ଯେତେ ସବୁ ପ୍ରତିବାଦର ପ୍ରଭାବ ତା ଉପରେ କିଛି ପଡ଼ିଲା ନାହିଁ । ବୋତଲ ରଖିବାକୁ ଅନୁମତି ଦିଆଯାଇ ନ ଥିଲା । ସେ ନିଶ୍ଚେ ତାକୁ ନେଇ ଜେଲର୍‌ଙ୍କୁ ଦେଖାଇବ । କଥାଟା ନିହାତି ହାସ୍ୟାସ୍ପଦ ଜଣା ପଡୁଥିଲା । ଖାନତଲାସି ଆଗରୁ ବୋତଲ ଦୁଇଟା ସେଠି ଥିଲା । ଖାଲି ଏତିକି ଯେ ସେମାନେ ତାହା ଦେଖି

ପାରି ନ ଥିଲେ । ମୁଁ ନିୟମ ଭାଙ୍ଗିଥିବାର ସେ ଅଭିଯୋଗ କଲା ଯେମିତିକି ମୁଁ ଜାଣି ଶୁଣି ନିର୍ଦ୍ଦେଶ ଅବମାନନା କରିଥିଲି । ରାଗରେ ଜଳି ଯାଉଥିଲେ ମଧ୍ୟ ମୁଁ କିଛି କରି ପାରୁ ନ ଥିଲି ।

ସୌଭାଗ୍ୟକୁ ଆମେ ସବୁ ବନ୍ଧୁ ମାନଙ୍କୁ ହରାଇ ନ ଥିଲୁ । ହଜାରୀବାଗ୍‌ର ଅନତି ଦୂରରେ ଥିବା ଗୋଟିଏ କାରଖାନାରେ ଗାଧୁଆଘର ସଫା କରୁଥିବା ହରିଜନ ମହିଳା ସୁକ୍ରୀ ଆମକୁ ମନେ ରଖିଥିଲା । ସେ ଓ ତା'ର ସ୍ୱାମୀ ତମ୍ବାତାର ଚୋରୀ ଅଭିଯୋଗରେ ଗିରଫ ହେଇ ଆସିଥିଲେ । ସାଧାରଣତଃ ଏମିତି ଛୋଟ ଛୋଟ କେସ୍‌ରେ କମ୍ ଖର୍ଚ୍ଚରେ ସହଜରେ ଜମାନତ୍ ମିଳିଯିବା କଥା । କିଂତୁ ସେମାନଙ୍କର ଜମିବାଡ଼ି ବା ସମ୍ପତ୍ତି କିଛି ନଥିବାରୁ ଓ ସେମାନଙ୍କର ଓକିଲ ମାନଙ୍କର ଅସାଧୁତା ଯୋଗୁଁ ସେମାନେ ନିଜର ସବୁ ପୁଞ୍ଜି ସାରି ଦେଇଥିଲେ ସୁଦ୍ଧା ଜେଲ୍ ଭିତରେ ସଢୁଥିଲେ । ପ୍ରଥମ କେତେ ସପ୍ତାହ ପରେ ଆମେ ଜାଣି ଗଲୁ ଯେ ଓକିଲମାନେ ତାଙ୍କଠୁ ପଇସା ଝଡ଼ାଉଛନ୍ତି । ତେଣୁ ସେମାନଙ୍କୁ ଆଉ ଟଙ୍କା ନ ଦେବାକୁ ତାର ସ୍ୱାମୀକୁ କହିବା ପାଇଁ ଆମେ ତାକୁ ଶିଖାଇଲୁ । କିଂତୁ ଚାକିରୀଟା ହାତଛଡ଼ା ହେଇ ଯିବା ଆଗରୁ କାମରେ ଯୋଗ ଦେବା ଆଶାରେ ସେମାନେ ପୁରା ଟଙ୍କା ନିଃଶେଷ ହେବା ଯାଏଁ କିଛି ନ ବୁଝି ଦେଇ ଚାଲିଥିଲେ ।

ଏବେ ଆମର ଏମିତି ଦୁଃସମୟରେ ସୁକ୍ରୀ ଆମେ ତାକୁ ଦେଇଥିବା ଉପଦେଶ ମନେ ପକାଇ ଆସି ଆମ ପଛରେ ଛିଡ଼ା ହେଲା । ପ୍ରତି ପନ୍ଦର ଦିନରେ ଥରେ ସେ କୋର୍ଟରେ ତାର ସ୍ୱାମୀକୁ ଦେଖା କରିବାକୁ ଯାଉଥିଲା । ତା ସ୍ୱାମୀ ଗୋଟେ ନକସାଲ୍‌ପନ୍ଥୀ ୱାର୍ଡ଼ରେ ଝାଡୁଦାର କାମ କରୁଥିଲା । ନକସାଲ୍‌ପନ୍ଥୀ ବନ୍ଦୀ ବା ଅନ୍ୟ କୌଣସି ପୁରୁଷ ବନ୍ଦୀ ସେମାନଙ୍କ ପ୍ରତି ସହାନୁଭୂତି ପ୍ରକଟ କଲେ ତାକୁ କଡ଼ାରେ ଏକୁଟିଆ ଦିନ ସାରା କାରା କୋଠରୀରେ ବନ୍ଦ କରି ରଖାଯାଉଥିଲା । କୋର୍ଟରୁ ଫେରିଲା ପରେ ସୁଯୋଗ ପାଇଲା ମାତ୍ରେ ସେ ଆମ ସହିତ ଚୁପିଚୁପି ଦି'ପଦ କଥାବାର୍ତ୍ତା ହେଇଯାଏ । ଅନ୍ୟ ନକସାଲ୍‌ପନ୍ଥୀ ବନ୍ଦୀ ମାନଙ୍କର ଘଟଣାମାନ ସେ ଆମକୁ କହିଦିଏ । ପୁରୁଷ ବିଭାଗରେ ଖାନ୍‌ତଲାସୀ ଆମଠାରୁ ଆହୁରି କଡ଼ାକଡ଼ି ହେଉଥିଲା । ରାତି ପରେ ରାତି ତାର ପୁନରାବୃତ୍ତି କରାଯାଉଥିଲା । ସେଇ ୱାର୍ଡ଼ର୍ ଗୋଟେ କାନ୍ଥରେ କେତେଟା ଡିନା ମାଇଟ୍ ଖଞ୍ଜାଯାଇଥିବା କଥା ଶୁଣାଗଲା । ସ୍ପେସିଏଲ୍ ବ୍ରାଞ୍ଚ୍ ପୋଲିସ୍ ଆଖିରେ ଧୂଳି ଝାଡ଼ି କଇଦୀ ଜଣେ ଚୋରାରେ ସେଠିକି ଡିନାମାଇଟ୍ ଆଣିଥିବାର ଶୁଣାଗଲା । ରାତି ଅଧରେ କୁଆଡ଼େ ତନଖି କରିବା ପାଇଁ ସୁପରିଟେଣ୍ଡେଣ୍ଟଙ୍କୁ କ୍ଲବ୍‌ରୁ ଡକାଗଲା । ଆମେ ଅନ୍ୟମାନଙ୍କୁ ଏଇ ଗୁଜବ ବିଷୟରେ

ପଚାରି ବୁଝିଲୁ । ହେଲେ କେହି ସଠିକ୍ ଖବର ଦେଇ ପାରିଲେ ନାହିଁ ।

ଦିନେ ସୁକ୍ରୀ କୋର୍ଟରୁ ଆମର ସମର୍ଥନକାରୀଙ୍କ ପଖରୁ ଚୋରାରେ ଚିଠି ଖଣ୍ଡେ ଆମ ପାଇଁ ନେଇକି ଆସିଲା । ଚିଠିରେ ଆମକୁ ସତର୍କତାର ସହିତ ଚଳିବା ପାଇଁ ସାବଧାନ କରାଯାଇଥିଲା । ଜଣେ ଦୟାଳୁ ୱାର୍ଡ଼ର ତାଙ୍କୁ କହିଥିଲା ଯେ ଆସନ୍ତା ଥରକୁ ମାସିକ ସତର୍କ ଘଣ୍ଟି ବାଜିଲାବେଳକୁ ନକସାଲପନ୍ଥୀ ୱାର୍ଡ଼ ମାନଙ୍କରେ ଅତର୍କିତ ଚଢ଼ାଉ କରାଯିବ । ଜେଲ୍ ଅଫିସ୍‌ରେ ଏ ବିଷୟରେ ଆଲୋଚନା ହେଉଥିବାର ସେ ଶୁଣିଥିଲା । ଏଇ ଚିଠି ଖଣ୍ଡିକ ଆମକୁ ଆହୁରି ଆତଙ୍କିତ କରିଦେଲା । କିଂତୁ ଆମେ ନିଜକୁ କିପରି ପ୍ରସ୍ତୁତ କରି ରଖିବୁ ତାହା ଜାଣି ପାରୁ ନ ଥିଲୁ ।

କଡ଼ା ନିରାପତ୍ତା ବ୍ୟବସ୍ଥାରେ ଜେଲ୍ କର୍ମଚାରୀମାନେ ନିଜେ ମଧ୍ୟ ହଇରାଣ ହେଉଥିଲେ । ଡ୍ୟୁଟିକୁ ଆସିଲାବେଳେ ଓ ଘରକୁ ଗଲାବେଳେ ପ୍ରତିଥର ସେମାନଙ୍କୁ ଖାନ୍‌ତଲାସି କରିବାକୁ ପଡୁଥିଲା । ତେଣୁ ସେମାନେ ଷ୍ଟୋରରୁ କିମ୍ବା ବନ୍ଦୀମାନଙ୍କ ଠାରୁ କିଣି ନେଉଥିବା ଜିନିଷ ଆଉ ଚୋରାରେ ନେଇ ପାରିଲେ ନାହିଁ । ଆମେ ଶୁଣିଲୁ କମ୍ ଦରମା ପାଉଥିବା ଓ ଏମିତି ଜେଲ୍‌ରୁ ଲୁଚା ଚୋରାରେ ପାଉଥିବା ଜିନିଷ ଉପରେ ନିର୍ଭର କରୁଥିବା କେତେ ଜଣ ଯୁବକ ୱାର୍ଡ଼ର ଏଇ ନୂଆ ନିଷେଧାଜ୍ଞାରୁ ଖସିବା ପାଇଁ ଏକ ବିପଜ୍ଜନକ କୌଶଳ ପାଞ୍ଚିଲେ । ପହରା ବୁରୁଜରେ ଡ୍ୟୁଟିରେ ଥିବା ଜଣକ ଗୋଟେ ବାଲଟିରେ ଦଉଡ଼ି ଖଣ୍ଡେ ଫାନ୍ଦି ଜେଲ୍‌ର ଭିତର ପାଖକୁ ଗଳାଇ ଦିଏ । ବାଲଟିରେ ବନ୍ଦୀ ମାନେ ଜିନିଷ ଭର୍ତ୍ତି କରିଦିଅନ୍ତି । ଚାଉଳ, ଆଳୁ, ଅଟା, ଡାଲି କିମ୍ବା ସୋରିଷ ତେଲରେ ଭର୍ତ୍ତି ବାଲଟିକୁ ଉଠାଇ କାନ୍ଥ ସେପଟେ ଅପେକ୍ଷା କରିଥିବା ୱାର୍ଡ଼ର, ସହକର୍ମୀ ବା ତାଙ୍କର ପରିବାରବର୍ଗଙ୍କ ପାଖକୁ ପହଞ୍ଚାଇ ଦିଆଯାଉଥିଲା । ଅବଶ୍ୟ ଧରାପଡ଼ିଥିଲେ ସେମାନଙ୍କର ଚାକିରୀଟା ଯାଇଥାନ୍ତା ।

ସାଧାରଣତଃ ଜେଲ୍ କର୍ମଚାରୀମାନେ ଏଇ ନୂଆ ନୀତି ନିୟମ ଓ ଅନବରତ ଖାନ୍‌ତଲାସିରେ ବିରକ୍ତ ହେଉଥିଲେ । ନକସାଲପନ୍ଥୀ ଉପରେ ସେମାନେ ଚିଡୁଥିଲେ । ସେମାନଙ୍କ ଯୋଗୁଁ ହିଁ ଏତେ ସବୁ ଝମେଲା ହେଉଥିଲା ବୋଲି ସେମାନେ ଭାବୁଥିଲେ । ଆମ ୱାର୍ଡ଼ରେ ମଧ୍ୟ ମେଟିନୀ ଓ ଜଣେ ମହିଳା ୱାର୍ଡ଼ର ଅନ୍ୟ ବନ୍ଦୀମାନଙ୍କୁ ବେଳେବେଳେ ମନେ ପକେଇଦେଇ କହୁଥିଲେ ଯେ ଜେଲ୍‌ଟା ଆଗେ ଘର ପରି ଲାଗୁଥିଲା । ନକସାଲପନ୍ଥୀମାନେ ହିଁ ଆସି ସବୁ ନଷ୍ଟ କରି ଦେଲେ । ତେବେ ସେଇ ସ୍ତ୍ରୀଲୋକ ମାନେ ସୁପରିଟେଣ୍ଡେଣ୍ଟଙ୍କ ପରିବା ବଗିଚା ଓ ଗଛ ପତ୍ର ସବୁ ଓପାଡ଼ି ପକାଇବା କାମଟିକୁ ନାପସନ୍ଦ କରୁଥିଲେ । ମୌଳିକତଃ କୃଷି-ଶ୍ରମିକ

ହେଇଥିବାରୁ ଓ ଖାଦ୍ୟ ଉତ୍ପାଦନରେ କେତେ କଠିନ ପରିଶ୍ରମ କରିବାକୁ ପଡ଼େ ସେଇ ଅଭିଜ୍ଞତା ଥିବାରୁ ସେମାନେ କୌଣସି ଫଳନ୍ତି ଗଛ କାଟିବାଟାକୁ ଏକ ପାପ ଭାବୁଥିଲେ । ସେ ଏଥିପାଇଁ ଭଗବାନଙ୍କ ଠାରୁ ଉଚିତ ଶାସ୍ତି ପାଇବେ ବୋଲି ସେମାନେ ଭବିଷ୍ୟବାଣୀ କରୁଥିଲେ । ଗାଳି ମାଡ଼ ଭୟରେ ଆମଠାରୁ ଦୂରେଇ ରହୁଥିଲେ ହେଁ ଧୀରେ ଧୀରେ ସେମାନେ ଆମ ପାଖକୁ ଆସି ଗପସପ କରିବା ପୁଣି ଆରମ୍ଭ କରିଦେଲେ ।

ଖାନ୍‌ତଲାସି ପରେ ସୁପରିଟେଣ୍ଡେଣ୍ଟ୍ ତାଙ୍କର ବାରମ୍ବାର ପରିଦର୍ଶନରେ ଜାରି ରଖିଲେ । ଏମିତିକି ରାତିରେ ମଧ୍ୟ ସେ ତୀକ୍ଷ୍ଣ ଦୃଷ୍ଟି ରଖିଲେ । ଚୌକି-ବୁରୁଜ ଓ ତନଖି-ଫାଟକରେ ଯେମିତି କୌଣସି ପହରାଦାର ଶୋଇ ନ ପଡ଼ନ୍ତି ସେଥିପାଇଁ ସେ ବାରମ୍ବାର ରାଉଣ୍ଡ୍ ଦଉଥିଲେ । ତିନି ଜଣ ଯୁବକ ୱାର୍ଡ଼ର ଡ୍ୟୁଟିରେ ଖୋଇ ପଡ଼ିଥିବାରୁ ଚାକିରୀରୁ ନିଲମ୍ବିତ ହେଲେ । ରାତି ସାରା ଆମେ ଏ ବୁରୁଜରୁ ସେ ବୁରୁଜକୁ ପହରା ଡାକର ଚିତ୍କାର ଶୁଣୁଥିଲୁ । ପାର୍ଶ୍ୱବର୍ତ୍ତୀ ୱାର୍ଡ଼ର ଜାଲିକୁ ଗୋଟେ ଲୁହା ବାଡ଼ିରେ ପରୀକ୍ଷା କରାଯାଉଥିଲା, ଶିକୁଳି ସବୁ ଝଣ୍‌ଝାଣ୍ ଶୁଭୁଥିଲା । ଘଣ୍ଟି ବାଜୁଥିଲା । ଦିନବେଳା ମଧ୍ୟ ସୁପରିଟେଣ୍ଡେଣ୍ଟ୍ କୌଣସି ସନ୍ଦିଗ୍ଧ ବସ୍ତୁ ଖୋଜା ଖୋଜିରେ ଜେଲ୍ ଭିତରେ ଘୁରି ବୁଲୁଥିଲେ । ଦିନେ ଅପରାହ୍ଣରେ ସେ ଆମ ୱାର୍ଡ଼କୁ ପଶି ଆସି ଡ୍ୟୁଟିରେ ଥିବା ମହିଳା ୱାର୍ଡ଼ର୍‌କୁ ଆମର ଖାନ୍‌ତଲାସୀ ନେବା ପାଇଁ କହିଲେ । ଆମେ ତାଙ୍କୁ ମାରିଦେବାପାଇଁ ଗୋଟେ ପିସ୍ତଲ ଲୁଚେଇ ରଖିଥିବା କଥା ସେ ମହିଳା ପ୍ରହରୀକୁ କହିଲେ । ଆଉ ଦିନେ ଆମର ସାପ୍ତାହିକୀ ରସଦ ଉପରେ ଢାଙ୍କିଥିବା ଅଖାଟିକୁ କାଢ଼ି ପକାଇଲେ । ସେଠି ସେ ଦୁଇଟା ଲେମ୍ବୁ ଦେଖିଲେ ଯାହାକି ଡାକ୍ତର ମୋ ପାଇଁ ଲେଖି ଦେଇଥିଲେ । ଆମକୁ ସେଇ ପିଜୁଳି କିଏ ଆଣି ଦେଲା ବୋଲି ଜେରାଡେରା କଲେ । ପରେ ଲେମ୍ବୁକୁ ଶୁଙ୍ଘିଲା ପରେ ଯାଇ ସେ ସନ୍ତୁଷ୍ଟ ହେଲେ ।

ସେଇ ବର୍ଷ ଏପ୍ରିଲ୍‌ରୁ ଅକ୍‌ଟୋବର ଯାଏଁ ପ୍ରାୟ ପ୍ରତିଦିନ ବର୍ଷା ଲାଗି ରହିଲା । ଲୁଗାପଟା ଓ ବହି ପତ୍ର ଓଦା ରହି ତା ଉପରେ ଭାଢ଼ି ମାରିଗଲା । ଅଟା ଚାଉଳ ସବୁ ପିତା ଲାଗିଲା । ଛାତରୁ ଓ କାନ୍ଥରୁ ପାଣି ଗଳି କୋଇଲା, ଜାଳେଣି କାଠ, କମ୍ବଳ ଓ ଅଖା ଉପରେ ପଡ଼ିଲା । ବାହାରେ ବିହାରର ଅଧିକାଂଶ ଅଞ୍ଚଳ ସପ୍ତାହବ୍ୟାପୀ ପାଣି ଘେରରେ ବୁଡି ରହିଲା । ଫସଲ ସବୁ ନଷ୍ଟ ହେଇଗଲା । ଆମର ଦୈନନ୍ଦିନ ପରିବା ରସଦରେ କଳା ପଡ଼ିଯାଇଥିବା ଆଳୁକେଇଟା ଲେଖାଏଁ ପଡ଼ିଲା । ମୁହଁରେ ଦେଲା ମାତ୍ରେ ସେଥିରୁ ଏକ ବିକଟ ଗନ୍ଧ ଓ ବିଚିକିଚିଆ ସ୍ୱାଦ ବାହାରୁଥିଲା । ଆକାଶରେ ସବୁବେଳେ ମେଘ ଢାଙ୍କି ରହିଥିଲା । ବଗିଚାଟା ସନ୍ତସନ୍ତିଆ ହେଇଯାଇଥିଲା ।

ଦିନେ ରବିବାର ଅପରାହ୍ନରେ ଅସରାକୁ ଅସରା ବର୍ଷା କୁଟୁଥିଲା । ମୁଁ ରାତି ଓଳିର ରୁଟି ତିଆରି କରିବା ପାଇଁ ଓଦା କାଠରେ କୌଣସି ମତେ ନିଆଁ ଧରାଉଥିଲାବେଳେ ହଠାତ୍ ସତର୍କ ଘଣ୍ଟି ବାଜି ଉଠିଲା । ପରେ ପରେ ୱାର୍ଡ଼ର ମାନଙ୍କର ଜରୁରୀକାଳୀନ ବିଗୁଲ ବାଜିଲା । ଡ୍ୟୁଟିରେ ଥିବା ମହିଳା ପ୍ରହରୀ ଜଣକ ଆମକୁ ତାଲା ପକାଇବା ପାଇଁ ଆମ କୋଠରୀକୁ ଧାଇଁ ଆସିଲା । ଶିକୁଳିରେ ତାଲା ପଡ଼ିବା ଆଗରୁ ଆକ୍ରମଣ ଆରମ୍ଭ ହେଇଗଲା । ପରବର୍ତ୍ତୀ ଦୁଇ ଘଣ୍ଟା ଧରି କୋଠରୀ ଭିତରେ ଅସହାୟ ଭାବରେ ଲୁହା ରେଲିଂକୁ ମୁଠେଇ ଧରି ଜେଲ୍‌ର ଚାରିପଟୁ ବର୍ଷୁଥିବା ଗୁଳିମାଡ଼ ଶୁଣୁଥିଲି । ତୁହାକୁ ତୁହା ଗୁଳି ବର୍ଷାରେ କାଳେ ନିଜ ଦେହରେ ବାଜିଯିବ ଭାବି ଭୟରେ ମହିଳା ପ୍ରହରୀ ଜଣକ ଗୋଟେ ଜାଗାରେ ଆଶ୍ରୟ ନେଲା । ମୋର ଛାତି ଭିତରଟା ଧକ୍‌ଧକ୍ କରୁଥିଲା । ସାରା ଦେହଟା ଥରୁଥିଲା । କ'ଣ ଘଟୁଛି ସେ ବିଷୟରେ ଜାଣି ନ ପାରିବାର କଷ୍ଟରେ ମତେ ରୁଦ୍ଧଶ୍ୱାସ ଲାଗୁଥିଲା । ଯେମିତିକି ମୁଣ୍ଡଟା ଏଇନେ ଫାଟିଯିବ । ପ୍ରାୟ ପାଞ୍ଚଟା ବେଳକୁ ଚିଫ୍ ହେଡ୍ ୱାର୍ଡ଼ର୍ ଖାଲି ପାଦରେ, ଅସ୍ତବ୍ୟସ୍ତ ମୁଣ୍ଡବାଳ ଓ ବେଶରେ ସବୁ ମହିଳା ବନ୍ଦୀ ମାନଙ୍କୁ ତନଖି କରିବା ପାଇଁ ଆସିଲେ । ନଅଟା ବେଳକୁ ଜେଲ୍ ଚାରିପଟେ ଘେରି ରହିଥିବା ଦଳେ ମିଲିଟାରୀ ପୋଲିସ୍ ଆମକୁ ଖାନ୍‌ତଲାସ କରିବା ପାଇଁ ଆସିଲେ । କେତେ ଜଣ ନକସାଲ୍‌ପନ୍ଥୀ ନିହତ ହେଇଥିବାର ସେ ମତେ ଜଣାଇବାକ୍ଷଣି ତାଙ୍କର ଅଫିସର ବିଦ୍ରୁପରେ ନାକ ଟେକିଲେ । ପୁଣି ତା ପରଦିନ ସକାଳ ପର୍ଯ୍ୟନ୍ତ ଆମର ତାଲା ଖୋଲା ହେଲା ନାହିଁ । ସେଦିନ ଆମେ ମହିଳା ୱାର୍ଡ଼ର୍‌ମାନଙ୍କୁ କ'ଣ ସବୁ ଘଟିଲା ସେ ବିଷୟରେ ପଚାରିଲୁ । ଚିଫ୍ ହେଡ୍ ୱାର୍ଡ଼ରଙ୍କ ଭୟରେ ସେମାନେ ଚୁପ୍ ରହିବାକୁ ବାଧ ହେଲେ । ଆମର ବ୍ୟସ୍ତତା ଦେଖି ସେମାନଙ୍କ ଭିତରୁ ଜଣେ କହିଲା ଯେ ତମାଖୁ ଓ ବିଡ଼ିକୁ ନେଇ ବନ୍ଦୀ ଏବଂ ୱାର୍ଡ଼ର ମାନଙ୍କ ଭିତରେ ଝଗଡ଼ା ହେଲାରୁ କେତେ ରାଉଣ୍ଡ୍ ଫାଙ୍କା ଗୁଳି ଚାଳନା କରାଯାଇଥିଲା । ଆମେ ଜାଣିଲୁ ଯେ କଥାଟା ସତ ନୁହେଁ ।

ସବୁଦିନ ସ୍ତ୍ରୀଲୋକ ମାନଙ୍କର ଖାଦ୍ୟ ନେଇ ଆସୁଥିବା କଇଦୀ ଜଣକ ତା ଗଳାରେ ହାତ ଦେଇ ଓ ଆଙ୍ଗୁଳି ଦେଖାଇ ଦଶ ଜଣ ବନ୍ଦୀ ନିହତ ହେଇଥିବାର ଜଣାଇଲା । କାଳେ ସେ ଭିତରେ ଅମଳେନ୍ଦୁ ଥିବେ ବୋଲି ମୁଁ ଘାରି ହେଲି । ବେଳେବେଳେ ମୁଁ ତାଙ୍କୁ ମୃତ ଭାବୁଥିଲି । ପୁଣି କେତେବେଳେ ସେ ଠିକ୍ ଠାକ୍ ଅଛନ୍ତି ବୋଲି ନିଜକୁ ବୁଝାଉଥିଲି । କେତେ ସପ୍ତାହ ପରେ ଯାଇ ମୁଁ ସେ ଅକ୍ଷତ ଅବସ୍ଥାରେ ଜୀବିତ ଥିବାର ନିଶ୍ଚିତ ହେଲି । ଆମକୁ ଦେଖା କରିବାକୁ ଆସିଥିବା ତାଙ୍କର ଭଉଣୀ ମାନେ ତାଙ୍କ ସହିତ ଦେଖାକରି କଥାବାର୍ତ୍ତା କରିଥିବା ମତେ

କହିଲେ । ପ୍ରକୃତରେ ମୋର କୌଣସି ସହ-ପ୍ରତିବାଦୀ ସେଇ ଘଟଣାରେ ସଂପୃକ୍ତ ନ ଥିଲେ । ୧୯୭୧ ମସିହା ଜୁଲାଇ ୨୫ ତାରିଖରେ ଗୁଳିମାଡ଼ ହେଲା । ଅଗଷ୍ଟ ମାସର ଶେଷ ଆଡ଼କୁ ମୁଁ ଲଣ୍ଡନ୍ ଟାଇମ୍ସ୍‌ରେ ପଢ଼ିବାକୁ ପାଇଲି ଯେ ସେଦିନ ଷୋହଳ ଜଣ ନକସାଲ୍‌ପନ୍ଥୀଙ୍କୁ ଗୁଳି ମାରି ହତ୍ୟା କରାଯାଇଥିଲା । ସେଇ କେତେ ଦିନ ହେବ ଡେପୁଟି ହାଇ କମିଶନ୍ ମୋ ପାଖକୁ ଲଣ୍ଡନ ଟାଇମସ୍ ପଠାଇବା ଆରମ୍ଭ କରିଥିଲେ । ଜେଲ୍ କର୍ତ୍ତୃପକ୍ଷ ତା ଉପରେ କଟକଣା ଲାଗୁ କରିବା କଥା ଚିନ୍ତା କରି ନ ଥିଲେ । ପରେ ଟାଇମସ୍ ଅଫ୍ ଇଣ୍ଡିଆରେ ବାର ଜଣଙ୍କୁ ହତ୍ୟା କରଯାଇଥିବାର ମୁଁ ପଢ଼ିଲି । କିଛି ମାସ ପରେ ଜଣେ ମହିଳା ୱାର୍ଡ଼ର୍ ସମ୍ପୂର୍ଣ୍ଣ ଘଟଣାଟି କହିଲା । ଦଳେ ନକସାଲ୍‌ପନ୍ଥୀ କୁଆଡ଼େ ଜେଲ୍ ଭାଙ୍ଗି ଫେରାର ହେବାକୁ ଜେଲ୍‌ର ଫାଟକ ପର୍ଯ୍ୟନ୍ତ ଯାଇଥିଲେ । ଜେଲର୍ ସେମାନଙ୍କୁ ଦେଖି ପକାଇଲେ ଓ ୱାର୍ଡ଼ର୍ ମାନଙ୍କୁ ଗୁଳି ଚଳାଇବା ପାଇଁ ନିର୍ଦ୍ଦେଶ ଦେଲେ । ଫେରାର୍ ଉଦ୍ୟମରେ ଲିପ୍ତ ଥିବା ଲୋକମାନଙ୍କୁ ଗୁଳି କରି ସାରିଲା ପରେ କେତେ ଜଣ 'ବିଶ୍ୱସ୍ତ' କଇଦୀ ମାନଙ୍କୁ ନେଇ ଅନ୍ୟ ନକସାଲ୍-ୱାର୍ଡ଼ରେ ଦମନ ଲୀଳା ଚଳାଇଲେ । ଜେଲ୍ କୋଠରୀରୁ ବନ୍ଦୀ ମାନଙ୍କୁ ଘୋଷାଡ଼ି ଆଣି ନିସ୍ତୁକ ପିଟିଲେ । କେତେ ଜଣଙ୍କୁ ସିଧା ମୁହଁ ଉପରେ ଗୁଳି ଚଳାଇ ଦେଲେ । ଅଧ ଡଜନ ବନ୍ଦୀଙ୍କୁ ନେଇ ଆରମ୍ଭ ହେଇଥିବା ଘଟଣାଟି ଏକ ନାରକୀୟ ଅନ୍ଧ-ହତ୍ୟା ଲୀଳାରେ ପରିଣତ ହେଲା । ଷୋହଳ ଜଣଙ୍କୁ ହତ୍ୟା କରିବା ବ୍ୟତୀତ, ମାସେ ପରେ ଏକତିରିଶ୍ ଜଣ ବନ୍ଦୀ କ୍ଷତ ବିକ୍ଷତ ଅବସ୍ଥାରେ ଜେଲ୍ ହସ୍‌ପିଟାଲରେ ଆହୁରି ପଡ଼ିଥିବାର ଜଣା ଗଲା । ଯଦିଓ ୟାର କେତେ ବର୍ଷ ପରେ ଚିଫ୍ ହେଡ୍ ୱାର୍ଡ଼ର ମତେ କହିଲେ ଯେ ସେଦିନ ସେ ଡ୍ୟୁଟିରେ ଥିଲେ ଏଭଳି ରକ୍ତପାତକୁ ଏଡ଼ାଇ ଦେଇଥାନ୍ତେ, ମତେ ଲାଗିଲା ଯେ ଅଳ୍ପ କେତେ ଜଣ ନକସାଲାଇଟ୍ ମାନଙ୍କର ଫେରାର୍ ଉଦ୍ୟମ ଜେଲ୍ କର୍ତ୍ତୃପକ୍ଷ ଖୋଜୁଥିବା ସୁଯୋଗଟିକୁ ଯୋଗାଇ ଦେଲା ।

ସେଇ ବର୍ଷ ମେଦିନୀପୁର, ବ୍ରହ୍ମପୁର, ଦମ୍ ଦମ୍, ପାଟନା ଓ କଲିକତାରେ ଗୁଳିମାଡ଼ ଘଟଣାରେ ପଇଁଚାଳିଶ ଜଣ ଯୁବକଙ୍କୁ ଆଗରୁ ହତ୍ୟା କରାଯାଇଥିଲା । ପରେ ଆହୁରି ଅନେକ ଜଣଙ୍କୁ ମାରି ଦିଆଗଲା । ହଜାରୀବାଗ୍ ଘଟଣାରେ ଗୋଟିଏ ତଦନ୍ତ କମିଶନ ନିଯୁକ୍ତ କରାଗଲା । ତାର ଦାୟିତ୍ୱରେ ଥିବା ଜଣେ ଅବସର ପ୍ରାପ୍ତ ବିଚାରପତି ଗୁଳିମାଡ଼ ଘଟଣାକୁ ମୁକ୍ତିଯୁକ୍ତ ଦର୍ଶାଇଲେ । ଏଥିରେ ଆଶ୍ଚର୍ଯ୍ୟ ହେବାର କିଛି ନ ଥିଲା । କେତେଜଣଙ୍କୁ ପିଟି ପିଟି ହତ୍ୟା କରିବାରେ ସାହାଯ୍ୟ କରିଥିବା 'ବିଶ୍ୱସ୍ତ' କଇଦୀ ମାନଙ୍କୁ ପାଞ୍ଚ ବର୍ଷ ଲେଖାଏଁ ରିହାତି ଦିଆଗଲା ।

ଜେଲ୍ ଭିତରର ଘଟଣାଟା ବୋଧହୁଏ ଯଥେଷ୍ଟ ହେଲା ନାହିଁ । ଦିନେ ଲୁଚ

ଛିପାରେ ଯାଇଥିବା ଖବରକାଗଜର ଟୁକୁରାରେ ଉତ୍ତର କଲିକତାର ବରସାଟ୍ ଠାରେ ରାସ୍ତା କଡ଼ରେ ଏଗାର ଜଣ ସନ୍ଦିଗ୍ଧ ନକସାଲପନ୍ଥୀ ଯୁବକଙ୍କୁ ମରି ପଡ଼ିଥିବାର ଖବର ପଢ଼ିଲୁ । ଏହି ହତ୍ୟା ତଥା ଦମ୍ ଦମ୍ ଓ କଲିକତାର ଡାଇମଣ୍ଡ୍ ହାର୍‌ବର୍ ଉପକଣ୍ଠରେ ହେଇଥିବ । ବହୁ ସଂଖ୍ୟକ ହତ୍ୟା ଘଟଣା ପାଇଁ ପୋଲିସ୍‌କୁ ଦାୟୀ କରି ବହୁ କଳ୍ପନା ଜଳ୍ପନା ଚାଲିଥିଲା । ଅନେକ ସମୟରେ ନକସାଲପନ୍ଥୀ ଯୁବକ ମାନଙ୍କୁ ପୋଲିସ୍ ଥାନାରେ ପିଟିପିଟି ମାରିଦିଆଯାଉଥିବାର ଖବରକାଗଜରେ ବାହାରୁଥିଲା । ଏମିତି ଗୋଟେ ଖବରକାଗଜକୁ ଜଣେ ପାଠକ ତା ଘର ପାଖରେ ଥିବା ପୋଲିସ୍ ଥାନାରେ ଅତ୍ୟାଚାରିତ ଲୋକଙ୍କର ଆର୍ତ୍ତ ଚିତ୍କାରରେ ସେ ରାତିରେ ଶୋଇ ପାରୁ ନ ଥିବାର ଜଣାଇ ଖଣ୍ଡେ ଚିଠି ଲେଖିଥିଲା । କେତେ ଦିନ ହେଲା କଳ୍ପନା ତାର ଘରୁ କିଛି ଖବର ପାଇ ନଥିଲା । ପରେ ଆମେ ଜାଣିବାକୁ ପାଇଲୁ ଯେ ତାର ଜଣେ ଭାଇ ଓ ଜଣେ ପୁତୁରା ନକସାଲ୍‌ବାଦୀକୁ ସମର୍ଥନ କରୁଥିବା ଅଭିଯୋଗରେ ଗିରଫ ହେଇ ତିନି ମାସ ଯାଏଁ ଅଟକ ରହିଥିଲେ ।

ଜଣେ ଜେଲ୍ କର୍ମଚାରୀଙ୍କର ସମ୍ପର୍କୀୟ ମହିଳାଙ୍କ ସହିତ ମୋର ଜେଲ୍ ଜୀବନର ବିଳମ୍ବିତ ପର୍ଯ୍ୟାୟରେ ସାକ୍ଷାତ୍ ହେଇଥିଲା । ସେ ମତେ କହିଲେ ଯେ ସେଇ ଦୁର୍ଦ୍ଦିନରେ ପଶ୍ଚିମବଙ୍ଗର ବୀରଭୂମ୍ ଜିଲ୍ଲାରେ ଥିବା ତାଙ୍କର ଘର ପାଖ ଗାଁ ମାନଙ୍କରେ ରାତିରେ ପୋଲିସ୍ ଯୁବକମାନଙ୍କୁ ନିଦରୁ ଉଠାଇ ଡାକୁଥିଲା ଓ କବାଟ ଖୋଲିଲାକ୍ଷଣି ସେଇଠି ସେମାନଙ୍କୁ ଗୁଳି ମାରିଦଉଥିଲା । ଯେମିତିକି ନକ୍‌ସାଲବାଦୀ ପନ୍ଥାରୁ ଜନତାକୁ ନିବୃତ୍ତ କରିବା ପାଇଁ ଆଇନ୍ ଶୃଙ୍ଖଳାଟା ଏକ ସାମଗ୍ରିକ ଆତଙ୍କରାଜ ପାଲଟି ଯାଇଥିଲା ।

ଜୁଲାଇର ସେଇ ରବିବାର ପରେ, ଜେଲ୍ ଗୋଟେ ନୂଆଁ ରୂପ ଦେଲା । ତିଆରି ସମୟରେ ହଜାରୀବଗ୍ ଜେଲ୍‌ଟା ଗୋଟେ ନୂଆଁ ରୂପ ନେଲା । ତିଆରି ସମୟରେ ହଜାରୀବାଗ୍ ଜେଲ୍‌ଟା ଗୋଟେ ଆଦର୍ଶ ଜେଲ୍‌ର ପ୍ରତୀକ ଥିଲା । ଏବେ, ସବୁ ୱାର୍ଡ଼କୁ ପହରାଦାର ମାନେ ବୁରୁଜ ଉପରୁ ଯେମିତି ପରିଷ୍କାର ଭାବରେ ଦେଖି ପାରିବେ ସେଥିପାଇଁ ମାଳ ମାଳ ଆମ୍ବ, ପିଜୁଳି, ପଣସ ଓ ଆତ ଗଛ ସବୁକୁ ହାଣି ଦିଆଯାଉଥିଲା । ଦିନ ସାରା ଖାଲି କଟା ଗଛ ତଳେ ପଡ଼ିବାର ଶବ୍ଦ ଶୁଣାଯାଉଥିଲା । ଗୋଟିକ ପରେ ଗୋଟିଏ ଗଛ ତଳେ ପଡ଼ିବାର ଦେଖି ଲାଗୁଥିଲା ଯେମିତିକି ଆମ ଚାରିପଟର ସୁରକ୍ଷା ବଳୟ ଅପସରି ଯାଉଛି । ଏବେ ଆମ ଓ ଆମର କର୍ତ୍ତୃପକ୍ଷଙ୍କ ଭିତରେ କେବଳ ଉନ୍ମୁକ୍ତ ଯୁଦ୍ଧକ୍ଷେତ୍ରଟିଏ ପଡ଼ି ରହିଥିଲା । ଆମର କାନ୍ଥ ସେ ପାଖରେ ଥିବା ବଡ଼ ଆମ୍ବ ଗଛ ଦୁଇଟାକୁ କାଟି ଦେଲାକ୍ଷଣି ଆମେ ପାଖରେ ଥିବା ଚୌକି

ବୁରୁଜର ପହରାଦାର ମାନଙ୍କୁ ସ୍ପଷ୍ଟ ଦେଖି ପାରିଲୁ । ଆମ ଠାରୁ ଷାଠିଏ ଗଜ ଦୂରରେ ବର୍ଷା ପବନରେ ସାରାଦିନ ରାଇଫଲ୍ ଧରି ସଦା ପ୍ରସ୍ତୁତ ଭଙ୍ଗୀରେ ସେମାନେ ଛିଡ଼ା ହେଇଥିଲେ । ପୁଣି ଥରେ ଚଢ଼ାଉ ପାଇଁ ସେମାନେ ବାଟ ପରିଷ୍କାର କରୁଥିବା ପରି ଜଣା ପଡୁଥିଲା । ରାତିରେ ଶୋଇଲାବେଳେ ମଧ୍ୟ ଚୌକି ବୁରୁଜର ସାମ୍ନାରେ ଓ ପହରାଦାରର ଲକ୍ଷ୍ୟର ପରିସରରେ ଥିବାର ଜାଣି ଆମେ ନିଜକୁ ଅସୁରକ୍ଷିତ ମନେ କରୁଥିଲୁ ।

ମତେ ନିଜକୁ ଯୁଦ୍ଧବନ୍ଦୀ ପରି ଲାଗୁଥିଲା । ହେଲେ ଏଠିକାର ଘଟଣା ସବୁ ବାହାରେ କାହାକୁ ଜଣାଇବି କେମିତି ? ମୋଠୁ କିଛି ଖବର ନ ପାଇ ମୋ ବାପା ମା' ବ୍ୟସ୍ତ ହେଉଥିବେ । ବିଶେଷତଃ ଏଇ ଗୁଳିକାଣ୍ଡଟି ବିଷୟରେ ବ୍ରିଟିଶ୍ ଖବରକାଗଜରେ ପ୍ରକାଶ ପାଇବା ପରେ ମୋର ସର୍ବକୁଶଳ ଜଣାଇ ତାଙ୍କୁ ଦୁଇ ଧାଡ଼ି ଲେଖିଲି । କହିବା ବାହୁଲ୍ୟ ଯେ କଟକଣା-ନିୟନ୍ତ୍ରଣକାରୀମାନେ ମୋ ଉପରେ ଖୁସି ହେଇଗଲେ । ମୁଁ ସତ ମିଛ ଯୋଡ଼ି ଲେଖିବାକୁ ଘୃଣା କରୁଥିଲି । କିଂତୁ ମୁଁ ଜାଣୁଥିଲି ଯେ ଖାଲି ସେଇ ଉପାୟରେ ହିଁ ମୋ ଘରଲୋକେ ମୋଠୁ କିଛି ଖବର ପାଇ ପାରିବେ ।

ବନ୍ଦୀମାନେ ଭୟଭୀତ ଓ ଆତଙ୍କିତ ହେଇ ଦୈନନ୍ଦିନ କାମ କରୁଥିଲେ । ଆମ ୱାର୍ଡ଼କୁ ଆସୁଥିବା ପ୍ରତ୍ୟେକଙ୍କୁ ୱାର୍ଡ଼ର୍ ତଲାସି ନେଉଥିଲା ଓ ଆମକୁ ସନ୍ଦେହ ଚକ୍ଷୁରେ ଦେଖୁଥିଲା । ନକସାଲବାଦୀ ଛାପ ବାଜିଯାଇ ନିଃସଙ୍ଗ କାରାବାସ ଭୟରେ ସବୁ ଅନ୍ୟାୟ ଅତ୍ୟାଚାର ସତ୍ତ୍ୱେ ଚୁପ୍ ରହିଯିବାକୁ କେତେ ଜଣ ଅନ୍ୟ ସ୍ତ୍ରୀଲୋକ ମାନଙ୍କୁ ସାବଧାନ କରାଇ ଦେଉଥିଲେ । ତଥାପି, ଏସବୁ ମଝିରେ ରୁଖାସୁଖା ଚେହେରାରେ ବୁଢ଼ା ହେଇଯାଇଥିବା ସାଇବୁନ୍ନିସାର ସ୍ୱାମୀ ଅମଳେନ୍ଦୁଙ୍କ ଭଲମନ୍ଦ ବୁଝିବା ପାଇଁ ସାହସ କୁଳେଇ ସେଇ ୱାର୍ଡ଼କୁ ଗଲା । ତେବେ ପ୍ରକୃତରେ ସେଇ ସିକ୍ୟୁରିଟି ବ୍ଲକ୍‌କୁ ପହଞ୍ଚିବା ଆଗରୁ ସେ ଧରା ପଡ଼ିଗଲା ଓ ନକସାଲପନ୍ଥୀ ମାନଙ୍କୁ ସାହାଯ୍ୟ କରୁଥିବାର ଅଭିଯୋଗରେ ତାକୁ ନିଃସଙ୍ଗ କାରାବାସ ଦିଆଗଲା । ତା'ର ପୁଅ ଚିଫ୍ ହେଡ୍ ୱାର୍ଡ଼ରଙ୍କୁ ଦଶ ଟଙ୍କା ଲାଞ୍ଚ ଦେଇ ମୁକୁଳଇବା ଯାଏଁ ସେ ସେଇଠି ଥିଲା । ନିଜକୁ ତା'ର ନିର୍ଯ୍ୟାତନାର କାରଣ ଭାବି ମୋର ବିବେକ ଦଂଶନ କଲା । କିଂତୁ ସେ କିଛି ଭାବୁ ନ ଥିଲା । ପୁଣି ଥରେ ଚେଷ୍ଟା କରିବାର ପ୍ରତିଶ୍ରୁତି ଦେଇ ସେ ମୋ ପାଖକୁ ଖବର ପଠାଇଲା ।

ଭୟଙ୍କର ମୌସୁମୀ ଋତୁଟା ସାରା ପାକିସ୍ଥାନ ସହିତ ଯୁଦ୍ଧ ପାଇଁ ଗୋଟେ ପ୍ରକାର ପ୍ରସ୍ତୁତି ଚାଲିଥିଲା । ଜାତୀୟତା ଭାବ ଉଦ୍ରେକ କରିବା ପାଇଁ ଖବରକାଗଜ

ଗୁଡ଼ା ଅଶାଳୀନ ପ୍ରୟାସ କରୁଥିଲେ । ମାର୍ଚ୍ଚ ମାସରୁ ପୂର୍ବ ପାକିସ୍ଥାନରେ ଗୃହଯୁଦ୍ଧ ଲାଗି ରହିଥିଲା । ଶରଣାର୍ଥୀମାନେ ସୀମାନ୍ତ ପାରି ହେଇ କଲିକତା ଚାରିପଟେ ତମ୍ବୁ ମାନଙ୍କରେ ଭୀତିପ୍ରଦ ଅବସ୍ଥାରେ ରହୁଥିଲେ । ହସ୍ତକ୍ଷେପ ପାଇଁ ଭାରତ ପଥ ପ୍ରସ୍ତୁତି କରୁଥିବାର ଜଣା ପଡୁଥିଲା । ଅଗଷ୍ଟ ମାସରେ ଶାନ୍ତି, ବନ୍ଧୁତା ଓ ସହଯୋଗ ପାଇଁ ଭାରତ-ରୁଷ ସନ୍ଧି ସ୍ୱାକ୍ଷର ହେଲା । ପୂର୍ବ ବଙ୍ଗକୁ ସୈନ୍ୟ ବାହିନୀ ପ୍ରେରଣ କରିବା ପାଇଁ ଭାରତ ସରକାରଙ୍କୁ ଉତ୍ସାହିତ କରିବା ଦିଗରେ ଏକ ଗୁରୁତ୍ୱପୂର୍ଣ୍ଣ ପଦକ୍ଷେପ ବୋଲି ଏହାକୁ ବ୍ୟାଖ୍ୟା କରାଗଲା ।

୧୯୭୧ ଅଗଷ୍ଟ ଶେଷ ବେଳକୁ ସୁପରିଟେଣ୍ଡେଣ୍ଟ୍ ପୁଣିଥରେ ଆକସ୍ମିକ ପରିଦର୍ଶନ କଲେ । ଏଥର ସେ ଜଣେ ପୋଲିସ୍ ଅଫିସର୍ ନେଇକି ଆସିଥିଲେ ଯିଏ କି ଆମର ବାରମ୍ବାର ପଚାରିବା ସତ୍ତ୍ୱେ ମଧ୍ୟ ନିଜର ପରିଚୟ ଦେବାକୁ ରାଜି ନ ଥିଲେ । ସେ ମୋର ନାଁ, ଜାତୀୟତା, ପାସ୍‌ପୋର୍ଟ ନମ୍ବର ଓ କର୍ତ୍ତୃପକ୍ଷଙ୍କ ପାଖରେ ଏ ଯାଏଁ ପଡ଼ି ରହିଥିବା ମୋର ଜିନିଷପତ୍ର ବିଷୟରେ ପୁଙ୍ଖାନୁପୁଙ୍ଖ ଭାବରେ ପଚାରିବା ଆରମ୍ଭ କଲେ । କଲ୍ପନା ମୋ କାନରେ ଫିସ୍‌ଫିସ୍ ହେଇ କହିଲା ଯେ ପୁଣି ଥରେ ଏଇ ଜେରାଜେରାର ସେମିତି କିଛି ବିଶେଷ ଅର୍ଥ ନାହିଁ । ତାର ଏଇ ସାଧାରଣ ଟିପ୍ପଣୀରେ ସୁପରିଟେଣ୍ଡେଣ୍ଟ୍ ଅପ୍ରତ୍ୟାଶିତ ଭାବରେ ରାଗିଗଲେ ଓ କଲ୍ପନାକୁ ପାଖ କୋଠରୀକୁ ଯିବାକୁ ଆଦେଶ ଦେଲେ । ମୁଁ ତାର ପଛେ ପଛେ ଯିବାରୁ ସେ ମତେ ଅଟକାଇ ଦେଲେ ଓ ସେଇଠି ଛିଡ଼ାହେଇ ପୋଲିସ୍ ଅଫିସରଙ୍କ ପ୍ରଶ୍ନର ଉତ୍ତର ଦେବାକୁ ଗର୍ଜନ ଛାଡ଼ି କହିଲେ । ଜେଲ୍‌ରେ ପନ୍ଦର ମାସ ରହଣିରେ ମୁଁ ଜାଣିଥିଲି ଯେ ଜେଲ୍ ପରିସରକୁ ପୋଲିସ୍ କର୍ମଚାରୀ ଆସିବାଟା ନିୟମ ବିରୁଦ୍ଧ । ମୁଁ ଆଉ କଦାପି ତାଙ୍କର କୌଣସି ପ୍ରଶ୍ନର ଉତ୍ତର ନ ଦେବାକୁ ସ୍ଥିର କଲି ।

ମୁଁ ଚୁପ୍‌ଚାପ୍ ବସି ପଡ଼ିଲି ଓ କୌଣସି ଉତ୍ତର ଦେବାକୁ ବା କୌଣସି ବିବୃତିରେ ଦସ୍ତଖତ ଦେବାକୁ ମନା କଲି । ଟିକିଏ ମୁହଁ ଖୋଲିବାରୁ ତାକୁ ତାଲା ପକାଇ ବନ୍ଦ କରି ଯା ଭିତରେ ସୁପରିଟେଣ୍ଡେଣ୍ଟଙ୍କ କଲ୍ପନା ସହିତ ଧସ୍ତାଧସ୍ତି ଚାଲିଥିଲା । ତାପରେ ସେ ମୋ ପାଖକୁ ଆସିଲେ ଓ କହିବା ପାଇଁ 'ବାଧ୍ୟ' କଲେ । ମୁଁ ନୀରବ ରହିଲି । ଶେଷରେ ସେ ମୋର ସବୁ ବହି ପତ୍ର ଓ କାଗଜ କଲମ ନେଇଯିବାକୁ ନିର୍ଦ୍ଦେଶ ଦେଲେ । ମତେ ଆଗ ପରି ଦିନରାତି ତାଲା ବନ୍ଦ କରି ରଖାଯିବ ଓ ଭବିଷ୍ୟତରେ ଲେଖାପଢ଼ା ପାଇଁ କୌଣସି ସୁବିଧା ଯୋଗାଇ ଦିଆଯିବ ନାହିଁ । ପ୍ରଶ୍ନର ଉତ୍ତର ନ ଦେଇ ମୁଁ ଜେଲ୍‌ର ନିୟମ ଭଙ୍ଗ କରି ନ ଥିବାର ହୃଦ୍‌ବୋଧ କରି ମୁଁ ତାଙ୍କୁ ଜଣାଇ ଦେଲି ଯେ ସେପରି ସ୍ଥଳେ ମୁଁ ଅନିର୍ଦ୍ଦିଷ୍ଟ କାଳ ପର୍ଯ୍ୟନ୍ତ ଅନଶନ

ଧର୍ମଘଟରେ ବସିବି । "ଠିକ୍ ଅଛି, କଥା କହିବା ପାଇଁ ଯଦି ତମେ ପାଟି ଖୋଲି ପାରୁନ ତାହେଲେ ଖାଇବା ପାଇଁ ମଧ ପାଟି ଖୋଲି ପାରିବ ନାହିଁ ।" ଏଇୟା କହି ସେ ଚାଲିଗଲେ ।

ସେଦିନ ରାତିରେ ଆମକୁ ପାଣି କିମ୍ବା ତେଲ ଡିବିରିଟାଏ ମଧ ଦିଆଗଲା ନାହିଁ । ତେବେ ଆଶ୍ଚର୍ଯ୍ୟଜନକ ଭାବରେ ତା ପରଦିନ ସକାଳେ ଆମ କୋଠରୀ ଖୋଲି ଦିଆଗଲା । ତଥାପି ଆମର ବହିପତ୍ର ଖବରକାଗଜ ଆଦି ଆମକୁ ଫେରସ୍ତ ନ ମିଳିବା ଯାଏଁ ଆମେ ଅନଶନରେ ବସିବା ପାଇଁ ସ୍ଥିର କଲୁ । ଆମକୁ ଖୋଲା ଛାଡ଼ିବାରେ ଏମିତି ଅସ୍ୱାଭାବିକ ଉଦାରତା ଦେଖି ଆମେ ହଡ଼ବଡ଼େଇ ଗଲୁ । ଅପରାହ୍ନରେ ଆମର ବହିପତ୍ର ସବୁ ଆମକୁ ଫେରାଇ ଦିଆଗଲା ଓ ତା ଉପରେ ଆଉ ବେଶୀ କିଛି କୁହାଗଲା ନାହିଁ ।

ତା' ପରଦିନ ସକାଳୁ ଆମେ ଜାଣିଲୁ ଯେ କର୍ତ୍ତୃପକ୍ଷ କାହିଁକି ଆଉ ପରିସ୍ଥିତିକୁ ଗୁରୁତର କରିବାକୁ ଚାହିଁଲେ ନାହିଁ । ରାତି ପାହିଲା ବେଳକୁ ଗେଟ୍ ବାହାରର ଘଣ୍ଟିଟା ଜୋର୍‌ରେ ବାଜି ଉଠିଲା । କେତେ ମିନିଟ୍ ପରେ କଳ୍ପନାର କୋଠରୀ ବାହାରେ ଥିବା ଜଣେ ମହିଳା ପ୍ରହରୀ ତାକୁ କଲିକତା ବଦଳି ଯିବାକୁ ପ୍ରସ୍ତୁତ ହେବା ପାଇଁ କହିଲା ପରବର୍ତ୍ତୀ ଘଣ୍ଟାଟିଏ ତରତର ହେଇ ସଜବାଜରେ କଟିଗଲା । ଆମେ ଏକାଠି ରଖୁଥିବା ଜିନିଷପତ୍ର ସବୁ ଦୁଇ ଭାଗରେ ଅଲଗା କରି ରଖିଲୁ । ଶେଷ ଥର ପାଇଁ କଳ୍ପନାର ଆକର୍ଷଣୀୟ ଲମ୍ବା ବାଳରେ ବେଣୀ ଗୁନ୍ଥୁଗୁନ୍ଥୁ ପରସ୍ପର ସହିତ ଯୋଗାଯୋଗ ରଖିବା ପାଇଁ ଆମେ ବାଛିଥିବା କୌଶଳ ଗୁଡ଼ିକୁ ଦୁହେଁ ଦୁହିଁଙ୍କୁ ମନେ ପକାଇ ଦେଉଥିଲୁ । ମତେ ଲାଗିଲା ଯେ ଅମଳେନ୍ଦୁଙ୍କୁ ମଧ ଅନ୍ୟତ୍ର ସ୍ଥାନାନ୍ତରିତ କରାଯାଇପାରେ । ତେଣୁ ତାଙ୍କ ସହିତ କଳ୍ପନାର ଦେଖା ହେଇପାରେ ଭାବି ମୁଁ ତା ହାତରେ ଖବରଟିଏ ପଠାଇଲି । ସତକୁ ସତ ସେଦିନ ହିଁ ତାଙ୍କୁ ମଧ କଲିକତାକୁ ସ୍ଥାନାନ୍ତରିତ କରାଗଲା ଏ କଥା ମୁଁ ଦୁଇ ମାସ ଯାଏଁ ଜାଣି ପାରି ନ ଥିଲି ।

ଅନ୍ୟ ବନ୍ଦୀ ମାନଙ୍କୁ ଖୋଲି ଦିଆଗଲା ପରେ ପରେ କଳ୍ପନାକୁ ଡକାଇ ନିଆଗଲା । ଆମେ ସବୁବେଳେ ଜାଣୁଥିଲୁ ଯେ ଆଜି ନ ହେଲେ କାଲି ଆମକୁ ଦୁହିଁଙ୍କୁ ଅଲଗା କରି ଦିଆଯିବ । ତଥାପି ବିଦାୟବେଳାଟା ଅପ୍ରତ୍ୟାଶିତ ମନେହେଲା । ଆମ ୱାର୍ଡ଼ର ଗେଟ୍ ପାଖରେ ତାକୁ ଶୁଭ ବିଦାୟ ଜଣାଇ ମୋ କୋଠରୀକୁ ଫେରି ଆସିଲାବେଳେ ମୁଁ ମୋର ଆଖି ଲୁହକୁ ରୋକିବାକୁ ଚେଷ୍ଟା କରୁଥିଲି । ମତେ କାନ୍ଦିବା ଦେଖି କୋମଳ ହୃଦୟର ଅନ୍ୟ ସ୍ତ୍ରୀଲୋକ ମାନେ ମନଦୁଃଖ କରନ୍ତୁ ବୋଲି ମୁଁ ଚାହୁଁ ନ ଥିଲି ।

ସାଇବୁନ୍ନିସା ଓ ରୋହିଣୀ ଆସି ମୋ ପାଖରେ ବସିଲେ । ମତେ ବୋଧ ଦେଲେ । ମୋର ଦେଖାଶୁଣା କରିବା ପାଇଁ କଥା ଦେଲେ । ସାଇବୁନ୍ନିସା ମୋ ପାଇଁ କିଛି ପିଠା ତିଆରି କରିଦେଲା ଓ ସେଥିରେ ଅଳ୍ପ ଚିନି ଛିଞ୍ଚି ଖାଇବାକୁ ଦେଲା । ମୁଁ ମିଠା ଭଲପାଏ ଜାଣି ସେ ଚିନିତକ ଲୁଚେଇ ରଖିଥିଲା । ତାହା ମୋର ହୃଦୟକୁ ଛୁଇଁଗଲା । ତଥାପି ମୁଁ ଜାଣୁଥିଲି ଯେ ଯା ସତ୍ତ୍ୱେ ମଧ୍ୟ କଳ୍ପନାର ଅଭାବବୋଧ ଅନୁଭବ କରିବି ଯାହାକି ମୁଁ ତାଙ୍କ ପାଖରେ ପ୍ରକାଶ କରିବାଠାରୁ କାହିଁ କେତେ ଗୁଣରେ ଅଧିକ । ଏକତ୍ର ରହଣି ସମୟରେ ଆମେ ପରସ୍ପର ବହୁତ ଘନିଷ୍ଠ ହେଇଯାଇଥିଲୁ । ଏକ ସମ୍ପନ୍ନ ମଧ୍ୟବିତ୍ତ ପରିବାର ଝିଅ କଳ୍ପନା । ନିଜର ନିର୍ଯ୍ୟାତିତ ଦେଶବାସୀଙ୍କ ପ୍ରତି ତାର ସହାନୁଭୂତି ହିଁ ଏକ 'ଉତ୍ତମ' ପାରମ୍ପରିକ ବିବାହ, ସୁଖ ସୁବିଧାପୂର୍ଣ୍ଣ ଘର ଓ ପିଲାଛୁଆର ସାଂସାରିକ ଜୀବନର ସହଜ ମାର୍ଗ ଛାଡ଼ି କଲିକତାର ବସ୍ତି ଅଞ୍ଚଳରେ କାମ କରିବାକୁ କଳ୍ପନାକୁ ପ୍ରବର୍ତ୍ତାଇ ଥିଲା । କ୍ଷୁଧା, ରୋଗ, ହିଂସା ଓ ମୃତ୍ୟୁ ସହିତ ତାର ସଂସ୍ପର୍ଶ ତାକୁ ଆହୁରି ଶକ୍ତ କରିଦେଇଥିଲା । କିଂତୁ ମୁଁ ଅପେକ୍ଷାକୃତ ଭାବରେ ଏକ ସୁସ୍ଥି ଓ ଆରାମଦାୟକ ଜୀବନ କଟେଇଥିଲି । ତେଣୁ ତାକୁ ପାଖରେ ନ ପାଇ ନିଜକୁ ଭାରି ଅସୁରକ୍ଷିତ ମନେ କରୁଥିଲି । ତା'ର ଶକ୍ତ ବାହ୍ୟରୂପ ସତ୍ତ୍ୱେ ମୁଁ ଜଣେ ସହବନ୍ଦୀର କରୁଣ କାହାଣୀ ଶୁଣି ତାକୁ କନ୍ଦିବାର ଦେଖିଥିଲି । ରୋଗୀଣା ସ୍ତ୍ରୀଲୋକଟିଏର ସେବା କରୁ କରୁ ସେ ଖାଇବା ପିଇବା ଓ ମୁଣ୍ଡ ବାନ୍ଧିବା ମଧ୍ୟ ଭୁଲିଯାଉଥିଲା । ଯେତେକ ବାଧାବିଘ୍ନ ଭିତରେ ତାର ହସିବାର ସାମର୍ଥ୍ୟ, ଆମକୁ ଶକ୍ତିହୀନ କରିଦେବାକୁ ଚେଷ୍ଟା କରୁଥିବା ଲୋକଙ୍କୁ ତାଚ୍ଛଲ୍ୟ କରିବାର ସାହସ, ଅନ୍ୟାନ୍ୟ ବିରୁଦ୍ଧରେ ଲଢ଼ିବାର ଇଚ୍ଛା ଓ ଅସୁବିଧାର ପଡ଼ିଥିବା ଲୋକଙ୍କୁ ସାହାଯ୍ୟ କରିବା ପାଇଁ ତାର ସ୍ୱାର୍ଥତ୍ୟାଗ - ସବୁକୁ ମୁଁ ଝୁରି ହେଲି । ତା ପର କେତେ ବର୍ଷ କର୍ତ୍ତୃପକ୍ଷଙ୍କ ସହିତ ମୁକାବିଲା କଲାବେଳେ ମୋର ଶକ୍ତି ବଢ଼ାଇବା ପାଇଁ ସବୁବେଳେ ସେଠି ତାର ଉପସ୍ଥିତି କାମନା କରୁଥିଲି ।

ସେଦିନ ସଂଧ୍ୟାରେ ମୁଁ ପ୍ରକାଶକୁ କାଖେଇ ବଗିଚାରେ ବୁଲୁଥିଲି । ସେଇ ଛୋଟ ପିଲାଟାକୁ କଳ୍ପନା ଭାରି ଭଲ ପାଉଥିଲା । ଭାବୁଥିଲି କଳ୍ପନା ଓ ଅମଲେନ୍ଦୁ ଏବେ କୋଉଠି ଥିବେ । କଲିକତାର ସବୁଠୁ କୁଖ୍ୟାତ ପୋଲିସ୍ ହେଡ୍ କ୍ୱାର୍ଟର ଲାଲବଜାରକୁ ନିଆଯାଇଥିଲେ ତାଙ୍କର ଅବସ୍ଥା କ'ଣ ହେଇଥିବ । କେନ୍ଦ୍ରୀୟ ଚୌକି-ବୁରୁଜ ସେପଟକୁ ହାତ ଦେଖାଇ ପ୍ରକାଶ କହିଲା, "କଳ୍ପନା ମାଉସୀ ସେଠି ଅଛି । ସେ କେବେ ଆସିବ ?" ଇଚ୍ଛା ହେଉଥିଲା, ତା'ର ପ୍ରଶ୍ନର ଉତ୍ତର ଦେଇ ପାରନ୍ତି କି !

୪

ସାଥୀ

ଏବେ ତ ମୋର ପାଖ କୋଠରୀଟା ଖାଲି ପଡ଼ିଥିଲା । ରାତିରେ ମତେ ଖୁବ୍ ଏକୁଟିଆ ଲାଗୁଥିଲା । ଗୋଟେ କି ଦୁଇ ସପ୍ତାହ ପରେ ମୋତେ ଆହା କରୁଥିବା କମ୍ ବୟସର ମହିଳା ୱାର୍ଡ଼ର୍ ଜଣେ, ଲିଓନି ମୋ ସହିତ ବସାଉଠା କରିବାକୁ ଆସିଲା । ତାର ବୟସ ଏଇ ସତର ଅଠର ଆଡ଼େ ହେଇଥିବ । ସେ କେମିତି ଜେଲ୍ ୱାର୍ଡ଼ର୍ ହେଇ ଆସିଲା ବୋଲି ମୁଁ ଆଶ୍ଚର୍ଯ୍ୟ ହେଲି । ସେ ମତେ କହିଲା ଯେ ତାର ସାବତ ବାପାର ମୃତ୍ୟୁ ପରେ, ପ୍ରଥମ ପତ୍ନୀର ପୁଅମାନେ ତାର ମା'କୁ ଓ ପାଞ୍ଚଟି ଛୁଆକୁ ଘରୁ ବାହାର କରି ଦେଲେ । ତାପରେ ଜମିରୁ କାଳେ ଭାଗ ମାଗିବେ ଭାବି ସେମାନେ ଡରିଗଲେ । ଦାରିଦ୍ର୍ୟର ଅନୁଭୂତିକୁ ଲିଓନି ହାଡ଼େ ହାଡ଼େ ମନେ ରଖିଥିଲା । ଘର ନାହିଁ । ମା' ଓ ଛୁଆ ମାନେ ଜଣେ ଚିହ୍ନା ପରିଚିତ ଲୋକର ଅଗଣାରେ ଶୋଇଲେ । ବାସନ କୁସନ ନାହିଁ । ଗୋଟେ ଓଳିପାଇଁ ଜୁଟୁଥିବା ଭାତ ଗଣ୍ଡାକ ପତ୍ରରେ ଖାଇଲେ । ଅଗଣାରେ ଥିବା ଗଛର ପତ୍ରକୁ ସିଝାଇ ଖାଇଲେ । ଶେଷରେ ସେ ଓ ତା'ର ମା' ରୋଡ୍ ପାଇଟି ଖଣ୍ଡେ ଲେଖାଏଁ ପାଇଲେ । ମୁଣ୍ଡ ଉପରେ ତସଲାରେ ଇଟା ଓ ସିମେଣ୍ଟ ବୋହି ଖଟିଲେ । ଭାଗ୍ୟକୁ ସରକାରୀ ଚାକିରୀ ଖଣ୍ଡେ ଜୁଟିଲା । ଯା ଫଳରେ ଅନ୍ତତଃ ସେ ନିୟମିତ ଖାଇବାକୁ ପାଇବା ସହ ତାର ସାନ ଭାଇ ମାନଙ୍କର ପଢ଼ା ପାଇଁ କିଛିଟା ପଇସା ରଖିପାରୁଛି ।

ଜେଲ୍‌ରେ ଆହୁରି ଅନେକ ମହିଳା ୱାର୍ଡ଼ର୍ ମାନଙ୍କ ପରି ସେ ମଧ୍ୟ ଆଦିବାସୀ ସଂପ୍ରଦାୟର ଥିଲା । ଖ୍ରୀଷ୍ଟିଆନ୍ ମିଶନାରୀ ମାନଙ୍କ ଦ୍ୱାରା ତାର ପରିବାର ଧର୍ମାନ୍ତରୀତ ହେଇଥିଲା । କିଂତୁ ଅନ୍ୟ ମାନଙ୍କ ପରି ସେ ଧର୍ମାନ୍ତରୀତ ହେଇ ନ ଥିବା ତାର ସଂପ୍ରଦାୟର ଲୋକଙ୍କୁ 'ଜଙ୍ଗ୍‌ଲୀ' ଓ ଅସଭ୍ୟ ମନେ କରୁ ନ ଥିଲା କିମ୍ବା ୟୁରୋପୀୟ ଚାଲିଚଳନକୁ ଅନୁକରଣ କରୁ ବି ନଥିଲା । ତାକୁ ଆହୁରି ପାଖରୁ ଜାଣିଲା ପରେ,

ତାର ସାହସ ଓ ସିଧା ସଳଖ କହିବାର ସଚ୍ଚୋଟ ପଣିଆ ଦେଖି ମୋର ତା ପ୍ରତି ସ୍ୱାଭାବିକ ସମ୍ମାନବୋଧ ଜାତ ହେଲା । ତାକୁ ବହୁ ଭାବରେ ମୁଁ ଆଦରି ନେଲି । ଅନ୍ୟ ଜେଲ୍ କର୍ମଚାରୀ ଓ ତା ଭିତରେ ଏକ ଲକ୍ଷ୍ୟଣୀୟ ପାର୍ଥକ୍ୟ ହେଲା ଯେ ସେ ବନ୍ଦୀମାନଙ୍କୁ ଅପରାଧୀ ଦୃଷ୍ଟିରେ ଦେଖୁ ନ ଥିଲା ବରଂ ସରକାର ସେମାନଙ୍କୁ ଅନ୍ତତଃ ଖାଇବାକୁ ମୁଠାଏ ଦେଉଥିବାରୁ ସେମାନେ ନିଜକୁ ସୌଭାଗ୍ୟବାନ୍ ମନେ କରିବା କଥା ବୋଲି ସେମାନଙ୍କୁ କହୁଥିଲା । ସେ ଜାଣିଥିଲା ଯେ ଜେଲ୍ ଭିତରକୁ ଆସିବା ପାଇଁ ଜଣକୁ ନିହାତି ଭାବରେ ଅପରାଧୀ ହେବାକୁ ପଡ଼େ ନାହିଁ । ନିଜର ଅଭାବ ଅନଟନର ଦିନ ମନେ ପକାଇ ସେ ତାର ପୁରୁଣା ଲୁଗା ସବୁ ସାଇତି ରଖୁଥିଲା ଓ ଯାର ନିହାତି ଦରକାର ତାକୁ ଆଣି ଦଉଥିଲା । ସେ ବେଶ୍ ଦୟାଳୁ ଥିଲା ଓ ଆମ ସମସ୍ତଙ୍କ ପ୍ରତି ତାର ସାହାଯ୍ୟ ମନୋବୃତ୍ତି ଥିଲା ।

ସେଇ ବର୍ଷ, ହିନ୍ଦୁ ମାନଙ୍କର ସବୁଠୁ ବଡ଼ ପର୍ବ ଦୁର୍ଗାପୂଜାରେ ପୁରୁଷ ବନ୍ଦୀମାନଙ୍କୁ ତାଲା ପକାଇ ସାରିବା ପରେ ମତେ ଅନ୍ୟ ସ୍ତ୍ରୀଲୋକ ମାନଙ୍କ ସହିତ 'ସ୍କୁଲ ଓ ଲାଇବ୍ରେରୀ' କୁହାଯାଉଥିବା ବିଲଡ଼ିଂକୁ ଯିବାକୁ ସୁଯୋଗ ଦିଆଗଲା । ସେଇ କୋଠାରେ ବନ୍ଦୀମାନେ ତିଆରି କରିଥିବା ଦେବୀ ଦୁର୍ଗାଙ୍କ ମୂର୍ତ୍ତିଟିଏ ରଖହେଇଥିଲା । ସେଠି କୋଠାଟିର ନାମକରଣର ଯଥାର୍ଥତା ପାଇଁ ବହି ଖଣ୍ଡେ ବା ସେମିତି ଅନ୍ୟ କିଛି ଯନ୍ତ୍ରପାତି ନ ଥିଲା । ଘୁଙ୍ଗା ଭୂତ ପରି ଭଙ୍ଗା କମ୍ବଳ ଉପରେ କୋଟରାଗତ ଆଖି ଥିବା ମଣିଷ ମାନେ ଚୁପ୍‌ଚାପ୍ ବସିଥିଲେ । 'ଦୁର୍ଗାମାତା'ଙ୍କୁ ଦର୍ଶନ କରିବା ପାଇଁ ବନ୍ଦ କବାଟ ବାହାରେ ଭିଡ଼ ଜମାଇଲୁ । ଆମ ପଛରେ ପର୍ବ ଦିନର ପୋଷାକ ପିନ୍ଧି ଜେଲ୍ କର୍ମଚାରୀ ମାନେ ଆମକୁ ଦେଖା ରେଖା କରିବା ପାଇଁ ଛିଡ଼ାହେଇଥିଲେ । ହଠାତ୍ ସେଇ ଭୀତିପ୍ରଦ ନୀରବତାକୁ ଭାଙ୍ଗି ପ୍ରକାଶର ପଙ୍ଗୁ ମା କହିଲା, "ମା' ଦୁର୍ଗା, ମୋ ପିଲାର ଅଣ୍ଡକୋଷ ଫୁଲି ଯାଇଛି । ତାକୁ ଭଲ କରିଦେ ।" କିରାଣି ମାନେ ତାଚ୍ଛଲ୍ୟର ଦାନ୍ତ ଚିପି ହସିଲେ । ଆମେ ସବୁ ଓଠ ଚପି ଖେଁ ଖେଁ ହେଲୁ । ତାପରେ ଜଣେ ଆସିଷ୍ଟାଣ୍ଟ ଜେଲର୍ କହିଲେ: "କିଏ ସେ? ବିସ୍‌ନି? ମୁଁ ଭଲା ଜାଣିଥାନ୍ତି !" ପ୍ରକୃତରେ ପ୍ରକାଶର ଅଣ୍ଡକୋଷ ଫୁଲିଥିଲା । ତାକୁ ଡାକ୍ତର ଭଲ କରି ପାରିଲାନି । ବଜାରରୁ ଆଣିଥିବା ଗୁଣି ଗାରେଡ଼ିର ଔଷଧ ମଧ୍ୟ କିଛି କାମ ଦେଲା ନାହିଁ । ତେଣୁ ସେ ସିଧା ଦେବୀଙ୍କୁ ନିବେଦନ କରିବା ପାଇଁ ସ୍ଥିର କରିଥିଲା । ଆଶ୍ଚର୍ଯ୍ୟର କଥା ଯେ ଯା ପରେ ପରେ ପ୍ରକାଶ ଭଲ ହେଇଗଲା । ଆମେ ଯେତେବେଳେ ବି ତାର ପ୍ରାର୍ଥନା କଥା ମନ ପକାଇ ହସୁଥିଲୁ, ସେ ଚଟାପଟ୍ ଉତ୍ତର ଦେଉଥିଲା : "ଆଚ୍ଛା ହଉ, ସେଇଟା କାମ ତ ଦେଲା । ଦେଲା ନା ନାଇଁ?"

ପୂଜା ଛୁଟି ପରେ ପରେ ଯାଞ୍ଚ ବ୍ୟବସ୍ଥାରେ ଏକ ପରିବର୍ତ୍ତନ ଅଣାଗଲା । ଜଣେ ନୂଆ ମହିଳା ୱାର୍ଡ଼ରକୁ ନିଯୁକ୍ତି ଦିଆଗଲା । ତାପର ଠାରୁ ଦିନରେ ଦୁଇ ଜଣ ଓ ରାତିରେ ତିନି ଜଣ ଡ୍ୟୁଟିରେ ରହିଲେ । ତା ସହିତ ସବୁଯାକ ଚୌକି-ବୁରୁଜ ଉପରେ ବଡ଼ ବଡ଼ ଲାଇଟ୍ ଖଞ୍ଜା ହେଲା । କିଂତୁ ମୋ ନିକଟସ୍ଥ ଲାଇଟ୍‌ଟି ବର୍ଷେ ଉପରେ ହେବ ଅଚଳ ହେଇ ପଡ଼ିଥିଲା । ରାତିରେ ମୋ ସହିତ କେତେ ଜଣ ବନ୍ଦୀ ଶୋଇଲେ । ତେବେ ମୋର ନିଃସଙ୍ଗତା ଦେଖି ସହାନୁଭୂତି ପୂର୍ବକ ସେମାନେ ସେଇ ବ୍ୟବସ୍ଥା କରି ନ ଥିଲେ । ମୋର ପ୍ରତିଟି କ୍ରୀୟା କଳାପକୁ ନିଘା ରଖି ତାଙ୍କୁ ଜଣାଇବା ପାଇଁ ବନ୍ଦୀମାନଙ୍କୁ ମୋ କୋଠରୀରେ ଶୋଇବାକୁ ଆଦେଶ ଦିଆଯାଇଥିଲା । ଜୁଲାଇ ୨୫ର ଗୁଳିକାଣ୍ଡର ଫଳ ସ୍ୱରୁପ ଏଇ ପରିବର୍ତ୍ତନ କରାଗଲା ।

ଏମିତିରେ ଆମେ ଥିଲୁ ଚାରି ଜଣ । ନଭେମ୍ବରରେ ହଜାରିବାଗ୍‌ର ରାତି ସବୁ କୋଲ ମାରିଗଲା । ମାଟିରୁ ମୋସୁମୀ ବର୍ଷାର ଆର୍ଦ୍ରତା ସେ ସେ ଯାଏଁ ଯାଇ ନଥିଲା । ପାହାନ୍ତି ପହରର କୁହୁଡ଼ି ଆମର ଲୁହା ରେଲିଂ ଦେଇ ଭିତରକୁ ପଶି ଆସୁଥିଲା । ଉଷୁମ ଲାଗିବ ବୋଲି ଆମେ ଲଗାଲଗି ହେଇ ବିଛଣା ପାରୁଥିଲୁ । କ୍ରମଶଃ ବଢ଼ନ୍ତି ସନ୍ଧ୍ୟାଟା ଆମେ କାହାଣୀ କୁହାକୁହି ହେଇ କିମ୍ବା ଗୋଲକଧନ୍ଦା ପଚାରି ପଚାରି ବିତାଇ ଦେଉଥିଲୁ । ମୁଁ ସେଥିରେ ସକ୍ରିୟ ଅଂଶ ଗ୍ରହଣ କରି ପାରୁ ନ ଥିଲି । କାରଣ ସେ ଯାଏଁ ମୁଁ ଆଞ୍ଚଳିକ ହିନ୍ଦୀ ଭଲ କରି କହି ପାରୁ ନ ଥିଲି । ତେବେ ସବୁକଥା ଇଂରାଜୀରେ ବୁଝାଇ ଦେବାକୁ ସେଠି ଆଉ କଳ୍ପନା ନ ଥିବାରୁ ବାଧ ହେଇ ମୋର ଭାଷା ଜ୍ଞାନ ଦ୍ରୁତ ଗତିରେ ବଢ଼ି ଚାଲିଥିଲା ।

ରେଲିଂ ପାଖରେ ବୁଲ୍‌କାନି ଶୋଉଥିଲା । ପତଳା ପୁଣି ଶ୍ୱାସରୋଗିଣୀ ବୁଢ଼ୀଟିଏ । ସେ ଜଣେ ଅବସରପ୍ରାପ୍ତ କୋଇଲା ଖଣି ଶ୍ରମିକ । ସାଧାରଣ ଚୋରୀ ଘଟଣାରେ ତିନି ବର୍ଷ ହେଲା ବିନା ବିଚାରରେ ଜେଲ୍ ଭୋଗୁଥିଲା । ତାକୁ ସବୁବେଳେ ଜ୍ୱର ଜ୍ୱର ଲାଗୁଥିଲା ଓ ତାକୁ ସହଜରେ ଥଣ୍ଡା ଲାଗୁ ନ ଥିଲା । ତେଣୁ ଆମର ଓ ରାତିର କାଲୁଆ ପବନ ମଝିରେ ସେ ପାଚିରୀଟିଏ ପରି ଖୁସିରେ ଶୋଇ ଯାଉଥିଲା । ତା ପାଖରେ ଶୋଉଥିଲା ମୋହିନୀ । ଜମିଜମା ଗଣ୍ଡଗୋଳରେ ମାଡ଼ପିଟ ହେଇ ତାର ମାଆ ମରିଗଲା । ସେଇ ଅଭିଯୋଗରେ ସେ ତା'ର ସ୍ୱାମୀ ଓ ବଡ଼ ପୁଅ ସହିତ ଗିରଫ ହେଇ ଆସିଥିଲା । ଘରେ ଆହୁରି ଚାରିଟା ଛୁଆଙ୍କୁ ସେ ଛାଡ଼ିକି ଆସିଥିଲା । ଅଳ୍ପ ଚାଷ ଜମି ଖଣ୍ଡିକୁ ସେମାନେ କେମିତି ସମ୍ଭାଳି ରଖୁଥିବେ ଭାବି ସେ ଅନେକ ସମୟରେ ବ୍ୟସ୍ତ ହେଉଥିଲା ପର୍ବ ପର୍ବାଣି ବା ଛୁଟିଦିନ ଆମକୁ କିଛି ଭଲମନ୍ଦ ଖାଇବାକୁ ଦିଆଗଲେ ସେ ପିଲାଙ୍କ କଥା ଭାବି କିଛି ଖାଇ ପାରୁ ନ ଥିଲା ଓ

ବସି କରି ଖାଲି କାନ୍ଦୁଥିଲା । ମଝିରେ ମଝିରେ ତାର ଗୋଟେ ପୁଅ ତାକୁ ଦେଖା କରିବାକୁ ଆସେ । ତା ସହିତ ପ୍ରତି ସାକ୍ଷାତରେ ତାଙ୍କର ଋଣଭାର କେମିତି ବଢ଼ି ବଢ଼ି ଚାଲିଛି ଶୁଣି ଘଣ୍ଟା ଘଣ୍ଟା ଧରି କାନ୍ଦେ । ଥରେ ସେ ତାଙ୍କର ଦୁଇଟିଯାକ ବଳଦ ମରି ଯାଇଥିବାର ଖବର ମା'କୁ କହିଲା । ଜମିକୁ ଚଷିବାକୁ ଆଉ କିଛି ମାଧ୍ୟମ ନ ଥିବାରୁ ସେ ଜମିକୁ ବନ୍ଧା ପକାଇ ମା'କୁ ଜମାନତରେ ମୁକୁଳାଇ ନେବାକୁ ଚିନ୍ତା କରୁଥିଲା ।

ମୋ ପାଖରେ ଶୋଉଥିଲା ପାନ୍ନୋ - ସାନ୍ତାଳ ସମ୍ପ୍ରଦାୟର ଜଣେ ବୟସ୍କା ମହିଳା । ଯୁଦ୍ଧ ପଟୁତା ଓ ବିଶେଷ କରି ଅଠର ଶହ ପଚାଶ ଦଶକରେ ବ୍ରିଟିଶ୍ ମାନଙ୍କ ବିରୁଦ୍ଧରେ କରିଥିବା ବିଦ୍ରୋହ ପାଇଁ ଏଇ ସମ୍ପ୍ରଦାୟର ନାଁ ଥିଲା । ରାତିରେ ଶୋଇଥିବା ବେଳେ ତାର ଝିଅକୁ ଭୟଙ୍କର ସ୍ୱପ୍ନ ଦେଖି ସେ ପ୍ରଳାପ କରୁଥିଲା । ହଠାତ୍ ନିଦରୁ ଚମକି ଉଠି ବସି ଗୁଡ଼ାଏ ଏଣୁ ତେଣୁ ବକୁଥିଲା । ତାର ଝିଅର ମୁଣ୍ଡକୁ ପଥର ଉପରେ କଚି ଦେଇ ସେ ମାରି ଦେଇଥିଲା । ବେଳେବେଳେ ସକାଳେ ସେ ମତେ କହେ : "ମତେ ସେଇୟା କରିବାକୁ ପଡ଼ିଲା । ପିଶାଚୀ ମୋର ସବୁ ଇଜ୍ଜତ ସାରିଦେଲା । ମତେ ସେଇୟା କରିବାକୁ ପଡ଼ିଲା ।" ଗାଁ ମୁଖିଆର ପୁଅ ସହିତ ସମ୍ପର୍କରେ ତାର ଝିଅ ଗର୍ଭବତୀ ହେଇଥିଲା ଯିଏ କି ତାକୁ ବାହା ହେବାକୁ ସଫା ମନା କରିଦେଲା । ଗାଁ ଲୋକଙ୍କର ଛି ଛାକରାରେ ସେ ଲଜ୍ଜିତ ଓ ଅପମାନିତ ହେଇ ଝିଅକୁ ବହେ ଛେଚିଲା । ବଂଶ ଉପରେ କଳଙ୍କ ବୋଲିଥିବାରୁ ତା ପାଇଁ ସେଇ ଦଣ୍ଡ ମଧ୍ୟ ଯଥେଷ୍ଟ ହେଲା ନାହିଁ । ଦିନେ ଜାଳେଣି କାଠ ଆଣିବା ପାଇଁ ସେ ତାକୁ ଜଙ୍ଗଲକୁ ନେଇକିଗଲା । ତାପରେ ସେଇଠି ପଛପଟୁ ତାକୁ ଆକ୍ରମଣ କଲା । ବୁଢ଼ୀଟା ସଙ୍ଗେ ସଙ୍ଗେ ପୋଲିସ୍ ପାଖରେ ଆତ୍ମ ସମର୍ପଣ କଲା । ଚାରି ବର୍ଷ ଜେଲ୍ ଭୋଗି ସାରିଲା ପରେ ତାକୁ କୋଡ଼ିଏ ବର୍ଷ ଜେଲ୍ ଦଣ୍ଡ ଆଦେଶ ହେଲା ।

ପାନ୍ନୋକୁ ଦେଖି ସେ ଯେ ଏତେ ପ୍ରଚଣ୍ଡ ଭାବରେ ରାଗି ପାରେ ସେ କଥା ମୁଁ ଭାବି ପାରୁ ନ ଥିଲି । ନିହାତି ଚୁପ୍‌ଚାପ୍ ଓ ଶାନ୍ତ ସ୍ୱଭାବର । ପଦେ କଡ଼ା କଥା କେହି ତାକୁ କହିଦେଲେ ସେ କାନ୍ଦି ପକାଉଥିଲା ଓ ତାର ଜବାବ ମଧ୍ୟ ଦେଇ ପାରୁ ନ ଥିଲା । ଉପବାସରୁ ସଞ୍ଚି ରଖିଥିବା ଟଙ୍କା କେଇଟା ବା ମହିଳା ଓ୍ୱାର୍ଡ଼ର୍ ପାଖରୁ ପାଇଥିବା ପଇସା ଗଣିବାକୁ ସେ କେତେବେଳେ କେମିତି ମୋ ପାଖକୁ ଆସେ । ପ୍ରାୟ ରବିବାର ମାନଙ୍କରେ ସେ ସଞ୍ଚି ରଖିଥିବା ଅଟା ଓ ଗୁଡ଼ ଭେଳାଏ ମତେ ଦେଇ କହେ, "ଝିଅ, ମୋ ପାଇଁ କିଛି ପିଠା କରିଦେ ।"

ପ୍ରତିଶୋଧ ପାଇଁ କିମ୍ବା ପରିବାରର ଇଜ୍ଜତ ରଖିବା ପାଇଁ କରିଥିବା ଏମିତି ଅନେକ ହତ୍ୟା ଘଟଣା ଭିତରେ ପାନ୍ନୋର କାହାଣୀ ମୁଁ ପ୍ରଥମ କରି ଜାଣିଲି । ସେଠି

ଆଇନ୍‌କୁ ଫାଙ୍କି ଖସି ଯିବାର ଉଦ୍ଦେଶ୍ୟ ନ ଥିଲା । ଯେଉଁମାନେ ଏପରି ଭାବରେ ହତ୍ୟା କରୁଥିଲେ ସେମାନେ ଜାଣିଥିଲେ ଯେ ସେମାନଙ୍କୁ କେତେ ବର୍ଷ ଜେଲ୍‌ରେ କଟାଇବାକୁ ପଡ଼ିବ । ତଥାପି ନିଜର କର୍ତ୍ତବ୍ୟ ସମ୍ପାଦନର ଫଳ ସ୍ୱରୂପ ଏହାକୁ ଗ୍ରହଣ କରୁଥିଲେ । ସରକାରଙ୍କ ଦ୍ୱାରା ତାଙ୍କ ଉପରେ ଲଦି ଦିଆଯାଇଥିବା ଆଇନ୍ କାନୁନ୍‌ର ଅର୍ଥ ଗାଁ ଲୋକଙ୍କ ପାଇଁ କିଛି ନ ଥିଲା କହିଲେ ଚଳେ । ମୋର ପାଞ୍ଚ ବର୍ଷର ଜେଲ୍ ରହଣି ଭିତରେ ମୁଁ କୌଣସି ପ୍ରକାର ସୁପରିକଳ୍ପିତ ହତ୍ୟାକାଣ୍ଡ ଦେଖିବାକୁ ପାଇ ନ ଥିଲି ।

ସୀମିତ ପରିସର ଭିତରେ ଧରାବନ୍ଧା ଜୀବନ ଯୋଗୁଁ ପ୍ରତ୍ୟେକଙ୍କୁ ନିଜ ଗାଁଟା ଗୋଟେ "ଦେଶ" ପରି ଲାଗୁଥିଲା । ସେମାନଙ୍କର ଜୀବନାନୁଭୂତି ମଧ୍ୟ ଗାଁ ମୁଣ୍ଡ ଯାଏଁ ସୀମିତ ରହିଥିଲା । ଏଇ ପୃଷ୍ଠଭୂମିରୁ ଆସିଥିବା ମୋର ସହବନ୍ଦୀ ମାନେ ସବୁବେଳେ ଭୂତ, ପ୍ରେତ, ପିଶାଚ, ଡାଆଣୀ, ରାଜା, ରାଣୀ ଓ ଅନ୍ଧ ବିଶ୍ୱାସର ପୃଥିବୀରେ ହିଁ ରହୁଥିଲେ । ସେମାନଙ୍କ ଭିତରୁ ଅଧିକାଂଶ ଖବରକାଗଜ ଆଗରୁ କେବେ ଦେଖି ନ ଥିଲେ । ମୁଁ ଖବରକାଗଜ ପଢ଼ିଲା ବେଳେ କ'ଣ ଲେଖା ହୋଇଛି ଦେଖିବା ପାଇଁ ମୋ ଚାରିପଟେ ଘେରି ବସୁଥିଲେ । ସେଥିରେ ଲେଖା ହୋଇଥିବା ମୁଖ୍ୟ ଖବର ମାନ ଶୁଣିଲା ପରେ ତାଙ୍କ ଭିତରୁ କେହି କେହି ନିଜ ବିଷୟରେ ବା ନିଜ ଗାଁ ବିଷୟରେ ବାହାରିଛି କି ପଚାରୁଥିଲେ । "ସରକାର" ଶବ୍ଦଟା ଜାଣିଥିଲେ ସୁଦ୍ଧା ଦେଶ କିପରି ପରିଚାଳନା ହୁଏ ସେ ବିଷୟରେ ତାଙ୍କୁ କେହି କେବେ ବୁଝାଇ ନ ଥିଲା । ଯାହା ବି ହେଉ ସେମାନେ କିଂତୁ ଶିଖିବାକୁ ବେଶ୍ ଆଗ୍ରହୀ ଥିଲେ ଓ ମତେ ଗୁଡ଼ାଏ ପ୍ରଶ୍ନ ପଚାରୁଥିଲେ : କିରୋସିନି ତେଲ କୋଉଠୁ ଆସେ, କାଗଜ କିପରି ତିଆରି ହୁଏ । ଖବରକାଗଜ କିପରି ଛପା ହୁଏ ଏମିତି ଆହୁରି କେତେ କ'ଣ । ଉତ୍ତର ଗୁଡ଼ିକ ମୁଁ ଜାଣିଥିଲେ ସୁଦ୍ଧା ମୋର ସୀମିତ ହିନ୍ଦୀ ଜ୍ଞାନରେ ସେମାନଙ୍କୁ ବୁଝାଇବା ଭାରି କଷ୍ଟକର ହେଉଥିଲା । ଏବେ ମୁଁ ପାରୁ ପର୍ଯ୍ୟନ୍ତ ଚେଷ୍ଟା କରୁଥିଲି ।

ବଗିଚାରେ ଫୁଲକୋବିକୁ ଗୋଟିପୋକ ଖାଇଗଲେ ମୋହିନୀ କହୁଥିଲା ଯେ ମାସିକ ଋତୁସ୍ରାବ ସମୟରେ ନିଶ୍ଚେ କେହି ଜଣେ ବଗିଚା ଭିତରକୁ ପଶି ଯାଇଛି । ବାରମ୍ବାର ଦେହ ଖରାପ ହେଲେ କାହାର ଅଶୁଭ ଦୃଷ୍ଟି ପଡ଼ିଥିବାର କୁହାଯାଉଥିଲା । କୁଦୃଷ୍ଟିକୁ ଏଡ଼ାଇବା ପାଇଁ କେତେକ ପିଲାମାନଙ୍କ କପାଳରେ କଳା ଚିହ୍ନ ଲଗାଉଥିଲେ ଓ ଅଣ୍ଟାରେ ଔଷଧି-ତେଉଁରିଆ ବାନ୍ଧୁଥିଲେ । ବନ୍ଦୀମାନଙ୍କ ଭିତରୁ ଜଣେ ବୁଢ଼ୀ ସ୍ତ୍ରୀଲୋକଙ୍କୁ ଆକସ୍ମିକ ଭାବରେ ମୃଗୀ ବେମାରୀ ଧରେ । ସେତେବେଳେ ତାର ଆଖିମାନ ଡିମା ଡିମା ହୋଇଯାଏ ଓ ଦେହଟା ବରଡ଼ା ପତ୍ର ପରି ଥରୁଥାଏ ।

ଏଇ କଥାକୁ ନେଇ ବହୁତ ପାଟିଗୋଳ ହେଲା । କେତେ ଜଣ ସ୍ତ୍ରୀଲୋକ ତାକୁ ଡାଆଣୀ କହିଲେ । ସିଏ ତାଙ୍କର ଛୁଆ ମାନଙ୍କୁ ଖାଇଯିବ ଭାବିଲେ । ତା ପାଖରେ କିଏ ଶୋଇବ ସେକଥା ନେଇ ପ୍ରତି ଦିନ ରାତିରେ ଝଗଡ଼ା ହୁଏ । ତାକୁ ଆମ କୋଠରୀରେ କେତେ ରାତି ଶୋଇବାକୁ ଅନୁମତି ଦେବାପାଇଁ ମୁଁ ୱାର୍ଡ଼କୁ ବୁଝାଇଲି । ସେ ଯେ କାହାରି ପାଇଁ ହାନିକାରକ ନୁହେଁ ତାହା ପ୍ରମାଣ କରିବା ମୋର ଉଦ୍ଦେଶ୍ୟ ଥିଲା । ସେଠି ତାପରେ ଯାଇ ଶାନ୍ତି ଫେରିଲା ।

ସମସ୍ତେ ଏକାଠି ବସି ଚିରା ଲୁଗା ସିଲେଇ କରୁଥିଲା ବେଳେ ବା ପିଠଉ ବାଟୁଥିଲା ବେଳେ ମୁଁ ଗାଁ ଗହଳର ଜୀବନ ଧାରା ବିଷୟେ ଶୁଣୁଥାଏ । ମୋ ପାଇଁ ତାହା ଅଶେଷ ଆକର୍ଷଣର ଉତ୍ସ ଥିଲା । ଅଧିକାଂଶ ସ୍ତ୍ରୀଲୋକ ଗରୀବ ଚାଷୀ ଶ୍ରେଣୀର । ନିଜେ ତିଆରି କରିଥିବା ଝାଟିମାଟିର ଚାଳ ଘରେ ସେମାନେ ରହୁଥିଲେ । ଭାରତରେ ଆଇନତଃ ବାଲ୍ୟ ବିବାହ ପ୍ରଥା ନିଷିଦ୍ଧ ହେଇଥିଲେ ହେଁ ସେମାନେ ପ୍ରାୟ ସମସ୍ତେ ବାଲ୍ୟ ବିବାହ କରିଥିଲେ । ବାପା ମା'ଙ୍କ ତରଫରୁ ଜଣେ ତୃତୀୟ ପକ୍ଷ ତାଙ୍କ ପାଇଁ ବର ଠିକଣା କରୁଥିଲେ । ପ୍ରଥମ ମାସିକ ଋତୁସ୍ରାବ ପରେ ପରେ ତାଙ୍କୁ ଶାଶୁ ଘରକୁ ପଠାଇ ଦିଆଯାଉଥିଲା । ବାହାଘର ଦିନ ହିଁ ସେମାନେ ପ୍ରଥମ କରି ତାଙ୍କର ସ୍ୱାମୀ ମାନଙ୍କୁ ଦେଖିଥିଲେ । ସହର ପାଖାପାଖି ରହୁଥିବା ବା ସିନେମା ଦେଖିଥିବା ସ୍ତ୍ରୀଲୋକ କେତେଜଣ ପାଶ୍ଚାତ୍ୟ ଶୈଳୀର ବିବାହ ବିଷୟରେ ଜାଣିଥିଲେ ଯାହାକୁ ସେମାନେ ଇଂରାଜୀ ଉଚ୍ଚାରଣରେ "ଲଭ୍ ମେରେଜ୍" କହୁଥିଲେ । ତେବେ ଏ ପ୍ରକାରର ବିବାହ କେବଳ ଧନୀଲୋକ ଓ ଚିତ୍ରତାରକା ମାନଙ୍କ ପାଇଁ ଏକ ସଂରକ୍ଷିତ ବିଷୟ ବୋଲି ଭାବୁଥିଲେ । କାରଣ ତାଙ୍କ ଦୃଷ୍ଟିରେ ସାମାଜିକ ବାସନ୍ଦରେ ପ୍ରଭାବିତ ନ ହେଇ ପରମ୍ପରାକୁ ଭାଙ୍ଗିବାର ସାହସ ଖାଲି ଏଇ ଲୋକମାନେ ହିଁ କରି ପାରନ୍ତି । ନିଜ ପସନ୍ଦର ପୁରୁଷ ସହିତ ଘରୁ ପଳାଇଥିବା ଝିଅ ମାନଙ୍କୁ କିପରି ମେଣ୍ଢାର ପରିସ୍ରା ପିଇବାକୁ ବାଧ୍ୟ କରାଯାଉଥିଲା, ଗଧ ଉପରେ ବସାଇ ସମସ୍ତଙ୍କ ସାମ୍ନାରେ ଗାଁ ସାରା ବୁଲାଯାଉଥିଲା, ଗାଁ ବାହାରେ କୁଡ଼ିଆ ଖଣ୍ଡିକରେ ଏକୁଟିଆ ରହିବାକୁ ଦିଆଯାଉଥିଲା ଅଥବା ତାଙ୍କ "ଅପରାଧ"ର ପ୍ରାୟଶ୍ଚିତ୍ତ ପାଇଁ ମୁଣ୍ଡ ଲଣ୍ଡା କରିଦିଆଯାଉଥିଲା- ଆହୁରି ଏମିତି ସବୁ ଭୟାନକ କାହାଣୀମାନ ସେମାନେ ମତେ ଶୁଣାଉଥିଲେ । କୌଣସି ସ୍ତ୍ରୀଲୋକ ମର୍ଯ୍ୟାଦା ଲଙ୍ଘନ କଲେ ତାର ପରିବାରକୁ ଗ୍ରାମ ପରିଷଦକୁ କିଛି ଜୋରିମାନା ଦେବାକୁ ପଡ଼େ । ସାମାଜିକ ବାସନ୍ଦକୁ ଏଡ଼ିଦେଲେ ପୁଣି ଜାତିରେ ମିଶିବାକୁ ହେଲେ ଗାଁଟା ସାରା ଲୋକଙ୍କୁ ଭୋଜି ଦେବାକୁ ପଡ଼ିଥାଏ । ସେଇ ଭୋଜିକୁ "ଜାତ୍ ଭାତ୍" ବା ଜାତି ଭୋଜି କୁହାଯାଉଥିଲା ।

ସ୍ୱାମୀ ଜଣକ ଏମିତି ପୂଜନୀୟ ବ୍ୟକ୍ତି ଯେ ଅଧିକାଂଶ ତାର ନାମ ମଧ୍ୟ ଉଚ୍ଚାରଣ କରୁ ନ ଥିଲେ । ଅଫିସ୍ କାରବାରରେ ଫର୍ମ ପୂରଣ କଲାବେଳେ ସ୍ତ୍ରୀ ଲୋକମାନେ ତାଙ୍କ ସ୍ୱାମୀ ମାନଙ୍କର ନାଁ ଧରୁ ନ ଥିବାରୁ କିରାଣୀ ମାନେ ବିରକ୍ତ ହୋଇ ପଡୁଥିଲେ । ବେଳେବେଳେ ଜଣେ ବୟସ୍କା ସ୍ତ୍ରୀଲୋକ କାନରେ ଫିସ୍ ଫିସ୍ ହୋଇ ଶବ୍ଦ କରୁଥିଲେ । ବୟସ୍କା ସ୍ତ୍ରୀଲୋକ ଜଣକ ସେଥିରୁ ନାଁଟା ଅନୁମାନ କରି କିରାଣୀକୁ କହି ଦେଉଥିଲା । ପୁରୁଷମାନଙ୍କ ଉପସ୍ଥିତିରେ ମୁଣ୍ଡରେ ଲୁଗା ନ ଦେବା, ଶ୍ୱଶୁର ଓ ଦେଢ଼ଶୂରଙ୍କ ସହିତ କଥାବାର୍ତ୍ତା ହେବାଟା ଅନ୍ୟାନ୍ୟ 'ପାପ' ପର୍ଯ୍ୟାୟଭୁକ୍ତ ଥିଲା ।

ମୋର ଅନେକ ସହବନ୍ଦୀ ନିତିଦିନ ସ୍ୱାମୀ ହାତରୁ ମାଡ଼ ଖାଉଥିଲେ । ବିରକ୍ତ ଲାଗିଲେ ସୁଦ୍ଧା ତାହା ଯେମିତି ଏକ ସ୍ୱାଭାବିକ ପ୍ରକ୍ରୀୟା ଥିଲା । ତରକାରୀରେ ଲୁଣ ଟିକିଏ ବେଶୀ ପଡ଼ିଯାଇଥିବାରୁ ତା ସ୍ୱାମୀ ତାକୁ ବାଡ଼େଇଥିବା କଥା ଜଣେ କହିଲା । ଆଉ ଜଣେ ଭାତ ଥଣ୍ଡା ହୋଇ ଯାଇଥିବାରୁ ମାଡ଼ ଖାଇଥିଲା । ଯେତେ ଭୋକ ଲାଗିଲେ ସୁଦ୍ଧା ଘରର ପୁରୁଷ ଲୋକ ସବୁ ଖାଇ ନ ସାରିବାଯାଏଁ ସେମାନେ ଖାଇ ପାରୁ ନ ଥିଲେ । ଜଣେ ସ୍ତ୍ରୀଲୋକକୁ ତାର ମାସିକ ଋତୁସ୍ରାବ ସମୟରେ ଆଦୌ ଘର ଭିତରକୁ ପଶିବାକୁ ଦିଆଯାଉ ନ ଥିଲା । ଅପେକ୍ଷାକୃତ ଧନୀ ଲୋକଙ୍କ ଘରେ ସ୍ତ୍ରୀଲୋକମାନଙ୍କୁ ଘର ଓ ତାର ପରିବେଶ ଚାରିପଟେ ବାନ୍ଧି ହୋଇ ରହିବାକୁ ପଡୁଥିଲା । ଗରୀବ ଶ୍ରେଣୀର ସ୍ତ୍ରୀଲୋକ ମାନେ ଏତେଟା ବନ୍ଧନରେ ନ ଥିଲେ । କାରଣ ଚାଷ ଜମି ବା ମୂଲିଆଣୀ କାମ ପାଇଁ ସେମାନଙ୍କୁ ବାହାରକୁ ଯିବାକୁ ପଡୁଥିଲା । ସେମାନଙ୍କର ଭିତରୁ ଅଧିକାଂଶଙ୍କର ଘରେ ସଉତୁଣୀ ଥିଲା । ପ୍ରାୟତଃ ସ୍ୱାମୀର ବଡ଼ ଭାଇର ବିଧବା ସ୍ତ୍ରୀ ହିଁ ସଉତୁଣୀ ହେଉଥିଲା ।

ପାଶ୍ଚାତ୍ୟ ଚାଲିଚଳନ ବିଷୟରେ କିଛି ଜାଣିଥିବା ଲୋକ ଆଉ କେହି ସେଠି ନ ଥିବାରୁ ମୁଁ ନିଜ ଅଜାଣତରେ ମୋର ସହ ବନ୍ଦୀମାନଙ୍କର ଚାଲିଚଳନ ସହିତ ଖାପ ଖୁଆଇ ଶିଖି ନେଉଥିଲି । ୱାର୍ଡ଼ର୍ କିମ୍ବା ପୁରୁଷ ବନ୍ଦୀମାନଙ୍କ ସାମ୍ନାରେ ବଡ଼ ପାଟିରେ କଥାବାର୍ତ୍ତା ନ ହେବାକୁ ମୁଁ ବେଶ୍ ସଚେତନ ଥିଲି । କାରଣ ସେମିତି ହେଲେ ସେମାନେ "ଲଜ୍ଜାହୀନା" କହିବେ । ମାସିକ ଋତୁସ୍ରାବ ସମୟରେ ମୁଁ ବଗିଚା ଭିତରକୁ ଗଲି ନାହିଁ, ନ ହେଲେ ପନିପରିବାରେ ପୋକ ଲାଗିଲେ ସମସ୍ତେ ମୋର ଦୋଷ ଦେବେ । ସେମାନଙ୍କ ପରି ମୁଁ ସୁନ୍ଥାରେ ସିନ୍ଦୁର ଲଗାଇବା ଅଭ୍ୟାସ କଲି । ତାଦ୍ୱାରା ମୁଁ ଅନ୍ୟ ସ୍ୱାମୀ ପାଇଁ ଇଚ୍ଛୁକ ନୁହେଁ, ବୋଲି ସମସ୍ତଙ୍କୁ ଜଣାଇ ଦେଲି ।

ଡିସେମ୍ବର ଆରମ୍ଭରେ ପାକିସ୍ଥାନ ସହିତ ଅବଶ୍ୟମ୍ଭାବୀ ଯୁଦ୍ଧ ଆରମ୍ଭ

ହେଇଗଲା । ମୁଣ୍ଡ ଉପରେ ଉଡ଼ାଜାହାଜ ଉଡ଼ିଲା । ସ୍ତ୍ରୀଲୋକ ଓ ପିଲାଛୁଆମାନେ ଆଶ୍ଚର୍ଯ୍ୟରେ ଦେଖିବାପାଇଁ ଥରକୁ ଥର ବାହାରକୁ ଦୌଡ଼ି ଆସୁଥିଲେ । ଜେଲ୍ ପରିସରକୁ ଆଲୋକିତ କରୁଥିବା ବିଜୁଳି ବତୀ ଚାରିପଟେ ଟିଣର ବେଷ୍ଟନୀ ଦେବା ପାଇଁ ଲୋକ ଆସିଲେ । ରାତିରେ ମାଲବାହୀ ଗାଡ଼ିର ଶବ୍ଦ ମୁଁ ଶୁଣି ପାରୁଥିଲି । ସତର ଦିନ ପରେ ଭାରତ ଯୁଦ୍ଧରେ ଜିତିଲା । ଖବରକାଗଜର ଦେଶହିତୈଷୀ ଲେଖାମାନ “ଶତ୍ରୁ”ର ପରାଜୟରେ ବିଜୟ ଉଲ୍ଲାସରେ ପରିଣତ ହେଲା । ପୂର୍ବ ବଙ୍ଗରେ ଭାରତୀୟ ସୈନ୍ୟ ଅବସ୍ଥାପିତ ହେଲେ ଓ ପାକିସ୍ଥାନୀ ଯୁଦ୍ଧବନ୍ଦୀ ମାନେ ଦୁଇ ବର୍ଷ ଉପରେ ଭାରତରେ ଅଟକ ରହିଲେ ।

ଯୁଦ୍ଧ ଆରମ୍ଭର କେତେ ଦିନ ପରେ ରୋହିଣୀ, ସାଇବୁନ୍ନିସା ଓ ପାନ୍ନୋଙ୍କୁ ଭାଗଲପୁର ଜେଲ୍‌କୁ ସ୍ଥାନାନ୍ତରିତ କରାଗଲା । ମହିଳା କଇଦୀ ମାନଙ୍କ ପାଇଁ ଉଦ୍ଦିଷ୍ଟ ବିହାରରେ ସେଇ ଗୋଟେ ମାତ୍ର ଜେଲ୍ ଥିଲା । ପାଞ୍ଚ ବର୍ଷ ପାଇଁ ଜେଲ୍‌ଦଣ୍ଡ ଦିଆଯାଇଥିବା ଆଉ ଜଣେ ସ୍ତ୍ରୀ ଲୋକ ମଧ୍ୟ ଯିବାର ଥିଲା । କିଂତୁ ତାର ଜଣେ ଚିହ୍ନା ପରିଚିତ ପୁରୁଷ ବନ୍ଦୀ ଥିଲା ଯିଏ କି ଆସିଷ୍ଟାଣ୍ଟ ଜେଲର୍‌ଙ୍କୁ ପଞ୍ଚଷଠି ଟଙ୍କା ଦେଇ ତାର ଘରକୁ ପାଖ ପଡୁଥିବା ସେଇ ହଜାରୀବାଗ୍ ଜେଲ୍‌ରେ ରହିବାକୁ ଅନୁମତି କରାଇନେଲା । ତାର ସେଠି ରହିବାର ଆଉ ଗୋଟିଏ କାରଣ ହେଲା ଯେ ସେ ତାର ଛଅ ବର୍ଷର ଝିଅ ସହିତ ନିଜ ଜାତିର ଜଣେ କଇଦୀର ପୁଅ ସହିତ ବିବାହ ଯୋଗାଡ଼ କରୁଥିଲା ।

ରୋହିଣୀ ଗଲାପରେ ମୁଁ ଅଫିସରେ ଶୁଣିଲି ଯେ ସେ ଜେଲ୍‌କୁ ପ୍ରଥମେ ପଶିଲାବେଳେ ଅଫିସ୍‌ରେ ଜିମା ଦେଇଥିବା ତାର ରୂପା ଚୂଡ଼ି ଓ ହାର ଫେରସ୍ତ ମାଗିଲା । ସେଇଟା ଆଉ ମିଳିଲା ନାହିଁ । ତାକୁ “ପରେ ପଠାଇ ଦିଆଯିବ” ବୋଲି କୁହାଗଲା । ବନ୍ଦୀମାନେ ଜମା ଦେଇଥିବା ଟଙ୍କା ବା ମୂଲ୍ୟବାନ ଜିନିଷ ପତ୍ର ଫେରି ନ ପାଇବାର ଏମିତି ଅନେକ ଘଟଣାରୁ ଏଇଟା ମୋ ପାଇଁ ପ୍ରଥମ ଥିଲା ।

ଯୋଉ ସପ୍ତାହରେ ରୋହିଣୀ ଚାଲିଗଲା ତାର ଶେଷ ଆଡ଼କୁ ମୁଁ ଅପ୍ରତ୍ୟାଶିତ ଭାବରେ ଅମଳେନ୍ଦୁ ପାଖରୁ ଖଣ୍ଡେ ପୋଷ୍ଟକାର୍ଡ଼ ପାଇଲି । ସେ କଲିକତାର ଆଲିପୁର କେନ୍ଦ୍ରୀୟ ଜେଲ୍‌ରେ ଥିଲେ । ମୋର ଚିଠି ତାଙ୍କ ପାଖକୁ କେବେହେଲେ ପହଞ୍ଚିବ ନାହିଁ ଜାଣି ମୁଁ ତାଙ୍କ ପାଖକୁ ଚିଠି ଲେଖୁ ନ ଥିଲି । ମୁଁ ଏଠିକୁ ପ୍ରଥମ କରି ଆସିଲା ବେଳେ ମତେ ଯେଉଁ କିରାଣୀ ଜଣକ ଜଣେ ପୁରୁଷ ବୋଲି ଧରି ନେଇଥିଲା ସେ ହିଁ ପୋଷ୍ଟକାର୍ଡ଼ ଖଣ୍ଡିକ ନେଇକି ଆସିଲା । ମୋ ପ୍ରତି ତାର ଟିକିଏ ଉଦାର ଭାବ ଥିଲା । ଚିଠି ଦେଖି ସେ ମୋରି ପରି ନିଜେ ମଧ୍ୟ ଖୁସି ହେଇଗଲା । କଲିକତାର ଜେଲ୍

ଅବସ୍ଥା ଆଗଠାରୁ ଆହୁରି ଖରାପ ଥିବାରୁ ମୁଁ ତାଙ୍କ ପାଇଁ ବ୍ୟସ୍ତ ହେଉଥିବା କଥା ଅମଳେନ୍ଦୁଙ୍କ ବାପା ଲେଖି ଜଣାଇଥିଲେ । ତାଙ୍କର ଏଇ ଧାଡ଼ି କେଇଟା ମୋର ମାନସିକ ଉଦ୍‌ବେଗକୁ ପ୍ରଶମିତ କରିଦେଲା । କୌଣସି ପ୍ରେମପତ୍ର ଦୃଷ୍ଟିରୁ ସେ ସବୁ ବେଶ୍ ନୀରସ ଥିଲା । ପରବର୍ତ୍ତୀ ସାଢ଼େ ତିନି ବର୍ଷ ଭିତରେ ଅମଳେନ୍ଦୁ ଲେଖିଥିବା ଏମିତି ଅନେକ ଚିଠି ମଧ୍ୟରୁ ମୁଁ ମାତ୍ର ଆଉ ତିନୋଟି ପୋଷ୍ଟକାର୍ଡ଼ ପାଇଥିଲି ।

ରୋହିଣୀ ଓ ସାଇବୁନ୍ନିସା ଚାଲିଯିବାଟା ମତେ ପୁଣିଥରେ ଜେଲ୍ ରହଣି-ସମ୍ପର୍କର କ୍ଷଣସ୍ଥାୟୀତ୍ୱ ସମ୍ପର୍କରେ ସ୍ମରଣ କରାଇ ଦେଲା । କିନ୍ତୁ ସେମାନଙ୍କର ଜାଗାଟା ମୋହିନୀ ପୂରଣ କଲା । ସେ ମୋତେ ମା'ପରି ସ୍ନେହ ଦେଲା, ଥଣ୍ଡା ଚଟାଣଟା ଉପରେ ବସିବାକୁ ବାରଣ କଲା, ମୋ ପାଇଁ ରାନ୍ଧି ଦେଲା ଓ ମୋର ଟିକି ନିଖି ଖବର ବୁଝିଲା । ମୋର ବାଳ କାନ୍ଧ ଯାଏଁ ବଢ଼ି ଯାଇଥିଲା । ଲାଇଫ୍‌ବୟ ସାବୁନରେ ମୁଣ୍ଡ ଧୋଉଥିବାରୁ ବାଳ ସବୁ ଶୁଖିଲା ଓ ଟାଆଁସା ହେଇଯାଇଥିଲା । ଘରେ ମଧ୍ୟ ତାର ଝିଅକୁ ଠିକ୍ ସେଇୟା କରୁଥିବା କଥା କହି ପ୍ରାୟ ରାତିରେ ସେ ମୋ ମୁଣ୍ଡରେ ନଡ଼ିଆ ତେଲ ଘଷି ଘଷି ଲଗାଇ ଦେଉଥିଲା ।

କଳ୍ପନା ଚାଲିଯିବା ପରେ ରନ୍ଧାବଢ଼ାରେ ମୋର ବାକି ତକ ଆଗ୍ରହ ମରିଯାଇଥିଲା । ମୋହିନୀର ହାତରନ୍ଧା ଗାଉଁଲୀ ବିହାରୀ ଖାଦ୍ୟପେୟରେ ମୁଁ ବେଶ୍ ଖୁସି ଥିଲି । ଅଟା ଓ ଲୁଣରେ ପିଠା ତଥା ଡାଲି, ଚାଉଳ ଓ ଆଳୁ ମିଶାଇ ଖେଚୁଡ଼ି ରାନ୍ଧି ଆମେ ଖାଉଥିଲୁ । ଆଶ୍ଚର୍ଯ୍ୟର କଥା ଯେ ଏଇ ଶ୍ୱେତସାର ଜାତୀୟ ଖାଦ୍ୟରେ ମୁଁ ଆଦୌ ମୋଟା ହେଲି ନାହିଁ । ବେଳେବେଳେ ନାଗୋ ପାରା ଧରି ମତେ ସେଥିରୁ ଟିକିଏ ତରକାରୀ ଦଉଥିଲା । ଅଥବା ମହିଳା ୱାର୍ଡ଼ର୍ ମାନଙ୍କ ଭିତରୁ କାହା ପାଖରୁ ଖଣ୍ଡେ ମାଛ ବା ଗାଁରୁ ଆଣିଥିବା କଦଳୀ ବା ଅନ୍ୟ ଜିନିଷରୁ କିଛି ମତେ ମିଳୁଥିଲା । ସବୁଦିନ ସେଇ ଜିନିଷ ଖାଇ ଖାଇ ଚିକିଟା ଲାଗୁଥିଲା । ତେବେ ମୋର ସହବନ୍ଦୀ ମାନେ ଜେଲ୍ ବାହାରେ ଖାଉଥିବା ଜିନିଷରୁ ଏଇ ଟିକିଏ ମାତ୍ର ଭିନ୍ନ ଥିଲା । ଋତୁ ଅନୁଯାୟୀ ସେମାନେ ଖାଉଥିଲେ । ବର୍ଷର ବିଭିନ୍ନ ସମୟ ଅନୁସାରେ ସେମାନେ ଭାତ, ବାଜରା, ମାଣ୍ଡିଆ ଆଦି ଦିନକୁ ଦୁଇ ଓଳି ଖାଉଥିଲେ । ତା ସାଙ୍ଗରେ ଅନ୍ୟ ଯାହା ମିଳୁଥିଲା ସେଇଟା ଅତି ନଗଣ୍ୟ ।

ବିଶେଷ ଆସର ବ୍ୟତୀତ ଅନ୍ୟ ଦିନେ ତାଙ୍କ ଭିତରୁ ଖୁବ୍ କମ୍ ଲୋକ ଚା ପିଇ ପାରୁଥିଲେ । ମୋହିନୀ ଓ ଅନ୍ୟ ମାନଙ୍କ ଦୃଷ୍ଟିରେ ମୁଁ ସକାଳୁ ଦରକାର କରୁଥିବା ଚା' କପଟା ଜଣେ "ଧନୀ ସ୍ତ୍ରୀଲୋକର" ଅଭ୍ୟାସ ଥିଲା । ମୁଁ ଏଥିରେ ଆଶ୍ଚର୍ଯ୍ୟ ହେଲି ! ମୁଁ ସବୁବେଳେ ଭାବୁଥିଲି ଯେ ଭାରତରେ ସବୁଲୋକ ଚା ପିଅନ୍ତି ।

ଅନ୍ୟାନ୍ୟ ଉତ୍ପାଦିତ ଜିନିଷ ପରି ଚା ମଧ୍ୟ ଦେଶର ଗୋଟେ ଦୁଇଟା ଅଞ୍ଚଳରେ ଅଳ୍ପେ ବହୁତେ ହେଇ ଫଳିଥାଏ । ଏମିତି ଅନେକ ଭାରତୀୟ ମାନଙ୍କର ଚା' କପେ ପାଇଁ ସମ୍ବଳ ନ ଥାଏ ବୋଲି ମୁଁ ଜାଣି ନ ଥିଲି । ଆମେ ଏକାଠି ମିଶି ଚା' ପିଇଲାବେଳେ ମୁଁ ସେମାନଙ୍କର ଅଭ୍ୟାସ ବିଗାଡ଼ି ଦଉଛି କହୁଥିଲେ ! ଜେଲ୍‌ରୁ ବାହାରି ଗଲା ପରେ ତ ସେମାନେ ଆଉ ପିଇ ପାରିବେ ନାହିଁ ।

ମୋ'ର ଧ୍ୱଂସଲୀଳା ପରେ ବଗିଚାରେ ପୁଣି ଗଛ ଲଗା ହେଲା । ସବୁ କାମ ବନ୍ଦୀ ମାନେ କରୁଥିଲେ ହେଁ ସେଥିରୁ ଫଳୁ ଥିବା ଜିନିଷ ମାନ ମେଟିନୀ ଓ ମହିଳା ୱାର୍ଡ଼ର୍ ମାନେ ଭାଗ ବଣ୍ଟା କରି ନେଇ ଯାଉଥିଲେ । ଅନେକ ସମୟରେ ମୁଁ ଏଇ ଚଳଣିକୁ ଜାଣି ଶୁଣି ଏଡ଼ାଇ ଯାଉଥିଲି ଓ ନିଜକୁ ତଥା ଅନ୍ୟ ବନ୍ଦୀମାନଙ୍କୁ ଅନ୍ୟ ଜମି ଖଣ୍ଡିକରେ ନିୟୋଜିତ ରଖୁଥିଲି । ନାଗୋ ମତେ ଛୋଟ ଜାଗା ଖଣ୍ଡେ ଦେଖାଇଲା । ମୁଁ ସେଥିରେ ରସୁଣ, ଧନିଆଁ ପତ୍ର ଓ ଟମାଟୋ ଗଛ ଲଗାଇଲି । ଖ୍ରୀଷ୍ଟମାସ୍ ପାଖେଇ ଆସିଲାରୁ ମୁଁ ଟିକିଏ ପାଚିଲା ଟମାଟୋ ତୋଳି ଆଣି ମୋ ଦେହର ଉଷ୍ମତାରେ ପୁରା ପାଚିଯିବ ଭାବି ରାତିରେ କମ୍ବଳ ଭିତରେ ରଖିଲି । ବର୍ଷେ ଉପରେ ହେବ ମୁଁ ଟମାଟୋ ଖାଇ ନ ଥିଲି ଓ ତାର ସ୍ୱାଦ ଟିକକ ପାଇଁ ଅଧିର ହେଇଯାଉଥିଲି । ଦୁଃଖର କଥା ଯେ ମୋର ଏତେ ପରିଶ୍ରମର ଫଳ ସ୍ୱରୂପ ପୁଞ୍ଜାଏ ହେବ ସାଗୁଆ କଞ୍ଚା ଟମାଟୋ ପାଇଲି । ଶୀତ ରାତି ମନ ଲମ୍ବା ଥିଲା ଓ ଥଣ୍ଡା ଯୋଗୁଁ ମତେ ଭାରି ଭୋକ ହେଉଥିଲା । ଖାଲି କଞ୍ଚା ସାଲ୍‌ଗମ କେଇଟା ମତେ ଜଳଖିଆରେ ମିଳୁଥିଲା । ଆଗରୁ ସାଲ୍‌ଗମ ମୁଁ କେବେ ପସନ୍ଦ କରୁ ନ ଥିଲି । କିଂତୁ ଏବେ ମହା ଆନନ୍ଦରେ ତାକୁ ଚୋବାଉଥିଲି ।

ବଗିଚାଟା ମୋ ପାଇଁ ଗୁରୁତ୍ୱପୂର୍ଣ୍ଣ ହେଲା । ତାର ସବୁଜିମା ମତେ ସାନ୍ତ୍ୱନା ଦେଲା । ଶୀତ ଦିନର ଥଣ୍ଡା ପାଗଟା ଖୋଲା ଖୋଲି କହିବାକୁ ସୁହାଉଥିଲା । ମୁଁ ବେଶ୍ ଉତ୍ସାହର ସହିତ ଘାସ ଓପାଡ଼ିଲି ଓ ପାଣିଦେଲି - ପ୍ରାଇମେରୀ ସ୍କୁଲ୍ ପରେ ଏଇଟା ମୋର ପ୍ରଥମ ବଗିଚା କାମ ଥିଲା । ଶେଷରେ ଟମାଟୋତକ ପାଚିଲା । ପିଲାମାନେ ପ୍ରତିଦିନ ତୋଳି ଆଣି ପାଳି ଅନୁସାରେ ସବୁ ବନ୍ଦୀ ମାନଙ୍କ ଭିତରେ ବାଣ୍ଟିଲେ । ସେଇ ଋତୁରେ ଦିନକୁ ଦୁଇ ଓଳି ଖାଇବାକୁ ମିଳୁଥିବା ସାଲ୍‌ଗମ, ମୂଳା ଓ କୋବି ପତ୍ର ସିଝାରୁ ଟମାଟୋ ଚଟଣି ପାଟିକୁ ବେଶ୍ ରୁଚିଲା । ନାଲି ରଙ୍ଗର ବାଲିଆ ମାଟି ବହୁତ ଉର୍ବର ଥିଲା ଓ ଇଂଲଣ୍ଡ ଅପେକ୍ଷା ଯାହା ଲଗେଇଲେ ଅତି ଶିଘ୍ର ବଢ଼ି ଯାଉଥିଲା । କିଂତୁ ଅସଲ ସମସ୍ୟା ହେଲା ପାଣି । ପାଣି ଯଥେଷ୍ଟ ମିଳୁ ନ ଥିଲା ।

ଖ୍ରୀଷ୍ଟମାସ ଦିନ ସକାଳେ ପିଲାମାନଙ୍କ ପାଇଁ ମୁଁ ଚାଉଳରେ ପାଣି ପାଣିଆ କରି

ଖିରି ପରି ତିଆରି କଲି । ଜଣେ ମହିଳା ୱାର୍ଡ଼ରକୁ ତାଙ୍କ ପାଇଁ କିଛି ସିଝା ମିଠା ଜିନିଷ ଆଣିବା ପାଇଁ ମନାଇଲି । ମୋ କୋଠରୀ ଭିତରେ ବସି ସେମାନଙ୍କୁ ତାଙ୍କର ପାର୍ଟି ଉପଭୋଗ କରୁଥିବାର ଦେଖୁ ଦେଖୁ ଇଂଲଣ୍ଡରେ ଭଳିକି ଭଳି ଉପହାର ଓ ମିଷ୍ଟାନ୍ନରେ ପୋତି ହେଇ ପିଲାମାନେ ଖ୍ରୀଷ୍ଟମାସ ପାଳନ କରୁଥିବାର ଦୃଶ୍ୟ ମୋ ଆଖି ଆଗରେ ଭାସିଗଲା । ୟା ଭିତରେ ସେମାନେ ନିଜେ ମୋ ପାଇଁ ଗୋଟେ ଡାକ ଗାଁ ବାଛିଥିଲେ, "ମେରୀ ଗୁଡ୍" । ମୋ ନାଁ ସହିତ ସେମାନେ ଜାଣିଥିବା ଗୋଟିଏ ମାତ୍ର ଇଂରାଜୀ ଶବ୍ଦ ଯୋଡ଼ି ଦେଇଥିଲେ । ପ୍ରକାଶକୁ ମୁଁ ବେଶୀ ଗେଲ କରୁଥିଲି । ବୋଧହୁଏ ଏଥିପାଇଁ ଯେ ଅନ୍ୟମାନଙ୍କ ଅପେକ୍ଷା ତା କଥାଟା ଆହୁରି କରୁଣ ଥିଲା । ତାର ପଙ୍ଗୁ ମା'କୁ ବାପା ଛାଡ଼ି ଦେଇଥିଲା । ଜେଲ୍‌କୁ ଆସିଲାବେଳେ ସେ ମାତ୍ର ଦୁଇ ଦିନର ଛୁଆ ହେଇଥିଲା । ତାର ସ୍ୱାସ୍ଥ୍ୟ ଦେଖି ମୁଁ ବିବ୍ରତ ହେଲି : ପେଟଟା ଅସ୍ୱାଭାବିକ ଭାବରେ ଫୁଲି ରହିଥିଲା । ସବୁବେଳେ ଜ୍ୱର ଲାଗି ରହୁଥିଲେ ହେଁ ଡାକ୍ତର ତାର କାରଣ କିଛି ପାଉ ନ ଥିଲେ । ଟିକିଏ ଖେଳି ଦେଲେ ସେ ଧଇଁ ସଇଁ ହେଇ ପଡୁଥିବାରୁ ଅନ୍ୟ ପିଲାମାନଙ୍କ ସହିତ ଧାଁ ଧଉଡ଼ କରି ଖେଳି କୁଦି ପାରୁ ନ ଥିଲା ।

ସେ ଭାରି ଗୁମ୍‌ସୁମ୍ ସ୍ୱଭାବର ପିଲାଟିଏ । ବ୍ରିଟିଶ୍ ଅଫିସର ହାତରେ ମଗାଇଥିବା ବଙ୍ଗଳାବହି ସବୁକୁ ମୁଁ ବସି ପଢୁଥିଲାବେଳେ ସେ ମୋ ପାଖରେ ଚୁପ୍‌ଚାପ୍ ବସିପଡ଼େ ଓ ଭାରତରେ ପ୍ରକାଶିତ ପୁରୁଣା ରିଡ଼ର ଡାଇଜେଷ୍ଟର ପୃଷ୍ଠାମାନଙ୍କୁ ଓଲଟାଉ ଥାଏ । ଯେମିତିକି ସେ ସତରେ ପଢ଼ା ଭିତରେ ମଜି ଯାଇଛି । ବେଳେବେଳେ ବହି ଭିତରେ ଥିବା ଫଟୋ ସବୁର ମୁଖଭଙ୍ଗୀକୁ ସେ ଅନୁକରଣ କରୁଥିବାର ମୁଁ ଦେଖେ । ସେ ରଙ୍ଗ ଭାରି ଭଲ ପାଉଥିଲା । କେବେ କେବେ କୋଉଠୁ କନା ଖଣ୍ଡେ ଆଣି ସେ ତା ପାଇଁ ସେଥିରେ "ସୂତାରେ ଫୁଲ ଫୁଟାଇଦେବା" ପାଇଁ କହୁଥିଲା । ତାକୁ ମୁଁ ଏତେ ଭଲ ପାଉଥିଲି ଯେ ଅନେକ ସମୟରେ ମୁଁ ତାକୁ ପୋଷ୍ୟ ପୁତ୍ର ରୂପେ ଗ୍ରହଣ କରିବା କଥା ଭାବୁଥିଲି । ମୁଁ କିନ୍ତୁ ଜାଣୁଥିଲି ଯେ ମୋର ନିଜର ଭବିଷ୍ୟତ ଅନିଶ୍ଚିତ ଥିବା ସ୍ଥଳେ ଏପରି ଯୋଜନାର କିଛି ଅର୍ଥ ନାହିଁ । ତା ମା' ଖୁସିରେ ମତେ ତାକୁ ଦେଇଥାନ୍ତା । ଜେଲ୍‌ରେ ସେ ପୁରା ଦୁଇ ବର୍ଷ ରହି ସାରିଥିଲେ ମଧ୍ୟ ପୋଲିସ୍ ତାର ଚାର୍ଜସିଟ୍ ଦାଖଲ କରି ନ ଥିଲା । ପାଞ୍ଚ ବର୍ଷ ପରେ ମୁଁ ଜେଲ୍‌ରୁ ବାହାରି ଆସିଲାବେଳେ ତାର ସ୍ଥିତି ସେମିତି ପୂର୍ବ ପରି ଥିଲା । ପ୍ରକାଶକୁ ସେତେବେଳେ ଛଅ ବର୍ଷ ହେଇଥିଲା ।

ଏକମାତ୍ର ଶିକ୍ଷିତା ମହିଳା ବନ୍ଦୀ ଭାବରେ ମତେ ଅଜସ୍ର ସମ୍ମାନ ମିଳୁଥିଲା ।

ନୂଆଁ ଆସୁଥିବା ବନ୍ଦୀମାନେ ମତେ ଅନେକ ଥର ସୁପରିଟେଣ୍ଡେଣ୍ଟ ବୋଲି ଧରି ନେଉଥିଲେ । ଜଣେ ମୋର ଦରମା କେତେ ପଚାରିଥିଲା । ଦିନେ ଅନ୍ୟ ଜେଲ୍‌ରୁ ସ୍ଥାନାନ୍ତରିତ ହେଇ ଆସିଥିବା ବେଙ୍ଗିଆ ନାମ୍ନୀ ଜଣେ ସ୍ତ୍ରୀଲୋକ ମତେ ତାର ହସ୍ତରେଖା ପଢ଼ିବା ପାଇଁ କହିଲା । କାରଣ ତା ଜାଣିବାରେ କେବଳ ଜ୍ୟୋତିଷମାନେ ହିଁ ବହି ରଖନ୍ତି । ତେଣୁ ସେ ମତେ ଭବିଷ୍ୟତ ଦ୍ରଷ୍ଟା ବୋଲି ଭାବିନେଲା । ସେ କେବଳ ଗୋଟିଏ କଥା ଜାଣିବାକୁ ଚାହୁଁଥିଲା ଯେ ତାର ପ୍ରେମିକ ଯିଏ କି ଗୋଟିଏ ଡକାୟତ ଦଳର ବୋଲି କୁହାଯାଉଥିଲା ତାକୁ ଏବେ ବି ଭଲ ପାଉଛି କି ନା । ତା ଘରେ ଦୁଇଟା ଚୋରୀ ଶାଢ଼ୀ ମିଳିଲା ପରେ ମଧ୍ୟ ବେଙ୍ଗିଆ ତାର ଠିକଣା ପୋଲିସ୍‌କୁ ନ ବତାଇବାରୁ ତାକୁ ଗିରଫ କରି ଅଣାହେଲା । ଆମ ସହିତ ସେ ଖୁବ୍ ଅଳ୍ପ ଦିନ ରହିଲା । ତାକୁ ଧାନବାଦକୁ ଫେରାଇ ନିଆଗଲା ଦିନ ମହିଳା ୱାର୍ଡ଼ ହଲ୍ ଭିତରେ ଜୋର୍ ପାଟି ତୁଣ୍ଡର ଆବାଜ ଶୁଭିଲା । ଘଟଣାଟା କ'ଣ ବୁଝିବାକୁ ଗଲାରୁ ମୁଁ ବେଙ୍ଗିଆକୁ ପ୍ରକାଶର ମା' ସହିତ ଝଗଡ଼ା କରୁଥିବାର ଦେଖିଲି । ତାର ପ୍ରେମିକକୁ ଫେରାଇ ଆଣିବା ସକାଶେ ବେଙ୍ଗିଆ କୁଆଡ଼େ ମନ୍ତ୍ରବିଦ୍ୟା ଜାଣିଥିବା ଜଣେ କଇଦୀକୁ ଦେଇ ଦେବା ପାଇଁ ପ୍ରକାଶର ମା' ହାତରେ ଦୁଇ ଟଙ୍କା ଦେଇଥିଲା । ଯାଦୁମନ୍ତ୍ର କାଟୁ ନ କରିବାରୁ ବେଙ୍ଗିଆ ଯିବା ଆଗରୁ ତାର ଦୁଇ ଟଙ୍କା ଫେରସ୍ତ କରିବା ପାଇଁ କହିଲା । ମନ୍ତ୍ର କାଟୁ କରିବାର ସମୟ ଆଗରୁ ବେଙ୍ଗିଆ ସେଠୁ ଚାଲି ଯିବାଟା ତାର ଦୋଷ ନୁହେଁ ବୋଲି ଛୋଟୀ ସ୍ତ୍ରୀଲୋକ ଜଣକ ରୋକ୍ ଠୋକ୍ ଶୁଣାଇ ଦେଲା । ଶେଷରେ ଗୋଟେ ବୁଝାମଣା ହେଲା, ପଇସା ଫେରସ୍ତ କରାଗଲା ଓ ବେଙ୍ଗିଆ ଗଲା ।

୧୯୭୨ ମସିହା ଆରମ୍ଭରେ ଜଣେ ସାନ୍ତାଳୀ ଯୁବତୀ କାଖରେ ଗୋଟେ ଛୁଆ ଜାକି ଆମ ସହିତ ଯୋଗ ଦେଲା । ଗୋଟେ ହତ୍ୟା ଅଭିଯୋଗରେ ସ୍ୱାମୀ ସ୍ତ୍ରୀ ଉଭୟେ ଗିରଫ ହେଇ ଆସିଥିଲେ । ତା ଆଗ ବର୍ଷ ସେମାନଙ୍କର ଫସଲ କିଛି ହେଇ ନ ଥିଲା । ତେଣୁ ସେଠାକାର ଜଣେ ମହାଜନ ଠାରୁ ସେମାନେ ଟଙ୍କା କରଜ କରିଥିଲେ । ଗାଁରେ ସେଇ ମହାଜନର ଗୁଡ଼ାଏ ଜମିବାଡ଼ି ଥିଲା । ପ୍ରତିମାସ ସାଢ଼େ ବାର ପ୍ରତିଶତ ସୁଧ ହାରରେ ତାର ଦଲାଲ୍ ଆସି କିସ୍ତିକୁ କିସ୍ତି ଟଙ୍କା ନେଇ ଯାଉଥିଲା । ଦିନେ ତାର ସ୍ୱାମୀ ବାହାରକୁ ଯାଇଥିଲା ବେଳେ ସେ ଆସି ପହଞ୍ଚିଲା । ଘରେ ପଇସା ପତ୍ର କିଛି ନ ଥିବାରୁ ସେ ତାକୁ ପରେ ଆସିବାକୁ କହିଲା । କରଜ ସୁଝିବା ବଦଳରେ ସେ ତା ସହିତ ଯୌନ ସମ୍ବନ୍ଧ କଲେ ଯାଇ ଯିବ ବୋଲି ଲୋକଟା ଅଡ଼ି ବସିଲା । ତା'ର ଇଚ୍ଛା ବିରୁଦ୍ଧରେ ତା ଉପରେ ସେ ବଳାତ୍କାର ଉଦ୍ୟମ କଲା ।

ଦୁହେଁ ଧସ୍ତାଧସ୍ତି ହେଉଥିବା ବେଳେ ତାର ସ୍ୱାମୀ ଆସି ଘରେ ପହଞ୍ଚିଲା ଓ ସେଇଠି ମାଡ଼ପିଟରେ ଦଲାଲଟି ନିହତ ହେଲା ।

୧୯୭୨ ମସିହା ଫେବୃଆରୀ ମାସରେ ଡେପୁଟି ହାଇ କମିଶନର ଅଫିସର୍ ଜଣକ ମତେ ପୁଣି ଦେଖା କରିବାକୁ ଆସିଲେ । ପ୍ରାୟ ଚାରି ପାଞ୍ଚ ମାସରେ ଥରେ ଲେଖାଏଁ ସେ ମତେ ଦେଖା କରିବାକୁ ଆସୁଥାନ୍ତି । ଏଥରକ ମୁଁ ମାଗିଥିବା ସୂଚୀ କାମର ସୂତା ସେ ନେଇକି ଆସି ନ ଥିଲେ । ସେଇଟା ସେ ବାଛି ଜାଣି ପାରି ନ ଥିବାର କହିଲେ । ତେବେ ସେ ମୋ ପାଇଁ ଲେଖାଥିବା “H.M. Government Property” ଦୁଇଟା ପେନ୍‌ସିଲ୍ ଓ “ER” ଲେଖାଥିବା ଗୋଟେ ସର୍ଟହେଣ୍ଡ୍ ପେଡ୍ ଆଣିଥିଲେ । ପ୍ରଥମ ଥର ପାଇଁ ଲେଖା ଉପକରଣ ରଖିବା ପାଇଁ ମତେ ଅନୁମତି ମିଳିଲା । ଦୈନିକ ଖବର କାଗଜ ପଢ଼ି ବୁଝିବା ପାଇଁ ଗୋଟେ ହିନ୍ଦୀ ଅଭିଧାନ ଆଣିଦେବା ପାଇଁ ମଧ୍ୟ ମୁଁ ତାଙ୍କୁ କହିଥିଲି । କଲିକତାର ବହି ଦୋକାନ ମାନଙ୍କରେ ତାହା ସହଜରେ ମିଳିବ ବୋଲି ମୁଁ ଜାଣିଥିଲି । ସେ କିଂତୁ ଗୋଟେ ଆଣି ପାରି ନଥିଲେ । କାରଣ ଦେବ ନାଗରୀ ଲିପିରେ ଲେଖାଯାଇଥିବା ହିନ୍ଦୀକୁ ମୁଁ ଶିଖିବା କଥା ସେ କଳ୍ପନା କରି ପାରି ନଥିଲେ ଓ ରୋମାନ୍ ଲିପିରେ ଲେଖି ରଖିବାକୁ ଚାହୁଁଛି ବୋଲି ସେ ଧରି ନେଇଥିଲେ । ଅକ୍ଷର ଶିକ୍ଷାରେ ଭାଷାଟା ଶିଖିଲେ ତାହା ମୋର ବିଶେଷ କାମରେ ଆସିବ ନାହିଁ ଭାବିଲି । ସେଥିରେ ଖବରକାଗଜ ବୁଝିବା ତ ଦୂରର କଥା, କୋଉ ଦୂରାନ୍ତର ରେଳ ଷ୍ଟେସନର ନାଁଟା ମଧ୍ୟ ମୁଁ ପଢ଼ି ପାରି ନ ଥାନ୍ତି । ସମ୍ଭବତଃ ସେମାନେ ଗୋଟିଏ ଦେଶରେ ବେଶୀ ଦିନ ରହୁ ନ ଥିବାରୁ ଭାରତ ବିଷୟରେ ଜାଣିବା ପାଇଁ ସେମାନଙ୍କର ବ୍ୟକ୍ତିଗତ ପ୍ରଚେଷ୍ଟା ନ ଥିଲା ।

ପ୍ରଥମ ଥର ପାଇଁ ମୁଁ ଅଫିସର ଜଣକୁ ମୋ ବାପା ନିୟମିତ ମୋ ପାଇଁ କଲିକତାକୁ ପଠାଉଥିବା ଗୋଟେ ପାଉଣ୍ଡ ସୁପରିଟେଣ୍ଡେଣ୍ଟ୍ ପାଖରେ ଜମା ଦେବା ପାଇଁ କହିଲି । ସେଥିରେ ପ୍ରକାଶର “ଫୁଲ” ପାଇଁ ଇଚ୍ଛା ପୂରଣ କରିବା ନିମନ୍ତେ ସୂଚୀ କାମର ଉପକରଣ କିଣିବା ପାଇଁ ମୁଁ ମନସ୍ଥ କଲି । ମୋର ନିଜର ଲୁଗାପଟା, ବହିପତ୍ର ଓ ଅନ୍ୟାନ୍ୟ ଜିନିଷ ପାଇଁ ମୁଁ ଅମଳେନ୍ଦୁଙ୍କ ଓ ମୋର ପରିବାର ଉପରେ ନିର୍ଭର କରୁଥିବାରୁ ମତେ ଖରାପ ଲାଗୁଥିଲା । ଅନ୍ୟ ସ୍ତ୍ରୀଲୋକଙ୍କୁ ଅନୁକରଣ କରି ମୋର ରସଦ ବିକ୍ରୀ କରି ମୁଁ ପାରୁ ପର୍ଯ୍ୟନ୍ତ “ଆତ୍ମ ନିର୍ଭରଶୀଳ” ହେବାକୁ ଚେଷ୍ଟା କରୁଥିଲି । ତା ମାନେ ନୁହେଁ ମୋ ପରିବାର ବା ବନ୍ଧୁବର୍ଗ ମୋ ପାଇଁ କିଛି ପଠାଇବାରେ କୁଣ୍ଠିତ ହେଉଥିଲେ । କିଂତୁ ମୁଁ ଭାବୁଥିଲି ଯେ ମତେ ବନ୍ଦୀ କରି ରଖିଥିବା ଲୋକମାନେ ମୋର ନ୍ୟୂନତମ ଆବଶ୍ୟକତାକୁ ଅନ୍ୟମାନେ ପୂରଣ କରନ୍ତୁ

ବୋଲି ଆଶା କରିବା ଉଚିତ ନୁହେଁ । ଆଗରୁ ମୋ ବାପା ମା'ଙ୍କ ପାଖକୁ ଛୋଟ ଚିଠି ଖଣ୍ଡିଏ ଲେଖିଥିଲି । ମୁଁ ସମ୍ପୂର୍ଣ୍ଣ ଭଲରେ ଅଛି ଓ ମୋ ପାଇଁ ଆଦୌ ବ୍ୟସ୍ତ ନ ହେବାକୁ ସେମାନଙ୍କୁ ବୁଝାଇଦେବା ପାଇଁ ମୁଁ ବ୍ରିଟିଶ ଅଫିସରଙ୍କୁ କହିଲି । ମୋ ବାପା ଭାରତକୁ ଆସିବାକୁ ଚାହୁଁଥିଲେ । କିଂତୁ ମୁଁ ମନା କଲି । ଏଥିରେ ମୁଁ ନିଜକୁ ଠକି ନ ଥିଲି । କାରଣ ମୁଁ ଜାଣିଥିଲି ଯେ ମତେ ଏପରି ଅବସ୍ଥାରେ ଦେଖିଲେ ସେ ଆହୁରି ବିଚଳିତ ହେଇ ଇଂଲଣ୍ଡ ଫେରିବେ । ତାଙ୍କୁ ଦେଖିଲେ ମତେ ମଧ୍ୟ ଅସ୍ଥିର ଲାଗିବ । ବିଶେଷତଃ ସେ ଏଠାକୁ ଆସିଲେ ସୁଦ୍ଧା ମୋ ପାଇଁ କିଛି କରି ପାରିବେ ନାହିଁ । ଗୋଟେ ଘଣ୍ଟା କି କେତେ ପାଇଁ ମତେ ଦେଖା କରିବାକୁ ତାଙ୍କୁ ଅନୁମତି ମିଳିବ । ତାପରେ ତ ମତେ ଛାଡ଼ି ତାଙ୍କୁ ଯିବାକୁ ପଡ଼ିବ । ସେ ଏପରି ଆସିବା ଦ୍ୱାରା ବରଂ ସମସ୍ୟା ଆହୁରି ବଢ଼ିଯିବ ।

ସେଇ ଶୀତରେ ଦିନେ ଦୁଇ ଜଣ ୱାର୍ଡ଼ର ବୁଢ଼ୀଟିଏକୁ ଆମ ୱାର୍ଡ଼ ଭିତରକୁ ବୋହି ଆଣିଲେ । କହିବାକୁ ଗଲେ ଡାକ୍ତରୀ ସୁବିଧା ନ ଥିବା ଗୋଟେ ଛୋଟିଆ ଜେଲ୍‌ରୁ ତାକୁ ଏଠାକୁ ମରିବାକୁ ପଠା ହେଇଥିଲା । ମୁଁ ଯାହା ଦେଖିଲି ତାକୁ ପତଳା ଝାଡ଼ା ବ୍ୟତୀତ ଅନ୍ୟ କିଛି ବେମାରୀ ହେଇ ନ ଥିଲା । କିଂତୁ ଅନେକ ଦିନ ଧରି ଝାଡ଼ା ହେଉଥିବାରୁ ସେ ଭାରି ଦୁର୍ବଳ ହେଇପଡ଼ିଥିଲା । ଛୋଟୀ ଥିବାରୁ ସେ ଶୀଘ୍ର ପାଇଖାନାକୁ ଯାଇ ପାରୁ ନ ଥିଲା । ପାଇଖାନାକୁ ଯାଉ ଯାଉ ଲୁଗାପଟାରେ ସେ ଝାଡ଼ା କରି ପକାଉଥିଲା ଓ ଦୁର୍ଗନ୍ଧରେ ନାକ ଫାଟି ପଡୁଥିଲା । ତାକୁ ଧୋଇବା ପାଇଁ କେହି ବାହାରିଲେ ନାହିଁ । ମୋର ନିଜର ମଧ୍ୟ ଇଚ୍ଛା ହେଉ ନ ଥିଲା । କିଂତୁ ମୁଁ ଅନୁଭବ କରି ଯେ ସେଇ କାମଟିକୁ କରିବାକୁ ହିଁ ପଡ଼ିବ । ଅବହେଳାରୁ ତାକୁ ମରିବାକୁ ଆମେ ଛାଡ଼ିଦେଇ ପାରି ନଥାନ୍ତୁ । ଡାକ୍ତର ତାକୁ ଔଷଧ ଦେଲେ ସୁଦ୍ଧା ତାର ସେବା ସୁଶ୍ରୁଶାଟା ଆମକୁ କରିବାକୁ ପଡ଼ିଥାନ୍ତା । ସପ୍ତାହେ ଧରି ପ୍ରତିଦିନ ଗୋଟେ ପୁରୁଣା ହାଣ୍ଡିରେ ପାଣି ଗରମ କରି ସେଥିରେ ତାର ମଇଳା ଲୁଗାପଟା କାଚିଲି ଓ ତାକୁ ଗାଧୋଇ ଦେଲି । ଅନେକ ଦିନ ଧରି ମୁଣ୍ଡରେ ପାନିଆଁ ବାଜି ନ ଥିବାରୁ ତା ମୁଣ୍ଡରେ ଉକୁଣି ଜମି ଯାଇଥିଲେ । ତେଣୁ ତା ମୁଣ୍ଡରେ ପାରାଫିନ୍ ଘଷି ଘଷି ସଫା କଲି । ବୁଢ଼ୀଟା ବଞ୍ଚି ଯିବାର ଆଶା ଦେଖି ମୋହିନୀ ଓ ଅନ୍ୟ ସ୍ତ୍ରୀଲୋକମାନେ ମୋ ସହିତ ତାରି ସେବା କାମରେ ଯୋଗ ଦେଲେ । ପନ୍ଦର ଦିନ ଭିତରେ ସେ ପ୍ରାୟ ସୁସ୍ଥ ହେଇଗଲା ଓ କାନରେ ତେଲ ପକାଇବା ପାଇଁ, ପିଠି ଘଷି ଦେବା ପାଇଁ ଓ ମୁଁ ବଗିଚାରେ ପାଇଥିବା ଦନ୍ତୁଡ଼ା ବ୍ଲେଡ୍‌ଟାରେ ତାର ନଖ କଟାଇବା ପାଇଁ ସେ ମୋ କୋଠରୀକୁ କୌଣସି ମତେ ଆସି ପାରିଲା । ମାସେ ପରେ ସେ ପୁରା ସୁସ୍ଥ ହେଇଗଲା

ଓ ମୋଟା ସୋଟା ହେଇ ବେଶ୍ ଖୁସି ବାସିଆ ଦେଖାଗଲା । ତାକୁ ସେମିତି ଦେଖି ସବୁ ଚେଷ୍ଟା ସାର୍ଥକ ହେଇଛି ଲାଗିଲା । ସେଠୁ ସେ ଯିବା ପର୍ଯ୍ୟନ୍ତ ପ୍ରଥମେ ମତେ ଡାକି ନ ଖୁଆଇବା ପର୍ଯ୍ୟନ୍ତ ସେ କୌଣସି ଜିନିଷ ଖାଉ ନ ଥିଲା । ସେ ମତେ "whitey"ର ଅନୁରୂପ ଆଞ୍ଚଳିକ ଶବ୍ଦରେ ଡାକୁଥିବାର ଦେଖି ଅନ୍ୟ ବନ୍ଦୀମାନେ ହସୁଥିଲେ ।

ଏଇ ସମୟରେ ହିଁ କେତୋଟି ପ୍ରାଥମିକ ଔଷଧ-ଚିକିତ୍ସା ଶିଖିବାରେ ମୁଁ ମୋର ଜେଲ-ରହଣିର ସମୟଟା ବିନିଯୋଗ କରିବା ପାଇଁ ଆଗ୍ରହୀ ହେଲି ଯାହା କି ଯୋଉଠିକି ଗଲେ ମଧ୍ୟ କାମରେ ଆସିବ । ଯୋଜନା କରିବା ଯେତେ ସହଜ କାମରେ କରିବା ସେତେ ସହଜ ନୁହେଁ । ଚିକିତ୍ସା ବିଜ୍ଞାନର ବହି ପାଇବାଟା ଗୋଟେ ପ୍ରକାର ଅସମ୍ଭବ ଦେଖାଗଲା । ପରେ ଲଣ୍ଡନରେ ଥିବା ମୋର ଜଣେ ବନ୍ଧୁ ରୁଥ୍ ଫୋଷ୍ଟର୍ ପୁରା ଗୋଟେ ବର୍ଷ ଧରି ଚେଷ୍ଟା ଚଳାଇବା ପରେ ମୁଁ ଖଣ୍ଡେ ବହି ପାଇଲି । ତେବେ ମୁଁ ସାମ୍ନା କରୁଥିବା ପରିସ୍ଥିତି ଓ ରୋଗ ବାଗ ପ୍ରତି ସେହି ବହିଟି ପ୍ରଯୁଜ୍ୟ ନ ଥିଲା । ମନ ଭିତରକୁ ଏମିତି ଯୋଜନା ଆସିଲା ପରେ ଲାଇବ୍ରେରୀ ଓ ବହି ଦୋକାନକୁ ଯାଇ ନ ପାରିବାର ଅସହାୟତାକୁ ମୁଁ ବେଶୀ ଅନୁଭବ କଲି । ଜେଲ୍‌ରେ ପଢ଼ାପଢ଼ି ପାଇଁ କିଛି ଭାବିବା ଅର୍ଥ ବାରମ୍ବାର ଅନୁରୋଧ ଓ ବିଳମ୍ବର ଏକ ବିରକ୍ତିକର ନିରନ୍ତର ପ୍ରଚେଷ୍ଟାକୁ ହିଁ ବୁଝାଉଥିଲା ।

The Times ପ୍ରାୟ ସପ୍ତାହେ ଡେରିରେ ଅନିୟମିତ ଭାବରେ ଆସୁଥିଲେ ହେଁ ମତେ ମାନସିକ ସ୍ତରରେ ବଞ୍ଚେଇ ରଖୁଥିଲା । ଅନ୍ତତଃ ପୃଥିବୀର ମୁଖ୍ୟ ଘଟଣା ବିଷୟରେ ମୁଁ ଅବଗତ ହେଇ ପାରୁଥିଲି । ସେଇ ବର୍ଷ ବସନ୍ତ ଋତୁରେ ଭିଏତ୍‌ନାମ୍‌ରେ ଉଠିଥିବା ଜାତୀୟ ମୁକ୍ତି ସାମ୍ମୁଖ୍ୟ ଦ୍ୱାରା ମୁଁ ବେଶ୍ ପ୍ରଭାବିତ ହେଲି । ଗୋଟିଏ ନ୍ୟାୟୋଚିତ ପ୍ରସଙ୍ଗ ବିଜୟ ପଥରେ ଅଗ୍ରସର ବୋଲି ଜାଣିବାକୁ ଏହା ମୋର ସ୍ଫୁର୍ତ୍ତି ଭିତରେ ଏକ ଅଫୁରନ୍ତ ଉଚ୍ଛାଟ ଆଣି ଦେଲା । ବେଳେବେଳେ ଭାରତୀୟ ସମ୍ବାଦପତ୍ର ମଧ୍ୟ ଗୁରୁତ୍ୱପୂର୍ଣ୍ଣ ବିଷୟ ପରିବେଷଣ କରୁଥିଲେ । କଲିକତା ସହରରେ ପନ୍ଦର ମାସ ଭିତରେ ପୋଲିସ ଗୁଳିରେ ୧୯୯ ଜଣ ଲୋକ ପ୍ରାଣ ହରାଇଥିଲେ । ଭାଗଲପୁର ଜେଲ୍‌ରେ ଗୋଟେ ଘଟଣାରେ ଦଶ ଜଣ ଛାତ୍ରଙ୍କୁ ଗୁଳି କରି ମାରି ଦିଆଗଲା ଓ ୧୬୦ ଜଣ ଆହତ ହୋଇଥିଲେ । ଏତିକିବେଳେ ମାର୍ଚ୍ଚ ମାସରେ ଦେଇଥିବା ନିର୍ବାଚନରେ କଂଗ୍ରେସ ଦଳ ତାର ଏକକ ବିଜୟର ଘୋଷଣା କରୁଥିଲା । ମୁଁ ସେଥିରେ ବିଶେଷ ଖୁସି ନ ଥିଲି । ମହିଳା ପ୍ରହରୀ ଭିତରୁ ଜଣେ ମତେ କହିଲା ଯେ କଂଗ୍ରେସକୁ ଭୋଟ ଦେବା ପାଇଁ ତାର ସ୍ୱାମୀ ପନ୍ଦର ଟଙ୍କା ପାଇଥିଲା । ପ୍ରଚଣ୍ଡ ଖରା ଓ

ଗରମ ଝାଞ୍ଜି ପବନରେ ଆମର କାନ୍ଥ ମରାମତି କରୁଥିବା ଶ୍ରମିକ ମାନେ ଦିନକୁ ଦୁଇ ଟଙ୍କା ମଜୁରୀ ପାଉଥିଲେ । ଟିକସ ଫାଙ୍କିକୁ ରୋକିବା ପାଇଁ ସେଇ ଏପ୍ରିଲ୍‌ରେ କଂଗ୍ରେସ ବଜେଟ ଉଚ୍ଚ ବର୍ଗର ଆୟକାରୀ ମାନଙ୍କ ପାଇଁ ଆୟକରରେ ରିହାତି ଘୋଷଣା କଲା । ତା ସହିତ, ବିଦ୍ୟୁତ ସରବରାହ ବ୍ୟବସ୍ଥା ନ ଥିବା ଅଧିକାଂଶ ଭାରତୀୟ ଗାଁ ମାନଙ୍କରେ ଏକ ଅତ୍ୟାବଶ୍ୟକୀୟ ସାମଗ୍ରୀ ଭାବରେ ବ୍ୟବହୃତ କିରୋସିନିର ମୂଲ୍ୟ ବୃଦ୍ଧି ପାଇଁ ପୂର୍ବ ବଙ୍ଗରୁ କ୍ରମାଗତ ଭାବରେ ଆସୁଥିବା ଶରଣାର୍ଥୀ ସ୍ରୋତକୁ କାରଣ ରୂପେ ଦର୍ଶାଗଲା ।

କଳ୍ପନା ଓ ଅମଳେନ୍ଦୁ ଚାଲି ଯିବା ପରେ, ଜେଲ୍‌ର ପରିସ୍ଥିତି ଦେଖି ହଜାରୀବାଗ୍ ଜେଲ୍‌ର ଅନ୍ୟ ନକସଲ୍‌ପନ୍ଥୀ ବନ୍ଦୀମାନେ ପାରୁ ପର୍ଯ୍ୟନ୍ତ ମୋ ସହିତ ଯୋଗାଯୋଗ ରଖିବାର ଦାୟିତ୍ୱ ନେଲେ । ଏକୁଟିଆ ରହି ମୁଁ କାଳେ ଉଦାସ ହେଇଯିବି ଭାବି ସେମାନେ ବ୍ୟସ୍ତ ହେଉଥିଲେ । ମଝିରେ ମଝିରେ ମୁଁ ସେମାନଙ୍କ ଠାରୁ ଚୋରାରେ କିଛି କିଛି ଖବର ପାଉଥିଲି । ପ୍ରହରୀମାନେ ମୋର କାର୍ଯ୍ୟକଳାପ ବିଷୟରେ ସେମାନଙ୍କୁ ଜଣାଉଥିବା କଥା ମୁଁ ସେତେବେଳେ ଜାଣି ନ ଥିଲି । ଦିନେ ମୁଁ ଆଶ୍ଚର୍ଯ୍ୟଜନକ ଭାବରେ ସେମାନଙ୍କ ଠାରୁ ଗୋଟେ ଚିଠି ପାଇଲି । ତାଙ୍କର ଦେଶ ଓ ଭାରତୀୟ ଲୋକ ମାନଙ୍କ ପ୍ରତି ମୋର ଶ୍ରଦ୍ଧାରେ ସେମାନେ ଖୁବ୍ ପ୍ରୀତ ବୋଲି ଲେଖିଥିଲେ । ଫିମେଲ୍ ୱାର୍ଡ଼ର୍ କାନ୍ଥ ବାହାରେ ଲୋକଙ୍କ ଦୃଷ୍ଟିରେ ମୁଁ କ'ଣ ତାହା ମୁଁ ଜାଣି ନ ଥିଲି । ଏଇ ଚିଠିଟା ମୋର ପ୍ରଚେଷ୍ଟାରେ ଉନ୍ନତି ଆଣିବା ପାଇଁ ମତେ ଉତ୍ସାହିତ କଲା ।

୧୯୭୧ର ଶରତରେ ସୂତ୍ରପାତ ହେଇଥିବା ନକସାଲ୍‌ବାଦୀ ଆନ୍ଦୋଳନରେ ସୃଷ୍ଟି ହେଇଥିବା ଫାଟ ବିଷୟରେ ଆମର କଟକଣାକାରୀ ମାନେ କିଛି ଲୁଚାଇଲେ ନାହିଁ । ପ୍ରଥମେ ମୁଁ ସହଜରେ ବିଶ୍ୱାସ କଲି ନାହିଁ । କିଂତୁ ଗୋପନରେ ଆସୁଥିବା ଚିଠି ପତ୍ରରୁ ୧୯୭୦ ପରଠାରୁ ଆନ୍ଦୋଳନ ସାମ୍ନା କରି ଆସୁଥିବା ବିଭିନ୍ନ ଘାତ ପ୍ରତିଘାତକୁ ଭିତ୍ତିକରି ଗୁରୁତ୍ୱପୂର୍ଣ୍ଣ ତାତ୍ତ୍ୱିକ ଆଲୋଚନା କରାଯାଉଥିବାର ନିଶ୍ଚିତ ହେଲି । ବିଭିନ୍ନ ଦିଗରୁ କରାଯାଉଥିବା ଏହି ବିଚାର ଆଲୋଚନା ସରିବାକୁ ବେଶ୍ ସମୟ ଲାଗିବ । ତେବେ ଯା ଭିତରେ ବିଭିନ୍ନ ଦଳ ଦେଶର ବିଭିନ୍ନ ଜାଗାରେ ସ୍ୱତନ୍ତ୍ର ଭାବରେ ନିଜର କ୍ରୀୟା କଳାପ ଜାରି ରଖିଥିଲେ ।

ଦିନେ ସକାଳେ ଆମର ପାଇଖାନା ସଫା କରୁଥିବା କଇଦୀ ଜଣକ କହିଲା ଯେ ଆମର ଜଣେ ସହ-ପ୍ରତିବାଦୀକୁ ଯକ୍ଷ୍ମା ରୋଗ ଧରିଛି । ଆଉ ଥରେ ସେଇ ଲୋକଟା ନିଜେ ମନ୍ତ୍ରବିଦ୍ୟା ଜାଣିଥିବାର କହିଥିଲା । ଯେଉଁ ମାଜିଷ୍ଟ୍ରେଟ୍ ପାଖରେ

ମୋର କେସ୍ ପଡ଼ିଛି ତାଙ୍କର ନାମ ଓ ଠିକଣା ତାକୁ ଦେଇଦେଲେ ସେ କୁଆଡ଼େ ମନ୍ତ୍ରବିଦ୍ୟାରେ ମୋର ଜମାନତ୍ କରି ମୁକୁଳାଇ ଦେବ । ମୁଁ ଥଟ୍ଟାରେ ଅନ୍ୟ ସ୍ତ୍ରୀଲୋକ ମାନଙ୍କୁ ଏ କଥା କହି ଦେଲାରୁ ସେମାନେ ସତରେ ପରୀକ୍ଷା କରିବା ପାଇଁ ମତେ ବାରମ୍ବାର କହିଲେ । ମନ୍ତ୍ର ବିଦ୍ୟା ଦ୍ୱାରା କେତେ ଲୋକ କେମିତି ଜେଲ୍‌ରୁ ଖଲାସ ହେଇଛନ୍ତି ତାର ଗୋଟେ ଲମ୍ବା ତାଲିକା ସେମାନେ ମୋ ପାଖରେ ବଖାଣି ଗଲେ । ହତ୍ୟା ଅଭିଯୋଗରେ ଅଭିଯୁକ୍ତ ଜଣେ କଇଦୀ ବିଚାରପତିଙ୍କ ଆଖିରେ ତା ଆଖି ମିଶାଇ ଏମିତି ଚାହିଁଲା ଯେ ବିଚାରପତି କୁଆଡ଼େ ତାକୁ ଖଲାସ କରିବାକୁ ବାଧ୍ୟ ହେଇଗଲେ ।

ସାଧାରଣତଃ ପୁରୁଷ ବନ୍ଦୀ ମାନଙ୍କ ସହିତ ଆମେ ଖୁବ୍ କମ୍ ଦେଖା ସାକ୍ଷାତ କରି ପାରୁଥିଲୁ । ଦିନେ ଦିନେ ରାତିରେ ଆମ କାନ୍ଥ ବାହାରକୁ ଲାଗିଥିବା ତାଙ୍କ ହଲ୍ ଭିତରେ ସେମାନେ ଗୀତ ଗାଉଥିବାର ଶୁଣୁଥିଲୁ । କେବେକେବେ ପୁରା ଚବିଶ ଘଣ୍ଟା ଧରି ସେମାନେ ଭକ୍ତିମୂଳକ ଗୀତ ଗାଉଥିଲେ । ତା ସହିତ ଗିଲ୍‌ଟି ତାଟିଆରେ ବାଜା ବଜାଉଥିଲେ । ଉନ୍ମାଦଗ୍ରସ୍ତ ପରି ସୁର ଓ ତାଙ୍କର ଶୀର୍ଷ ବିନ୍ଦୁରେ ପହଞ୍ଚିବା ଯାଏଁ ସେମାନେ ବଡ଼ ପାଟିରେ ଗାଇ ଚାଲିଥିଲେ । ଲିଓନି ମତେ କହିଲା ଯେ "ଅସ୍ପୃଶ୍ୟ" ଜାତିର ପୁରୁଷ ବନ୍ଦୀମାନେ ନାଚିବା ସହିତ ମାଇକିନା ବେଶରେ ଅଭିନୟ କରୁଥିଲେ । ଗୀତ ନାଚ ବା ଅଭିନୟ କରିବାକୁ ଚାହୁଁଥିବା ବନ୍ଦୀମାନଙ୍କୁ ଗୋଟେ ରାତି ତାଙ୍କୁ ହଲ୍ ଭିତରେ ତାଲା ପକାଇ ରଖିବା ପାଇଁ ୱାର୍ଡ଼ରକୁ କିଛି ପଇସା ଦେବାକୁ ପଡୁଥିଲା । ବାହାରେ ମଧ୍ୟ, ପଥପ୍ରାନ୍ତରେ ମନୋରଞ୍ଜନ ପ୍ରଦର୍ଶନ କରୁଥିବା ଲୋକମାନେ ସାଧାରଣତଃ ଏହି ଜାତିର ଥିଲେ ।

ଜରୁରୀ କାମରେ ଆମ ୱାର୍ଡ଼ ଭିତରକୁ ଯେଉଁ ଅଳ୍ପ କେତେ ଜଣ ପୁରୁଷ ବନ୍ଦୀ ମାନେ ଆସୁଥିଲେ ତାଙ୍କ ସହିତ ସାଧାରଣ ଦୁଇ ଚାରି ପଦ କଥାରୁ ଅଧିକ କିଛି କଥାବାର୍ତ୍ତା କରିବାର ସୁଯୋଗ ମୁଁ ପାଇ ନଥିଲି । କାରଣ ପ୍ରହରୀ ମାନେ କଡ଼ା ନଜର ରଖିଥିଲେ । ସେଇ ଲୋକମାନଙ୍କର ପତଳା ଶରୀର ଓ କ୍ଳାନ୍ତ ଶ୍ରାନ୍ତ ମୁହଁ ଦେଖିଲେ ଜଣା ପଡୁଥିଲା ଯେ କର୍ତ୍ତୃପକ୍ଷଙ୍କ ପାଖଲୋକ କେତେ ଜଣଙ୍କୁ ଛାଡ଼ି ଦେଲେ ସେମାନେ ଆମ ଅପେକ୍ଷା ଆହୁରି କଠିଣ ପରିସ୍ଥିତିର ସମ୍ମୁଖୀନ ହେଉଛନ୍ତି । ମୁଁ ସେମାନଙ୍କ ତାଙ୍କର ମାମଲା, ପରିବାର ଓ ଜେଲ୍‌ରେ ରହଣି ବିଷୟରେ ପଚାରିବାକୁ ଚାହୁଁଥିଲି । କିଂତୁ ସେଇ ପରିସ୍ଥିତିରେ ତାହା ସମ୍ଭବ ନ ଥିଲା ।

ବ୍ରିଟେନ୍‌ରୁ ଆସୁଥିବା ଚିଠିରୁ ମୋର ମା' ଗୁରୁତର ଭାବରେ ଅସୁସ୍ଥ ଥିବାର ଜାଣିଲି । ଗୋଟେ ବଡ଼ ରକମର ହାର୍ଟ ଅପରେସନ ପାଇଁ ତାଙ୍କୁ ହସପିଟାଲ୍ ନେବା

କଥା ମୋ ବାପା ଚିଠିରେ ଲେଖିଥିଲେ । ଦିନ ସାରା କାମ ଲାଗି ରହୁଥିବାରୁ ଓ କ୍ୱଚିତ୍ ଏକାକୀ ରହି ପାରୁ ନ ଥିବାରୁ ମୁଁ ତାଙ୍କ ପାଇଁ କିଛି କରି ନ ପାରିବାର ଅସାମର୍ଥ୍ୟ ଜନିତ ଦୁଃଶ୍ଚିନ୍ତା କରି ପାରୁ ନ ଥିଲି । କିଂତୁ ରାତିମାନ ଅଦ୍ଭୁତ ସ୍ୱପ୍ନ ଓ କଳ୍ପନାରେ ଭରିଗଲା । ସେଥିରେ ଭାରତ ଓ ଇଂଲଣ୍ଡ ଓତଃପ୍ରୋତଃ ହେଇ ମିଶି ରହିଥିଲେ । ଏସେକ୍ସ୍‌ରେ ଥିବା ଆମ ଘରର ଡାଇନିଂ ହଲ୍‌ରେ ମୋ ବାପା ମା'ଙ୍କ ସହିତ ବନ୍ଦୀମାନେ ବସିଥାନ୍ତି । ଉଭୟ ଭାରତୀୟ ଇଂରେଜୀ ଖାଦ୍ୟ ବନ୍ଧା ପୁଡ଼ିଆଟିଏ ପାର୍ସଲରେ ମୋ ପାଖକୁ ଆସିଛି । ମୋର ଅବଚେତନ ମନ ଏହା କୋଉ ଦେଶରୁ ଆସିଛି ବୋଲି ଜାଣି ପାରୁ ନ ଥିବା ପରି ମନେ ହେଉଥିଲା । ମୁଁ ଅସମ୍ଭବଟା ହିଁ ଚାହୁଁଥିଲି : ଦୁଇଟା ଦେଶରେ ରହିବାକୁ ଚାହୁଁଥିଲି ।

୬

ମିଥ୍ୟା ଆଶଙ୍କା

୧୯୭୨, ମାର୍ଚ୍ଚ ପହିଲା ଆଡ଼କୁ ଅମଳେନ୍ଦୁଙ୍କ ବାପା ମା' ପୁଣି କଷ୍ଟକରି ମତେ ଦେଖା କରିବାକୁ ଆସିଲେ । ଏଥରକ ସେମାନଙ୍କୁ ଜେଲ୍ ଭିତରକୁ ଆସିବାକୁ ଦିଆଗଲା ନାହିଁ । ବାହାରେ ଲୁହା ରେଲିଂ ଭିତରୁ ଜୀର୍ଣ୍ଣଶୀର୍ଣ୍ଣ ମୁହଁ ତଳେ ସେମାନେ ମତେ ଚାହିଁଥିଲେ । ମୁଁ ଝଡ଼ି ଯାଇଛି କି ନା ପରଖୁଥିଲେ । ଅମଳେନ୍ଦୁ ଓ କଲିକତାକୁ ସ୍ଥାନାନ୍ତରିତ ହେଇଥିବା ଆହୁରି ଷୋହଳ ଜଣ ଲୋକ ଅନେକ ଦିନ ଧରି ସେଠି ରହି ପାରନ୍ତି ବୋଲି ସେମାନେ କହିଲେ । କାରଣ ସେଠିକାର ଆଇନ୍ କାନୁନ୍ ବ୍ୟବସ୍ଥା ବିହାର ଠାରୁ କୌଣସି ଗୁଣରେ ଉନ୍ନତ ନ ଥିଲା । ସେଥିରେ ସେମାନଙ୍କର ମାମଲା-ବିଚାର ଡେରି ହେବ । ସେମାନେ ମୋ ପାଇଁ ଜାମିନ୍ ଆବେଦନ କରିବାକୁ ଚାହିଁଲେ । ଭାରତୀୟ ପିଙ୍ଗଳ ଆଇନ୍ ଅନୁସାରେ ଯାହା ବି ଅଭିଯୋଗ ହେଉନା କାହିଁକି ଯେ କୌଣସି ସ୍ତ୍ରୀ ଲୋକକୁ ଜାମିନ ମିଳି ପାରିବ । ସେମାନଙ୍କ କଥା ଶୁଣି ମୁଁ ଜଣେ ଜେଲରଙ୍କୁ ମୋ ପାଇଁ ଜାମିନ୍ ଆବେଦନ ଦାଖଲ କରିବା ଲାଗି ଆଇନ୍ ଅନୁସାରେ କ୍ଷମତାପନ୍ନ ପ୍ରତିନିଧି ରୂପେ ଦସ୍ତଖତ କଲି । ଅବଶ୍ୟ ମୁଁ ଜାମିନ୍‌ରେ ଖଲାସ ହେବି ବୋଲି ଆମର ଲେଶ ମାତ୍ର ଆଶା ନ ଥିଲା ।

କେତେ ଦିନ ପରେ ସୁପରିଟେଣ୍ଡେଣ୍ଟ୍ ଆସି ମତେ ଜଣାଇଲେ ଯେ ଜାମସେଦ୍‌ପୁରଠାରେ ମାର୍ଚ୍ଚ ୨୯ ତାରିଖ ମୋର କୋର୍ଟରେ ହାଜର ହେବା ଦିନ ରୂପେ ଧାର୍ଯ୍ୟ ହେଇଛି । ତା ପରେ ପରେ ମୋ ବାପାଙ୍କ ପାଖରୁ ଆସିଥିବା ଚିଠିଟାରେ ମଧ୍ୟ ସେଇ କଥା ଉଲ୍ଲେଖ ଥିଲା । ପ୍ରଥମ କେସ୍‌ଟି ପାଇଁ ଚାର୍ଜ ସିଟ୍ ଦାଖଲ ହେଇଥିବା ସ୍ଥଳେ ଦ୍ୱିତୀୟ କେସ୍‌ଟି ପାଇଁ ତୟାରି ଚାଲିଥିବା କହିଲେ । ମୁଁ ସ୍ତମ୍ଭୀଭୂତ ହେଇଗଲି । ମୋ ପରି ସୁପରିଟେଣ୍ଡେଣ୍ଟ୍ ମଧ୍ୟ ଘାବରେଇ ଗଲେ । ଆମ କଥାବାର୍ତ୍ତା ଶୁଣି ଜଣେ କିରାଣୀ ଆସି ବୁଝାଇଦେଲେ ଯେ ପ୍ରକୃତରେ ଦୁଇଟା ୱାରେଣ୍ଟ୍ ଥିଲା । ସେ ତାକୁ

ଖୋଜି ଖୋଜି ବାହାର କରିଥିବାର କହିଲା । ମତେ କେହି ଜଣାଇ ନ ଥିବା ଦ୍ୱିତୀୟ କେସ୍‌ଟିରେ ପ୍ରଥମଟି ଅପେକ୍ଷା ଅଧିକ ଗୁରୁତର ଅଭି ଯୋଗମାନ ରହିଥିଲା । ରାଜ୍ୟ ବିରୁଦ୍ଧରେ ସଂଘର୍ଷ ଘଟାଇବାର ଅଭିଯୋଗ ମୋ ନାଁରେ ରହିଥିଲା । ଯେଉଁଥିପାଇଁ ମୃତ୍ୟୁଦଣ୍ଡର ବ୍ୟବସ୍ଥା ଥିଲା । ଯେଉଁ ଦିନ ମାନଙ୍କରେ ମୁଁ ଷଡ଼ଯନ୍ତ୍ରରେ ଲିପ୍ତ ଥିବାର ଅଭିଯୋଗ କରାଯାଇଥିଲା ତାହା ୧୯୭୧, ଜୁନ୍ ୧୦ ତାରିଖ ଯାଏଁ ସଂପ୍ରସାରିତ କରାଗଲା । ସେତେବେଳକୁ ମୋର ଜେଲ୍‌କୁ ଆସିବାର ପାଖାପାଖି ଦୁଇ ସପ୍ତାହ ହେଇସାରିଥିଲା ।

ଏଇ ଅପ୍ରତ୍ୟାଶିତ ଘଟଣାର ଅଳ୍ପ କେତେ ଦିନ ଭିତରେ ମତେ ପୁଣି ଅଫିସକୁ ଡକାଗଲା । ସେଠି ସୁପରିଟେଣ୍ଡେଣ୍ଟଙ୍କ ସହିତ କେତେ ଜଣ ସାଦା ପୋଷାକ ଧାରୀ ପୋଲିସ୍ ଥିଲେ ଯେଉଁମାନେ ମୁଖପାତ୍ର ସାଜିଥିଲେ । ନକସାଲ୍‌ପନ୍ଥୀ ରାଜନୀତି ବିଷୟରେ ମୋର କ'ଣ ଅବଧାରଣା ଓ ଜେଲ୍‌ରୁ ଖଲାସ କରି ଦିଆଗଲେ ମୁଁ ପୁଣି ସେଥିରେ ଜଡ଼ିତ ହେବିକି ନାଇଁ ସେଇ ବିଷୟରେ ପଚାରି ସେ ତାଙ୍କର ଜେରା ଆରମ୍ଭକଲେ । ତାପରେ ସେ ଏକ ଭୟଙ୍କର ସତର୍କବାଣୀ କହିଲେ ଯେ ଅମଲେନ୍ଦୁ ଫାଶୀ ପାଇବାର ଅନେକ ସମ୍ଭାବନା ରହିଛି । ଆଉ ମୁଁ "ଗୁଡ଼ାଏ ଅସ୍ତ୍ରଶସ୍ତ୍ର ସହିତ ଧରା ପଡ଼ିଥିବାରୁ" କେସ୍‌ଟିକୁ ବିଚାର ପରିସରକୁ ଟାଣିବା ପାଇଁ ଜିଦ୍ ଧରିଲେ ମତେ ମଧ୍ୟ ଦୀର୍ଘ ଦିନ ଧରି ଜେଲଦଣ୍ଡ ଭୋଗିବାକୁ ପଡ଼ିବ । ମୁଁ "ନକସଲ୍‌ବାଦୀ ରାଜନୀତି ଛାଡ଼ି ଦେବାକୁ" ବା ଇଂଲଣ୍ଡ ଫେରିଯିବାକୁ ରାଜି ହେଇଗଲେ, ଏ ସବୁକୁ ଏଡ଼େଇ ଦେଇ ହେବ । ଜେଲ୍‌ରେ ରହିବା ଅପେକ୍ଷା ମୋ ପାଇଁ ସେଇଟା ଭଲ ହେବ ବୋଲି ସେ ମତ ଦେଲେ । କେତେ ମିନିଟ୍ ଯାଏଁ ସବୁ ଶୁଣି ସାରିଲା ଗଲେ, ପ୍ରକୃତରେ ସେ କ'ଣ କହିବାକୁ ଚାହୁଁଛନ୍ତି ବୋଲି ସିଧା ପଚାରିଲି । କଥାବାର୍ତ୍ତାର ଗୋଲକଧନ୍ଦା ସେମିତି ଚାଲିଥିଲା । ଶେଷରେ ଅଧୈର୍ଯ୍ୟ ହେଇ ମୁଁ ଜାଣିବାକୁ ଚାହିଁଲି ଯେ ଯଦି ଭାରତ ସରକାର ମୋର ଇଂଲଣ୍ଡ ଫେରି ଯିବାଟା ଭଲ ବିଚାରୁଥିଲେ ତାହେଲେ ଦୁଇବର୍ଷ ଆଗରୁ ମତେ ସେଠାକୁ କାହିଁକି ପଠେଇ ଦେଲେ ନାହିଁ । ତାପରେ ସେ ମତେ ବୁଝେଇ କହିଲେ ଯେ ଜୋର ଜବରଦସ୍ତି ମତେ କେହି ଯିବାକୁ କହୁ ନ ଥିଲା । ବରଂ ମୋର ଭଲ ପାଇଁ ସେମାନେ କହୁଥିଲେ । କୁଆଡ଼କୁ ଯାଉ ନ ଥିବା ଏମିତି ଘୁରା ଫେରା କଥାବାର୍ତ୍ତାରେ ଥକି ଯାଇ ମୁଁ ମୋ କୋଠରୀକୁ ଫେରିଆସିବା ପାଇଁ ଅନୁମତି ମାଗିଲି । ତାପରେ ସେଇ ପ୍ରସଙ୍ଗରେ ମୁଁ ଆଉ କିଛି ଶୁଣିବାକୁ ପାଇ ନ ଥିଲି ।

ଘଟଣା କ୍ରମେ, ମାର୍ଚ୍ଚ ୨୯ ସେମିତି ଆସି ଚାଲିଗଲା । ମତେ କୋର୍ଟକୁ ଯିବା ବିଷୟରେ କିଛି କୁହାଗଲା ନାହିଁ । ମୁଁ ଏଥିରେ ବିଶେଷ ଆଶ୍ଚର୍ଯ୍ୟ ହେଲି ନାହିଁ ।

କାରଣ ଆରମ୍ଭରୁ ମୁଁ ସେଇୟା ଅନ୍ଦେହ କରୁଥିଲି । ମୋ ନାଁରେ ଅଣାଯାଇଥିବା ଅତିରିକ୍ତ ଅଭିଯୋଗ ବିଷୟରେ ମଧ୍ୟ ଚିନ୍ତିତ ନ ଥିଲି । ସେତେବେଳକୁ ପୁରା ସ୍ପଷ୍ଟ ହେଇଥିଲା ଯେ ଜଣେ ଲୋକର ଅଟକ ରହିବାର ପ୍ରକୃତ ନୀତି ନିୟମରେ ସେମିତି କିଛି ଫରକ ପଡ଼େ ନାହିଁ । ସରକାର ଚାହିଁଲେ ଜଣକୁ ଅଟକ ରଖାଯାଉଥିଲା, ପୁଣି ସରକାର ଚାହିଁଲେ ତାକୁ ଖଲାସ କରି ଦିଆଯାଉଥିଲା । ତେବେ ମୋ ଭଉଣୀ ପାଖରୁ ପାଇଥିବା ଚିଠି ଖଣ୍ଡେ ମନରେ ଖୁବ୍ ଆଘାତ ଦେଲା । ମୋ ଭଉଣୀକୁ ମୁଁ ଖୁବ୍ ଭଲ ପାଉଥିଲି । କୋର୍ଟରେ ହାଜିର୍ ହେବା ପୂର୍ବକ ସହଯୋଗ କରିବାକୁ ସେ ମତେ ଅନୁରୋଧ କରି ଲେଖିଥିଲା । ସେପରି କଲେ କୁଆଡ଼େ ସରକାର ମୋର ମାମଲାଟି ଶିଘ୍ର ଫଇସଲା କରି ଦେବେ । କହିବାକୁ ଗଲେ ଏହାର ବିଳମ୍ବ ପାଇଁ ସେ ମତେ ଦାୟୀ କରିଥିଲା । ମୁଁ ମୋର ଅସହାୟତାକୁ ବୁଝାଇ ତା ପାଖକୁ ଚିଠି ଲେଖିଲି । ଅବଶ୍ୟ ମୁଁ ଜାଣିଥିଲି ଯେ ଚିଠିଟା ତା ପାଖରେ କେବେ ପହଞ୍ଚିବ ନାହିଁ । ଏମିତି ସମୟରେ ମୁଁ ମୋର ବନ୍ଧୁ ବା ସମ୍ପର୍କୀୟ ମାନଙ୍କ ସହିତ ଯୋଗାଯୋଗ କରି ନ ପାରିଥିବାରୁ ଭାରି ଉଦାସ ଲାଗୁଥିଲା । ଇଂଲଣ୍ଡ ଫେରି ବିଦେଶ କାର୍ଯ୍ୟାଳୟର କର୍ମଚାରୀମାନେ ମୋର ପରିବାର ବର୍ଗଙ୍କୁ ଲେଖିଥିବା ଚିଠିସବୁ ପଢ଼ିଲା ପରେ ମୋର ପରିସ୍ଥିତି ବିଷୟରେ ସେମାନଙ୍କର ଭୂଲ ବୁଝାମଣାକୁ ମୁଁ ବୁଝି ପାରିଲି । ଗୋଟେ ଚିଠିରେ ମୁଁ "ନିଜ ଜିଦ୍‌ରେ ଅଟଳ ଥିବା ଓ ଅନୁତପ୍ତ ନ ଥିବା" ଉଲ୍ଲେଖ କରାଯାଇଥିଲା । ଅନ୍ୟ ଗୋଟିଏ ଚିଠିରେ ଅମଳେନ୍ଦୁଙ୍କ ପରିବାର ସହିତ ମତେ ବେଶୀ ଦେଖା କରିବାକୁ ଅନୁମତି ଦିଆଯାଉ ନ ଥିବାଟା "ସବୁଠୁ ଭଲ" ବୋଲି ଦର୍ଶା ଯାଇଥିଲା । ମୋ ପାଇଁ ସେମାନଙ୍କର ସବୁ ପ୍ରଚେଷ୍ଟା ଏବଂ ଲୁଗା ପଟା ଓ ଅନ୍ୟାନ୍ୟ ଜିନିଷ ପାଇଁ ତାଙ୍କ ଉପରେ ମୋର ନିର୍ଭରଶୀଳତାକୁ ଦୃଷ୍ଟିରୁ ଏଇ ଟିପ୍ପଣୀଟା ଅସାଧାରଣ ମନେ ହେଉଥିଲା ।

ପ୍ରକୃତ କଥା ହେଲା, ବ୍ରିଟିଶ୍ ହାଇ କମିଶନର କର୍ମଚାରୀ ମାନଙ୍କ ପାଖରୁ ବେଶୀ କିଛି ଆଶା କରିବାଟା ଉଚିତ ନୁହେଁ ବୋଲି ମୁଁ ମୂଳରୁ ବୁଝିଥିଲି । ତେଣୁ ତାଙ୍କ ସହିତ ମୁଁ ଔପଚାରିକ କଥାବାର୍ତ୍ତାରେ ନିଜକୁ ସୀମିତ ରଖିଥିଲି । କିଂତୁ ମୁଁ କେବେହେଲେ କୋର୍ଟକୁ ଯିବାକୁ ବା ଜେରା ହେବାକୁ କିମ୍ବା ଇଂଲଣ୍ଡ ଫେରିଯିବାକୁ ମନା କରି ନ ଥିଲି । ତେବେ ମୋର କଥା ଥିଲା ଯେ ମୋ ଉପରେ କୌଣସି ନୀତି ବିରୁଦ୍ଧ ସର୍ତ୍ତ ଲଦି ଦିଆଯିବ ନହିଁ । ଅପରପକ୍ଷେ, ଭାରତୀୟ ଆଇନ ଅନୁସାରେ ମତେ ନିୟମିତ କୋର୍ଟକୁ ନିଆ ଯାଉ ନ ଥିବାରୁ ମୁଁ ଅନେକ ଥର ସେମାନଙ୍କ ପାଖରେ ଅଭିଯୋଗ କରିଥିଲି । ପ୍ରତି ପନ୍ଦର ଦିନରେ ଥରେ ଲେଖାଏଁ ମତେ କୋର୍ଟରେ

ହାଜିର କରାଇବାକୁ ବିହାର ସରକାରଙ୍କ ଠାରୁ ପ୍ରତିଶ୍ରୁତି ପାଇବା ପାଇଁ ସେମାନେ ଚେଷ୍ଟା କରିବେ କହିଥିଲେ । ଏପରି ପରିସ୍ଥିତିରେ ମୋର ଭାଗ୍ୟ ମୋରି ହାତରେ ରହିଛି ବୋଲି କହିବାଟା କେଡ଼େ ନିରର୍ଥକ ମନେ ହେଉଥିଲା ।

ଏପ୍ରିଲ ମାସରେ ଡେପୁଟି ହାଇ କମିଶନରୁ ଆସିଥିବା ଦୁଇ ଜଣ ପ୍ରତିନିଧି ମାନଙ୍କ ସହିତ ସାକ୍ଷାତ ହେଲାବେଳେ ମୋର କେସ୍‌ଟି ସ୍ୱତନ୍ତ୍ର ଭାବରେ ବିଚାର ହେବା ପ୍ରସଙ୍ଗ ଉଠିଲା । ଯେଉଁମାନେ କଲିକତାକୁ ସ୍ଥାନାନ୍ତରିତ ହେଇଛନ୍ତି ସେମାନେ ଯେ ଆଉ ନିକଟ ଭବିଷ୍ୟତରେ ବିହାରକୁ ଫେରିବେ ନାହିଁ, ଏକଥା ପରିଷ୍କାର ଜଣା ପଡୁଥିଲା । ସେ ପର୍ଯ୍ୟନ୍ତ ହଜାରିବାଗ୍‌ରେ ଥିବା ମୋର ସହ ଅଭିଯୁକ୍ତ ମାନଙ୍କ ସହିତ ପରାମର୍ଶ କରିବା ପାଇଁ ମୁଁ ଅନୁମତି ମାଗିଲି । ଯେତେ ଶିଘ୍ର ହେବ ଗୋଟେ ସାକ୍ଷାତର ପ୍ରତିଶ୍ରୁତି ମତେ ଦିଆଗଲା । ତା ସହିତ ମୋର ଦାନ୍ତ ପୀଡ଼ା ହେଉଥିବାରୁ ଜଣେ ଦନ୍ତ ଚିକିତ୍ସକଙ୍କ ପାଖକୁ ନିଆ ଯିବାର ମଧ୍ୟ ସ୍ଥିର ହେଲା । ଅନିୟମିତ ଭାବରେ ମୋର ଆସୁଥିବା ଚିଠିପତ୍ର ବିଷୟରେ ଅଭିଯୋଗ କରିବାରୁ ବ୍ରିଟିଶ୍ ଅଫିସର "ଡାକ ଓ ତାର ବିଭାଗର ଅବହେଳା" ଉପରେ ଦୋଷ ଥାପିଦେଲେ । ମୋ ବାପା ପଠାଇଥିବା ଟଙ୍କାରେ ସେ ମୋ ପସନ୍ଦର କେତେ ଖଣ୍ଡ ବହି କିଣିଦେବା ପାଇଁ ରାଜି ହେଲେ । ପେକିଂରେ ପ୍ରକାଶିତ ହେଇ ନ ଥିବା ଯେ କୌଣସି ବହି ମୁଁ ଚାହିଁଲେ କିଣି ପାରିବି - ସୁପରିଟେଣ୍ଡେଣ୍ଟ୍ କହିଲେ । ମୋର ବାନ୍ଧବୀ ରୁଥ୍ ଫୋଷ୍ଟର ପଠାଇଥିବା ବହିଗୁଡ଼ିକ ଚେକ୍ କରିବା ପାଇଁ ସୁପରିଟେଣ୍ଡେଣ୍ଟଙ୍କ ପାଖକୁ ପଠାଇ ଦିଆଗଲା ।

ମାସେ ବିତିଗଲା । ମୋର ସହ ଅଭିଯୁକ୍ତ ମାନଙ୍କ ସହିତ ମୋର ସାକ୍ଷାତ ହେଲା ନାହିଁ କିମ୍ବା ଦନ୍ତ ଚିକିତ୍ସା ମଧ୍ୟ କରାଗଲା ନାହିଁ । ବ୍ରିଟିଶ୍ ଅଫିସର୍‌ଙ୍କ ଉପସ୍ଥିତିରେ ଦିଆଯାଉଥିବା ପ୍ରତିଶ୍ରୁତି ସବୁ ସେମାନେ ସେଠୁ ଚାଲି ଯିବା ପରେ ପରେ ପାଶୋରି ଦିଆଯାଉଥିଲା । ଚିଠିପତ୍ରର ଅନିୟମିତତା ସେମିତି କଷ୍ଟକର ହେଇ ଚାଲିଥିଲା । ପରିବାର ବର୍ଗ ଓ ସାଙ୍ଗସାଥୀଙ୍କ ସହିତ ନିୟମିତ ଯୋଗାଯୋଗ ରଖିବାର ଆଶା ମୁଁ ଅନେକ ଦିନରୁ ଛାଡ଼ି ଦେଇଥିଲି । ମୋର ନିଜ ଚିଠିଗୁଡ଼ା ଡାକରେ ପକାଇବା ଆଗରୁ ସପ୍ତାହ ଧରି ଜେଲ୍ ଅଫିସ୍‌ରେ ପଡ଼ି ରହୁଥିଲା । କେତେଟା ସବୁଦିନ ପାଇଁ କୁଆଡ଼େ ଉଭାନ୍ ହେଇ ଯାଉଥିଲା । ମୋ ପାଖକୁ ଆସିଥିବା ରେଜିଷ୍ଟ୍ରି ଚିଠିରେ ମୁଁ ଦସ୍ତଖତ କରି ସାରିଲା ପରେ ମଧ୍ୟ ମତେ ଦଶ ପନ୍ଦର ଦିନ ଧରି ଅପେକ୍ଷା କରିବାକୁ ପଡୁଥିଲା । ଅନେକ ଥର କୁହାବୋଲା କଲେ ଯାଇ ତାହା ମୋର ହସ୍ତଗତ ହେଉଥିଲା । କିଏ ଲେଖିଥିବ ଓ କ'ଣ ଲେଖିଥିବ ଭାବି ମୁଁ ବ୍ୟସ୍ତ ହେଇ ପଡୁଥିଲି । ଅଚଳ ପ୍ରାୟ ଅଳସୁଆ ଅମଲା ମାନଙ୍କ ଦୟାରେ ହିଁ ରହୁଥିଲି ।

ମହିଳା ପ୍ରହରୀମାନେ ମତେ ବୁଝେଇ ଦେଲେ ଯେ ଅଫିସ୍ କର୍ମଚାରୀ ମାନଙ୍କୁ କାମ କରାଇବାର ଏକମାତ୍ର ଉପାୟ ହେଉଛି ଘୁଷ୍ - ଲାଞ୍ଚ । ସେମାନଙ୍କୁ ନିଜର ଭବିଷ୍ୟନିଧି ପାଣ୍ଠିରୁ ଟଙ୍କା ଉଠାଇବା ପାଇଁ, ମହଙ୍ଗାଭତ୍ତା ପାଇଁ ଓ ଏପରି କି ଦରମା ପାଇଁ ମଧ୍ୟ କିରାଣୀ ମାନଙ୍କୁ ଟଙ୍କା ଦେବାକୁ ପଡୁଥିଲା । ତାଙ୍କ ଭିତରୁ ଜଣେ ତାର ପୁଅର ବାହାଘର ଠିକଣା କରି ସାରିଥିଲା । ସେଥିପାଇଁ ତାଙ୍କୁ ମାସ ମାସ ଅପେକ୍ଷା କଲା ପରେ ଶେଷରେ ପାଞ୍ଚଶହ ଟଙ୍କା କଢ଼ିବା ପାଇଁ କୋଡ଼ିଏ ଟଙ୍କା ଦେବାକୁ ପଡ଼ିଲା । ଅନ୍ୟ ଜେଲ୍‌କୁ ବଦଳି ହେଇ ଯିବାକୁ ଚାହୁଁଥିଲେ ସେମାନେ ଠିକଣା କିରାଣୀକୁ ଲାଞ୍ଚ ଦେଉଥିଲେ । ସେଇ ଉପାୟରେ ସେମାନେ ବଦଳି ରଦ୍ଦ ମଧ୍ୟ କରୁଥିଲେ ।

ଅଫିସ୍ କର୍ମଚାରୀ ମାନଙ୍କର ଲୋଭୀ ପ୍ରକୃତି ଯୋଗୁଁ ବନ୍ଦୀମାନେ ମଧ୍ୟ ଅନେକ କଷ୍ଟ ଭୋଗୁଥିଲେ । ପ୍ରାୟ ମଝି ମଝିରେ ଗୋଟେ "ବଦଳି" ଭୟ ସୃଷ୍ଟି କରାଯାଉଥିଲା । ଉଦାହରଣ ସ୍ୱରୂପ ସେଠାରୁ ପ୍ରାୟ ଶହେ ମାଇଲ ଦୂରରେ ଅବସ୍ଥିତ ବକ୍‌ସାର୍‌କୁ ଅନ୍ୟୁନ ଦୁଇ ଶହ ଜଣ ବନ୍ଦୀଙ୍କୁ ସ୍ଥାନାନ୍ତରିତ କରାଯିବାର ଗୁଜବ ଖେଳାଇ ଦିଆଯାଉଥିଲା । ତା ଦ୍ୱାରା ସମସ୍ତେ ଡରି ଯାଉଥିଲେ । ଯେଉଁମାନେ ବିଭିନ୍ନ କାରଣବଶତଃ ସ୍ଥାନାନ୍ତରିତ ହେବାକୁ ଚାହୁଁ ନ ଥିଲେ ଓ ଯେଉଁ ମାନଙ୍କ ପାଖରେ କିଛି ଟଙ୍କା ପଇସା ଥିଲା ସେମାନେ ସଙ୍ଗେ ସଙ୍ଗେ ହାତରେ ବିଡ଼ା ବିଡ଼ା ନୋଟ୍ ଧରି ସେଇ ଦାୟିତ୍ୱରେ ଥିବା ଆସିଷ୍ଟାଣ୍ଟ ଜେଲରଙ୍କ ଦେବାପାଇଁ ଅଫିସକୁ ଦୌଡୁଥିଲେ । ବେଳେବେଳେ ସେଇଟା ନିହାତି ଉଡ଼ା ଖବର ଜଣାପଡୁଥିଲା ଓ କାହାକୁ ମଧ୍ୟ ସ୍ଥାନାନ୍ତରିତ କରାଯାଉ ନ ଥିଲା । ତେବେ ପରିସ୍ଥିତି ଏମିତି ହେଇପଡ଼େ ଯେ ହାତରେ କିଛି ଟଙ୍କା ରଖିବାଟା ବନ୍ଦୀମାନଙ୍କ ପକ୍ଷରେ ନିହାତି ଜରୁରୀ ହେଇପଡ଼େ । ଟଙ୍କା ବଳରେ ଜଣେ ଜେଲ୍‌ରେ ଆରାମରେ କଟେଇ ଦେଇ ପାରିବ । ଏଇ କାରଣରୁ ବନ୍ଦୀମାନେ ପାରୁପର୍ଯ୍ୟନ୍ତ ଟଙ୍କା ଜମା କରିବାରେ ଲାଗିଥିଲେ । କେତେଜଣ ନିଜର ଜିନିଷ ବିକ୍ରୀକରି, ଅନ୍ୟ ବନ୍ଦୀର ବା କର୍ମଚାରୀମାନଙ୍କର ଲୁଗାଧୁଆ ରନ୍ଧାବଢ଼ା ଆଦି କାମ କରି ଓ ଅଳ୍ପ କେତେ ଜଣ ଠକାଠକି କରି ମଧ୍ୟ ଦୁଇ ପଇସା ହାତରେ ରଖୁଥିଲେ ।

ମୋର ଜେଲ୍ ରହଣିର ଦୁଇ ବର୍ଷ ପୁରିଗଲା ପରେ, ଜୁନ୍ ମାସ ଆରମ୍ଭ ଆଡ଼କୁ ଜଣେ ଆସିଷ୍ଟାଣ୍ଟ୍ ଜେଲର୍ ଆସି ମତେ କହିଲେ ଯେ ମୋର କେସ୍‌ର ସ୍ୱତନ୍ତ୍ର ବିଚାର ପାଇଁ ମୋର ମତାମତ ପଚାରି ଡେପୁଟି ହାଇ କମିଶନ ଗୋଟେ ପରବର୍ତ୍ତୀ ପଠାଇଛନ୍ତି । ମୁଁ ଉତ୍ତର ଦେଲି ଯେ ହଜାରିବାଗ୍‌ରେ ଥିବା ଅନ୍ୟ ସବୁ ଅଭିଯୁକ୍ତଙ୍କ

ପାଇଁ ଆଇନ୍ ସହାୟତା ନିମନ୍ତେ ଓ ଜାମିନ୍ ପାଇଁ ଅମୀମାଂସିତ ବିଚାରକୁ ପୁଣି ଚାଲୁ କରିବା ସକାଶେ ଆବେଦନ କରିବାକୁ ଚାହୁଁଛି । ପରେ ମୁଁ "ଅସ୍ପଷ୍ଟ ଭାବରେ" ଉତ୍ତର ଦେଇଥିଲି ବୋଲି ସେମାନେ ମୋ ବାପା ମା'ଙ୍କ ପାଖକୁ ଲେଖିଥିଲେ । ଯା ଭିତରେ ଅମଳେନ୍ଦୁଙ୍କ ପରିବାର ମୋ ପାଇଁ ଜାମିନ - ଆବେଦନ ପତ୍ର ଦାଖଲ କରି ସାରିଥିଲେ । କିଂତୁ ତାର ଶୁଣାଣି ହେଇ ନ ଥିଲା ।

୧୯୭୨, ଜୁନ୍ ୧୦ ତାରିଖରେ ଦୁଇ ମାସ ଭିତରେ ପ୍ରଥମ କରି ସୁପରିଟେଣ୍ଡେଣ୍ଟ୍ ଦେଖା ଦେଲେ ଓ ମୋର ବିଚାର ଆରମ୍ଭ ପାଇଁ ତା ପରଦିନ ଜାମ୍‌ସେଦ୍‌ପୁର ଯିବା ପାଇଁ କହିଲେ । ମୋର ଲୁଗାପଟା ତ ବହି ପତ୍ର ରଖିବା ପାଇଁ ଦୁଇଟା ବଡ଼ ଖାକି ବେଗ୍ ଦରଜି ପାଖରୁ ସିଲେଇ କରାହେଲା । ସେଦିନ ସକାଳେ ମତେ ସାପ୍ତାହିକୀ ରସଦ ଦିଆହେଇଥିଲା । ମୁଁ ମଧ୍ୟାହ୍ନ ସାରା ବସି ଥାକ ଥାକ ରୁଟି ଓ ବଡ଼ ଡିକ୍‌ଚିରେ ଆଳୁ ତରକାରି କରିଲି ଓ ବିଦାୟ-ଉପହାର ସ୍ୱରୁପ୍ ସବୁ ବନ୍ଦୀମାନଙ୍କୁ ବାଣ୍ଟିଲି । କିଂତୁ ପୁଣି ଥରେ ସେଇ ଧାର୍ଯ୍ୟ ଦିନଟା ଗଡ଼ି ଗଲା । କ'ଣ ଗଡ଼ବଡ଼ ହେଲା ମୁଁ ଠିକ୍ ଜାଣି ପାରିଲି ନାହିଁ । ସପ୍ତାହର ବାକି ଦିନ ପାଇଁ ମୋର ଖାଇବାକୁ କିଛି ନ ଥିଲା ! ତେବେ ଏଥିରେ ମୋତେ ଚିନ୍ତା କରିବାକୁ ପଡ଼ିଲା ନାହିଁ । ଅନ୍ୟ ସ୍ତ୍ରୀ ଲୋକମାନେ ଖୁସିରେ ମତେ ତାଙ୍କ ଭାଗରୁ ଖାଇବାକୁ ଦେଲେ । ଅନେକ ଦିନ ଯାଏଁ ବାରମ୍ବାର ପଚାରିବାରୁ ମତେ ଗୋଟେ ମିଛ ଆଶଙ୍କା ଆଳରେ କଥାଟିକୁ ବୁଝାଇ ଦିଆଗଲା । ଜେଲର୍ ଜଣକ କହିଲେ ଯେ ଏଇ କେସ୍‌ଟିର ସତର ଜଣ ବିଚାରାଧୀନ ଅଭିଯୁକ୍ତ କଲିକତାରେ ଥିବାରୁ ମାଜିଷ୍ଟ୍ରେଟ୍ ଶୁଣାଣିକୁ ସ୍ଥଗିତ ରଖିଲେ । କଲିକତାରେ ଥିବା ଅଭିଯୁକ୍ତ ମାନଙ୍କ ଠାରୁ ହଜାରିବାଗ୍‌ରେ ଥିବା ଅଭିଯୁକ୍ତ ମାନଙ୍କରୁ କେସ୍‌ଟିକୁ ଅଲଗା କରି ବିଚାର କରିବା ପାଇଁ ଆବେଦନ କରଯାଇଥିଲା ।

ଅଗଷ୍ଟ ମାସରେ ମୁଁ କେସ୍‌ଟିର ପରବର୍ତ୍ତୀ ଖବର ପାଇଲି । ଗୋଟେ ରବିବାର ଅପରାହ୍ନର ପ୍ରାୟ ପାଞ୍ଚଟା ବେଳକୁ ଜଣେ ଆସିଷ୍ଟାଣ୍ଟ୍ ଜେଲର୍ ଖଣ୍ଡେ ନୋଟିସ୍ ଧରି ମୋ କୋଠରୀକୁ ଆସିଲେ । ନୋଟିସ୍ ଅନୁଯାୟୀ ପାଟନା ହାଇକୋର୍ଟରେ ଠିକ୍ ତା ପରଦିନ ଦେବାକୁ ଶୁଣାଣି ପାଇଁ ପ୍ରତିନିଧି ଭାବରେ ମୁଁ ଜଣେ ଓକିଲଙ୍କୁ ନିଯୁକ୍ତ କରିବା ଦରକାର । ଜାମ୍‌ସେଦ୍‌ପୁର ଜେଲ୍‌ର ସୀମିତ ରହିବା ବ୍ୟବସ୍ଥା ଓ ସେଇ ଅଞ୍ଚଳରେ ଚାଲିଥିବା ନକସାଲ୍‌ବାଦୀ କାର୍ଯ୍ୟକଳାପ ଯୋଗୁଁ ଆମକୁ ସେଠାକୁ ନେଇଯିବାରେ ଗୁରୁତର ସୁରକ୍ଷା ସମସ୍ୟା ଦେଖା ଦେଉଥିବାରୁ ବାଦୀ ପକ୍ଷରୁ ମମଲାଟିକୁ ହଜାରିବାଗ୍‌କୁ ସ୍ଥାନାନ୍ତରିତ କରିବାପାଇଁ ଏକ ଆବେଦନ ଦାଖଲ କରାଯାଇଥିଲା । ଆଇନ୍ ଗତ ପ୍ରତିନିଧିର ବ୍ୟବସ୍ଥା କରିବାକୁ କଲିକତାରେ ଥିବା

ଲୋକଙ୍କ ସହିତ ଯୋଗାଯୋଗ କରିବା ସକାଶେ ଜେଲର୍ ଓ ସୁପରିଟେଣ୍ଡେଣ୍ଟଙ୍କ ସହିତ କଥାବାର୍ତ୍ତା ହେବା ପାଇଁ ଆମକୁ ଜେଲ୍ ଅଫିସ୍ ପର୍ଯ୍ୟନ୍ତ ଯିବା ପାଇଁ ମଧ୍ୟ ସମୟ ମିଳି ନ ଥିଲା, ଖାସ୍ କରି କିଛି କରିବାକୁ ଗଲେ ଏଇ ଦୂରତାଟା ଗୋଟେ ସମସ୍ୟା ଥିଲା । ଘଟଣାକ୍ରମେ ସେଇ ଆବେଦନର ଶୁଣାଣି ଆଉ କେବେ ହେଇ ନ ଥିଲା । ବରଂ ଅନେକ ମାସ ପରେ ତାକୁ ପୁରାପୁରି ଉଠାଇ ଦିଆଗଲା । କାରଣ, ସେତେବେଳକୁ ନକସାଲ୍‌ପନ୍ଥୀ କାର୍ଯ୍ୟକଳାପ ହଜାରିବାଗ୍ ଜିଲ୍ଲା ପର୍ଯ୍ୟନ୍ତ ମଧ୍ୟ ବ୍ୟାପି ଯାଇଥିଲା । ଯା ଭିତରେ ସବୁ କୋର୍ଟର ଶୁଣାଣି ସ୍ଥଗିତ ରହିଲା ।

୧୯୭୧ର ଭୟଙ୍କର ବର୍ଷା ପରେ ୧୯୭୨ ଦୁର୍ଭିକ୍ଷ ଓ ଅସହ୍ୟ ଗ୍ରୀଷ୍ମ ପ୍ରବାହ ନେଇ ଆସିଲା । ପ୍ରତିଦିନ ସକାଳୁ ଉଠିଲା ମାତ୍ରେ କାଳେ ଆମର ବହୁ ଆକାଂକ୍ଷିତ ବର୍ଷା ଜଳ ଧରି ମେଘ ଖଣ୍ଡେ ଭାସୁଥିବ ଭାବି ଅତି ଉତ୍ସୁକତାର ସହିତ ସାରା ଆକାଶକୁ ଆଖିରେ ଛାଣି ପକାଉଥିଲି । ସଞ୍ଜରୁ ସକାଳ ଯାଏଁ ମଶା ମାନେ ଘାଉଁ ଘାଉଁ କରି ଅତିଷ୍ଠ କରି ପକାଉଥିଲେ । ମୋର ମୁହଁ ନାଲି ପଡ଼ି ଫୁଲି ଯାଇଥିଲା । ଗଭୀର ନିଦ ନ ହେବାରୁ ମୁଣ୍ଡଟା ସବୁବେଳେ ବିନ୍ଧୁଥିଲ । ଛୋଟିଆ ଯୁଦ୍ଧକ୍ଷେତ୍ରଟିଏ ପରି ସକାଳକୁ ମୋର ଶାଢ଼ୀ ଓ ଚଦର କରି ଶୋଉଥିବା ଲୁଗା ରକ୍ତ ଛିଟାରେ ସାଲୁ ବାଲୁ ହେଇଯାଇଥିଲା । ତା ସାଙ୍ଗକୁ ପାଇପ୍‌ରେ ହଳଦିଆ ମଇଳା ପାଣି ଥପ୍ ଥପ୍ ହେଇ ଝରିଲା । ବଗିଚାରେ କିଛି ବି ଗଛ ଲଗାଇବା ଆମେ ପୁରା ବନ୍ଦ କରି ଦେଲୁ । ଦୁର୍ଭାଗ୍ୟକୁ ଶେଷରେ ପାଇପ୍‌ରୁ ସେଇତକ ପାଣି ମଧ୍ୟ ପୁରା ଶୁଖିଗଲା । ବେଳେବେଳେ କେତେ ଦିନ ଧରି ଦୁଇ ବାଲ୍‌ଟି ପାଣିରେ ଆମେ ଚାରି ଜଣ ଗାଧୁଆ ଲୁଗାଧୁଆ, ରନ୍ଧା, ବାସନ ଧୁଆ ଆଦି ସବୁ କାମ କରୁଥିଲୁ । ଅନ୍ୟ ସ୍ତ୍ରୀ ଲୋକମାନେ ଆମଠାରୁ ଆହୁରି ଖରାପ ଅବସ୍ଥାରେ ଥିଲେ । ସେମାନଙ୍କ ସମସ୍ତଙ୍କର ମିଶି କେତେଟା ପୁରୁଣା ମାଠିଆ ଓ ଦୁଇଟି କଳଙ୍କି ଲଗା ବାଲ୍‌ଟି ଥିଲା । ପାଣି ପାଇପଟା କଣା ହେଇ ପାଣି ଗଳୁଥିବାରୁ ସେଇଟା ଆଉ କାମରେ ଆସୁ ନ ଥିଲା । ସେ ଯାଏଁ ଶୁଖି ନ ଥିବା ଜେଲ୍‌ର ଦୁଇଟି କୂଅରୁ କଇଦୀମାନେ କିପରି ପାଣି ଆଣିବେ ସେଇ ବ୍ୟବସ୍ଥା ୱାର୍ଡ଼ର ମାନେ କରୁ ନ ଥିଲେ କିମ୍ବା ସେ ବିଷୟରେ ଚିନ୍ତା ମଧ୍ୟ କରୁ ନ ଥିଲେ । ଗୋଟେ ବାଲ୍‌ଟି ପାଣି ପାଇଁ କେତେ ଜଣଙ୍କୁ ଅନେକ କାକୁତି ମିନତି କରିବାକୁ ପଡୁଥିଲା ।

ସେଇ ବର୍ଷ ବନ୍ଦୀମାନେ ଅନ୍ୟ ବର୍ଷମାନଙ୍କ ଅପେକ୍ଷା ବେଶୀ ବେମାର ହେଲେ । ମୋ କୋଠରୀର ଜଣେ ସହବନ୍ଦୀକୁ ମେଲେରିଆ ହେଇଥିଲା । ଏତେ ଗରମରେ ସୁଦ୍ଧା ସେ କମ୍ବଳ ଭିତରେ କମ୍ପୁଥିଲା । ଆମେ ସବୁ ତାକୁ ମାଡ଼ିବସି ଧରୁଥିଲୁ । ମୋର ନିଜର ସ୍ୱାସ୍ଥ୍ୟର ମଧ୍ୟ ଅବନତି ଘଟୁଥିବାର ମୁଁ ଜାଣି ପାରୁଥିଲି ।

ଥରେ ବାରମ୍ବାର ବାନ୍ତି ହେବାରୁ ମତେ ଦିନସାରା ଖାଇବାକୁ ଇଚ୍ଛା ହେଲା ନାହିଁ। ମୋର ଶାରିରୀକ ଅବସ୍ଥାକୁ ମାନସିକ ସ୍ଥିତିରେ ପକାଇ ଡାକ୍ତରମାନେ ଏହାକୁ ବିଶେଷ ଧ୍ୟାନ ଦେଲେ ନାହିଁ। ଶେଷରେ ମୋର ମା'ଙ୍କ ଦେହ ଖରାପ, ଅମଳେନ୍ଦୁ ରହୁଥିବା ପରିବେଶର ଦୁଃସ୍ଥିତି ଓ ମୋର ନିଜ ପରିସ୍ଥିତିର ଅନିଶ୍ଚିତତା ପାଇଁ ମୋର ମାନସିକ ଉଦ୍‌ବେଗରୁ ଏମିତି ହେଉଛି ବୋଲି ଭାବିବାରେ ଲାଗିଲି।

ପିଲାମାନଙ୍କ ମଧ୍ୟ ସବୁ ପ୍ରକାରର ପେଟ ଗୋଳମାଳ ହେଲା। ଦିନେ ଛୋଟିଆ ଝିଅଟିଏ ମୂର୍ତ୍ତିକୁ (ଯାହାର କି ବାହାଘର ଠିକ୍ ହେଇସାରିଥିଲା) ଭୀଷଣ ଝାଡ଼ାବାନ୍ତି ହେଲା। ଔଷଧ ଦାୟିତ୍ୱରେ ଥିବା କଇଦୀ ଜଣକ ତା'ର ମାଁକୁ ଗୋଟେ ବଟିକା ଦେଇ ସେଥିରୁ ଅଧା ଛୁଆଟିକୁ ଖୋଇବାକୁ କହିଲା। ବିକଳରେ, ପୁରା ଔଷଧ ଦେଲେ ତା ଝିଅ ଶିଘ୍ର ଭଲ ହେଇଯିବ ଭାବି ବଟିକାଟିକୁ ସେ ମୂର୍ତ୍ତିକୁ ଖୁଆଇଦେଲା। ମୂର୍ତ୍ତି ଦୁଇ ଦିନ ପର୍ଯ୍ୟନ୍ତ ଅଚେତ୍ ହେଇ ପଡିଗଲା। ଦ୍ୱିତୀୟ ଦିନ ଅପରାହ୍ନରେ ଦେହ ଭଲ ନ ଥିବାରୁ ମୁଁ ଶୋଇଥିଲା ବେଳେ ମୂର୍ତ୍ତିର ମା ବାଲ୍‌କୋ ମୋ କୋଠରୀକୁ ଆସିଲା। ମୋ ନିଦରେ ବ୍ୟାଘାତ କରିଥିବାରୁ ସେ କ୍ଷମା ମାଗିନେଲା ଓ ମୂର୍ତ୍ତି ମତେ ଦେଖିବାକୁ ଚାହୁଁଛି ବୋଲି କହିଲା। ତା'ର ନିଜର ମୁର୍ଖାମି ଯୋଗୁଁ ତା ଛୁଆଟା ମରିଯିବ ଭାବି ସ୍ତ୍ରୀଲୋକଟା ବିକଳରେ କାନ୍ଦୁଥିଲା। ମୁଁ ତରତର ହେଇ ମୂର୍ତ୍ତି ଶୋଇଥିବା ହଲ୍‌କୁ ଗଲି। ମେଟିନୀର ଖଟ ଉପରେ ସେ ଅର୍ଦ୍ଧଚେତନ ଅବସ୍ଥାରେ ପଡ଼ିଥିଲା। ତା'ର ଦମ୍ ଦମ୍ ଉଜ୍ଜଳ ମୁହଁଟା ଖାଲୁଆ ହେଇ ମଳିନ ପଡ଼ି ଯାଇଥିଲା। ଆଖିମାନ କୋଟର ଭିତରକୁ ପଶି ଯାଇଥିଲା। ସେ ମୋ ଆଡ଼କୁ ମୁହଁ ବୁଲାଇଲା। ମତେ ଚିହ୍ନି ପାରି ଆଖି ଏପଟ ସେପଟ କଲା ଓ ହାତ ଉଠାଇ ମତେ ତା ପାଖରେ ଶୋଇବାକୁ କହିଲା। ଯେତେବେଳେ ଅନ୍ୟ ସ୍ତ୍ରୀ ଲୋକମାନେ ମତେ କହିଲେ ଯେ ଚେତା ଫେରିଲା ପରେ ଘରେ ମୋ ମୋ ନାଁ ଧରି ଡାକିଲା, ମୋ ଆଖିରେ ଲୁହ ଭରିଗଲା। ଯଦିଓ ରାତିରେ ମୁଁ ଅଲଗା କୋଠରୀରେ ତାଲା ପଡ଼ି ରହିବାର କଥା, ମୁଁ ସେ ସୁସ୍ଥ ହେବା ଯାଏଁ ପରବର୍ତ୍ତୀ କେତେ ଦିନ ତା ପାଖରେ ରହିଲି। ପୁରା ଭଲ ହେଇଗଲା ପରେ କମ୍ବଳରେ ଢ଼ାଙ୍କି ବଗିଚା ଦେଖାଇବାକୁ ତାକୁ ଟେକି ନେଇ ଗଲି ଯୋଉଠି ଆମେ ଦୁଇ ଜଣ ମିଶି କାମ କରିଥିଲୁ।

ଅନ୍ୟ ଛୁଆ ମାନଙ୍କର କପାଳ ଏତେ ଭଲ ନ ଥିଲା। ଦିନେ ହଜାରିବାଗ୍‌ରୁ ତିରିଶ୍ ମାଇଲ ଦୂରରେ ଥବା ଛତ୍ରାର ଗୋଟେ ଛୋଟ ଜେଲ୍‌ରୁ ଜଣେ ସ୍ତ୍ରୀ ଲୋକ ଆସିଲା। କାଖରେ କଙ୍କାଳସାର ଛୁଆଟିଏ। ଖାଲି ନିଶ୍ୱାସ ପ୍ରଶ୍ୱାସ ଚାଲିଥାଏ। ଭଲ ହେବାର ଆଶା ଦିଶୁ ନ ଥାଏ। ତାର ହାତ ଗୋଡ଼ ସବୁ ଶୁଖିଲା କାଠି ପରି

ଦେଖାଯାଉଥାଏ । କରୁଣ ଆଖି ଦିଓଟି ମୁହଁ ଉପରକୁ ବାହାରି ପଡ଼ିଥାଏ । ମୁଣ୍ଡରେ ଶୁଖିଲା ପତଳା ଚମର ଆସ୍ତରଣଟିଏ ଭିଡ଼ା ହେଇଥାଏ ଯେମିତି । ଆଣ୍ଠୁ, କହୁଣୀ ଓ ଗୋଇଠି ସାରା ଘା ଭର୍ତ୍ତି । ହାତ ଗୋଡ଼ ସବୁ ରକ୍ତ ହୀନତା ଯୋଗୁଁ ଶେଥା ପଡ଼ି ଯାଇଥାଏ । କାଖତଳ ଓ ଖାଲୁଆ ପିଚ୍ଛରୁ ଲୋଟ୍‌କୋଟ୍ ଚମ ଓହଳିଥାଏ । ତା ମାଁର ଛାତିକୁ ସେ ଦୁର୍ବଳ ହାତରେ ଜାବୁଡ଼ି ଧରିଥାଏ । ସତେ ଯେମିତି ସେ ପୁଣି ଥରେ ସୁରକ୍ଷିତ ଗର୍ଭାଶୟକୁ ଫେରିଯିବାକୁ ବାଟ ଖୋଜୁଛି । କାନ୍ଦିବାକୁ ସୁଦ୍ଧା ତାର ବଳ ପାଉ ନ ଥାଏ । ତାକୁ ଦୁଇ ମାସ ଧରି ଝାଡ଼ାବାନ୍ତି ଧରିଥିଲା । ଛତ୍ରାରେ ଡାକ୍ତରୀ ଚିକିତ୍ସା ସୁବିଧା ନ ଥିବାରୁ ସେ ଦିନକୁ ଦିନ ବେଶୀ ଦୁର୍ବଳ ହେଇଗଲା । ଶେଷରେ, ବୋଧହୁଏ ମରିଯିବ ଜାଣି ପାରି ଜେଲର୍ ଦେଖାଣିଆକୁ "ଚିକିତ୍ସା" ପାଇଁ ଶିଘ୍ର ହଜାରିବାଗ୍‌କୁ ସ୍ଥାନାନ୍ତରିତ କରିବାର ବ୍ୟବସ୍ଥା କଲେ । ଦୁଇ ଦିନ ପରେ ତାର ମା'କୁ ବିଶ୍ରାମ ଦେବାପାଇଁ ମୁଁ ତାକୁ ଧରିଥିଲା ବେଳେ ସେ ମରିଗଲା । ଅଯଥାରେ ଏମିତି ତାର ଜୀବନଟା ଚାଲିଯିବାରୁ ମୁଁ ଦୁଃଖ ଓ ବିରକ୍ତରେ ମ୍ରିୟମାଣ ହେଇ ପଡ଼ିଲି । ଅଠର ମାସର ଗୋଟେ ଶିଶୁର ଶବ ମୁଁ ପ୍ରଥମ କରି ଦେଖିଲି । ମୁଁ ସ୍ଥାଣୁ ହେଇ ଦେଖୁଥିଲି, ମନକୁ ଆଦୌ ବୁଝାଇ ପାରୁ ନଥିଲି । ମେହେନ୍ତର ଓ ହରିଜନ ଜାତିର ଲୋକେ ଶବ ଉଠାଇବାର ସବୁ କାମ କଲେ । କଙ୍କାଳସାର ଟିକି ଛୁଆଟିକୁ କପଡ଼ାରେ ଗୁଡ଼େଇ ଜେଲ୍ କାନ୍ଥ ଠିକ୍ ସେ ପାଖରେ ଥିବା ଗାଡ଼ିଆ ପାଖରେ ପୋଡ଼ିଦେବା ପାଇଁ ନେଇଗଲେ । ମୋର ସହବନ୍ଦୀ ମାନଙ୍କ ପାଇଁ ଯଦିଓ ଘଟଣାଟି ଦୁଃଖ ଥିଲା, ମୋ ପରି ଏତେଟା ସେମାନେ ପ୍ରଭାବିତ ହେଇ ନ ଥିଲେ । ସେମାନେ ଜିଉଁଥିବା ନିଷ୍କରୁଣ ଜୀବନ ଧାରାରେ ଅପରିପକ୍ୱ ବୟସର ମୃତ୍ୟୁଟା ଏକ ଦୈନନ୍ଦିନ ଘଟଣା ପରି ଥିଲା ।

ଯା ପରେ ପରେ ସୁପରିଟେଣ୍ଡେଣ୍ଟ୍ ସେଇ ଅଞ୍ଚଳର ଜଣେ ଅଫିସରଙ୍କ ସହିତ ଆମକୁ ପୁଣି ଥରେ ପରିଦର୍ଶନ କଲେ । ମତେ ଜାମ୍‌ସେଦ୍‌ପୁର ସ୍ଥାନାନ୍ତରିତ କରିବା ପାଇଁ ମୁଁ ତାଙ୍କୁ କହିଲି । ତଦ୍ଦ୍ୱାରା ମୁଁ ମୋର କେସ୍‌ର ଅଗ୍ରଗତି ସମ୍ପର୍କରେ ବୁଝି ପାରିବି । ସେ ଭୀଷଣ ପ୍ରତିକ୍ରୀୟା ଦେଖାଇଲେ : "ମୋ ସାଙ୍ଗରେ ଜଗି ରଖି କଥାବାର୍ତ୍ତା କର, ନ ହେଲେ ଏକାଥରକେ ଦାନ୍ତ ସବୁ ଝଡ଼େଇ ଦେବି ।" ତାପରେ ପୁଣି କହିଲେ, "ତମେ ସବୁ ନକସାଲ୍‌ପନ୍ଥୀ ଜେଲ୍‌ରେ ସଢ଼ିପଚି ମରୁନ କାହିଁକି ? ତମରି ଯୋଗୁଁ ମତେ ଭୀଷଣ ବିରକ୍ତ ଲାଗି ଗଲାଣି ।" ମୁଁ ଜାଣିଲି ଯେ ପୁରୁଷ ୱାର୍ଡ଼ରେ ତାଙ୍କୁ ବିବ୍ରତ କଲା ପରି ନିଶ୍ଚେ କିଛି ଘଟିଥିବ । କିଛି ଦିନ ପରେ ଘଟଣାଟି ଜାଣି ପାରିଲି । ୧୯୭୧ରେ ହେଇଥିବା ଗୁଳିକାଣ୍ଡର ତଦନ୍ତ ଆରମ୍ଭ ହେଇଥିଲା । ତଦନ୍ତକାରୀ ଜଜ୍ ନକସାଲ୍-ୱାର୍ଡ଼ ପରିଦର୍ଶନ କରିଥିଲେ । "ରକ୍ତ ବଦଳରେ ଆମେ

ରକ୍ତ ନେବୁ” - ଧ୍ୱନି ଦେଇ ନକସାଲ୍‌ପନ୍ଥୀ ମାନେ ଜଜ୍‌ଙ୍କୁ ସ୍ୱାଗତ କଲେ। ସେଥିରେ ସୁପରିଟେଣ୍ଡେଣ୍ଟ୍ ରାଗି ଯାଇଥିଲେ।

ଗୁଳିକାଣ୍ଡର ବର୍ଷ ପୂର୍ତ୍ତିରେ ଗଛ ବୁଦା ସବୁ କାଟିଦେବା ପାଇଁ “ସୁପର୍”ଙ୍କ ଠାରୁ ପୁଣି ଗୋଟେ ଆଦେଶ ହେଲା। ଗେମେଲା ଫୁଲ ପୁଣି ଫୁଟିବା ଆରମ୍ଭ କରିଥିଲା। ପିଜୁଳୀ ଗଛରେ ପୁଣି ନୂଆ ଡାଳ ଉଠିଥିଲା। ପୁରୁଣା କଟା ଗଛରେ କଅଁଳିଥିବା ନୂଆ ଶାଖା ପ୍ରଶାଖା ଆମକୁ ଆଉ ଥରେ ଛାଇଦେବା ଆରମ୍ଭ କରିଥିଲା। ଏବେ ପୁଣି ଥରେ ଆମଠାରୁ ସବୁ ଛଡ଼ାଇ ନିଆଗଲା। ଜୁଲାଇ ୨୫ରେ ପୁରୁଷ ୱାର୍ଡ଼ରେ ନକସାଲ୍‌ପନ୍ଥୀ ମାନେ ଘଣ୍ଟା ଘଣ୍ଟା ଧରି ସ୍ଲୋଗାନ ଦେଲେ। ଦକ୍ଷିଣା ପବନରେ ସେଇ ଶବ୍ଦାୟିତ ଧ୍ୱନି ଭାସି ଆସି ଆମ କାର୍ଯ୍ୟରେ ବାଜୁଥିଲା। ସେମାନେ ପାରୁ ପର୍ଯ୍ୟନ୍ତ ଠିକ୍ ଭାବରେ ଆହ୍ୱାନଟିକୁ ପରିଚାଳନା କରୁଥିଲେ। ସେଇ ମାସ ଗିରଫ ହେବାର କେତେ ଦିନ ପରେ ପୋଲିସ୍ ହାଜତ୍‌ରେ ଭାରତର ମାର୍କସ୍‌ବାଦୀ-ଲେନିନ୍‌ବାଦୀ କମ୍ୟୁନିଷ୍ଟ ଦଳର ପ୍ରଥମ ସାଧାରଣ ସମ୍ପାଦକ ଚାରୁ ମଜୁମ୍‌ଦାର ମୃତ୍ୟୁବରଣ କରିବାର ସମ୍ବାଦ ଖବରକାଗଜରେ ବାହାରିଲା। ୧୯୬୯ରେ ଗଠିତ ହୋଇଥିବା ଏଇ ଦଳ ନକସଲ୍‌ପନ୍ଥୀ ଆନ୍ଦୋଳନକୁ ମୁଖ୍ୟ ନେତୃତ୍ୱ ଦେଇଥିଲା। ସେ ପୋଲିସ୍ ଦ୍ୱାରା ନିହତ ବୋଲି ସମସ୍ତେ ଭାବିଲେ। ଏତେ ହତାଶା ଭିତରେ ମତେ ଗୋଟେ କଥା ଭାରି ମଜା ଲାଗୁଥିଲା ଯେ ଆମକୁ ବଦ୍‌ନାମ କଲାଭଳି କୌଣସି ଖବରକୁ ଆମର କଟକଣାକାରୀ ମାନେ କଟାକଟି କରୁ ନ ଥିଲେ। ତେବେ ଏଇ କୌଶଳଟା ମୋ ଉପରେ ବିପରୀତ ପ୍ରଭାବ ପକାଇଲା। ମୁଁ ଧରିନେଲି ଯେ ଖବର କାଗଜରେ କାଳି ବୋଳା ହୋଇଥିବା ଯେତେସବୁ ଅଂଶ ଆମ ପାଇଁ ନିଶ୍ଚୟ ସୁସମ୍ବାଦ ହୋଇଥିବ। ଖବରକାଗଜରେ ଯେତେ ବେଶୀ ଭାଗ କାଳି ବୋଳା ହେଉଥିଲା। ମୁଁ ସେତେ ବେଶୀ ଖୁସି ହେଉଥିଲି।

ସେପ୍‌ଟେମ୍ବର ଆରମ୍ଭରେ ମୁଁ ଏତେ ବେମାର ପଡ଼ିଲିଯେ ଆଉ ଆଦୌ ଉଠି ପାରିଲି ନାହିଁ। ଆଗରୁ କେବେ ମୁଁ ଏତେ ଦୁର୍ବଳ ହୋଇ ନ ଥିଲି। ଓଜନ ମଧ୍ୟ ବହୁତ କମିଗଲା। ଆମ ୱାର୍ଡ଼ ଦାୟିତ୍ୱରେ ଥିବା ଡାକ୍ତର ରୋଗର କାରଣ ଖୋଜି ପାଇଲେ ନାହିଁ। ସେ ପ୍ରତିଦିନ ଆସି ମତେ ଖିଆପିଆ କରିବାକୁ କହୁଥାନ୍ତି। କିଂତୁ ଖାଦ୍ୟ ଦେଖିଲାମାତ୍ରେ ମୋର ବିତୃଷ୍ଣା ହୁଏ। ପ୍ରାୟ ସପ୍ତାହେ ଧରି ମୁଁ ପଡ଼ି ରହିଲି। ଜ୍ୱରରେ ମୋର ଦେହ କମ୍ପିଲା। ଅନ୍ୟ ଜଣେ ଜେଲ୍ ଡାକ୍ତରଙ୍କୁ ସଙ୍ଗେ ସଙ୍ଗେ ଡକା ହେଲା। ପରୀକ୍ଷା କଲାପରେ ମତେ ଯକୃତ ପ୍ରଦାହ ହୋଇଥିବାର ଜଣା ପଡ଼ିଲା। କିଛି ସମୟ ପାଇଁ ମୁଁ ଜଣେ ଭି.ଆ.ପି. ପାଲଟି ଗଲି। ମୋର କିଛି କ’ଣ ହୋଇଗଲେ ସେମାନେ

ଦାୟୀ ହେବେ ଭାବି ପ୍ରକୃତରେ ଡରି ଯାଇଥିଲେ । ଅନ୍ୟମାନଙ୍କ ଅପେକ୍ଷା ମୁଁ ସେଠି ବେଶ୍ ଜଣାଶୁଣା ଥିଲି ।ବାହାରେ ଲୋକ ମୋ ବିଷୟରେ ପଚାରୁଥିଲେ । ଅନ୍ୟ ବନ୍ଦୀମାନଙ୍କ କ୍ଷେତ୍ରରେ କରିଥିବାପରି ମୋର କୌଣସି ଘଟଣା ସେମାନେ ଚପାଇ ପାରୁ ନ ଥିଲେ । ଗୋଟେ ମାସ ମୁଁ ଭଲ ବିଛଣାରେ ମଶାରୀ ଟାଙ୍ଗି ଆରାମରେ ଶୋଇଲି । ଅନେକ ସୁସ୍ୱାଦୁ ଭିଟାମିନ୍ ଯୁକ୍ତ ଖାଦ୍ୟ ମିଳୁଥିଲେ ସୁଦ୍ଧା ଦେହ ଖରାପ ଯୋଗୁଁ ମୋର ଖାଇବାକୁ ଇଚ୍ଛା ହେଉ ନ ଥିଲା ।

ମୋର ସହବନ୍ଦୀ ମାନେ ପାରୁ ପର୍ଯ୍ୟନ୍ତ ମୋର ସେବାଯତ୍ନ କଲେ । ଦେହ ମୁଣ୍ଡ ମୋଡ଼ିବା, ପଙ୍ଖାଧରି ବିଞ୍ଚିବା, ଲୁଗା ଧୋଇବା, ମୋ କୋଠରୀ ସଫା କରିବା, ମୋ ପାଇଁ ପେଜ-ତୋରାଣି ବନେଇବା ଆଦି ସବୁ କାମ କରୁଥିଲେ । ତତେ କେମିତି ଲାଗୁଛି ବୋଲି ବାରମ୍ବାର ପଚାରି ବୁଝୁଥିଲେ । ଜଣେ ମତେ କହିଲା : "ତୁ ଘରଠାରୁ ଏତେ ଦୂରରେ ଅଛୁ । ସେଥିପାଇଁ ତତେ ବେଶୀ ଖରାପ ଲାଗୁଛି । ତେବେ ତୁ ମନେରଖ ଯେ ଏଠି ଆମେ ହେଉଛୁ ତୋର ମା, ଭଉଣୀ, ପରିବାର ଓ ସବୁକିଛି । ଆମେ ତୋର ଦେଖାଶୁଣା କରିବୁ ।"

ମୋର ସାଥିମାନଙ୍କ ସହିତ ମୋର ସମ୍ପର୍କରେ ଏକ ଗୁଣାତ୍ମକ ପରିବର୍ତ୍ତନ ଆସିଥିବାର ମୁଁ ଅନୁଭବ କଲି । ସେପ୍‌ଟେମ୍ବରର ସେଇ ଉତ୍ତାର୍ଣ୍ଣ ପ୍ରହରରେ ବିଛଣା ଉପରେ ପଡ଼ି ରହି ମୁଁ ଏପଟ ସେପଟ ହେଉଥିବା ସ୍ତ୍ରୀଲୋକ ମାନଙ୍କୁ, ସ୍ୱଚ୍ଛ ଆକାଶକୁ ଓ ସେଠି ଦୃଷ୍ଟି ଆକର୍ଷଣ କରିବା ପାଇଁ ଭିଡ଼ କରୁଥିବା ମେଘ ଖଣ୍ଡକୁ, ପିପ୍‌ପଳ ଗଛ ଉପରେ ଥିବା ନୀଡ଼କୁ ଫେରୁଥିବା ବଣପକ୍ଷୀକୁ ଓ ଗଛ ତଳେ ଖେଳୁଥିବା ପିଲାମାନଙ୍କୁ ଦେଖୁ ଦେଖୁ ମୁଁ ସୁସ୍ଥି ମାରୁଥିଲି । କିଂତୁ ତାହା ବେଶୀ ଦିନ ରହିଲା ନାହିଁ । ମୁଁ ବେମାର ଥିଲାବେଳେ ମଧ୍ୟ ମୋର ମଶିଣା, କମ୍ବଳ ଆଦି ଝଡ଼ାଝଡ଼ି କରି ହଠାତ୍ ଖାନ ତଲାସି କରାଗଲା । ମୁଁ ଠିଆ ହେଇ ପାରୁ ନ ଥିଲାବେଳେ ସେମାନେ କଣଟା ମୋଠୁ ଖୋଜୁଥିଲେ ଜାଣେନା ।

ମତେ ସେମିତି ଦୁର୍ବଳ ଲାଗୁଥିଲା । ସେତେବେଳେ ତିନି ଜଣ ଶିକ୍ଷୟତ୍ରୀ ଆମ ସହିତ ଯୋଗ ଦେଲେ । ଭାରତୀୟ ପିଙ୍ଗଳ ଆଇନର ୧୪୪ ଧାରା ଲାଗୁକରି ପାଞ୍ଚ ଜଣରୁ ଅଧିକ ଲୋକଙ୍କୁ ଏକତ୍ର ହେବାର ଓ ଶୋଭାଯାତ୍ରା ଆଦି ଉପରେ ନିଷେଧାଜ୍ଞା ଜାରି କରାଗଲା । ସେଇ ସମୟରେ ସେମାନେ ଧର୍ମଘଟ କରିଥିବାରୁ ଗିରଫ ହେଇ ଆସିଥିଲେ । ସେମାନେ ଚାକିରୀ କରୁଥିବା ପ୍ରାଇଭେଟ ସ୍କୁଲ ଗୁଡ଼ିକୁ ସରକାର ହାତକୁ ନେବା ପାଇଁ ସେମାନେ ଦାବୀ କରୁଥିଲେ । ତା ଦ୍ୱାରା ସେମାନଙ୍କର ଦରମା ନିୟମିତ ମିଳିବ ଓ ଅବସର ବେତନ ମଧ୍ୟ ମିଳିବାଟା ନିଶ୍ଚିତ ହେବ । ସେମାନଙ୍କୁ ମାସ ମାସ

ଧରି ଦରମା ମିଳୁ ନ ଥିବାର ସେମାନେ କହିଲେ । ଏତେ ସଂଖ୍ୟକ ବନ୍ଦୀ ମାନଙ୍କର ଥଇଥାନ କରିବା ପାଇଁ ସରକାର ହଜାରିବାଗ୍‌ରୁ ପ୍ରାୟ କୋଡ଼ିଏ ମାଇଲ ଦୂରରେ ଥିବା ଚନ୍ଦୱାରାର ଗୋଟେ ପୁରୁଣା ଜେଲ୍‌କୁ ପୁଣି ଖୋଲିଲେ । ସେଇଟା ବୋଧହୁଏ ପ୍ରଥମେ ଇଂରେଜ ମାନେ ବ୍ୟବହାର କରୁଥିଲେ । ପରବର୍ତ୍ତୀ ବର୍ଷ ମାନଙ୍କରେ ଚନ୍ଦୱାରା ଓ ଅନ୍ୟାନ୍ୟ ଅସ୍ଥାୟୀ ଜେଲଗୁଡ଼ିକୁ କ୍ରମଶଃ ଅଧିକ ବ୍ୟବହାର କରାଗଲା । ଅନେକ ଧର୍ମଘଟକାରୀଙ୍କ ମଧ୍ୟରୁ ମୁଁ ସ୍କୁଲ୍ ଶିକ୍ଷୟତ୍ରୀମାନଙ୍କୁ ପ୍ରଥମେ ଜେଲ୍‌ରେ ଦେଖିଲି । ସେମାନଙ୍କୁ ହଇରଣ ହରକତ କରି ସାରିଲା ପରେ ବିନା ସର୍ତ୍ତରେ କାର୍ଯ୍ୟରେ ଯୋଗଦେବା ପାଇଁ କୁହାଗଲା ଓ ସେଥିରେ ରାଜି ହେଲାରୁ ତାଙ୍କୁ ଖଲାସ କରି ଦିଆଗଲା । କିଂତୁ ପରେ ଧର୍ମଘଟ ସେତେ ସହଜରେ ଦମନ କରାଯାଇପରିଲା ନାହିଁ ।

ସେଇ ଥରକ ହିଁ ଅନ୍ୟ ବନ୍ଦୀମାନଙ୍କ ଅପେକ୍ଷା ଧର୍ମଘଟକାରୀ ମାନଙ୍କୁ ଉନ୍ନତ ମାନର ଖାଦ୍ୟ ଦିଆଯାଇଥିଲା । ସେମାନଙ୍କୁ ଲୁଗାପଟାର ପୁରା ପ୍ରାପ୍ୟ ଦିଆଯିବାର ଦେଖି ମତେ ବିରକ୍ତ ଲାଗିଲା । ଗଲାବେଳେ ସେମାନେ ଲୁଗାସବୁ ନେଇଗଲେ । ସେତିକିବେଳେ ଅନ୍ୟ କେତେ ଜଣ ସ୍ତ୍ରୀଲୋକ ଛିଣ୍ଡା ଲୁଗା ପିନ୍ଧି ରହୁଥିଲେ - ସେଇଟା ହିଁ ମୋର ବିରକ୍ତିର କାରଣ ଥିଲା । ସ୍କୁଲ ଶିକ୍ଷୟତ୍ରୀମାନେ ଚାଲିଯିବା ପରେ ଲୁଗାପଟା ଦାୟିତ୍ୱରେ ଥିବା ଆସିଷ୍ଟାଣ୍ଟ୍ ଜେଲର୍‌ଙ୍କ ସହିତ ମୋର କଥା କଟାକଟି ହେଲା । କେତେ ଜଣ ସ୍ତ୍ରୀଲୋକଙ୍କର ଦେହ ଘୋଡ଼େଇବାକୁ ବ୍ଲାଉଜ୍ ଖଣ୍ଡେ ମଧ୍ୟ ନଥିଲା । ଥଣ୍ଡା ଦିନ ଆସିବାକୁ ଆଉ ବେଶୀ ଦିନ ନଥିଲା । ସେତେବେଳେ ଅବସ୍ଥା ଆହୁରି ଅସମ୍ଭାଳ ଧରାବନ୍ଧା ଦେଖାଶୁଣା କରି ସାରିଲା ପରେ ଅଫିସର ଜଣଙ୍କ କହିଲେ ଯେ ଯେଉଁମାନଙ୍କର ଆଦୌ ପିନ୍ଧିବାକୁ କିଛି ନାହିଁ ସେମାନଙ୍କୁ ଖଣ୍ଡେ ଲେଖାଏଁ ଶାଢ଼ୀ ଓ ବ୍ଲାଉଜ୍ ଦିଆଯିବ । ଅଳ୍ପ ଦିନ ପାଇଁ ନିଜର ଲୁଗାପଟା ସହିତ ଆସିଥିବା ଶିକ୍ଷୟତ୍ରୀମାନଙ୍କୁ ଦିଆଯାଇଥିବା ଶାଢ଼ୀ ସହିତ ଏଇ ସ୍ତ୍ରୀଲୋକମାନେ ପାଇଥିବା ଶାଢ଼ୀକୁ ତୁଳନା କଲି । ସେ ମତେ ବୁଝାଇ ଦେଲେ ଯେ ମୋର ସହବନ୍ଦୀମାନେ ଜେଲ୍‌କୁ ଆସିବା ଆଗରୁ ଗରୀବ ଥିଲେ ଓ ଏ ଛିଣ୍ଡା ଲୁଗା ପିନ୍ଧୁଥିଲେ । ତେଣୁ ଜେଲ୍ ଭିତରେ ସେମାନେ "ଦାମୀ ଲୁଗା" ଆଶା କରି ପାରିବେ ନାହିଁ । ଜେଲ୍ ବାହାରେ ଅନେକ ଲୋକ ପ୍ରବଳ ଶୀତରେ ଖାଲି ପାଦରେ ଚାଲିକି ଯାଉଥିଲେ । ଘୋଡ଼ି ହେବାପାଇଁ ସେମାନଙ୍କର ଶୀତ ଲୁଗା ମଧ୍ୟ ନ ଥିଲା । ସେଇୟାକୁ ଆଖିରେ ରଖି ସେମାନେ ଜେଲ୍ ନିୟମ ଅନୁସାରେ ଯେତିକି ଅତ୍ୟାବଶ୍ୟକୀୟ ଜିନିଷ ପାଇବା କଥା ସେତିକି ମଧ୍ୟ ଦେଉ ନ ଥିଲେ । ସେଥିରେ

ପୁଣି "ଦାରିଦ୍ର୍ୟ ଦୂରୀକରଣ !"ର ସ୍ଲୋଗାନ ଦେଇ କଂଗ୍ରେସ ସରକାର ନିର୍ବାଚନ ଜିତିଥିଲା ।

ଆସିଷ୍ଟାଣ୍ଟ ଜେଲର୍ ତାଙ୍କ ଅଧୀନରେ ଥିବା କଇଦୀ ମାନଙ୍କର ପ୍ରାପ୍ୟ ଲୁଗା ତାଲିକା ଖାତାରେ ଚଢ଼େଇ ଦେଇ ତାକୁ ବିକ୍ରୀ କରି ଦେଉଥିଲେ । କଥାଟା ସମସ୍ତେ ଜାଣିଥିଲେ । କୌଣସି ମନ୍ତ୍ରୀ ବା ଜେଲ୍ ବିଭାଗର ଆଇ.ଜି. ପରିଦର୍ଶନର ସୂଚନା ଆସିଲା ବେଳେ ହିଁ କେବଳ ବିନା ଝାମେଲାରେ ନୂଆ ଲୁଗା ଦିଆଯାଉଥିଲା । ସେତେବେଳେ ତରତର ହେଇ ଜେଲର୍ ସେଇ କେତେ ଜଣଙ୍କୁ କେତେ ଖଣ୍ଡ ଶାଢ଼ୀ ଓ ବ୍ଲାଉଜ୍ ବଢ଼େଇ ଦେଉଥିଲେ ଓ ଅନ୍ୟମାନଙ୍କୁ ଆଉ ଅଭିଯୋଗ ନ କରିବା ପାଇଁ ତାଗିଦା କରି ଦେଉଥିଲେ । ନୂଆ ଷ୍ଟକ୍ ଆସିଲା ପରେ ସେ ଅନ୍ୟମାନଙ୍କ କଥା ବୁଝିବା ପାଇଁ ପ୍ରତିଶ୍ରୁତି ଦେଉଥିଲେ ହେଁ ପରିଦର୍ଶନ ଶେଷ ହେବା ପରେ ପରେହିଁ ସେ ନିଜେ ଦେଇଥିବା କଥା ଭୁଲି ଯାଉଥିଲେ ।

କାମଳ ରୋଗରୁ ମୁଁ ଟିକିଏ ସୁସ୍ଥ ହେବା ପରେ ଜଣେ ବ୍ରିଟିଶ୍ ଅଫିସର୍ ମୋର ବହୁ-ଆକାଂକ୍ଷିତ କଲମଟିଏ ଓ "ସ୍ୱେଚ୍ଛାମୂଳକ ପ୍ରତ୍ୟାଗମନ"ର ପ୍ରସ୍ତାବ ନେଇ ଦିନେ ଅପ୍ରତ୍ୟାଶିତ ଭାବରେ ପହଞ୍ଚିଲେ । ବିନା ବିଘ୍ନରେ ମୁଁ ସ୍ୱଇଚ୍ଛାରେ ସ୍ୱଦେଶ ଫେରି ଯିବାକୁ ଚାହିଁଲେ ଭାରତ ସରକାର ରାଜିଥିବା କଥା ସେ ମତେ କହିଲେ । କଥାଟିକୁ ଚିନ୍ତା କରିବା ପାଇଁ ମୁଁ ତାଙ୍କୁ ମାସେ ସମୟ ମାଗିଲି ।

୬

ସ୍ୱଦେଶ ପ୍ରତ୍ୟାଗମନ ?

ଡେପୁଟି ହାଇ କମିଶନର ସେକ୍ରେଟାରୀଙ୍କ ପ୍ରସ୍ତାବଟା ବେଶ୍ ଲୋଭନୀୟ ଥିଲା । ସ୍ୱଇଚ୍ଛାରେ ସ୍ୱଦେଶ ପ୍ରତ୍ୟାଗମନ ପାଇଁ ମୁଁ ରାଜି ହେଇଗଲେ ମୋ ବିରୁଦ୍ଧରେ ଥିବା କେସ୍ ଗୁଡ଼ିକୁ ଉଠାଇ ନିଆ ଯିବାର ସମ୍ଭାବନା ଥିଲା । ମୁଁ ଚାହିଁଲେ କାଲି ମଧ୍ୟ ଚାଲିଯାଇପାରିବି । ଅପର ପକ୍ଷରେ ମୁଁ ଯଦି ବିଚାର ପାଇଁ ଅଡ଼ି ବସେ, ତା ହେଲେ ସେଇଟା ଯାଇ ମାସ ମାସ ଲାଗିଯିବ । ବିହାର ସରକାର ମତେ "ବିପଜ୍ଜନକ" ବୋଲି ବିଚାର କରୁଥିବାରୁ ମୋ ତରଫରୁ ଜାମିନ୍ ଆବେଦନକୁ ମନା କରିବେ । ମୁଁ ସେ ଦିଗରେ ଚେଷ୍ଟା କଲେ କୋଡ଼ିଏ ବର୍ଷ ଜେଲ୍‌ଦଣ୍ଡ ଦେବାର ଧମକ ଦେଇ ମତେ ସତର୍କ କରାଦିଆଯାଇଥିଲା । ଅମଲେନ୍ଦୁଙ୍କୁ ମୁଁ ପୁଣି ଥରେ ଦେଖିବାର ଆଶା କରିବାଟା ଅବାସ୍ତବ ବୋଲି ବ୍ରିଟିଶ୍ କର୍ମଚାରୀ ଜଣକ ମତ ଦେଲେ । ଆମ କ୍ଷେତ୍ରରେ କେତେ ଜଣଙ୍କୁ ମୃତ୍ୟୁଦଣ୍ଡ ମଧ୍ୟ ଦିଆଯାଇ ପାରେ ବୋଲି ସୁପରିଟେଣ୍ଡେଣ୍ଟ ଜଣାଇଲେ । ତେବେ ମୁଁ ଜାଣି ଯାଇଥିଲି ଯେ ଏ ସବୁ ମତେ କେବଳ ଡରାଇବାର ଚେଷ୍ଟା । ବିହାର ମୁଖ୍ୟ ଶାସନ ସଚିବ ତାଙ୍କୁ ଦେଇଥିବା ଏକ ଚୂଡ଼ାନ୍ତ ଖବରଟା କହିଦେଇ ବ୍ରିଟିଶ୍ ଅଫିସର ଜଣକ ଚାଲିଗଲେ । ତାହା ହେଲା : ମୁଁ ଯଦି କଲିକତାରେ ରହିବାକୁ ଚେଷ୍ଟାକାର, ତା ହେଲେ ମୋର ଜୀବନ ପ୍ରତି ବିପଦ ରହିବ । ୧୯୭୦ର ପରିସ୍ଥିତି ଆଉ ନାହିଁ । ନକସଲପନ୍ଥୀ ମାନଙ୍କୁ ଆଉ ବରଦାସ୍ତ କରାଯିବ ନାହିଁ ।

ଏମିତି ପରୋକ୍ଷ ଧମକରେ ମୁଁ ବିଶେଷ ପ୍ରଭାବିତ ହେଲି ନାହିଁ । କଲିକତାର ଲୋକମାନେ ବା ମୋ ବିରୁଦ୍ଧରେ କାହିଁକି ଲାଗିବେ । ମୋର ଟିକେ ସନ୍ଦେହ ହେଲା । ଭାବପ୍ରବଣତାରେ ଭାସି ନ ଯାଇ ମୁଁ ସ୍ୱଦେଶ ପ୍ରତ୍ୟାବର୍ତ୍ତନ ପ୍ରସ୍ତାବକୁ ନିରପେକ୍ଷ ଭାବରେ ତର୍ଜମା କଲି । ଭାରତ ସରକାରଙ୍କ ହୃଦୟଗତ ପରିବର୍ତ୍ତନ ଆସି ନ ଥିଲା, ଏ କଥା ସ୍ପଷ୍ଟ ଜଣା ପଡୁଥିଲା । ମତେ ମୁକ୍ତି ଦେଇ ସେମାନେ ଦେଶ

ବାହାରେ ନିଜର ଭାବମୂର୍ତ୍ତି ବଢ଼ାଇବାକୁ ଚାହୁଁଥିଲେ । ଏଣେ ନିଜ ଦେଶ ଭିତରେ ହଜାର ରାଜନୈତିକ ବିରୋଧୀ ମାନଙ୍କୁ ବିନା ବିଚାରରେ ଅନିର୍ଦ୍ଦିଷ୍ଟ କାଳ ପର୍ଯ୍ୟନ୍ତ ଅଟକ ରଖିଥିଲେ । ତାପରେ ପ୍ରସ୍ତାବଟିକୁ ଗ୍ରହଣ କରିଦେଲେ ମୋର ସୁବିଧା ହେବ - ମୁଁ ଏଇ ସିଦ୍ଧାନ୍ତରେ ପହଞ୍ଚିଲି । କାରଣ ଜେଲ୍‌ରେ ଆଉ ବେଶୀ ଦିନ ରହିଲେ କିଛି ଲାଭ ନାହିଁ । କେତେ ଦିନ ପରେ ମୁଁ ମୋ ଜେଲ୍‌ରେ ଅନ୍ତର୍ଭୁକ୍ତ କେତେ ଜଣଙ୍କ ପାଖରୁ ପ୍ରସ୍ତାବଟିକୁ ଗ୍ରହଣ କରି ନେବା ପାଇଁ ସନ୍ଦେଶ ପାଇଲି, ଅବଶ୍ୟ ସେଥିରେ ଯଦି କୌଣସି ଅଗ୍ରହଣୀୟ ସର୍ତ୍ତାବଳୀ ରଖାଯାଇ ନ ଥିବ । ସେମାନେ ନିଜେ ଏକଥା ଲେଖିଥିବାରୁ ମତେ ଖୁସି ଲାଗିଲା । ମୁଁ ମୈଦାନ ଛାଡ଼ି ପଳେଇ ଯାଉଛି ବୋଲି ପରେ ଯେମିତି କେହି ନ ଭାବନ୍ତୁ, ମୁଁ ଏଇୟା ଚାହୁଁଥିଲି ।

ଦୁଇ ସପ୍ତାହ ଭିତରେ ମୁଁ ନିଜକୁ ମାନସିକ ସ୍ତରରେ ପ୍ରସ୍ତୁତ କରିନେଲି ଓ ଆଗତ ପ୍ରସ୍ତାବ ଦିଗରେ ଆଗେଇବାକୁ ମୁଁ କଲିକତାକୁ ଚିଠି ଲେଖିଲି । ମୋର ଇଂଲଣ୍ଡ ଫେରିଯିବା ନେଇ ଜେଲ୍ ଅଫିସର ମାନେ ଏତେ ନିଶ୍ଚିତ ଜଣା ପଡୁଥିଲେ ଯେମିତି ସବୁକିଛି ଜଲ୍‌ଦି ସୁରୁଖୁରୁରେ ହେଇଯିବା ଉପରେ । ମୋର ଆରମ୍ଭରୁ ରହିଥିବା ସନ୍ଦେହଟା କମିଗଲା । ମୋର ଘନିଷ୍ଠ ବନ୍ଧୁମାନଙ୍କ ଠାରୁ ଚିଠି ପାଇଲା ମାତ୍ରେ ମୁଁ ଲଣ୍ଡନର ଜୀବନ ଯାତ୍ରାକୁ ଚାହିଁ ବସିଲି । ମୋର ବାପା ମା, ବିଶେଷତଃ ମୋର ଭଉଣୀର ପିଲାମାନଙ୍କୁ ଦେଖିବାପାଇଁ ମୁଁ ବ୍ୟଗ୍ର ହେଲି । ଅପରପକ୍ଷେ, ସବୁଦିନ ପାଇଁ ଭାରତ ଛାଡ଼ି ଚାଲିଯିବା କଥା ଭାବିଲେ ମତେ ଭାରି ଦୁଃଖ ଲାଗୁଥିଲା । ଭାରତର ସ୍ଫଟିକ ସ୍ୱଚ୍ଛ ମଧ୍ୟାହ୍ନରେ କୋଠରୀ ବାହାରେ ଆମେ ତିଆରି କରିଥିବା ମାଟି ବେଦୀ ଉପରେ ବସି ଅଳସ ଭାଙ୍ଗୁ ଭାଙ୍ଗୁ ହଜାରୀବାଗ୍‌ର ନିରୁତା ନୀଳ ଆକାଶକୁ ଚାହିଁଥିଲି । ଜେଲ୍ ବାହାରେ ଥିବା ମଶାଣି ଉପରେ ଶାଗୁଣା ମାନେ ଚକ୍‌କର କାଟୁଥିଲେ । ମୌସୁମୀ ବର୍ଷାରେ ତଥାପି ବି ମାଟିରୁ ମଧୁର ବାସ୍ନା ଉଠୁଥିଲା । ଜେଲ୍ କାନ୍ଥ ଭିତରୁ ପ୍ରାଣ ଭରି ଭଲପାଉଥିବା ଏଇ ଦେଶରେ ମୋର ଏଇ ଶେଷ କେଇଟା ଦିନ ଭାବି ଦୁଃଖ ଲାଗିଲା । ଅମଳେନ୍ଦୁ ସହିତ ପୁଣି କେବେ ଦେଖା ହେଇ ନ ପାରେ ଭାବି ମୁଁ ତାଙ୍କ ପରିବାର ସହିତ କିପରି ଯୋଗାଯୋଗ ରଖି ପାରିବି ସେ ବିଷୟରେ ଉପାୟ ଚିନ୍ତା କଲି । ସବୁ ଘଟଣା ଜଣାଇ ତାଙ୍କୁ ଚିଠି ଲେଖିଲି । ମୁଁ ଜାଣିଥିଲି ଯେ ସେ ନିଶ୍ଚେ ବୁଝିବେ ।

ବାହାରେ, ଉତ୍ତପ୍ତ ଭାରତ ଖାଲି ଟକଟକ ହେଇ ଫୁଟୁଥିଲା । ଶରତରେ ଭାଷା ସମସ୍ୟାକୁ କେନ୍ଦ୍ର କରି ଆସାମରେ ଦଙ୍ଗା, ପଞ୍ଜାବରେ ବିରାଟ ଛାତ୍ର ଆନ୍ଦୋଳନ ତଥା ଦେଶର ଅନ୍ୟାନ୍ୟ ଜାଗାରେ ପ୍ରାୟ ପ୍ରତି ଦିନ ବିଶୃଙ୍ଖଳା

ଦେଖାଦେଲା । ଦିନେ ବିହାର ବିଧାନ ପରିଷଦରେ ଜଣେ ସଭ୍ୟାଙ୍କୁ ଜେଲ୍‌କୁ ଅଣାଗଲା । ହଜାରିବାଗ୍‌ରୁ ତିରିଶ ମାଇଲ ଦୂରରେ ଥିବା ରାମଗଡ଼ରେ ସେ ଧାରଣାରେ ବସିଥିବାରୁ ତାଙ୍କୁ ଗିରଫ କରାଯାଇଥିଲା । ଆମ ସହିତ ସେ ମାତ୍ର ଦୁଇ ଦିନ ରହିଥିଲେ ହେଁ ତାଙ୍କ ସାନ୍ନିଧ ବେଶ୍ ଆନନ୍ଦ ପ୍ରଦ ଥିଲା । ସେ ରାମଗଡ଼ର ନିର୍ବାଚିତା ସଭ୍ୟା ଥିଲେ । ଆଗରୁ ସେଇ ଆସନରୁ ତାଙ୍କର ସ୍ୱାମୀ ଜିତିଥିଲେ ଓ ନିର୍ବାଚନ ପରେ ପରେ ଆତତାୟୀ ଦ୍ୱାରା ନିହତ ହେଇଥିଲେ । ଭାରତର କମ୍ୟୁନିଷ୍ଟ ପାର୍ଟି ସ୍ଥିର କଲା ଯେ ସେ ସ୍ୱାମୀଙ୍କ ସ୍ଥାନ ପୂରଣ କରିବା ଉଚିତ । ଆଉ ସହାନୁଭୂତି ଭୋଟରେ ସେ ଜିତିଗଲେ । ତାଙ୍କ ସହିତ ରାଜନୀତି ଚର୍ଚ୍ଚା କରିବାକୁ ମୋର ଇଚ୍ଛା ଥିଲା । ମାର୍କସ୍, ଏଙ୍ଗେଲସ୍ ବା ଲେନିନ୍‌ଙ୍କ ନାଁ ମଧ୍ୟ ଶୁଣି ନ ଥିଲେ । ମୁଁ ତାଙ୍କର ସରକାରୀ କାମ କଥା ପଚାରିବାରୁ ସେ ଖୋଲାଖୋଲି ଭାବରେ ସ୍ୱୀକାର କଲେ ଯେ ଖୁବ୍ କମ୍ ଇଂରାଜୀ ଜାଣିଥିବାରୁ ବିଧାନସଭା ପରିଷଦରେ ହେଉଥିବା ସବୁଯାକ କାର୍ଯ୍ୟ ବିବରଣୀକୁ ବୁଝିପାରୁ ନ ଥିଲେ ।

ମୁଁ ତାଙ୍କୁ ବିନା ବିଚାରରେ ଦୀର୍ଘ ଦିନ ଧରି ଅଟକ ରହିଥିବା ବନ୍ଦୀମାନଙ୍କର ଦୁର୍ଦ୍ଦଶା ଓ ଆମର ଅସୁବିଧାମାନ କହିଲି । ସେ ସେଥିରେ ବିଶେଷ ଆଗ୍ରହ ଦେଖାଇଲେ ନାହିଁ । ଯେମିତିକି ସେଥିରେ ତାଙ୍କର ମୁଣ୍ଡ ପୁରାଇବାର ଦରକାର ନ ଥିଲା । ବରଂ ସେ ଇଂରେଜ ମାନଙ୍କର ରନ୍ଧନ ପ୍ରଣାଳୀ ଓ ବୁଣାବୁଣି ବିଷୟରେ ଜାଣିବାକୁ ଚାହିଁଲେ । ସର୍ବୋପରି, ସେ ପହଞ୍ଚିବା ପରେ ପରେ ମୁସଲମାନ ମାନଙ୍କର ଉପବାସର ମାସ ରମ୍‌ଜାନ୍ ଆରମ୍ଭ ହେଲା । ସକାଳୁ ସନ୍ଧ୍ୟା ପର୍ଯ୍ୟନ୍ତ ସେଇ କମ୍ୟୁନିଷ୍ଟ ମହିଳାଙ୍କୁ କର୍ତ୍ତବ୍ୟ ପରାୟଣତାର ସହିତ ଉପବାସ କରୁଥିବାର ଦେଖି ମତେ କୌତୁକ ଲାଗିଲା । ସେଥିରେ କିଛିଟା ଅସଙ୍ଗତି ରହିଥିବା ବିଷୟରେ ସେ ଆଦୌ ସଚେତନ ନ ଥିଲେ ।

ସ୍କୁଲରେ ପଢ଼ାଉଥିଲା ବେଳେ ମୋର ଜଣେ ପୂର୍ବତନ ସହକର୍ମୀ ଆଇରିସ୍ ମାର୍କସ୍ ତାଙ୍କ ସ୍ୱାମୀଙ୍କ ସହିତ ଭାରତ ଆସିଥିଲେ । କେତେ ମାସ ତଳେ ସେ ମତେ ଦେଖା କରିବାକୁ ଚେଷ୍ଟା କରିବେ ବୋଲି ଲେଖିଥିଲେ । ଅନେକ ଦିନ ଗଡ଼ିଗଲା ପରେ ମଧ୍ୟ ସେମାନଙ୍କର ଦେଖା ନ ମିଳିବାରୁ ମୁଁ ତାଙ୍କ ଆସିବା ଆଶା ଛାଡ଼ି ଦେଇଥିଲି । ଅକ୍‌ଟୋବର ଶେଷ ଆଡ଼କୁ ଦିନେ ଅଫିସରୁ ମତେ ଡକରା ଆସିଲା । କେନ୍ଦ୍ର ସରକାରଙ୍କ ଠାରୁ ଆବଶ୍ୟକୀୟ ଅନୁମତି ନେଇ ଆଇରିସ୍ ଆସିଥିଲେ । ହଜାରିବାଗ୍‌ରେ ଗୋଟେ ସପ୍ତାହ ରହି ସେମାନେ ପ୍ରତିଦିନ ମତେ ଦେଖା କରିବାକୁ ଚାହୁଁଥିଲେ । କିଂତୁ ସୁପରିଟେଣ୍ଡେଣ୍ଟ୍ ତାଙ୍କ ଯୋଜନାଟିକୁ ପଣ୍ଡ କରି ଦେଲେ ।

ଥରଟିଏରୁ ଅଧିକ ଦେଖା କରିବାକୁ ଅନୁମତି ମିଳିବ ନାହିଁ ବୋଲି ସେ ଶୁଣାଇ ଦେଲେ । ଏଇ ଟିକକ ପାଇଁ ସେମାନେ ଶହ ଶହ ମାଇଲ୍ ଯାତ୍ରା କରି ଆସିଥିଲେ । ମତେ ନିଜକୁ ଦୋଷୀ ଲାଗିଲା । ତେବେ ସେଇ ଟିକକ ମଧ୍ୟ ବେଶ୍ ମୂଲ୍ୟବାନ୍ ବୋଲି ସେମାନେ ମତେ ବୁଝାଇ ଦେଲେ । ଆମର ପ୍ରତ୍ୟେକ ଶବ୍ଦକୁ ନଜର ରଖି ସେଠି ଭାବବିହୀନ ଭଙ୍ଗୀରେ ବସିଥିବା ସ୍ପେସିଆଲ୍ ବ୍ରାଞ୍ଚ୍ ପୋଲିସର ଉପସ୍ଥିତି ଯୋଗୁଁ ମଝିରେ ମଝିରେ ଆମେ ଖୋଲାଖୋଲି କଥାବାର୍ତ୍ତା କରି ପାରୁ ନ ଥିଲେ ହେଁ ସାମଗ୍ରିକ ଭାବରେ ସାକ୍ଷାତଟି ଆନନ୍ଦପୂର୍ଣ୍ଣ ଥିଲା । ସୁପରିଟେଣ୍ଡେଣ୍ଟ୍ ଗୋଟେ ପ୍ରକାର କଡ଼ା ମିଜାଜ୍‌ରେ ଥିଲେ । ଆମର ଏମିତି ଖୋଲାଖୋଲି କଥାବାର୍ତ୍ତାକୁ ସେ ପସନ୍ଦ କରୁ ନ ଥିବା ପରି ଜଣା ପଡୁଥିଲେ । ସାଙ୍ଗରେ ଗୋଟେ ରବର୍ ବଲ୍ ଆଣିବା ପାଇଁ ମୁଁ ଆଗରୁ ଆଇରିସ୍‌ଙ୍କୁ ଲେଖିଥିଲି । ପିଲାମାନେ ମତେ ସେଥିରୁ ଗୋଟେ ମାଗିଥିଲେ । ଏବେ ସେ ରୋକ୍‌ଠୋକ୍ ଶୁଣାଇଥିଲେ ଯେ ମୁଁ ଆଉ ପିଲାମାନଙ୍କ ସହିତ ଖେଳି ପାରିବି ନାହିଁ । ତେଣୁ ଆଇରିସ୍ ଆଣିଥିବା ବଲ୍ ଓ ମିଠା ମଧ୍ୟ ପିଲାମାନଙ୍କୁ ଦେଇପାରିବି ନାହିଁ ।

ସୌଭାଗ୍ୟବଶତଃ ସେ ଆଇରିସ୍ ଓ ପିଟର୍ ମୋ ପାଇଁ ଆଣିଥିବା ଜିନିଷ ସବୁ ନିଜ ପାଖରେ ରଖିବାକୁ ଅନୁମତି ଦେଲେ । ଯକୃତ ପ୍ରଦାହରୁ ଆରୋଗ୍ୟ ଲାଭ କରିବା ପରେ ଖାଇବା ପ୍ରତି ମୋର ଆଗ୍ରହ ବଢ଼ିଲା । ଖାଦ୍ୟ ପ୍ରତି ମୋର ଏତେ ମାତ୍ରାରେ ଆକର୍ଷଣ ବଢ଼ିଯାଇଥିଲା ଯେ ଇଂରାଜୀ ଖବର କାଗଜ ଖଣ୍ଡିକ ପହଞ୍ଚିଗଲା ମାତ୍ରେ ମୁଁ ନିଜ ଦେଶରେ କୌଣସି ସମ୍ବାଦ ନ ଖୋଜି ସେଥିରେ ପ୍ରକାଶିତ ପାକ ପ୍ରଣାଳୀଟା ଆଗ ପଢ଼ି ପକାଉଥିଲି ଓ ମୋର ସୀମିତ ଜେଲ୍ ରସଦ ଭିତରେ ତାହା କେମିତି ରନ୍ଧା ଯାଇ ପାରିବ ତାହା ଯୋଜନା କରୁଥିଲି । ଅବଶ୍ୟ ବେଶୀ କିଛି ମୁଁ ରାନ୍ଧି ପାରୁ ନ ଥିଲି । ସେଥିପାଇଁ ଆବଶ୍ୟକୀୟ ସାମଗ୍ରୀ ମଧ୍ୟ ନ ଥିଲା । ମୋ ରନ୍ଧା ଜିନିଷ ଓ ଖବରକାଗଜରେ ପ୍ରକାଶିତ ପାକ ପ୍ରଣାଳୀ ଭିତରେ ବହୁତ ଫରକ ଥିଲା । ପିଟର ଓ ଆଇରିସ୍ ମୋ ପାଇଁ ଆଣିଥିବା ତଟକା ଫଳ, ମିଠା ଓ ଡିବାଭର୍ତ୍ତି ଲହୁଣୀ ତକ ମୋ ପାଇଁ ଗୋଟେ ସ୍ୱପ୍ନର ପୂରଣ ହେଲା ପରି ଲାଗିଲା ।

ଅବଶ୍ୟ ପରେ ପରେ ମୋ ଭିତରେ ସେଇ ବିବେକ ଓ ବସ୍ତୁର ଦ୍ୱନ୍ଦ୍ୱ ଦେଖାଦେଲା । ମୁଁ ତାଙ୍କୁ ଲେଖିଲି : "ମିଠାତକ ବେଶ୍ ସୁସ୍ୱାଦୁ ଥିଲା । କିଂତୁ କିଛି ଭଲ ଜିନିଷ ପାଇଲେ ମତେ ଏଠି ମାଡ଼ି ମାଡ଼ି ପଡ଼େ । ସାଧାରଣତଃ ମୁଁ ସବୁତକ ଜିନିଷ ବାଣ୍ଟିଦିଏ । ଟିକିଏ ଖାଇଲେ ସୁଦ୍ଧା ମତେ ସେଥିପାଇଁ ଭାରି ଦୋଷୀ ଲାଗେ । ମୁଁ ଭାବେ, ଲଣ୍ଡନ ଫେରିଗଲେ ତ ମୁଁ ବେଶ୍ ଆରାମରେ ମନଇଚ୍ଛା ଖାଇ ପାରିବି ।

ସେତେବେଳେ ନିଜକୁ ମୁଁ ପରମାଂସଭୋଜୀ ଲୋଭୀଟାଏ ବୋଲି ମନେ କରିବି ନାହିଁ । ସେତେ ଦିନ ଯାଏଁ ମୁଁ ରୁଟି ଓ ପାଣିଆ ଡାଲିରେ ବେଶ୍ ଚଳିଯିବି ।"

ଜେଲ୍‌ର ମପାଚୁପା, ହୋ ହଲ୍ଲା ପରିବେଶ ଭିତରେ କିଛି କରିବା ପାଇଁ ମୋର ଉତ୍କଣ୍ଠାକୁ ବୁଝିପାରି ଆଇରିସ୍ ମୋ ପାଇଁ ଖଣ୍ଡେ ଖଣ୍ଡେ କନା, ଛୁଞ୍ଚି ସୂତା ଓ ଚିତ୍ର ଆଙ୍କିବାର ଉପକରଣ ନେଇ ଆସିଥିଲେ । ମୋର ଆଉ କ'ଣ ଦରକାର ବୋଲି ସେମାନେ ମତେ ବାରମ୍ବାର ପଚାରୁଥିଲେ । କିଂତୁ ନିଜ ଦେଶକୁ ଫେରିଯିବାର ତ ଅଛି ଭାବି ମୁଁ ସେମାନଙ୍କୁ କୌଣସି ନିର୍ଦ୍ଦିଷ୍ଟ ଜିନିଷ ପାଇଁ ଆଉ କହିଲି ନାହିଁ । ଲଣ୍ଡନର ସେଇ ଚିର ପରିଚିତ ସ୍ଥାନରେ ତଙ୍କୁ ଶିଘ୍ର ଭେଟିବା ପାଇଁ ମୁଁ କଥା ଦେଲି । ତିନି ବର୍ଷ ପରେ ମୁଁ ଇଂଲଣ୍ଡ ଫେରିଗଲା ପରେ ମୁଁ ଜାଣିବାକୁ ପାଇଲି ଯେ ମତେ ଦେଖା କରିବା ଆଗରୁ ଉଭୟ ପିଟର ଓ ଆଇରିସ୍‌ଙ୍କୁ ଯାଞ୍ଚ କରାଯାଇଥିଲା । ଆଇରିସ୍ ଅମଳେନ୍ଦୁଙ୍କୁ କୋର୍ଟରେ ଦେଖା କରି ଫେରିଲା ପରେ ପୋଲିସ୍ ସେମାନଙ୍କ ହୋଟେଲକୁ ଯାଇଥିଲା ଓ ତାଙ୍କୁ ପୋଲିସ୍ ଷ୍ଟେସନ ନେଇ ଯାଇ ପଚରାଉଚୁରା କରିଥିଲା ।

ସେଇ ଶରତରେ ଆହୁରି ଅନେକ ଜଣ ସ୍ଫୁର୍ତ୍ତିଶୀଳ ଯୁବବନ୍ଦୀ ମାନେ ଆମ ସହିତ ଯୋଗ ଦେଲେ । ଅପରାହ୍ନରେ ଆମେ ପ୍ରାୟ ଲୁଚକାଳି, କବାଡ଼ି ଓ ଡିଆଁ ଡେଇଁ ଖେଳୁଥିଲୁ । ଏ ସବୁକୁ ଯିଏ ସରଗରମ କରୁଥିଲା ତାର ନାଁ ଥିଲା ବିଲ୍‌କିଶ୍ । ମୁସଲମାନ ଝିଅଟିଏ । ଜଣେ ପଡ଼ୋଶୀ ହିନ୍ଦୁ ଯୁବକ ସହିତ ଲୁଚିକରି ପଳାଇଯାଇଥିଲା । ଚାକର ଚାକରାଣୀ ହାତରେ ଗୋପନରେ ପ୍ରେମପତ୍ର ଦିଆନିଆ ହେଇ ସେମାନଙ୍କର ପ୍ରେମସମ୍ପର୍କ ରହିଥିଲା । ଏଥିରେ ବିଲ୍‌କିଶ୍‌ର ଅଭିଭାବକ ଥିବା ଜଣେ କାକା ମୁସଲମାନ ସମ୍ପ୍ରଦାୟର ଅନ୍ୟଲୋକଙ୍କର ସମର୍ଥନ ପାଇ ଦୁଇ ଜଣଙ୍କ ନାଁରେ ଅଭିଯୋଗ ଆଣି ହାଜତରେ ପୁରାଇ ଦେଲା । ସେଇ ଅଞ୍ଚଳରେ ପୁନର୍ବାର ଥରେ ମୁହଁ ଦେଖାଇଲେ ସେମାନଙ୍କ ଗଳା କାଟି ଦିଆଯିବା ବୋଲି ସେମାନଙ୍କୁ ଧମକ ଦେଲା । ସାମ୍ପ୍ରଦାୟିକ ଦଙ୍ଗା ଭୟରେ ମାଜିଷ୍ଟ୍ରେଟ୍ ତାଙ୍କର ଜାମିନ ମଞ୍ଜୁର କଲେ ନାହିଁ । ଜେଲ୍‌ରୁ ବାହାରିଲେ ତାଙ୍କର ଜୀବନ ପ୍ରତି ବିପଦ ଥିବା କଥା କହି ମନାକରି ଦେଲେ ।

ବିଲ୍‌କିଶ୍‌ର ସ୍ୱାମୀ ଅପହରଣ ଓ ଧର୍ଷଣ ଅପରାଧରେ ଅଭିଯୁକ୍ତ ହେଇଥିଲା । ଏମିତି ଘଟଣାରେ ଝିଅଟା ତା ଇଚ୍ଛା ବିରୁଦ୍ଧରେ ସେ ତାକୁ ନେଇ ଯାଇଛି ବୋଲି ବୟାନ ଦେଲେ ଯାଇ କେସ୍‌ଟା ଟିକେଇ ରହେ । ତାର ବୟସର ପ୍ରମାଣ ଯୋଗାଡ଼ ପାଇଁ ତାକୁ ଘନଘନ ଡାକ୍ତରୀ ପରୀକ୍ଷା କରାଯାଉଥିଲା । ଅଠର ବର୍ଷ ତଳକୁ କୌଣସି

ବାଳିକାକୁ ଅପ୍ରାପ୍ତବୟସ୍କା ଧରାଯାଉଥିଲା ଓ ତାର ବିବାହ ପାଇଁ ଅଭିଭାବକଙ୍କ ସହମତି ଦରକାର ପଡୁଥିଲା । ନିଜର ସ୍ୱାମୀ ମନୋନୟନ କରିବା ପାଇଁ ବିଲ୍‌କିଶ୍‌ର ବୟସ ହେଇଯାଇଥିଲା । ସେ ମତେ କହଲା ଯେ ଠିକ୍ ତାର ସ୍କୁଲ ଶିକ୍ଷା ସରିବା ଉପରେ ଥିଲାବେଳେ ତାର କାକା ତାର ଜଣେ ସମ୍ପର୍କୀୟ ଭାଇ ସହିତ ତାର ବିବାହ ଠିକଣା କଲେ । ସେଇ ବିବାହକୁ ଏଡ଼ିଯିବା ପାଇଁ ହିଁ ସେ ଭଲ ପାଉଥିବା ଯୁବକଟି ସହିତ ପଳାଇଗଲା । ବିଲ୍‌କିଶ୍‌ର ଅଫୁରନ୍ତ ସ୍ଫୁର୍ତ୍ତି ଓ ତାର କାକାର ସବୁ ଧମକଚମକର ମୁକାବିଲା କରିବା ପାଇଁ ଅଦମ୍ୟ ସାହସ ଦେଖି ମୁଁ ତାକୁ ପ୍ରଶଂସା ନ କରି ରହି ପାରୁ ନ ଥିଲି । ତାକୁ ଦେଖା କରିବାପାଇଁ ପ୍ରତିଦିନ ତାର କାକା ଆସୁଥିଲା । ପରେ ସେ ନିଜେ ଦେଖା କରିବାକୁ ମନା କରିଦେଲା । ତାପରେ ତାର କାକା ବିଲ୍‌କିଶ୍‌କୁ ବୁଝାସୁଝା କରିବା ପାଇଁ ଜଣେ ଆସିଷ୍ଟାଣ୍ଟ ଜେଲର୍‌ଙ୍କୁ ଅନୁରୋଧ କଲା । ଅଫିସର ଜଣକ ପ୍ରାୟ ଆମ ୱାର୍ଡ଼କୁ ଆସୁଥିଲେ ଓ ନିଜ ସମ୍ପ୍ରଦାୟର ବାହାରେ ବିବାହ କଲେ ଜଣେ ମହିଳାକୁ କିପରି ଦଶା ଭୋଗ କରିବାକୁ ପଡ଼େ ସେ ବିଷୟରେ ଭବିଷ୍ୟତବାଣୀ କହୁଥିଲେ । ବିଲ୍‌କିଶ୍ ବିବାହ କରିଥିବା ହିନ୍ଦୁ ପରିବାରରେ କେହି ତା ରନ୍ଧା ଖାଇବେ ନାହିଁ ଓ ହାତରୁ ପାଣି ମଧ୍ୟ ଛୁଇଁବେ ନାହିଁ, ସେ ସବୁ ବିଷୟରେ ସେ ତାକୁ ସତର୍କ କରି ଦେଉଥିଲେ । ତାକୁ ଡରେଇ ଧମକେଇ ଏ ଦିଗରେ ନିରୁତ୍ସାହିତ କରିବା ପାଇଁ ସେ ପାରୁପର୍ଯ୍ୟନ୍ତ ଚେଷ୍ଟା କଲେ । ତାଙ୍କ ପରାମର୍ଶ ଅନୁସାରେ ବିଲ୍‌କିଶ୍ ତା ସ୍ୱାମୀ ବିରୁଦ୍ଧରେ ମିଥ୍ୟା ବୟାନ୍ ଜେଲ୍ ଦେଲେ ତାକୁ ଧର୍ଷଣ ଅପରାଧରେ ଦଶ ବର୍ଷ ଜେଲ୍ ଦଣ୍ଡ ଦିଆଯିବ ଓ ସେ ନିର୍ବିଘ୍ନରେ ତାର କାକା ଘରକୁ ଫେରିଯିବ । ଘରେ ପହଞ୍ଚିଲା ମାତ୍ରେ ତାର "ଅପରାଧ" ପାଇଁ ତାକୁ କି ପ୍ରକାର ସମୁଚିତ "ଶାସ୍ତି" ଦିଆଯିବ ତାହା ବିଲ୍‌କିଶ୍ ଠିକ୍ ଜାଣିଥିଲା ।

ସେଇ ଦମ୍ପତିଙ୍କର ଜେଲ୍ କର୍ମଚାରୀ ମାନଙ୍କ ଭିତରେ ବନ୍ଧୁ ଥିବା ସହିତ ଶତ୍ରୁ ମଧ୍ୟ ଥିଲେ । ତେବେ ସେମାନଙ୍କର ବନ୍ଧୁ ମାନେ ନିହାତି ଅପ୍ରୀତିକର ଚରିତ୍ର ଥିଲେ । ତା ଭିତରେ ଦୁଇ ଜଣ ବୁଢ଼ା ବ୍ରାହ୍ମଣ ୱାର୍ଡ଼ର୍ ଥିଲେ । ବନ୍ଦୀ ମାନଙ୍କ ପ୍ରତି ସେମାନଙ୍କର ର୍ଦୁବ୍ୟବହାର ପାଇଁ ସେମାନଙ୍କର ବଦନାମ୍ ଥିଲା । ପକ୍ଷାନ୍ତରେ, ସେମାନେ ବିଲ୍‌କିଶ୍ ଓ ତାର ସ୍ୱାମୀଙ୍କର ସୁବିଧା ଅସୁବିଧା ବୁଝି ସେମାନଙ୍କୁ ବେଶ୍ ସାହାଯ୍ୟ କରୁଥିଲେ । ମୋର ଅନୁମାନରେ ତାର କାରଣ ହେଲା ସେ ବିଲ୍‌କିଶ୍‌ର ଗୋଟିଏ ହିନ୍ଦୁ ପରିବାରରେ ବିବାହକୁ ସେମାନେ ତାଙ୍କର ଧର୍ମର ଜିତାପଟ ବୋଲି ଭାବୁଥିଲେ । ଯେମିତିକି ମୁସଲମାନ ମାନଙ୍କଠାରୁ ସେମାନେ ବାଜି ମାରିଦେଲେ । କିନ୍ତୁ ସେମାନଙ୍କର ନିଜ ଝିଅ ଅନ୍ୟ ଜାତିରେ ବିବାହ କରିବାକୁ ଚାହିଁଥିଲେ ସେମାନେ

ନିଶ୍ଚୟ ରାଗରେ ଅଗ୍ନିଶର୍ମା ହେଇଯାଇଥାନ୍ତେ । ଘରିଆଡୁ ସବୁ ପ୍ରକାରର ଚାପ ସତ୍ତ୍ୱେ ବିଲ୍‌କିଶ୍ ତାର ନିଷ୍ପତ୍ତିରେ ଅଟଳ ରହିଲା । ଶେଷରେ ପାଞ୍ଚ ମାସ ପରେ ତାକୁ ଖଲାସ କରିଦେଇ ତାର ସ୍ୱାମୀ ସହିତ ରହିବାକୁ ଅନୁମତି ଦିଆଗଲା । ତେବେ ଗୋଟେ ସର୍ତ୍ତ ରହିଲା ଯେ ସେମାନେ ଅନ୍ୟ ଜାଗାକୁ ଚାଲିଯାଇ ସେଠି ରହିବେ । ଏ ସବୁ କଥାର ବିଚିତ୍ର ବିଡ଼ମ୍ବନା ଏଇ ଯେ ଭାରତ ଏକ ଧର୍ମ ନିରପେକ୍ଷ ରାଷ୍ଟ୍ର ଓ ସେଇ ଦୃଷ୍ଟିରୁ ସେମାନେ କୌଣସି ଅପରାଧ କରି ନ ଥିଲେ ।

ମୋହିନୀ ଜାମିନ୍‌ରେ ଖଲାସ ହେଇଗଲା ପରେ ମୋ କୋଠରୀରେ ଗନ୍‌ଝୁ ସମ୍ପ୍ରଦାୟର ଦୁଇ ଜଣ ସ୍ତ୍ରୀ ଲୋକ ରାଜକୁମାରୀ ଓ ସୋମ୍‌ରି କିଛି ଦିନ ପାଇଁ ରହୁଥିଲେ । ରାଜକୁମାରୀ ପ୍ରତି ମୋର ବିଶେଷ ସମ୍ମାନ ରହିଥିଲା । ମୁଁ ଭେଟିଥିବା ଅଧିକାଂଶ ଅନ୍ୟ ଆଦିବାସୀ ମାନଙ୍କ ପରି ସେ କଳି ତକରାଳକୁ ଆଦୌ ପସନ୍ଦ କରୁ ନ ଥିଲା । କଠିନ ପରିଶ୍ରମୀ ଥିବା ସହିତ ସେ ସିଧାସଳଖ ସଚ୍ଚୋଟ ସ୍ୱଭାବର ଥିଲା । ତା ଭିତରେ କିଛି ଛନ୍ଦ କପଟ ନ ଥିଲା ଓ ସମ୍ପୂର୍ଣ୍ଣ ବିଶ୍ୱାସଯୋଗ୍ୟ ଥିଲା । ସନ୍ଧ୍ୟାବେଳେ ଆମ କୋଠରୀର ତାଲା ପଡ଼ିଗଲା ପରେ ସେ କିଛି ସମୟ ପାଇଁ ଲୁହା ରେଲିଂକୁ ଧରି ଚୁପ୍‌ଚାପ୍ ଛିଡ଼ା ହେଉଥିଲା । ସେତିକିବେଳେ ସବୁଦିନ ତାର ଗାଁ କଥା ମନେ ପଡୁଥିଲା । ସେତିକିବେଳେ ସୋମ୍‌ରି ତାକୁ ତାର କଷ୍ଟ ଭୁଲି ଯାଇ ଖାଇ ବସିବା ପାଇଁ କୁହେ । ରାତିରେ ସେ ବେଳେବେଳେ ଆଦିବାସୀ ଗୀତ ଗାଏ । ତାର ମାଧୁର୍ଯ୍ୟଭରା ଗୀତର ସାଙ୍ଗୀତିକ ତାନକୁ ମୁଁ ଅନୁକରଣ କରିବା ପାଇଁ ଚେଷ୍ଟା କରେ । କିଂତୁ ପାରେ ନାହିଁ । ବନ୍ଦୀମାନଙ୍କ ଭିତରେ ଆଉ କେହି ଏତେ ସୁନ୍ଦର ଗାଇ ପାରୁ ନ ଥିଲେ ।

ସୋମ୍‌ରି ଜଣେ ପଇଁତିରିଶ ବର୍ଷର ବିଧବା । ବେଶ୍ ଭଲ ସ୍ୱଭାବର । ତାର ପ୍ରାୟ ପନ୍ଦର ବର୍ଷ୍ର ପୁଅଟିଏ । ସେ ମଧ୍ୟ ଜେଲ୍‌ରେ ଥିଲା । ସେ ଭାରି ସ୍ନେହୀ ଥିଲା ଓ ମତେ "କୁନିଝିଅ" ଡାକୁଥିଲା । ସେ ମୋ ପାଇଁ ରାନ୍ଧି ଦେଉଥିଲା ଓ ଗାଧୋଇଲାବେଳେ ମୋର ପିଠି ଘଷି ଦେଉଥିଲା । ଥଣ୍ଡା ଶୀତ ରାତିରେ ସେ ତାର ନିଜ କମ୍ବଳରେ ମତେ ଗୋଡ଼ି ଦେଉଥିଲା । ପୋକ ଜୋକ ଓ ଭୂତକୁ ସେ ଭାରି ଡରୁଥିଲା । ଥଟ୍ଟା ମଜାରେ ସେ ସବୁବେଳେ ନିପାରିଲାଟାଏ ଥିଲା । ତାର ମାତୃସୁଲଭ ସାନ୍ନିଧ୍ୟରେ ମୁଁ ଆହୁରି ପିଲାଳିଆ ହେଇଯାଉଥିଲି । ମୋର ପାନିଆଁଟା ତାର ବିଛଣା ତଳେ ଲୁଚାଇ ଦେଇ ବା ପାଇଖାନା ଭିତରେ ଭୂତ ଅଛି କହି ମୁଁ ତାକୁ ଡରାଇ ଦଉଥିଲି । ସେ ଘଣ୍ଟା ଘଣ୍ଟା ଧରି ସେମିତି ଡରି ମରି ରହିଥାଏ ସିନା ସେଇ ଜାଗାକୁ ଯାଏ ନାହିଁ । ଏଣେ ହସି ହସି ମୁଁ ବେଦମ୍ ହେଇଯାଉଥାଏ । ତଥାପି ସେ କେବେ ରାଗୁ ନ ଥିଲା । ତାର ଚେହେରାଟା ତ ସେମିତି ମଜାଳିଆ ଥିଲା । ଅନ୍ୟ ଗାଁ

ମାଇକିନାଙ୍କ ପରି ସେ ନାକରେ ଗୋଟେ ସୁନାର ନୋଥ ପିନ୍ଧିଥିଲା । ନୋଥଟା ସିଧା ସାମ୍ନା ଦାନ୍ତର ଫାଙ୍କ ଉପରେ ଝୁଲି ରହିଥିଲା । ଦିନେ ଦେଶୀ ମଦ ପିଇ ଓ ମୁଣ୍ଡ ଉପରେ ଧାନ ବସ୍ତା ବୋହି ଅନ୍ଧାରରେ ଯାଉ ଯାଉ ଝୁଣ୍ଟି ପଡ଼ିବାରୁ ଦାନ୍ତର ସେଇ ଅବସ୍ଥା ହେଲା ବୋଲି ଥରେ ସେ ମତେ କହିଥିଲା ।

ଭାରତର ତିନି-ଚତୁର୍ଥାଂଶ ଚାଷୀଙ୍କ ପରି ସେ ଯେଉଁ ଜାଗାରୁ ଆସିଥିଲା ସେଠି ବର୍ଷା ପାଣି ହିଁ ଏକମାତ୍ର ଜଳସେଚନ ଧାରା ଥିଲା । ସେଠି ମୁଖ୍ୟତଃ ଧନ, ଜୋଆର ଓ ମାଣ୍ଡିଆ ଚାଷ କରାଯାଉଥିଲା । ତା ଅର୍ଥ ଚାରା ରୋପଣ କରିଦେଇ ବାକି ସବୁ ଭଗବାନଙ୍କ ଉପରେ ଛାଡ଼ି ଦିଆଯାଉଥିଲା । ହେତୁ ହେଲା ଦିନରୁ ସେ ଏଇ ଶସ୍ୟ ଓ ଜଙ୍ଗଲରୁ ମିଳୁଥିବା ଶାଗ ପତ୍ର, କନ୍ଦ, ମୂଳ ଆଦି ଖାଇ ବଢ଼ିଥିଲା । ଜେଲ୍‌କୁ ଆସିବା ଆଗରୁ ତା ପାଟିରେ ଆଳୁ ପିଆଜର ସ୍ୱାଦ ବାଜି ନ ଥିଲା । ଏପରିକି କଦଳୀ ଓ ନଡ଼ିଆ ଆଦି ସାଧାରଣ ଖାଦ୍ୟର ନାଁ ମଧ୍ୟ ଶୁଣି ନ ଥିଲା । ତାର ସୀମିତ ଅନୁଭୂତି ସତ୍ତ୍ୱେ ମଧ୍ୟ ସେ ବେଶ୍ ବୁଦ୍ଧିମତୀ ଥିଲା । ସରକାରୀ ଅଫିସର ମାନଙ୍କ ଉପରେ ତାର ଭଲ ଧାରଣା ନ ଥିଲା । ତା ଦୃଷ୍ଟିରେ ଏଇ ଅଫିସର ଗୁଡ଼ା ଗାଁ ଗାଁ ବୁଲି ଖାସ୍ "ବଡ଼ ଲୋକଙ୍କ" ପାଇଁ ଲଢ଼େଇ କରି ମରିବା ପାଇଁ ଜୁଆନ୍ ଟୋକାମାନଙ୍କ ବାଛି ଆଣୁଥିଲେ । ବେଶୀ ଛୁଆପିଲା ଜନ୍ମ ନ କରିବାକୁ ସେମାନଙ୍କୁ କହୁଥିଲେ । ଖଣ୍ଡେ ଲେଖାଏଁ ଜମି ଦେବାକୁ କଥା ଦେଉଥିଲେ ହେଁ ତାହା କେବେ ପୂରଣ କରୁ ନ ଥିଲେ । ତା କଥାରେ, ଜଙ୍ଗଲରୁ ଜାଳ ଗୋଟେଇବା ପାଇଁ ବା ପୋଖରୀରୁ ମାଛ ଧରିବାପାଇଁ ମନା କରିବାକୁ ସରକାରଟା କିଏ ସେ ? ଯୋଉ ଜମିରେ ସେମାନେ ଧାନ ଚାଷ କରିବାକୁ ଚାହାଁନ୍ତି ସେଥିରେ ତାଙ୍କୁ କପା ଚାଷ କରିବା ପାଇଁ ସରକାର କାହିଁକି ବା କହିବ ? - ଇତ୍ୟାଦି ଇତ୍ୟାଦି ।

ଅନ୍ୟ ବନ୍ଦୀମାନଙ୍କ ପରି ସୋମ୍‌ରୀ ମାତ୍ର ଦୁଇଟି ବିଦେଶୀ ରାଷ୍ଟ୍ରର ନାଁ ଶୁଣିଥିଲା । ସେଇଟା ହେଲା - ପାକିସ୍ଥାନ୍ ଓ ଚୀନ୍ । ଚୀନା ମାନେ ତାଙ୍କର ବୁଢ଼ାବୁଢ଼ୀ ମାନଙ୍କୁ ମାରିଦିଅନ୍ତି । ମାରି ଖାଇ ଦିଅନ୍ତି ବୋଲି ସେ ଶୁଣିଥିଲା । ଆହୁରି ମଧ୍ୟ ତା ଦୃଷ୍ଟିରେ ସାପ ଓ ମାଙ୍କଡ଼ ଆଦି ଧର୍ମୀୟ ପ୍ରାଣୀକୁ ମଧ୍ୟ ଚୀନା ମାନେ ଖାଉଥିବାର ସେ ଶୁଣିଥିଲା । ଚୀନ ବିଷୟରେ ମୁଁ ଯେତିକି ଜାଣି ଥିଲି ତାକୁ କହିଲି । ଏକ ସୁଦୀର୍ଘ ସଂଗ୍ରାମ ପରେ ଚୀନାମାନେ କିପରି ପୁରୁଣା ରୁଢ଼ିବାଦୀ ପରମ୍ପରାକୁ ପରିବର୍ତ୍ତନ କରି ଏକ ନୂତନ ସମାଜ ଗଠନ କରି ପାରିଛନ୍ତି ସେ କଥା ତାକୁ ବୁଝାଇଲି । ସୀମାନ୍ତ ପାରି ହେଇ ଭାରତରେ ପହଞ୍ଚିଲା ଦିନ ହିଁ ଷ୍ଟେସନ୍‌ରେ ବହି ଦୋକାନ ଓ ଅନ୍ୟାନ୍ୟ ଜାଗାରେ ମରାହେଇଥିବା ଚୀନ୍-ବିରୋଧୀ ସ୍ଲୋଗାନ୍ ମାନ ଦେଖିଥିଲି । ତାହା ମନେ

ପକେଇ ମୁଁ ଭାବିଲି ଯେ ସୋମ୍ରୀ ଓ ଅନ୍ୟମାନଙ୍କ ଠାରୁ ମୁଁ ଚୀନ୍ ବିଷୟରେ ଶୁଣିଥିବା ଅଦ୍ଭୁତ କାହାଣୀ ମାନ କେବଳ ସଂଯୋଗ ମାତ୍ର ନୁହେଁ।

ଆମର କଥାବାର୍ତ୍ତା କେବଳ ରାଜନୀତିରେ ସୀମିତ ନ ଥିଲା। ଦିନେ କେମିତି ତାର ପୁତୁରା ଜଙ୍ଗଲକୁ କାଠ ହାଣି ଗଲାବେଳେ ଗୋଟେ ବାଘ ହାବୁଡ଼ରେ ପଡ଼ି ମରିଗଲା ସେଇ ଲୋମହର୍ଷଣକାରୀ କାହାଣୀ କହିଲା। ବିହାରର କେତେକ ଜିଲ୍ଲାରେ ତଥାପି ଆହୁରି ହିଂସ୍ରଜନ୍ତୁ ରହିଥିଲେ। ମତେ ଆରାମରେ ମିଳିଥିବା ସହଜ ନିରାପଦ ଜୀବନ ସହିତ ଗ୍ରାମବାସୀ ମାନଙ୍କର ବିପଦ ସଙ୍କୁଳ ଜୀବନକୁ ମୁଁ ତୁଳନା ନ କରି ରହି ପାରିଲି ନାହିଁ। ଏପ୍ରିଲ୍ ମାସରେ ସେମାନେ ସବୁ ମହୁଲ ଫୁଲ ଗୋଟାଇବାକୁ ଯାନ୍ତି। ପାହାନ୍ତା ପହରରୁ ସନ୍ଧ୍ୟା ଯାଏଁ ଏଇ କାମରେ ବିତେ। ମହୁଲକୁ ଖରାରେ ଶୁଖାଇ ସାଇତି ରଖନ୍ତି, ଜୁଲାଇ ମାସ ଯାଏଁ ଦିନକୁ ଦୁଇ ଓଳିର ଆହାର ମହୁଲ ସିଝାରେ ଚଳିଯାଏଁ। ପରିବାରର ପ୍ରତ୍ୟେକ ଲୋକ ସେଇ କାମରେ ବ୍ୟସ୍ତ ରହିଥାନ୍ତି। ଗାଧୋଇବାକୁ ବି ବେଳ ହୁଏ ନାହିଁ। କାରଣ ଗାଧୋଇବାକୁ ହେଲେ ପାଣି ପାଇଁ ଗୁଡ଼ାଏ ବାଟ ଚାଲିବାକୁ ପଡ଼େ। ମହୁଲ ଋତୁରେ ସୋମ୍ରୀ ମୁଣ୍ଡରେ ଉକୁଣୀ ସାଲୁବାଲୁ ହେଉଥିଲେ। ମୁଣ୍ଡ ସଫା କରିବାକୁ ସୁଦ୍ଧା ସେ ବେଳ ପାଉ ନ ଥିଲା।

ସେଠିକାର ଜଣେ ମହାଜନର ଦୋକାନ ଚଳାଇ ପ୍ରାୟ ସୋମ୍ରୀ ତାର ଗୁଜୁରାଣ ମେଣ୍ଟାଇ ନେଉଥିଲା। ଦରମା ବାବଦରେ ସେ ଖାଇବାକୁ ପାଉଥିଲା ଓ ମଝିରେ ମଝିରେ ତା ପାଇଁ ଓ ତା'ର ପୁଅ ପାଇଁ ଲୁଗା ମଧ୍ୟ ମିଳୁଥିଲା। ସେଇ ଅଞ୍ଚଳରେ ହାଟ ବଜାରକୁ ଯା ଆସ କରୁଥିବା ଲୋକମାନଙ୍କୁ ଲୁଣ୍ଠନ କରୁଥିବା ଓ କୌଣସି କାମରେ ବାହାରକୁ ଯାଇଥିବା ଲୋକଙ୍କ ଘରେ ଡକାୟତି କରୁଥିବା ଦଳେ ଡକାୟତ ମାନଙ୍କୁ ଖାଦ୍ୟ ଯୋଗାଉଥିବା ଅଭିଯୋଗରେ ସୋମ୍ରୀ ଗିରଫ ହେଇ ହାଜତକୁ ଆସିଥିଲା। ସେମାନଙ୍କ ଭିତରୁ କେତେ ଜଣ ଡକାୟତ ଜଙ୍ଗଲରେ ତାଙ୍କର ଗୋପନ ଆଡ୍ଡାରୁ ଧରାପଡ଼ିଥିଲେ। ତାଙ୍କ ଭିତରୁ ତିନି ଜଣଙ୍କର ସ୍ତ୍ରୀମାନେ ଆମ ସହିତ କେତେ ମାସ ରହିଥିଲେ। ସେମାନେ ସବୁ "ପାହାଡ଼ିଆ" ସମ୍ପ୍ରଦାୟର ଥିଲେ। ପ୍ରତି ଋତୁରେ ସ୍ଥାନ ପରିବର୍ତ୍ତନ କରି ପୋଡୁଚାଷ କରିବାଟା ତାଙ୍କର ପାରମ୍ପରିକ ବୃତ୍ତି ଥିଲା। ସ୍ୱଭାବରେ ସେମାନେ ବେଶ୍ ଡରୁଆ ଥିଲେ। ସ୍ୱାମୀମାନେ ବାହାରେ ରହି ଚୋରି ଡକାୟତି କରୁଥିଲା ବେଳେ ଝାଡ଼ ଜଙ୍ଗଲ ଭିତରେ ସେମାନେ ଏକାକୀ ରହୁଥିବା କଥା କଳ୍ପନା ସୁଦ୍ଧା କରି ହେଉ ନ ଥିଲା।

ଆମ କୋଠରୀ ସାମ୍ନାରେ ଥିବା କୁଡ଼ିଆଟିର ଓଳି ତଳେ ଯୋଡ଼ିଏ ପାରା ରହୁଥିଲେ। ସେମାନେ ପ୍ରାୟତଃ ପାଖାପାଖି ଛୁଆ ଦଉଥିଲେ। ଦଶ ଦିନର ସେଇ

ପାରା ଛୁଆର ମାଂସ ପାଇଁ ମାଂସ – ବିକଳି ବନ୍ଦୀମାନେ ଚାହିଁ ବସୁଥିଲେ । ତେବେ ତାହା ମେଟ୍ରିନୀର ବିଚାର – ପରିସରରେ ଥିଲା । ବେଳେବେଳେ ଆମେ ପାରା ଛୁଆ ହେଇଥିବାର ଖବରଟି ମେଟ୍ରିନୀ ପାଇବା ଆଗରୁ ଆମେ କୌଣସି ମତେ ସେଠୁ ସେଗୁଡ଼ିକୁ ଉଠାଇ ନେଇ ଆସୁଥିଲୁ । ଶନିବାର ରାତିରେ ଆମର ଗୋପନ ଭୋଜି ହେଉଥିଲା । ଠିକ୍ ତାଲା ପଡ଼ିବା ଆଗରୁ, କେହି ଦେଖୁ ନ ଥିଲା ବେଳେ ଆମ ଭିତରୁ ଜଣେ ଛିଡ଼ା ହେଇ ଜଗି ରହେ । ସେତିକିବେଳେ ଆମେ ଦୁଇ ଜଣ ମାଟି ଚୂଲିଟାକୁ ଲୁଚେଇ କରି ଭିତରକୁ ନେଇଆସୁ । ଚିଫ୍ ହେଡ୍ ୱାର୍ଡ଼ର ତାଙ୍କର ସନ୍ଧ୍ୟାକାଳୀନ ଘେରା ସାରିବା ଯାଏଁ ସେଇଟା ପାଇଖାନାର ପାହାଚ ତଳେ ସେମିତି ଲୁଚେଇ ରଖାହେଇଥାଏ । ସେ ଗଲା ମାତ୍ରେ ଆମର ରନ୍ଧା ଆରମ୍ଭ ହେଇଯାଏ । ପାରା ନ ଜୁଟିଲେ ଆମେ ଆଳୁ ଖେଚେଡ଼ି ରାନ୍ଧୁଥିଲୁ ଅଥବା କେହି ଜଣେ ମହିଳା ୱାର୍ଡ଼ର ହାତରେ ବଜାରରୁ ଋତୁକାଳୀନ ପନି ପରିବା ଅଣାଉଥିଲୁ । ଏଇ ଭୋଜି ପରେ ଶୋଇବାକୁ ଗଲାବେଳେ ମୁଁ ଅମଳେନ୍ଦୁ କଥା ଭାବୁଥିଲି । ତାଙ୍କ ପାଖରେ କେହି ଜଣେ ସାଥୀ ଥିବେ କି ନାଇଁ ଭାବି ବ୍ୟସ୍ତ ଲାଗି ଯାଉଥିଲା । କିଂତୁ ମୁଁ ଜାଣିଥିଲି ଯେ ସେ ଯେଉଁ ଅବସ୍ଥାରେ ଥିଲେ ସୁଦ୍ଧା ମତେ କେବେ ଅସୁଖୀ ଦେଖିବାକୁ ଚାହିଁବେ ନାହିଁ । ମୁଁ ଏଠି ଚଳିଯାଉଛି ଜାଣି ସେ ଖୁସି ହେବେ ।

୧୯୭୨ ଖ୍ରୀଷ୍ଟମାସ ଠିକ୍ ଆଗରୁ ବିହାର ସରକାରଙ୍କ ଅଣଗେଜେଟେଡ୍ କର୍ମଚାରୀ ମାନଙ୍କର ଜେଲ୍ ଭିତରକୁ ସୁଅ ଛୁଟିଲା । ସେମାନଙ୍କ ଭିତରୁ ଅଧିକାଂଶ ମାନସିକ ଚିକିତ୍ସାଳୟର ନର୍ସ ଓ ଡାକ୍ତରଖାନା କର୍ମଚାରୀ ଥିଲେ । ଅଧିକ ଦରମା, ମାଗଣା ଡାକ୍ତରୀ ସୁବିଧା ଓ ଉନ୍ନତ ମାନର ରହିବା ଘର ପାଇଁ ସେମାନେ ଧର୍ମଘଟ କରୁଥିଲେ । ତାଙ୍କ ଦାବୀ ସମର୍ଥନରେ ହରତାଳ କରି ସେଇ ପରିଚିତ ୧୪୪ ଧାରା ଭଙ୍ଗ ଅଭିଯୋଗରେ ସେମାନେ ଗିରଫ ହେଇଥିଲେ ।

ବହୁ ସଂଖ୍ୟାରେ ନୂତନ ବନ୍ଦୀମାନଙ୍କର ଆଗମନରେ ସବୁ ଥର ପରି ଆମର ସେଇ ମିଶ୍ର ପ୍ରତିକ୍ରୀୟା ଥିଲା । ଆମ ଜୀବନ ଧାରାରେ ଆସିଥିବା ବିବିଧତା ରୂପେ ଆମେ ତାଙ୍କୁ ଭଲ ପାଉଥିଲୁ । କିଂତୁ ଅପର ପକ୍ଷେ ପାଣିର ଘୋର ଅଭାବ ଓ ସେଥିଯୋଗୁଁ ସୃଷ୍ଟି ହେଇଥିବା ଅସ୍ୱାସ୍ଥ୍ୟକର ପରିବେଶରେ ଆମେ ଭାରି ଅସୁବିଧା ଭୋଗୁଥିଲୁ । ଥପ୍ ଥପ୍ ହେଇ ଝରୁଥିବା ପାଣି ପାଇପରୁ ପାଣି ଆଣିବା ପାଇଁ ଏବେ ଆମ ଅଶୀ ଜଣଙ୍କ ଭିତରେ ଗୋଟେ ପ୍ରକାର ପ୍ରତିଯୋଗୀତା ଚାଲିଥିଲା । ମୋ କୋଠରୀ ପାଖାପାଖି ଆଉ ଗୋଟେ କୋଠରୀରେ, ଚଉତିରିଶ ଜଣ ସ୍ତ୍ରୀ ଲୋକ ଏକାଠି ଶୋଉଥିଲେ । ନୀରବ ମୁହୂର୍ତ୍ତଟିଏ ଆଦୌ ନ ଥିଲା । ମୁଁ ପଢ଼ାପଢ଼ି କରିବାର

ଚେଷ୍ଟାଟି ପୁରାପୁରି ଛାଡ଼ିଦେଲି ଓ ନୂଆ ସାଥୀମାନଙ୍କ ସହିତ ଗପସପରେ ସମୟ କାଟିଲି । ୟୁନିୟନ୍‌ର ସଭ୍ୟ ହେଇଥିବା ଦୃଷ୍ଟିରୁ ସେମାନେ ବେଶ୍ ଉଗ୍ର ତଥା ଶୃଙ୍ଖଳିତ ଥିଲେ । ଚିଫ୍ ୱାର୍ଡ଼ର୍‌ଙ୍କ ପାଖରେ ନିରନ୍ତର ସେମାନେ ତାଙ୍କର ଦାବୀ ବିଷୟରେ କହି ଚାଲିଥିଲେ । କର୍ତ୍ତୃପକ୍ଷଙ୍କ ପାଖକୁ ଯିବାରେ ସେମାନଙ୍କର ସାହସ ଅନ୍ୟ ବନ୍ଦୀମାନଙ୍କ ପାଇଁ ଗୋଟେ ଉଦାହରଣ ହେଇଗଲା । ଯାପରେ ସେମାନେ ମଧ୍ୟ ଅନ୍ୟାୟ ବିରୁଦ୍ଧରେ ବିଶେଷତଃ ଖାଦ୍ୟ ପ୍ରସଙ୍ଗରେ ପ୍ରତିବାଦର ସ୍ୱର ଉଠାଇଲେ । ସେତିକିବେଳେ ପ୍ରତିଦିନର ପରିବା ହିସାବରେ ଭେଜି ବାଇଗଣକୁ କଳା ପଡ଼ିବା ଯାଏଁ ଗୋଟେ ଲୁହା ହାଣ୍ଡିରେ ରନ୍ଧା ହେଉଥିଲା । ସେଥିରେ ପୁଣି ନାଲି ରଙ୍ଗର ବେଶ୍ ହୃଷ୍ଟ ପୁଷ୍ଟ ପୋକ ମାନ ପ୍ରାୟ ବାହାରୁଥିଲେ । ସେଥିପାଇଁ ଅଧିକାଂଶ ସ୍ତ୍ରୀ ଲୋକ ସେଇ "ସୁଖାଦ୍ୟ"କୁ ଗେଳିବାଇବା ଅପେକ୍ଷା ଖାଲି ଭାତ ବା ରୁଟି ଖାଇବାକୁ ପସନ୍ଦ କରୁଥିଲେ ।

ମାନସିକ ଚିକିତ୍ସାଳୟରେ ସେବା କାମ, ଡାକ୍ତରଖାନା ସଫା କାମ ଓ ଅନ୍ୟାନ୍ୟ ଶାରୀରିକ ଶ୍ରମକୁ ଅବାଂଛିତ ତଥା ଅପରିଚ୍ଛନ୍ନ ବୋଲି ଧରାଯାଉଥିଲା ଏବଂ ଅଧିକାଂଶ "ବେସରକାରୀ ସଂସ୍ଥା" (ଏନ୍.ଜି.ଓ.) ରେ ଖ୍ରୀଷ୍ଟିଆନ୍ ବା ହରିଜନ ଥିଲେ । ତେବେ ଏଇ ଭିଡ଼ କାମ କରୁଥିବା ଲୋକଙ୍କ ଗହଣରେ ଜଣେ ବ୍ୟତିକ୍ରମ ଥିଲା । ସେ ଥିଲା ଜଣେ ହିନ୍ଦୁ 'ଭକ୍ତିନୀ' ବା ଭଗତି । ସେ ଏଇ ମର୍ଯ୍ୟାଦାଜନକ ସ୍ଥିତିକୁ କେମିତି ଆସି ପହଞ୍ଚିଥିଲା ତାହା ମୁଁ ଜାଣି ନ ଥିଲି । ଦେବତା ମାନଙ୍କର ବିଶ୍ୱସ୍ତ ହିସାବରେ ସେ କେତେଗୁଡ଼ିଏ ବିଶେଷ ସୁବିଧା ଉପଭୋଗ କରୁଥିଲା । ଖାଇବା ଆଗରୁ ସେ ସବୁବେଳେ ଗୁଡ଼ାଏ ଜଟିଳ ଆଚାର ବିଧି କରୁଥିଲା । ଅଣହିନ୍ଦୁ ଓ ହରିଜନଙ୍କ ହାତ ରନ୍ଧା ସେ କେବେ ଛୁଉଁ ନ ଥିଲା । ତେଣୁ ସେ ଓ କେତେ ଜଣ "ଗ୍ରହଣ ଯୋଗ୍ୟା" ସ୍ତ୍ରୀ ଲୋକ ରନ୍ଧାରନ୍ଧି କରୁଥିଲା ବେଳେ ଅଧିକାଂଶ ଏନ୍.ଜି.ଓ. ମାନେ ଖାଲି ବସି ରହୁଥିଲେ । କାଳେ ତାର ପାଣି ଛୁଆଁ ହେଇଯିବ ଭୟରେ ସେ ମାଠିଆ ନେଇ ପାଇପ୍‌କୁ ପାଣି ଆଣିବାକୁ ଗଲାବେଳେ ସମସ୍ତେ ଦୂରେଇ ଯାଇ ତାକୁ ବାଟ ଛାଡ଼ି ଦଉଥିଲେ । ଦିନେ ସକାଳେ ସୋମ୍‌ରୀ ଅଜାଣତରେ ତା ପାଣି ବାଲ୍‌ଟିରେ ବାଜି ଯିବାରୁ ସେ ପୁରା ପାଣି ତକ ପକାଇ ଦେଲା । ରନ୍ଧା ସରିଲା ପରେ ସେ ଅଲଗା ବସି ପ୍ରଥମେ ଖାଉଥିଲା । ଅନ୍ୟମାନଙ୍କ ବାସନ ସହିତ ଯେମିତି ମିଶି ନ ଯିବ ସେଥିପାଇଁ ତାର ବାସନ ତକ ଅଲଗା କରି ରଖାହେଉଥିଲା ।

ଭାରତର ତଥାକଥିତ ଧର୍ମନିରପେକ୍ଷ ରାଜ୍ୟରେ ଜାତିର ପ୍ରଭାବ ବିଷୟ ମୁଁ କ୍ରମଶଃ ଆହୁରି ସଚେତନ ହେଉଥିଲି । ଆଗରୁ ଜାତି ପ୍ରଥାର ଏତେ ବିସ୍ତୃତ ଶାଖା

ପ୍ରଶାଖା ବିଷୟରେ ମୋର ଧାରଣା ନ ଥିଲା । ଇତିହାସ ବହିରୁ ପଢ଼ି ଜାଣିଥିବା କଥାକୁ ଅଧାର କରି ମୁଁ ଭାବି ନେଇଥିଲି ଯେ ହିନ୍ଦୁ ମାନଙ୍କର ଚାରିଟି ମାତ୍ର ଜାତି ଅଛି । ସେଇ ଗୁଡ଼ିକ ଦୁଇ ହଜାର ପାଞ୍ଚ ଶହ ଭାଗରେ ବିଭାଜିତ ହେଇଥିବା କଥା ମୁଁ ଆଦୌ ଭାବି ପାରି ନଥିଲି । ନୀତି ନିୟମ ଅନୁସାରେ ବିବାହ ଆଦି ସମାଜିକ ସଂପର୍କ ନିଜ ନିଜ ଜାତି ଭିତରେହିଁ ସୀମିତ ହେଇ ରହିଥାଏ । ଅନ୍ୟ କେଉଁ ଜାତିରେ ମିଶି ପାରିବ ତଥା କେତେ ମାତ୍ରାରେ ଜଣେ ମିଶି ପାରିବ ସେଇ ବିଷୟରେ ପ୍ରତି ଜାତିର ନିର୍ଦ୍ଦିଷ୍ଟ ନୀତି ନିୟମ ରହିଛି । ଯା ଆଗରୁ ବାହାରେ କେବେ ବ୍ରାହ୍ମଣ ଓ ନିଜ ଜାତିର ଲୋକ ବ୍ୟତୀତ ଆଉ କାହା ହାତ ରନ୍ଧା ଖାଇ ନ ଥିବା କଥା ରାଜକୁମାରୀ ମତେ କହିଲା । ଅବଶ୍ୟ କେତେକ ଜାତି ଲୋକ ଦ୍ୱାରା ପ୍ରସ୍ତୁତ ଶୁଖିଲା ଖାଦ୍ୟ ସେ ଖାଉଥିଲା ।

ମହିଳା ୱାର୍ଡ଼ରମାନଙ୍କ ମଧ୍ୟରୁ ଜଣେ ବୟସ୍କା ହିନ୍ଦୁ ସ୍ତ୍ରୀଲୋକ ଏତେ ଦିନର ଜେଲ୍ ଚାକିରୀ ପରେ ମଧ୍ୟ ସେଇ ପୁରୁଣା କୁସଂସ୍କାରକୁ ମାନି ଚଳୁଥିଲା । ମାଛ-ମାଂସ ଓ ଅଣ୍ଡା ଖାଉଥିବା ଲୋକ ମାନେ ବ୍ୟବହାର କରିଥିବା ଖଟରେ ଶୋଇବାକୁ ସେ ରୋକ୍ ଠୋକ୍ ମନା କରି ଦେଉଥିଲା । ମାଛ ମାଂସ ରନ୍ଧା ହେଉଥିବା ଚୂଲିରେ ରନ୍ଧା ଜିନିଷକୁ ମଧ୍ୟ ସେ ଖାଉ ନ ଥିଲା । ସେ ଯେମିତି ଜାଣି ନ ପାରିବ ସେମିତି ଯୋଜନା କରି ଆମେ ପାରା ଭୋଜି କରୁଥିଲୁ । ଆମ ବଦମାସୀ ଜଣାପଡ଼ିଲେ ସେ କି କାଣ୍ଡ କରିବ ସେ କଥା ଆମେ ଠିକ୍ ଜାଣିଥିଲୁ । ସେ କୌଣସି ବନ୍ଦୀର ଲୁଗାପଟାକୁ ଛୁଏଁ ନାହିଁ । କାଳେ ଛୁଆଁ ଛୁଇଁରେ ଅଶୁଦ୍ଧି ହେଇଯିବ ଭାବି ସେ ତାର କନ୍ଥା କମ୍ବଳ ସବୁକୁ ଗୁଡ଼େଇ ଗୋଟେ କୋଣରେ ରଖିଥାଏ । ରାତିରେ ମହିଳା ୱାର୍ଡ଼ର୍ କେତେ ଜଣ ଜେଲ୍ ଭିତରେ ଶୋଇବାର ବ୍ୟବସ୍ଥା ଥିଲା । ସନ୍ଧ୍ୟା ଛଅ'ଟାରେ ଚିଫ୍ ହେଡ୍ ୱାର୍ଡ଼ର୍ ଚାଲିଯିବା ପରେ ମହିଳା ୱାର୍ଡ଼ରେ ବାହାରୁ ତାଲା ପଡ଼ି ଯାଉଥିଲା । ତା ପରଦିନ ସକାଳ ଛଅଟା' ଯାଏଁ ସେମାନେ ବାହାରକୁ ବାହାରିବାର ଆଉ ରାସ୍ତା ନଥିଲା ।

ଯେତେବେଳେ ବି ନୂଆଁ ବନ୍ଦୀ ଜଣେ ଆସି ପହଞ୍ଚିଯାଏ, ତାକୁ ଘେରିଥିବା ଭିଡ଼ ଭିତରୁ ପ୍ରଥମ ପ୍ରଶ୍ନଟି ବାହାରିପଡ଼େ, "କ୍ୟା ଜାତ୍ ହୈ ?" (ତୋର ଜାତି କ'ଣ ?) ଏଇ ଖବରଟି ଜାଣିଗଲା ପରେ ତାର ଚାଲିଚଳନ ସବୁ ତାର ଜାତି ଉପରେ ଆଧାର କରାଯାଏ । କେତେକ ନିର୍ଦ୍ଦିଷ୍ଟ ଜାତି ବିଷୟରେ ଏପରି ପୂର୍ବକଳ୍ପିତ ଧ୍ୟାନ ଧାରଣାଟା ଇଂରେଜ ମାନେ ସ୍କଟ ଲୋକଙ୍କୁ ନୀଚମନା ଓ ଆୟାରଲାଣ୍ଡ୍ ଲୋକଙ୍କୁ ଅଳସୁଆ ଦୃଷ୍ଟିରେ ଦେଖିବା ସହିତ ପ୍ରାୟ ସମାନ ଥିଲା !

ମୋଟାମୋଟି ଭାବରେ, ଅନ୍ୟ ସ୍ତ୍ରୀଲୋକ ମାନଙ୍କ ସହିତ ମୋର ସମ୍ପର୍କରେ

ଜାତିଟା ଏକ ବିଶେଷ ପ୍ରସଙ୍ଗ ହେଇ ନ ଥିଲା । ତାଙ୍କ ଆଖିକୁ ମୋର ଖୋଲାଖୋଲି ବ୍ୟବହାର ଅଦ୍ଭୁତ ଲାଗୁଥିଲେ ହେଁ ସେମାନେ ସେଥିପ୍ରତି ବେଶ୍ ସହନଶୀଳ ଥିଲେ ଓ ସେ ସବୁକୁ ଖାମଖିଆଲୀ ଢଙ୍ଗରେ ଗ୍ରହଣ କରି ନେଉଥିଲେ । ଅବଶ୍ୟ ଥରେ କି ଦି' ଥର କେତେ କଥାରେ ମୁଁ ରୁଢ଼ିବାଦୀ ହିନ୍ଦୁ ଜେଲ୍ କର୍ମଚାରୀ ମାନଙ୍କର ସାମ୍ନା କରିଥିଲି । ଚିଫ୍ ହେଡ୍ ୱାର୍ଡ଼ର୍ ବ୍ରିଟେନ୍ ବିଷୟରେ ଜାଣିଥିବା ଅଳ୍ପ କେତୋଟି କଥା ଭିତରୁ ଗୋଟେ ହେଲା ଯେ ସେଠି ଲୋକେ ଗୋ ମାଂସ ଖାଆନ୍ତି । ମଝିରେ ମଝିରେ ସେ ମୋ ଆଡ଼କୁ ଚାହିଁ ଥୁଃ ଥୁଃ କରନ୍ତି ଓ ମୁଣ୍ଡ ହଲାଇ କହନ୍ତି, "ବହୁତ୍ ଖରାପ୍ ଜାତ୍ ?" (ବହୁତ ଖରାପ ଜାତି) ମୁଁ ମନେ ମନେ ଖୁସି ହେଉଥିଲି ଯେ ସେ ମତେ ନାପସନ୍ଦ କରୁଛନ୍ତି ସିନା, ଅନ୍ତତଃ ମୋତେ ଦେଖା କରିବାକୁ ଆସୁଥିବା ଲୋକମାନେ ମୋ ପାଇଁ ଆଣି ଦେଇଥିବା ମିଠା ଓ ଖାଇବା ଜିନିଷକୁ ଲୋଭିଲା ଆଖିରେ ତ ଚାହୁଁ ନାହାନ୍ତି । ଥରେ ବ୍ରିଟିଶ୍ ହାଇକମିଶନରୁ ଆସିଥିବା ଜଣେ ଲୋକ ମୋ ପାଇଁ ଗୋଟେ ଡିବା ଗୋ ମାଂସ ଓ ଗିନାଟାରେ ବହଳ ଆଉଟା ମାଂସ ଝୋଳ ଆଣି ଦେଇଥିଲେ । ଜିନିଷତକ ଟିକିଏ ବୁଦ୍ଧି ଖଟାଇ ସଜଡ଼ା ହେଇ ବଢ଼ା ହେଇ ନ ଥିଲା । ସ୍ପେଶିଏଲ୍ ବ୍ରାଞ୍ଚ ପୋଲିସ୍ ତାକୁ ଯାଞ୍ଚ କଲାବେଳେ ସେଗୁଡ଼ିକୁ ଦେଖି ପକାଇ ସିଧା ଛୁଇଁବା ପାଇଁ ମନା କରି ଦେଲେ । ଫଳରେ ଜିନିଷତକ ମୋ ପାଖକୁ ଆଉ ଆସିପାରିଲା ନାହିଁ ।

ଜାତିବାଦ କିପରି ସାମାଜିକ ପ୍ରଗତି ପଥରେ ପ୍ରତିବନ୍ଧକ ହେଇ ଛିଡ଼ା ହୁଏ ତାର ଏକ ଉଦାହରଣ ଜଣେ ମହିଳା ୱାର୍ଡ଼ରଙ୍କଠାରୁ ଶୁଣିଥିଲି । ତା ଗାଁ ସ୍କୁଲ୍‌ରେ କେତେ ଜଣ ହରିଜନ ଓ ଖ୍ରୀଷ୍ଟିଆନ୍ ଶିକ୍ଷକ ଥିବାରୁ ହିନ୍ଦୁ ଜାତିର ଉଚ୍ଚ ଶ୍ରେଣୀର ଲୋକେ ପିଲାମାନଙ୍କୁ ସ୍କୁଲ ନ ପଠାଇବାକୁ ଗାଁ ଲୋକଙ୍କୁ ତାଗିଦା କରିଥିଲେ । ତାଙ୍କ ଦୃଷ୍ଟିରେ ସେମାନଙ୍କୁ ଛୁଇଁଦେଲେ ତାଙ୍କର, "ଜାତି ଚାଲିଯିବ ।"

ସେଇ ବର୍ଷ ମୋର ଖ୍ରୀଷ୍ଟମାସ୍‌କୁ ଏନ୍.ଜି.ଓ. ମାନେ ମୁଖରିତ କଲେ । ସେମାନଙ୍କ ମଧ୍ୟରେ ଥିବା ଖ୍ରୀଷ୍ଟିଆନ୍ ମାନେ ମୋ ଅଗଣାରେ ସକାଳୁ ନାଚ ଗୀତ ଆରମ୍ଭ କଲେ ଯେ ପୁରା ରାତିରେ ୱାର୍ଡ଼ର ତାଲା ପକାଇବା ଯାଏଁ ଚାଲୁ ରଖିଲେ । ବଡ଼ ଦିନ ଛୁଟିର ଦୁଇ ଦିନ ପରେ ମୁଁ ମୋର ସାପ୍ତାହିକ ରସଦ୍ ଭିତରେ ମୋଡ଼ାମୋଡ଼ି ହେଇଥିବା କାଗଜ ଖଣ୍ଡେ ପାଇଲି । ତା ଉପରେ ଲେଖାଥିଲା - "ମୋର ସ୍ନେହର ଭଉଣୀ ।" ଚିଠିଟାରେ ମତେ ଯେ କୌଣସି ପ୍ରକାର ସାହାଯ୍ୟ କରିବାର ପ୍ରତିଶ୍ରୁତି ଦିଆଯାଇଥିଲା । ଏଇ ଅପ୍ରତ୍ୟାଶିତ ଚିଠି ଖଣ୍ଡିକ ଜଣେ ପୁରୁଷ ବନ୍ଦୀ ଲେଖିଥିଲେ । ସେ ମଝିରେ ମଝିରେ ଆମ ୱାର୍ଡ଼କୁ ବୁଲି ଆସୁଥିଲେ । ଖ୍ରୀଷ୍ଟମାସ୍‌ରେ ମୁଁ ତାଙ୍କୁ ଦେଇଥିବା ମିଠା କେଇଟା ତାଙ୍କ ହୃଦୟକୁ ସ୍ନେହରେ ଛୁଇଁ ପାରିଥିଲା । ସେ

ଭାବବିହ୍ୱଳ ହୋଇ ଚିଠି ଲେଖାର ସବୁ ଆସନ୍ନ ବିପଦକୁ ଜାଣି ସୁଦ୍ଧା ଦୁଇ ଧାଡ଼ି ଲେଖିବାର ସାହସ କଲେ । ଚିଠି ଖଣ୍ଡିକ ଧରା ପଡ଼ିଯାଇଥିଲେ ହୁଏତ ତାଙ୍କୁ ବେଡ଼ି ପିନ୍ଧାଇ ନିଃସଙ୍ଗ କାରାବାସ ଦିଆଯାଇ ଥାନ୍ତା ଓ ଭୀଷଣ ମାଡ଼ ମଧ୍ୟ ଦିଆଯାଇଥାନ୍ତା । ଘଟଣା କ୍ରମେ, ଗୋପନରେ ସେମିତି ଚିଠିପତ୍ର ଦିଆନିଆ ଚାଲିଥାଏ । କିଂତୁ ଯାର ଠିକ୍ କିଛି ଦିନ ପରେ ତାଙ୍କର ଛୋଟ ଝିଅଟି ମରିଗଲା । ଜେଲ୍‌ରୁ ଖଲାସ ହେଲାବେଳକୁ ସେଇ ଦାୟିତ୍ୱରେ ଥିବା ଆସିଷ୍ଟାଣ୍ଟ୍ ଜେଲର୍ ଜଣକୁ ତାଙ୍କୁ ଗୋଟେ ମାସର ରିହାତି ପାଇଁ ପଚିଶ୍ ଟଙ୍କା ମାଗିଲେ । ଟଙ୍କାଦେଇ ନ ପାରିଲେ ତାଙ୍କୁ ଆହୁରି ଗୋଟେ ମାସ ଜେଲ୍ ଭୋଗିବାକୁ ପଡ଼ିବ । ଛୁଆଟା ମରିଗଲା ପରେ ସେ ମଧ୍ୟ ତାଙ୍କ ସ୍ତ୍ରୀଙ୍କ ପାଖକୁ ଫେରିଯିବାକୁ ବ୍ୟଗ୍ର ହେଉଥିଲେ ଓ ଟଙ୍କାଟା ଦେଲେ । ଯେଉଁ ଦିନ ସେ ଚାଲିଗଲେ, ମତେ ଲାଗିଲା ସତେ ଯେମିତି ମୋର ଜଣେ ଭାଇଙ୍କୁ ମୁଁ ହରାଇଲି ।

ତାଙ୍କର ଏଇ ସାହସିକତାରେ ପ୍ରଭାବିତ ହେଇ ମୁଁ ପାଖରେ ଥିବା ୱାର୍ଡ଼ରେ କେତେ ଜଣ ନକସଲପନ୍ଥୀଙ୍କ ସହିତ ଯୋଗାଯୋଗ ରଖିବାରେ ସମର୍ଥ ହେଲି । ତାଙ୍କ ଭିତରୁ ଜଣକୁ ବେଡ଼ି ପିନ୍ଧାଇ ନିଃସଙ୍ଗ କାରାବାସରେ ରଖାଯାଇଥିବାର ଜାଣିବାକୁ ପାଇଲି । ତାଙ୍କ ନାଁ ଅସୀମ ଚାଟାର୍ଜୀ । ତଙ୍କୁ ସବୁବେଳେ ପହରା ଦେଉଥିବା ଦୁଇ ଜଣ ୱାର୍ଡ଼ର୍ ଓ ଜଣେ ଚିଫ୍ ହେଡ୍ ୱାଡରଙ୍କ ବ୍ୟତୀତ ସେଠି ଆଉ କେହି ନ ଥିଲେ । ପାକିସ୍ଥାନରେ ଜେଲ୍ ଭିତରେ ଶେଖ୍ ମୁଜିବୁର୍ ରହମନ୍‌ଙ୍କୁ ଗୋଟେ ରେଡ଼ିଓ ଦିଆଯାଉ ନାହିଁ ବୋଲି ଭାରତ ସରକାର ବେଶ୍ ପାଟିତୁଣ୍ଡ କରୁଥିଲା ବେଳେ ଅସୀମକୁ କାଗଜ ଖଣ୍ଡେ ଓ କଲମଟିଏ ମଧ୍ୟ ଯୋଗାଇ ଦିଆଯାଉ ନ ଥିଲା । କୁହାଯାଇଛି ଯେ ଦୋଷୀ ସାବ୍ୟସ୍ତ ନ ହେବା ଯାଏଁ ଜଣେ ଲୋକକୁ ନିର୍ଦ୍ଦୋଷ ବୋଲି ଧରାଯିବା ଉଚିତ । ରାଜ ନୈତିକ ବନ୍ଦୀମାନଙ୍କୁ ଏମିତି ନିଃସଙ୍ଗ କାରାବାସ ଦେବାର ପ୍ରକ୍ରୀୟା ଉପରୋକ୍ତ ଉକ୍ତିଟିକୁ ଉପହାସ କଲାପରି ମନେ ହେଉଥିଲା ।

ପରେ ପରେ ସରକାରୀ କର୍ମଚାରୀ ମାନେ ଧର୍ମଘଟ ପ୍ରତ୍ୟାହାର କରି ନେଇ ଜେଲ୍‌ରୁ ଖଲାସ ହେଲେ । ତୁରନ୍ତ କାମରେ ଯୋଗଦେବାକୁ ଦିଆଯାଇଥିବା ସରକାରୀ ଆଦେଶକୁ ଅମାନ୍ୟ କରିଥିବାରୁ କେତେ ଜଣ ଚାକିରୀ ହରାଇଲେ । ବାକି ମାନଙ୍କ କ୍ଷେତ୍ରରେ ଆନ୍ଦୋଳନ କରିଥିବା ଦିନର ଦରମା କାଟ ହେଲା । ଆର୍ଥିକ ଦୃଷ୍ଟିକୋଣରୁ ସେମାନଙ୍କର କିଛି ଲାଭ ହେଲା ନାହିଁ । କିନ୍ତୁ ସରକାର ଏମିତି ବାରମ୍ବାର ଆନ୍ଦୋଳନ ଓ ଧର୍ମଘଟରେ ବ୍ୟତିବ୍ୟସ୍ତ ହେଇ ପଡ଼ିଲେ । ବାରମ୍ବାର ବହୁତ ସଂଖ୍ୟାରେ ନାନା କିସମର ବନ୍ଦୀ ଜେଲ୍‌କୁ ଆସୁଥିବାରୁ ଜେଲ୍ ଜୀବନ ବିପର୍ଯ୍ୟସ୍ତ ହେଇଗଲା । ବନ୍ଦୀ ସଂଖ୍ୟା ଦେଖି ଜେଲ୍ କର୍ତ୍ତୃପକ୍ଷ ଭାରି ବାହାଦୁରୀ ମାରୁଥିଲେ । ଏଇ

ନୂଆଁ ବନ୍ଦୀମାନେ ବେଶ୍ ଲଢୁଆ ମନୋବୃତ୍ତିର ଥିଲେ । ତାଙ୍କ ଭିତରେ ଏକତା ଥିଲା । ନିଜ ଅଧିକାର ପ୍ରତି ସେମାନେ ସଚେତନ ଥିଲେ ଓ ସେଥିପାଇଁ ଲଢ଼େଇ କରିବାକୁ ଆଦୌ ଭୟ କରୁ ନ ଥିଲେ । ବନ୍ଦୀମାନଙ୍କ ପ୍ରତି କଠୋର ହେବା ପାଇଁ ସରକାରୀ ନିର୍ଦ୍ଦେଶ ଓ ବନ୍ଦୀମାନଙ୍କର ନିଜସ୍ୱ ଦାବୀ ଭିତରେ ଚାଲିଥିବା ସଂଘର୍ଷଟି ଜେଲ୍ ପ୍ରଶାସନ ପାଇଁ ଚିନ୍ତାର ବିଷୟ ହେଇଗଲା । ଏମିତି ଗଣ୍ଡଗୋଳିଆ ବନ୍ଦୀ ମାନଙ୍କୁ ଆଡ଼େଇ ଯିବା ପାଇଁ ଜେଲ୍ ଅଫିସରମାନେ ପାରୁ ପର୍ଯ୍ୟନ୍ତ ଜେଲ୍ ଭିତରକୁ କମ୍ ଆସି ଏଇ ସମସ୍ୟାର ସମାଧାନ କରି ଦେଲେ ।

ଭିଡ଼ ଯୋଗୁଁ ନାନା ପ୍ରକାର ଅସୁବିଧା ସତ୍ତ୍ୱେ ମୁଁ ଦୁଇଟି କାରଣରୁ ଏଇ ପରିସ୍ଥିତିକୁ ସ୍ୱାଗତ କଲି । ପ୍ରଥମରେ ଏଇ ନୂତନ ବନ୍ଦୀମାନେ ଭାରତୀୟ ଲୋକଙ୍କର ଲଢୁଆ ମନୋବୃତ୍ତିର ଜୀବନ୍ତ ଉଦାହରଣ । ଦ୍ୱିତୀୟରେ ସେମାନେ କର୍ତ୍ତୃପକ୍ଷଙ୍କ ଦିମାକ୍ ଚଟି ପକାଉଥିଲେ କହିଲେ ଚଳେ । ଆମର ଦୈନନ୍ଦିନ ଜୀବନରେ ଆମ ପାଇଁ ଏଇଟା ଗୋଟେ ପ୍ରକାର ମନୋରଞ୍ଜନର ଖୋରାକ ଥିଲା ।

ତେବେ ଅଶାନ୍ତିଟା ଆଉ ବେଶୀ ଦୂର ନ ଥିଲା ଓ ଏନ୍.ଜି.ଓ. ମାନେ ଚାଲି ଯିବାପରେ ମୁଁ ହଠାତ୍ ଗୋଟେ ଦୁଲୁକା ପାଇଲି । ଦିନେ ସକାଳେ କେତେ ଜଣ ସ୍ତ୍ରୀ ଲୋକ ଗଲା ରାତିରେ ହଲ୍‌ରେ କରିଥିବା ଆଲୋଚନା ବିଷୟରେ ମତେ କହିଲେ । ସେମାନଙ୍କ ଭିତରୁ ଅନେକ ଜଣଙ୍କୁ ଅନେକ ବର୍ଷ ଧରି ବିନା ବିଚାରରେ ଅଟକ ରଖାଯାଇଥିଲା । କୋର୍ଟରେ ଚାଲିଥିବା ତାଙ୍କର ବିଚାରରେ ବିଶେଷ ଅଗ୍ରଗତି ହେଉ ନ ଥିଲା । ଆଉ କେବେ ଖଲାସ ହେଇ ପାରିବେ କି ନା ସେଇ ଆଶଙ୍କାରେ ସେମାନେ ହତାଶ ହେଇ ପଡ଼ିଥିଲେ । ମୁଖ୍ୟତଃ ତାଙ୍କ ମାମଲାର ଶିଘ୍ର ବିଚାର ପାଇଁ ସେମାନେ ସେଇ ଦିନରୁ ଅନଶନରେ ବସିବା ପାଇଁ ସ୍ଥିର କଲେ । ଅବଶ୍ୟ ତା ଭିତରେ ଜେଲ୍‌ରେ ଦିଆଯାଉଥିବା ଖାଦ୍ୟପେୟ ଓ ସୁବିଧା ଅସୁବିଧା ପ୍ରସଙ୍ଗ ମାନ ରହିଥିଲା । ମୁଁ ସେମାନଙ୍କୁ ସତର୍କ କରିଦେଲି ଯେ ଯାହାହେଲେ ସୁଦ୍ଧା ସେମାନେ ଏକଜୁଟ ହେଇ ରହିବେ ଓ ୱାର୍ଡ଼ର ମାନଙ୍କର ତୋଡ଼ଫୋଡ଼ ବା ଧମକ ଚମକକୁ ଡରିବେ ନାହିଁ । ତା ନ ହେଲେ ସେମାନେ କିଛି ହାସଲ କରିପାରିବେ ନାହିଁ । ଅନଶନରେ ଯୋଗ ଦେବାକୁ ମୁଁ ରାଜି ହେଲି ।

ସେ ଦିନ ସକାଳେ ମେଟ୍‌ନୀକୁ ଛାଡ଼ିଦେଲେ ବାକି ସମସ୍ତେ ଚଣା ଓ ଗୁଡ଼ ନେବାକୁ ମନା କରିଦେଲେ । ଚିଫ୍ ହେଡ୍ ୱାର୍ଡ଼ର ଛୁଟି ମନାଉଥିବାରୁ ତାଙ୍କର ଡେପୁଟି ଭାବରେ ଥିବା ଜଣେ ପତଳା ଓ ରୁକ୍ଷ ସ୍ୱଭାବର ଲୋକକୁ ଏଇ ବିବାଦଟି ତୁଟେଇବା ପାଇଁ ଦିଆଗଲା । ଆମ ୱାର୍ଡ଼କୁ ପଶୁ ପଶୁ ତାଙ୍କ ପାଟିରୁ ବାହାରିଲା,

"ସେଇ ନକ୍‌ସଲ୍‌ପନ୍ଥୀଟା ଅନ୍ୟ ବାନ୍ଦୀମାନଙ୍କ ସାଙ୍ଗରେ କ'ଣ କରୁଛି ? ସେ ହିଁ ଏମାନଙ୍କୁ ଏମିତି କରିବା ପାଇଁ ଶିଖେଇଛି । ତାକୁ ତା କୋଠିରେ ତାଲା ପକାଇଦିଅ !" କଥାଟା ଅବଶ୍ୟ ସେ ମତେ ହିଁ କହୁଥିଲେ । ମୁଁ କିଛି କହିଲି ନାହିଁ । ଅନ୍ୟ ସ୍ତ୍ରୀ ଲୋକ ମାନଙ୍କ ଭିତରୁ ଜଣକ ଉପରେ ଆମର ଦାବୀ ବିଷୟରେ କହିବାର ଦାୟିତ୍ୱ ଦେଇ ମୁଁ ସେଠୁ ଚାଲି ଆସିଲି । ଏମିତିକି ସେ କହିବା ଆରମ୍ଭ କଲା ମାତ୍ରେ ୱାର୍ଡ଼ର୍ କଥାକୁ ଆଡ଼େଇ ଦେଇ ମତେ ତାଲା ପକାଇ ରଖିବା ପାଇଁ ବାରମ୍ବାର ଗର୍ଜନ ଛାଡୁଥାନ୍ତି । ଯେଉଁ ସ୍ତ୍ରୀଲୋକଟି କହୁଥିଲା ତାକୁ ମଧ୍ୟ ତାଲା ପକାଇ ବନ୍ଦ କରି ଦିଆଗଲା । ତାପରେ ସେ ଅନ୍ୟ ମାନଙ୍କ ଉପରେ ଗୁଡ଼ାଏ ପାଟିତୁଣ୍ଡ ଓ ଗାଳି ଫଜିତ୍ କରିବାରେ ଲାଗିଲେ । ସବୁ ଅପରାଧ ସତ୍ତ୍ୱେ ବି ସରକାର ସେମାନଙ୍କୁ ଖାଇବା ପିଇବାକୁ ଦେଇ ପୁଣି ଆଶ୍ରୟ ଦେଇଛି । ସରକାରଙ୍କ ପ୍ରତି ଟିକିଏ ସୁଦ୍ଧା କୃତଜ୍ଞତା ଏମାନଙ୍କର ନାହିଁ । ଅଭିଯୋଗ କରିବାକୁ ଏମାନେ ସାହସ କଲେ କେମିତି ? ଏମିତି ଗୁଡ଼ାଏ କଥା ଶୁଣିବା ପରେ ଜଣକ ପରେ ଜଣେ ଲୋକ ସମସ୍ତେ ତାଙ୍କର ଚଣା ଗୁଡ଼ ଖାଇବାକୁ ରାଜିହେଲେ ଓ ଅନଶନ କଥା ଭୁଲିଗଲେ । ଆଉ କେବେ ନକ୍‌ସଲ୍‌ପନ୍ଥୀ ମାନଙ୍କ ସହିତ ନ ମିଶିବାକୁ ଶେଷ ଥର ପାଇଁ ଚେତାବନୀ ଶୁଣାଇ ଦେଇ ୱାର୍ଡ଼ର ଚାଲିଗଲେ । ସେ ଜଣେ ମହିଳା ୱାର୍ଡ଼ର୍‌କୁ ମୋ କୋଠରୀର ତାଲା ଖୋଲିବାକୁ ଅନୁମତି ଦେଇ ସାରିଥିଲେ ହେଁ ମୋ ସହିତ କେହି କଥା ନ ହେବାକୁ ନିର୍ଦ୍ଦେଶ ଦେଇଗଲେ ।

ସେଦିନ ସନ୍ଧ୍ୟାରେ ସେଇ ପତଳା ୱାର୍ଡ଼ର ଜଣକ ଆମକୁ ତାଲା ପକାଇବାକୁ ଆସିଲା ବେଳେ ବିଲ୍‌କିଶ୍ ଜାଣି ଶୁଣି ତା ସାମ୍ନାରେ ମୋ ହାତ ଧରି କହିଲା, "ଆସ ଦିଦି, ତାଲା ପଡ଼ିବା ଆଗରୁ ବଗିଚାରେ ଘେରାଏ ବୁଲି ଆସିବା ।" ସେଇ ସନ୍ଧ୍ୟାରେ ହିଁ ୱାର୍ଡ଼ର୍‌ର ନିର୍ଦ୍ଦେଶ ମାନି ମୋ'ଠୁ ସେମାନଙ୍କୁ ଦୂରେଇ ରଖିବାକୁ ଚେଷ୍ଟା କରୁଥିବା ଜଣେ ମାତ୍ର ମହିଳା ୱାର୍ଡ଼ର୍‌ର ବିଛଣା କରିବାକୁ ରାଜକୁମାରୀ ଓ ସୋମ୍‌ରୀ ମନା କରି ଦେଲେ ଓ ତା ସହିତ କଥାବାର୍ତ୍ତା ନ କରିବାକୁ ମଧ୍ୟ ମନସ୍ଥ କଲେ । ମୁଁ ସେମାନଙ୍କୁ ଏମିତି ପିଲାଙ୍କ ପରି ନ ହେବାକୁ କହି ବୁଝାଇଦେଲି ଯେ ସେ ତାର କର୍ତ୍ତବ୍ୟ ପାଳନ କରୁଛି । କିନ୍ତୁ ମନେ ମନେ ମୁଁ ପ୍ରଶାସନିକ କର୍ତ୍ତୃତ୍ୱକୁ ଅମାନ୍ୟ କରିବାର ତାଙ୍କର ଏ ସାହସ ଦେଖି ପ୍ରଶଂସା ନ କରି ରହି ପାରିଲି ନାହିଁ ।

ଏଇ ଘଟଣାରୁ ମୁଁ ବିଚାର କଲି ଯେ ନକ୍‌ସଲ୍‌ବାଦ ଅପଛାୟାଟି ସରକାରକୁ ଭୂତ ପରି ଏ ଯାଏଁ ଗୋଡ଼ାଉଛି ଯଦିଓ ସରକାର ଆନ୍ଦୋଳନଟିକୁ ସମ୍ପୂର୍ଣ୍ଣରୂପେ ମୂଳପୋଛ କରି ଦେଇଥିବାର ଦାବୀ କରୁଛି । ବିଭିନ୍ନ ଦିଗରୁ ମତେ ମିଳିଥିବା ଖଣ୍ଡିତ

ତଥ୍ୟ ଉପରେ ଆଧାର କରି ନକ୍‌ସଲ୍‌ପନ୍ଥୀ ମାନେ ସକ୍ରୀୟ ରହିଥିବାର ମୋର ସନ୍ଦେହକୁ ଦୃଢ଼ୀଭୂତ କଲି । ଚରମପନ୍ଥୀ ମାନଙ୍କ ଉପରେ "ତୀକ୍ଷ୍ଣ-ଦୃଷ୍ଟି" ରଖାଯାଇଥିବାର ପ୍ରତିଶ୍ରୁତିକୁ ସରକାରଙ୍କ ପାଖରେ ଗୃହମନ୍ତ୍ରୀ ବାରମ୍ବାର ଦୋହରାଉ ଥିଲେ । ଉତ୍ତର ବଙ୍ଗଳାରେ ରାଇଫଲ୍ ବ୍ୟାଜାପ୍ତ କରାନିଆଯିବାର ଘଟଣା ଖବର କାଗଜରେ ବାହାରି ଥିଲା । ପଶ୍ଚିମବଙ୍ଗର ବର୍ଦ୍ଧମାନ ଜିଲ୍ଲାର କାଙ୍କ୍‌ସି ଅଞ୍ଚଳରେ ସ୍ୱତନ୍ତ୍ର ପୋଲିସ ବାହିନୀ ଡେରା ପକାଇ ରହିଥିଲେ । ବିଶେଷତଃ, ସେଠାରେ ଜମିଦାର ମାନଙ୍କ ପାଖରେ କ୍ରୀତଦାସ ପରି ବାହାବନ୍ଧା-ଶ୍ରମିକ ରୂପେ କାମ କରୁଥିବା ଆଦିବାସୀ ମାନଙ୍କୁ ସେମାନଙ୍କ ବିରୁଦ୍ଧରେ ମତାଇ ବିଦ୍ରୋହ କରିବାରେ ଆନ୍ଦୋଳନକାରୀ ମାନେ ସଫଳ ହେଇଥିଲେ । ଗ୍ରାମବାସୀ ମାନଙ୍କ ସହିତ ବନ୍ଧୁତ୍ୱ ପୂର୍ଣ୍ଣ ବ୍ୟବହାର କରି ସେମାନଙ୍କ ମନ ଜାଣିବାକୁ ପଶ୍ଚିମବଙ୍ଗରେ ପ୍ରଧାନମନ୍ତ୍ରୀ ସିଦ୍ଧାର୍ଥ ଶଙ୍କର ରାୟ ତାଙ୍କର ପୋଲିସ ବିଭାଗକୁ ପ୍ରବର୍ତ୍ତାଇଲେ । କିଂତୁ ୧୯୭୦ ଓ ୭୧ ମସିହାରେ ଗ୍ରାମାଞ୍ଚଳର ଲୋକେ ଯେଉଁ ବିଭତ୍ସ କାଣ୍ଡ ଦେଖିଥିଲେ, ତାପରେ ଏଇଟା ଏକ ବିଳମ୍ବିତ ପଦକ୍ଷେପ ଥିଲା । ୧୯୬୭-୬୯ର ଗଭୀର ବୈପ୍ଳବିକ ଜୁଆର ପରେ ଦୋହଲି ଯାଇଥିବା ଭିତ୍ତିଭୂମିକୁ ସଜାଡ଼ିବାକୁ ଅବଶ୍ୟ ବେଶ୍ କିଛି ସମୟ ଲାଗି ଯାଇଥାଆନ୍ତା । କିଂତୁ ତା ପରେ ପରେ ପୁଣି ତାହା ଆରମ୍ଭ ହେଇଗଲା ।

ଏଥରକ ସରକାର ମିସା (Maintenance of Internal Security Act) ଓ ଅନ୍ୟାନ୍ୟ ନିଷେଧାତ୍ମକ ଆଇନ ପ୍ରୟୋଗ ପୂର୍ବକ ନିଜର କ୍ଷମତା ବିସ୍ତାର କରୁଥିଲା । ଦିନେ କଲିକତାରୁ ଷ୍ଟେଟ୍‌ସମେନ ଖବର କାଗଜରେ ଯେ କେବଳ ପଶ୍ଚିମବଙ୍ଗରେ ତିନି ମାସ ମଧ୍ୟରେ ୭୭୫ ଜଣ ଲୋକ ମିସା ଆଇନ ବଳରେ ଗିରଫ ହେଇଥିବାର ସମ୍ବାଦ ପ୍ରକାଶ ପାଇଲା । ୧୯୭୬ର ପ୍ରାରମ୍ଭରେ ଦକ୍ଷିଣର ଆନ୍ଧ୍ର ପ୍ରଦେଶ ରାଜ୍ୟରେ ମଧ୍ୟ ଦଙ୍ଗା ହେଇଥିଲା । ସେଠି ଲୋକେ ରେଳ ଷ୍ଟେସନ ଓ ଡାକ ଘର ପୋଡ଼ି ଦେବା ସହିତ ସେମାନଙ୍କୁ ଦମନ କରିବା ପାଇଁ ପଠାଯାଇଥିବା କେନ୍ଦ୍ରୀୟ ରିଜର୍ଭ ପୋଲିସ୍ ଉପରେ ମଧ୍ୟ ଆକ୍ରମଣ କରିଥିଲେ । ସମଗ୍ର ଦେଶରେ ପରିସ୍ଥିତି ବିସ୍ଫୋରକ ହେଇ ପଡ଼ିଥିଲା ।

ମୁଁ ପ୍ରତ୍ୟାଗମନ ଯୋଜନାଟିକୁ ଭୁଲିଯିବା ଉପରେ ଥିଲା ବେଳକୁ ଦିନେ କଲିକତାରୁ ଜଣେ ମତେ ସାକ୍ଷାତ୍ କରିବାକୁ ଆସିଲେ । ଡେପୁଟି ହାଇକମିଶନର ସେକ୍ରେଟାରୀ ମତେ ପ୍ରତିଶ୍ରୁତି ଦେବା ପୂର୍ବକ କହିଲେ ଯେ ଏ ଦିଗରେ ସେମାନେ ପାରୁ ପର୍ଯ୍ୟନ୍ତ ଚେଷ୍ଟା ଜାରି ରଖିଛନ୍ତି ଓ ସବୁ ଜିନିଷ ମଧ୍ୟ "ଅନୁକୂଳ ଦିଗକୁ ଗତି କରୁଛି ।" "ସରକାରୀ କଳ" କାମରେ ବିଳମ୍ବ କରୁଥିଲେ ହେଁ ଅତି ଶିଘ୍ର ଏକ

ଫଳବତୀ ଉନ୍ନତି ହେବ ବୋଲି ସେ ଆଶା ପ୍ରକଟ କଲେ । ତାଙ୍କୁ ପଚାରିଦେବି କି ଯେ ମୋ ପାଇଁ ଉଡ଼ାଜାହାଜ-ଟିକଟର ଖର୍ଚ୍ଚଟା କିଏ ଦେବ? ବିଶେଷତଃ ପୋଲିସ୍ କଲିକତାରେ ମୋର ଟଙ୍କା ଜଗତ କରିନେବା ପରେ ମୁଁ ମୋର ପରିବାର ବର୍ଗ ଓ ବନ୍ଧୁମାନଙ୍କୁ ଟଙ୍କା ମାଗିବା ପାଇଁ କୁଣ୍ଠାବୋଧ କରୁଥିଲି । ଯାହା ବି ହେଉ, କେହି ଜଣେ ମୋ ପାଇଁ ଯାତ୍ରା-ଖର୍ଚ୍ଚ ଦେବା ପାଇଁ ରାଜି ନ ହେଲେ ଏଇ ଯୋଜନାଟି ବନ୍ଦ କରିବାକୁ ପଡ଼ିବ ବୋଲି ଅଫିସର ଜଣକ ଜଣାଇ ଦେବା ପରେ ମୁଁ ଲଣ୍ଡନ୍‌ରେ ଥିବା ମୋର ବନ୍ଧୁ ରୁଥ୍ ଫୋଷ୍ଟର୍‌କୁ ଟଙ୍କା ଯୋଗାଡ଼ କରିବା ପାଇଁ ଚିଠି ଲେଖିଲି । କେତେ ବର୍ଷ ଉତ୍ତାରୁ ମୁଁ ଲଣ୍ଡନ ଫେରିଲା ପରେ ଜାଣିବାକୁ ପାଇଲି ଯେ ଟଙ୍କା ଧରି ହାଜର ହେବା ପାଇଁ ବିଦେଶ ମନ୍ତ୍ରଣାଳୟରୁ ଦିନ ରାତି ତା ପାଖକୁ ଫୋନ୍ ଯାଉଥିଲା । ମୋର ଫେରିବା ଖବର ନେଇ ସେ ଏତେ ନିଶ୍ଚିତ ହୋଇ ଯାଇଥିଲା ଯେ ଏପରିକି ମୋ ପାଇଁ ହଳେ ନୂଆ ଚଟି ମଧ୍ୟ କିଣି ସାରିଥିଲା ।

ଯା ପରେ କେତେ ମାସ ଯାଏଁ ମୁଁ ଆଉ କିଛି ଏ ବିଷୟରେ ଶୁଣିବାକୁ ପାଇଲି ନାହିଁ । ବ୍ରିଟେନ୍‌କୁ ଶିଘ୍ର ଫେରିବାର ଚିନ୍ତାଟା ମୁଁ ପଛକୁ ଠେଲି ଦେଲି । ମଝିରେ ମଝିରେ ସାଙ୍ଗସାଥି ବା ପରିବାରରୁ ଚିଠି ଖଣ୍ଡେ ଆସିଗଲେ ଅଥବା କେବେ କେମିତି ସ୍ୱପ୍ନଟିଏ ଦେଖିଲେ ପୁଣି ତାହା ସାମ୍ନାକୁ ଚାଲି ଆସେ । ପ୍ରଥମରେ ହାଇ କମିଶନ ଲୋକ ଏଇ ପ୍ରତ୍ୟାଗମନ ପ୍ରସ୍ତାବ ଦେଲେ କାହିଁକି ଭାବି ତାଙ୍କ ଉପରେ ରାଗ ଲାଗୁଥାଏ । ମୋ ଅପେକ୍ଷା ମୋର ବାପା ମା', ରୁଥ୍ ଓ ଅନ୍ୟ ସାଙ୍ଗ ସାଥି ମାନେ ଆହୁରି ବ୍ୟସ୍ତ ହେଉଥିଲେ । ଅପରେସନ୍ ପରେ ମୋର ମା'ଙ୍କର ସ୍ୱାସ୍ଥ୍ୟ ଅବସ୍ଥା ମଧ୍ୟ ସେ ଯାଏଁ ଆହୁରି ସୁଧୁରି ନ ଥାଏ । ଏଇ ପ୍ରସ୍ତାବଟି ବିଷୟରେ କ'ଣ ଅଗ୍ରଗତି ହେଲା ତାହା ଜାଣିବା ପାଇଁ ଓ ତାକୁ ପୁରାପୁରି ଛାଡ଼ି ନ ଦେବାକୁ ଅନୁରୋଧ କରି ଥରେ ମୁଁ ଡେପୁଟି ହାଇ କମିଶନଙ୍କ ପାଖକୁ ଚିଠି ଲେଖିଲି । ବୋଧହୁଏ ସେ ଚିଠି ଖଣ୍ଡିକ କେବେ ସୁଦ୍ଧା ପାଇଲେ ନାହିଁ । ସେ ଯାହା ବି ହେଉ, ମୁଁ ତାର ଉତ୍ତର ପାଇଲି ନାହିଁ ।

ଫେବୃୟାରୀ ୧୯୭୬ରେ ଦୁଇ ଜଣ ବନ୍ଦୀଙ୍କୁ ପୁଣି ଫେରିକି ଆସିବାର ଦେଖିଲି । ସେମାନଙ୍କୁ ଦୁଇ ବର୍ଷ ଆଗରୁ ଜାମିନ୍‌ରେ ଖଲାସ ହୋଇ ଯିବାର ମୁଁ ନିଜେ ଦେଖିଥିଲି । ଜଣେ ହେଲା ପ୍ରାୟ ପଚିଶ ବର୍ଷର ଯୁବତୀ ବୁଧିନୀ ଓ ତାର ବୁଢ଼ୀ ଶାଶୁ । ସେମାନେ ଗିରଫ ହୋଇ ଆସିବା ଦିନଠାରୁ ବୁଧିନୀର ସ୍ୱାମୀ ଜେଲ୍‌ରେ ଥିଲା । ପ୍ରାୟ ବର୍ଷେ ଉପରେ ହେବ ତାକୁ ଦେଖିବା ପାଇଁ ଆସିବାକୁ ତାଙ୍କର ସାମର୍ଥ୍ୟ ନ ଥିଲା । "ଜାମିନ୍ ଗଡ଼ି ଯିବା" ଅଭିଯୋଗରେ ସ୍ତ୍ରୀ ଲୋକ ଦୁଇ ଜଣଙ୍କୁ ପୁଣି ଥରେ ଗିରଫ କରି ଅଣାଗଲା । କୋର୍ଟରେ ଯାଇ ହାଜିରା ଦେବା ପାଇଁ ତାଙ୍କ ଠାରୁ ହଜାରିବାଗକୁ

ଯିବାକୁ ଛଅ ଟଙ୍କା ବସ୍ ଭଡ଼ା ମଧ୍ୟ ସେମାନେ ଯୋଗାଡ଼ କରି ପାରି ନ ଥିଲେ । ବିନା ଲାଇସେନ୍‌ସରେ ଅସ୍ତ୍ର ରଖିଥିବା ତାଙ୍କର ଅଭିଯୋଗ ମାମଲାଟିକୁ ନିପଟେଇ ଦେବା ପାଇଁ ସେମାନେ ତାଙ୍କର ଜମି ଘରକରଣା ଜିନିଷ ଓ ଗହଣାଗାଣ୍ଠି ଆଦି ସବୁ ବିକ୍ରୀକରି ଦେଇଥିଲେ । ଶେଷରେ ସେମାନେ ସର୍ବହରା ହେଇଗଲେ । କୋର୍ଟରେ ତାଙ୍କର ମାମଲାଟିର ମଧ୍ୟ ଶୁଣାଣି ନ ହୋଇ ସେମିତି ପଡ଼ି ରହିଲା ।

ମାର୍ଚ୍ଚ ମାସରେ ହିନ୍ଦୁ ମାନଙ୍କର ହୋଲି ପର୍ବ ଆସିବା ଯାଏଁ ମୁଁ ମୋର ପ୍ରତ୍ୟାଗମନ ବିଷୟରେ କିଛି ଶବ୍ଦଟାଏ ସୁଦ୍ଧା ଶୁଣିବାକୁ ପାଇ ନ ଥିଲି । ପ୍ରସ୍ତାବଟି ଆସିବାର ଛଅ ମାସ ବିତି ଯାଉଥିଲା । ଡେପୁଟି କମିଶନର କୌଣସି କର୍ମଚାରୀଙ୍କୁ ଭେଟିବାକୁ ମନା କରି ଦେବାକୁ ଓ ଇଂଲଣ୍ଡ ଫେରିଯିବାର ପ୍ରତ୍ୟାଗମନ ଚୁକ୍ତି ସ୍ୱାକ୍ଷରରୁ ଓହରି ଆସିବାକୁ ଚିନ୍ତା କଲି । କିଂତୁ ଏମିତି କଡ଼ା ପଦକ୍ଷେପ ଦେବାପାଇଁ କୁଣ୍ଠାବୋଧ କଲି । କାରଣ ମୋର ସବୁ ଚିଠିପତ୍ର କଲିକତା କାର୍ଯ୍ୟାଳୟ ଦେଇ ଯାଉଥିବାର ଏମିତି କୌଣସି କାମର ପ୍ରତିକ୍ରୀୟା ସ୍ୱରୂପ ମତେ କିଛି ନା କିଛି ଆଳରେ ମୋର ପରିବାର ଓ ବନ୍ଧୁବର୍ଗଙ୍କ ସହିତ ଆଦୌ ଯୋଗସୂତ୍ର ରଖିବାକୁ ଦିଆଯିବ ନାହିଁ ।

ମୋର ପରିସ୍ଥିତିକୁ ସୁଧୁରେଇବା ପାଇଁ ମୁଁ ସକାରାତ୍ମକ ଭାବରେ କ'ଣ କରିପାରେ ସେ କଥା ଚିନ୍ତା କରୁଥିଲା ବେଳେ ୧୯୭୩ର ଏପ୍ରିଲ ଫୁଲ ଦିନ ମତେ ଜଣେଇ ଦିଆଗଲା ଯେ ତା ପର ଦିନ ସକାଳେ ମୁଁ ଜାମ୍‌ସେଦ୍‌ପୁରକୁ ସ୍ଥାନାନ୍ତରିତ ହେବି ।

୮

ଟାଟା

ସେଇ ରାତିରେ ମାଟିର ଫୁଙ୍କ ନଳୀରେ ତମାଖୁ ଟାଣିବା ପାଇଁ ମୁଠି ମୁଠି କରି ସଞ୍ଚି ରଖିଥିବା ଚାଉଳକୁ ରାଜକୁମାରୀ ପାଣିରେ ଭିଜେଇ ଦେଲା । ତା ପରଦିନ ପାହାନ୍ତା ଆଗରୁ ଉଠି ଚାଉଳରେ ତିଆରି ମୋର ମନ ପସନ୍ଦର ସରୁ ଚକୁଳି "ଛିଲ୍‌କା" ତିଆରି କରିବା ପାଇଁ ଚାଉଳ ତକ ପେଶି ଦେଲା । ସେଇ ବର୍ଷ ପହିଲା ଆଡ଼କୁ ନାଗୋ ଖଲାସ ହେଇ ଯିବା ପରେ ଦାୟିତ୍ୱରେ ଥିବା ମେଟିନୀ ବାଲ୍‌କୋ ମଇଦା ଓ ଗୁଡ଼ ମିଶାଇ ହାଲୱା ତିଆରି କଲା । ଲମ୍ବା କୋଠି ଭିତରେ କମ୍ବଳ ଖଣ୍ଡିଏ ବିଛେଇ ବିଦାୟକାଳୀନ ଭୋଜିରେ ସେମାନଙ୍କ ସହିତ ମତେ ଡାକିଲେ । ସେମାନଙ୍କ ସହିତ ମୁଁ ପାଖାପାଖି ତିନି ବର୍ଷ ଦିନରାତି ରହି ଆସିଥିଲି । ରାଜକୁମାରୀ ଓ ଲିଓନି ଆଖିରେ ଲୁହ ଦେଖି ମୋ ଆଖି ଭରିଗଲା ।

ଭାବପ୍ରବଣତାଟା ସେଇଠି ଚୁରମାର ହେଇଗଲା । ସଶସ୍ତ୍ର ପହରୀ ଓ ସ୍ୱତନ୍ତ୍ର ପୋଲିସ ବାହିନୀ ଗେଟ୍‌ରେ ମତେ ଅପେକ୍ଷା କରିଥିଲେ । ସମସ୍ତ ଜେଲ୍ କର୍ମଚାରୀ, କଇଦୀ ଓ ଜେଲ୍‌ର ପ୍ରବେଶ ପଥରେ ଝୁଲି ରହିଥିବା ଉତ୍ସୁକ ଦର୍ଶକଙ୍କ ସମ୍ମୁଖରେ ସେମାନେ ମୋର ବେଗ୍, ଚିଠିପତ୍ର, ମାସିକ ଋତୁସ୍ରାବରେ ବ୍ୟବହୃତ ଲୁଗାକୁ ମେଲାଇ ଯାଞ୍ଚ କଲେ । ମୋ ସହିତ ଯିବା ପାଇଁ ଦୁଇ ଜଣ ମହିଳା ପୋଲିସ୍ ପାଟନାରୁ ଏତେ ବାଟ ଆସିଥିଲେ । ସୁପରିଟେଣ୍ଡେଣ୍ଟଙ୍କ ଅଫିସ୍ ପଛରେ ଥିବା ପରିସ୍ରାଗାରକୁ ମତେ ନେଇଯାଇ ସେମାନେ ମୋର ପିନ୍ଧା ଅର୍ନ୍ତବାସ ଭିତରକୁ ହାତ ପଶାଇ ଯାଞ୍ଚ କଲେ । ମୁଁ ପିନ୍ଧିଥିବା ପୁରୁଣା ଖସ୍ତା ଶାଢ଼ୀରେ ଘୃଣାରେ ଆଙ୍ଗୁଠି ଗେଞ୍ଜି ଜଣେ ମହିଳା ପୋଲିସ୍ ମୋ ସ୍ୱାମୀ କାହିଁକି ନୂଆଁ ଶାଢ଼ୀ ଖଣ୍ଡେ କିଣି ଦେଇନି ବୋଲି ପଚାରିଲା । ପ୍ରକୃତରେ ସେଇ ଖଣ୍ଡିକ ମୁଁ ଅନ୍ୟ ଜଣେ ମହିଳା ବନ୍ଦୀ ସହିତ ବଦଳ କରିଥିଲି । କାରଣ ମୋର ଶାଢ଼ୀ ଖଣ୍ଡିକ ତାକୁ ବହୁତ ପସନ୍ଦ ଲାଗିଥିଲା ।

ତିନିଟା ପୋଲିସ୍ ଗାଡ଼ିରେ ଥିବା ସତର ଜଣ ସଶସ୍ତ୍ର ପୋଲିସ୍, ଅନେକ ଜଣ ସ୍ପେସିଏଲ୍ ବ୍ରାଞ୍ଚ୍ ପୋଲିସ, ଦୁଇ ଜଣ ମହିଳା ପୋଲିସ୍ ଓ ଜଣେ ମହିଳା ୱାର୍ଡ଼ରଙ୍କ ଉପସ୍ଥିତି ସତ୍ତ୍ୱେ ଅନେକ ଦିନ ପରେ ପଥର କାନ୍ଥରୁ ବାହାରି ପ୍ରଥମ କରି ଖୋଲା ରାସ୍ତା ଓ ପଡ଼ିଆ ଦେଖୁଥିବାରୁ ମୁଁ ବେଶ୍ ଉଲ୍ଲସିତ ହୋଇ ପଡୁଥିଲି । ମୋର ସାଙ୍ଗରେ ଯାଉଥିବା ପୋଲିସ୍ ଦଳ ଭିତରୁ ଜଣେ ଗୀତ ଗାଇବା ଆରମ୍ଭ କରି ଦେଲା । ଅନ୍ୟ ମାନେ ପରସ୍ପରର ସହିତ ଗପ ଯୋଡ଼ିଲେ । ରାସ୍ତାରେ ଆମେ ଖାଇବା ପାଇଁ କୋଳି କିଣିବାକୁ ଡ୍ରାଇଭର୍ ଗାଡ଼ି ଅଟକାଇଲା । ଅମଲେନ୍ଦୁ ଓ ବ୍ରିଟେନ୍‌ରେ ମୋର ପରିବାର ବିଷୟରେ ସେମାନେ ମତେ ପଚାରିଲେ । ରାଜନୀତି ଆଲୋଚନା କଲା ବେଳେ ମୁଁ ଜାଣିଲି ଯେ ମୋର ଯାତ୍ରା ସମୟରେ ଭେଟ ପଡ଼ିଥିବା ଅନେକ ପୋଲିସଙ୍କ ପରି ନକସାଲପନ୍ଥୀଙ୍କ ପ୍ରତି ସମ୍ପୂର୍ଣ୍ଣ ରୂପେ ସହାନୁଭୂତି ରହିତ ଥିଲେ ।

ହଜାରୀବାଗ୍‌ର ଦକ୍ଷିଣ ପଶ୍ଚିମକୁ ୧୭୦ ମାଇଲ ଦୂରରେ ଥିବା ଜାମସେଦ୍‌ପୁରରେ ପହଞ୍ଚିଲା ବେଳକୁ ରାତି ହୋଇଯାଇଥିଲା । ଜେଲର୍ ଜଣକ ମୋ ଆସିବା ଖବର ପାଇ ସାରିଥିଲେ ଓ ଛୋଟିଆ ଅଫିସ୍‌ଟାରେ ମତେ ଅପେକ୍ଷା କରି ବସିଥିଲେ । ମୋର ନାଁ ଠିକଣାକୁ ଲେଖି ସାରି ପୁଣି ଥରେ ଯାଞ୍ଚ କରିବା ପାଇଁ ମୋର ମାଟିଆ ବେଗ୍‌ଟାକୁ ରାତିକ ପାଇଁ ସେଇଠି ଛାଡ଼ିଯିବାକୁ କହିଲେ । ଜଣେ ୱାର୍ଡ଼ର୍ ଆସି ମତେ ଜେଲ୍ କୋଠିକୁ ନେଇଗଲା । ହଜାରୀବାଗ୍ ଜେଲ୍ କୋଠିରୁ ଏହାର ଆକାର ପ୍ରାୟ ଅଧା ଥିଲା । ଜିନିଷପତ୍ର ଉପକରଣ ବି ସେଇପ୍ରକାର ଥିଲା । କୋଠିର ନିଜସ୍ୱ ଅଗଣା ଓ କାନ୍ଥ ରହିଥିବାରୁ ଫିମେଲ ୱାର୍ଡ଼ଠାରୁ ପୁରାପୁରି ବିଚ୍ଛିନ୍ନ ହୋଇ ରହିଥିଲା । ପୂର୍ବ ପରିଚିତ ସେଇ ମାଟିଆ ରଙ୍ଗର କମ୍ବଳ ନେଇ ମୁଁ ପଥର ଚଟାଣ ଉପରେ ଶୋଇବାକୁ ଗଲି । ଜିପ୍ ଭିତରର ଅନଭ୍ୟସ୍ତ ଦୋଳନର ପ୍ରଭାବ ସେଯାଏଁ ମୋ ଦେହରେ ରହିଥିଲା । ଜଣେ ବୁଢ଼ୀ ମହିଳା ୱାର୍ଡ଼ର ତାଲା ଯାଞ୍ଚ କରିବାକୁ ଆସିଲା ଓ ମୋ ସହିତ ବନ୍ଧୁତ୍ୱପୂର୍ଣ୍ଣ ଦି'ପଦ କଥା ଲାଗି ଚାଲିଗଲା । ଜେଲରଙ୍କ କହିବା ଅନୁସାରେ ଦୁଇ ଦିନ ଭିତରେ ହେବାକୁ ଥିବା ମୋର ବିଚାର ବିଷୟରେ ଭାବି ଭାବି ମୁଁ ଶୋଇ ପଡ଼ିଲି ।

ମୁଁ ଉଠିଲା ବେଳକୁ ଟିକିଏ ଆଲୁଅ ହୋଇଆସିଥାଏ । ବିନା ଘଣ୍ଟାରେ ସମୟ ଜାଣି ପାରିବାରେ ମୁଁ ଅଭ୍ୟସ୍ତ ହୋଇପଡ଼ିଥିଲି । କମ୍ବଳ ଖଣ୍ଡିକୁ ଭାଙ୍ଗି ଦେଇ ୱାର୍ଡ଼ର୍ ଆସି ତାଲା ଖୋଲିବା ସମୟକୁ ଅପେକ୍ଷା କଲି । ଘଣ୍ଟା ଘଣ୍ଟା ଅପେକ୍ଷା କଲା ପରେ ମଧ୍ୟ ଫଜେରା ଫାଟିଲା ନାହିଁ । ପରେ ମୁଁ ଜାଣିବାକୁ ପାଇଲି ଯେ ମୁଁ ଯୋଉଟାକୁ

"ସକାଳର ପହିଲି ଆଲୁଅ" ଭାବୁଥିଲି ସେଇଟା ସହର ସେପଟରେ ଥିବା ଇସ୍ପାତ କାରଖାନାର ବ୍ଲାଷ୍ଟ ଫର୍ଣ୍ଣେସ୍।

ଜାମ୍‌ସେଦ୍‌ପୁର ସହର ଓ ଜେଲ୍ ଉଭୟ ହଜାରୀବାଗ୍‌ର ବିପରୀତ ଥିଲା। ଅପେକ୍ଷାକୃତ ଭାବରେ ଶାନ୍ତ ପଲ୍ଲୀ ପରିବେଶରେ ରହିଥିବା ଏଇ ଜାଗାଟି ଥଣ୍ଡା ଜଳବାୟୁ ଯୋଗୁଁ ମିଶନାରୀ ଓ ଅବସର ପ୍ରାପ୍ତ ପ୍ରଶାସନିକ କର୍ମଚାରୀ ମାନଙ୍କ ପାଇଁ ଆକର୍ଷଣ କେନ୍ଦ୍ର ଥିଲା। ମୁଁ ଏବେ ଭାରତର ପ୍ରଥମ ଶିଳ୍ପ ନଗରୀରେ। ଏଇ ଶତାବ୍ଦୀର ଆରମ୍ଭର ଅଳ୍ପ କେତେ ବର୍ଷ ପରେ ଅଦ୍ୟାବଧି ଭାରତର ସର୍ବବୃହତ ଶିଳ୍ପପତି ରୂପେ ମାନ୍ୟତା ପାଇଥିବା ଟାଟା ପରିବାର ପକ୍ଷରୁ ଏଇ ଇସ୍ପାତ କାରଖାନା ନିର୍ମିତ ହେଇଥିଲା। ତା ପରେ ପରେ ଏଇ ଆଦିବାସୀ ବହୁଳ ଗ୍ରାମାଞ୍ଚଳରେ ଗୁଡ଼ିଏ ଶିଳ୍ପ ସଂସ୍ଥାନ ଗଢ଼ି ଉଠିଲା। ସେଇ ଅଞ୍ଚଳର ପ୍ରଚୁର ଖଣିଜ ସମ୍ପଦ ଯଥା ତମ୍ବା ଓ ୟୁରାନିୟମ ଆଦି ଭାରତୀୟ ତଥା ବିଦେଶୀ ପୁଞ୍ଜି ଆକର୍ଷଣ କଲା। ଜାମ୍‌ସେଦ୍‌ପୁର ସହର ବଢ଼ି ଉଠିବା ସହିତ ସେଠାର ମୂଳ ଅଧିବାସୀ କ୍ରମଶଃ ତା'ର ଚାରିଆଡ଼େ ଥିବା ଜଙ୍ଗଲ ଭିତରକୁ ପଳାଇଯିବାକୁ ବାଧ ହେଲେ। ଟାଟା ମାନଙ୍କ ଦ୍ୱାରା ନିର୍ମିତ ଏଇ ସହର ଏବେ ମଧ ମୁଖ୍ୟତଃ ତାଙ୍କ ମାଲିକାନାରେ ରହିଛି ଓ ଟାଟା ନାଁରେ ପରିଚିତ। ଏପରିକି ଜେଲ୍ ମଧ ତାଙ୍କ ଜମି ଉପରେ ରହିଥିଲା।

ଜାମ୍‌ସେଦ୍‌ପୁର ଜେଲ୍‌ଟା ଖୁବ୍ ଛୋଟ ଓ ଗହଳି ଥିଲା। ସେତିକିବେଳେ ୧୬୭ ଜଣ ରହିବା ପାଇଁ ତିଆରି ହେଇଥିବା କୋଠାରେ ୭୦୦ ଜଣ ବନ୍ଦୀ ରହୁଥିଲେ। ସବୁ ଅନ୍ତେବାସୀ ମାନଙ୍କ ଠାରୁ ଅଲଗା ହେଇ ମୁଁ ପାଇଥିବା କୋଠିଟି ମତେ ଗୋଟିଏ ବିଳାସ କକ୍ଷ ପରି ମନେ ହେଉଥିଲା। ସେଠାରେ କର୍ମଚାରୀ ସଂଖ୍ୟା ମଧ ଖୁବ୍ କମ୍ ଥିଲେ। ତେଣୁ ହଜାରୀବାଗ୍ ଅପେକ୍ଷା ଏଠି ଆହୁରି ବେଶୀ ପ୍ରଶାସନିକ ବିଶୃଙ୍ଖଳା ଦେଖା ଦେଉଥିଲା। ପ୍ରଥମ ଦିନ ସକାଳେ ଅନ୍ୟ ସ୍ତ୍ରୀଲୋକ ମୋ ମଝିରେ ବାଡ଼ ପରି ଛିଡ଼ା ହେଇଥିବା ଆଠ ଫୁଟ ଉଚ୍ଚର ରେଲିଂ କାନ୍ଥ ବାଟରୁ ଛୋଟ ଛୋଟ ଚାରି କୋଣିଆ ପିଞ୍ଜରା ପରି କୋଠି ଗୁଡ଼ିଏ ଦେଖି ପାରିଲି। ସେଥିରେ ସେମାନେ ସବୁ ଖୁନ୍ଦାଖୁନ୍ଦି ହେଇ ରହିଥିଲେ। ହଜାରିବାଗ୍‌ର କୋଠି ପରି ସେଗୁଡ଼ା ଆଦୌ ଓସାରିଆ ନଥିଲା। ଚାରିପଟେ ଅତି ଉଚ୍ଚ ପାଚିରୀ କାନ୍ଥ ଦେଖିଲି। ମୋର କୋଠରୀଟିର ଆଖ ପାଖ ଜାଗା ସବୁ ସଫା ସୁତରା ଥିଲା। କାନ୍ଥ ଯାକରେ ଏବେ କିଛି ଦିନ ତଳେ ଚୂନ ମରା ହେଇଥିଲା। ସେଠି ପାଣି ପାଇପ୍ ଓ ତା ପାଖରେ ଛୋଟ ସିମେଣ୍ଟ ପାଣି-ଟାଙ୍କିର ସୁଖ-ସୁବିଧା ମିଳିବ ବୋଲି ମୁଁ କେବେ ଆଶା କରି ନ ଥିଲି। ପରେ ମୁଁ ଜାଣିବାକୁ ପାଇଲି

ଯେ ପୁରୁଷ ୱାର୍ଡ଼ରେ ଶହ ଶହ ବନ୍ଦୀମାନଙ୍କ ବ୍ୟବହାର ପାଇଁ ମାତ୍ର ଦୁଇଟି ପାଣି ପାଇପ୍ ଥିଲା ।

ସ୍ତ୍ରୀଲୋକ ମାନଙ୍କ ଅବସ୍ଥା ମଧ୍ୟ ବହୁତ ଖରାପ ଥିଲା । କୌଣସି କୋଠରୀରେ ତିରିଶ ଜଣରୁ କମ୍ ବନ୍ଦୀ ନ ଥିଲେ । ଶେଷରେ ମୁଁ ଯେତେବେଳେ ଜାମ୍ସେଦ୍ପୁର ଛାଡ଼ି କରି ଆସିଲି ସେଇ ପନ୍ଦର ଫୁଟର ଚାରିକୋଣିଆ ପିଞ୍ଜରାରେ ଚଉରାଳିଶ ଜଣ ସ୍ତ୍ରୀ ଲୋକ ଓ ବାର ଜଣ ପିଲା ରହୁଥିଲେ । ରାତିରେ ଧାଡ଼ି ଧାଡ଼ିହେଇ ସମସ୍ତେ ଏମିତି ଜାକି ଜୁକି ଶୋଉଥିଲେ ଯେ ଟିକିଏ ଏକଡ଼ ସେକଡ଼ ହେବାଟା ବି ମୁସ୍କିଲ ଥିଲା । ପିଲାରୁ ବୁଢ଼ା, ସୁସ୍ଥ ଓ ଅସୁସ୍ଥ, ପାଗଳ, ଭଲ ଖରାପ ସବୁ ଠେସାଠେସି ହେଇ ରହୁଥିଲେ । ସେଠି ଥିବା ଗୋଟେ ମାତ୍ର ପାଇଖାନା ସାମ୍ନାରେ ଯାହାକୁ ଶୋଇବାର ଯୋଗ ପଡୁଥିଲା ତାର ଦେହଟା ଯାଇକି ପାଇଖାନା ପାହାଚକୁ ଏକଦମ୍ ଲାଗି ରହୁଥିଲା । ସେଇଠୁ ବାହାରିଥିବା ନାଳୀର ମଇଳା ପାଣି ଅଗଣାର ପଛକୁ ବୋହି ଯାଉଥିଲା ଓ ସେଥିରୁ ଉଠୁଥିବା ନାକଫଟା ଦୁର୍ଗନ୍ଧ କାନ୍ଥର ତିନି ପଟେ ମାଡ଼ିଯାଉଥିଲା ।

ରାତି ଅପେକ୍ଷା ଦିନ ମାନରେ ସେମିତି ବିଶେଷ ଭଲ ଲାଗୁ ନ ଥିଲା । ଜାମ୍ସେଦ୍ପୁରର ପ୍ରଚଣ୍ଡ ଗରମ ଓ ଗୁଳୁଗୁଳି ସମସ୍ତଙ୍କୁ ଜଣା । ଖରାଦିନେ ସେଠାର ତାପମାତ୍ରା ପଇଁଚାଳିଶ ଡିଗ୍ରୀ ସେଣ୍ଟିଗ୍ରେଡ଼କୁ ଉଠିଯାଏ । ଖରା ଆରମ୍ଭ ହେଇଗଲେ ଆଖ ପାଖ କୋଉଠି ଛାଇ ଜାଗାଟିଏ ସୁଦ୍ଧା ନଜରରେ ପଡ଼େ ନାହିଁ । ସାରା ଦିନଟା ସେଠି ଫିଙ୍ଗା ହେଇଥିବା ପଚା ଖାଦ୍ୟର ନାକଫଟା ଦୁର୍ଗନ୍ଧ, ପୋକ ଜୋକ, ମାଛି, ଖାଲରେ ଜମିଥିବା ମଇଳା ପାଣି ପାଖରେ ସମସ୍ତେ ଘା ଘଉଡ଼ ଓ ଝାଳ ନାଳ ହେଇ ବସି ରହନ୍ତି । ଗୋଟେ ଫଟା ପାଣି ଟାଙ୍କିରେ ପାଣି ରଖା ହେଉଥାଏ । ଖଣ୍ଡେ ଛିଣ୍ଡା କନା ଟେପ୍ ମୁହଁରେ ବନ୍ଧା ହେଇ ଗୋଟେ ପ୍ଲଗ୍ର କାମ କରୁଥାଏ । କରିବାକୁ କିଛି କାମ ନ ଥାଏ, ଆରାମରେ ବସିବାକୁ ବା ଖାଇବାକୁ ଜାଗା ନ ଥାଏ, ଲୁଗା ଧୋଇବା ପାଣି ବାଲ୍ଟି ନ ଥାଏ, ଏପରିକି ବେଳେବେଳେ ଦରକାର ମୁତାବକ ତାଟିଆ ବା ଗିଲାସ ସୁଦ୍ଧା ନ ଥାଏ । ଗୋଟେ ଏକାନ୍ତ ମୁହୂର୍ତ୍ତର ଆଶା ତ ବଡ଼ ଦୂରୁହ କଥା ।

୧୯୭୩ ଏପ୍ରିଲ ତିନି ତାରିଖ ମଙ୍ଗଳବାର ଦିନ ମୋର ପ୍ରଥମ କୋର୍ଟ ହାଜରା ଦିନ ରୂପେ ଠିକ୍ କରାଗଲା । ଅପରାହ୍ଣ ଆଗରୁ ମୋର କୋଠରୀକୁ ଆସିଥିବା ପରିଦର୍ଶକ ଜଣକ ଜଣେ ସାଦା ପୋଷାକ ଧାରୀ ପୋଲିସ୍ ଅଫିସର ଥିଲେ । ତାଙ୍କୁ ଦେଖୁ ଦେଖୁ ଚିହ୍ନି ଗଲି । ଗିରଫ ହେବା ପରେ ପରେ ମତେ ଜେରା କରୁଥିବା ପୋଲିସ ମାନଙ୍କ ଭିତରୁ ସେ ଜଣେ ଥିଲେ । ସେ ଏବେ ନକ୍ସାଲପନ୍ଥୀ

କେସ୍ ଦାୟିତ୍ୱରେ । ଯା ଭିତରେ ମୁଁ କେତେ ଝଡ଼ି ଯାଇଛି ଇତ୍ୟାଦି କେତେଗୋଟି ଭଦ୍ରୋଚିତ ଔପଚାରିକ ଟିପ୍ପଣୀ ଦେବା ପରେ ସେ ଅସଲ କଥା ଆରମ୍ଭ କଲେ : ମୋର କେସ୍‌ଟି ବିଚାର ହେବା ଉପରେ । ମୋଟାମୋଟି ଭାବରେ ସେ କହିଲେ ଯେ ଦୋଷର "ସ୍ୱୀକାରୋକ୍ତି" ଓ "କ୍ଷମା" ଦ୍ୱାରା ଯାର ସରଳ ସମାଧାନ ହୋଇ ଯିବ । ଏଇ ଉପାୟରେ ଗୁଡ଼ାଏ ଆନୁଷ୍ଠାନିକ ଝିଞ୍ଜଟ ଓ ବିଳମ୍ବରୁ ରକ୍ଷା ମିଳିଯିବ ଓ ଶିଘ୍ର ସ୍ୱଦେଶ ପ୍ରତ୍ୟାବର୍ତ୍ତନର ବାଟ ଫିଟିଯିବ । ମୁଁ ଦୋଷ ସ୍ୱୀକାର କରିବାକୁ ମନା କଲେ କ'ଣ ହେବ ବୋଲି ତାଙ୍କୁ ପଚାରିଲି । ସେ କାନ୍ଧ ନଚାଇ କହିଲେ, "ଆଚ୍ଛା, ତମେ ରାଜଦ୍ରୋହ ତ ବିଦ୍ରୋହ ଉତ୍ତେଜିତ କରିବା ଅପରାଧର ଦଣ୍ଡ ବିଷୟରେ ତ ଜାଣିଛ । ଯାର ଅର୍ଥ ସିଧା କୋଡ଼ିଏ ବର୍ଷ ଜେଲ୍ ଭୋଗିବ ।" ସେ ତାଙ୍କ ନୀତି ନିୟମ ଅନୁସାରେ ଯାହା କରିବାର କଥା କରନ୍ତୁ, ମୁଁ ମୋ ନୀତିକୁ ମାନି ଚଳିବି - ମୁଁ ତାଙ୍କୁ କହିଲି ।

ସେଇ ରାତିରେ ଶୋଇ ଶୋଇ ମୁଁ ତାଙ୍କ କଥାର ଫଳାଫଳ ବିଷୟରେ ଚିନ୍ତା କଲି । ମତେ, କଳ୍ପନା ଓ ଅମଳେନ୍ଦୁଙ୍କୁ ମିଶେଇ ଏକାବନ ଜଣଙ୍କୁ ପୋଲିସ୍ ଅଭିଯୁକ୍ତ କରିଥିଲା ଅନ୍ୟମାନେ ଏବେ ସୁଦ୍ଧା ବିଚାର ଅପେକ୍ଷାରେ ଜେଲ୍‌ରେ । ମୋର କେସ୍‌ଟିକୁ ଅଲଗା କରି ବିଚାର କରିବା ପାଇଁ ମୋ ତରଫରୁ କରାଯାଇଥିବା ଆବେଦନକୁ ସରକାର ଗ୍ରହଣ କରିଥିଲ । କିଂତୁ ମୋର ଇଂଲଣ୍ଡ ଫେରି ଯିବାର ଇଚ୍ଛାକୁ ସେମାନେ ଏକ "ସ୍ୱୀକାରୋକ୍ତି" ପାଇବା ଉଦ୍ଦେଶ୍ୟରେ ବ୍ୟବହାର କରୁଥିଲେ । ତା ଦ୍ୱାରା ହୁଏତ ମୁଁ ବ୍ୟକ୍ତିଗତ ଭାବରେ ମୁକ୍ତି ପାଇପାରେ । କିଂତୁ ମୋ ପରି ଗିରଫ ହୋଇଥିବା ଅନ୍ୟ ମାନଙ୍କୁ ଫସାଇବା ପାଇଁ ସେଇଟା ନିଶ୍ଚିତ ଭାବରେ ବ୍ୟବହାର କରାଯିବ । ସେମାନେ ମୋ ଠାରୁ କ'ଣ "ସ୍ୱୀକାରୋକ୍ତି" ଚାହୁଁଥିଲେ ତାହା ମୁଁ ସେ ଯାଏଁ ଆହୁରି ଜାଣି ନ ଥିଲି । କିଂତୁ ଯାହା ହେଲେ ବି "ସ୍ୱୀକାରୋକ୍ତି"ର ଆଉ ପ୍ରଶ୍ନ ନ ଥିଲା । ଯଦି ସେମାନେ ମୋ କେସ୍‌ଟିକୁ ବିଚାର କରି ପାରିଲେ । ତା ହେଲେ ଅନ୍ୟ ମାନଙ୍କର ମଧ୍ୟ କାହିଁକି ବିଚାର ହୋଇ ପାରିବ ନାହିଁ? ତାଙ୍କ ଭିତରୁ କେତେ ଜଣ କଳ୍ପନା ପରି କଲିକତାକୁ ସ୍ଥାନାନ୍ତରିତ ହୋଇଥିଲେ । ପଶ୍ଚିମବଙ୍ଗର ପୋଲିସ୍ ମଧ୍ୟ ସେମାନଙ୍କ ବିରୁଦ୍ଧରେ ଅଭିଯୋଗ ବାଢ଼ିବା ପାଇଁ ଚାହୁଁଥିଲେ । କିଂତୁ ହଜାରିବାଗ୍‌ରେ ପଇଁତିରିଶ ଜଣ ରହିଯାଇଥିଲେ । ସବୁ ଦୃଷ୍ଟିରୁ ସେମାନଙ୍କର କେସ୍ ମୋ ସହିତ ସମାନ ଥିଲା । କିଂତୁ ମୋ କ୍ଷେତ୍ରରେ 'ବିଚାର' ହୋଇ ଖଲାସ ହେବାର ପ୍ରଶ୍ନ ଉଠିଲା ବେଳକୁ ସେମାନେ ବେଡ଼ି ପିନ୍ଧି ସେଇ ଜେଲ୍‌ରେ ଆହୁରି କେତେ ବର୍ଷ ଯାଏ ପଡ଼ି ରହିବେ କେଜାଣି ।

ଏଇ ସବୁ କଥାକୁ ଚିନ୍ତା କରି ମୁଁ ତା ପରଦିନ ହଜାରିବାଗ୍ ଜେଲ୍‌ରେ ଥିବା ମୋର ସମସ୍ତ ସାଥୀମାନଙ୍କୁ ଜାମ୍‌ସେଦପୁର୍ ସ୍ଥାନାନ୍ତରିତ କରି ସେମାନଙ୍କର କେସ୍ ମଧ୍ୟ ବିଚାର କହିବା ପାଇଁ ମାଜିଷ୍ଟ୍ରେଟ୍‌ଙ୍କୁ କହିବାକୁ ସ୍ଥିର କଲି ତା ପରଦିନ ସକାଳେ ଲୁହା ଫାଟକର ଶବ୍ଦ, ଝଣ୍‌ଝାଣ୍ ଚାବିର ଶବ୍ଦ, ବେୟୋନେଟ୍‌ର ଶାଣିତ ଶବ୍ଦ ଭିତରେ ଗୋଟେ ପୋଲିସ ଗାଡ଼ିରେ ମତେ ସେଇ ଜାଗାର କୋର୍ଟକୁ ଖେଦି ନିଆଗଲା ଓ ଅଦାଲତର କାଠଗଡ଼ା ଭିତରେ ଛିଡ଼ାକରାଇ ଦିଆଗଲା । ଲେଖାରୁ ମୁହଁ ଉଠାଇ ମାଜିଷ୍ଟ୍ରେଟ୍ ମୋ ଆଡ଼କୁ ଚାହିଁଲେ, ତାପରେ ସମସ୍ତ ପୋଲିସ୍ ପ୍ରହରୀଙ୍କୁ ଇସାରା ଦେଲେ । ଦଶ ମିନିଟ୍ ଭିତରେ ମୁଁ ମୋର କୋଠରୀ ଭିତରକୁ ପହଞ୍ଚି ଯାଇଥିଲି । ପ୍ରାୟ ପାଖାପାଖି ତିନି ବର୍ଷ ପରେ ଅଦାଲତରେ ଏଇଟା ମୋର ପ୍ରଥମ ହାଜିରା । ତାପର ତାରିଖଟା କେବେ ଧାର୍ଯ୍ୟ ହେଲା ତାହା ମଧ୍ୟ ମୁଁ ଜାଣି ପାରିଲି ନାହିଁ । ଜେଲର୍ ମୋର ସମନ ପଢ଼ି ତାହା ଏପ୍ରିଲ ୧୭ ତାରିଖ ବୋଲି କହିଲେ । ତେବେ, ଏଇ ତାରିଖ ଆଗରୁ ଅମଳେନ୍ଦୁଙ୍କର ଭଉଣୀ ଓ ମୋ ପାଇଁ ନିଯୁକ୍ତ କରିଥିବା ଓକିଲଙ୍କ ସହିତ ମତେ ଦେଖା କରିବାକୁ ଆସିଥିଲେ । ତାଙ୍କ ପାଖରୁ ଜାଣିଲି ଯେ ମୋର ସ୍ଥାନାନ୍ତରିତ ହେବାର ଖବର ଅମଳେନ୍ଦୁ ଜାଣି ସାରିଥିଲେ ଓ ନିଶ୍ଚିତ ଥିଲେ ଯେ ସେମାନେ ଆଉ ଡେରି ନ କରି ମତେ ଇଂଲଣ୍ଡ ପଠାଇ ଦେବାର ବ୍ୟବସ୍ଥା କରିବେ । ତେଣୁ ଶେଷ ଥର ପାଇଁ ମତେ ଦେଖା କରିବାକୁ ସେ ତାଙ୍କୁ ପଠାଇଥିଲେ । ଏତେ ଶିଘ୍ର ସେମିତି କିଛି ହେବାର ନାହିଁ ବୋଲି ମୁଁ ତାଙ୍କୁ ବୁଝାଇ ଦେଲି ।

ଅମଳେନ୍ଦୁଙ୍କ ପାଖରୁ ମୁଁ ଆଉ ଖଣ୍ଡେ ପୋଷ୍ଟକାର୍ଡ଼ ପାଇଥିଲି । ସେ ଆଲିପୁର କେନ୍ଦ୍ରୀୟ ଜେଲ୍‌ରେ ଥିଲେ । ଆଗର ପାଞ୍ଚ ଛଅଟା ପୋଷ୍ଟକାର୍ଡ଼ ମୁଁ ପାଇ ନ ଥିଲି । ମୋ ଉପରେ ଲାଗୁ ହେଇଥିବା ଏଇ କଟକଣାର ପଛରେ କୌଣସି ଯୁକ୍ତିସଙ୍ଗତ କାରଣ ଖୋଜି ମୁଁ ପାଉ ନ ଥିଲି । ମୁଁ ଚିଠିରେ କ'ଣ ସବୁ ଲେଖିବାର ଅନୁମତି ରହିଛି ସେଇ ବିଷୟରେ ଜାଣିବା ପାଇଁ ମୁଁ ଥରେ ଆବେଦନ ଲେଖିଥିଲି । ସବୁ ବନ୍ଦୀମାନଙ୍କର ଆବେଦନ ପରି ତାର ଉତ୍ତର ଆସି ନ ଥିଲା । କହିବା ବାହୁଲ୍ୟ ଯେ ସେଣ୍ଟ୍ରାଲ-ୱାଚ୍-ଟାୱାର ତଳେ ଥିବା କୋଠିରେ ରଦି କାଗଜ ଗଦା ଭିତରେ ସେଇଟା ରହିଥିବ । ଥରେ ସେଠି ଚିଫ୍ ହେଡ୍ ୱାର୍ଡ଼ର କେରାଏ ଶାଗ କାଗଜରେ ଗୁଡ଼ାଇ ମୋତେ ଆଣି ଦେଲେ । ପରେ ଦେଖିଲି ଯେ ସେଇ କାଗଜ ଖଣ୍ଡିକ ସପ୍ତାହେ ବା ଦୁଇ ସପ୍ତାହ ଆଗରୁ ଅନ୍ୟ ଜଣେ ସ୍ତ୍ରୀ ଲୋକ ପାଇଁ ମୁଁ ଲେଖି ଦେଇଥିବା ଆବେଦନ ପତ୍ର ଥିଲା ।

ଏପ୍ରିଲ ୧୭ ତାରିଖରେ ମୁଁ ଆଦୌ ଅଦାଲତ ଭିତରକୁ ଗଲି ନାହିଁ । ଗୋଟେ

ପୋଲିସ ଗାଡ଼ିରେ ମତେ ସେମିତି ଖେଦି ନିଆଗଲା । ଖୋଦ୍ ମାଜିଷ୍ଟ୍ରେଟ୍ ପାହାଚ ଉପରକୁ ଓହ୍ଲାଇ ଆସି ମୁଁ ଅଛି କି ନାହିଁ ତାହା ଦେଖି ଦେଇ ଅଦାଲତ ଭିତରକୁ ଚାଲିଗଲେ । ସୌଭାଗ୍ୟବଶତଃ ମୋର ଓକିଲ ସେଠି ଉପସ୍ଥିତ ଥିବାରୁ ତାଙ୍କୁ ମୁଁ ହଜାରୀବାଗ୍‌ରୁ ମୋର ସାଥୀମାନଙ୍କୁ ସ୍ଥାନାନ୍ତରିତ କରିବାର ବିଷୟରେ ମୋର ଆବେଦନ ପତ୍ରକୁ ଦାଖଲ କରିବା ପାଇଁ କହିଲି । ପନ୍ଦର ଦିନ ଭିତରେ ତାଙ୍କର ରାୟ ଶୁଣାଇଦେବା ପାଇଁ ମାଜିଷ୍ଟ୍ରେଟ୍ ପ୍ରତିଶ୍ରୁତି ଦେଲେ । ଯା ଭିତରେ ଜେଲ୍ ଭିତରେ ଗୋଟେ କୋର୍ଟ ରୁମ୍ ତିଆରି କରିବାର ବ୍ୟବସ୍ଥା କରାଗଲା । କାରଣ ବାଦୀପକ୍ଷର ଆବେଦନକୁ ମଞ୍ଜୁର କରିବା ପୂର୍ବକ ସେଠି ଶୁଣାଣି ହେବାରେ ସିଦ୍ଧାନ୍ତ ନିଆଗଲା । କୋର୍ଟ-ରୁମ୍ ନିର୍ମାଣ କାର୍ଯ୍ୟ ସମ୍ପୂର୍ଣ୍ଣ କରିବାରେ ଓ ହଜାରୀବାଗ୍‌ରୁ ଅନ୍ୟମାନଙ୍କୁ ସ୍ଥାନାନ୍ତରିତ କରିବାରେ ବିଳମ୍ବ ହେବାରୁ ହେବାକୁ ଥିବା ମକଦ୍ଦମାର ଶୁଣାଣି କାମ ପ୍ରାୟ ତିନି ମାସ ଯାଏଁ ଅଟକି ରହିଗଲା ।

ଜାମ୍‌ସେଦ୍‌ପୁରରେ ମୋର ପହିଲା ଦିନର ସକାଳୁ ବୀଣା ନିଜେ ଆସି ମୋର ସହିତ ଚିହ୍ନା ପରିଚିତ ହେଲା । ମୋ ସହିତ କଥା ହେଲାବେଳେ କାଳେ ମେଟିନୀ ଯେମିତି ଦେଖି ନ ପାରିବ ସେଥିପ୍ରତି ସେ ସତର୍କ ଥିଲା । ବୀଣା ଠାରୁ ହିଁ ଭାରତର କୃଷକ ଶ୍ରେଣୀର ଜୀବନ ବିଷୟରେ ମୁଁ ସବୁ ଜାଣିଲି । ସେ ମୋରି ବୟସର ଦରିଦ୍ର ଭୂମିହୀନ କୃଷକ ପରିବାରରୁ ସେ ଆସିଥିଲା । ପିଲାଦିନୁ ତା ଗାଁରେ କ୍ଷେତ ବାଡ଼ିରେ ମୂଲ ଲାଗୁଥିଲା । ଅତି କମ୍ ବୟସରୁ ବାହା ହେଇଥିଲା । ତାର ଗରୀବ ବାପା ଯୌତୁକ ଦେଇ ପାରି ନ ଥିବାରୁ ଶାଶୁ ଓ ସ୍ୱାମୀ ଗଞ୍ଜଣା ଦେଲେ । ତେବେ ଦୃଢ଼ମନା ଥିବାରୁ ସେ ଏମିତି ଦୁର୍ବ୍ୟବହାର ସହିଲା ନାହିଁ ଓ ତାର ଟିକି ଝିଅଟିକୁ ସାଙ୍ଗରେ ନେଇ ବଙ୍ଗଳାର ମେଦିନୀପୁର ଜିଲ୍ଲାରେ ଥିବା ତାର ବାପ ଘରକୁ ଫେରି ଆସିଲା । ୧୯୭୦ରେ ସେଇଠି ନକସାଲ୍‌ବାଦୀ ମାନେ ସେମାନଙ୍କ ଦ୍ୱିତୀୟ ମୁକ୍ତ ଅଞ୍ଚଳ ରୂପେ ଘୋଷଣା କରିବା ଉପରେ ଥିଲେ ।

୧୯୭୧ ଶେଷ ଆଡ଼କୁ ପୋଲିସ ତାକୁ ନକଲ ପନ୍ଥୀ ସନ୍ଦେହ କରି ଗିରଫ କରିଥିଲେ । ସପ୍ତାହରୁ ଉପରେ ହେବ ତାକୁ ଥାନାରେ ରଖିଥିଲେ । ପଚରା ଉଚୁରା ବେଳେ ପ୍ରତିଦିନ ତାକୁ ମାଡ଼ ମାରୁଥିଲେ । ଲହୁ ଲୁହାଣ ଓ ଚେତାଶୂନ୍ୟ ଅବସ୍ଥାରେ ତାକୁ ହାଜତରେ ପୁରାଇ ଦେଇଥିଲେ । ଟିକିଏ ସୁସ୍ଥ ହେଇ ଆସିଲା ପରେ ତାକୁ ପୁଣି ମାଡ଼ ମାରି ଜେରା କରିବା ପାଇଁ ଥାନାକୁ ନିଆଗଲା । ମୁଁ ଦେଖିଲା ବେଳକୁ ତା ଦେହରେ ମାଡ଼ର ଦାଗ ତଥାପି ରହିଥିଲା । ପ୍ରଚଣ୍ଡ ମାଡ଼ର ଆଘାତରେ ତାର କାନ ଦୁଇଟି ନଷ୍ଟ ହେଇଯାଇଥିଲା । କାନ ଭଁଭଁ କରିବା ସହିତ ବାରମ୍ବାର ମୁଣ୍ଡବିନ୍ଧା ଓ ଜ୍ୱର

ଧରୁଥିଲା । କିଂତୁ ବୀଣା ବେଶ୍ ଦମ୍ଭିଲା ଥିଲା । ତା ପାଇଁ ସବୁଠୁ ବିରକ୍ତିକର ଅନୁଭୂତି ଏଇ ଯେ ମାସିକ ରକ୍ତସ୍ରାବ ସମୟରେ ପୋଲିସ୍ ତାକୁ କନା ଖଣ୍ଡେ ମଧ୍ୟ ଦେଇ ନ ଥିଲା । ତା ଅର୍ଥ ନୁହେଁ ଯେ ଜେଲ୍ ଭିତରେ ଅବସ୍ଥା ବହୁତ ଭଲ ଥିଲା । ହଜାରୀବାଗରେ ବୋଝେ ମଇଳା, ଓଦ୍ରଶ ସାଲୁବାଲୁ ହେଉଥିବା ଓ ଝାଲୁଆ ଦୁର୍ଗନ୍ଧ ବାହାରୁଥିବା କପଡ଼ା ଗେଟ୍ ଉପରକୁ ଫିଙ୍ଗି ଦିଆଯାଉଥିଲା । ସେଥିରୁ ବାଛି ବାଛି ଓ ତାକୁ ଧୋଇ ସ୍ତ୍ରୀ ଲୋକମାନେ ମାସିକ ରକ୍ତସ୍ରାବ ସମୟରେ ବ୍ୟବହାର କରୁଥିଲେ । ଜାମ୍‌ସେଦପୁରରେ ସେତିକି ସୁବିଧା ମଧ୍ୟ ନ ଥିଲା । ସ୍ତ୍ରୀ ଲୋକମାନେ ନିଜ ପିନ୍ଧା ଶାଢ଼ୀର ପଣତ କାନି ଚିରି କାମ ଚଳାଉଥିଲେ । ଶାଢ଼ୀ ଯଦି ବେଶୀ ଚିରା ଥାଏ ତା ହେଲେ କମ୍ବଳରୁ ଖଣ୍ଡ ଖଣ୍ଡ କରି ଚିରୁଥିଲେ । ଗୋଟେ ମାସର ରକ୍ତସ୍ରାବ ପରେ ତାକୁ ଧୋଇ ଶୁଖାଇ ପରବର୍ତ୍ତୀ ମାସରେ ବ୍ୟବହାର ପାଇଁ ସାଇତି ରଖୁଥିଲେ ।

ବୀଣା ସହିତ ମୋର ପ୍ରଥମ ସାକ୍ଷାତ ସମୟରେ ତାର ବାପା ମରିଯାଇଥିଲେ । ଜେଲ୍‌କୁ ଆସିଲା ଦିନଠାରୁ ସେ ତାର ପରିବାରରେ କାହାକୁ ଦେଖି ନ ଥିଲା । କାରଣ ଜାମସେଦ୍‌ପୁରକୁ ଆସିବା ପାଇଁ ଦଶ ଟଙ୍କା ଗାଡ଼ି ଭଡ଼ା ସହିତ ତାକୁ ଦେଖିବା ପାଇଁ ଜେଲ୍ ଗେଟରେ ଦେବାକୁ ପଡୁଥିବା ଲାଞ୍ଚ ବାବଦରେ ପଇସା ଯୋଗାଡ଼ କରିବାର ସାମର୍ଥ୍ୟ ସେମାନଙ୍କର ନ ଥିଲା । କେତେବେଳେ ତାର ଘରଲୋକଙ୍କ କଥା ମନେପଡ଼େ ତାହା ମୁଁ ଠିକ୍ ଜାଣି ପାରେ । ପାଗରେ ଟିକିଏ ପରିବର୍ତ୍ତନ ହେଲେ କାଳେ ଫସଲ ନଷ୍ଟ ହେଇଯିବ ଭାବି ସେ ମନ ମାରି ଦିଏ । ତା କୁଟୁମ୍ବର ଦାନାପାଣି ଚିନ୍ତା ତାକୁ ମାଡ଼ି ପଡ଼େ । କ୍ଷେତରେ ମୂଲ କାମ ନ ମିଳିଲେ ସେମାନେ ଭାରି ଅସୁବିଧା ଭୋଗୁଥିଲେ । ଗାଁ ମହାଜନଠାରୁ ଧାର କରିବା ଛଡ଼ା ତାଙ୍କର ଆଉ ଅନ୍ୟ ଉପାୟ ନ ଥାଏ । ମହାଜନ ଶତକଡ଼ା ହାରରେ ସୁଧ କଷି ନିଏ । ବୀଣାକୁ ଭେଟିବା ଆଗରୁ ପାଗ ବଦଳିବା ଦେଖିଲେ ବା ଝଡ଼ ଉଠିଲେ ଜେଲ୍ ଜୀବନର ଗତାନୁଗତିକତା ଓ ଅସହ୍ୟ ଗରମରୁ ଟିକିଏ ମୁକ୍ତି ମିଳିବ ଭାବି ଖୁସି ହେଉଥିଲି । ପ୍ରକୃତିର ଅଦ୍ଭୁତ ଖିଆଲ ଯୋଗୁଁ ଝଡ଼ ବର୍ଷାରେ ଫସଲ ହାନି ହେଇ ରାତିକ ଭିତରେ ଲୋକେ ସର୍ବହରା ହେଇଯିବାର ଚିନ୍ତା ମୁଁ କେବେ କରି ନ ଥିଲି ।

ମୋ ସହିତ କଥା ହେଲାବେଳେ ବୀଣା ମେଟିନୀ ଉପରେ ଚିଡ଼ିବାର କାରଣ ଥିଲା । ସିଏ ଜଣେ ମାତ୍ର ମୋର ସହବନ୍ଦୀ ଯାହାକୁ ମୁଁ ମତେ ଭଲ ଲାଗୁ ନ ଥିଲା । ସିଲ୍‌କ ଶାଢ଼ୀ ଖଣ୍ଡେ ପିନ୍ଧିଥାଏ । ଭଲ ଶାଢ଼ୀଟା । କିଂତୁ ପୁରୁଣା ହେଇ ମଇଳା ଫିକା ଦିଶୁଥାଏ । ମୋଟା ମୋଟା ହାତରେ ସୁନା ଚୂଡ଼ି ପିନ୍ଧିଥାଏ । ଅଣ୍ଟାରେ ଖୋସା ଶାଢ଼ୀ ଉପରକୁ ବହଳେ ମେଦର ଭଉଁରୀ ଉଠିଥାଏ । ଶାଢ଼ୀଟା ସେ ସବୁବେଳେ ନାଭି

ତଳକୁ ପିନ୍ଧେ । ତା ଚେହେରା ଦେଖିଲାକ୍ଷଣି ଗୋଟେ ବେଶ୍ୟା ଦଲାଲ ପରି ଲାଗୁଥାଏ । ମୋର ଅନୁମାନ ଭୂଲ୍ ନ ଥିଲା । ପରେ ପରେ ଅନ୍ୟ ବନ୍ଦୀ ମାନଙ୍କ ଠାରୁ ଶୁଣିବାକୁ ପାଇଲି ଯେ ସେ ଦେଶର ଦୂରଦୂରାନ୍ତରରେ ଯୁବତୀ ଝିଅମାନଙ୍କୁ ଧନୀ ବ୍ୟବସାୟୀ ଓ ସଂପନ୍ନ ଚାଷୀ ମାନଙ୍କ ପାଖରେ କିମ୍ବା ବେଶ୍ୟାଳୟରେ ବିକ୍ରୀ କରି ବହୁତ ଟଙ୍କା ରୋଜଗାର କରୁଥିଲା । ସେ ଓ ଜାମିନ୍‌ରେ ମୁକୁଳି ଯାଇଥିବା ତାର ଚାରି ଜଣ ଝିଅ ସମସ୍ତେ ଦେହ ବ୍ୟବସାୟର ଅଂଶୀଦାର ଥିଲେ । ଗରିବ ଘରର ଝିଅ ମାନଙ୍କ ସହିତ ବନ୍ଧୁତା କରି ତାଙ୍କୁ ଭଲିକି ଭଲି ଖାଇବା ଓ ଲୁଗାପଟା ଲୋଭ ଦେଖାଇ ସେଇ ହାଡ଼ଭଙ୍ଗା ଖଟଣିରୁ ଖସିଲା ପଳେଇ ଯିବାକୁ ସେମାନେ ତାଙ୍କୁ ଉସୁକାଉଥିଲେ । ସେ ବିକ୍ରୀ କରିବାକୁ ଯୋଜନା କରିଥିବା ତିନି ଜଣ ଝିଅ ଚାଇଁବସା ଜେଲ୍‌ରେ ଥିଲେ । କୋର୍ଟରେ ମକଦ୍ଦମା ଦାୟର ହେବା ଓ ସେମାନଙ୍କର ବୟାନ ନେବା ଯାଏଁ ସେମାନଙ୍କର ଜେଲ୍‌ରେ ରହିବାର ଥିଲା । ଯୁବତୀ ଚାଲାଣକାରୀ ପରେ ଜାମିନ୍‌ରେ ଖଲାସ ହେବା ସ୍ଥଳେ ସେଇ ଝିଅମାନେ ଦୁଇ ବର୍ଷ ପରେ ମୁଁ ଭାରତ ଛାଡ଼ି ଗଲାବେଳେ ମଧ୍ୟ ଜେଲ୍‌ରେ ଥିଲେ ଯଦିଓ ତାଙ୍କ ନାଁରେ କୌଣସି ଅଭିଯୋଗ ନ ଥିଲା । ଚାଇଁବସା ଜେଲ୍‌କୁ ଯେଉଁ ବନ୍ଦୀ ବି ସ୍ଥାନାନ୍ତରିତ ହେଇଯାଉଥିଲା ତା ହାତରେ ମେଟିନୀ ଜଣକ ସେଇ ଝିଅମାନଙ୍କ ପାଖକୁ ଖବର ପଠାଉଥିଲା ଯେ ସେମାନେ ଯେପରି ତା ବିରୁଦ୍ଧରେ ଏଣୁ ତେଣୁ ବୟାନ ନ ଦିଅନ୍ତି । ନ ହେଲେ ତାର ଫଳ ସେମାନେ ଭୋଗିବେ ।

ଦିନକୁ ଦିନ ଅନ୍ୟ ବନ୍ଦୀମାନଙ୍କ ପ୍ରତି ଏଇ ସ୍ତ୍ରୀଲୋକଟିର ବ୍ୟବହାର ମୁଁ ଯେତେ ଜାଣିଲି, ତାକୁ ଆହୁରି ଆହୁରି ଘୃଣା କରିବାରେ ଲାଗିଲି । ହଜାରୀବାଗ୍‌ରେ ମଧ୍ୟ ନୂଆ ବନ୍ଦୀମାନଙ୍କୁ ମେଟିନୀ ଯାଞ୍ଚ କରିବାର ପ୍ରଚଳନ ଥିଲା । ଯାଞ୍ଚ ପରେ ଜିନିଷ ପତ୍ର ପୁଣି ସେମାନଙ୍କୁ ଫେରାଇ ଦିଆଯାଉଥିଲା । ମୂଲ୍ୟବାନ୍ ଜିନିଷତକ ଜେଲ୍ ଅଫିସ୍‌ରେ ଜମା ହେଇ ରହୁଥିଲା । କୁଟୁଣୀଟିର ତା ନିଜର ନିୟମ ଥିଲା । ସେ ନୂଆ ବନ୍ଦୀମାନଙ୍କର ପାଖରେ ଥିବା ଅଳ୍ପ କିଛି ଯାହା ପଇସା, ତମାଖୁ, ଗହଣା, ଡିଆସିଲି, ରୁମାଲ ଆଦି ଯାହା ପାଏ ସବୁ ରଖି ପକାଉଥିଲା । ସେଇସବୁ ଜିନିଷକୁ ପୁଣି ଥରେ ବିକ୍ରୀ କରି ଦେଉଥିଲା ବା ନିଜେ ରଖୁଥିଲା । ମୁଁ ପରେ ଜାଣିଲି ଯେ ସେ ପିନ୍ଧିଥିବା ସବୁ ଗହଣା ଗାଣ୍ଟି ଏମିତି ଡରେଇ ଧମକେଇ, ଚୋରି କରି ବା ବନ୍ଦୀମାନଙ୍କୁ ଫୁସୁଲା ଫୁସୁଲି କରି ହାସଲ କରିଥିଲା । ଗୋଟେ ଲୁହା ବାଡ଼ି ଧରି ସେ ସ୍ତ୍ରୀ ଲୋକ ମାନଙ୍କ ଉପରେ ଶାସନ କରୁଥିଲା । ସେମାନଙ୍କୁ ଗାଳି ଫଜିତ୍ ଓ ସମ୍ପାକଟା କରି, ତାଙ୍କୁ ମାଡ଼ମାରି, ତାଙ୍କର ଜିନିଷ ଚୋରି କରି, ତାଙ୍କର ସାପ୍ତାହିକ ରସଦ ବିକି ଦେଇ ଓ

ସର୍ବୋପରି ୱାର୍ଡ଼ର ମାନଙ୍କ ପାଖରେ ତାଙ୍କ ନାଁରେ ସତ ମିଛ ଯୋଡ଼ି ଫେରାଦ କରି ସେ ସମସ୍ତଙ୍କ ସହିତ ଶତ୍ରୁତା କରୁଥିଲା । ତା କଥାରେ ପଡ଼ି ୱାର୍ଡ଼ର ମାନେ ମହିଳା ବନ୍ଦୀ ମାନଙ୍କୁ ବାଡ଼େଇବାର ମୁଁ ଅନେକ ଥର ଦେଖିଥିଲି । ପରେ ମୁଁ ପ୍ରତିବାଦ କଲାରୁ ସୁପରିଟେଣ୍ଡେଣ୍ଟ୍ ୱାର୍ଡ଼ର ମାନଙ୍କୁ ମହିଳା ବନ୍ଦୀ ମାନଙ୍କୁ ଦେହରେ ହାତ ଦେବା ପାଇଁ ମନା କରିଦେଲେ ।

ପ୍ରଥମରୁ ମୋର ଓ ବୀଣାର ଘଣ୍ଟା ଘଣ୍ଟା ଧରି ଗପସପକୁ ସେ ନାକ ଟେକୁଥିଲା । ବୀଣା ଉପରେ ସେ ଏମିତି ଦାଉ ସାଧିଲା ଯେ ବାଧ ହେଇ ମୁଁ ଆମ ମଝିରେ ନ ପଶିବାକୁ ତାକୁ କହିଲି । ସେଦିନ ସନ୍ଧ୍ୟାରେ ସେ ମୁଁ ତାକୁ ମାରିଛି ବୋଲି ୱାର୍ଡ଼ର ପାଖରେ ଫେରାଦ ଦେଲା । କଥାଟା ତ ମିଛ ଥିଲା । କିଂତୁ ତାଠୁ ଲାଭ ଖାଉଥିବାରୁ ୱାର୍ଡ଼ର ଜଣକ ସ୍ୱାଭାବିକ ଭାବରେ ତାରି ପକ୍ଷ ଦେଲା ଓ କଥାଟିକୁ ଜେଲର ପାଖକୁ ନେଇଗଲା । ଅନ୍ୟ ସ୍ତ୍ରୀ ଲୋକମାନଙ୍କ ଓ ମୋ ମଝିରେ ଥିବା ଗେଟ୍ ଗୋଟିକ ମୋର ଅନୁରୋଧରେ ଖୋଲା ଯାଇଥିଲା । ଏବେ ପୁଣି ତାହା ବନ୍ଦ ହେଇଗଲା । ସେତେବେଳକୁ ମୁଁ ବୁଝି ସାରିଥିଲି ଯେ ଜେଲ୍‌ର ସେଇ ପାରିପାର୍ଶ୍ୱିକ ଅବସ୍ଥାରେ ମୁଁ ବିଶେଷ କିଛି କରି ପାରିବି ନାହିଁ । କେବଳ ମୋ ସହିତ ଗପସପରେ ସମୟ କାଟିବାକୁ ବୀଣା ପାଇଁ ଅନୁମତି ମାଗିବି । ସୁପରିଟେଣ୍ଡେଣ୍ଟ୍‌ଙ୍କୁ କହିଲି ଯେ ମୁଁ ନିଜେ ଘର ଓଳା ଓ ସଫା କାମ ଏକୁଟିଆ କରି ପାରୁ ନ ଥିବାରୁ ମୋତେ ଜଣେ ସାଙ୍ଗ ଦିଆଯାଉ । କଥାଟାକୁ ଏଇ ପ୍ରକାର ଆରମ୍ଭ କଲେ ତାଙ୍କୁ ଯୁକ୍ତିଯୁକ୍ତ ଲାଗିବ ବୋଲି ମୁଁ ଜାଣିଥିଲି । ଜଣେ "ଶିକ୍ଷିତା" ମହିଳାଙ୍କୁ ଶାରୀରିକ ପରିଶ୍ରମ କରିବାଟା ସେ କେବେ ଆଶା କରିବେ ନାହିଁ । ବୀଣାକୁ 'ପିଅନ' ଭାବରେ ରଖିବା ପାଇଁ ସେ ମତେ ଅନୁମତି ଦେଲେ । ସେ ତାଙ୍କୁ କ'ଣ ବୋଲି ବୁଝାଇଲେ ଆମେ ସେ ସବୁକୁ ଧ୍ୟାନ ଦେଲୁ ନାହିଁ । ଆମେ ଏକାଠି ରହି ପାରିଲୁ, ସେଇଟା ବଡ଼ କଥା । ଏଇ କଥାରେ ତଥା ଅନ୍ୟ କଥା ମାନଙ୍କରେ ଏଇ ପ୍ରକାରର ଚଲାକି ଜେଲ୍ ଆସିବା ଆଗରୁ ମୋର ନ ଥିଲା । କିଂତୁ ଜୀବନ ସଂଘର୍ଷରେ ଯୁଝିବା ପାଇଁ ଏହା ଗୋଟେ ଅତ୍ୟାବଶ୍ୟକୀୟ ଅସ୍ତ୍ର ହେଇଥିବାରୁ ଅଧିକାଂଶ ବନ୍ଦୀ ମାନେ ଅତି ଶିଘ୍ର ଏହାକୁ ଶିଖି ନେଉଥିଲେ ।

ଅପେକ୍ଷାକୃତ ଭାବରେ ଆମେ ଏବେ ବେଶ୍ ଶାନ୍ତିରେ ଥିଲୁ । ମୋର ସୀମିତ ବଙ୍ଗଳା ଜ୍ଞାନରେ ମୁଁ ବୀଣାକୁ ଲେଖାପଢ଼ା ଶିଖେଇବାର ଆରମ୍ଭ କଲି । ସେ ଖୁବ୍ ଶିଘ୍ର ଧରି ନେଇ ଆଗେଇଲା । କାଗଜ ଖଡ଼ିକୁ କମ୍ କରିବା ପାଇଁ ଆମେ କିଛି ଚକ୍ ଖଡ଼ି କିଣି ପଥର ଚଟାଣରେ ଲେଖିଲୁ । ବଙ୍ଗଳା ଅକ୍ଷରର ଉଚ୍ଚାରଣ ଧ୍ୱନି ଜାଣିଥିଲେ ମଧ୍ୟ ମୁଁ ସବୁ ବଙ୍ଗଳା ଅକ୍ଷର ଜାଣି ନ ଥିଲି । ମୋର ପଢ଼ାଇବା ଧାରାଟା ପୁରୁଣା କାଳିଆ ନ

ଥିଲା । ତେବେ ନ ସେ ବେଳେ ମାସ ଭିତରେ ସେ ତା ମା' ପାଖକୁ ଖଣ୍ଡେ ପୋଷ୍ଟକାର୍ଡ଼ରେ ଚିଠି ଲେଖି ପଠାଇ ପାରିଲା । ଚିଠିଟା ଠିକଣା ଜାଗାରେ କେବେ ପହଞ୍ଚେ ନାହିଁ । ରେକର୍ଡ଼ ଖାତାରେ ଚଢ଼ି ସେ ସବୁ କିରାଣୀ ପକେଟକୁ ଯାଏ ।

ଏ ସବୁ ବ୍ୟତୀତ ସେ ମତେ ଗ୍ରାମ୍ୟଜୀବନ ବିଷୟରେ ବହୁତ କିଛି ଶିଖେଇଲା । ବ୍ୟବହାରିକ ବିଦ୍ୟାରେ ବୀଣା ବେଶ୍ ପାରଙ୍ଗମ ଥିଲା । ଗିଲ୍‌ଟି ବାସନକୁ ବାଲିରେ ମାଜି ମାଜି କିପରି ରୂପା ପରି ଚକ୍‌ଚକ୍ କରାହୁଏ । ତେଲଦୀପକୁ ଘଷି ଘଷି କିପରି ଚକ୍‌ଚକ୍ କରାଯାଏ । ନାଁକୁ ମାତ୍ର ସାବୁନ ବା ବିନା ସାବୁନରେ ଲୁଗା କେମିତି ସଫା କରାହୁଏ ସେଇଠୁ ମତେ ସେ ଶିଖେଇଲା । ରାତିରେ ସେ ଅନ୍ୟ ସ୍ତ୍ରୀ ମାନଙ୍କ ସହିତ ଶୋଉଥିଲା । ଆମକୁ ମଧ୍ୟ ଏଇ ବ୍ୟବସ୍ଥାଟା ସୁହାଉଥିଲା । କାରଣ ତାଦ୍ୱାରା ବାକି ବନ୍ଦୀମାନଙ୍କ ସହିତ ତାର ଯୋଗାଯୋଗ ରହୁଥିଲା ଓ ଦିନବେଳେ ପଢ଼ି ନ ପାରୁ ଥିବାରୁ ମତେ ରାତିରେ ପଢ଼ିବାକୁ ସମୟ ମିଳିଲା ।

୧୯୭୦ର ଶରତରେ ଜାମସେଦ୍‌ପୁର ଜେଲ୍‌କୁ ଦୋହଲାଇ ଦେଇଥିବା ଦଙ୍ଗା ବିଷୟରେ ଆମେ ହଜାରିବାଗ୍‌ରେ ଶୁଣିଥିଲୁ । ଦଙ୍ଗାକାରୀ ବନ୍ଦୀ ମାନଙ୍କର ତିନୋଟି ମୁଖ୍ୟ ଅସୁବିଧା ହେଲା ସ୍ଥାନାଭାବ, ଜଳାଭାବ ଓ ଆବଶ୍ୟକ ସ୍ୱାସ୍ଥ୍ୟ ଚିକିତ୍ସାର ଅଭାବ । ଅବସ୍ଥାର ଆବଶ୍ୟକ ଉନ୍ନତିର ପ୍ରତିଶ୍ରୁତି ଦେଇ ବିଦ୍ରୋହକୁ ଦମନ କରିଦିଆଗଲା । ତା ପରିବର୍ତ୍ତେ, ବିଦ୍ରୋହର ନେତାମାନଙ୍କୁ ଅନ୍ୟ ଜେଲ୍‌କୁ ସ୍ଥାନାନ୍ତର କରିଦିଆଗଲା ଓ ସବୁକିଛି ପୂର୍ବପରି ଅବସ୍ଥାରେ ପଡ଼ି ରହିଲା । ପୁରୁଷ ବିଭାଗରେ ମହିଳା ମାନଙ୍କ କୋଠିର ସମାନ ଆୟତନ କୋଠିରେ ଶହେ ଜଣ ବନ୍ଦୀଙ୍କୁ ତାଲା ମାରି ରଖାଯାଉଥିଲା । ସଂକ୍ରାମକ ରୋଗ ଭୟଙ୍କର ଭାବରେ ତାଙ୍କ ଭିତରେ ବ୍ୟାପି ଯାଉଥିଲା ଓ ପ୍ରତିଦିନ ଅନ୍ତତଃ ଗୋଟେ ଶବ ସେଇ କୋଠିରୁ କଢ଼ା ହେଉଥିଲା । ଅପର ପକ୍ଷରେ "ୱାର୍ଡ଼ର" ବ "ଟ୍ରଷ୍ଟି"କୁ ଲାଞ୍ଚ ଦେଇ ଜଣେ ଅପେକ୍ଷାକୃତ ଆରାମଦାୟକ ଜାଗାରେ ଶୋଇ ପାରୁଥିଲା ଓ ଦୁଇ ଗୁଣା ଖାଇ ପାରୁଥିଲା । ଯେଉଁମାନେ ଲାଞ୍ଚ ଦେବାକୁ ସକ୍ଷମ ନ ଥିଲେ ଓ ପ୍ରତିବାଦ କରିବାକୁ ଡରୁଥିଲେ ସେମାନଙ୍କ ସାପ୍ତାହିକୀ ରସଦରୁ ଏଇ ଖାଇବାଟା କଟାଯାଉଥିଲା । ଜେଲ୍‌କୁ ଜିନିଷ ଯୋଗାଉଥିବା ଠିକାଦାର ମାନେ "ଟ୍ରଷ୍ଟି" ମାନଙ୍କୁ ପଇସା ଦେଉ ଥିବାରୁ କମ୍ ଓଜନର ଓ ନିମ୍ନ ମାନର ଜିନିଷସବୁ ବିନା ବାଧାରେ ପାସ୍ ହୋଇ ଯାଉଥିଲା । ହଜାରୀବାଗ୍ ଓ ଜାମ୍‌ସେଦ୍‌ପୁର ଉଭୟ ଜେଲ୍‌ରେ ଏପରି ନିର୍ଯ୍ୟାତନା ବିରୁଦ୍ଧରେ ପୁରୁଷ କଇଦୀ ମାନେ ପ୍ରତିବାଦ କରିବାର ମୁଁ ଅନେକ ଥର ଦେଖିଥିଲି । ଏ କ୍ଷେତ୍ରରେ ସେମାନେ ଛାତ ଉପରକୁ ଚଢ଼ି ଯାଉଥିଲେ ଓ ତାଙ୍କ ଦାବୀ ପୂରଣ ନ ହେବା ଯାଏଁ

ଓହ୍ଲାଇବାକୁ ମନା କରୁଥିଲେ । କିଂତୁ ଯା ପରେ ହେଉଥିବା ସୁବିଧା ଖୁବ୍ କ୍ଷଣସ୍ଥାୟୀ ଥିଲା ଓ ତଥାକଥିତ ବ୍ୟବସ୍ଥାଟି ପୂର୍ବ ପରି ବଳବତ୍ତର ହୋଇ ରହୁଥିଲା ।

ଜାମ୍‌ସେଦ୍‌ପୁରରେ ନିଜେ ରାନ୍ଧି ଖାଇବାର ବ୍ୟବସ୍ଥା ନ ଥିଲା । ମୋ ପାଇଁ ସ୍ୱତନ୍ତ୍ର ବ୍ୟବସ୍ଥା ନ କରି ମୁଁ ଅନ୍ୟମାନଙ୍କ ପରି ଖାଇଲି । ନିଜ ପାଇଁ ଗୋଟେ ଷ୍ଟୋଭ୍‌ରେ ଖାଲି ଚା ତିଆରି କରୁଥିଲି । କାରଣ ଚା ସାଧାରଣତଃ ଯୋଗାଇ ଦିଆ ଯାଉ ନ ଥିଲା । ମୋ ପାଇଁ ସ୍ୱତନ୍ତ୍ର ବ୍ୟବସ୍ଥା ନ କରି ମୁଁ ଅନ୍ୟମାନଙ୍କ ପରି ଖାଇଲି । ନିଜ ପାଇଁ ଗୋଟେ ଷ୍ଟୋଭ୍‌ରେ ଖାଲି ଚା ତିଆରି କରୁଥିଲି । କାରଣ ଚା ସାଧାରଣତଃ ଯୋଗାଇ ଦିଆଯାଉ ନ ଥିଲା । ଜେଲ୍‌ର ରୋଷେଇଶାଳଟି ମୋ କୋଠି ସାମ୍ନାରେ ଯାଇଥିବା କାନ୍ଥ ସେ ପାଖରେ ଥିଲା । ସକାଳ ପ୍ରାୟ ତିନିଟା ବେଳକୁ ବଡ଼ ବଡ଼ ଭାତ ରନ୍ଧା ହାଣ୍ଡି ପାଣି ପାଇପ୍ ପାଇପ୍ ପାଖକୁ ଘୋଷାରି ନେବାର ଶବ୍ଦରେ ମୁଁ ପ୍ରାୟ ଉଠି ପଡୁଥିଲି । ରୋଷେଇ ଶିଘ୍ର ଆରମ୍ଭ ହେଉଥିଲା । କାରଣ ଥରକୁ ଏକ ଚତୁର୍ଥାଂଶ ବନ୍ଦୀ ମାନଙ୍କ ପାଇଁ ସେଠି ରନ୍ଧା ହୋଇ ପାରୁଥିବାରୁ ବାରମ୍ବାର ରାନ୍ଧିବାକୁ ପଡୁଥିଲା । ସାଢ଼େ ଚାରିଟା ବେଳକୁ ଅଧୁଆ ଚାଉଳରେ ରନ୍ଧା ଭାତର ଅଦ୍ଭୁତ ବାସ୍ନା ଚାରିଆଡ଼େ ଖେଳି ଯାଉଥିଲା । ରନ୍ଧାଭାତର ପେଜ ଗାଳି ଦେଇ ତାକୁ ରୋଷେଇଶାଳ ବାରଣ୍ଡାରେ ଅଖା ପକାଇ ତା ଉପରେ ଗଦା କରା ହେଉଥିଲା । ତା ଉପରେ ଧୂଳି ବାଲି ମାଛି ଓ ଚଢ଼େଇ ସବୁର ଦୌରାତ୍ମ୍ୟ ଚାଲିଥିଲା । ଦଶଟା ଏକା ବା ଏଗାରଟାରେ ବନ୍ଦୀମାନଙ୍କୁ ଖାଇବାକୁ ଦିଆଯିବା ଯାଏଁ ତାହା ସେମିତି ମେଲାରେ ପଡ଼ି ରହୁଥିଲା ।

ପେଜୁଆ ଭାତ ଓ ଅଧସେକା ରୁଟି ଯୋଗୁଁ ମୋ ପେଟ ଗୋଳମାଳ ହେଲା । ତା ସାଙ୍ଗକୁ ଜାମ୍‌ସେଦ୍‌ପୁର ଗରମ ମିଶି ମୋ ଆସିବାର ଦୁଇ ସପ୍ତାହ ଭିତରେ ଅବସ୍ଥା ଅସମ୍ଭାଳ ହୋଇଗଲା । ଝାଡ଼ି ଖରା ଯୋଗୁଁ ମତେ ଜ୍ୱର ଓ ପତଳା ଝାଡ଼ା ହେଲା । ମେ ମାସରେ ଖରା ସବା ଉପରକୁ ଉଠିଲା । ଦିନ ସାରା ମୁଁ ଝାଳରେ ଗୋଟା ପଣେ ବୁଡ଼ି ରହିଥାଏ । କାଳେ ଶୁଖିବ ନାହିଁ ବୋଲି ମୁଣ୍ଡ ବାଳ ବି ଧୁଏ ନାହିଁ । ବେକ ଉପରେ ଝୁଲି ରହିଥିବା ବାଳ ଘଷି ହୋଇ ହୋଇ ଘା ହୋଇଗଲା । ଖରାଟା ସମସ୍ତଙ୍କୁ ବାଧୁଥାଏ । ଗରମରେ ପ୍ରାୟ ସବୁବେଳେ ମୁଁ ଅଶ୍ୱସ୍ତି ବୋଧ କରୁଥାଏ । ଦୁଇ ଘଣ୍ଟା ବସି ପଢ଼ିବାଟା କାଠିକର କାମ ପରି ଲାଗୁଥାଏ । ମୁଣ୍ଡଟା ଓଜନିଆ ହେଉ ଏମିତି ଝାଙ୍କିମାରେ ଯେ ଲାଗେ ସତେ ଯେପରି ତଳେ ପଡ଼ିଯିବି । ଥରେ ବସିଗଲେ ଆଉ ଉଠିବାକୁ ବଳ ପାଉ ନ ଥାଏ । ଗରମରେ ମୋର ଶିରାଯାକ ଫୁଲି ଯାଇ ଏମିତି ଦେଖା ଯାଉଥାଏ ଯେ ଯେମିତି ଏଇକ୍ଷଣି ସେଥିରୁ ରକ୍ତ ବୋହିଯିବ । ମୋର ଗଣ୍ଠି ସବୁ ଏମିତି ଦରଜ କଲା ଯେ ମୋ କୋଠିର ପାହାଚ ଦୁଇଟା ଚଢ଼ିବାକୁ ମଧ୍ୟ ଆଣ୍ଠୁଟି

ବଙ୍କା କରି ପାରୁ ନ ଥାଏ । ରାତିରେ ପ୍ରାୟ ସବୁ ଲୁଗା ଖୋଲି ଦେଇ ମୁଁ ପଥର ଚଟାଣ ଉପରେ ଶୋଉଥାଏ । ଲୁହାର ବେଡ଼ି ଓ କଡ଼ା ପିନ୍ଧିଥିବା ବନ୍ଦୀ ଏବଂ ମୋ କାନ୍ଥ ସେପଟେ ଗୋଟେ କୋଠିରେ ଅସହ୍ୟ ଗରମରେ ଭର୍ତ୍ତି ହେଉଥିବା ସ୍ତ୍ରୀ ଛୁଆ ମାନଙ୍କ କଥା ଭାବି ହେଉଥାଏ । ସେମାନଙ୍କ ତୁଳନାରେ ମୁଁ ବେଶ୍ ଆରାମରେ ଥିଲି ।

ବୀଣା ଯେଉଁ ଜିଲ୍ଲାରୁ ଆସିଥିଲା ସେଠାରୁ ଆସିଥିବା ଦୁଇ ଜଣ ନକ୍ସାଲବାଦୀ ପୁରୁଷ ବନ୍ଦୀଙ୍କୁ ବସନ୍ତ ଧରିଲା । ଅନ୍ୟ ପୁରୁଷମାନଙ୍କୁ ମଧ୍ୟ ତାହା ସଂକ୍ରମିତ ହେଲା । କିଂତୁ ଆଶ୍ଚର୍ଯ୍ୟଜନକ ଭାବରେ ମହିଳାମାନେ ସେଥିରୁ ରକ୍ଷା ପାଇଗଲେ । ତେବେ ଆମ ସମସ୍ତଙ୍କୁ ଭୟଙ୍କର କୁଣ୍ଡିଆ ହେଇଗଲା । ରାତି ଅଧିରେ ମୁଁ ଉଠି ବସି ଦିହସାରା କୁଣ୍ଡାଇ ହେଉଥାଏ । ପାନିଆଁରେ ରାମ୍ପି ରାମ୍ପି ସାରା ଦିହକୁ ଖଣ୍ଡିଆ ଖାବରା ନ କଲା ଯାଏଁ ମୁଁ ଶୋଇପାରେ ନାହିଁ । ନାଁ ଲେଖା ହେଇ ନ ଥିବା ଦୁଇଟି ଧଳା ରଙ୍ଗର ଟେବ୍‌ଲେଟ୍ ଡାକ୍ତର ଦେଇଥିଲେ । କିଂତୁ ସେଇଟା କିଛି କାମ ଦେଲା ନାହିଁ । ସେଇ ଶୀତରେ ମୁଁ ହଜାରିବାଗ୍ ଫେରି ଆସି ଠିକ୍ ମଲମ ଲଗାଇଲା ପରେ ଯାଇ ମୁଁ ପୁରା ପୁରି ଭଲ ହେଲି । ଅନ୍ୟ ବନ୍ଦୀମାନଙ୍କ ଭାଗ୍ୟରେ ସେଇ ସୁବିଧା ଜୁଟି ନ ଥିଲା । ଅନେକ ଜଣଙ୍କ ଦେହରେ ଘା ଭର୍ତ୍ତି ହେଇଯାଇଥାଏ । ଦିନେ ଅଫିସ୍ ପାଖରେ ଜଣେ ବନ୍ଦୀକୁ ଘା ସାଲୁବାଲୁ ପାଦଟା ଫୁଲି ଯାଇଥିବାରୁ ସେ ଚାଲି ପାରୁ ନ ଥିବାର ଦେଖିଲି । ଜେଲର୍ ମତେ ବୁଝାଇ ଦେଲେ ଯେ "ସେମାନଙ୍କୁ" ଚିକିତ୍ସା କରିବାରେ କିଛି ଲାଭ ନାହିଁ । କାରଣ ସେମାନେ ସଫା ସୁତୁରା ରହନ୍ତି ନାହିଁ । ଜେଲ୍‌ଟା ଅତ୍ୟଧିକ ଜନ ବହୁଳ ହେଇଯାଇଥିଲା । ବିନା ପାଣି, ଓ ବଦଳେଇ ପିନ୍ଧିବାକୁ ଲୁଗାଟିଏ ନ ଥିବା ଜାଗାରେ ସେମାନଙ୍କଠାରୁ ପରିଷ୍କାର ପରିଚ୍ଛିନ୍ନତା ସେ କେମିତି ଆଶା କରୁଥିଲେ ତାହା ମୁଁ ବୁଝି ପାରୁ ନ ଥିଲି ।

ଜୁନ୍‌ର ମଧ୍ୟ ଭାଗରେ ମୋର ସହ-ପ୍ରତିବାଦୀମାନଙ୍କୁ ଶେଷରେ ହଜାରିବାଗ୍‌ରୁ ଅଣାଗଲା । କିଛି ଦିନ ପରେ ୧୯୭୩ ଜୁନ୍ ୧୯ ତାରିଖ ସକାଳେ ଆମର ସବୁଦିନିଆ ଘରଓଳା ପୋଛା କାମଟା ହଠାତ୍ ସ୍ଲୋଗାନ ଓ ଲୁହାକଡ଼ାର ମିଶାମିଶି ଶବ୍ଦରେ ଅଟକି ଗଲା । "ପିଟ ! ମାର !" ଆମେ ଭୟରେ କାଠ ପରି ଠିଆ ହେଲୁ । ସେଇ ଶବ୍ଦ ସହିତ କଣଟା ହେଉଛି ଆମେ ବୁଝିବାକୁ ଚେଷ୍ଟା କଲୁ । ଶବ୍ଦଯାକ ପାଖେଇ ଆସୁ ଆସୁ ମୋର ଠିକ୍ ମୋରି କୋଠି ସାମ୍ନାର ଉଚ୍ଚ କାନ୍ଥ ସେପଟେ ଅଟକି ଗଲା । ତାପରେ ପରେ ପ୍ରଚଣ୍ଡ ପାଟିତୁଣ୍ଡ କାନ୍ଦ ବୋବାଳି ଓ ଜୋର୍ ମୁଥ ମାରିବାର ଶୁଣାଗଲା । "ପାଣି ! ମତେ ପାଣି ଦିଅ !" ଗୋଟେ ପିଲାର କାନ୍ଦଣା ସ୍ୱର ଆମେ ଶୁଣି ପାରିଲୁ । "ଏ, ମା," ଆଉ ଜଣେ ବିକଳ ହେଇ ଡାକୁଥିଲା ।

ବୀଣା ଓ ମୁଁ ନୀରବରେ ପରସ୍ପରକୁ ପ୍ରଶ୍ନିଳ ଦୃଷ୍ଟିରେ ଚାହିଁ ଛିଡ଼ା ହେଇଥିଲୁ । ଅନ୍ୟ ସ୍ତ୍ରୀଲୋକମାନେ ଘଟଣାଟି ଦେଖିବାକୁ ବାଡ଼ଦିଆ କାନ୍ଥ ପାଖକୁ ଦୌଡ଼ିଗଲେ । ମାଡ଼ ହେବା ଆଗରୁ ଦିଆଯାଇଥିବା ସ୍ଲୋଗାନ୍‌ରୁ ଆମେ ସମୟ ଗୋଟେ କଥା ଜାଣିଗଲୁ ଯେ ନକ୍‌ସାଲପନ୍ଥୀ ମାନେ ହିଁ ଏଇ ଘଟଣାର ଶୀକାର ଥିଲେ । ମାଡ଼ପିଟ ସରିଗଲା ପରେ ବିପଦସୂଚକ ସତର୍କ ଘଣ୍ଟି ବଜାଇ ଦିଆଗଲା । ଘଣ୍ଟିଟା ବୋଧହୁଏ ଏଇଥିପାଇଁ ବଜାଗଲା ଯେ ପରବର୍ତ୍ତୀ ସମୟରେ ଗଣ୍ଡଗୋଳ ଭିଆଉଥିବା ବନ୍ଦୀମାନଙ୍କ ପ୍ରତି କର୍ତ୍ତୃପକ୍ଷ କରୁଥିବା ହିଂସାତ୍ମକ ଆଚରଣର କୈଫୟିତ ଦିଆଯାଇପାରିବ ।

ହୋ ହଲ୍ଲା ଥମିଗଲା ପରେ ଆମର ଛୋଟ ଅଗଣାରେ ଆମେ ଅସ୍ଥିର ହେଇ ପଦଚାରଣ କରୁଥିଲୁ । ଦଉଡ଼ିଯାଇ ଘଟଣାଟିକୁ ଦେଖିବା ପାଇଁ ମୋର ପ୍ରବଳ ଇଚ୍ଛା ହେଲା । କିଂତୁ ଚାରି କାନ୍ଥ ଭିତରେ ରହିବାକୁ ମୁଁ ନିଜକୁ ନିଜେ ନିୟନ୍ତ୍ରଣ କରି ଏକବାର୍ ଛଟପଟ ହେଉଥିଲି । ଧୀରେ ଧୀରେ ଆମ ୱାର୍ଡ଼କୁ ନାନା କାମରେ ଆସୁଥିବା ବନ୍ଦୀମାନଙ୍କ ଟୁପ୍‌ଟାପ୍ କଥାରୁ ଜଣା ପଡ଼ିଲା ଯେ ଛଅ ଜଣ ବନ୍ଦୀଙ୍କୁ ୱାର୍ଡ଼ର ଓ ‘ଟ୍ରଷ୍ଟି’ ନିର୍ଘାତ ବାଡ଼େଇଛନ୍ତି । କାନ୍ଥ ପାଖର ଆମ୍ବ ଗଛ ତଳେ ତା ଭିତରୁ ଜଣେ ସେ ଯାଏ ଅଚେତ ହେଇ ପଡ଼ି ରହିଥିଲା । ଦୁଇଟା ବେଳେ କଚେରୀରୁ ଫେରୁଥିବା ସ୍ତ୍ରୀ ଲୋକମାନେ ତାକୁ ମରି ପଡ଼ିଛି ଭାବିଥିବା କଥା କହିଲେ ।

ଯେଉଁ ୱାର୍ଡ଼ର୍ ଏଇ ମାଡ଼ ଆରମ୍ଭ କରିଛି ତା ବିରୁଦ୍ଧରେ କାର୍ଯ୍ୟାନୁଭାବ ନେବା ପାଇଁ ମୁଁ ଭାବିଲି । କିଂତୁ ମୁଁ ମଧ୍ୟ ତାଙ୍କର ହାତ ମୁଠାରେ । ତେବେ ସେମାନଙ୍କ ସହିତ ଉଦ୍ରୋଚିତ ବ୍ୟବହାର ନ ଦେଖାଇବାକୁ ମୁଁ ସ୍ଥିର କଲି । ତାପର ଦିନ ଚିଫ୍ ହେଡ୍ ୱାର୍ଡ଼ର୍ ମତେ ତାଲା ପକାଇବାକୁ ଆସିଲା ବେଳେ ମୁଁ ତାଙ୍କୁ ଉପେକ୍ଷା କଲି ଓ ସବୁଦିନ ପରି ଶିଷ୍ଟାଚାର ଦୃଷ୍ଟିରୁ ଦୁଇ ଚାରିପଦ ମଧ୍ୟ କଥା ହେଲି ନାହିଁ । ବଡ଼ ପାଟିରେ ଗୀତ ଗାଇ ଗାଇ ମୁଁ ମୋ କୋଠି ଭିତରେ ଟହଲ ମାରିଲି ।

ତା ପରଦିନ ଆମେ କୋର୍ଟରେ ହାଜିର ହେବା କଥା । ମୋର ସହ-ପ୍ରତିବାଦୀ ମାନଙ୍କୁ କୋର୍ଟରେ ହାଜର ନ କରାଇ ପାରିବାର କାରଣ ବିଷୟରେ ମିଛ ବାହାନା ଲଢ଼ିଲେ । କେବଳ ମତେ ଜେଲ ଅଫିସ୍‌ରେ ଗୋଟେ ଅସ୍ଥାୟୀ “କୋର୍ଟ”କୁ ନିଆଗଲା । ଆମର ଓକିଲ ମାନେ ଚୁପ୍‌ହେଇ ବସି ନ ଥିଲେ । ଜେଲ୍ ଅଫିସ୍‌ର ଜଣେ ସହୃଦୟ କର୍ମଚାରୀ ଘଟଣା ସଂପର୍କରେ ଅବଗତ କରାଇଥିଲା । ଯେଉଁ ଛଅ ଜଣ ବନ୍ଦୀଙ୍କୁ ମାଡ଼ପିଟ କରାଯାଇଥିଲା ସେମାନେ ମୋ କେସ୍‌ର ଅନ୍ତର୍ଭୁକ୍ତ ଥିଲେ । ଆମ ସହିତ ଭେଟ ପଡ଼ିବା ପାଇଁ ଓକିଲ ମାନଙ୍କୁ ଅନୁମତି ଦିଆଗଲା ନାହିଁ । ସେମାନେ କିଂତୁ ଆଞ୍ଚଳିକ ସମ୍ବାଦପତ୍ର ମାନଙ୍କୁ ଘଟଣା ସଂପର୍କରେ ଜଣାଇ ଦେଲେ ।

ସମଗ୍ର ଘଟଣାଟି ଉପରେ ମୁଁ ମୋର ପ୍ରତିବାଦ କଲାବେଳେ ମାଜିଷ୍ଟ୍ରେଟ୍ ପୁରା ଚୁପ୍‌ଚାପ୍ ଥିଲେ । ମୁଁ କହି ସାରିଲା ପରେ ସେ ଖାଲି "ଆଚ୍ଛା" (All right) କହି ଲେଖି ବସିଲେ ।

ଶୁଣାଣି ପରେ ପ୍ରକୃତରେ କ'ଣ ହେଇଥିଲା ତାହା ଜାଣି ପାରିଲି । ବିହାର ଜେଲ୍ ଗୁଡ଼ିକରେ ଚା ଦେବାର ବ୍ୟବସ୍ଥା ନ ଥିଲା । ହଜାରିବାଗ୍ ଜେଲ୍‌ରେ ମୋର ସହ-ପ୍ରତିବାଦୀମାନେ ନିଜ ଖର୍ଚ୍ଚରେ ଚା' କରି ପିଉଥିଲେ । କିଂତୁ ଜାମ୍‌ସେଦପୁର ଜେଲ୍‌ରେ ଜେଲର୍ ତାହା ମନା କରିଦେଲେ । ରାତିରେ କୋଠି ବାହାରେ ଜଳୁଥିବା ତେଲ ଦୀପର ନିଆଁରେ କେତେ ଜଣ ଚା କରିବାର ଚେଷ୍ଟା ଚଳାଇଥିଲେ । ଡ୍ୟୁଟିରେ ଥିବା ୱାର୍ଡ଼ର୍ ଜଣକ ସେ କଥା ଜେଲରଙ୍କୁ ଜଣାଇ ଦେଲା । ତା ପରଦିନ ସକାଳେ ଜେଲର୍ ଗୋଟେ ଦଳ ୱାର୍ଡ଼ରଙ୍କୁ ବାଡ଼ିରେ କଇଦୀ ମାନଙ୍କୁ ପିଟିବାକୁ ଆଦେଶ ଦେଲେ । ବେଡ଼ି ଓ କଡ଼ି ପିନ୍ଧା ଅବସ୍ଥାରେ ସେମାନଙ୍କୁ ଠିକ୍ ମଝି ଅଗଣାକୁ ଘୋଷାରି ଅଣାଗଲା ଯେପରିକି ମାଡ଼ଟା, ସାରା ଜେଲ୍‌କୁ ଶୁଣାଯିବ ଓ ବୋଧହୁଏ ଅନ୍ୟ ବନ୍ଦୀ ମାନଙ୍କ ପାଇଁ ଏକ ଉଦାହରଣ ହେଇ ରହିଯିବ । ଗଛ ତଳେ ପଡ଼ିଥିବା ପିଲାଟା ମରି ନ ଥିଲା । କିଂତୁ ଅଚେତ ହେଇଯାଇଥିଲା । ତାର ହାତଟା ଭାଙ୍ଗି ଯାଉଥିଲା । ଆଉ ଜଣକର ଆଖିରେ ଶକ୍ତ ଆଘାତ ଲାଗିଥିଲା । ଏଇ କାରଣରୁ ଜେଲ୍ କର୍ତ୍ତୃପକ୍ଷ ସେମାନଙ୍କୁ କୋର୍ଟରେ ହାଜର କରାଇଲେ ନାହିଁ ।

ଏଇ ମାଡ଼ ଘଟଣାର କେତେ ଦିନ ଯାଏଁ ମୋର ପ୍ରବଳ ମୁଣ୍ଡ ବିନ୍ଧା ହେଲା । ଜାମ୍‌ସେଦପୁର ଜେଲ୍ ପ୍ରତି ମୋର ଅତ୍ୟଧିକ ଘୃଣା ଜାତ ହେଲା । ମୋତେ ତାଲା ପକାଇବାକୁ ଆସୁଥିବା ୱାର୍ଡ଼ର୍, ଅଫିସକୁ ଗଲାବେଳେ ମୋର ପାଟିରୁ ବାହାରୁଥିବା ପ୍ରତିଟି ଶବ୍ଦକୁ କାନେଇଥିବା ସ୍ପେସିଏଲ୍ ବ୍ରାଞ୍ଚ୍ ପୋଲିସ୍, ତା ପୁଅ ପାଇଁ ନେଇଯାଉଥିବା ମୋର ବହି ଖାତା ତଥା ମୋତେ ସାକ୍ଷାତ କରି ଆସୁଥିବା ଲୋକେ ଆଣି ଦେଉଥିବା ଜିନିଷପତ୍ରକୁ ଲୁଟି ନେଉଥିବା ଜେଲର୍ - ଏ ସମସ୍ତଙ୍କୁ ମୁଁ ଘୃଣା କରୁଥିଲି । ସେମାନଙ୍କ ଉପରେ ମୋର ନିର୍ଭରଶୀଳତାକୁ ଘୃଣା କରି ଚା' ତିଆରି ପାଇଁ ଷ୍ଟୋଭ୍‌ରେ ନିଆଁ ଧରାଇବାକୁ ତାଙ୍କୁ ଦିଆସିଲି ମାଗିବାକୁ ପଡ଼ିବ ବୋଲି ମୁଁ ଚା' ପିଇବା ଛାଡ଼ିଦେଲି । ୱାର୍ଡ଼ରଙ୍କୁ ଖବର କାଗଜ ମାଗିବାକୁ ପଡ଼ିବ ମୁଁ ଖବରକାଗଜ ପଢ଼ିବା ଛାଡ଼ି ଦେଲି ।

ପ୍ରାୟ ତିନି ବର୍ଷର ଅଧିକ ଜେଲ୍‌ରେ ରହିବା ପରେ ୧୯୭୩, ଜୁନ୍ ୩୦ ତାରିଖରେ ମୁଁ ପ୍ରଥମ ଥର ପାଇଁ ହଜାରିବାଗ୍‌ରେ ଥିବା ମୋର ସମସ୍ତ ସହ-ଅଭିଯୁକ୍ତଙ୍କୁ ଦେଖିଲି । କଳ୍ପନା ଓ ଅନ୍ୟମାନେ କଲିକତା ଚାଲିଯାଇଥିଲେ । ମୌସୁମୀ

ଆରମ୍ଭ ହୋଇଯାଇଥିଲେ ବି ସେଦିନ ବେଶ୍ ଗରମ ଲାଗୁଥିଲା ସକାଳ ଛଅଟାରେ ମଧ୍ୟ ମୋର ହାତ ଝାଳ ସରସର ହୋଇଯାଇଥିଲା । ସେଇ ହାତରେ ମୁଁ ମୋର ସୂତା ଶାଢ଼ୀର କୁଞ୍ଚ ଠିକ୍ କରୁଥିଲି । ବିଚାରର ଭବିଷ୍ୟତକୁ ନେଇ ଅସ୍ଥିର ଓ ଉଲ୍ଲସିତ ହୋଇ ମୁଁ ୱାର୍ଡ଼ର୍‌ର ପଛେ ପଛେ ପୁରୁଷ ବିଭାଗ ବାଟ ଦେଇ ହଲ୍ ଭିତରେ ହୋଇଥିବା ଅସ୍ଥାୟୀ କୋର୍ଟ ଆଡ଼କୁ ଚାଲିଲି । ସେଇଟା ଗୋଟେ ପିଞ୍ଜରା ପରି ଲମ୍ବା କୋଠି ଥିଲା । ମଝିରେ ଦୁଇ ଭାଗ ହୋଇଥିଲା । ଗୋଟେ ପାଖରେ କେତୋଟି ଟେବୁଲ, ଚୌକି ଓ ମାଜିଷ୍ଟ୍ରେଟ୍‌ଙ୍କ ବେଞ୍ଚ୍ ପଡ଼ିଥିଲା । ଉପରେ ବିଜୁଳି ପଙ୍ଖା ସବୁ ଘଁ ଘଁ ହୋଇ ଘୁରୁଥିଲା । ଆଉ ପାଖଟା ପୁରାପୁରି ଖାଲି ଥିଲା । ସେଇ ଜାଗାକୁ ମତେ ନିଆଗଲା । ରେଲିଂ ଦେଇ ଲୋକମାନଙ୍କୁ ଅଗଣାରେ ଛିଡ଼ା ହେଉଥିବାର ମୁଁ ଦେଖିଲି । ଦୁଇ ଦୁଇ ଜଣ ହୋଇ କୋର୍ଟ-ରୁମ୍‌ର ବାହାରେ ଆମ୍ବ ଗଛ ତଳେ ସେମାନେ ଛିଡ଼ା ହୋଇଥିଲେ । ଦୁଇ ଜଣ ତ୍ରଷ୍ଟି ହାତୁଡ଼ି ଓ ଚିମୁଟାରେ ସେମାନଙ୍କର ଓଜନିଆ ବେଡ଼ି ଓ କଡ଼ା ଖୋଲିବାରେ ଲାଗିଥିଲେ । କୋର୍ଟରୁ ଫେରିଲା ପରେ ସେଇଟାକୁ ପୁଣି ପିନ୍ଧିବା ଉଦ୍ଦେଶ୍ୟରେ ଲୁହା କଡ଼ା ଶିକୁଳିକୁ ଗଛ ମୂଳରେ ଗଦା କରି ଦିଆଗଲା । ସେମାନେ ଯୋଡ଼ି ଯୋଡ଼ି ହୋଇ ଗଲାବେଳେ ମୁଁ ତାଙ୍କର ମୁହଁକୁ ନିରୀକ୍ଷଣ କରିବାର ସମୟ ପାଇଲି । ତାଙ୍କ ଭିତରୁ ଅନେକଜଣଙ୍କୁ କୋଡ଼ିଏରୁ ବେଶି ବୟସ ହୋଇ ନ ଥିବ । ଶିକୁଳି ମୁକ୍ତ ହେବା ସୁଯୋଗରେ ସେ ଚାଲି ଯାଉଥିଲେ । ତାଙ୍କ ଭିତରୁ କେତେ ଜଣ ମତେ ସ୍ୱାଗତ କଲେ । ହଜାରିବାଗ୍‌ରେ ଯେଉଁମାନଙ୍କ ସହିତ ମୁଁ ଗୋପନ ଯୋଗାଯୋଗ ରଖିଥିଲି ସେମାନେ ନିଜର ପରିଚୟ ଦେଲେ । ତାଙ୍କର ମୁହଁ ଦେଖୁ ଦେଖୁ ମୁଁ ନାଁ କହିଦେଲି । ମୁଁ ଗିରଫ ହେବାପରେ ପୋଲିସ୍ ଷ୍ଟେସନରେ ଥରୁଥିବା ପିଲାଟାକୁ ମୁଁ ଦେଖୁ ଦେଖୁ ଚିହ୍ନିଗଲି । ସେମାନେ ସମସ୍ତେ ପରିଷ୍କାର ଓ ଭଲ ମିଜାଜ୍‌ରେ ଥିଲେ । କିଂତୁ ତାଙ୍କ ଭିତରେ ଛିପିଲା ଆତଙ୍କକୁ ମୁଁ ଠିକ୍ ଜାଣି ପାରୁଥିଲି । ସେମାନେ ଶିକୁଳି ପିନ୍ଧି କୋଠିକୁ ଗଲାପରେ ମୁଁ ସେମାନଙ୍କ ସହିତ ସେଠି ଥିବା ଅନ୍ୟ ନକ୍‌ସାଲପନ୍ଥୀ ବନ୍ଦୀମାନଙ୍କୁ ଥରେ ଦେଖିବା ପାଇଁ ୱାର୍ଡ଼ରଙ୍କୁ ଅନୁରୋଧ କଲି । ସେଠୁ ଫେରିଲା ପରେ ମୁଁ ଯାହା ଦେଖିଥିଲି ସେ ସବୁକୁ ମୋ ଡାଏରୀରେ ଟିପିଲି : ଲୋକମାନେ ଭୟଙ୍କର ଅବସ୍ଥାରେ ଥିଲେ । ତାଙ୍କର ଅଗଣାଟି ନିର୍ଜନ ଓ ବିଷାଦପୂର୍ଣ୍ଣ ଥିଲା, ଗୋଟେ ଜାଗାକୁ ଯେତେ ମାତ୍ରାରେ ଅପରିଷ୍କୃତ ବୋଲି ଚିନ୍ତା କରାଯାଇପାରେ, ଠିକ୍ ସେମିତି ଜାଗାଟିଏ ଥିଲା- ସିମେଣ୍ଟ ପଲସ୍ତରାର ଅଗଣାଟିଏ ଆଉ ପାଣି ପାଇପ୍‌ଟିଏ । ସେଠି ଛୋଟ ଛୋଟ କୋଠରୀର ଧାଡ଼ିଟିଏ । ତା ଭିତରେ ସେମାନଙ୍କୁ କଡ଼ା ଶିକୁଳି ପିନ୍ଧାଇ ଗୋଟେ କୋଠରୀରେ ପାଞ୍ଚ ଛଅ ଲେଖାଏଁ କରି

ଦିନ ରାତି ଚବିଶ ଘଣ୍ଟା ବନ୍ଦ କରି ରଖାଯାଇଥାଏ । ଏପରିକି ଦିନବେଳେ ବି ଅନ୍ଧାର ଦିଶୁଥାଏ । ସାମ୍ନାରେ ଜାଲି କବାଟ ପାଖରେ ବସିଲେ ଯାଇ ସେମାନେ ଦେଖି ପଢ଼ି ପାରିବେ । ତାରି ଉପରେ ପୁଣି ଗୋଟେ ପାଗଳ ଲୋକକୁ ତାଙ୍କ ଭିତରେ ପୁରାଇ ଦିଆଯାଇଥାଏ । ତଥାପି ବି ସେମାନେ ହସି ଥଟ୍ଟା ମଜା କରି ପରିବେଶକୁ ହାଲୁକା କରୁଥାନ୍ତି । ସେମାନେ ସବୁ ସ୍ଫୁର୍ତ୍ତିଶୀଳ ଓ ଜୀବନୀ ଶକ୍ତିରେ ଭରପୂର ଦେଖାଯାଉଥାନ୍ତି । କିଂତୁ ତାଙ୍କ ଭିତରୁ କେତେକଙ୍କର ମୁହଁ ଭିନ୍ନ କାହାଣୀ କହୁଥାଏ । ଉଜ୍ଜଳ ଆଖି ତଳେ ପଡ଼ିଥିବା ଛାଇ, ଦମ୍ଭିଲା ହସର ପଛରେ ଛିପିଲା ବିପନ୍ନତା, ମୁହଁର ମାଂସ ପେଶୀରେ ହେଉଥିବା ସଙ୍କୋଚନ, ହାତ ବା ଗୋଡ଼ର ଅସ୍ଥିର ଚଳନା - ତାଙ୍କର ପ୍ରକୃତ ଅବସ୍ଥା ବିଷୟରେ ସୂଚାଇ ଦିଏ । ଶାରିରୀକ ଦୃଷ୍ଟିରୁ ସମସ୍ତେ ଆକ୍ରାନ୍ତ । ସେମାନେ ପତଳା, ନିସ୍ତେଜ ଓ ଶୁଖିଲା ଦେଖାଯାଉଛନ୍ତି । ଚିହ୍ନା ଅଚିହ୍ନା ବହୁତ ଗୁଡ଼ାଏ ରୋଗରେ ସଂକ୍ରମିତ ।

୯

ଅଙ୍ଗୀକୃତ ଅପରାଧ

କାରାବରୋଧର ଅବଲମ୍ବିତ କାର୍ଯ୍ୟ ସବୁ ସେମିତି ଚାଲିଥିଲା । ଶେଷରେ ପୋଲିସ୍ ମୋ ବିରୁଦ୍ଧରେ ଚାର୍ଜସିଟ୍ ଦାଖଲ କଲା ଓ ମତେ ସେଇ ସଂକ୍ରାନ୍ତରେ ମେଞ୍ଚେ କାଗଜପତ୍ର ଦେଇଗଲା । ମୋ ଗିରଫ ହେବା ପଛରେ ଘଟଣାର ସବିଶେଷ ବର୍ଣ୍ଣନା, ସେମାନେ ମତେ କେମିତି ଜଙ୍ଗଲରେ ବୁଲୁଥିବା ଅବସ୍ଥାରେ ପାଇଲେ, ମୋ ପାଖରେ ଥିବା ଧ୍ୱଂସମୁଖୀ ପ୍ରାଚୀର ପତ୍ର, ଗୋଟେ ପ୍ଲାଷ୍ଟିକ ଶିଶିରେ ଥିବା ଏସିଡ୍ ଇତ୍ୟାଦି ଇତ୍ୟାଦି ଏ ସବୁ ମନଗଢ଼ା କାହାଣୀ ଥିଲା । ପୋଲିସ୍ ଷ୍ଟେସନ ଉପରକୁ ବୋମା ପକାଇଥିବାର ଗୋଟେ ବେଆଇନ୍ ଗୋଷ୍ଠୀର ମୁଁ ଏକ ସଦସ୍ୟ ଥିବାର ଅଭିଯୋଗ କରାଯାଇଥିଲା । "ଏପରି ପରିସ୍ଥିତିରେ ଜାଣି ଶୁଣି ପାଖରେ ବିସ୍ଫୋରକ ଏସିଡ୍ ରଖିବାଟା ସନ୍ଦେହ ଉଦ୍ରେକ କରିବା ସହିତ ସେହି ପଦାର୍ଥଟିକୁ ଆଇନ ସଙ୍ଗତ ଧରାଯିବ ନାହିଁ ।" ଏପରିକି ଏସିଡ୍‌ର ନାଁ ମଧ୍ୟ ମୁଁ କେବେ ଶୁଣି ନ ଥିଲି । କିଂତୁ ମାଜିଷ୍ଟ୍ରେଟ୍ ଯେ ପୋଲିସର ବ୍ୟାଖ୍ୟା ଉପରେ ବିଶ୍ୱାସ କରିବେ, ଏ ବିଷୟରେ ମୋର ଟିକିଏ ସନ୍ଦେହ ଥିଲା । ଏ ପର୍ଯ୍ୟନ୍ତ ସବୁଥିରେ ହେଇଥିବା ଅଭିଯୋଗକୁ ଦେଖି ସେଇ କୋଡ଼ିଏ ବର୍ଷ ଜେଲ୍‌ଦଣ୍ଡର ସତର୍କବାଣୀ ମନେ ପଡ଼ି ଯାଉଥାଏ ।

ଏଇ ସମୟରେ ଗୋଟେ ଅପ୍ରତ୍ୟାଶିତ ଜାଗାରୁ ସମର୍ଥନ ମିଳିଲା । ଜଣେ ଯୁବକ ୱାର୍ଡ଼ର୍ ମତେ ଗୋପନରେ ଲେଖି ଜଣାଇଲା ଯେ ସେ ସରକାରୀ କର୍ମଚାରୀ ହେଇଥିଲେ ହେଁ ସରକାରୀ ସ୍ତରରେ ହେଉଥିବା ଅନ୍ୟାୟକୁ ଦେଖି ସହି ପାରୁ ନାହିଁ । ତାର ଆଶଙ୍କା ଥିଲା ଯେ ଶୁଣାଣିରେ ମୁଁ ଉଚିତ ନ୍ୟାୟ ପାଇ ପାରିବି ନାହିଁ । ତେଣୁ କେସ୍ ଜିତିବା ପାଇଁ ପାଟନା ବା କଲିକତାରୁ ଅଧିକ ଅନୁଭୂତିସମ୍ପନ୍ନ ଓକିଲଙ୍କ ଦାୟିତ୍ୱରେ ମୋର ମକଦ୍ଦମାକୁ ଦେବାକୁ ସେ ଉପଦେଶ ଦେଇଥିଲା । ତାକୁ ଧନ୍ୟବାଦ ଜଣାଇ ମୁଁ ଚିଠି ଲେଖିଲି । କିଂତୁ ତାକୁ ବୁଝାଇ ଦେଲି ଯେ ମୋ କେସ୍‌ର

ସମୟ ସୀମା ଦୃଷ୍ଟିରୁ ଓକିଲକୁ ଫିସ୍ ବାବଦରେ ଗୁଡ଼ାଏ ଟଙ୍କା ଦେବାକୁ ପଡ଼ିବ । ସେଥିପାଇଁ ତ ମତେ ଆଗ ଲକ୍ଷପତି ହେବାକୁ ପଡ଼ିବ । ପ୍ରକୃତରେ, ଜଣେ ଓକିଲ ଯେତେ ବୁଦ୍ଧିମତ୍ତା ସମ୍ପନ୍ନ ହେଲେ ସୁଦ୍ଧା ମୋ ପାଇଁ ସେ କିଛି କରି ପାରିବ ସେ ନେଇ ମୁଁ ସନ୍ଦିହାନ ଥିଲି । କ'ଣ ହେବ ବା ନ ହେବ ସେ ବିଷୟରେ ବେଶୀ କିଛି ନ ଭାବି ମୁଁ କଥାଟିକୁ ତା ବାଟରେ ଯିବା ପାଇଁ ଛାଡ଼ି ଦେଲି ।

ପିଞ୍ଜରା ସେ ପାଖରେ ଚାଲିଥିବା ଏହି ବିଳମ୍ବ ଜନକ କାର୍ଯ୍ୟଧାରାକୁ ଉପେକ୍ଷା କରି ମୁଁ କୋର୍ଟ-ହାଜିରାକୁ ମୋର ବଙ୍ଗଳା ଭାଷା ଅଭ୍ୟାସ କରିବାର ଓ ମୋର କେତେ ଜଣ ସହ-ପ୍ରତିବାଦୀଙ୍କ ସହିତ ଗପସପ କରିବାର ସୁଯୋଗ ରୂପେ ବ୍ୟବହାର କଲି । ରାଜନୈତିକ ପରିସ୍ଥିତିର ଉନ୍ନତି ବିଷୟରେ ଆମେ କଥାବାର୍ତ୍ତା କରୁଥିଲୁ ହଜାରିବାଗ୍‌ରେ ତିନି ବର୍ଷ ରହଣିର ଅନୁଭୂତିକୁ ତୁଳନା କରୁଥିଲୁ । ମୋର ସହ-ଅଭିଯୁକ୍ତ ମାନଙ୍କ ସହିତ ମୋର ପ୍ରତିଟି ସାକ୍ଷାତ୍ ପରେ ତାଙ୍କ ପ୍ରତି ମୋର ଆହୁରି ସମ୍ମାନ ବଢ଼ି ଯାଉଥିଲା । ଅନ୍ୟ ବନ୍ଦୀ ମାନଙ୍କ ପ୍ରତି ସେମାନେ ଭଦ୍ର ଓ ନମ୍ର ବ୍ୟବହାର କରୁଥିଲେ । କିଂତୁ କର୍ତ୍ତୃପକ୍ଷଙ୍କ ସାମ୍ନାରେ ପୁରାପୁରି ବେଧଡ଼କ ଥିଲେ । ସେମାନେ ବରାବର ମୋର ଦେହ ପା' ଓ ସୁବିଧା ଅସୁବିଧା ବୁଝୁଥିଲେ ଓ ଦରକାର ପଡ଼ିଲେ ସାହାଯ୍ୟ କରିବାକୁ ସବୁବେଳେ ଆଗଭର ଥିଲେ । ପ୍ରଥମେ ଆସିଲା ବେଳେ କଲିକତାରେ ମୁଁ ଭାରତୀୟ ଯୁବ ପିଢ଼ିର ଅଦମ୍ୟ ଉତ୍ସାହ, ଜନହିତକର କାମ ପାଇଁ ଆଗ୍ରହ ଓ ସ୍ୱାର୍ଥ ତ୍ୟାଗ ମନୋବୃତ୍ତିକୁ ହୃଦ୍‌ବୋଧ କରି ପାରିଥିଲି । ମୋର ସେଇ ଅନୁଭୂତି ପୁଣି ଥରେ ଚେଇଁ ଉଠିଲା ।

ହଜାର ହଜାର ସଂଖ୍ୟାରେ ସନ୍ଦିଗ୍ଧ ନକ୍‌ସାଲବାଦୀ ଗିରଫ ଓ ନିହତ ହେବା ସତ୍ତ୍ୱେ, ମୁକ୍ତିର କ୍ଷୀଣ ଆଶା ନ ଥାଇ ଆମେ କାରାଦଣ୍ଡ ଭୋଗୁଥିବା ସତ୍ତ୍ୱେ ମୁଁ ଅନୁଭବ କଲି ଯେ ଯେଉଁମାନେ ସାଧୁ, ସଚ୍ଚୋଟ, ଜାତି ବାଦ ଓ ଶ୍ରେଣୀବାଦର କୁସଂସ୍କାରରୁ ମୁକ୍ତ ତଥା ଦେଶର ମେରୁଦଣ୍ଡ ରୂପୀ ଦରିଦ୍ର ନିଷ୍ପେସିତ ଜନତା ସହିତ ନିଜକୁ ସାମିଲ କରିପାରନ୍ତି ସେଇ ମାନଙ୍କ ହାତରେ ହିଁ ଭାରତର ଭବିଷ୍ୟତ ରହିଛି ।

ବ୍ରିଟିଶ୍ କର୍ମଚାରୀ ମାନେ ଥରକୁ ଥର ଆସୁଥିଲେ ହେଁ କାମଟା ଆଗେଇ ନେବାରେ କିଛି କରି ପାରୁ ନ ଥିଲେ । ମୋର ବିଚାରର ଏଇ ଅହେତୁକ ବିଳମ୍ବର କାରଣ ମୋର ବନ୍ଧୁ ଓ ପରିବାରବର୍ଗ କେହି ବୁଝିପାରୁ ନ ଥିଲେ । ମତେ ଜାମ୍‌ସେଦ୍‌ପୁର ନିଆଗଲାବେଳେ ମୋର ବିଚାର ଶିଘ୍ର ଶେଷ ହେଇଯିବ ବୋଲି ସେମାନେ ମନେ ମନେ ଧରି ନେଇଥିଲେ । ମୋର ବାପା ମା'ଙ୍କ ଠାରୁ ନୈରାଶ୍ୟ ପୂର୍ଣ୍ଣ ଚିଠି ପାଇଁ ମୋର ମନ ଦୁଃଖରେ ଭରିଗଲା । କାରଣ ତାଙ୍କୁ ପ୍ରକୃତ ଅବସ୍ଥା

ବିଷୟରେ ବୁଝାଇବା ସମ୍ଭବପର ନଥିଲା । ଦିନେ ସକାଳେ ବ୍ରିଟିଶ୍ ସମ୍ବାଦପତ୍ରରେ ମତେ ଆଜୀବନ କାରାଦଣ୍ଡ ମିଳିଥିବାର ଖବର ପ୍ରକାଶିତ ହେଇଥିବା କଥା ମତେ ମୋର ଓକିଲ କହିଲେ । ମୋର ମା'ଙ୍କର ସ୍ୱାସ୍ଥ୍ୟ ଉପରେ ଏଇ ସମ୍ବାଦର ସମ୍ଭାବ୍ୟ ପ୍ରଭାବ ବିଷୟରେ ଚିନ୍ତା କରି ମୁଁ ତାଙ୍କ ପାଖକୁ ସଙ୍ଗେ ସଙ୍ଗେ ଚିଠି ଲେଖିବା ପାଇଁ ତାଙ୍କୁ କହିଲି । ଚିଠି ଖଣ୍ଡିକ ଇଂଲଣ୍ଡରେ ପହଞ୍ଚିବ କି ନାହିଁ ମୁଁ ସନ୍ଦିହାନ୍ ଥିଲି । ସତକୁ ସତ ଚିଠିଟା ପହଞ୍ଚିଲା ନାହିଁ ।

ପରେ ମୁଁ ଜାଣିଲି ଯେ ମୋର ସହ-ଅଭିଯୁକ୍ତ ମାନଙ୍କ ସହିତ ଏକତ୍ର ବିଚାର ଆବେଦନ କରି ମୋର ସ୍ୱତନ୍ତ୍ର ବିଚାର ପାଇଁ ମନାକରି ଦେଲି ବୋଲି ଧରି ନେଇ ବ୍ରିଟିଶ୍ ହାଇକମିଶନ୍ ଲୋକେ ମୋର ପ୍ରଥମ ଆଭିମୂଖ୍ୟକୁ ମୁଁ ବଦଳେଇଥିବାର ଭାବିନେଲେ । ମୋ ଦୃଷ୍ଟିରେ "ସ୍ୱେଚ୍ଛାକୃତ ପ୍ରତ୍ୟାଗମନ" ଓ "ସ୍ୱତନ୍ତ୍ର ବିଚାର" ଦୁଇଟିଯାକ ସମାନ ନୁହେଁ । ପ୍ରକୃତରେ, ସେମାନଙ୍କର ସର୍ତ୍ତ ଥିଲା ଯେ ମୁଁ ଇଂଲଣ୍ଡ ଫେରି ଯିବାକୁ ରାଜି ହେଲେ ମୋର ବିରୁଦ୍ଧରେ ଥିବା ଅଭିଯୋଗ ଗୁଡ଼ିକ ଉଠାଇ ନିଆଯିବ । ସ୍ୱତନ୍ତ୍ର ବିଚାର ପାଇଁ ଜାମ୍‌ସେଦ୍‌ପୁର ନିଆଯିବାଟା ମୋ ପାଇଁ ଅପ୍ରତ୍ୟାଶିତ ଥିଲା ଓ ବିଶେଷତଃ ପୋଲିସ୍ ମୋଠାରୁ ଦାବୀ କରୁଥିବା ସ୍ୱୀକାରୋକ୍ତି ପରିପ୍ରେକ୍ଷୀରେ ଏହା ଘଟଣାଟିକୁ ନୂଆଁ ଅର୍ଥ ଦେଲା । ହଜାରିବାଗରୁ ମୋର ସହ-ପ୍ରତିବାଦୀ ମାନଙ୍କୁ ଆଣିବାପାଇଁ ମୋର ଆବେଦନ ଅର୍ଥ କୌଣସି ବିଚାରକୁ ମନା କରିବା ନୁହେଁ । କିଂନ୍ତୁ ବ୍ରିଟିଶ୍ ଅଫିସରଙ୍କ ଦୃଷ୍ଟିରେ ସେଇ ଗୋଟେ କଥା ଯେ ମୁଁ ନିହାତି ଦୁର୍ବୋଧ ଓ ଦୁଃସାଧ । ଦୁର୍ଭାଗ୍ୟବଶତଃ ଏପରି ଦୃଷ୍ଟିଭଙ୍ଗୀ ବ୍ରିଟେନରେ ମୋ ତରଫରୁ ମୋ ବନ୍ଧୁ ମାନଙ୍କର କୌଣସି ପ୍ରକାର ପ୍ରଚେଷ୍ଟା ପ୍ରତି ଗୋଟେ ସମସ୍ୟା ହେଇଗଲା । ବିଦେଶ କାର୍ଯ୍ୟାଳୟକୁ କେହି ବି କୌଣସି ଆବେଦନ ନେଇ ଗଲେ ସେମାନେ ସେଇ ଚିରାଚରିତ ରୋକ୍‌ଠୋକ୍ ଉତ୍ତର ଦେଉଥିଲେ ଯେ ମୁଁ କୁଆଡ଼େ ସ୍ୱତନ୍ତ୍ର ବିଚାରକୁ ଅଗ୍ରାହ୍ୟ କରିଦେଇ ଶିଘ୍ର ମୁକ୍ତି ପାଇବାର ସମ୍ଭାବନାକୁ ନିଜେ ନଷ୍ଟ କରି ଦେଇଛି । ମିଥ୍ୟା "ସ୍ୱୀକାରୋକ୍ତି" ପ୍ରସଙ୍ଗଟିକୁ ସେମାନେ ଆଦୌ ତାଙ୍କର ଚିନ୍ତା ପରିସରକୁ ନେଉ ନ ଥିଲେ ।

ମୋର ବନ୍ଧୁ ଦ୍ୱିତୀୟ ଥର ଭାରତ ଭ୍ରମଣରେ ଆସିଲାବେଳେ ମତେ ଭେଟିବାକୁ ଆସିଥିଲା । ସେତେବେଳେ ମୁଁ ଇଂଲଣ୍ଡ ଫେରିବାରେ ବିଳମ୍ବ ହେବାର କାରଣ ବିଷୟରେ ବୁଝାଇ ଦେଲି । ଇଂଲଣ୍ଡ ଫେରିଗଲା ପରେ ସେ ମୋର ଅନ୍ୟ ବନ୍ଧୁମାନଙ୍କୁ ଖବରଟି ଦେଲା । ନିକଟ ଭବିଷ୍ୟତରେ ମୋର ବିଚାର ସମ୍ଭବ ଦେଖାଯାଉ ନ ଥିବାର ସେ ମଧ୍ୟ ହୃଦୟଙ୍ଗମ କଲା । ଭାରତରେ ରାଜନୈତିକ ବନ୍ଦୀ

ମାନଙ୍କର ସମଗ୍ର ପ୍ରସଙ୍ଗକୁ ନେଇ ସମ୍ବାଦପତ୍ରକୁ ସଠିକ୍ ବିବରଣୀ ଦେବାରେ ସେମାନେ ଲାଗି ପଡ଼ିଲେ । ସେମାନଙ୍କର ଏଇ ପ୍ରୟାସରେ ଅବଶ୍ୟ ବହୁତ ବାଧା ବିଘ୍ନ ଓ ହତାଶା ଦେଖା ଦେଲା । କିଂତୁ ସେମାନେ ଛାଡ଼ି ନ ଦେଇ ପୁରାଦମ୍‌ରେ ଲାଗିବାର ପ୍ରତିଶ୍ରୁତି ମତେ ଦେଲେ । ସେମାନେ ଏଥିରେ ସଫଳ ହେବା ନେଇ ମୋର ଥିବା ଆଶା ଅପେକ୍ଷା ସେମାନଙ୍କର ଚେଷ୍ଟା ହିଁ ମୋ ଭିତରେ ଆହୁରି ସ୍ଫୁର୍ତ୍ତି ଭରି ଦେଲା । ଭାରତରେ ମଧ୍ୟ ଆମ ତରଫରୁ ଚେଷ୍ଟା କରାଯାଉଥିଲା । ଏପରିକି ଅମଲେନ୍ଦୁଙ୍କ ପରିବାର ଶ୍ରୀମତୀ ଗାନ୍ଧୀଙ୍କୁ ମଧ୍ୟ ଲେଖି ଜଣାଇଥିଲେ । ଏଦିଗରେ "ବିହିତ" ପଦକ୍ଷେପ ନିଆଯିବାର ପ୍ରତିଶ୍ରୁତି ମଧ୍ୟ ତାଙ୍କ ଠାରୁ ପାଇଥିଲେ । ବାସ୍ ସେତିକି, ତାପରେ ଆଉ କିଛି ଶୁଣା ଯାଇ ନ ଥିଲା ।

ଆମ ସମସ୍ୟାକୁ ନେଇ ସମ୍ବାଦପତ୍ରର ଏଇ ପୁନରାଗ୍ରହ ସମ୍ପୂର୍ଣ୍ଣ ରୂପେ ସକାରାତ୍ମକ ନ ଥିଲା । ଲଣ୍ଡନର ଏକ ଦୈନିକ ସମ୍ବାଦ ପତ୍ରରେ ଜଣେ ସାମ୍ବାଦିକ ଜାମ୍‌ସେଦ୍‌ପୁର ଜେଲ୍‌ରେ ମତେ ସାକ୍ଷାତ କରି କଥାବାର୍ତ୍ତା କରିଥିବାର ବିବରଣୀ ପ୍ରକାଶ କରିଥିଲେ । କିଂତୁ ପ୍ରକୃତରେ ସେ ସାମ୍ବାଦିକ ଜଣକୁ ମୁଁ କେବେ ଦେଖି ନ ଥିଲି । The Guardian ର ସମ୍ବାଦଦାତା ୱାଲଟର୍ ସ୍ୱାର୍‌ଜ୍ କଷ୍ଟ କରି ଜାମ୍‌ସେଦ୍‌ପୁର ଆସିଥିଲେ । କିଂତୁ ମୋ ଠାରୁ ସାକ୍ଷାତ୍‌କାର ନେବାର ଅନୁମତି ମିଳି ନ ଥିଲା । ତେବେ ସବିଶେଷ ବିବରଣୀ ଲେଖିବା ପାଇଁ ସେ ଯଥେଷ୍ଟ ଖବର ପାଇଥିଲେ । ସମସ୍ତ ସାମ୍ବାଦିକଙ୍କ ମଧ୍ୟରୁ କେବଳ ସେ ହିଁ ମୁଁ ସ୍ୱତନ୍ତ୍ର ବ୍ୟକ୍ତିଗତ ବିଚାର ନ ଚାହିଁବାର କାରଣ ବୁଝି ପାରିଥିଲେ । ଅନ୍ୟ ମାନଙ୍କ ଭିତରେ ବହୁତ ଜଣ ମୋର ବ୍ୟକ୍ତିଗତ ଜୀବନ ଓ ପରିଧେୟର ସୂକ୍ଷ୍ମାତିସୂକ୍ଷ୍ମ ସବିସ୍ତୃତ ବିବରଣୀରେ ବିଶେଷ ଧ୍ୟାନ ଦେଉଥିଲେ । କେତେଜଣ ଖୋଲା ଖୋଲି ଭାବରେ ଶତ୍ରୁତା ଆଚରଣ କରୁଥିଲେ । ମୋର ଫଟୋ ଉଠାଇବାକୁ ମୁଁ ଅନୁମତି ଦେଇ ନ ଥିବା ଜଣେ ସାମ୍ବାଦିକ ମତେ ସନ୍ତ୍ରାସବାଦର ଏକ ନିଷ୍ଠୁର ସମର୍ଥନକାରୀ ରୂପେ ବର୍ଣ୍ଣନା କରି ଗୋଟେ କୁରୁଚିପୂର୍ଣ୍ଣ ଲେଖା ଛାପିଥିଲେ । ତେବେ ସେଇ ଅପଭ୍ରଂଶରୁ ମଧ୍ୟ କିଛିଟା ଭଲ ବାହାରି ଆସିଲା । ସେହି ସହରରେ ଥିବା ଜଣେ ଆମେରିକୀୟ ଯାଜକ ସେଇ ଲେଖାରୁ ସେଠାକାର ଜେଲ୍‌ରେ ମୋର ଅବସ୍ଥିତି ବିଷୟରେ ଜାଣିପାରି ମତେ ଦେଖିବାକୁ ଆସିଲେ । ଧର୍ମାନ୍ତରୀକରଣ ପାଇଁ ମୋ ଭିତରେ ସମ୍ଭାବନାର ଅଭାବ ଦେଖି ସେ ମୋ ପ୍ରତି ବିଶେଷ ଦୟାଶୀଳ ହେଇ ପଡ଼ିଲେ ଓ ଫଳ ତଥା ମିଷ୍ଟାନ୍ନର ଉପହାରରେ ମତେ ପୋତି ପକାଇଲେ । ସବୁଠୁ ଖୁସିର କଥା ଯେ ବିଭିନ୍ନ ଲାଇବ୍ରେରୀରୁ ଧାରସୂତ୍ରରେ ସେ ମୋ ପାଇଁ ଗୁଡ଼ାଏ ବହି ଆଣି ଦେଲେ ।

ଧୀରେ ଧୀରେ ପରିସ୍ଥିତି ପୁଣି ସ୍ୱାଭାବିକ ହେଲା ଓ ମୁଁ ଅନ୍ୟ ମହିଳା ବନ୍ଦୀ ମାନଙ୍କ ସହିତ କଥାବାର୍ତ୍ତା କରି ପାରିଲି । ସେମାନଙ୍କ ଭିତରୁ ଅଧିକାଂଶ ହଜାରିବାଗ୍ ବନ୍ଦୀ ପରି "ବିଚାରାଧୀନ" ଥିଲେ ଓ କସ୍ମିନ୍ କାଳେ ମାଜିଷ୍ଟ୍ରେଟ୍‌ଙ୍କର ମୁହଁ ଦେଖିବାର ଆଶା ରଖି ନ ଥିଲେ । ପ୍ରତି ପନ୍ଦର ଦିନରେ ଥରେ ଗୋଟେ ଟ୍ରକ୍‌ରେ ଠେଲା ପେଲା ହେଇ ସେଠିକା କୋର୍ଟକୁ ଲଦା ହେଇ ଯାଉଥିଲେ । ସେଠି କଚେରୀରେ ସ୍ତ୍ରୀଲୋକମାନେ ଦିନ ସାରା ବାରଣ୍ଡାରେ ବସି ରହୁଥିଲେ । ମହିଳା ୱାର୍ଡ଼ର୍ ମାନେ ତାଙ୍କ ଉପରେ ନଜର ରଖୁଥିଲେ । ଏଣେ ପୁରୁଷ ବନ୍ଦୀ ମାନେ କୋର୍ଟର ଜେଲ୍ ଖାନାରେ ରୁଦ୍ଧ ପରିବେଶରେ ଅଣନିଶ୍ୱାସୀ ହେଇ ପଡ଼ି ରହିଥିଲେ । ଏପରିକି ସେଠି ବେଳେବେଳେ ସେମାନେ ଅଚେତ୍ ହେଇ ପଡୁଥିଲେ । ଅବଶ୍ୟ ଏଇ ଦୁର୍ଗତିରୁ ବାହାରିବାର ଉପାୟ ମଧ୍ୟ ଥିଲା । ତିନି ଟଙ୍କା ଦେଇ ଦେଲେ ପହରା ଦେଉଥିବା ପୋଲିସ ଜଣେ ଲୋକଙ୍କୁ ସାଧାରଣତଃ ଦୁଇ ଘଣ୍ଟା ପାଇଁ ତାଲା ଖୋଲି ଦେଉଥିଲା । ପାଞ୍ଚ ଟଙ୍କା ଦେଲେ ତାଠୁ ଦୁଇ ଗୁଣ ସମୟ ପାଇଁ ଖୋଲା ଛାଡ଼ି ଦିଆଯାଉଥିଲା । ବନ୍ଦୀମାନଙ୍କ ସହିତ କଥାବାର୍ତ୍ତା କରିବାକୁ ଚାହିଁଲେ ତାଙ୍କର ସମ୍ପର୍କୀୟମାନଙ୍କୁ ଦୁଇ ଟଙ୍କା ଦେବାକୁ ପଡୁଥିଲା । ଆଉ କିଛି ଅଧିକା ଦେଲେ ବନ୍ଦୀ ପାଖକୁ ଖାଦ୍ୟ ମଧ୍ୟ ପହଞ୍ଚାଇ ଦିଆଯଉଥିଲା । ସେତେବେଳେ ଜଣେ ଦିନ ମଜୁରିଆର ଦୈନିକ ରୋଜଗାର ଥିଲା ତିନିରୁ ଚାରି ଟଙ୍କା ଭିତରେ ।

ଶିଘ୍ର ମାମଲା ଫଇସଲା କରିବାର ଉପାୟ ମଧ୍ୟ ରହିଥିଲା । ଛୋଟିଆ ଅଭିଯୋଗ କ୍ଷେତ୍ରରେ ମାଜିଷ୍ଟ୍ରେଟ୍‌ଙ୍କ ଆଗରେ ଶୁଣାଣି ହେବା ପାଇଁ କୋର୍ଟର କିରାଣୀକୁ କୋଡ଼ିଏ ଟଙ୍କା ଦେଲେ କାମ ସହଜ ହେଇଯାଉଥିଲା । ଆହୁରି ବିଳମ୍ବରୁ ରକ୍ଷା ପାଇବା ପାଇଁ ଦୋଷୀ ସାବ୍ୟସ୍ତ ହେବାକୁ ନିବେଦନ କରାଯାଉଥିଲା । ଯଦିଓ ଜଣକୁ ଦଣ୍ଡବିଧାନ ହେଉଥିଲା ତାହା ଚିରାଚରିତ ଧାରାରେ ମାମଲାର ଫଇସଲା ହେବାଟାକୁ ଅପେକ୍ଷା କରିବାଠାରୁ ଶ୍ରେୟସ୍କର ଥିଲା । ଜଣେ ଯୁବତୀ ଝିଅକୁ ଅପହରଣ କରି ବିକିବା ଅପରାଧରେ ଅଭିଯୁକ୍ତ ହେଇଥିବା ଜଣେ ମହିଳା ସେଇ କେସ୍ ଦାୟିତ୍ୱରେ ଥିବା ପୋଲିସ୍ ଅଫିସର, କିରାଣୀ ଓ ଖୋଦ୍ ବିଚାରକଙ୍କୁ ଦୁଇ ହଜାର ଟଙ୍କା ଲାଞ୍ଚ ଦେଇ ତାର କେସ୍‌ଟିକୁ ଶିଘ୍ର ଫସଇସଲା କରାଇ ଦେଇଥିଲା ଓ ସେଥିରୁ ନିର୍ଦ୍ଦୋଷରେ ଖଲାସ ମଧ୍ୟ ହେଇଯାଇଥିଲା ।

ଆଉ ଜଣେ ବନ୍ଦୀ ହୀରାକୁ ମୁଁ ଖୁବ୍ ଭଲ ପାଉଥିଲି - ସାନ୍ତାଳ ସମ୍ପ୍ରଦାୟର ଅତ୍ୟଧିକ ସୁନ୍ଦର ଝିଅଟିଏ । ବେଶ୍ ଭଦ୍ର, ନମ୍ର ଓ ଉଦାର । ଚିକ୍କଣ ଦେହ, ଚଉଡ଼ା ଗାଲ, ଡେଙ୍ଗା ଓ ପତଳା - ଚେହେରାରେ ଏକ ସ୍ୱାଭାବିକ ଲାଳିତ୍ୟ ଭରପୂର ଥାଏ

ଯାହା କି ଚେଷ୍ଟା କରି କେବେ ହାସଲ କରାଯାଇ ପାରି ନଥାନ୍ତା । ସେ ପ୍ରାୟତଃ ହସେ ନାହିଁ । କେତେବେଳେ କେମିତି ଏକ କୁଣ୍ଠିତ ଓ ଶାଳୀନ ହସଟିଏ ତା ଓଠ ଉପରେ ବାହାରିଯାଏ । ତାର ମାମଲାଟି ଗୋଟେ ପ୍ରକାର ଅସମାହିତ ଦ୍ୱନ୍ଦ୍ୱ ପରି ଥିଲା । ଝିଅକୁ ବାହା ଦେବାର ସାମର୍ଥ୍ୟ ନଥିବା ତାର ଗରୀବ ପରିବାର ବର୍ଗଙ୍କୁ ଅପେକ୍ଷା ନ କରି ହୀରା ତାର ନିଜ ସମ୍ପ୍ରଦାୟର ଜଣେ ଯୁବକ ସହିତ ଚାଲିଯାଇ ଏକତ୍ର ରହିଗଲା । ଆରମ୍ଭରୁ ଯୁବକଟିର ବାପା ମା ହୀରା ଉପରେ ରାଗୁଥିଲେ । କାରଣ ପୁଅ ପାଇଁ ଗୋଟେ ଥିଲା ବାଲା ଘରୁ ଝିଅ ଆଣିବା ପାଇଁ ସେମାନେ ମନସ୍ଥ କରିଥିଲେ । ଜାଣି ଶୁଣି ସେମାନେ ଆଉ ଗୋଟେ ଜାଗାରେ ପୁଅର ବିବାହ ଠିକଣା କରିଦେଲେ । ପ୍ରେମିକର ଘରୁ ତଡ଼ା ଖାଇବ ଜାଣି ସାଇ ପଡ଼ିଶା ଟାହି ଟାପରା କଲେ । ଦିନେ ବୁଢ଼ୀଟା ସାଙ୍ଗରେ ବଚସା ହେଉଥିଲା ବେଳେ ହୀରା ତାକୁ ମୁଥଟିଏ ମାରିପକାଇଲା । ସେଥିରେ ବୁଢ଼ୀଟା ମରିଗଲା । ହତ୍ୟା ଅପରାଧରେ ହୀରା ଏବେ ଜେଲ୍‌ରେ । ଗିରଫ ହେଇ ଆସିଲା ପରେ ପରେ ହୀରାର ଗୋଟେ ପୁଅ ଜନ୍ମ ହେଲା । କିଂତୁ ଯା ଭିତରେ ଛୁଆଟିର ବାପା ତାର ବାପା ମା ପସନ୍ଦ କରିଥିବା ଝିଅଟିକୁ ବାହା ହେଇ ସାରିଥିଲା । ଗାଁର ପ୍ରଥା ଅନୁସାରେ ହୀରାର ଛୁଆକୁ ତା ବାପା ପିତୃତ୍ୱର ସ୍ୱୀକୃତି ଦେବା କଥା । କିଂତୁ ତାର ପରିବାର ଲୋକେ ଗ୍ରାମ ସଭାକୁ ପଇସା ଦେଇ ସେଇ ଦାୟିତ୍ୱରୁ ତାକୁ ମୁକ୍ତି ଦେଇ ଦେଲେ । ହୀରାର ଭାଇମାନେ ତାକୁ ସାହାଯ୍ୟ କରିବାକୁ ଚାହୁଁଥିଲେ । କିଂତୁ ତାକୁ ଜାମିନ୍‌ରେ ଖଲାସ କରି ସେମାନେ ଗାଁର ପଞ୍ଚ ଭଦ୍ରଲୋକଙ୍କର ବିଷ ଚକ୍ଷୁରେ ପଡ଼ିବାକୁ ଚାହୁଁ ନଥିଲେ । ତାଙ୍କର ଭଉଣୀକୁ ଗାଁ ଲୋକେ ଜାତିରୁ ବାହାର କରି ଦେଇଥିଲେ । ଗାଁ ପଞ୍ଚୁଆତିର ନିଷ୍ପତ୍ତିକୁ ଅମାନ୍ୟ କଲେ ସେମାନେ ନିଜେ ବାସନ୍ଦ ହେଇଯିବେ । ଏଇ କାରଣରୁ ସେମାନେ ନିଜର ପେଟ ପାଟଣା ଧନ୍ଦା ମଧ୍ୟ ହରାଇବାର ସମ୍ଭାବନା ରହିଥିଲା । ମଝିରେ ମଝିରେ ସେମାନେ ତାକୁ ଦେଖା କରିବାକୁ ଆସୁଥିଲେ ଓ ସାମାଜିକ ନୀତି ନିୟମର ପରିସୀମା ଭିତରେ ତାକୁ ପାରୁ ପର୍ଯ୍ୟନ୍ତ ସାହାଯ୍ୟ କରୁଥିଲେ । କିଂତୁ ଜଣଙ୍କ ପାଇଁ ସାରା ପରିବାରକୁ ବୁଡ଼ାଇ ଦେବାର ଦୁଃସାହସ କରିପାରୁ ନଥିଲେ । ତେଣୁ ହୀରାକୁ ପରିତ୍ୟକ୍ତ ହେବାକୁ ପଡ଼ିଲା ।

ମୋ କୋଠିକୁ ବାରମ୍ବାର ଯା' ଆସ କରୁଥିବା ଆଉ ଜଣେ ସ୍ତ୍ରୀ ଲୋକ ହେଲା ଗୋଲାପି । ଗାଁର ଗରିବ ସ୍ତ୍ରୀ ଲୋକଟିଏ । ବୟସ ପଚିଶ ପାଖାପାଖି ହେବ । ଅନ୍ୟ ସ୍ତ୍ରୀଲୋକମାନେ ତାକୁ "ଗୋଲାପୀ ବୁଢ଼ୀ" ଡାକୁଥିଲେ । ତାଙ୍କ ହିସାବରେ ସେ ବୟସ୍କା ହେଇ ସାରିଥିଲା । ମୁଁ ଜାମ୍‌ସେଦ୍‌ପୁର ଆସିବାର କିଛି ସପ୍ତାହ ଆଗରୁ ଜଣେ

ୱାର୍ଡ଼ର ତାକୁ ଏମିତି ମାଡ଼ ଦେଇଥିଲା ଯେ ସେ ପଡ଼ିଯାଇ ତାର କାନ୍ଧର ହାଡ଼ ଭାଙ୍ଗି ଯାଇଥିଲା । ଜେଲ୍‌ରେ ସେଇ ଯନ୍ତ୍ରଣାରୁ ମୁକ୍ତି ପାଇବାର ସମ୍ଭାବନା ଆଦୌ ନ ଥିଲା । ତାର ଘରଲୋକ ନିହାତି ଗରିବ ଥିଲେ । ପଇସା ଜମା କରି ଜାମିନ୍‌ରେ ସେମାନେ ତାକୁ ଖଲାସ କରିପାରିବେ, ଏଇ ଆଶା ତାର ନ ଥିଲା । ତେଣୁ ନିଜର ତେଲ ସାବୁନ ଆଦି ବିକି ଲାଞ୍ଚ ଦେବାକୁ ସେ ପଇସାଏ ଅଧଲାଏ କରି ନିଜେ ସଞ୍ଚି ରଖୁଥାଏ । ଯୋଗକୁ ଯା ଭିତରେ ଲାଞ୍ଚର ହିସାବ ନିକାଶର ଦରଟା ବଢ଼ି ଯାଇଥିଲା । ସେଇ ଅନୁସାରେ ସେ ସଞ୍ଚି ରଖିଥିବା ଟଙ୍କା କେତୁଟା କିଛି ନ ଥିଲା । ମୁଁ ଜାମ୍‌ସେଦ୍‌ପୁର ଛାଡ଼ି ଚାଲି ଆସିବା ପରେ ମଧ୍ୟ ସେ ଆହୁରି ତିନି ବର୍ଷ ଯାଏଁ କୌଣସି ମାଜିଷ୍ଟ୍ରେଟ୍‌ର ମୁହଁ ନ ଦେଖି ସେଠି ପଡ଼ି ରହିଥିଲା ।

ଅନ୍ୟ ବନ୍ଦୀ ମାନଙ୍କ ପରି ସେ ସମ୍ପୂର୍ଣ୍ଣ ନିର୍ଦ୍ଦୋଷ ଥିଲା । ଜଣେ ଜମି ମାଲିକଙ୍କ କ୍ଷେତରେ ସେ ଆଉ ଚାରି ଜଣ ମୂଲିଆଙ୍କ ସହିତ ମିଶି ଧାନ କାଟୁଥିଲା । ସେ କାଟୁଥିବା ଜମିକୁ ନେଇ ଜମି ମାଲିକ ଓ ତାଙ୍କର ଭାଇ ମାନଙ୍କ ଭିତରେ ଲାଗିଥିବା ଗଣ୍ଡଗୋଳ ବିଷୟରେ ତାକୁ ଜଣା ନ ଥିଲା । ଜମି ମାଲିକର ଭାଇ ଖୋଦ୍ ମାଲିକ ଓ ସବୁ ମୂଲିଆ ମାନଙ୍କୁ ଧାନ ଚୋରି ଅପରାଧରେ ଗିରଫ କରେଇ ନେଲା । ବିଡ଼ମ୍ବନାର କଥା ଯେ ଦୁଇ ଭାଇଙ୍କ ଭିଡ଼ରେ ଆପୋଷ ବୁଝାମଣା ହେଇ ଗୋଲାପିର ଜମି ମାଲିକ ଜେଲ୍‌ରୁ ଖଲାସ ହେଇଗଲା । ଅଥଚ ମୂଲିଆମାନେ ଜେଲ୍‌ରେ ରହିଗଲେ । ମୁଁ ଭାରତ ଛାଡ଼ି ଆସିଲାବେଳକୁ ଗୋଲାପି ତିନି ବର୍ଷ ଜେଲ୍ କଟେଇ ସାରିଥିଲା । ଚିରାଫଟା ଲୁଗା ସବୁକୁ ସିଲେଇ କରି ତାର ନାତୁଣି ପାଇଁ ସେ ସାଇତି ରଖୁଥିଲା । ଚିରା ଲୁଗା ବୋଲି ଚଳିଯାଉଥିଲା । ଟିକିଏ ପିନ୍ଧିବା ଅବସ୍ଥାରେ ଥିଲେ ଜେଲ୍ ଫାଟକ ଯାଏଁ ନେବାକୁ ମେଟିନୀ ଅନୁମତି ଦଉ ନ ଥିଲା ।

ଶରତ ପାଖେଇ ଆସିଲା । ତା ସହିତ ଧାନ ଅମଳ ସମୟ ପୁଣି ପାଖେଇ ଆସିଲା । ଧାନ କାଟି ସେ ତା ପରିବାର ପାଇଁ କେତେ ରୋଜଗାର କରୁଥିଲା ସେଇ କଥା ଗୋଲାପି ଗପିଲା । ଜେଲ୍‌ରୁ କୌଣସି ମତେ ଜୀବନ ନେଇ ଯଦିଓ ସେ କେବେ ବାହାରେ, ଧାନ କାଟି ବା ଅଥବା ଜଙ୍ଗଲରୁ କାଠ କାଟି ତାକୁ ପାଖ ଗାଁରେ ବିକିବା ଅବସ୍ଥାରେ ସେ ଆଉ ନ ଥିବ । ଗୋଟେ ହାତ ଅଚଳ ହେଇଯାଇଥିବାରୁ ସେ ତାର ନିଜର ଶାଢ଼ୀ ଖଣ୍ଡିକ ଧୋଇ ପାରୁ ନ ଥିଲା । ତା ପୁଅ ମାନଙ୍କ ଉପରେ ଖାଲି ସେ ଗୋଟେ ବୋଝ ହେଇ ରହିବ ।

ହଜାରିବାଗ୍‌ରେ ମୁଁ ପ୍ରଥମ କରି ଶବ ଦେଖିଥିଲି । ଏବେ ୧୯୭୩ ସେପ୍‌ଟେମ୍ବରରେ ମୁଁ ମୋ ଏତେ ପାଖରେ ଓ ଆଖି ସାମ୍ନାରେ ଛୁଆଟିଏ ଜନ୍ମ ହେବାର

ଦେଖିଲି । ମୋ କୋଠି ସାମ୍ନାରେ ଝୁଲୁଥିବା ଅଖା ପାଲ ଯୋଗୁଁ କାହା ସହିତ ଯୋଗାଯୋଗ ରଖି ହେଉ ନ ଥିଲା । ତେବେ ଦିନେ ସକାଳେ ମୋର ତାହା ଖୋଲା ହେବା ପରେ ଗୋଟେ ସ୍ତ୍ରୀଲୋକ ସେଇ ମାତ୍ର ଛୁଆ ଜନ୍ମ କରିଥିବାର ଦେଖିଲି । ଦଙ୍ଗା-କୋଠିକୁ ଲାଗିଥିବା କାନ୍ଥରେ ମାଆଟି ଆଉଜି ଛିଡ଼ା ହେଇଥିଲା । ତାର ଲୁଗା ଖଣ୍ଡିକ ଅଣ୍ଟାରେ ଭିଡ଼ା ହେଇଥାଏ । ଦେହଟା ଝାଳ ସରସର । ଗୋଡ଼ରେ ରକ୍ତ ବୋହି ପଡୁଥାଏ । ତେବେ ତା ଚାରିପଟେ ରକ୍ତ, କ୍ଲେଦ ଓ ଜନ୍ମ ପରର ଅଠାଳିଆ ମଇଳା ବିଛେଇ ପଡ଼ିଥାଏ । ହିନ୍ଦୁମାନେ ପିଲାଜନ୍ମକୁ ଅଛୁଆଁ ଧରୁଥିବାରୁ ତାହା ହରିଜନ ବା ଚମାର ଜାତିର ସ୍ତ୍ରୀ ଲୋକଙ୍କ ହାତରେ କରାଯାଏ ! ବନ୍ଦୀମାନଙ୍କ ଭିତରେ ସେଇ ଜାତିର ସ୍ତ୍ରୀ ଲୋକ ନ ଥିଲେ । ସୌଭାଗ୍ୟବଶତଃ ମେଟିନୀ ମୁଣ୍ଡକୁ ସୁବୁଦ୍ଧି ଜୁଟିବାରୁ ସେ ପିଲା ଜନ୍ମ କଲାବେଳେ ସ୍ତ୍ରୀଲୋକଟିକୁ ସାହାଯ୍ୟ କଲା । ଏବେ ତାକୁ ମା ଓ ଛୁଆର ରକ୍ଷଣା ବେକ୍ଷଣ କରିବାକୁ ବା ସେଇ ଜାଗାକୁ ସଫା କରିବାକୁ ସମସ୍ତେ କୁଣ୍ଠିତ ହେଲେ । ବୀଣା ଓ ମୁଁ ଏ ଦିଗରେ କ'ଣ କରି ପାରିବୁ ଚିନ୍ତା କଲୁ । ଛୁଆକୁ ଘୋଡ଼େଇବା ପାଇଁ କିଛି ନ ଥିଲା । ଜାଗାଟି ସଫା କରିବା ପାଇଁ ମଧ୍ୟ କିଛି ଉପକରଣ ନ ଥିଲା । ଯା ଭିତରେ ଦୁଇ ଜଣ ପୁରୁଷ ବନ୍ଦୀ ସ୍ତ୍ରୀଲୋକଟିର ଜଳଖିଆ ଆଣି ଦେଇଗଲେ । ରକ୍ତ ସାଲୁବାଲୁ ହେଇ କାନ୍ଥକୁ ଆଉଜି ଛିଡ଼ା ହେଇଥିବା ସ୍ତ୍ରୀଲୋକଟିକୁ ଥରେ ଉଣ୍ଟି ଦେଖିବା ବାହାନାରେ ତା'ର ତାଟିଆରେ ସବୁଦିନ ପରି ଚଣା ଓ ଗୁଡ଼ ତକ ଅଜାଡ଼ି ଦେଇ ପକେଇ ଗଲେ । ତାପରେ ଡାକ୍ତର ଆସିଲେ । ଡାକ୍ତର ଜଣକ ରକ୍ଷଣଶୀଳ ବ୍ରାହ୍ମଣ ପରିବାରର ହେଇଥିବାରୁ ଅଶୁଦ୍ଧି ହେଇଯିବେ ବୋଲି ମା' ଓ ଛୁଆକୁ ଚୁଇଁବାକୁ ଚାହିଁଲେ ନାହିଁ । ବରଂ ତାଙ୍କ ସହି ଆସିଥିବା ଜଣେ ପୁରୁଷ କଇଦୀଙ୍କୁ ଛୁଆର ନାହି କାଟି ବାନ୍ଧିବା ପାଇଁ ବଢ଼େଇ ଦେଲେ । ବିଚରାକୁ ଜୀବନରେ ପ୍ରଥମ ଥର ପାଇଁ ଏପରି କାମ କରିବାକୁ ପଡ଼ିଲା ନିଶ୍ଚେ । ସେ ପ୍ରକୃତରେ ଔଷଧ ପତ୍ର ବିଷୟରେ କିଛି ଜାଣି ନ ଥିଲା । ତେବେ ଜେଲ୍‌ର କେତେ ଜଣ ଶିକ୍ଷିତ ବନ୍ଦୀ ମାନଙ୍କ ଭିତରୁ ଜଣେ ହେଇଥିବାରୁ ତାକୁ ଡାକ୍ତରଖାନା ଦାୟିତ୍ୱରେ ରଖାଯାଇଥିଲା । ଡାକ୍ତରଖାନା କହିଲେ ଛୋଟ କୋଠିଟିଏ । ତାକୁ ଦେବା ନେବାର ଖୁଣ୍ଟି ଜାଗାଟିଏ କରାଯାଇ ତା ଭିତରୁ କଇଦୀମାନଙ୍କୁ ଏସ୍‌ପିରିନ୍ ଓ ଅନ୍ୟାନ୍ୟ ପ୍ରାଥମିକ ସ୍ତରର ବ୍ୟଥା ଉପଶମକାରୀ ଔଷଧ ମାନ ଦିଆଯାଉଥିଲା । କଇଦୀମାନଙ୍କୁ ଯେତେ ବଡ଼ ବେମାର ହେଲେ ସୁଦ୍ଧା ସେଇ ସବୁ ଔଷଧ ହିଁ ଖାଲି ଦିଆ ଯାଉଥିଲା ।

ସେଇ ବର୍ଷ ମୌସୁମୀ ଡେରିରେ ଆସିଲା । ଧାନ ବୁଣା ବୁଣି ଓ ପହ୍ଲା

ରୋଇବା ପାଇଁ ଜୁନ୍ ମାସରେ ବର୍ଷା ହେବା କଥା । ସେପ୍ଟେମ୍ବରରେ ବର୍ଷା ହୋଇ ପାକଳ କ୍ଷେତକୁ ସଢ଼େଇ ଦେବା ଉପରେ ରହିଲା । ସାରା ଦିନ ଆମେ କୋଠି ଭିତରେ ବସିଥାଉ । ଛାତ ଉପରୁ ପାଣି ଗଳୁ ଥାଏ । ଜୋର୍‌ରେ ପବନ ବହିଲେ ଟିଣ ଛାତରୁ ଖଣ୍ଡେ ଉଡ଼ି ଆସି ଲୁହା ରେଲିଂ ଦେହରେ ପିଟି ହୁଏ । ଖାଇବାଟା ପ୍ରାୟ ଡେରି ହେଉଥିଲା । ଥଣ୍ଡାରେ, ଭୋକରେ ଆଉଟୁ ପାଉଟୁ ହେଇ ଘଣ୍ଟା ଘଣ୍ଟା ଧରି ଅପେକ୍ଷା କରି ବସିଥାଉ । ପେଟ ଚିନ୍ତା ଛଡ଼ା ଆଉ କୋଉଥିରେ ମନ ଲାଗୁ ନ ଥାଏ । ବର୍ଷା ଯୋଗୁଁ ପ୍ରାୟ ଡଜନେ ହେବ ମୂଷା ଗାତରୁ ବାହାରି ପଡ଼ିଲେ । ଜୁଆନ୍ ବୟସର ବନ୍ଦୀ କେତେ ଜଣ ହସି ଖେଳି ହୋ ହଲ୍ଲା କରି ଓ କାଦୁଅରେ ଲଟପଟହେଇ ମୂଷା ପଛରେ ଧାଇଁଲେ । ହରିଜନ ତଥା ଅନ୍ୟ କେତୋଟି ଆଦିବାସୀ ଲୋକ ମାନଙ୍କ ଭିତରେ ମୂଷା-ମାଂସ ତରକାରୀର ବେଶ୍ ଆଦର ଥିଲା । ଧରା ହେଇଥିବା ମୂଷାକୁ ଦିକି ଦିକି ନିଆଁରେ ରନ୍ଧା ହେଉଥିଲା । ପ୍ରୋଟିନ୍‌ଯୁକ୍ତ ଖାଦ୍ୟର ଅଭାବରେ ଥିବା ମୋର ସାଥୀମାନଙ୍କ ପାଇଁ ସେଇଟା ଗୋଟେ ମହର୍ଗ ଜିନିଷ ଥିଲା । ତାଙ୍କର ଏଇ ତରକାରୀ ଚାଖିବା ପାଇଁ ସେମାନେ ମତେ ବାଧ୍ୟ କଲେ । ମୂଷା ପଣ୍ୟଭୋଜି ହେଇଥିବାରୁ ତାକୁ ଖାଇବା କିଛି ହାନି କାରକ ନୁହେଁ ବୋଲି ସେମାନେ ବୁଝାଇଦେଲେ । ଦିନେ ମୁଁ ସେଥିରୁ ଦୁଇ ଖଣ୍ଡ ଚାଖିଲି । ଫ୍ରାନସ୍‌ରେ ମୁଁ ଖାଇଥିବା ବେଙ୍ଗ ଗୋଡ଼ ବା ଠେକୁଆ ମାଂସରୁ ତାର ସ୍ୱାଦ ଟିକିଏ ଅଲଗା ଥିଲା ।

ସେଇ ବର୍ଷାଦିନରେ ମୁଁ ଘଣ୍ଟା ଘଣ୍ଟା ଧରି ବୀଣାର ଗପ ଶୁଣି ବସୁଥିଲି । ତାର ଅତୀତ ଜୀବନର କାହାଣୀମାନେ ବଖାଣି ଯାଉଥିଲା । ଧାନବୁଣା ରୁଆ ସମୟରେ ସେ କେମିତି ସକାଳୁ ସଞ୍ଜ ଯାଏଁ କ୍ଷେତରେ ଖଟୁଥିଲା । ଗାଁ ପୋଖରୀରେ ଗାଧୋଇ ସେଇ ଓଦା ଲୁଗା ପିନ୍ଧି ଘରକୁ ଆସୁଥିଲା । ଦିନରେ ରୋଜଗାର କରି ଆଣିଥିବା ଚାଉଳକୁ ରାନ୍ଧୁଥିଲା । ରାତିରେ ସେଥିରୁ ଅଧା ଖାଇ ବାକି ତକ ତା ପରଦିନ ସକାଳ ପାଇଁ ରଖି ଦଉଥିଲା । ସାରା ଦିନ ଆଣ୍ଠୁଯାଏଁ ପାଣି କାଦୁଅରେ ରହି ରହି ରାତିରେ ଶୋଇଲାବେଳେ ଦେହ ମୁଣ୍ଡ ସବୁ ଘୋଳି ହେଇଯାଉଥିଲା । ହାତ ଗୋଡ଼ର ଆଙ୍ଗୁଠି ସନ୍ଧିରେ ଘା' ହେଇଯାଉଥିଲା । ବର୍ଷା ଦିନେ ବଦଳେଇବା ପାଇଁ ଶୁଖା ଲୁଗା ଖଣ୍ଡିଏ ମଧ୍ୟ ନ ଥିଲା । ଦେହର ତାତିରେ ପିନ୍ଧା ଓଦା ଲୁଗା ଖଣ୍ଡିକ ଅଧାଶୁଖା ହେଉଥିଲା । ଏଇଟା ଖାଲି ଗୋଟେ ଦିନର କାହାଣୀ ନ ଥିଲା । ବରଂ ଦିନ ପରେ ଦିନ, ବର୍ଷ ପରେ ବର୍ଷ ଧରି ଅଙ୍ଗେ ଲିଭେଇଥିବା ଅଭାବ ଅସୁବିଧା ଓ ଯନ୍ତ୍ରଣାର ଅଛିଣ୍ଡା କାହାଣୀ ଥିଲା ।

ଗିରଫ ହେବା ଆଗରୁ ଗ୍ରାମାଞ୍ଚଳର ଦୁରାବସ୍ଥା ବିଷୟରେ ମୁଁ ଯାହା ପଢ଼ି ଥିଲି

ତାହା ବୀଣା କଥାରୁ ସତ ବୋଲି ଜାଣି ପାରିଲି । ଗାଁ ମାନଙ୍କରେ କେବଳ ମହାଜନମାନଙ୍କ ପାଖରେ ହିଁ ଋଣ ଦେବା ପାଇଁ ଯଥେଷ୍ଟ ସମ୍ବଳ ଥିଲା । ତାର ଗାଁ'ର ଆଗ ପାଖ ଅଞ୍ଚଳରେ ଶତକଡ଼ା ଶହେ ସୁଧ ନେଉଥିଲେ । କେବେ କେମିତି ଅନୁସୂଚିତ ଜାତି ଓ ଉପଜାତି ମାନଙ୍କୁ ସରକାରୀ ଋଣ ମିଳୁଥିଲା । କିଂତୁ ସେଇଟା ଗାଁ ମୁଖିଆ ମାନଙ୍କ ଜରିଆରେ ବଣ୍ଟାଯାଉଥିଲା । ଜମିଦାରଙ୍କ ମନୋନୀତ ବ୍ୟକ୍ତି ପ୍ରାୟ ସେଇ ବଣ୍ଟନ ଦାୟିତ୍ୱରେ ରହୁଥିଲା । ସେ ନିଜେ ସେଇ ଋଣର ବଡ଼ ଅଂଶଟିଏ ରଖୁଥିଲେ ଓ ଧାନ ଶସ୍ତା ହେଲା ସମୟରେ ତାହା ଭରି ଦେଉଥିଲେ । ଯେଉଁ ପୋଡ଼ାକପାଳିଆ ମାନଙ୍କ ଉପରେ ଜମିଦାରଙ୍କ ଋଣ ଭାର ବେଶୀ ବଢ଼ି ଯାଉଥିଲା, ସେମାନଙ୍କୁ ତାଙ୍କ ପାଖରେ କାମ କରିବାକୁ ପଡୁଥିଲା । ଏମିତିକି ବାକି ସାରା ଜୀବନ ପାଇଁ ତାଙ୍କୁ ବାହାବନ୍ଧା ଗୋତି ରୂପେ ଖଟିବାକୁ ପଡୁଥିଲା । ଧାନ ଅମଳ ପରେ ଶୁଝି ଦେବାକୁ କହି ଜମିଦାରଙ୍କ ଠାରୁ ଋଣ ଆଣିଥିବା ଲୋକ ମାନଙ୍କ ଦ୍ୱାର ମୁହଁରେ ଧାନ ଅମଳ ସରିଲା ପରେ ପରେ ଜମିଦାରଙ୍କ ପିଆଦା ଋଣ ଅସୁଲି ପାଇଁ ପହଞ୍ଚି ଯାଉଥିଲେ । ଯେଉଁମାନେ ଭାଗଚାଷ କରୁଥିଲେ ସେମାନେ ଚାଷ ଉପକରଣ, ବିହନ, ସାର ଓ ମଜୁରୀ ସବୁ ନିଜେ ଯୋଗାଡ଼ କରିବା ସତ୍ତ୍ୱେ ଜମି ମାଲିକଙ୍କୁ ଅମଳର ଅଧା ବା ଦୁଇ-ତୃତୀୟାଂଶ ଦେବାକୁ ପଡୁଥିଲା । ଗ୍ରାମାଞ୍ଚଳର ଲୋକସଂଖ୍ୟାର ପ୍ରାୟ ଅଧିକ ଲୋକ ନିଜର ସ୍ଥିତି ପାଇଁ ଜମିଦାର ଓ ମହାଜନ ମାନଙ୍କ ଉପରେ ନିର୍ଭର କରିବା ଦେଖି ମତେ ଲାଗୁଥିଲା ଯେ ଗ୍ରାମ ପଞ୍ଚାୟତ ଠାରୁ ଆରମ୍ଭ କରି ପ୍ରାଦେଶିକ ଓ କେନ୍ଦ୍ର ସରକାରଙ୍କର ନିର୍ବାଚନଟା ଖାଲି ଲୋକ ଦେଖାଣିଆ କାରବାର । ଅର୍ଥନୈତିକ କ୍ଷମତାର ଅଧିକାରୀ ହେଇଥିବା ଲୋକମାନଙ୍କର ସ୍ୱେଚ୍ଛାଚାର ମାତ୍ର ବୋଲି ତାହା ଜଣା ପଡୁଥିଲା ।

୧୯୭୨ରେ ଫସଲ ନଷ୍ଟ ହେଇଗଲା । ଖାଇବାଟା ଡେରି ହେଉଥିବାରୁ ଆମେ ଇତଃସ୍ତତ ହେଇ ଅଭିଯୋଗ କରୁଥିଲା ବେଳେ ସେଇ ବର୍ଷ ଭାରତର ଦୁଇ କୋଟି ଲୋକ ଦୁର୍ଭିକ୍ଷର ଆତଙ୍କରେ ପଡ଼ି ରହିଥିଲେ । ଗହମ "ତଳ ଗୋଦାମ"କୁ ଚାଲି ଯାଇଥିଲା ଓ କେବଳ କଳା ବଜାର ଦରରେ ମିଳୁଥିଲା । କେତେ ମାସ ଭିତରେ ଚାଉଳର ଦାମ୍ ଦୁଇ ଗୁଣ ବଢ଼ି ଗଲା । ଚାଉଳର ଅଭାବ ନ ଥିବା କଥା ସରକାର ବାରମ୍ବାର ଦୋହରାଉଥିଲେ । କିଂତୁ ଅନାହାରରେ ସଢୁଥିବା ଲୋକମାନଙ୍କ ପାଇଁ ସେଇ କଥାର କିଛି ଅର୍ଥ ନ ଥିଲା । ଚାରିଆଡ଼େ ହଇଜା, ବସନ୍ତ, ମେଲେରିଆ ଓ ମସ୍ତିଷ୍କ ପ୍ରଦାହ ବ୍ୟାପିଗଲା । ଉପଯୁକ୍ତ ଖାଦ୍ୟ, ଔଷଧ ଓ ମଶାରୀର ଅଭାବରେ ପ୍ରାୟ ଲୋକେ ଏ ସବୁ ରୋଗରେ ଆକ୍ରାନ୍ତ ହେଉଥିଲେ ।

ଯାହା ବି ହେଉ ଭାରତୀୟ ଲୋକେ ଚୁପ୍‌ଚାପ୍ ଏ କଷ୍ଟ ସହୁ ନ ଥିଲେ । ସାରା ଦେଶଟା ଫୁଟନ୍ତା ହଣ୍ଡା ପରି ଟକମକ ହେଇ ଫୁଟୁଥିଲା । ସରକାର ଗୋଟେ ଯାଦୁକର ପରି ଫୁଟିବାଟାକୁ କମ୍ କରିବା ଉଦ୍ଦେଶ୍ୟରେ ହଣ୍ଡା ଭିତରକୁ ଘଣ୍ଟା ଚକଟା କରୁଥିଲେ ହେଁ ତା ତଳେ ଜଳୁଥିବା ନିଆଁକୁ ଲିଭେଇ ପାରୁ ନ ଥିଲେ । ଖାଦ୍ୟ ସଙ୍କଟ ସହିତ ଜଳାଭାବ ଓ ଜାଳେଣି ଅଭାବ ମଧ୍ୟ ଦେଖାଗଲା । ମହାରାଷ୍ଟ୍ରର କେତେକ ସହରରେ ଖାଦ୍ୟ ପାଇଁ ଦଙ୍ଗା ହେଲା । ବିହାରରେ ବିଦ୍ୟୁତ୍-ପ୍ରକଳ୍ପରେ, ଆଞ୍ଚଳିକ ପ୍ରଶାସନ ଓ ପରିବହନ ବିଭାଗରେ ଉଠିଥିବା ଧର୍ମଘଟ ସହିତ କଳ କାରଖାନାରେ ଶ୍ରମିକ-ଧର୍ମଘଟ, ଡାକ ବିଭାଗ କର୍ମଚାରୀଙ୍କ ଧର୍ମଘଟ ତଥା ଟେକ୍‌ସି ଡ୍ରାଇଭର ମାନଙ୍କର ଆନ୍ଦୋଳନକୁ ଦମନ କରାଗଲା । ଗୋଦାମରେ ମହଜୁଦ ରଖିଥିବା ଜମିଦାର ମାନଙ୍କ ଉପରେ ଆକ୍ରମଣ ହେଲା । ତାଙ୍କୁ ସୁରକ୍ଷା ଦେଉଥିବା ପୋଲିସ ଉପରେ ମଧ୍ୟ ଲୋକେ ଆକ୍ରମଣ କରିଥିବାର ଖବର କାଗଜରେ ପ୍ରକାଶିତ ହେଲା । ଅନେକ ଜାଗାରେ ଚାଉଳ ଦୋକାନ ଲୁଟି ହେଲା । ଜାମ୍‌ସେଦପୁର ଠାରେ କେତେ ଡଜନ ଛାତ୍ର ଚାଉଳ ଗୋଦାମ ଭାଙ୍ଗି ବୁଭୁକ୍ଷୁ ମାନଙ୍କୁ ଚାଉଳ ବାଣ୍ଟିଥିବା ଅଭିଯୋଗରେ ଗିରଫ ହେଉଥିଲେ । ନକ୍‌ସାଲବାଦୀ କ୍ରୀୟାକଳାପ ବିଷୟରେ ସମ୍ବାଦପତ୍ର ଗୁଡ଼ିକ ପ୍ରାୟ ସବୁଦିନ କିଛି ନା କିଛି ସମ୍ବାଦ ବାହାର କରୁଥିଲେ । ସବୁ ପଶ୍ଚିମାଞ୍ଚଳ ରାଜ୍ୟର ପୋଲିସ ବିଭାଗର ଆଇ.ଜି. ମାନେ ପୁଣି ଆନ୍ଦୋଳନଟି ମୁଣ୍ଡ ଟେକୁଥିବା ଉପରେ ଆଲୋଚନା କରିବା ପାଇଁ ଏକତ୍ରିତ ହେଲେ । କାଙ୍କେ ଠାରେ ବଡ଼ ବଡ଼ ଜମି ମାଲିକ ମାନଙ୍କ ଠାରୁ ଆଦିବାସୀ ମାନେ ଖାଦ୍ୟଶସ୍ୟ ଓ ଜମି ଛଡ଼େଇ ନେଇଥିଲେ । କଲିକତା ପାଖରେ ଜଣେ ପୋଲିସ୍ ପାଖରୁ ରାଇଫଲ୍ ଛଡ଼ାଇ ନିଆଗଲା । The Statesman ରେ ପ୍ରକାଶିତ ଖବର ଅନୁଯାୟୀ ଧାନବାଦ କୋଇଲା ଖଣି ଅଞ୍ଚଳକୁ ଅନୁପ୍ରବେଶ କରିଥିବା ନକ୍‌ସାଲବାଦୀ ମାନଙ୍କ ବିଷୟରେ ସରକାର ଅବଗତ ଥିଲେ । ଶ୍ରମିକ ମାନଙ୍କ ସହିତ ସେମାନେ ଏପରି ମିଶି ଯାଇ ଥିଲେ ଯେ ତାଙ୍କୁ ବାରି ପାରି ହେଉ ନ ଥିଲା ।

ନିଜର ଆଭ୍ୟନ୍ତରୀଣ ମହଲରୁ ମଧ୍ୟ ସରକାର ବର୍ଦ୍ଧିଷ୍ଣୁ ଅସୁବିଧାର ସମ୍ମୁଖୀନ ହେଲେ । ସେଇ ବର୍ଷ ମେ' ମାସରେ ବୃହତ୍ତମ ରାଜ୍ୟ ଉତ୍ତର ପ୍ରଦେଶରେ ସଶସ୍ତ୍ର ପ୍ରାଦେଶିକ ପୋଲିସ୍ ପ୍ରହରୀ ବାହିନୀ ବିଦ୍ରୋହ କଲେ ଓ ଏଗାରଟି ସହରରେ ଅସ୍ତ୍ରାଗାର ଦଖଲ କରିନେଲେ । ବିଦ୍ରୋହ ଦମନ ପାଇଁ ପଠା ହେଇଥିବା ସୈନ୍ୟବାହିନୀ ସହିତ ହେଇଥିବା ତାଙ୍କର ସଂଘର୍ଷରେ ଅନ୍ୟୁନ ସଇଁତିରିଶ ଜଣ ପ୍ରାଣ ହରାଇଲେ । ଅନେକ ପୋଲିସ ପ୍ରହରୀ ତାଙ୍କର ଅସ୍ତ୍ରଶସ୍ତ୍ର ନେଇ ପଳାଇଗଲେ । ମାସ

ମାସ ଧରି ସେମାନଙ୍କର ପତ୍ତା ମିଳିଲା ନାହିଁ । ବିଦ୍ରୋହର ପରବର୍ତ୍ତୀ ସମୟରେ ରାଜ୍ୟ ସରକାର ଇସ୍ତଫା ଦେଲେ । ମୋ ଗିରଫ ହେବା ପରଠାରୁ ବିହାର ପାଞ୍ଚ ଥର ସରକାର ପରିବର୍ତ୍ତନ କରି ସାରିଥିଲା । ଶାସକ କଂଗ୍ରେସ ଦଳର ଆଭ୍ୟନ୍ତରୀଣ କନ୍ଦଳ ଏହାର କାରଣ ଥିଲା । ଗୁଜରାଟର ମୁଖ୍ୟମନ୍ତ୍ରୀ ଇସ୍ତଫା ଦେଲେ ଓ ଉତ୍ତର ପ୍ରଦେଶରେ ରାଷ୍ଟ୍ରପତି ଶାସନ ଜାରି ହେଲା । ମଧ୍ୟ ପ୍ରଦେଶରେ ସରକାର ଭାଙ୍ଗିବା ଉପରେ ଥିଲା । ପଶ୍ଚିମ ବଙ୍ଗରେ କଂଗ୍ରେସ ଦଳ ଭିତରେ ହିଁ ସଂଘର୍ଷ ଯୋଗୁଁ ଦୁଇ ମାସ ମଧ୍ୟରେ କୋଡ଼ିଏଟି ହତ୍ୟା ଘଟି ସାରିଥିଲା ।

ଶରତ ବେଳକୁ ସାରା ଦେଶଟା ଖାଦ୍ୟ ପାଇଁ ଦଙ୍ଗା, କୋଇଲା ପାଇଁ ଦଙ୍ଗା, ଧର୍ମଘଟ ଓ ଆନ୍ଦୋଳନ, ଛାତ୍ର ବିଶୃଙ୍ଖଳା, ପୋଲିସ ଓ ଜନତା ଭିତରେ ସଂଘର୍ଷ, କଳ କାରଖାନାରେ ତାଲା ବନ୍ଦ, ସରକାର ଭଙ୍ଗ ଓ ଇସ୍ତଫା ଆଦିରେ ଉବୁଟୁବୁ ହେଇଗଲା । କେନ୍ଦ୍ର ସରକାରଙ୍କ ମଧୁର ପ୍ରତିଶ୍ରୁତି ଓ ଅମାନ୍ୟ କରଣ, ତାର ଶେଷହୀନ ପାର୍ଲିଆମେଣ୍ଟ-ବିତର୍କ ଦାୟିତ୍ୱ ଶୂନ୍ୟ ଭାବରେ ସାଧାରଣ ଲୋକଙ୍କର ସୁଖ ଦୁଃଖରୁ ସରକାରଙ୍କୁ ଦୂରେଇ ନେଲା । କିଂତୁ ସେଇ ବର୍ଷ ଶ୍ରୀମତୀ ଗାନ୍ଧୀ ଯୁଗୋସ୍ଲାଭିଆ ଓ କାନାଡ଼ା ଗସ୍ତରେ "ଅହିଂସା", "ମାନବିକତା" ଓ "ଗଣତନ୍ତ୍ର" ଉପରେ କହିବାକୁ ସମର୍ଥ ହେଲେ । ଅବିଶ୍ୱାସୀ ମାନଙ୍କର ସନ୍ଦେହ ମୋଚନ କରିବାକୁ ଯାଇ ସେ ପ୍ରତିଶ୍ରୁତି ଦେଲେ ଯେ ଭାରତରେ ଅତି ଶିଘ୍ର ସବୁ ଠିକ୍ ଠାକ୍ ହେଇଯିବ । ନିଜ ଦେଶକୁ ଆସି କର୍ମଚାରୀ ମାନଙ୍କୁ ଜଟିଳ ସ୍ଥିତି ପରିପ୍ରେକ୍ଷୀରେ ଆନ୍ଦୋଳନ କରିବାର ଅଧିକାରକୁ ସମର୍ପଣ କରିଦେବାକୁ କହିଲେ ।

ସେପ୍ଟେମ୍ବରରେ ଚିଲିରେ ହେଇଥିବା ସାମରିକ ଶାସନ ଭାରତ ସରକାରଙ୍କୁ ଗୋଟେ ସତର୍କ ବାଣୀ ହେଲା ଯେ ସି.ଆଇ.ଏର ପ୍ରରୋଚନାରେ ଭାରତରେ ମଧ୍ୟ ଠିକ୍ ସେଇ ପ୍ରକାର ଘଟଣା ହେଇପାରେ । କିଂତୁ ଯେତେବେଳେ ମିଳିତ ଜାତି ସଂଘ ସାମରିକ ଷଡ଼ଯନ୍ତ୍ରକୁ ନିନ୍ଦା କରି ରାଜନୈତିକ ବନ୍ଦୀମାନଙ୍କୁ ମୁକ୍ତି ଦେବାପାଇଁ ନିର୍ଦ୍ଦେଶ ଦେଲେ, ଭାରତ ସେଥିରୁ ନିବୃତ୍ତ ରହିଲା ।

ମୋ କାନ୍ଥ ସେପଟେ ଥିବା ଆମ୍ବ ଗଛ ପାରି ହେଇ ଯୋଡ ଧାଡ଼ିଏ କୋଠି ଥିଲା ସେଥିରୁ ଗୋଟିକରେ ଜଣେ ରହସ୍ୟମୟ ବନ୍ଦୀ ରହୁଥିଲା । ବନ୍ଦୀ ଓ ଜେଲ୍ କର୍ମଚାରୀ ମାନେ ଚୁପି ଚୁପି ତାର ନାମ ଉଚ୍ଚାରଣ କରୁଥିଲେ । ପ୍ରତିଦିନ ରାତି ନଅଟାରେ ସେ, ତାର ଭାଇ ଓ ପୁତୁରା ଖାଇବା ଆଗରୁ ପ୍ରାର୍ଥନା କରୁଥିବାର ମୁଁ ଶୁଣି ପାରୁଥିଲି । ସେମାନଙ୍କର ସବୁ ଖାଇବାଟା ସହରରେ ଥିବା ତାଙ୍କ ଘରୁ ଆସୁଥିଲା । ସେଇ ରହସ୍ୟମୟ ଲୋକଟା ସାରା ଦିନ କୋଠି ଭିତରେ ବସି ପାନ ଓ ମେରିଜୁଆନା

ଘେରାଉଥାଏ ଓ ପାଖ ଦୋକାନରୁ ଚା’ କୋକାକୋଲା ଆଣିବା ପାଇଁ ଘାଗଡ଼ା ସ୍ୱରରେ ବାରମ୍ବାର ଆଦେଶ ଛାଡୁଥାଏ । ବେଶଭୂଷାରୁ ତାକୁ ଦେଖିଲେ ଡର ଲାଗିବ । କପାଳରେ ନିଷ୍ଠାପର ହିନ୍ଦୁର ଚିହ୍ନ ସ୍ୱରୂପ ଗୋଟେ ବଡ଼ ସିନ୍ଦୁର ଚିତା ଲଗାଇଥାଏ । ଧୀରେ ଧୀରେ ମୁଁ ତା ବିଷୟରେ କିଛିଟା ଜାଣି ପାରିଲି । ସେ ଜଣେ ଜଣାଶୁଣା ବ୍ୟବସାୟୀ ଓ ସହରରେ ତାର ଗୁଡ଼ାଏ ଧନ ସମ୍ପତ୍ତି ରହିଥିଲା । ହିନ୍ଦୁ ଧର୍ମର ଜଣେ ବଳିଷ୍ଠ ରକ୍ଷକ ପରି ସେ ଜଣା ପଡୁଥିଲା । ଠିକ୍ ସେତିକିବେଳେ ତାରି ଖର୍ଚ୍ଚରେ ସହରରେ ଗୋଟିଏ ମନ୍ଦିର ତିଆରି ହେଉଥିଲା । ତେବେ ତାର ଚରିତ୍ରର ଆଉ ଗୋଟିଏ ଦିଗ ରହିଥିଲା । ଠିକ୍ ଗୋଟେ ମାଫିଆ ପରି ସେ ଦଳେ ଗୁଣ୍ଡା ମାଧ୍ୟମରେ ଡକାୟତି, ହିଂସା ଓ ପ୍ରତିଶୋଧ ଆଦି କାଣ୍ଡ ଭିଆଉଥିଲା । ତାର ସମର୍ଥନରେ ହେଉଥିବା ସମସ୍ତ ଅପରାଧକୁ ଦଣ୍ଡରୁ ଅବ୍ୟାହତି ମିଳି ଯାଉଥିଲା । ତେବେ ଜେଲ୍‌ରେ ତାର ରହିବାର ଏକମାତ୍ର କାରଣ ଏଇ ଯେ ତାର ଜଣେ ବିପକ୍ଷ ଶତ୍ରୁ ପ୍ରତିଶୋଧ ନେବା ପୂର୍ବକ ତାକୁ ହତ୍ୟା ଧମକ ଦେଇଥିଲା । ମାଜିଷ୍ଟ୍ରେଟ୍ ତା’ର ଜାମିନ୍ ମଞ୍ଜୁର କରିବା ପାଇଁ ଡରୁଥିଲେ । ଜେଲ୍ କର୍ମଚାରୀମାନେ ମଧ୍ୟ ତାକୁ ଡରୁଥିଲେ । କାରଣ ତା’ର ଅସନ୍ତୋଷର କାରଣ ମାନେ ଜୀବନ ପ୍ରତି ବିପଦ । ଆମ କୋଠି ମାନଙ୍କର ତାଲା ପଡ଼ିବାର ଅନେକ ସମୟ ପରେ ଯାଇ ତାର କୋଠିରେ ତାଲା ପଡୁଥିଲା । ରାତିରେ ସେ ଜେଲ୍ ବାହାରକୁ ଯାଉଥିବାର ଗୁଜବ ଶୁଣାଗଲା । ଅନେକ ମହିଳା ବନ୍ଦୀ ତାକୁ ବ୍ୟକ୍ତିଗତ ଭାବରେ ଜାଣିଥିଲେ । କେତେ ଜଣ ତା ପାଖରେ କୌଣସି କାରଣରୁ ଋଣୀ ଥିଲେ । ଅନ୍ୟମାନେ ତାକୁ ଖାଲି ଡରୁଥିଲେ । ଅବାଟରେ ସେ କେମିତି ଏତେ ସମ୍ପତ୍ତି ଅର୍ଜନ କରିଲା ଓ ସେ ଚଢ଼ି ସାରିଥିବା କ୍ଷମତା ସିଡ଼ିର ପଛରେ କେତେ ରକ୍ତ ବୋହିଥିଲା ସେ ସବୁ ବିଷୟରେ ଗୁଡ଼ାଏ ଅଦ୍ଭୁତ କାହାଣୀ ମାନ ଶୁଣା ଯାଉଥିଲା । ତାର ଦୁଇ ବର୍ଷ ପରେ ସରକାର ତାକୁ ଜେଲ୍-ସାମଗ୍ରୀ ଯୋଗାଣର ଠିକା ଦେଇଥିବା କଥା ମୁଁ ଜାଣି ପାରିଲି ।

ଜେଲ୍ ଭିତରେ କଟୁଥିବା ଅସୁରକ୍ଷିତ ଜୀବନ ସେମିତି ଗଡ଼ି ଚାଲିଥିଲା । ୧୯୭୩ ଅକ୍ଟୋବର ୧୦ ତାରିଖରେ ମୁଁ ମୋ ଡାଏରୀରେ ଲେଖିଲି :

ଗତକାଲି ଚୂଲି ସବୁକୁ ଭାଙ୍ଗି ଦିଆଗଲା । ନିଆଁ ଜାଳିବା ପାଇଁ ଯାହା ସବୁ ଜିନିଷ ଥିଲା ତାକୁ ଜବତ କରି ଦିଆଗଲା । ସାରା ୱାର୍ଡ଼ଟିକୁ ପହରା ଦେବା ସଙ୍ଗେ ସଙ୍ଗେ ଖାନତଲାସି କରା ଯାଇ ବେଆଇନ ଭାବରେ ରଖାଯାଇଥିବା ଛୋଟ ଛୋଟ ଜିନିଷ ଗୁଡ଼ିକୁ ବର୍ତ୍ତମାନ ପାଇଁ କାଢ଼ି ଦିଆଗଲା । ସେଇ ସବୁ ଛୋଟ ଛୋଟ ଜିନିଷ ବିନା ଜେଲ୍ ଭିତରେ ଜୀବନଟା ଦୁର୍ବିସହ ହେଇ ପଡ଼ିଥାନ୍ତା । କିଛି ଦିନ ପାଇଁ

କଡ଼ାକଡ଼ି ଶାସନ ପରେ ଜେଲ୍‌କୁ ପୁଣି ତନ୍ଦ୍ରା ଘାରିବ । ପ୍ରଶାସନ ପୁଣି ଗାଢ଼ ନିଦରେ ଶୋଇଯିବ । ପୁଣି ନିଆଁ ଜଳିବ । ଚ' ତିଆରି ହେବ । ଚଣା ଭଜା ହେବ । ବାସି ରୁଟି ସେକା ହେବ । ଗରମ ବାଲିରେ ମୁଢ଼ି ଭଜା ହେବ । କେତେ ମାସ ପାଇଁ ପୁଣି ଆମେ ଏଇ ସୁବିଧା ପାଇବୁ । ଗତକାଲିର କାମଟା ପ୍ରତିଶୋଧ ମୂଳକ ଥିଲା । କିନ୍ତୁ ତା ସହିତ ଭୟ ମଧ୍ୟ ରହିଥିବାର ମୁଁ ଜାଣି ପାରିଲି । ବାରମ୍ବାର ଅନୁରୋଧ କରିବା ସତ୍ତ୍ୱେ ପୁରା ଗୋଟେ ମାସ ଧରି ଆମେ କେହି ସାବୁନ ପାଇ ନ ଥିଲୁ । ଗତକାଲି ସବୁ ମହିଳା ବନ୍ଦୀମାନେ ସର୍ବ ସମ୍ମତିରେ ଅନଶନରେ ବସିଗଲେ । ବନ୍ଦୀମାନଙ୍କର ଏକତା ଦେଖି କର୍ତ୍ତୃପକ୍ଷ ସବୁ ବେଳେ ଭୟଭୀତ ହେଇଯାଇ ତାକୁ ଭାଙ୍ଗି ଦେବାକୁ ଚେଷ୍ଟା କରୁଥିଲେ । ତେଣୁ ସେମାନେ ଚୂଲି, କାଠି କୁଟା ଶୁଖିଲା ପତ୍ର ଓ କାଗଜ ଦେଇଗଲେ । ତା ଦ୍ୱାରା ସେମାନେ ଭାବିଲେ ଯେ ଏଇ ଜିନିଷ ହରାଇବାର କାରଣକୁ ନେଇ ସ୍ତ୍ରୀଲୋକ ମାନେ ପରସ୍ପରକୁ ଦୋଷାରୋପ କରିବେ । ମୁଁ ତାଙ୍କର ଏଇ କୌଶଳକୁ ଭଣ୍ଡୁର କରିବା ପାଇଁ ସ୍ତ୍ରୀଲୋକ ମାନଙ୍କୁ ପାରୁ ପର୍ଯ୍ୟନ୍ତ ବୁଝାଇଲି । ସେଥିରେ ପୁରା ପୁରି ସଫଳ ନ ହେଲେ ସୁଦ୍ଧା ଗୋଟେ କଥା ପୁରା ନିଶ୍ଚିତ ହେଇଗଲା । ଏଥରକ ଆମେ ଆମର ସାବୁନ ପାଇ ପାରିବୁ । ଆଉ ସେମାନେ ପୁଣି ଥରେ ଆସି ସବୁକୁ ଖୋଳି ତାଡ଼ି ନଷ୍ଟ କରିବାଯାଏଁ ଆମେ ଧୀରେ ଧୀରେ ପୁଣି ଜିନିଷମାନ ଜମା କରିବାରେ ଲାଗିବୁ ।

ଏଇପରି ଘଟଣା ସତ୍ତ୍ୱେ, ସବୁଥର ପରି ଭାରତର କମନୀୟ ଶାରଦୀୟ ଋତୁ ମୋର କଳ୍ପନାକୁ ପୁଲକିତ କରିଦେଲା । ମୁଁ ପୁଣିଥରେ ଆଙ୍କିବା, ଲେଖିବା ଓ ସିଲେଇ କରିବା ବିଷୟରେ ଭାବିବାକୁ ଲାଗିଲି । ପବନଟା ବେଶ୍ ମନ୍ଦ ମଧୁର ଲାଗୁଥାଏ । ଦିନ ଗୁଡ଼ା ଛୁଟ୍‌କିନା ଚାଲିଯାଏ – ବିଳମ୍ବିତ ସୂର୍ଯ୍ୟୋଦୟରେ ଦିନ କ୍ରମଶଃ ଆହୁରି ଛୋଟ ହେଇ ଯାଉଥାଏ । ଦେଖୁ ଦେଖୁ ସୂର୍ଯ୍ୟାସ୍ତର ଛିଟା କାନ୍ଥ ଉପରେ ପଡ଼ି ଯାଏ । ଦୁଇଟା ତିରିଶ ବେଳକୁ ଅମୃତଭଣ୍ଡା ଗଛର ଧାଡ଼ି ବନ୍ଧା ଛାଇ, ମାଟିଆ କାନ୍ଥରେ ତେରେଛା ଛାଇ, ଆମ୍ବ ପତ୍ରର ପକ୍ଷାବୃତ ଛାଇ, ଲୁହା ରେଲିଂର ସଳଖ ଛାଇ ସବୁ ଚାରିଆଡ଼େ ବିଛୁଡ଼ି ପଡୁଥିଲା । ଛାଇ, ନୀଳ ଆକାଶ, ଅପେକ୍ଷାକୃତ ନରମ ସୂର୍ଯ୍ୟ ଓ ସ୍ୱଚ୍ଛ କ୍ଷଣ ପାଇଁ ଶାନ୍ତି ।

ଜାମ୍‌ସେଦ୍‌ପୁରର ବାୟୁମଣ୍ଡଳ ସହିତ ମୁଁ ନିଜକୁ ଖାପ ଖୁଆଇ ନେଲାବେଳକୁ ଆମର ମକଦ୍ଦମା ପରିଚାଳନାର ଶୁଣାଣି ଶେଷ ହେଲା । ସାତ ମାସ ଭିତରେ ବାରରୁ କେତେ ଥର କମ୍ ହେବ ଆମକୁ କୋର୍ଟରେ ହାଜର ହେବାକୁ ପଡ଼ିଥିଲା । କୌଣସି ସାକ୍ଷୀ ମତେ ଚିହ୍ନି ପାରିଲେ ନାହିଁ । ମୋ ବିରୁଦ୍ଧରେ କୌଣସି ବୟାନ୍ ଦିଆ ଯାଇ ନ

ଥିଲା । ସେ ଯାହା ବି ହେଉ ମୋତେ ଓ ଅନ୍ୟ ମାନଙ୍କୁ ସବୁ ଅଭିଯୋଗରେ ବିଚାର ପାଇଁ କାରାରୋଧ କରି ରଖାଗଲା । ବର୍ତ୍ତମାନ, "ସ୍ୱାଭାବିକ" ନିୟମ ଅନୁସାରେ ସେସନ୍ କୋର୍ଟରେ ବିଚାର ପାଇଁ ଏଇ ମକଦ୍ଦମାଟିକୁ ଆଣିବା ପାଇଁ ଆହୁରି ପାଞ୍ଚ ବର୍ଷ ଲାଗିବ । ବାଦୀ ପକ୍ଷରୁ ମକଦ୍ଦମା ଲଢୁଥିବା ଓକିଲ ମାନଙ୍କ ମଧ୍ୟରୁ ଜଣେ ମତେ ଏ ବିଷୟରେ ହାଇ କମିଶନଙ୍କ ପାଖକୁ ଲେଖିବାକୁ ପ୍ରବର୍ତ୍ତାଇଲେ । ସେ କହିଲେ ଯେ ଭାରତ ସରକାରଙ୍କୁ ହାଇ କମିଶନରୁ ଖଣ୍ଡେ ଚିଠି ଚାଲିଗଲେ ମଧ୍ୟ ବିଚାର କାମ ତ୍ୱରାନ୍ୱିତ ହେଇଯିବ । ଏଥିନେଇ ମୁଁ ସନ୍ଦିହାନ୍ ଥିଲି । ତଥାପି କଲିକତାକୁ ତଥା ମୋର ପରିବାର ଓ ବନ୍ଧୁ ବର୍ଗଙ୍କୁ ମୋର ମାମଲାର ଶିଘ୍ର ବିଚାର କରିବାକୁ ଅନୁରୋଧ କରି ଭାରତ ସରକାରଙ୍କୁ ଚିଠି ଲେଖିବାକୁ ଜଣାଇଲି ।

କିଛି ଦିନ ପରେ, ପରବର୍ତ୍ତୀ ସମନ ଅପେକ୍ଷାରେ ଆମକୁ ହଜାରୀବାଗ୍‌କୁ ପୁଣି ସ୍ଥାନାନ୍ତରିତ କରାଗଲା ।

୧୦

ସଙ୍କଟ

ମୁଁ ହଜାରୀବାଗ୍‌ରେ ପହଞ୍ଚିଲା ବେଳକୁ ରାତି ହୋଇ ଯାଇଥିଲା । ହଲ୍‌କୁ ଅତିକ୍ରମ କରି ଗଲାବେଳେ ଅନ୍ଧାରରେ ଛାଇମାନ ମତେ ସ୍ୱାଗତ କରିବା ପାଇଁ ଉଠି ପଡ଼ିଲେ । ମତେ ଛୁଇଁ ସ୍ୱାଗତ କରିବା ପାଇଁ ଲୁହା ରେଲିଂ ଭିତରୁ ହାତମାନ ଲମ୍ବି ଆସିଲା । "ସଲାମ୍ ୱାଲେକମ୍, ଦିଦି", ମୁସଲମାନ କଇଦୀ ମାନଙ୍କ ଭିତରୁ ଜଣେ କହିଲା । "ନମସ୍ତେ, ଦିଦି", ପ୍ରକାଶର ଛୋଟୀ ମା କହିଲା । ବାଲ୍‌କୋ ମୋ ସହିତ ହାତ ମିଳାଇଲା । ମୁଁ ରହୁଥିବା କୋଠିଟା ଏଯାଏଁ ଖାଲି ପଡ଼ିଥିଲା । ସେଠି ବିଛାଇବା ପାଇଁ ତିନି ଖଣ୍ଡ କମ୍ବଳ ମିଳିଗଲା । ଘଷି ନିଆଁରେ ବାଲ୍‌କୋ ସେକିଥିବା ଗରମ ରୁଟି ଓ ଚା ନେଇ ମହିଳା ୱାର୍ଡ଼ର୍ ଜଣକ ସଙ୍ଗେ ସଙ୍ଗେ ଆସିଲା । ମୁଁ ଆସିଲା ବେଳକୁ କାଳେ ମତେ ଶୀତ ଓ ଭୋକ ଲାଗୁଥିବ ଭାବି ସେଦିନ ସନ୍ଧ୍ୟାରେ ବାଲ୍‌କୋ ହଲ୍ ଭିତରେ ଘଷି ଆଣି ଲୁଚେଇ ରଖିଥିଲା । ମୁଁ ଫେରି ଆସୁଥିବା କଥା କେତେ ଦିନ ତଳେ ତାଙ୍କୁ କୁହାଯାଇଥିଲା ।

ତା ପରଦିନ ସକାଳେ ପୁରାତନ ବନ୍ଧୁ ମାନଙ୍କ ସହିତ ପୁନର୍ମିଳନ ହେବା ସହିତ ନୂତନ ଆଗନ୍ତୁକ ମାନଙ୍କ ସହିତ ପରିଚୟ ହେଲା । ଷ୍ଟୋର୍‌ରୁ ମୋର ସାପ୍ତାହିକୀ ପସଦ ଆସିବା ଆଗରୁ ମୁଁ ତିନି ଥର ଜଳଖିଆ ଖାଇ ସାରିଥିଲି । ମତେ ଘର ବାହୁଡ଼ା ପରି ଲାଗୁଥିଲା । ବୀଣାକୁ ଛାଡ଼ି ଆସିଥିବାରୁ ଖରାପ ଲାଗୁଥିଲା । ମୁଁ ଜାଣୁଥିଲି ଯେ ହଜାରୀବାଗ୍‌ଟା ଚାଲୁଥିବା ବିଚାର ପରିଚାଳନାରୁ ଗୋଟେ ପରିବର୍ତ୍ତନ ମାତ୍ର । ମୋତେ ଦେଖା କରିବାକୁ କଲିକତାରୁ ଆସୁଥିବା ଲୋକଙ୍କ ପାଇଁ ଅସୁବିଧା ହେବ । ମୋର ସହ-ପ୍ରତିବାଦୀଙ୍କ ଠାରୁ ମଧ୍ୟ ମୁଁ କିଛିଟା ଦୂରେଇ ଯିବି । ତେବେ ମୋର ପୁରୁଣା ସାଙ୍ଗସାଥୀ ମାନଙ୍କ ସହିତ ସାକ୍ଷାତର ଉଷ୍ମତାରେ ଏଇ ସବୁ ଅସୁବିଧା କିଛି ସମୟ ପାଇଁ କୁଆଡ଼େ ମିଳେଇଗଲା । ମୁଁ ଜାଣୁଥିଲି କର୍ତ୍ତୃପକ୍ଷଙ୍କ ମୋ ପାଇଁ

ଯେତେ ଅସୁବିଧା ସୃଷ୍ଟି କଲେ ମଧ୍ୟ ମୋର ସାଥୀମାନେ ମତେ ଯାହା ଦେଉଥିଲେ ତାରି ବଦଳରେ ମୁଁ ଆଉ କିଛି ଚାହିଁବି ନାହିଁ ।

କେତେ ଜଣ ସ୍ତ୍ରୀଲୋକ ଖଲାସ ହେଇ ଯାଇଥିଲେ । ଆଉ କେତେ ଜଣ ନୂଆ ଆସିଥିଲେ । ତେବେ ସାତ ମାସ ଭିତରେ ସେମିତି କିଛି ବିଶେଷ ପରିବର୍ତ୍ତନ ହେଇ ନ ଥିଲା । ଜେଲ୍‌ରେ ଚାରି ବର୍ଷ କଟାଇବା ପରେ ମୋ ଅନୁପସ୍ଥିତିରେ ରାଜ କୁମାରୀ ବିଚାରରେ ଦୋଷମୁକ୍ତ ହେଇଥିଲା । ତେବେ ଦେଶୀ ମଦ ରନ୍ଧା ଅଭିଯୋଗରେ ତାକୁ ଛଅ ମାସ ଜେଲ୍‌ଦଣ୍ଡ ଆଦେଶ ହେଇଥିଲା । ଏଇ ଅତିରିକ୍ତ ଜେଲ୍‌ଦଣ୍ଡ ନ ଭୋଗିବା ଯାଏଁ ତାକୁ ମୁକ୍ତି ମିଳିବ ନାହିଁ ।

ଶୀତଦିନିଆ ପନି ପରିବା ଅଙ୍କୁରି ଉଠୁଥିଲା । ମାଟିରୁ ତାଜା ବାସ୍ନା ଆସୁଥିଲା । ଆକାଶ ନିର୍ମଳ ଦେଖାଯାଉଥିଲା । ପୁଣି ଥରେ ମୁଁ ସୂର୍ଯ୍ୟୋଦୟ ଓ ସୂର୍ଯ୍ୟାସ୍ତ ଦେଖି ପାରିଲି । କବାଟର ହୁଡୁକା ଉପରକୁ ଚଢ଼ି ପାରିଲେ ନାନା ଦୃଶ୍ୟ, ଗଛ, ଗୋଟେ ଗାଁ ଓ କାନ୍ଥ ସେପଟ ଖୁବ୍ ଦୂରରେ ଲମ୍ବି ଯାଇଥିବା ରାସ୍ତାଟିଏ ଦେଖି ପାରୁଥିଲି । ଶେଷରେ, ଗତ ଜୁଲାଇ ମାସରେ ଆଇରିସ୍ ମୋ ପାଇଁ ଆଣି ଦେଇଥିବା ରଙ୍ଗରେ କେତୋଟି ଜଳ ଛବି ଆଙ୍କିବାକୁ ମନସ୍ଥ କଲି । କିଂତୁ ଯେତେ ଚେଷ୍ଟା କଲେ ସୁଦ୍ଧା ମୁଁ ସକାଳର ପହିଲି ଆଲୁଅକୁ ପୁଣି ଥରେ ରୂପ ଦେଇ ପାରିଲି ନାହିଁ । ନାଲି ରଙ୍ଗର ଦୁଇ ମହଲା କୋଠାର ପୁରୁଷ ବିଭାଗର କୋଣରେ ପଡୁଥିବା ପହିଲି ସୂର୍ଯ୍ୟ କିରଣ, ଗଛର ଗାଢ଼ ସାବୁଜା-କଳା ରଙ୍ଗ, କାନ୍ଥର ଅଶୁଭସୂଚକ ଧୂସର ରଙ୍ଗ ଓ ଇଟା ରଙ୍ଗର ଲାଲ ମାଟି-କୌଣସିଟିକୁ ମୁଁ ପୂର୍ବ ରାଗ ଦେଇ ପାରିଲି ନାହିଁ । ଜାମ୍‌ସେଦ୍‌ପୁରରେ ଛାଇ ରହିଥିବା ଶିଳ୍ପଦ୍ୟୋଗିକ କୁଜ୍‌ଝଟିକାର ଠିକ୍ ବିପରୀତରେ ଏଠି ଆକାଶ ବେଶ୍ ସ୍ୱଚ୍ଛ ଥିଲା । ଆକାଶର ପ୍ରାନ୍ତୀୟ ରେଖା ମାନ ଏତେ ସ୍ପଷ୍ଟ ଦେଖା ଯାଉଥିଲା ଯେ ବାହାର କାନ୍ଥ ପାଖରେ ଥିବା ଚୌକି ବୁରୁଜଟା ଆକାଶର ସୀମାନ୍ତକୁ ଛୁଇଁଗଲା ପରି ଲାଗୁଥାଏ । ହଜାରୀବାଗ୍ ଉଦ୍‌ଭାସିତ ହେଇ ଉଠୁଥିଲା : ବେଳେବେଳେ ଅସ୍ତଗାମୀ ସୂର୍ଯ୍ୟର ଆଭାରେ ଲାଲ ମାଟିର ସମଗ୍ର ବିସ୍ତୃତି ଫିକା ଗେରୁଆ, ଈଷତ୍ ବାଇଗଣୀ, ଗେରୁଆ ଓ ସୁନା ରଙ୍ଗ ପାଲଟି ଯାଉଥାଏ । ଏଇ ମୂହୁର୍ତ୍ତ କେତୋଟିକୁ ଗୋଟାପଣେ ଜାବୁଡ଼ି ଧରି ରଖିବାକୁ ମୋର ଭାରି ଇଚ୍ଛା ହେଉଥିଲା । ଏଇ ମୂହୁର୍ତ୍ତ ପୁଣି କେବେ ଲେଉଟି ଆସିବିନି । କିଂତୁ କାଗଜ ତୂଳୀରେ ମୁଁ ତାକୁ ବାନ୍ଧି ରଖି ପାରୁ ନ ଥିଲି ।

ବନ୍ଦୀ ଜୀବନରେ କ୍ରମଶଃ ସୌନ୍ଦର୍ଯ୍ୟର ଆବଶ୍ୟକତାକୁ ମୁଁ ଆହୁରି ବେଶୀ ଅନୁଭବ କଲି । ସୁପରିଟେଣ୍ଡେଣ୍ଟଙ୍କ ଧ୍ୱଂସଲୀଳାରୁ ଦୈବାତ୍ ବଞ୍ଚି ଯାଇଥିବା ଏକମାତ୍ର ଗେଣ୍ଡୁ ଫୁଲକୁ ମୁଁ ଏକ ଲୟରେ ଗୁଡ଼ାଏ ସମୟ ଧରି ଚାହିଁ ବସୁଥିଲି । ମୋ

କୋଠରୀର କାନ୍ଥରେ ଯାହା ଚିତ୍ର ପାଇଲେ ତାହା ଲଟକାଇ ପକାଉଥିଲି । ତାର କଳାତ୍ମକ ମୂଲ୍ୟଟା ଯାହା ହେଉନା କାହିଁକି ରଙ୍ଗର ବର୍ଣ୍ଣାଳୀ ପାଇଁ ହିଁ ମୁଁ ସେଇଯା କରୁଥିଲି । ମୋର ସାଙ୍ଗସାଥୀମାନେ ଏକଥା ଶୁଣିବା ପରେ ସେମାନେ ମୋ ପାଖକୁ ଚିତ୍ରକଳାର ବହି ପଠାଇଲେ । କିଂତୁ ମୋର ପ୍ରିୟ ଗୀତ ଶୁଣିବାର ଇଚ୍ଛାଟିକୁ ସେମାନେ ପୂରଣ କରି ପାରି ନଥିଲେ । ବେଳେବେଳେ ଅପରାହ୍ଣରେ ପାଖରେ ଥିବା ୱାର୍ଡ଼ରେ ବନ୍ଦୀ ଜଣେ ମଧୁର ସ୍ୱରରେ ବଂଶୀ ବଜାଏ । କାନ୍ଥ ଏପଟେ ତାର ଜଣେ ଗୁଣଗ୍ରାହୀ ଶ୍ରୋତା ଥିବାର ସେ କେବେ ଜାଣି ପାରୁ ନ ଥିଲା ।

ହଜାରୀବାଗ୍ ଜେଲ୍‌ର ଆକାରଟା ମାନସିକ ଉତ୍ତେଜନାକୁ କିଛି କମେଇ ଦେଉଥିଲା । ଜାମ୍‌ସେଦ୍‌ପୁର ପରି ଆମେ ପୁରୁଷ ୱାର୍ଡ଼ରେ ଚାଲୁଥିବା ମାଡ଼ ଗୋଳ, ପାଟି ତୁଣ୍ଡ ଓ ବେଡ଼ି କୋରଡ଼ାର ଶବ୍ଦ କିଛି ଶୁଣି ପାରୁ ନ ଥିଲୁ । ତେବେ ସେ ବିଷୟରେ ମୋ କୌଣସି ଭ୍ରମ ନଥିଲା । ଗୋଟେ ଜିନିଷ ଯଦି ଦୃଷ୍ଟିର ଓ ଶ୍ରୁତିର ଆଢୁଆଳରେ ରହିଛି, ତା'ର ଅର୍ଥ ନୁହେଁ ଯେ ତାହା ଆଦୌ ନାହିଁ ।

ମତେ ଦେଖି ଆନନ୍ଦିତ ହେଉଥିବା ବନ୍ଦୀ ମାନଙ୍କ ଭିତରୁ ମୋତି ଅନ୍ୟତମ । ତାକୁ ପ୍ରଥମେ ମୁଁ ଜାମ୍‌ସେଦ୍‌ପୁରରେ ଦେଖିଥିଲି । ଟିକିଏ ଆଡ଼ ବାୟାଣୀ ସାନ୍ତାଳ ସ୍ତ୍ରୀଲୋକଟିଏ । ବେଶ୍ ଭଦ୍ର, ବୁଝିବାର ଓ ପରିଶ୍ରମୀ । ତାକୁ ବିଗିଡ଼େଇ ଦେବା ଭଳି କିଛି ହେବା ଯାଏଁ କାମ କରୁଥିବ ଯେ କରୁଥିବ । ଥରେ ବିଗିଡ଼ିଗଲେ ତାପରେ ରାଗରେ ଅସମ୍ଭାଳ ହେଇପଡ଼େ । ଯାହାହେଉ ସେ ମତେ ବେଟୀ ବା ଝିଅ ବୋଲି ମାନୁଥିଲା । ମହିଳା ୱାର୍ଡ଼ର୍ ମାନେ ତାର ରାଗକୁ ଡରୁଥିବାରୁ ତାକୁ ବୁଝା ସୁଝା କରିବା ପାଇଁ ମତେ କହୁଥିଲେ । ତେବେ ତାକୁ ବୁଝାଇବାରେ ସେମାନଙ୍କ ଅପେକ୍ଷା ମୁଁ ବିଶେଷ ସଫଳ ହେଉ ନଥିଲି । ବେଳେବେଳେ ସେ ସାରା ଦିନଟା ଚୁପ୍ ହେଇ ରହେ । ମୋ କୋଠରୀର ଠିକ୍ ବିପରୀତ ଦିଗରେ ଗୋଟେ ଛୋଟିଆ ଅନ୍ଧାରୁଆ କୋଠିରେ ତାଲା ବନ୍ଦ ହେଲା ପରେ ଦିନବେଳେ ତାକୁ ନାପସନ୍ଦ ଲାଗିଥିବା କୌଣସି ଘଟଣାକୁ ମନେ ପକାଇ ପାଟିତୁଣ୍ଡ ଆରମ୍ଭ କରେ । ତା'ର ପାଟିର ପ୍ରକୋପରେ କେହି ଶୋଇ ପାରନ୍ତିନି । ଯିଏ ମନକୁ ଆସେ ତା ଉପରେ ସମ୍ଭାକଟା ବର୍ଷେଇ ଦେଇଯାଏ । ବାହାରକୁ ଛାଡ଼ି ଦେବା ପାଇଁ ରଡ଼ି ଛାଡ଼େ ଓ ତାର ସାମ୍ନାରେ ଲୁହା ରେଲିଂ କଡ଼ ମଡ଼େଇ ଝଣ୍ ଝଣ୍ କରୁଥାଏ । “ତମେ ମତେ କ'ଣ ବୋଲି ଭାବୁଛ କି ? କ'ଣ ଛେଳି ? ମତେ ମଣିଷ ବୋଲି ଭାବୁନ କି ଯେ ଏମିତି ତାଲା ପକାଇ ରଖିଦେବ ? ମୁଁ ଘରକୁ ଯାଉଛି । ଆସ, ମତେ ବାହାରକୁ ଯିବାକୁ ଦିଅ ! ଆସ ଆସ ! ଆସ କହୁଛି”- ସେ ଚିତ୍କାର କରୁଥାଏ । ତା ଅଣ୍ଟାରେ ଶାଢ଼ୀ

ଭିଡ଼ି ହେଇ ସାମ୍ନାକୁ ଯିଏ ଆସିଲା ତା ସହିତ ଲଢ଼େଇ କରିବାକୁ ବାହାରି ପଡ଼େ ।

ଦିନେ ତିନିଟା ବେଳୁ ସେ ପାଟିତୁଣ୍ଡ ଆରମ୍ଭ କଲା । ଅନେକ ସମୟ ପରେ ଆମେ ଜାଣି ପାରିଲୁ ଯେ ତାକୁ ଅମାଶୟ ଝାଡ଼ା ହେଉଥିଲା । ତାର କୁଣ୍ଡରୁ ବାହାରୁଥିବା ଦୁର୍ଗନ୍ଧ ଯୋଗୁଁ ସେ ବ୍ୟତିବ୍ୟସ୍ତ ହେଇପଡୁଥିଲା । ସବୁଦିନ ପରି ୱାର୍ଡ଼ର୍ ଛଅଟା ବେଳକୁ ତାଲା ଖୋଲିବାକୁ ଆସିଲାବେଳେ ତାର ଯିବାକୁ ଆଉ ଅପେକ୍ଷା ନ କରି କୁଣ୍ଡଟା ଖାଲି କରିବା ପାଇଁ ସେ ଧସେଇ ହେଇ ବାହାରକୁ ଚାଲି ଆସିଲା । ଯୋଗକୁ ହାମୁଡ଼ି ପଡ଼ିଲା ଓ ବାରଣ୍ଡା ସାରା ଭର୍ତ୍ତି କୁଣ୍ଡଟିକୁ ଢାଳି ଦେଲା । ସାମ୍ନାରେ ଛିଡ଼ା ହେଇଥିବା ଚିଫ୍ ହେଡ୍ ୱାର୍ଡ଼ର୍‌ଙ୍କ ଦେହରେ ଝାଡ଼ାର ଛିଟିକା ଭରିଗଲା । ଆମେ ନିଜର ହସ ରୋକି ପାରିଲୁ ନାହିଁ । ଏପରିକି ମହିଳା ୱାର୍ଡ଼ର୍ ମାନେ ମୁହଁରେ ଲୁଗା ଜାକି ଚୁପି ଚୁପି ହସିଲେ । ଚିଫ୍ ହେଡ୍ ୱାର୍ଡ଼ର୍ ହଠାତ୍ ଏତେ ବିରକ୍ତ ହେଇ ଗଲେ ଯେ ଆଉ କିଛି କହି ପାରିଲେ ନାହିଁ ।

ମୋତି ଖାଉରି ସ୍ୱଭାବର ଥିଲା । ତାକୁ ସବୁବେଳେ ଭୋକ । ସେଥରକ ଶୀତରେ ବର୍ଦ୍ଧିଷ୍ଣୁ ଖାଦ୍ୟାଭାବ ଯୋଗୁଁ ଜେଲ୍‌ର ରସଦ ଆଗ ଅପେକ୍ଷା ବେଶ୍ କମି ଯାଇଥିଲା । ମାସ ମାସ ଧରି ବନ୍ଦୀମାନେ ଅଟା ଖାଇବାକୁ ପାଇ ନ ଥିଲେ । ପ୍ରତିଦିନ ରାନ୍ଧିବାପାଇଁ ଆମକୁ ଅଳ୍ପ ଚାଉଳ ଦିଆଯାଉଥିଲା । ଗହମ ଅପେକ୍ଷା ଭାତ ଶିଘ୍ର ହଜମ ହେଉଥିବାରୁ ଖାଇ ସାରିବାର ଅଳ୍ପ ସମୟ ପରେ ମଧ୍ୟ ପୁଣି ଭୋକ ଲାଗୁଥାଏ । ବିଶେଷତଃ ଥଣ୍ଡା ପାଗରେ ବେଶୀ ଭୋକ ହୁଏ । ଅନ୍ୟ ବନ୍ଦୀମାନେ କୌଣସି ମତେ ନିଜକୁ ସଂଯତ କରି ବିକିବା ପାଇଁ କିଛି ଚାଉଳ ସଞ୍ଚୟ କରି ରଖୁଥାନ୍ତି । ଏଥିରେ ମୋତି ଭୀଷଣ ରାଗିଯାଉଥିଲା । ଅନ୍ୟମାନଙ୍କ ପରି ତାର ପଇସା ସଞ୍ଚିବାକୁ ମନ । ତେଣେ ପେଟପୁରା ଖାଇବାକୁ ବି ମନ । ଜେଲ୍‌ର ପରିସ୍ଥିତିରେ ଏ ଦୁଇଟିଯାକ ଏକା ସାଙ୍ଗରେ ହେଇ ପାରିବ ନାହିଁ । ଯୋଗକୁ ତାର ଅସମ୍ଭବ ହଜମ କରିବାର ଶକ୍ତି ଥିଲା । ପ୍ରତିଦିନ ସେ ବଗିଚାରୁ ମଟର ଛୁଇଁ, ଲଙ୍କା, ପାତଳ ଘଣ୍ଟା, ଆଳୁ, ପିଆଜ ଓ ରସୁଣ ନଡ଼ା ସବୁ ଦରାଣ୍ଡି ଆଣେ କିଛି ବି ଛାଡ଼େ ନାହିଁ । ଆମେ ରାନ୍ଧି ସାରିଲା ପରେ ସେଇ ଅଧା ଲିଭା ଚୂଲିରେ ତାର ଗିଲ୍‌ଟି ଡେକ୍‌ଚିରେ ସେ ସବୁକୁ 'ରାନ୍ଧି' ପକାଏ । ଅଧ ସିଝା ଗନ୍ଧିଆ ପରିବା ମେଞ୍ଚାକୁ ବଡ଼ ପାଟିରେ ହାଉ ହାଉ କରି ଗିଳି ପକାଏ । ଚୋବାଇବାକୁ ମଧ୍ୟ ତା'ର ତର ନ ଥାଏ ଯେମିତି । ଅବଶ୍ୟ ସେ ସେଥିରୁ ଅନ୍ୟମାନଙ୍କୁ କିଛି କିଛି ଦେବାକୁ ଚାହୁଁଥିଲେ ମଧ୍ୟ ବାକି ଆମେ ସମସ୍ତେ ସେହି ତରକାରୀକୁ ତା ପରିକା କେହି ଖାଇ ପାରୁ ନ ଥିଲୁ ।

ନୂଆ ଆସିଥିବା ବନ୍ଦୀମାନଙ୍କ ଭିତରୁ ଷୋହଳ ବର୍ଷର ଝିଅଟିଏ ମୂକ ଓ ବଧିର

ଥିଲା । କେହି ତାର ନାଁ ସୁଦ୍ଧା ଜାଣି ନ ଥିଲେ । ସେ କ'ଣ ପାଇଁ ଜେଲ୍‌ରେ ଅଛି ସେ କଥା ବି କେହି ଜାଣି ନ ଥିଲେ । ଖାଲି ଏତିକି ଜାଣିଥିଲେ ପୋଲିସ ସହରର ତିରିଶ ମାଇଲ ଦୂରରୁ ତାକୁ ଧରି ଆଣି ଜେଲ୍ ପଠାଇ ଦେଇଥିଲା । ୧୯୭୫ରେ ମୁଁ ହଜାରୀବାଗ୍ ଛାଡ଼ିଲା ଯାଏଁ ଅନ୍ୟ ମାନଙ୍କ ପରି ସେ ମଧ୍ୟ ସେଠି ସେମିତି ପଡ଼ି ରହିଥିଲା । ବାକି ମାନଙ୍କ ପରି ସେ ତାର ଅତୀତ ଜୀବନର କଥା କିମ୍ବା ତାର ଘର ପରିବାରର କଥା ମନେ ପକାଇ ପାରୁ ନ ଥିଲା କି କହି ପାରୁ ନ ଥିଲା । ନୀରବରେ ସହିଯାଉଥିବାର ବେଦନାର ଚିହ୍ନ ତାର ଖାପଛଡ଼ା ଚାଲି ଚଳନରୁ ସ୍ପଷ୍ଟ ଜଣା ପଡୁଥିଲା । ଥରେ ଥରେ ସେ କେତେ ଦିନର ଡାଲି ଚାଉଳକୁ ଏକାଥରକେ ରାନ୍ଧି ଖାଇ ପକାଏ । ଏପରିକି ଚାଉଳଟା ପୁରା ସିଝିବାଯାଏଁ ବି ସେ ଅପେକ୍ଷା କରିପାରେ ନାହିଁ । ଅନ୍ୟ କେତେବେଳେ ଦିନ ଦିନ ଧରି କିଛି ନ ଖାଇ ଶୋଇ ରହେ । ସେ, ମୋତି କିମ୍ବା ମାନସିକ ରୋଗ ଭୋଗୁଥିବା ଅନ୍ୟ କୌଣସି ବନ୍ଦୀଙ୍କୁ କୌଣସି ପ୍ରକାରର ବିହିତ ଚିକିତ୍ସା କରାଯାଉ ନ ଥିଲା । କେବଳ ବେଶୀ ଉନ୍ମତ୍ତ ହେଲେ ସେମାନଙ୍କୁ ନିଶା ଇଞ୍ଜେକ୍‌ସନ୍ ଦିଆଯାଇ ଦବେଇ ଦିଆଯାଉଥିଲା । ଜେଲ୍‌ଟା ତାଙ୍କ ପାଇଁ ପ୍ରକୃତ ସ୍ଥାନ ନ ଥିଲା । ତାଙ୍କର ଉପସ୍ଥିତି ହିଁ ଅନ୍ୟ ବନ୍ଦୀ ମାନଙ୍କ ଉପରେ ଅଧିକ ମାନସିକ ଚାପ ପକାଉଥିଲା । ସେମାନଙ୍କୁ ଚଳେଇ ନେବା ପାଇଁ ଓ୍ୱାର୍ଡ଼ର୍ ମାନଙ୍କୁ ଉପଯୁକ୍ତ ପ୍ରଶିକ୍ଷଣ ଦିଆଯାଇ ନ ଥିଲା । ପରିଦର୍ଶନ ସମୟରେ ସେମାନେ ତାଲା ବନ୍ଦ ହେଇ ରହିଥିବା ଯାଏଁ କର୍ତ୍ତୃପକ୍ଷ ସେଥିପ୍ରତି ଆଦୌ ଧ୍ୟାନ ଦେଉ ନ ଥିଲେ । ମୋ ଦେଖିବାରେ ଜେଲ୍‌କୁ ଆସୁଥିବା ପ୍ରତ୍ୟେକ ମାନସିକ ରୋଗୀ କ୍ରମଶଃ ଆହୁରି ପାଗଳ ହେଇ ଯାଉଥିଲେ । ସେମାନଙ୍କୁ ଗୋଟେ ମାନସିକ ଚିକିତ୍ସାଳୟକୁ ସ୍ଥାନାନ୍ତରିତ କରିଦେବା ବ୍ୟତୀତ ଡାକ୍ତର ମାନେ ଆଉ କିଛିକରି ପାରୁ ନ ଥିଲେ । ସେ ପ୍ରକାର ସୁବିଧା ମଧ୍ୟ ଖୁବ୍ କମ୍ ଉପଲବ୍ଧ ହେଉଥିବାରୁ ସେଇ ଅନୁମତି କ୍ୱଚିତ୍ ମିଳୁଥିଲା । ହଜାରୀବାଗ୍‌ର ପୁରୁଷ ଓ୍ୱାର୍ଡ଼ରେ ଅଶୀରୁ ଊର୍ଦ୍ଧ୍ୱ ମାନସିକ ରୋଗୀ ରହିଥିବାର ଜଣେ ଜେଲ୍ ଡାକ୍ତର ମତେ କହିଥିଲେ ।

ମାନସିକ ରୋଗଗ୍ରସ୍ତ ବନ୍ଦୀ ପରି "ନିଶ୍ଚିତ ନିରାପତ୍ତା"ରେ ଥିବା ବନ୍ଦୀମାନଙ୍କର ଅବସ୍ଥା ସେଇୟା ଥିଲା । ୧୯୭୩ର ବଡ଼ଦିନ ଟିକିଏ ଆଗରୁ ଛିଣ୍ଡା ଶାଢ଼ୀ ପିନ୍ଧିଥିବା ସତ୍ୟା ନାମକ ଏଗାର ବର୍ଷର ଜଣେ ଝିଅକୁ ଜେଲ୍‌କୁ ଅଣାଗଲା । ତାର ବାପା ମା' ଆସାମରେ ଚା' ବଗିଚାରେ ମଜୁରିଆ କାମ କରୁଥିଲେ । ସଞ୍ଚୟ କରି ରଖିଥିବା କିଛି ପଇସା ନେଇ ସେ ଓ ତାର ବାପା ବିହାରର ଗୋଟେ ଗାଁରେ ଥିବା ତାର ରୋଗୀଣା ବୁଢ଼ୀମାକୁ ଦେଖିବାକୁ ଯାଉଥିଲେ । ବାଟରେ ଗୋଟେ ରେଳ

ଷ୍ଟେସନରେ କେତେ ଜଣ ଲୋକ ତାର ବାପାକୁ ଡାକି ନେଇଗଲେ । ସେଇଟା ତାର ବାପା ସହିତ ଶେଷ ଦେଖା ଥିଲା । କେତେ ଦିନ ଉତ୍ତାରୁ "ସୁରକ୍ଷା" ଦୃଷ୍ଟିରୁ ପୋଲିସ୍ ତାକୁ ଉଠାଇ ଆଣି ଜେଲ୍‌ରେ ଭରି ଦେଲେ । ଦୁର୍ଭାଗ୍ୟକୁ ସେତିକିରେ ସବୁ ଶେଷ ହେଇଗଲା । କେହି ତାର ପରିବାର ବିଷୟରେ ଖୋଜ ଖବର ଦେଲେ ନାହିଁ କିମ୍ବା ତାକୁ ଘରକୁ ପଠାଇବାର ବ୍ୟବସ୍ଥା କଲେ ନାହିଁ। ଖ୍ରୀଷ୍ଟିଆନ୍ ସମ୍ପ୍ରଦାୟର ଜଣେ ମହିଳା ୱାର୍ଡ୍‌ର୍ ତାର ଖବର ବୁଝା ସୁଝା କଲାରୁ ଏସିଷ୍ଟେଣ୍ଟ୍ ଜେଲର୍ ଓ କୋର୍ଟର ଜଣେ କିରାଣୀ ସତ୍ୟାକୁ ସାବଧାନ କରିଦେଲେ : ଖ୍ରୀଷ୍ଟିଆନ୍ ମାନେ ଗୋମାଂସ ଖାଉଥିବାରୁ ସେଇ ମହିଳା ୱାର୍ଡ୍‌ର୍ ସହିତ ମିଶିଲେ ସେ ତାର ଜାତି ହରାଇବ । ବରଂ ତାକୁ ଜେଲ୍‌ରେ ବଢ଼ିବାକୁ ଛାଡ଼ି ଦିଆଗଲା ।

ଥଣ୍ଡା ଆହୁରି ବେଶୀ ପଡ଼ିବାରୁ ମୁଁ ଗରମ ପାଣିରେ ଗାଧୋଇବା, ଉଷୁମ କୋଠି ଭିତରେ ନରମ ଶେଯ ଉପରେ ଶୋଇବା ଆଦି ନିରର୍ଥକ ଚିନ୍ତାରେ ଘାରି ହେଲି । କିଂତୁ ଜୀବନର ଆଶୁ ସମସ୍ୟାର ଚାପ ଏପରି କୌଣସି ଦିବାସ୍ୱପ୍ନ ପାଇଁ ସୁଯୋଗ ଦିଏ ନାହିଁ। ସେଠି ଜଣେ ଦୁଇ ଜଣ ବନ୍ଦୀ ସବୁବେଳେ ବେମାର ରହୁଥିଲେ । ବାକି ସବୁ ସ୍ତ୍ରୀଲୋକମାନେ ଅବହେଳିତ ଭଗ୍ନ ସ୍ୱାସ୍ଥ୍ୟରେ ଦିନ କାଟୁଥିଲେ । ଅନେକଙ୍କର ଫୁସ୍‌ଫୁସ୍ ଓ ବୃକକ୍ ସମସ୍ୟା ରହିଥିଲା । ପ୍ରାୟ ସମସ୍ତଙ୍କର କୌଣସି ନା କୌଣସି ଦେହ ବଥା ହେଉଥିଲା । ଥଣ୍ଡାରେ ତଳେ ଶୋଉଥିବାରୁ ସମସ୍ତଙ୍କର ଦେହ ମୁଣ୍ଡ ବଥା ହେଉଥିଲା । ଶାରୀରିକ ଦୁର୍ବଳତା ସମସ୍ତଙ୍କ କ୍ଷେତ୍ରରେ ଏକ ସାଧାରଣ ସମସ୍ୟା ଥିଲା । ପେଟରେ କୃମି ଯୋଗୁଁ ଅବସନ୍ନତା ଓ ବାନ୍ତି ରୋଗର ଲକ୍ଷଣ ଦେଖାଯାଉଥିଲା । ବଥ, ଘା ତଥା ଭିଟାମିନ୍ ଓ ପୃଷ୍ଟିକାରକ ଖାଦ୍ୟର ଅଭାବରୁ ଦେଖା ଦେଉଥିବା ରୋଗର ଲକ୍ଷଣ ମାନ ଏତେ ପରିଚିତ ସାଧାରଣ ସମସ୍ୟା ଥିଲା ଯେ ସେଆଡ଼କୁ କେହି ଦୃଷ୍ଟି ମଧ୍ୟ ଦେଉ ନ ଥିଲେ। ଅତି କମ୍ ବୟସରୁ ସ୍ତ୍ରୀଲୋକମାନେ ଶାରୀରିକ ଅସୁସ୍ଥତା ସହିତ ଏତେ ଅଭ୍ୟସ୍ତ ହେଇଯାଉଥିଲେ ଯେ "କ'ଣ କରିବି ?" ଦୃଷ୍ଟି ଭଙ୍ଗୀରେ ସବୁ ସମସ୍ୟାକୁ ଆଡ଼େଇ ଦେଇ ଯାଉଥିଲେ । ନିଜେ ସମ୍ଭାଳି ହେବାଯାଏଁ ଏମିତି ଗଡ଼ି ଚାଲୁଥାଏ । ସ୍ତ୍ରୀଲୋକମାନଙ୍କର ପୃଷ୍ଟିହୀନତାର ଅନ୍ୟତମ କାରଣ ହେଲା ଯେ ଅଧିକାଂଶ ପରିବାରରେ ପୁରୁଷମାନଙ୍କୁ ହିଁ କେବଳ ପୁଷ୍ଟିକର ଖାଦ୍ୟ ଦିଆଯାଉଥିଲା ।

ମୋର ସାଥୀମାନଙ୍କ ତୁଳନାରେ ମୁଁ ପୁରା ହାତୀ ପରି ଥିଲି । ମୋର ପାଞ୍ଚ ବର୍ଷର ଜେଲ୍ ରହଣିରେ ମୁଁ କେବଳ ଦୁଇ ଜଣ ସ୍ତ୍ରୀଲୋକଙ୍କୁ ମୋଠୁ ଡେଙ୍ଗା ଥିବାର ଦେଖିଥିଲି । ମୋର ଉଚ୍ଚତା ମଧ୍ୟ ବେଶୀ ନ ଥିଲା - ମାତ୍ର ପାଞ୍ଚ ଫୁଟ୍ ଦୁଇ ଇଞ୍ଚ୍ ।

ମଧ୍ୟବିତ୍ତ ପରିବାରରୁ ଆସିଥିବା କେତେ ଜଣ ମୋଠୁ ମୋଟା ଥିଲେ । ମୋର ଓଜନ ବି ଆଠ କେ.ଜି. କମି ଯାଇଥିଲା । କେତେ ଜଣ ସ୍ତ୍ରୀଲୋକଙ୍କର ଓଜନ ନିହାତି କମ୍ ହେଲେ ହେଁ ମୁଣ୍ଡରେ ଓଜନିଆ ବାଲ୍‌ଟିରେ ପାଣି ବୋହିବା ଓ ମାଟି ବୋହି ସାରା ଦିନ ବଗିଚାରେ କାମ କରିବାଟା ସାଧାରଣ କଥା ଥିଲା ।

ଜେଲ୍‌କୁ ଆସିବା ଆଗରୁ ଖୁବ୍ କମ ସ୍ତ୍ରୀଲୋକ ଡାକ୍ତରର ମୁହଁ ଦେଖିଥିଲେ । ଅନ୍ୟ ଜେଲ୍ କର୍ମଚାରୀମାନଙ୍କ ପରି ଜେଲ୍ ଡାକ୍ତରମାନେ ମଧ୍ୟ ଖାଲି ଚାକିରୀ ଦୃଷ୍ଟିରୁ ନାମକୁ ମାତ୍ର କାମ କରୁଥିଲେ ଓ ସେଥିରୁ ପାରୁ ପର୍ଯ୍ୟନ୍ତ ଲାଭ ବାହାର କରୁଥିଲେ । ସେମାନଙ୍କ ଭିତରୁ କେତେ ଜଣ ତାଙ୍କ ଚାରିପଟେ ବେଢ଼ି ରହିଥିବା ଦୁରାବସ୍ଥା ପ୍ରତି ସମ୍ପୂର୍ଣ୍ଣ ଉଦାସୀନ ରହୁଥିଲା ବେଳେ ଆଉ କେତେ ଜଣ ସମସ୍ତଙ୍କୁ କେବଳ କୃମି ଔଷଧ ଓ ଯନ୍ତ୍ରଣା ଉପଶମକାରୀ ବଟିକା ଲେଖିଦେଇ ସମସ୍ୟାର ସହଜ ସମାଧାନ କରି ଦେଉ ଥିଲେ । ବନ୍ଦୀମାନଙ୍କର ସ୍ୱାସ୍ଥ୍ୟାବସ୍ଥା ପ୍ରତି ଏଇ ଉଭୟ ଦୃଷ୍ଟିଭଙ୍ଗୀ ଆଦୌ ଅନୁକୂଳ ନ ଥିଲା । ମୋର ତ ବେଳେବେଳେ ଧାରଣା ହେଉଥିଲା ଯେ କୌଣସି ନୂଆ ଔଷଧ ପରୀକ୍ଷାମୂଳକ ପ୍ରୟୋଗ ପାଇଁ ଜେଲ୍ ବୋଧହୁଏ ଉପଯୁକ୍ତ କ୍ଷେତ୍ର ଥିଲା । କାରଣ ସେଇ ସମାନ ଔଷଧକୁ ଦୁଇ ପ୍ରକାର ରୋଗ ପାଇଁ ବ୍ୟବହାର କରିବାକୁ ଦିଆଯାଉଥିଲା ।

ଖାଦ୍ୟର ଅବସ୍ଥା ଦିନକୁ ଦିନ ଆହୁରି ଖରାପ ହେବାରେ ଲାଗିଥିଲା । ଗୁଡ଼ାଏ ଜିନିଷ ଆଦୌ ମିଳୁ ନ ଥିଲା । ଅବଶ୍ୟ କଳା ବଜାରରେ ସେ ସବୁ ମିଳୁଥିଲା । ଜେଲ୍ ଭିତରେ ଅବସ୍ଥା କ୍ରମଶଃ ଅତି ଦୟନୀୟ ହେଇ ପଡୁଥିଲା । ଏପରିକି ସମୟ ଆସିଲା ଯେତେବେଳେ ସକାଳେ ଚଣା ଗୁଡ଼ ମଧ୍ୟ ଆଉ ମିଳିଲା ନାହିଁ । ତା ବଦଳରେ ସିଝା ଚାଉଳରେ ଅଳ୍ପ ଗୁଡ଼ ପକାଇ ଖିରୀ ପରିକା କରି ସେଥିରୁ ଦୁଇ ଡଙ୍କି ଲେଖାଏଁ ଦିଆଯାଉଥିଲା । ବସ୍ତାର ତଳ ତଳିଆ ଖୁଦ ଚାଉଳରୁ ତିଆରି ହେଇଥିବାରୁ ସେଥିରୁ ଚଷୁ ଓ କୁଟା ଭର୍ତ୍ତି ହେଇଥାଏ । ସେଇ ବର୍ଷ ଚାଉଳରୁ 'ଗମରା ବାସ୍ନା ଉଠୁଥାଏ । ଯେମିତିକି ସେ ସବୁ ଗୁଡ଼ାଏ ଦିନରୁ ଗୋଦାମରେ ଗଚ୍ଛିତ ହେଇ ରହିଥିଲା । ପରିବା କହିଲେ ପୋକରା ଭେଜି ବାଇଗଣ, ଫୁଲକୋବି ନଡ଼ା ଓ ପତ୍ର । ସେଇଟାକୁ ଲୁଣି ମାଛ ମଞ୍ଜି ପରି ଭାରି ଯତ୍ନରେ ରନ୍ଧା ହେଉଥିଲା । ପୁରୁଣା, ପୋକରା, ଗମରା ଓ ପିତା ଡାଲିକୁ ଦିନରେ ଦୁଇ ଥର ଦିଆଯାଉଥିଲା । ମଝିରେ ଯେଉଁ ଚଣା ପୁଣି ଆବିର୍ଭାବ ହେଲା ସେଇଟା ମଝିରୁ ସବୁତକ ପୋକ ଖାଇ ପୋଲା ହେଇଯାଇଥିଲା । ଆଳୁର ଦେଖା ମିଳିଲାବେଳକୁ ସେଇ ଚଣାଠୁ ଆକାରରେ ଟିକିଏ ମାତ୍ର ବଡ଼ ଥିଲା ଓ ପୋକ ରୋଗରେ କଳା ପଡ଼ି ଯାଇଥିଲା । ସ୍ତ୍ରୀଲୋକମାନଙ୍କର

ଅସନ୍ତୋଷ ବଢ଼ିଲା । କିଂତୁ ଏଇ ବର୍ଦ୍ଧିଷ୍ଣୁ ଦୁର୍ଦ୍ଦିନରେ ସେମାନଙ୍କର ଭିତରେ କଳି ତକରାଳ କମିଯାଉଥିଲା । ମେଟିନୀ ଉପଲବ୍ଧ କରୁଥିବା ଅଧିକାଂଶ ସୁବିଧା ସୁଯୋଗ ସବୁ ପ୍ରତ୍ୟାହାର କରି ନିଆଯାଇଥିବାରୁ ସେ ନିଜେ ମଧ୍ୟ କର୍ତ୍ତୃପକ୍ଷଙ୍କ ତରଫରୁ କାମ କରିବାକୁ ଅନିଚ୍ଛୁକ ଥିଲା ।

ଯାହା ବି ହେଉ ଜେଲ୍-ଜନସଂଖ୍ୟାର ଗୋଟିଏ ଭାଗ ଏଇ ସଙ୍କଟରୁ ବେଶ୍ ଲାଭବାନ୍ ହେଉଥିଲେ । ବିଭିନ୍ନ ଷ୍ଟୋର୍ ଦାୟିତ୍ୱରେ ଥିବା ସହକାରୀ କର୍ମଚାରୀ ଓ ଜେଲ୍ କାର୍ଯ୍ୟାଳୟର ଲେଖନକାର ଦୁଇ ପଇସା ରୋଜଗାର କରି ଚିଫ୍ ହେଡ୍ ଓ୍ୱାର୍ଡ଼ରଙ୍କ ବିଶ୍ୱାସ ଭାଜନ ହେଇ ପାରିଥିଲେ । ଚିଫ୍ ହେଡ୍ ଓ୍ୱାର୍ଡ଼ର ଲାଞ୍ଚ ତଥା ଅନ୍ୟାନ୍ୟ ବେଆଇନ୍ ସୂତ୍ରରୁ ହେଉଥିବା ଆୟର ପରିମାଣ ମାସିକ ଛଅ ସାତ ହଜାର ହେଉଥିବାର ଜଣା ଯାଇଥିଲା । ନିଜର ପରିବାର ପ୍ରତିପୋଷଣ ପାଇଁ ନିଅଣ୍ଟ ପଡୁଥିବା ମାସିକ ତିନି ଶହରୁ ଟିକେ ବେଶୀ ବେତନରେ ସେ ଗୁଡ଼ାଏ ଟେକ୍‌ସି ଓ ତିରିଶ ଏକର ଜମି କିଣିଥିବାର ଶୁଣାଯାଉଥିଲା । ତାଙ୍କରି ଛତ୍ରଛାୟାରେ ଜେଲ୍ କର୍ମଚାରୀମାନେ ଲୁଗାପଟା, ଖାଦ୍ୟ ତଥା ବନ୍ଦୀମାନଙ୍କର ଅନ୍ୟାନ୍ୟ ଯୋଗାଣ ଜିନିଷ ପତ୍ର ବିକି ଲାଭଜନକ ବ୍ୟବସାୟ କରୁଥିଲେ । ପ୍ରତି ମାସ ଲାଭାଂଶରୁ କିଛି ତାଙ୍କୁ ଦେଉଥିଲେ । ଇଂରାଜୀ ଶବ୍ଦ "income" କୁ ହିନ୍ଦୀରେ ନିଜର ରୋଜଗାର ବହିର୍ଭୂତ ଆୟ ଅର୍ଥରେ କିପରି ବ୍ୟବହାର କରାଯାଉଥିଲା ତାହା ଜାଣିବା ପାଇଁ ମୋର ଇଚ୍ଛା ହେଲା । ଏଇ କର୍ମଚାରୀ ମାନଙ୍କର ସ୍ୱତନ୍ତ୍ର କୋଠରୀ ଥିଲା । ବନ୍ଦୀମାନଙ୍କ ଭିତରୁ କେତେ ଜଣଙ୍କୁ ସେମାନେ ନିଜର ପିଅନ ଚାକର କରି ରଖୁଥିଲେ । କେତେ ଜଣ କାମ ଦାମରେ ସନ୍ତୁଷ୍ଟ କରି ପାରୁଥିବା ଯୁବକ ବନ୍ଦୀମାନଙ୍କୁ ରଖୁଥିଲେ । ସେମାନେ ଭଲିକି ଭଲି ଖାଦ୍ୟ ଖାଉଥିଲେ । ଜେଲ୍‌ର ଧୋବାଘରୁ ତାଙ୍କର ପିନ୍ଧା ଲୁଗାପଟା ଇସ୍ତ୍ରୀ ହେଇ ଆସୁଥିଲା । ନିୟମିତ ଭାବରେ ସେମାନେ ଟଙ୍କା ମନିଅର୍ଡ଼ର କରି ପଠାଉଥିଲେ । ଏଠୁ ଗଲାପରେ ରହିବା ପାଇଁ ଜଣେ ଗୋଟେ ଘର ତିଆରି କରି ସାରିଥିବା କଥା ଶୁଣାଯାଉଥିଲା । ଜେଲ୍‌ର ମାଲିକ ଥିଲେ ଓ ବାକି ଅନ୍ତେବାସୀ ମାନଙ୍କର ଘୃଣାର ପାତ୍ର ଥିଲେ ।

ବ୍ୟକ୍ତିଗତ ଭାବରେ ମୁଁ ଡାକ୍ତରୀ-ଜିନିଷପତ୍ର ଓ ଡାକ୍ତରଖାନା ଖାଦ୍ୟ ଦାୟିତ୍ୱରେ ଥିବା କର୍ମଚାରୀ ମାନଙ୍କୁ ବେଶୀ ଘୃଣା କରୁଥିଲି । ଜଣେ ବନ୍ଦୀ ସାଂଘାତିକ ଭାବରେ ରୋଗରେ ପଡ଼ିଲେ ଯାଇ ତାକୁ ଡାକ୍ତରଖାନାର ସ୍ୱତନ୍ତ୍ର ପଥ୍ୟ ଓ ଔଷଧ ଦେବାକୁ କୁହାଯାଉଥିଲା । ଏପରି ରୋଗୀଣା ସ୍ତ୍ରୀ ପୁରୁଷ ଓ ଛୁଆମାନଙ୍କର ପଥ୍ୟ, ଖାଦ୍ୟ ତଥା ଔଷଧ ବିକ୍ରୀ କରି ସେଇ ପଇସା ଖାଇ ନିଜର ଗଣ୍ଠି ଫୁଲାଉଥିବା

ଲୋକଙ୍କ ପ୍ରତି ମୋର ପ୍ରଚଣ୍ଡ ଘୃଣା ବ୍ୟତୀତ ଆଉ କିଛି ନ ଥିଲା । ଚିଫ୍ ହେଡ୍ ୱାର୍ଡ଼ର୍‌ଙ୍କ ସମ୍ମତି ବିନା ଏସବୁ ସମ୍ଭବ ହେଉ ନ ଥାନ୍ତା । ଜେଲ୍ କାର୍ଯ୍ୟାଳୟର ପଦସ୍ଥ କର୍ମଚାରୀ ମାନେ ଏ ସବୁ ଜାଣୁଥିଲେ ସୁଦ୍ଧା ସେଥିରେ ହସ୍ତକ୍ଷେପ କରୁ ନ ଥିଲେ । ଜେଲର୍ ନିଜେ କର୍ମଚାରୀ ମାନଙ୍କଠାରୁ ନିୟମିତ ଭାବରେ ଲାଭାଂଶ ତଥା ବାହାରୁ ଆସୁଥିବା ଜିନିଷର ପ୍ରଥମ ମନ ପସନ୍ଦ ଭାଗଟି ନେଉଥିଲେ । ସେଇ ଅଞ୍ଚଳରେ ଗଣ୍ୟମାନ୍ୟ ବ୍ୟକ୍ତି ତଥା ପରିଦର୍ଶନରେ ଆସୁଥିବା ସରକାରୀ ଅଫିସର ମାନଙ୍କୁ ଗୁଡ଼ାଏ ଉପହାର ଦିଆଯାଉଥିଲା । ସୁପରିଟେଣ୍ଡେଣ୍ଟ୍ ସେମାନଙ୍କୁ ଦେଉଥିବା ଭୋଜି ଭାତ ଓ ଆତିଥେୟତା ବିଷୟରେ ଚାରିଆଡ଼େ ଚର୍ଚ୍ଚା ହେଉଥିଲା । ତାଙ୍କ ଝିଅର ବିବାହରେ ଜେଲ୍‌ର ସିଲେଇ ବିଭାଗର ବନ୍ଦୀମାନେ ଅନେକ ଦିନ ଧରି ଅତିଥି ମାନଙ୍କର ବସିବା ପାଇଁ ନରମ ଗଦି ସିଲେଇ କାମରେ ଲାଗିଥିଲେ । ସବୁ ଜେଲ୍ କର୍ମଚାରୀ ମାନେ ବନ୍ଦୀ ମାନଙ୍କୁ ନିଜର ବ୍ୟକ୍ତିଗତ ଚାକର ଭାବରେ କାମରେ ଲଗାଉଥିଲେ । ପ୍ରତିଦିନ ସକାଳେ ଓ ଅପରାହ୍ଣରେ ଦଳ ଦଳ ବନ୍ଦୀ ପାଣି ବୋହିବାକୁ, ଲୁଗା ଧୋଇବାକୁ, ରନ୍ଧାବଢ଼ା, ଘରସଫା ଓ ଅନ୍ୟାନ୍ୟ କାମଧନ୍ଦା କରିବାକୁ ତଥା ତାଙ୍କୁ ଘଷା ମୋଡ଼ା କରିବାକୁ ତାଙ୍କ ଘରକୁ ଯାଉଥିଲେ ।

କେବଳ ଜେଲ୍ ସୁପରିଟେଣ୍ଡେଣ୍ଟ୍‌ଙ୍କ ପାଖରେ ଦୁର୍ନୀତି ସୀମିତ ହୋଇ ରହି ନ ଥିଲା । ମଝିରେ ମଝିରେ ମନ୍ତ୍ରୀ ତଥା ଉଚ୍ଚପଦସ୍ଥ କର୍ମଚାରୀମାନଙ୍କର ଜେଲ୍ ପରିଦର୍ଶନକୁ ନାପସନ୍ଦ କରୁଥିବା କଥା ଜଣେ ସୁପରିଟେଣ୍ଡେଣ୍ଟ୍ ମତେ କହିଲେ । ମୁଁ ତାର କାରଣ ସଂପର୍କରେ ପଚାରିବାରୁ ସେ କହିଲେ : "ସେମାନେ ସବୁବେଳେ ମତେ ଟଙ୍କା ମାଗନ୍ତି । ଆଉ ଯଦି ମୁଁ ନ ଦିଏ ତା ହେଲେ ସେମାନେ ମତେ ଏମିତି ଦୂର ଦୂରାନ୍ତ ଜେଲ୍‌କୁ ବଦଳି କରିଦେବେ ଯେଉଁଠି ସାମାଜିକ ଜୀବନ କହିଲେ କିଛି ନ ଥିବ ବା ମୋର ପରିବାରକୁ ମୁଁ କେବେ ଦେଖି ପାରିବି ନାହିଁ । ଯଦି ମୁଁ ଏଠି ରହିବାକୁ ଚାହେଁ, ତା ହେଲେ ମତେ ଦେବାକୁ ପଡ଼ିବ ।" ଅବଶ୍ୟ ଜେଲ୍ କର୍ମଚାରୀ ମାନଙ୍କର ମନପସନ୍ଦ ବଦଳି ହେଉଥିଲା । ଜାମ୍‌ସେଦପୁର୍ ଓ ଧାନବାଦ ପରି ଶିଳ୍ପୋନ୍ନତ ସହରକୁ ବଦଳି ହୋଇ ଯିବା ପାଇଁ ତାଙ୍କ ଭିତରେ ଓ ତୀବ୍ର ପ୍ରତିଯୋଗୀତା ହେଉଥିଲା । ହଜାରୀବାଗ୍ ପରି ଗାଉଁଲି ଜାଗା ଅପେକ୍ଷା ସେଠାକାର ବନ୍ଦୀମାନଙ୍କ ପାଖରେ ବେଶୀ ପଇସା ଥିଲା । ଆହୁରି ମଧ୍ୟ ଜଣେ ବନ୍ଦୀକୁ ସାକ୍ଷାତ୍ କରିବାକୁ ବା ଜେଲ୍ ଭିତରେ ତାର ଆଉ ଟିକିଏ ଭଲ ରକ୍ଷଣା ବେକ୍ଷଣ ପାଇଁ ବନ୍ଧୁ ସମ୍ପର୍କୀୟମାନେ ବେଶ୍ ଦୁଇ ପଇସା ହାତ ଗୁଞ୍ଜା ଦେଇ ପାରୁଥିଲେ ।

ସହକାରୀ କର୍ମଚାରୀମାନଙ୍କ ଠିକ୍ ବିପରୀତରେ ନିଜର ଖାଇବାରୁ ବିକି ସଞ୍ଚି

ରଖିଥିବା ଅଳ୍ପ କିଛି ପଇସାକୁ ହରଇଦେବାର ଭୟ ସବୁବେଳେ ବନ୍ଦୀ ମାନଙ୍କର ଥିଲା। ୱାର୍ଡ଼ର୍ ମାନେ କଇଦୀମାନଙ୍କୁ ପଇସା ମାଗନ୍ତି। ଦେବାକୁ ମନା କଲେ ଜେଲରଙ୍କ ପାଖରେ ସେମାନଙ୍କ ନାଁରେ ନାଲିସ୍ କରି ଦେବାକୁ ଧମକ ଦିଅନ୍ତି। ୱାର୍ଡ଼ର୍ ମୁହଁରେ କଥା କାଟିବା ଅପେକ୍ଷା ସେମାନେ ଦଣ୍ଡରୁ ରକ୍ଷା ପାଇବା ପାଇଁ ତାଙ୍କୁ ପଇସା ଦେଇ ଦେବାଟା ଉଚିତ ମଣନ୍ତି। କେତେ ଥର ମୁଁ କଇଦୀ ମାନଙ୍କୁ ଧାଇଁ ଯାଇ ଚିଫ୍ ହେଡ୍ ୱାର୍ଡ଼ର୍ ହାତରେ ନୋଟ୍ ଗୁଞ୍ଜି ଦେବାଟା ଦେଖିଛି। ଯିଏ ଭଲ କରି ପାଉଣା ଦେଉ ନ ଥିବେ ତାକୁ କଥା କଥାରେ କହନ୍ତି, "ଆରେ ଅମୁକ, ଅନେକ ଦିନ ହେଲା ତୁ ମୋର ଖାତିରଦାର୍ କରିନାହୁଁ। ତୋର ନିଃସଙ୍ଗ କାରାବାସରେ ରହିବାକୁ ମନ ବୋଧହୁଏ, କ'ଣ କିରେ?" ଥରେ ଚିଫ୍ ହେଡ୍ ୱାର୍ଡ଼ର୍ ପାଟନା ଜେଲ୍‌କୁ ବଦଳି ହେଇ ଯାଉଥିବାର ଗୁଜବ ଶୁଣାଗଲା। ମୁଁ ମଜାରେ ତାଙ୍କୁ ଅଭିନନ୍ଦନ ଜଣାଇ କହିଲି ଯେ ସେ ରାଜଧାନୀରେ ଏଥରକ ସବୁ ହାଇ-ଫାଇ ଲୋକଙ୍କୁ ସହିତ ଦେଖା କରି ପାରିବେ। ଅକୁଣ୍ଠିତ (ନିର୍ଲଜ୍ଜ) ଭାବରେ ଲୋକଟା ଉତ୍ତର ଦେଲା : "ମୋର ସେଇ ହାଇ-ଫାଇ ଲୋକଙ୍କ ଠାରେ କଣଟା ଅଛି? ଗରୀବ ଲୋକ ଠାରୁ ମୁଁ ମୋର ପଇସା ପାଏ।"

ଯେଉଁଦିନ ଜେଲ୍ ଦାୟିତ୍ୱରେ ଥିବା ମନ୍ତ୍ରୀ, ଆଇ.ଜି. ବା କୌଣସି ପଦସ୍ଥ ମାନ୍ୟଗଣ୍ୟ ଲୋକ ଜେଲ୍ ପରିଦର୍ଶନରେ ଆସୁଥିଲେ ସେଦିନ ତାଲା ଖୋଲା ହେବା ପରଠାରୁ ସେମାନେ ଯିବା ଯାଏଁ ଆମର ପିଛା ପଡ଼ିଯାଉଥିଲେ। ଖାଲି ସେଇ ଦିନ ମାନଙ୍କରେ ଆମର ପାଇଖାନାରେ ଫିନାଇଲ୍ ପଡୁଥିଲା। ଖାଲ ଖମା ଉପରେ ଚୂନ ଦେଇ ଢଙ୍କା ହଉଥିଲା। ସବୁକିଛି ସଫା ହେଉଥିଲା। କମ୍ବଳ ଭିତରେ ଲୁଚେଇ ରଖିଥିବା ଜିନିଷ ଓ ଆମର ମଇଳା ଲୁଗାପଟା ଦେଖି ତାଙ୍କର ଖରାପ ଧାରଣା ହେବ ବୋଲି ସେମାନେ ଯିବା ପରେ ଯାଇ ଆମକୁ ରାନ୍ଧିବାକୁ ଅନୁମତି ମିଳୁଥିଲା। ପରିଦର୍ଶନ କରିବାକୁ ଆସୁଥିବା ଲୋକଙ୍କ ସାମ୍ନାରେ କିଛି ଅସୁବିଧା ନ କହିବାକୁ କଇଦୀମାନଙ୍କୁ ଆଗରୁ ତାଗିଦ୍ କରି ଦିଆଯାଉଥିଲା। ମାଡ଼ ଗାଳି ଭୟରେ ସମସ୍ତେ ସେଇ ତାଗିଦ୍‌କୁ ମାନି ଦେଉଥିଲେ। ତେବେ ବି କେବେ କେବେ ଜଣେ ଅଧେ ସାହସୀ ମହିଳା ଛିଡ଼ା ହେଇଥିବା କଇଦୀ ଧାଡ଼ିରୁ ସାମ୍ନାକୁ ବାହାରି ପଡ଼ି ଖାଇବା ପିଇବା, ଲୁଗାପଟାର ଅଭାବ ଓ ବିନା ବିଚାରରେ ଜେଲ୍‌ରେ ଅଟକି ରହିଥିବା ବିଷୟରେ ଅଭିଯୋଗ କରୁଥିଲେ।

"ଆଚ୍ଛା ଠିକ୍ ଅଛି, ମୁଁ ସେ ବିଷୟ ଦେଖିବି" - ପରିଦର୍ଶକ କହୁଥିଲେ। ସେତିକିରେ ସବୁ ଶେଷ। ସ୍ତ୍ରୀଲୋକଟିର ଛିଣ୍ଡା ଲୁଗାପଟା ଓ ଗାଉଁଲି ଢଙ୍ଗରେ

କଥାଭାଷା ଦେଖି ପରିଦର୍ଶନକାରୀ ଅଫିସର ଓ ଜେଲ୍ କର୍ମଚାରୀ ମାନେ ଗୁଡୁରୁ ଗାଡ଼ର ହେଇ ପରସ୍ପରକୁ ଇଂରାଜୀରେ ଟୀକା ଟିପ୍‌ପଣୀ ଦେଉଥାନ୍ତି । ତାପରେ ସୁପରିଟେଣ୍ଡେଣ୍ଟ୍ ନିଜ ଦୃଷ୍ଟିରୁ ଗୋଟେ ପ୍ରକାର ବକ୍ରୋକ୍ତିରେ କହନ୍ତି, "ଆଚ୍ଛା, ବରଂ ଆମେ ଏଠୁ ବାହାରି ଯିବା ଠିକ୍ ହେବ । ଜାଣିଛନ୍ତି, ଏଇ ସ୍ତ୍ରୀଲୋକଗୁଡ଼ା ଭାରି ବିପଜ୍ଜନକ । ସବୁଯାକ ହତ୍ୟାକାରିଣୀ ସ୍ତ୍ରୀ । କେତେବେଳେ ଆମ ଉପରକୁ କୁଦି ପଡ଼ିବେ ।" ତାପରେ ପୁରା ଦଳଟା ସେଠୁ ଚାଲିଯାନ୍ତି । ସ୍ତ୍ରୀଲୋକଟିର ଦୁରାବସ୍ଥାରେ ତାଙ୍କର ଲେଶ ମାତ୍ର ଦୁଃଖ ନ ଥାଏ । ବନ୍ଦୀମାନଙ୍କ ବ୍ୟବହାର ଓ ଚାଲିଚଳନକୁ ସୁପରିଟେଣ୍ଡେଣ୍ଟ୍ ତାଙ୍କର ଲୋକବାକଙ୍କ ସାମ୍ନାରେ ଏକ ବିଦ୍ରୁପ ଓ ଥଟ୍ଟା ତାମସାର ବିଷୟ ରୂପେ ଉପସ୍ଥାପିତ କରିବାଟାକୁ ଅନେକ ସ୍ତ୍ରୀ ଲୋକ ନାପସନ୍ଦ କରୁଥିଲେ । ଅନ୍ୟ କିଛି ଅପେକ୍ଷା ଏଇଟାକୁ ବରଦାସ୍ତ କରିବା ତାଙ୍କ ପାଇଁ କଷ୍ଟରେ ହେଉଥିଲା । ତା ଉପରେ ପୁଣି ଯେତେବେଳେ ବି କେହି ପରିଦର୍ଶକ ଜେଲ୍‌କୁ ଆସୁଥିଲେ ଆମ ବଗିଚାର ଫୁଲତକ ତୋଳା ହେଇ ତାଙ୍କ ପାଇଁ ଫୁଲମାଳ ଗୁନ୍ଥା ହେଉଥିଲା । ସେଇ ବର୍ଷା ଶୀତ ଋତୁରେ ମୁଁ ବଗିଚାରେ ଫୁଲ ପଟାଳି ତିଆରି କରିଥିଲି । କିଂତୁ ସବୁତକ ଫୁଲ ସୁପରିଟେଣ୍ଡେଣ୍ଟଙ୍କ ଘରର ବିଭିନ୍ନ ମାନ୍ୟଗଣ୍ୟ ବ୍ୟକ୍ତିଙ୍କର ଗଳା ମଣ୍ଡନ କରିବାର ଦେଖି ତାହା କରିବା ଛାଡ଼ି ଦେଲି ।

ଆମ ଜାଣିବାରେ କେବଳ ଥରଟିଏ ପଦସ୍ଥ ଅଧିକାରୀଙ୍କ ପରିଦର୍ଶନ ବାସ୍ତବ କ୍ଷେତ୍ରରେ ଫଳପ୍ରଦ ହେଇଥିଲା । ସେଥରକ ୧୯୭୪ ଜାନୁୟାରୀରେ ଆମର ପାଇପ୍ ମରାମତି ହେଇଥିଲା । କେଇ ସପ୍ତାହ ଆଗରୁ ମିସ୍ତ୍ରୀ ମାନେ ପୁରୁଣା ଫଟା ପାଇପ୍‌କୁ ବଦଳେଇ ନୂଆ ପାଇପ୍ ଲଗାଇବାକୁ ଆସିଥିଲେ । କିଂତୁ କାମ କହିଲେ ପାଇପ୍‌ଟାକୁ କାଢ଼ିଦେଇ କାନ୍ଥରେ ଗୋଟେ କଣା କରି ତାଙ୍କ ବାଟରେ ଚାଲିଗଲେ । ସେଇ ବାଟରୁ ଯେତେବେଳେ ପାରି ସେତେବେଳେ ପାଣି ବାହାରି ଆସୁଥିଲା । ଗାଧୋଇଲାବେଳେ ପାଣିଟା ହଠାତ୍ କେତେବେଳେ ବନ୍ଦ ହେଇଯିବ, ତାର ବି କିଛି ଠିକଣା ନ ଥିଲା । ଦେହ ମୁଣ୍ଡ ସବୁ ସାବୁନ ଫେଣରେ ସାଲୁବାଲୁ ହେଇ କଣାରୁ ଝରୁଥିବା ପାଣିକୁ ଅପେକ୍ଷା କରିବାଟା ଗୋଟେ ନିତି ପ୍ରତିଦିନ ଦୃଶ୍ୟ ଥିଲା । ନୂଆ ପାଇପ୍ ଲାଗିଲା ପରେ ମଧ୍ୟ ଆମର ଅସୁବିଧା ଦୂର ହେଲା ନାହିଁ । ଆମର ପାଣି ପାଇପ୍‌ଟା ପୁରୁଷ ୱାର୍ଡ଼ର୍ ପାଇପ୍ ସହିତ ଯୋଡ଼ା ହେଇଥିଲା । ତେଣୁ ସେପଟେ କେହି ଜଣେ ପାଣି ଖୋଲିଲେ ଆମର ଏପଟୁ ପାଣି ଆସିବାଟା ବନ୍ଦ ହେଇ ଯାଉଥିଲା । ଆମର ପାଣି ପାଇବାଟା ଏମିତି ଅଦୃଶ୍ୟ ହାତର ନିୟନ୍ତ୍ରଣରେ ରହୁଥିବାରୁ ଆମ ଭିତରେ ବଢ଼ନ୍ତି ହତାଶା ଆମକୁ ବଦ୍‌ରାଗୀ ଓ କଜିଆ ଖୋର କରି ଦେଉଥିଲା ।

ଏଇ ଗୋଟେ ପାଇପ୍‌ର ପାଣିକୁ ଏକା ଥରକେ ଅନ୍ତତଃ ତିରିଶ ଚାଳିଶ ଜଣ ସ୍ତ୍ରୀ ପିଲାଛୁଆ ବ୍ୟବହାର କରୁଥିଲେ । ଜଣେ ଗାଧୋଇଲାବେଳେ ଆଉ ଜଣେ ଲୁଗା ଧୋଉଥିଲା ତ ତୃତୀୟ ଜଣକ ରନ୍ଧା ତ ପିଇବା ପାଣି ପାଇଁ ଟାକି ବସିଥାଏ । ସେତେବେଳେ ପୁଣି ଆଉ କେହି ଚଟାଣ ଧୋଇବାକୁ ଅଥବା ବଗିଚାରେ ପାଣି ଦେବାକୁ ବାଲ୍‌ଟି ଧରି ଧାଡ଼ିରେ ଛିଡ଼ା ହେଇଯାଉଥିଲା । ଆର ପଟେ ଲୋକଙ୍କର ଗୋଟେ କୂଅ ଥିଲା । କିଂତୁ ଅନେକ ଦିନରୁ ଦଉଡ଼ି ଖଣ୍ଡିକ ଛିଣ୍ଡି ଯାଉଥିଲେ ସୁଦ୍ଧା ନୂଆଁ ଦଉଡ଼ି ଖଣ୍ଡିଏ ଅଣାହେଇ ନଥିଲା । ତେଣୁ ସେଥିରେ ସେମାନଙ୍କର ଦୋଷ ବା କ'ଣ । ତଥାପି ବେଳେବେଳେ ଏତେ ବିରକ୍ତ ଲାଗୁଥିଲା ଯେ ସ୍ତ୍ରୀ ଲୋକମାନେ ତାଙ୍କୁ ଗାଳି ଗୁଲଜ କରି ପକାଉଥିଲେ । ଦିନେ ଦୁଇ ଜଣ ଅଳ୍ପବୟସ୍କା ସ୍ତ୍ରୀଲୋକ କାନ୍ଥ ସେପଟକୁ ପଥର ଓ କାଦୁଅ ଫିଙ୍ଗିବାରୁ ସେଠି ଡ୍ୟୁଟିରେ ଥିବା ୱାର୍ଡ଼ର ପାଖରୁ ତାଙ୍କୁ ବହୁତ ଗାଳି ଶୁଣିବାକୁ ପଡ଼ିଥିଲା ।

ଏହି ପାଣି ସମସ୍ୟା ବିଷୟରେ ଜେଲର୍ ପାଖରେ ଜଣାଇବାକୁ ମୁଁ ମହିଳା ୱାର୍ଡ଼ର୍ ମାନଙ୍କୁ ଜୋର୍ କଲି । କିଂତୁ ସେମାନେ ତାହା କଲେ ନାହିଁ । ସେମାନେ ରହୁଥିବା କ୍ୱାର୍ଟର୍ସ୍ ଗୁଡ଼ିକର ଅବସ୍ଥା ମଧ୍ୟ ତଦ୍ରୂପ ଥିଲା । ଗୋଟେ ଖାଲୁଆ କୋଠରୀ ଓ ଛୋଟିଆ ବାରଣ୍ଡା ଥିବା ଘରଟାରେ ଗୋଟାଏ ଲେଖାଏଁ ପରିବାର ରହୁଥିଲେ । ଚାରିଆଡ଼େ ନାଳ ନର୍ଦ୍ଦମା ବେଢ଼ା ମଶା ମାଛି ଭଣ ଭଣ ହେଉଥିବା ଅନ୍ଧାରୁଆ ଘରଟାରେ ରହିବା ଅପେକ୍ଷା ଲିଓନି ୱାର୍ଡ଼ ଭିତରେ କାମ କରିବାକୁ ବେଶୀ ପସନ୍ଦ କରୁଥିଲା ।

ସେଥର ଶୀତରେ ଦିନେ ଜଣେ ମହିଳା ୱାର୍ଡ଼ର୍ ଜଣେ କଇଦୀକୁ କଚେରୀକୁ ନେଇ ଫେରିଲା ବେଳେ କଚେରୀ ବାହାରେ ଜଣେ ଯୁବତୀ ଝିଅକୁ ମଇଳା ଛିଣ୍ଡା ଲୁଗା ପିନ୍ଧି ଭୋକରେ ମରୁଥିବା ଅବସ୍ଥାରେ ଦେଖିଥିବା କଥା କହିଲା । ସେ ବା କଣଟା କରିପାରିଥାନ୍ତା । ନିଜେ ଏତେ ଗରୀବ ଯେ ଆଉ ଜଣକୁ ଖାଇବାକୁ ଦେବାର ଶକ୍ତି ନାହିଁ । ଆଉ ଖାଲି ଗୋଟିଏ ଦିନ ଝିଅଟାକୁ ଖାଇବାକୁ ଦେବାର ମଧ୍ୟ କିଛି ଅର୍ଥ ନାହିଁ । ସେଇଟା ଖାଲି ତାର ଆସନ୍ନ ମୃତ୍ୟୁକୁ ଆଉ ଗୋଟିଏ ଦିନ ଘୁଞ୍ଚେଇଦେବ । ମହିଳା ୱାର୍ଡ଼ର୍‌ର କଥା ଶୁଣି ମୋର ମନଟା ଦୁଃଖ, ଗ୍ଲାନି ଓ ରାଗରେ ଭରିଗଲା । ଇତି ମଧ୍ୟରେ ଦିଲ୍ଲୀରେ ପାର୍ଲିଆମେଣ୍ଟ୍ ଭିତରେ ବିଭିନ୍ନ ରାଜ୍ୟରେ ହେଉଥିବା ମୃତ୍ୟୁ ଅନାହାର ଜନିତ ବା ପୁଷ୍ଟିହୀନତା ଜନିତ ତାର ସତ୍ୟତାକୁ ନେଇ ବିତର୍କ ଚାଲିଥିଲା । ପ୍ରତିଥର ଦୁର୍ଭିକ୍ଷ ପଡ଼ିଲାମାତ୍ରେ ସେଇ ଅର୍ଥଶୂନ୍ୟ ପାଗଳ ବିତର୍କର ପୁନରାବୃତ୍ତି ହେଉଡାଏ । ଯେମିତି କି ଏ ଦୁଇଟି ଭିତରେ କୌଣସି ମୌଳିକ ପାର୍ଥକ୍ୟଟିଏ ରହିଛି ।

ପୁଷ୍ଟିହୀନତା ଜନିତ ମୃତ୍ୟୁ ଗ୍ରହଣଯୋଗ୍ୟ, କାରଣ ତଦ୍ୱାରା ଅନାହାରମୃତ୍ୟୁ ପ୍ରସଙ୍ଗଙ୍କୁ ଏଡ଼େଇ ଦିଆଯାଇ ପାରିବ !

୧୯୭୪ ଜାନୁୟାରୀ ଆରମ୍ଭରେ ଅବଶ୍ୟମ୍ଭାବୀ ଘଟଣା ଘଟିଲା । ଗୁଜରାଟରେ ଅନାହାର-ପ୍ରତିବାଦ ଆରମ୍ଭ ହେଲା । ବିକ୍ଷୋଭକାରୀଙ୍କୁ ଦମନ କରିବା ପାଇଁ ସୈନ୍ୟବାହିନୀକୁ ପଠାଗଲା । ତେଷ୍ଟରୀଟି ସହରରେ କର୍ଫ୍ୟୁ ଜାରି ହେଲା । ପୋଲିସର ଗୁଳିକାଣ୍ଡ ବିଷୟରେ ପ୍ରତିଦିନ ଖବର କାଗଜରେ ବାହାରିଲା । ଫେବୃୟାରୀ ଆରମ୍ଭରେ ପୋଲିସ୍ ଗୁଳିରେ ଚାଳିଶ ଜଣ ଲୋକ ପ୍ରାଣ ହରାଇଥିବାଟାକୁ ସରକାରୀ କର୍ମଚାରୀ ମାନେ ନିଜେ ସ୍ୱୀକାର କଲେ । ବିହାରରେ ମଧ୍ୟ ଆନ୍ଦୋଳନ କ୍ରମଶଃ ବଢ଼ି ଚାଲିଥିଲା । ଜାନୁୟାରୀ ୨୧ ତାରିଖରେ ସର୍ବ ସାଧାରଣରେ ଆନ୍ଦୋଳନ ପାଇଁ ଡାକରା ଦିଆଗଲା । ଧାନବାଦରୁ ସଦ୍ୟ ଫେରିଥିବା ଜଣେ ଓ୍ୱାର୍ଡ଼ର ମତେ କହିଲା ଯେ ଖାଦ୍ୟାଭାବ ଯୋଗୁଁ ଲୋକେ ବିଦ୍ରୋହୀ ହେଇ ପଡ଼ିଥିବାରୁ ଗ୍ୟାସ୍ ପ୍ରତିରୋଧକ ମୁଖା ପିନ୍ଧି ପ୍ରତ୍ୟେକ ଜାଗାରେ ପୋଲିସ୍ ଅବସ୍ଥାପିତ ହେଇଥିଲେ ।

ଜାନୁୟାରୀ ୨୬ ତାରିଖ ସାଧାରଣତନ୍ତ୍ର ଦିବସରେ ରାଷ୍ଟ୍ରପତି ଭି.ଭି. ଗିରି ସଂଯମ ଆଚରଣ କରିବା ସକାଶେ ଦେଶବାସୀଙ୍କୁ ଆହ୍ୱାନ କଲେ । ମୁଁ ମନେ ମନେ ଆଶ୍ଚର୍ଯ୍ୟ ହେଲି - କଣଟାକୁ ସେମାନେ ସଂଯମ କରିବେ - ସେମାନଙ୍କର କ୍ଷୁଧାର ତାଡ଼ନାକୁ ନା କ'ଣ ? ସେମାନଙ୍କର କ୍ରନ୍ଦନରତ ପିଲାମାନଙ୍କୁ ? ଖାଦ୍ୟ ବଦଳରେ ତାଙ୍କୁ ଭାଷଣ ଦେଉଥିବା ଗୋଟେ ସରକାର ବିରୁଦ୍ଧରେ ସେମାନଙ୍କର କ୍ଷୋଭକୁ ? ଶ୍ରୀମତୀ ଗାନ୍ଧୀ ବୋଧହୁଏ ଠିକ୍ କହିଥିଲେ ଯେ ପ୍ରକୃତରେ ଖାଦ୍ୟାଭାବ ନାହିଁ । କିଂତୁ ଲୋକଙ୍କ ପାଖରେ ତାହା ପହଞ୍ଚି ପାରୁ ନ ଥିଲା । ଏତେ ଚଢ଼ା ଦରରେ କିଣିବା ପାଇଁ ଲୋକଙ୍କ ପାଖରେ ପଇସା ନଥିଲା । ବିକଳରେ ଜମିଦାର ଓ ବ୍ୟବସାୟୀ ମାନଙ୍କ ଗୋଦାମ ଘର ଲୁଣ୍ଠନ କଲାବେଳେ ପୋଲିସ୍ ଗୁଳିରେ ପ୍ରାଣ ହରାଉଥିଲେ । ଗୁଜୁରାଟର ଅହମଦାବାଦ, ସୁରଟ ଓ ବରୋଦା ଆଦି ସହରରେ ଦଙ୍ଗା ଚାଲିଥିଲା । ୧୯୭୪ରେ ଫେବୃୟାରୀ ୨୧ରେ ହିନ୍ଦୀ ଖବରକାଗଜ ଆର୍ଯ୍ୟାବର୍ତ୍ତରେ ସ୍ୱାଧିନ ଭାରତରେ ହେଇଥିବା ଏକ ନୂତନ ରେକର୍ଡ଼ ବିଷୟରେ ପ୍ରକାଶ ପାଇଲା : ଗୋଟିଏ ଦିନରେ ଚଉତିରିଶଟି ଜାଗାରେ ପୋଲିସ୍ ଗୁଳିରେ ଅନ୍ୟୁନ ପାଞ୍ଚ ଜଣ ଲୋକ ମରିବା ସହିତ ଅନେକ ଆହତ ହେଇଥିଲେ । ୧୯୪୭ ମସିହା ଠାରୁ ଗୋଟିଏ ଦିନରେ ଏତେ ଗୁଡ଼ାଏ ଜାଗାରେ ପୋଲିସର ଗୁଳି କାଣ୍ଡ ହେବାଟା ଏହା ପ୍ରଥମ ଥିଲା ।

ଶୀତ ଋତୁର ଥଣ୍ଡା ପ୍ରକୋପ ସେମିତି ଚାଲିଥିଲା । ରାତିରେ ଫେରା

ନିଆଁଧୂନିର ଚାରିପାଖେ ବେଢ଼ି ବସି ମୁଁ ମୋର ସାଥୀମାନଙ୍କ ପାଖରୁ ୧୯୬୬ର ହେଇଥିବା ଦୁର୍ଭିକ୍ଷର ସ୍ମୃତି ଶୁଣୁଥିଲି । ତା ସହିତ ଜୀବନର ଝଡ଼ ଝଞ୍ଜା ବିଷୟରେ ମୁଁ କେତେ ଅଜ୍ଞ ତାହା ମଧ୍ୟ ହୃଦୟଙ୍ଗମ କରୁଥିଲି । ଦୁର୍ଭିକ୍ଷର ଚାପ ଭିତରେ ସେମାନେ ତାଙ୍କର ସନ୍ତାନ ସନ୍ତତିଙ୍କୁ ପ୍ରତିପାଳନ କରିଥିଲେ । ଓଳିକର ଖାଦ୍ୟ ଯୋଗାଡ଼ କରିବା ପାଇଁ ସେମାନେ ମାଇଲ୍ ମାଇଲ୍ ବ୍ୟାପି ବାଟ ଚାଲିଥିଲେ । କଂସାଏ ଭାତ ବଦଳରେ ସେମାନେ ପଥର ଭାଙ୍ଗି, ମାଟି ବୋହି ରାସ୍ତା ତିଆରି କରିଥିଲେ । ପୁଣି ଦୁର୍ଭିକ୍ଷର କରାଳ ଛାଇ ଦେଖି ନିଜ ପରିବାର ଚିନ୍ତାରେ ବ୍ୟଥିତ ହେବାଟା ତାଙ୍କ ପାଇଁ ନିହାତି ସ୍ୱାଭାବିକ ଥିଲା ।

ଫେବୃୟାରୀରେ ଗୋଟେ ଛୁଆକୁ ଦେଖାରେଖା କରିବା ପାଇଁ ଆମକୁ ଦିଆଗଲା । ତାର ବାପା ଜଣେ ବିପନ୍ନୀକୁ ଖଣି ଶ୍ରମିକ । ପରିସ୍ଥିତି ବହକା ହେବାରୁ ଖଣି ମେନେଜରଙ୍କ ଅଫିସ୍ ସାମ୍ନାରେ ଅନଶନରେ ବସିଥିଲା । ଧାରଣାରେ ବସିବା ପଞ୍ଚମ ଦିନ ତାକୁ ଗିରଫ କରାଗଲା ଓ ଛୁଆଟିର ଯତ୍ନ ନେବା ପାଇଁ ତା'ର ଆଉ କେହି ନ ଥିବାରୁ ତାକୁ ନିଜ ସାଙ୍ଗରେ ଜେଲ୍‌କୁ ଆଣିବାକୁ ଅନୁମତି ଦିଆଗଲା । ଚିଫ୍ ହେଡ୍ ୱାର୍ଡ଼ର୍ ତାକୁ ଫିମେଲ୍ ୱାର୍ଡ଼ରେ ରଖିବା ପାଇଁ କହିଲେ । ଏଥିରେ ଏଇ ଶ୍ରମିକର ଛୁଆର ଅବସ୍ଥା ବିଷୟରେ ମୁଁ ଜାଣି ପାରିଲି । ଖାଲି ପେଜ ମିଶା ଭାତ ଖାଇ ଖାଇ ତାର ପେଟରେ ଆକାରଟା ଅବାଗିଆ ଦିଶୁଥାଏ । ତେଲ ସାବୁନ ନ ପାଇ ତାର ବାଳ ସବୁ ନୁଖୁରା ଜଟ ହେଇ ସେଥିରେ ଉକୁଣୀ ଭର୍ତ୍ତି ହୋଇଥାଏ । ଦେହ ସାରା ଫୋଟକା ବାହାରିଥାଏ । ଆମେ ତାକୁ ଖୁଆଇଲୁ, ତାର ବାଳ କାଟି ଉକୁଣୀ ତକ ବାହାର କଲୁ ଓ ତାକୁ ଗାଧୋଇ ଦେଇ ସଫା ସୁତୁରା କଲୁ । ଆମ ଭିତରୁ ଜଣେ ସ୍ତ୍ରୀଲୋକ ତା ପାଇଁ ନୂଆଁ ଜାମା ଖଣ୍ଡେ ଆଣିଦେଲା ।

ସୌଭାଗ୍ୟବଶତଃ ତା'ର ବାପାର ଜଣେ କର୍ମୀ ତାକୁ ଜାମିନ୍‌ରେ ମୁକୁଳାଇ ନେଲା । କିଂତୁ ଆମ ସହିତ ତାର ସ୍ୱଳ୍ପ ରହଣି ମତେ ବାହାରେ ଥିବା ଲୋକଙ୍କର ଦୂରାବସ୍ଥା ବିଷୟରେ ସୂଚେଇ ଦେଲା ।

ମୁଁ ଜାମ୍‌ସେଦ୍‌ପୁରରେ ଥିଲାବେଳେ ଥରେ ଲିଓନି ରାତି ଡ୍ୟୁଟିରେ ଶୋଇ ପଡ଼ିଥିଲା । ନିଜ ଆଡୁ ଚିଫ୍ ହେଡ୍ ୱାର୍ଡ଼ର୍ ଜେଲର୍ ସହିତ କଥାବାର୍ତ୍ତା କରି ତାକୁ କାର୍ଯ୍ୟରୁ ସମ୍ଭାବ୍ୟ ନିଲମ୍ବନରୁ ରକ୍ଷା କଲେ । ଏବେ ଅନେକ ଦିନ ଧରି ତାକୁ ଉଦାସ ରହୁଥିବାର ମୁଁ ଲକ୍ଷ୍ୟ କଲି । ଦିନେ ଖରାବେଳେ ଆମେ ନୁହେଁ ଏକାଠି ସିଲେଇ କରିବା ପାଇଁ ବସିଲୁ । ମୁଁ କଥାଟା କ'ଣ ପଚାରିଲି । ମୁଁ ପଚାରିଲା କ୍ଷଣି ସେ କହିବା ଆରମ୍ଭ କଲା । ଲୁହ ପୋଛି କହିଲା, ତାର ଚାକିରୀ ରକ୍ଷା କରିଥିବାରୁ ୱାର୍ଡ଼ର୍ ତାର

ପରିଶୋଧ ଚାହୁଁଛି । କିଂତୁ ଟଙ୍କା ନୁହେଁ, ତା ବଦଳରେ ସେ ତା ସହିତ ସମ୍ଭୋଗ ଚାହୁଁ ଥିଲା । ଦିନେ ରାସ୍ତାରେ ତା'ର ସ୍ୱାମୀକୁ ଅଟକାଇ ସେଦିନ ଗଲାବେଳେ ସ୍ତ୍ରୀକୁ ପଠାଇବା ପାଇଁ କହିଲା । ତା'ର ଏମିତି ବାରମ୍ବାର ପିଛା ଲାଗିବାରେ ବିରକ୍ତ ହେଇ ସେ ଯିବାକୁ ସିଧା ମନା କରିଦେଲା । ଯାପରେ ପ୍ରତିଥର ସେ ଡ୍ୟୁଟିରେ ଥିଲାବେଳେ ବା ଘରକୁ ଯାଉଥିଲା ବେଳେ ତା ସହିତ ଦେଖାହେଲେ ଲିଓନି ତା କଥା ନ ମାନିଲେ ତାକୁ ଚାକିରୀରୁ ବାହାର କରିଦିଆଯିବ ବୋଲି ଧମକ ଦେଉଥିଲା । ସେ ଏଥିରେ ଭୟଭୀତ ନ ହେବାକୁ ଦୃଢ଼ ପରିକର ହେଲା । କିଂତୁ ଜେଲ୍‌ରେ ତାର ପ୍ରତିପ୍ରତ୍ତି ଜାଣି ଚାକିରୀଟା ଚାଲିଗଲେ ତାର ପରିବାରର ଅବସ୍ଥା ଭାବି ବ୍ୟସ୍ତ ହେଉଥିଲା ।

ପରମ୍ପରାବାଦୀ ବ୍ରାହ୍ମଣ ୱାର୍ଡ଼ର୍‌ଙ୍କର ଆଦିବାସୀ ମହିଳା ୱାର୍ଡ଼ର ମାନଙ୍କ ପ୍ରତି ଥିବା ଦୃଷ୍ଟିଭଙ୍ଗୀ ପରି ଚିଫ୍ ହେଡ୍ ୱାର୍ଡ଼ର୍‌ର ଲିଓନି ପ୍ରତି କୁତ୍ସିତାବରଣ ଭିତରେ ଘୃଣାଭାବ ରହିଥିଲା । ସେମାନଙ୍କର ନିଜର ସ୍ତ୍ରୀମାନେ ଘରର ଚାରି କାନ୍ଥ ଭିତରେ ସୁରକ୍ଷିତ ରହୁଥିବାରୁ ବାହାରେ ଜୀବିକା ପାଇଁ କାମ କରୁଥିବା ସ୍ତ୍ରୀଲୋକ ମାନଙ୍କ ସତୀତ୍ୱ ନ ଥାଏ ବୋଲି ତାଙ୍କର ଧାରଣା ଥିଲା । ଯୁବତୀ ମହିଳା ୱାର୍ଡ଼ର ମାନଙ୍କ ପ୍ରତି ସେମାନଙ୍କର ଅଶ୍ଳୀଳ ଟୀକା ଟିପ୍‌ପଣୀ ଶୁଣି ମତେ ପ୍ରାୟ ବିକ୍ତ ଲାଗୁଥିଲା । ଉଚ୍ଚ ଜାତିର ହିନ୍ଦୁ ପୁରୁଷ ମାନଙ୍କ ପାଇଁ ଆଦିବାସୀ ଓ ହରିଜନ ମହିଳାମାନେ ଯେଉଁମାନଙ୍କୁ କି ସେମାନେ ବିବାହ କରିବା ଚିନ୍ତାର ମଧ୍ୟ ବାହାରେ ଗୋଟେ ପ୍ରକାର ଆଇନ ସିଦ୍ଧ ହାତ ଖେଳଣା ଥିବା କଥା ମୁଁ ଶୁଣିଥିଲି । ଜେଲ୍‌ରେ ଏହା ମୁଁ ପ୍ରତି କ୍ଷେତ୍ରରେ ଦେଖୁଥିଲି ।

ଜେଲ୍ କର୍ମଚାରୀମାନଙ୍କ ମଧ୍ୟରେ ଜାତିବାଦ ତା ବାଟେ କାମ କରୁଥିଲା । ଯଦିଓ ଅନୁସୂଚିତ ଜାତି ଓ ଉପଜାତିର ଲୋକଙ୍କୁ କିଛି ମାତ୍ରାରେ ନିଯୁକ୍ତି ଦିଆଯାଉଥିଲା ୱାର୍ଡ଼ର ଓ ଅନ୍ୟ ଅଫିସ୍ କର୍ମଚାରୀଙ୍କ ମଧ୍ୟରେ ଅଧିକାଂଶ ବ୍ରାହ୍ମଣ ଓ ରାଜପୁତ ଥିଲେ । ଆଦିବାସୀ ଓ ହରିଜନ ୱାର୍ଡ଼ର୍ ମାନଙ୍କୁ ଜେଲ୍‌ରେ ଅପ୍ରୀତିକର ଜାଗା ମାନଙ୍କରେ ନିଯୁକ୍ତି ଦିଆଯାଉଥିବା ସ୍ଥଳେ ଉଚ୍ଚ ଜାତିର ହିନ୍ଦୁ ମାନଙ୍କୁ ହସ୍‌ପିଟାଲ୍, ଷ୍ଟୋର୍, ଦୁଗ୍ଧ ଉତ୍ପାଦନ ଆଦି ଲାଭଜନକ ଜାଗାମାନଙ୍କରେ ନିଯୁକ୍ତି ଦିଆଯାଉଥିଲା ।

ମାର୍ଚ୍ଚ ଆରମ୍ଭରେ ହାଇ କମିଶନ୍‌ରୁ ଜଣେ ସେକ୍ରେଟେରୀ ମୋର ଓକିଲଙ୍କୁ ପାଖରୁ ଗୋଟେ ଚିଠିର ନକଲ ନେଇ ଆସିଲେ । ମୂଳ ଲେଖାଟା ମୋ ପାଖକୁ ପଠାଯାଇଥିଲା । ଅବଶ୍ୟ ତାହା ମୁଁ ପାଇ ନ ଥିଲି । ସେ ଲେଖିଥିଲେ ଯେ ମୋର କେସ୍‌ଟି ବିଚାର ହେବା ଉପରେ । ତେଣୁ ଏଇ ମାମଲାରେ ଜଡ଼ିତ ଅନ୍ୟ ଲୋକଙ୍କ

ସହିତ ମୁଁ ଆନୁସଙ୍ଗିକ ବ୍ୟବସ୍ଥା କରିବା ଉଚିତ । ସେ ଯାହା ବି ହେଉ, ଏ ଦିଗରେ ମୁଁ କୌଣସି ବିହିତ ପଦକ୍ଷେପ ନେବା ଆଗରୁ ବିହାରର ଅବସ୍ଥା ସମ୍ପୂର୍ଣ୍ଣ ବିପର୍ଯ୍ୟସ୍ତ ହୋଇ ପଡ଼ିଲା । ଯେତେକ ପୋଲିସ୍ ବାହିନୀ ଥିଲେ ସବୁ ଆଇନ ଶୃଙ୍ଖଳା ରକ୍ଷା କରିବାରେ ନିୟୋଜିତ ହେଲେ । କୋର୍ଟକୁ କିମ୍ବା ଅନ୍ୟ ଜେଲ୍‌କୁ ବନ୍ଦୀ ମାନଙ୍କ ସହିତ ଯିବା ପାଇଁ ଆଦୌ ପୋଲିସ୍ ନ ଥିଲେ । ପୁଣି ଥରେ ସରକାରୀ ନିର୍ଦ୍ଦେଶ ଆସିବା ଯାଏଁ କୋର୍ଟ ହାଜିରା ଓ ସ୍ଥାନାନ୍ତର ସବୁ ସ୍ଥଗିତ ରହିଲା । ପ୍ରକୃତରେ କିଛି ଦିନ ପରେ କୋର୍ଟ ମାନ ଆପଣାଛାଏଁ ଅଚଳ ପ୍ରାୟ ହୋଇଗଲା । ଚାରିଆଡ଼େ ବେଢ଼ି ରହିଥିବା ବିକ୍ଷୋଭକାରୀଙ୍କ ଯୋଗୁଁ ବିହାର ସେକ୍ରେଟେରିଏଟ୍‌ରେ ମଧ୍ୟ ଅଚଳାବସ୍ଥା ସୃଷ୍ଟି ହେଲା । କର୍ମଚାରୀମାନଙ୍କୁ ଭିତରକୁ ଯିବାକୁ କିମ୍ବା ବାହାରକୁ ଆସିବାକୁ ଦିଆ ଯାଉ ନ ଥିଲା । ଦରଦାମ୍ ବୃଦ୍ଧି, ବେକାରୀ, ଭ୍ରଷ୍ଟାଚାର ବିରୁଦ୍ଧରେ ତଥା ଶିକ୍ଷା ପ୍ରଣାଳୀରେ ଆମୂଳଚୂଳ ସଂସ୍କାର ଦାବୀ କରି ଛାତ୍ରମାନେ ଏହି ଆନ୍ଦୋଳନର ନେତୃତ୍ୱ ନେଇଥିଲେ ।

ଆରମ୍ଭରୁ ଆମର ବିଚାରକୁ ଅଟକାଇ ଦେବାପାଇଁ ଅନ୍ୟ କାରଣ ମାନ ସବୁ ରହିଥିଲା । ଜାମ୍‌ସେଦ୍‌ପୁରରେ ବସନ୍ତରୋଗ ପ୍ରବଳ ହୋଇଥିଲା । ଜେଲ୍ ଭିତରକୁ ମଧ୍ୟ ବ୍ୟାପି ଯାଇଥିଲା । ସେଠାର କର୍ତ୍ତୃପକ୍ଷ ଆମର ଥଇଥାନ ପାଇଁ ନିଜର ଅସାମର୍ଥ୍ୟ ପ୍ରକାଶ କରି ଅନ୍ୟତ୍ର ବିଚାର ପାଇଁ ଘୋଷଣା କରି ଦେଲେ । ପୁଣି ଜେଲ୍ ଭିତରେ ବିଚାରପତି ବିଚାର କାର୍ଯ୍ୟ କରିବା ପାଇଁ ମନା କରି ଦେଲେ । ଏପରି ଦୀନହୀନ କୋର୍ଟ ରୁମ୍‌ରେ କାମ କରିବାକୁ ସେ ନାପସନ୍ଦ କଲେ । ଆଇ.ଜି. ସାହେବ ଜାମ୍‌ସେଦ୍‌ପୁରର ସବୁ କର୍ମଚାରୀମାନଙ୍କୁ କାଛୁକୁଣ୍ଡିଆ ରୋଗରେ ଆକ୍ରାନ୍ତ ହୋଇଥିବାରୁ ବଦଳି ଆଦେଶ ଦେଲେ । ଏମିତି ଆହୁରି ଅନେକ କାରଣ ।

ବାହାରେ ବିଦ୍ରୋହ କ୍ରମଶଃ ଘନୀଭୂତ ହେଉଥିଲା । ଦୋକାନ ବଜାର ବନ୍ଦ ହୋଇଯାଉଥିଲା । ଯାନବାହନ ଚଳାଚଳ ବନ୍ଦ ହୋଇ ସମୃଦ୍ଧ ମାନଙ୍କର ସହର ହଜାରୀବାଗ୍ ବିକ୍ଷୋଭକାରୀଙ୍କ ସହିତ ଯୋଗ ଦେଇଥିଲା । ବାହାର ଦୁନିଆଁର ଏ ସବୁ ଖବର ମହିଳା ୱାର୍ଡ଼ର୍ ମାନେ ଆଣୁଥିଲେ । ଲୋକମାନେ ରୁଦ୍ଧଶ୍ୱାସ ହୋଇ ଅନେଇ ରହିଥିଲେ । ପ୍ରତିଦିନ ଘଟିଯାଉଥିବା ସରଗରମ ଗୁଜବର ଚାପା ଗୁଞ୍ଜରଣ ଶୁଣାଯାଉଥିଲା । ସହରରେ କୌଣସି ଅଘଟଣର ସାମାନ୍ୟ ସୂତ୍ରପାତ ହେଲାକ୍ଷଣି ଧାତୁ ନିର୍ମିତ ଶିରସ୍ତ୍ରାଣ ପିନ୍ଧିଥିବା ସଶସ୍ତ୍ର ପୋଲିସ୍ ସେଠି ହାଜର ହୋଇଯାଉଥିଲେ । ପବନର ହୁଲୁକା, ସାରସ ପକ୍ଷୀର ଡେଣା ପିଟା ଶବ୍ଦ, ଢୋଲ-ଢକ୍‌କାର ପିଟା ଶବ୍ଦ ଓ ଅତଡ଼ା ପଡୁଥିବା ସ୍ଲୋଗାନ ରୁଟିନବନ୍ଧା ବିରକ୍ତିକର ଜେଲ୍ ପରିସର ବାହାରେ କ'ଣ

ସବୁ ଘଟି ଯାଉଥିଲା ସେ ବିଷୟରେ ସୂଚେଇ ଦେଉଥିଲେ । ଓ୍ୱାର୍ଡ଼ର୍‌ର ହୁଇସିଲ୍ ଶବ୍ଦ ବା କୌଣସି ଉଚ୍ଚ ଚିତ୍କାର ମୋର ସ୍ନାୟୁକୁ ଉଦ୍‌ବେଳିତ କରିପକାଉଥିଲା । ମୁଁ ଅପେକ୍ଷା କରିଥିବା ସେଇ ଅବର୍ଣ୍ଣନୀୟ କଥାଟି ଘଟିଗଲା କି ବୋଲି ମୁଁ ଉଚ୍ଚାଟିତ ହେଉଥିଲି । ପାଟନାରେ ଶହ ଶହ ବିକ୍ଷୋଭକାରୀ ଗିରଫ ହେଇ ଥିବାର ଖବର ପାଇଲି । ଗୁଜୁରାଟରେ ଲୋକଙ୍କ ଦାବୀର ପ୍ରତିକ୍ରୀୟାରେ ସରକାର ଇସ୍ତଫା ଦେଇଥିଲେ । ଜୀବନ ଯାତ୍ରା ଆଉ ପୁଣି ସ୍ୱାଭାବିକ ହେବାପରି ମନେ ହେଉ ନ ଥିଲା ।

ଆମ ପାଖରେ ଝାଡୁ, ମାଛି ମରା ଔଷଧ, ଫିନାଇଲ୍ ଆଦି କିଛି ନ ଥିଲା । ଏପରିକି ମଝିରେ ମଝିରେ ପାଣି ମିଳୁ ନ ଥିଲା । ଝାଞ୍ଜି ପବନରେ ମୋର କଲମର କାଳି ମଧ୍ୟ ଶୁଖି ଯାଇଥିଲା । ଗରମରେ ପୋଡ଼ି ଯାଉଥିବା ମୋର ଦେହରେ ଟିକିଏ ଥଣ୍ଡା ପବନ ବାଜିବା ଆଶାରେ ମୁଁ ରାତିରେ ଜାଲି ବାଡ଼ ପାଖରେ ଶୋଉଥିଲି । ଗରମରେ ଚୂଲି ପରି ତାତୁଥିବା କୋଠି ଭିତରେ ଶୋଇବାକୁ ଆଦୌ ଇଚ୍ଛା ହେଉ ନ ଥିଲା । କାନ୍ଥରେ ଖରା ତାତି ରହିଥାଏ, ଜାଲି ବାଡ଼ଟା ଏତେ ଗରମ ଯେ ଛୁଇଁ ହେଉ ନ ଥାଏ । ଖରା ପଡ଼ି ଚଟାଣଟା ବି ଗରମ ଲାଗୁଥାଏ । ଏକାନ୍ତରେ ଦୁଇ ଘଣ୍ଟା ନୀରବ ମୂହୁର୍ତ୍ତ ପାଇବାକୁ ମୁଁ ଅନ୍ୟମାନେ ଉଠିବା ଆଗରୁ ଓ ପାହାନ୍ତାର ଅନେକ ଆଗରୁ ଉଠି ପଡୁଥିଲି । ଚାରିପଟେ ଘଟି ଯାଉଥିବା ଘଟଣା ସମ୍ପର୍କରେ ଭାବିବାକୁ ମୋର ଏକାନ୍ତ-ସମୟର ଦରକାର ଥିଲା । କୋଠରୀ ଭିତରୁ ମୋର ଅନ୍ୟ କେହି ସାଥୀ ଉଠି ପଡ଼ିଲେ ମତେ ଭୀଷଣ ବିରକ୍ତ ଲାଗୁଥିଲା । ମୋର ବ୍ୟକ୍ତିଗତ ନିଃସଙ୍ଗତାକୁ ଭଙ୍ଗ କରିବାକୁ । ସେମାନଙ୍କର ଯେମିତି ଅଧିକାର ନ ଥିଲା । ବେଳେବେଳେ ମୁଁ ଅମଳେନ୍ଦୁ କଥା ଭାବୁଥିଲି । ଜାମ୍‌ସେଦ୍‌ପୁରରୁ ଫେରିବା ପରେ ଏଇ କେତେଟା ଗଣ୍ଡଗୋଳିଆ ମାସ ଭିତରେ ମୁଁ ତାଙ୍କଠାରୁ ବା ଅନ୍ୟ କାହା ପାଖରୁ ତାଙ୍କର ଖବର ପାଇ ନ ଥିଲି ।

ଛଅ ମାସ ହେଲା ବର୍ଷା ହେଇ ନ ଥିଲା । The Times ର ଗୋଟିଏ ସଂଖ୍ୟାରେ ଇଂଲଣ୍ଡରେ ସଫୋକ୍‌ରେ ଦୁଇ ମାସ ବର୍ଷା ନ ହେବା ପରେ ତାକୁ ଦୁର୍ଭିକ୍ଷ ଅଞ୍ଚଳ ବୋଲି ଘୋଷଣା କରାଯାଇଥିବାର ଖବର ପଢ଼ିଥିଲି । ଇଂଲଣ୍ଡରେ ନଦୀ, କୂଅ, ଝରଣା ଆଦି ଜଳ ସ୍ରୋତର ଉତ୍ସ ଶୁଖି ଗଲେ କ'ଣ ହେବ ଭାବି ବିମର୍ଷ ହେଇ ପଡୁଥିଲି । ଏବେ ବିହାରର କେତେକ ଜିଲ୍ଲାର ଅବସ୍ଥା ମଧ୍ୟ ତଦ୍ରୂପ ।

ଇଷ୍ଟର୍ ପର୍ବଟି ସାତ ଜଣ କଲେଜ୍ ପଢୁଆ ଝିଅ ମାନଙ୍କ ଗହଣରେ କଟିଗଲା । ସରକାର ବିରୋଧୀ ଆନ୍ଦୋଳନର ପରିପ୍ରେକ୍ଷୀରେ ଗିରଫ ହେଇ ଆସିଥିବା ସେମାନେ ପ୍ରଥମ ମହିଳା ଥିଲେ । ସେମାନେ ବେଶ୍ ସ୍ଫୁର୍ତ୍ତିଶୀଳ ଓ ଲାଜୁଆ

ମନୋବୃତ୍ତିର ଥିଲେ । କିଂତୁ ଖୁବ୍ କମ୍ ଦିନ ରହିଲେ । ମର୍ଯ୍ୟାଦାବନ୍ତ ମଧ୍ୟବିତ୍ତ ପରିବାରର ଝିଅ ହିସାବରେ ସେମାନଙ୍କୁ ଶିଘ୍ର ଜାମିନ୍ ମିଳିଗଲା । ସେମାନେ ମତେ ଦେଖିବାକୁ ଆସିବା ପାଇଁ କଥା ଦେଇ ଗଲେ । କିଂତୁ ମୁଁ ଭଲ ଭାବରେ ଜାଣିଥିଲି ଯେ ସେମାନଙ୍କୁ ସେଇ ଅନୁମତି କେବେ ମିଳିବ ନାହିଁ ।

ମେ ମାସର ଆରମ୍ଭରେ, ମୋ ମାମଲାର ନୂଆଁ କରି ଦାୟିତ୍ୱ ଦେଇଥିବା ବ୍ରିଟିଶ୍ ଅଫିସର ଜଣକ ଆସି କହିଲେ ଯେ ସେ ଛୁଟି ନେଇ ଇଂଲଣ୍ଡ ଯାଉଛନ୍ତି ଓ ସେଠି ସେ ମୋ ବାପା ମା'ଙ୍କ ସହିତ ଯୋଗାଯୋଗ କରିବେ । ମୁଁ ତାଙ୍କ ପ୍ରତି କୃତଜ୍ଞ ହେଲି । ତାଙ୍କ ଆଗରୁ ଯେଉଁମାନେ ଛୁଟିରେ ଯାଇଥିଲେ ତାଙ୍କ ଭିତରୁ କେହି ଏପରି କିଛି କରି ନ ଥିଲେ । ମୁଁ ମୋ ମା'ଙ୍କ ପାଇଁ ରଖିଥିବା ଦୁଇଟି ଚିତ୍ରକଳା ତାଙ୍କ ହାତରେ ପଠାଇ ଦେଲି । ସ୍ପେସିଏଲ୍ ବ୍ରାଞ୍ଚ୍ ପୋଲିସ୍ ତାକୁ "ପରୀକ୍ଷା" କରି ପରେ ଡାକରେ ପଠାଇ ଦେବା ପାଇଁ ନେଇଗଲେ । ସେଇ କାମଟା ଆଉ କେବେ ହେଲା ନାହିଁ ।

ବ୍ରିଟିଶ୍ ଅଫିସର ଜଣକ ମତେ ଜଣେଇଲେ ଯେ ଜାମ୍‌ସେଦ୍‌ପୁର ଜେଲ୍‌ରେ ଅତ୍ୟଧିକ ଲୋକ ଗହଳି ଓ ବସନ୍ତ ରୋଗ ଯୋଗୁଁ ଆମର ବିଚାରକୁ ଅନିର୍ଦ୍ଧିଷ୍ଟ କାଳ ପର୍ଯ୍ୟନ୍ତ ସ୍ଥଗିତ ରଖାଯାଇଛି । ସେ ଆହୁରି ମଧ୍ୟ କହିଲେ ଯେ ମୋର ମୁକ୍ତି ପାଇଁ ଆନ୍ଦୋଳନ କରିବାକୁ ଇଂଲଣ୍ଡରେ ମୋର ବନ୍ଧୁ ଜିଲ୍ ଡିମକ୍ ଓ ରୁଥ୍ ଫୋଷ୍ଟରଙ୍କ ନେତୃତ୍ୱରେ ଗୋଟେ କମିଟି ଗଠନ କରାଯାଇଛି । ଅନେକ ମାସ ପରେ ଏଇଟା ମୋ ପାଇଁ ସବୁଠୁ ବଡ଼ ଶୁଭଙ୍କରୀ ସମ୍ବାଦ ଥିଲା ।

୧୧

ଆନ୍ଦୋଳନ

ବିହାରର ପ୍ରଚଣ୍ଡ ଗ୍ରୀଷ୍ମ ସେମିତି ବଢ଼ି ଚାଲିଥିଲା ବେଳେ, ଖବର କାଗଜ ମାନଙ୍କରେ ସେମିତି ନିତ୍ୟନୈମିତ୍ତିକ ରୋମାଞ୍ଚକର ସମ୍ବାଦ ପରିବେଷଣଟା ବିରକ୍ତିକର ଲାଗୁଥିଲା । ପାଟନାର ସମ୍ବାଦ ପତ୍ର ଗୁଡ଼ିକରେ ପ୍ରତ୍ୟହ ସେଇ ଦଙ୍ଗା, ଧର୍ମଘଟ, ବିକ୍ଷୋଭ, ପୋଲିସ୍‌ର ଗୁଳିକାଣ୍ଡ, ରୋଗ, ମହାମାରୀ ଓ ଦୁର୍ଭିକ୍ଷର ଖବର ଏମିତି ପ୍ରକାଶ ପାଉଥିଲା ଯେ ଜଣକୁ ଲାଗିବ ଯେମିତିକି ସେ ସବୁଦିନ ସେଇ ଗୋଟିଏ ଖବର କାଗଜ ହିଁ ପଢୁଛି । ୧୯୭୪ ମେ ମାସରେ ହେଇଥିବା ରେଳବାଇ ଶ୍ରମିକ ମାନଙ୍କର ଧର୍ମଘଟ କେନ୍ଦ୍ର ସରକାରଙ୍କ ବିରୋଧକୁ ସାମ୍ନା କରିବାର ପଦ୍ଧତିରେ ଏକ ନୂତନ ପର୍ଯ୍ୟାୟ ଆଣି ଦେଲା । ଧର୍ମଘଟ ହେବାର ଗୋଟେ ସପ୍ତାହ ପୂର୍ବରୁ ସରକାର ଓ ଶ୍ରମିକ ୟୁନିଅନ ଭିତରେ କଥାବାର୍ତ୍ତା ଚାଲିଥିଲା ବେଳେ ଧର୍ମଘଟର ନେତା ମାନଙ୍କୁ ଅପ୍ରତ୍ୟାଶିତ ଭାବରେ ରାତିଅଧିଆ ଘର ଖାନତଲାସୀରେ ଗିରଫ କରି ନିଆଗଲା ଓ ଅନେକ ସପ୍ତାହ ଧରି ସେମାନଙ୍କ ସହିତ ସବୁ ପ୍ରକାରର ଯୋଗାଯୋଗ ଛିନ୍ନ କରିଦିଆଗଲା । ଧର୍ମଘଟକୁ ରୋକିବା ପାଇଁ ସରକାର ଏପରି ପଦକ୍ଷେପ ନେଲେ ନା କ'ଣ ତା ମୁଁ ଜାଣେନି । କିନ୍ତୁ ୟାର ବିପରୀତ ପ୍ରଭାବ ପଡ଼ିଲା । ନିର୍ଦ୍ଧାରିତ ସମୟରେ ଧର୍ମଘଟ ଆରମ୍ଭ ହେଇ କୋଡ଼ିଏ ଦିନ ଧରି ଚାଲିଲା । ୟା ଭିତରେ ପଚାଶ ହଜାର ରେଳବାଇ ଶ୍ରମିକ ଜେଲ୍ ଗଲେ; ବିକ୍ଷୋଭକାରୀଙ୍କ ଉପରେ ପୋଲିସ୍ ଗୁଳି ବର୍ଷଣ କଲା । ରେଳବାଇ ଶ୍ରମିକ ମାନଙ୍କର ସ୍ତ୍ରୀ ଓ ପରିବାର ବର୍ଗଙ୍କ ଉପରେ ଆକ୍ରମଣ କରି ତାକୁ ନିର୍ଯ୍ୟାତନା ଦିଆଗଲା ଓ ସେମାନଙ୍କୁ ତାଙ୍କର ରହିବା ଘରୁ ତଡ଼ି ଦିଆଗଲା । ଧର୍ମଘଟ ଭାଙ୍ଗିଗଲା ପରେ ଓ ରେଳ ଚଳାଚଳର ଦାୟିତ୍ୱ ସୈନ୍ୟ ବିଭାଗକୁ ହସ୍ତାନ୍ତର କରି ସାରିଲା ପରେ ସରକାରଙ୍କ ପ୍ରତି "ଅନୁଗତ" ରହିଥିବା କର୍ମଚାରୀ ମାନଙ୍କୁ ଅଧିକ ପ୍ରାପ୍ୟ ଦେଇ ପୁରସ୍କୃତ କରାଗଲା ଓ ଗିରଫ ତଥା ଗୁଳିବିଦ୍ଧ

ହେଇଥିବା କର୍ମଚାରୀଙ୍କ ବଦଳରେ ସେମାନଙ୍କର ପରିବାରବର୍ଗଙ୍କୁ ନିଯୁକ୍ତି ଦିଆଗଲା ।

ଦିନ ରାତି ହଜାରୀବାଗ୍ ଜେଲ୍‌ଟା ରେଳବାଇ କର୍ମଚାରୀମାନଙ୍କର ସ୍ଲୋଗାନରେ ପ୍ରତିଧ୍ୱନିତ ହେଉଥିଲା । ମେ ମାସଟା ସାରା ମିସା (Maintenance of Internal Secuirty Act and the Defence of India Rules) ଆଇନ ଓ ସୁରକ୍ଷା ଆଇନ ବଳରେ ଧର୍ମଘଟକାରୀ ଛାତ୍ର, ଆଇନଜୀବୀ, ଶିକ୍ଷକ ଓ ଅନ୍ୟାନ୍ୟ ବୁଦ୍ଧିଜୀବୀ ମାନଙ୍କୁ ଗିରଫ କରାଗଲା । ଜେଲ୍ ଭର୍ତ୍ତି ହେଇଯିବା ପରେ ଯୋଗାଣ ବ୍ୟବସ୍ଥା ଆହୁରି ବିପର୍ଯ୍ୟସ୍ତ ହେଇଯିବା ସହିତ କାମଦାମ କରୁଥିବା ଅଳ୍ପ କେତେ ଜଣ କଇଦୀ କ୍ରମଶଃ ଆହୁରି କ୍ଷୀଣକାୟ ଦେଖାଗଲେ । କାମ ଭିଡ଼ରେ ସେମାନେ ଗାଧୋଇବା ଓ ଖାଇବା ପାଇଁ ମଧ୍ୟ ସମୟ ପାଉ ନ ଥିଲେ । ପ୍ରତି ରାତିରେ ଦୁଇ ତିନି ଘଣ୍ଟାରୁ ଆଉ ବେଶୀ ଶୋଇ ପାରୁ ନ ଥିଲେ । ଏପରି ବିସ୍ଫୋରକ ପରିସ୍ଥିତିକୁ ଆୟତ୍ତ କରିବାର ପ୍ରୟାସରେ ପାଟନାରେ ରାଜ୍ୟ ସରକାର କିଛିଟା ଅଦଳବଦଳ କାର୍ଯ୍ୟ କଲେ । କିଂତୁ ତାହା ଚେସ୍ ପଟାର ଚାରିପଟେ ଘେରା ମାରିବା ପରି ହେଲା । କୌଣସି ମୌଳିକ ପରିବର୍ତ୍ତନ ହେଲା ନାହିଁ ।

ଜୁନ୍ ପହିଲାରେ ଆଉ ଦୁଇ ଜଣ ମହିଳା ଅଟକ ବନ୍ଦୀ ଆମ ଗହଣକୁ ଆସିଲେ । ଜଣେ ପ୍ରଫେସର ଆଉ ଜଣେ ପ୍ରଧାନ ଶିକ୍ଷୟିତ୍ରୀ । ପ୍ରଫେସର ଜଣକ ପ୍ରଥମେ ମୋ ସହିତ କଥାବାର୍ତ୍ତା ହେବାକୁ କୁଣ୍ଠାବୋଧ କରୁଥିଲେ । କାରଣ ତାଙ୍କର ଧାରଣା ଥିଲା ଯେ ନକସଲ୍‌ବାଦୀ ମାନେ ହିଂସାର ପ୍ରଚାରକ। କିଂତୁ ପରେ ମତେ ଭଲ ପାଇବାକୁ ଲାଗିଲେ । ସେ କହିଲେ ଯେ ସେ ବିହାରର ଅସମ୍ଭାଳ ପରିସ୍ଥିତି ସଂପର୍କରେ ପ୍ରଧାନମନ୍ତ୍ରୀଙ୍କୁ ବୁଝାଇବା ପାଇଁ ଏକ ଛାତ୍ର ପ୍ରତିନିଧି ଦଳ ନେଇ ଦିଲ୍ଲୀ ଯାଇଥିଲେ । ଏଠି ବଡ଼ ବଡ଼ ବ୍ୟବସାୟୀ ଓ ଜମିଦାରଙ୍କ ଗୋଦାମରେ ପ୍ରଚୁର ଖାଦ୍ୟ ଶସ୍ୟ ମହଜୁଦ ଥିଲାବେଳେ ଲୋକେ ଅନାହରରେ ମରୁଛନ୍ତି । ସେଇଟା ତାଙ୍କର କହିବାର ଥିଲା । କେତେ ଦିନ ଅପେକ୍ଷା କଲାପରେ ଶ୍ରୀମତୀ ଗାନ୍ଧୀ ସାକ୍ଷାତ୍ କରିବାକୁ ରାଜିହେଲେ । ସେମାନଙ୍କ ଠାରୁ ପରିସ୍ଥିତିର ବର୍ଣ୍ଣନା ଓ ସେ ଦିଗରେ କିଛି କରିବା ପାଇଁ ତାଙ୍କର ଅନୁରୋଧ ଶୁଣି ସାରିଲା ପରେ ସେ ଉତ୍ତର ଦେଲେ ଯେ ଦାରିଦ୍ର୍ୟ ରିପୋର୍ଟଟା ତାଙ୍କୁ ଅତିରଞ୍ଜିତ କଲା ପରି ମନେ ହେଉଛି । ସେ ଯେଉଁ ସଭା ସମିତିକୁ ଭାଷଣ ଦେବା ପାଇଁ ଯାଉଥିଲେ ସେଠି ସବୁ ଲୋକଙ୍କୁ ନୂଆଁ ଲୁଗା ପିନ୍ଧି ଓ ରେଡ଼ିଓ ଧରି ଆସିବା ସେ ଦେଖୁଥିବାର କହିଲେ ।

ଏମିତି କଡ଼ା ଜବାବ ପାଇଲା ପରେ ମୋର ପ୍ରଫେସର ବନ୍ଧୁ ଓ ତାଙ୍କର ଛାତ୍ର

ପାଟନା ଫେରି ଆସି ସେ ୧୦ ତାରିଖରେ ହେଉଥିବା ବିରାଟ ଆନ୍ଦୋଳନରେ ଅଂଶ ଗ୍ରହଣ କଲେ । ସମସ୍ତ ପ୍ରତିରୋଧ ସତ୍ତ୍ୱେ ଏଇ ଆନ୍ଦୋଳନ ସମଗ୍ର ବିହାରର ପ୍ରତି ସ୍ଥାନରେ ତାତି ଉଠିଲା । ସେଦିନ କେମିତି ସଚିବାଳୟ ସାମ୍ନାରେ ଧାରଣାରେ ବସିଥିବା ଛାତ୍ର ମାନଙ୍କ ଉପରେ ପୋଲିସ ମାଡ଼ିଗଲା ଓ ଶାନ୍ତିପୂର୍ଣ୍ଣ ଭାବରେ ବିକ୍ଷୋଭ ପ୍ରଦର୍ଶନ କରୁଥିବା ଲୋକଙ୍କର ରକ୍ତରେ ପାଟନାର ରାସ୍ତାମାନ କିପରି ଜର୍ଜରିତ ହେଇଗଲା ତାର ବର୍ଣ୍ଣନା ସେ କଲେ ।

ଦ୍ୱିତୀୟ ମହିଳା ଅଟକବନ୍ଦୀ ଜଣକ ଜୈନ ସମ୍ପ୍ରଦାୟର । ଜୀବଜନ୍ତୁ ପ୍ରତି ତାଙ୍କର ପ୍ରଗାଢ଼ ସମ୍ମାନ ଥିବା । ଚାଲିଲାବେଳେ କାଳେ ପୋକଜୋକ ପାଦରେ ଦଳି ହେଇଯିବା ଆଶଙ୍କାରେ ସେ ସତର୍କ ହେଇ ଚାଲୁଥିଲେ । ଆମ କୋଠି ଭିତରକୁ ପଶିଲା ମାତ୍ରେ ସେ ତଳେ ମରା ହେଇଥିବା ମେଞ୍ଚା ମେଞ୍ଚା ମଶା ମାଛି ଦେଖି ନାକ ଟେକୁଥିଲେ । ତାଙ୍କର କାଠ ଖଟିଆରେ କୀଟନାଶକ ଔଷଧ ସିଞ୍ଚିବାକୁ ସେ ମନା କରିଦେଲେ । ବରଂ ରାତିସାରା ଖଟ ସନ୍ଧିରେ ଓଡ଼ଶର ଦାଉ ସହିଗଲେ । ସେ ଅତି ଧନୀ ଘରର ହେଇଥିବାରୁ ଘରେ ଏଇ ସବୁ ଅସୁବିଧା କେବେ ଭୋଗୁ ନ ଥିଲେ । ତେଣୁ ତାଙ୍କ ଧର୍ମ ପ୍ରତି ସେ ଅନୁରକ୍ତ ହେଇ ପାରୁଥିଲେ ।

ଏକ ଧନାଢ୍ୟ ମଧ୍ୟବିତ୍ତ ପରିବାର ମହିଳା ହେଇ ସରକାର ବିରୋଧୀ ଆନ୍ଦୋଳନରେ ସେମାନଙ୍କର ଯୋଗଦାନର କାରଣକୁ ମୁଁ ବିଶ୍ଳେଷଣ କଲି । ଅନ୍ୟ ସହବନ୍ଦୀ ମାନଙ୍କ ପ୍ରତି ବନ୍ଧୁତାପୂର୍ଣ୍ଣ ବ୍ୟବହାର ଦେଖାଇଲେ ସୁଦ୍ଧା ସେମାନଙ୍କ ମନ ଭିତରେ ଶାରୀରିକ ପରିଶ୍ରମ ପ୍ରତି ବିତସ୍ପୃହତା ରହିଥିଲା ଓ ଗରୀବ ତଥା ଅଶିକ୍ଷିତ ଲୋକେ ତାଙ୍କର କାମ କରିବା କଥା ବୋଲି ସେମାନେ ତଥାପି ବିଶ୍ୱାସ କରୁଥିଲେ । ଅନ୍ୟ ମହିଳା ମାନଙ୍କ ସମସ୍ୟାରେ ନିଜକୁ ଜଡ଼ିତ କରିବାଟା ନିଜର ଦାୟିତ୍ୱ ବୋଲି ସେମାନେ ବିଚାର କରୁ ନ ଥିଲେ । କଞ୍ଚନା ଓ ବୀଣା ଏମାନଙ୍କର ପୁରା ବିପରୀତ ଥିଲେ । ଏପରିକି ତାଙ୍କର ଚାରିପଟେ ଥିବା ସ୍ତ୍ରୀଲୋକ ମାନଙ୍କ ସହିତ କଥାବାର୍ତ୍ତା କରି ନିଜର ଅନୁଭୂତିକୁ ବାଣ୍ଟିବାର ମନୋବୃତ୍ତି ମଧ୍ୟ ତାଙ୍କର ନ ଥିଲା । ବେଳେବେଳେ ସେମାନେ ଭାରତର ଗୌରବମୟ ଇତିହାସ କଥା କହୁଥିଲେ । ଦେଶପ୍ରେମୀ ଭାବରେ ସେମାନେ ଭିକ୍ଷା ଓ ଭ୍ରଷ୍ଟାଚାରରେ ପୂର୍ଣ୍ଣ ଭାରତକୁ ଆନ୍ତର୍ଜାତିକ ଦୃଶ୍ୟପଟରେ ଏକ ମର୍ଯ୍ୟାଦାହୀନ ରାଷ୍ଟ୍ରରୂପେ ଦେଖିବାକୁ ଘୃଣା କରୁଥିଲେ । ଖାଦ୍ୟଶସ୍ୟ ମହଜୁଦ୍ ଥାଇ ଲୋକେ ଅନାହାରରେ ରହୁଥିବାର ଲଜ୍ଜାଜନକ ପରିସ୍ଥିତି ଦେଖି ଗୋଦାମରୁ ଗଚ୍ଛିତ ଖାଦ୍ୟକୁ ଖଲାସ କରିବା ପାଇଁ ସେମାନେ ଆନ୍ଦୋଳନରେ ଯୋଗ ଦେଇଥିଲେ । ଲୋକମାନଙ୍କୁ ବିଦ୍ରୋହ ପାଇଁ ଉସୁକାଇବା ଅଭିଯୋଗରେ ସେମାନେ

ଗିରଫ ହେଇଥିଲେ । ସେଥର ଗ୍ରୀଷ୍ମରେ ବିହାରରେ ଗିରଫ ହେଉଥିବା ହଜାର ହଜାର ଲୋକଙ୍କ ଭିତରୁ ସେମାନେ ଦୁଇ ଜଣ ଥିଲେ ଏବଂ ଅଧିକାଂଶଙ୍କ ପରି ହାଇକୋର୍ଟରେ ଆବେଦନ କରି ଛାଡ଼ ପାଇଯାଇଥିଲେ । ତା ପର ମାସରେ ପ୍ରଫେସର ଜଣକ ତିନି ଥର ପୁନର୍ବାର ଗିରଫ ହେଇଥିଲେ ।

ଆମର ଅନେକ ପାର୍ଥକ୍ୟ ସତ୍ତ୍ୱେ ମୁଁ ସେମାନଙ୍କର ସାନ୍ନିଧ ଉପଭୋଗ କଲି । ତାଙ୍କର ରହଣି ଯୋଗୁଁ ଅନ୍ୟ ସୁବିଧା ମଧ୍ୟ ହେଲା । ଅଫିସ୍‌ରେ ଘଣ୍ଟା ଘଣ୍ଟା ଧରି ସେ ତାଙ୍କର ଛାତ୍ର ମାନଙ୍କ ସହିତ ଆଲୋଚନା କରୁଥିଲେ । ଜେଲ୍‌କୁ ଫେରି ଆସିଲା ପରେ ଜେଲ୍ କର୍ମଚାରୀଙ୍କ ସହିତ ହେଇଥିବା କଥାବାର୍ତ୍ତା ସବୁ ମତେ କହୁଥିଲେ । ସ୍ପେସିଏଲ ବ୍ରାଞ୍ଚ ଲୋକ, ତାଙ୍କୁ ମୋ ସହିତ ନ ମିଶିବା ପାଇଁ ସାବଧାନ କରିଥିବା କଥା କହିଲେ । ମୁଁ କୁଆଡ଼େ ଭାରି ବିପଜ୍ଜନକ । ପାଖରେ ପିସ୍ତଲ ଓ ବନ୍ଧୁକ ରଖିଥିବାର ଅଭିଯୋଗରେ ମତେ ସେମାନେ ଗିରଫ କରିଥିବାର କଥା ତାଙ୍କୁ କହିଥିଲେ । ମୋର ବର୍ତ୍ତମାନର ପରିସ୍ଥିତି ପରିପ୍ରେକ୍ଷୀରେ ମୁଁ ଏକ ବିଶେଷ ଖବର ତାଙ୍କଠାରୁ ଜାଣିବାକୁ ପାଇଲି । ମୋର ଚିଠିପତ୍ର ଦେବା ନେବା ଦାୟିତ୍ୱରେ ଥିବା ସହକାରୀ ଜେଲର୍ ଜଣକ ମନ୍ଦବୁଦ୍ଧି ସଂପନ୍ନ ଲୋକ ଥିଲା । ମୋର ଚିଠିପତ୍ର ସବୁକୁ ଚିରି ଫୋପାଡ଼ି ଦେଇଥିବା କଥା ସେ ତାଙ୍କୁ କହିଥିଲା । ମୁଁ ଲେଖୁଥିବା ଅଧିକାଂଶ ଚିଠି ଡାକି ଘରକୁ ଯାଉ ନ ଥିବାର ମୁଁ ଜାଣିଥିଲି । କିଂତୁ ଯା ପୂର୍ବରୁ ସେ ବିଷୟରେ ଏତେଟା ନିଶ୍ଚିତ ହେଇ ନ ଥିଲି ।

ସେଥରକ ଗ୍ରୀଷ୍ମରେ ପାଖରେ ଥିବା "ରିଫର୍ମମେଟୋରି ସ୍କୁଲ"ଟା ଅନେକ ଦିନ ହେଲା ବନ୍ଦ ହେଇ ଯାଇଥିଲା । ବନ୍ଦୀମାନଙ୍କୁ ରଖିବା ପାଇଁ "ହଜାରୀବାଗ୍ ସ୍ପେସିଏଲ୍ ଜେଲ୍" ନାମରେ ନାମିତ କରାଯାଇ ତାକୁ ପୁଣି ଖୋଲାଗଲା । ଆନ୍ଦୋଳନରେ ଯୋଗ ଦେଉଥିବା ଲୋକଙ୍କର ସଂଖ୍ୟା ସୀମାତୀତ ହେବା ସହିତ ଗିରଫଦାରୀର ସଂଖ୍ୟା ମଧ୍ୟ ବଢ଼ି ଚାଲିଲା । ଏଇ ଆନ୍ଦୋଳନ ପ୍ରତି ମୋର ମିଶ୍ରିତ ପ୍ରତିକ୍ରୀୟା ଥିଲା । ଆନ୍ଦୋଳନକାରୀଙ୍କ ଦାବୀ ଯୁକ୍ତିଯୁକ୍ତ ଥିଲା । ତଥାପି ମୋର ଧାରଣା ହେଲା ମଧ୍ୟବିତ୍ତ ଶ୍ରେଣୀର ଦୁଃସ୍ଥିତି ହିଁ ତାଙ୍କର ଏଇ ପନ୍ଥା ବାଛିବାର ଅନ୍ୟତମ କାରଣ । ସାବୁନଠୁ ଚିନି ଯାଏଁ ସବୁ ଜିନିଷର ଆକାଶଛୁଆଁ ମୂଲ୍ୟବୃଦ୍ଧି ଯୋଗୁଁ ଜୀବନ ଧାରଣର ମାନ ନିୟନ୍ତ୍ରଣ ବାହାରକୁ ଚାଲିଯାଉଥିଲା । ମୋର ସନ୍ଦେହ ହେଲା ଯେ ଯଦି ସେମାନଙ୍କର ନିଜର ଦାବୀ ଗୁଡ଼ିକ ପୂରଣ ହେଇଯାଏ ତା ହେଲେ ଦାରିଦ୍ର୍ୟର ସୀମାରେଖାର ତଳେ ଯୁଗ ଯୁଗ ଧରି ଭୋକ ଉପାସରେ ସଢୁଥିବା ସାଧାରଣ ଜନତାଙ୍କ ପାଇଁ ଆନ୍ଦୋଳନ ଜାରି ରଖିବେ ନାହିଁ । ଏପରିକି ଜେଲରେ ମଧ୍ୟ

ସେମାନଙ୍କର ନିଜର ଅବସ୍ଥାର ମାନୋନ୍ନତି ପାଇଁ ବିଦ୍ରୋହ କରୁଥିବା ବେଳେ ଅନ୍ୟ ବନ୍ଦୀମାନଙ୍କର ଦୟନୀୟ ପରିସ୍ଥିତି ପ୍ରତି ଆଦୌ ଦୃଷ୍ଟି ଦେଉ ନ ଥିଲେ ।

ଅନ୍ୟ ମହିଳା ବନ୍ଦୀମାନେ ଏଇ 'ଆନ୍ଦୋଳନ ବାଲା'ଙ୍କ ପ୍ରତି ବୀତସ୍ପୃହ ହେବାରେ ମୁଁ ଆଶ୍ଚର୍ଯ୍ୟ ହେଉ ନ ଥିଲି । ପରେ ଲହଡ଼ି ପରି ଏଇ ଲୋକମାନେ ଆସିଲେ । ଭଲ ଖାଇବା ଆଉ ଭଲ ପିନ୍ଧିବାକୁ ଦେବା ପାଇଁ ଦାବୀ କଲେ, ତାପରେ ଗୋଟେ କିମ୍ବା ଦୁଇଟା ସପ୍ତାହ ରହିଲା ପରେ କର୍ତ୍ତୃପକ୍ଷ ପାଖରୁ ଯାହା କିଛି ଜିନିଷ ପାଇଥିଲେ ସେ ସବୁକୁ ଗୋଟେଇ ନେଇ ଚାଲିଗଲେ । ଏମାନେ ଗରୀବଙ୍କ ପାଇଁ କେବେ କିଛି କରିବେନି, ଅନ୍ୟ ବନ୍ଦୀମାନେ ମତେ ପ୍ରାୟ କହନ୍ତି ଖୋଲା ଖୋଲି ସମାଲୋଚନା କରିବାଟା ଯଦିବା ଠିକ୍ ହେବ ନାହିଁ, ତଥାପି ମୋର ବୋଧ ହେଲା ଯେ ଏକ ସ୍ପଷ୍ଟ ରାଜନୈତିକ ଧାରା ବିନା ଏପରି ସ୍ୱତସ୍ଫୂର୍ତ୍ତ ବିଦ୍ରୋହ ଭାରତ ପାଇଁ ସମାଧାନର ବାଟ ଫିଟାଇ ପାରିବ ନାହିଁ । ସେ ଯାହାବି ହେଉ, ଆନ୍ଦୋଳନରେ ଯୋଗ ଦେଇଥିବା ଅନେକ ଛାତ୍ର କ୍ରମଶଃ ରାଜନୀତି ଆଡ଼କୁ ଢଳୁଥିଲେ ଓ ଲଢୁଆ ମନୋବୃତ୍ତିର ହେଇ ଆସୁଥିଲେ । ସେଥର ଖରାରେ ସେମାନଙ୍କର ସହାନୁଭୂତି ଯୋଗୁଁ ନକ୍ସଲ୍‌ବନ୍ଦୀମାନେ କରିଥିବା ଅନଶନର ସମର୍ଥନରେ ସେମାନେ ସ୍ଲୋଗାନ ଦେବା ସହିତ ଜେଲ୍ କର୍ତ୍ତୃପକ୍ଷଙ୍କୁ ଲିଖିତ ଆବେଦନ ପତ୍ର ଦେଲେ । ତେବେ ଏହି ବିଜୟ କ୍ଷୟସ୍ଥାୟୀ ଥିଲା । ପରିସ୍ଥିତିର ଉପରେ ସୁରକ୍ଷା ବ୍ୟବସ୍ଥାକୁ କୋହଳ କରିବା ଅପେକ୍ଷା ଆହୁରି କଡ଼ାକଡ଼ି କରାଗଲା । ପ୍ରାୟ ଦୁଇ ଶହ ମାଇଲ ଦୂରରେ ଥିଲା ମୁଜାଫର୍‌ପୁର ଜେଲ୍‌ରେ ଜେଲ୍‌ରୁ ଖସି ପଳାଇବା ଚେଷ୍ଟା ଧରାପଡ଼ିଲା ପରେ ପନ୍ଦର ଦିନ ଭିତରେ ବନ୍ଦୀମାନଙ୍କୁ ପୁଣି ବେଡ଼ିରେ ରଖାଗଲା ।

ବାହାରେ, ପୋଲିସ୍ ଓ ସୈନ୍ୟ ବାହିନୀ ସାରା ରାଜ୍ୟରେ ପ୍ରତିଦିନ ଘଟୁଥିବା ଗଣ୍ଡଗୋଳକୁ ସମ୍ଭାଳିବାରେ ବ୍ୟସ୍ତ ରହୁଥିବାରୁ ସ୍ୱତନ୍ତ୍ର ଭାବରେ ନକ୍ସଲ୍‌ପନ୍ଥୀଙ୍କ ପାଇଁ ସମୟ ଦେଇ ପାରୁ ନ ଥିଲେ । ଦିନେ ଆମର ଦୈନନ୍ଦିନ ସମ୍ବାଦ ପତ୍ରର ପ୍ରଥମ ପୃଷ୍ଠାର ମୁଖ୍ୟଙ୍କ ଶିରୋନାମା ଉପରେ କାଳି ବୋଳା ହେଇଥିଲା । ତେବେ ଅକ୍ଷରର ଗାଢ଼ ଲିପି ଯୋଗୁଁ ମୁଁ ବୋଳା ହୋଇଥିବା କାଳି ଭିତରୁ କେଇଟା ଶବ୍ଦ ବାହାର କରି ପାରିଲି : "ଭୋଜପୁରରେ ନକ୍ସଲପନ୍ଥୀଙ୍କ ଆହ୍ୱାନକୁ ମୁକାବିଲା କରିବା ପାଇଁ ସରକାର ଅସମର୍ଥ ।" ଦୁଇ ସପ୍ତାହ ଭିତରେ ତା'ପର ସମ୍ବାଦଗୁଡ଼ିକ ପ୍ରକାଶ ପାଇଲା । ପଶ୍ଚିମ ବିହାରରେ ଭୋଜପୁର ଜିଲ୍ଲାରେ ନକ୍ସଲ୍‌ପନ୍ଥୀମାନେ ଆଡ୍‌ଡ଼ା କରି ହରିଜନ ଓ ଭୂମିହୀନ ଚାଷୀ ମାନଙ୍କର ସମର୍ଥନ ହାସଲ କରି ପାରିଥିଲେ । ଆନ୍ଦୋଳନରେ ସାମିଲ୍ ଛାତ୍ରମାନେ ନକ୍ସଲପନ୍ଥୀ ମାନଙ୍କ ସହିତ ମିଶି କାମ କରୁଥିବାର ମୁଁ ଶୁଣିଲି ।

ଜୁନ୍ ୬ ତାରିଖରେ ପାଟନାରେ ଏକ ବଡ଼ ଧରଣର ବିକ୍ଷୋଭ ହେବାର ଥିଲା । ତା ଆଗ ଦିନ ପରିସ୍ଥିତିକୁ ନିୟନ୍ତ୍ରଣାଧୀନ ରଖିବା ପାଇଁ ସେଠି ଅବସ୍ଥାପିତ ଅର୍ଦ୍ଧ ସାମରିକ ବାହିନୀ ସହର ସାରା ପଇଁତରା ମାରୁଥିଲେ । ଯେ କୌଣସି ପ୍ରକାର ସଂଘର୍ଷର ମୁକାବିଲା ପାଇଁ ସେମାନଙ୍କର ପ୍ରସ୍ତୁତି ଦେଖାଇ ଜନ ସାଧାରଣଙ୍କୁ ସତର୍କ କରୁଥିଲେ ଯେମିତି । ପାଟନାର ରାସ୍ତା ଅବରୋଧ କରି ଦିଆଗଲା । ଟ୍ରେନ୍ ଚଳାଚଳ ବନ୍ଦ କରି ଦିଆଗଲା । ନୌକା-ଘାଟକୁ ରୋକି ଦିଆଗଲା । ଏଇ ପଦକ୍ଷେପ ଆଶଙ୍କାରେ ଅନେକ ଲୋକ ଆଗରୁ ସହରକୁ ଆସି ଯାଇଥିଲେ । ବିକ୍ଷୋଭରେ ଯୋଗ ଦେବାକୁ ଅନ୍ୟମାନଙ୍କୁ ମାଇଲ ମାଇଲ୍ ବାଟ ଚାଲିବାକୁ ପଡ଼ିଲା । ଏତେ ସବୁ ସତର୍କତା ସତ୍ତ୍ୱେ ସେଦିନ ଶହେ ହଜାର ଲୋକ ସରକାରଙ୍କ ବିରୁଦ୍ଧରେ ବିଦ୍ରୋହ ଘୋଷଣା କରି ଓ ରାଜ୍ୟ ସରକାରଙ୍କ ଇସ୍ତଫା ଓ ବ୍ୟବସ୍ଥାପକ ପରିଷଦ ଭଙ୍ଗର ଦାବୀ କଲେ । ଜେଲ୍ ଭିତରେ ଆମେ ପୋଲିସ୍ ଗୁଳିକାଣ୍ଡ ଓ ସେଥିରେ ମୃତାହତଙ୍କ ଖବର ଶୁଣିବାକୁ ଅପେକ୍ଷା କରି ରହିଥିଲୁ । କିନ୍ତୁ ସବୁକିଛି ଶାନ୍ତିପୂର୍ଣ୍ଣ ଭାବରେ ହେଲା ।

ଏଣେ ମୋର ଜନ୍ମଦିନ ଜୁଲାଇ ମାସରେ – ମୋର ଜେଲ୍ ରହଣିର ପଞ୍ଚମ ବର୍ଷ । ଭାରି କଷ୍ଟରେ ଜନ୍ମଦିନ ପାଳନ ହେଲା । ରିଫର୍ମମେଟୋରି ଜେଲ୍‌ରେ (Reformatory Jail) ଦଙ୍ଗା ହେଇଥିଲା । ଉନ୍ନତ ମାନର ରହିବା ଖାଇବା ବ୍ୟବସ୍ଥା ଦାବୀ କରି କ୍ରୋଧାନ୍ୱିତ ଅଟକବନ୍ଦୀମାନେ ଜେଲର୍ ନଥିପତ୍ର ପୋଡ଼ି ଦେଲେ । ସେମାନଙ୍କୁ ଆୟତ୍ତ କରିବା ପାଇଁ ବିହାର ସାମରିକ ପୋଲିସ ବାହିନୀକୁ ଡକାଗଲା । ପାଟନା ପାଖରେ ଥିବା ଫୁଲବାରୀସରିଫ୍ ଜେଲ୍‌ରେ ବନ୍ଦୀ ଓ ୱାର୍ଡ଼ର ମାନଙ୍କ ଭିତରେ ହେଇଥିବା ସଂଘର୍ଷରେ ଅଠର ଜଣ ଲୋକ ଆହତ ହେଲେ । ଭାଗଲପୁର ଜେଲ୍‌ରେ ଛାତ୍ରବନ୍ଦୀ ମାନଙ୍କୁ ୱାର୍ଡ଼ର୍ ମାନେ ନିର୍ମମ ମାଡ଼ ଦେଲେ । ଏହାର ପ୍ରକମ୍ପିତ ପ୍ରଭାବ ଆମ ଜେଲ୍‌ରେ ଅନୁଭୂତ ହେଲା । ପୁଣି ଗୋଟାଏ ଉନ୍ମତ୍ତ ଖାନତଲାସ କରାଗଲା । ସେମାନେ କିଛି ପାଇବା ଆଶାରେ ଖାନତଲାସ କରୁଥିବାର ମୋର ମନେ ହେଲା ନାହିଁ । ସରକାର ବିରୋଧୀ ଲୋକଙ୍କ ଉପରେ ସେଇଟା ଗୋଟେ ପ୍ରକାର ଦଣ୍ଡବିଧାନ ପରିକା ଥିଲା ।

ଏମିତି ଝଡ଼ଝଞ୍ଜା ଭିତରେ ମାମଲାର ବିଚାର ହେବାର ସମ୍ଭାବନା ଆହୁରି କ୍ଷୀଣ ଦେଖାଯାଉଥିଲା । ଜାମ୍‌ସେଦ୍‌ପୁରରୁ ବଦଳି ହେଇ ଆସିଥିବା ଜଣେ ୱାର୍ଡ଼ର୍ ସେଠି ଏକ ହଜାରରୁ ଉର୍ଦ୍ଧ୍ୱ ଲୋକ ବିଚାର ଅପେକ୍ଷାରେ ଥିବାର କହିଲା । ସେଠି ମୁଁ ରହୁଥିବା କୋଠିରେ ତିରିଶ ଜଣ ବୁଢ଼ା ଲୋକଙ୍କୁ ଭର୍ତ୍ତି କରାଯାଇଥିଲା । ଆମର କୋର୍ଟ-ରୁମ୍ ହେଇଥିବା ଜାଗାରେ ଦୁଇ ଶହ ବନ୍ଦୀଙ୍କୁ ରଖାଯାଇଥିଲା ।

ପ୍ରଫେସରଙ୍କ ରହଣି ଭିତରେ ମୋର ପାଖ କୋଠିରେ ଆଉ ଜଣେ ମିସା ଅଟକବନ୍ଦୀ ଥିଲେ । ସୋସାଲିଷ୍ଟ୍ ପାର୍ଟିର ସେ ଜଣେ ପୂର୍ବତନ ଏମ୍.ପି. । ସେ ଜଣେ ଜମିଦାର ପରିବାରର । ଆଧୁନିକ ଉନ୍ନତ ପ୍ରଣାଳୀରେ ତାଙ୍କର ଚାଷ ବାସ ହେଉଥିଲା ଓ ସେଥିରୁ ବାର୍ଷିକ ପଚାଶ ହଜାର ଟଙ୍କା ଆୟ ହେଉଥିଲା । ଦିନେ ସେ ଆମ ଚାରିପଟେ ଥିବା ବିସ୍ତୀର୍ଣ୍ଣ ବଗିଚାକୁ ହାତ ଦେଖାଇ କହିଲେ, "ତମେ ଯାକୁ କାରାଗାର କହୁଛ ? ଏଇଟା ଜେଲ୍ ହେଁ । ମୋର ବିବାହର ପ୍ରଥମ ଆଠ ବର୍ଷ ଯାଏଁ ମୁଁ ଆମ ଘର ପଛପଟେ ଥିବା ଦୁଇଟି କୋଠରୀ ଓ ଗୋଟେ ଅଗଣାରେ ଆବଦ୍ଧ ହୋଇ ରହିଥିଲି ।" ପରମ୍ପରାବାଦୀ ଧନୀକ ଶ୍ରେଣୀର ଅନ୍ୟ ହିନ୍ଦୁ ସ୍ତ୍ରୀଲୋକ ପରି ସେ ବୈବାହିକ ଜୀବନର ଅଧିକାଂଶ ସମୟ ପର୍ଦ୍ଦାରେ ବିତେଇଥିଲେ । ସୌଭାଗ୍ୟବଶତଃ ତାଙ୍କର ସ୍ୱାମୀ ନିଜ ପିତାଙ୍କ ମୃତ୍ୟୁ ପରେ ତାଙ୍କୁ ଘରୁ ବାହାରିବାକୁ ଅନୁମତି ଦେଇଥିଲେ ଓ ପରେ ପରେ ତାଙ୍କ ସହିତ ରାଜନୀତିରେ ମଧ୍ୟ ଯୋଗଦେବାକୁ ଅନୁମତି ଦେଲେ ।

ଏଇ ସ୍ତ୍ରୀଲୋକ ଜଣକ ଜଣେ ନୈଷ୍ଠିକ ହିନ୍ଦୁ ଥିଲେ । ପ୍ରତିଦିନ ଅଗଣାରେ ବୁଲି ବୁଲି ହାତରେ ଧରିଥିବା କିଛି ଧର୍ମଗ୍ରନ୍ଥ ପଢୁଥିଲେ । ମୁଁ ତାଙ୍କର ଶାନ୍ତ ସ୍ୱଭାବକୁ ପ୍ରଶଂସା କରୁଥିଲି । କିଂତୁ ଅଧିକାଂଶ ରାଜନୈତିକ ବନ୍ଦୀମାନଙ୍କ ପରି ସେ ସହାନୁଭୂତିଶୀଳ ହେଲେ ହେଁ ଅନ୍ୟ ସ୍ତ୍ରୀଲୋକ ମାନଙ୍କ ସହିତ ମିଳାମିଶା କରୁ ନ ଥିଲେ । ବେଶ ପଟାରେ ସେ ବେଶ୍ ସଂଯତ ଥିଲେ । ତେବେ ସେ ପିନ୍ଧିଥିବା ଶାଢ଼ୀ ଖଣ୍ଡିକ ସବୁଠୁ ଉନ୍ନତ ମାନର ତନ୍ତବୁଣା ଲୁଗା ଥିଲା । ସେ ଖୁବ୍ କମ୍ ଖାଉଥିଲେ । କିଂତୁ ଯାହା ବି ଖାଉଥିଲେ ସେଇଟା ନିତାନ୍ତ ଭଲ ହେବାର ଦରକାର । ବ୍ୟବସ୍ଥାପକ ସଭାର ପ୍ରତିନିଧି ସଭ୍ୟ ଭାବରେ କିଛି ବର୍ଷ ଆଗରୁ ସେ ଇଂଲଣ୍ଡ ଯାଇଥିଲେ । ଆସିଲାବେଳେ ଗୋଟେ ଟେଲିଭିଜନ ସେଟ୍ ଆଣିଥିବାର ମତେ କହିଲେ । ତାଙ୍କର ଗାଁ ଘରେ ସେଇଟା ସେମିତି ପଡ଼ି ରହିଥିଲା । କାରଣ ଦିଲ୍ଲୀ ବାହାରେ ଓ ପଞ୍ଜାବର କେତେ ଜାଗା ଛାଡ଼ି ଦେଲେ ଅନ୍ୟ କୌଣସି ଜାଗାରେ ତାର ମରାମତି ଦୋକାନ ନ ଥିଲା । ମନେ ମନେ ଭାବିଲି ଯେ ଟେଲିଭିଜନ୍ ଖଣ୍ଡିକ ତାଙ୍କର ବଡ଼ଲୋକିର ଚିହ୍ନ ପରି ଖାଲି ରହିଥିବ ।

ମାର୍ଚ୍ଚରୁ ଅଗଷ୍ଟ ମାସ ଭିତରେ ମୁଁ ମୋ ଡାଏରୀରେ ଗୋଟେ ଶବ୍ଦ ସୁଦ୍ଧା ଲେଖି ପାରି ନ ଥିଲି କିମ୍ବା ସବିଶେଷ ଖବର ଜଣାଇ ମୋର ପରିବାରକୁ ଚିଠି ଖଣ୍ଡିଏ ମଧ୍ୟ ଲେଖି ନ ଥିଲି । ବିଚଳିତ ମନ ଦେଇ ମୁଁ ଏକାଗ୍ର ଚିତ୍ତରେ ବସି ପାରୁ ନ ଥିଲି । ସେଇ ବର୍ଷ ମେ' ମାସରେ ଭାରତୀୟ ବୈଜ୍ଞାନିକମାନେ ପରମାଣୁ ଶକ୍ତିର

ପରୀକ୍ଷାମୂଳକ ବିସ୍ଫୋରଣ କରିଲା ପରେ ମୁଁ କିଛି ଲେଖିବାର ଆବଶ୍ୟକତା ଅନୁଭବ କରିଥିଲି। ଘଟଣାଟିର ବିଡ଼ମ୍ବନା ମତେ ଉଦ୍‌ଗାରି ପକାଉଥିଲା। ଲୋକେ ଅନାହାରରେ ସଢୁଥିଲେ। ସାରା ଦେଶର ଶତକଡ଼ା ପ୍ରାୟ କୋଡ଼ିଏ ଭାଗ ଜାଗା ବ୍ୟତୀତ ଅନ୍ୟ କୌଣସି ଠାରେ ଉପଯୁକ୍ତ ଜଳ ସେଚନ ବ୍ୟବସ୍ଥା ନ ଥିଲା। ଘରିଆଢ଼େ ରୋଗବ୍ୟାଧି ବ୍ୟାପିଯାଇ ତାହା ଆୟତ୍ତ ବାହାରେ ଜଣା ପଡୁଥିଲା। ପୃଥିବୀର ଅନ୍ୟ କୌଣସି ଠାରେ ତୁଳନାରେ ଭାରତର ଋଣ ଭାର ସର୍ବାଧିକ ଥିଲା। ଅଧିକାଂଶ ଗାଁ ମାନଙ୍କରେ ବିଦ୍ୟୁତ୍ ସଂଯୋଗ ନ ଥିଲା। ଜନସଂଖ୍ୟାର ସତୁରି ଭାଗରୁ ଊର୍ଦ୍ଧ୍ୱ ଲୋକ ନିରକ୍ଷର ଥିଲେ। ତା ସତ୍ତ୍ୱେ ସରକାର ପରମାଣୁ ଶକ୍ତି ପରୀକ୍ଷଣରେ କୋଟି କୋଟି ଟଙ୍କା ଖର୍ଚ୍ଚ କରି "ସଫଳତା"ର ବଡ଼ିମା ବାଢୁଥିଲେ। ଏଇ ପରୀକ୍ଷଣଟା ଲୋକଙ୍କ ଭିତରେ ବ୍ୟବହୃତ ହେଇପାରିଲେ ଯାଇ ପ୍ରକୃତ ସଫଳତାର ଆକଳନ କରାଯାଇ ପାରିବ।

ଜୁଲାଇ ମାସରେ ଦିନେ ଜଣେ ମହିଳା ଓ୍ୱାର୍ଡ଼ର୍ ମତେ କହିଲା ଯେ ସଦ୍ୟ ଗିରଫ ହେଇ ଆସିଥିବା ଜଣେ ନକ୍‌ସଲ୍‌ପନ୍ଥୀ ବନ୍ଦୀକୁ ପୋଲିସ୍ ଫୁଟନ୍ତା ଗରମ ପାଣିରେ ବୁଡ଼ାଇଦେଲେ। ରୋଗରେ ପଡ଼ିଥିବା ନକ୍‌ସଲ୍‌ପନ୍ଥୀ ମାନଙ୍କୁ ଦାମିକା ଔଷଧ ଦେବାରୁ ଜେଲ୍ ଡାକ୍ତରଙ୍କୁ ସୁପରିଟେଣ୍ଡେଣ୍ଟ୍ ଗାଳି ଦେଉଥିବାର ଜଣେ କଇଦୀ ଶୁଣି ଆସି କହିଲା। ଏପରି କରିବା ଦ୍ୱାରା ପ୍ରକୃତରେ ସେମାନେ ନକ୍‌ସଲ୍‌ପନ୍ଥୀ ମାନଙ୍କୁ ସରକାର ବିରୋଧରେ ଲଢ଼ିବା ପାଇଁ ଆହୁରି କଠୋରମନା କରି ଦେଉଥିଲେ। ପ୍ରେସିଡ଼େନ୍‌ସି ଜେଲ୍‌ରେ ମହିଳା ବନ୍ଦୀ ମାନଙ୍କୁ ନିର୍ଯ୍ୟାତନା ଦିଆ ଯାଉଥିବାର ଖବର ସମ୍ବାଦ ପତ୍ରରେ ପ୍ରକାଶ ପାଇଲା। ସେଠି କଞ୍ଚନାକୁ ଅଟକ ରଖାଯାଇଥିଲା। କଲିକତାର ତିନିଟା ଜେଲ୍‌ରେ ବୟାଳିଶ ଜଣ ନକ୍‌ସଲ୍‌ପନ୍ଥୀ ନିଜର ରହିବା ଖାଇବାର ମାନ ଉନ୍ନତ କରିବା ଦାବୀରେ ପାଖାପାଖି ମାସେ ହେବ ଅନଶନ ଧର୍ମଘଟ କରୁଥିଲେ। ୧୯୭୧ର ଆସନ୍ନ ଉତ୍ତେଜନାକୁ ମୁଁ ପୁଣି ଥରେ ଅନୁଭବ କରିପାରିଲି ଓ ପୋଲିସ୍ ସହିତ ସଂଘର୍ଷରେ ପୁଣି ନକ୍‌ସଲ୍‌ପନ୍ଥୀ ମାନେ ନିହତ ହେବାର ଖବର ପଢ଼ି ବିସ୍ମିତ ହେଉ ନ ଥିଲି।

ଅଗଷ୍ଟ ମାସ ଆରମ୍ଭ ବେଳକୁ ପରିବା ବଗିଚା ଗହଳରେ ଆମେ ଗୋଟେ ଛୋଟିଆ ବଣଭୁଆ ଛୁଆ ପାଇଲୁ। ମୁଁ ତାକୁ ପୋଷା ମନେଇବା ପାଇଁ ମୋ କୋଠରୀ ସାମ୍ନାରେ ଲୁହା ବାଡ଼ରେ ବାନ୍ଧି ରଖିଲି। ପୋଷା ମାନି ରହିଲେ ସେଠି ମୂଷାଗୁଡ଼ାଙ୍କୁ ମାରି ଖାଇବ। ପ୍ରତି ବର୍ଷ ଆମର ଅନେକ ପରିମାଣର ଆଳୁ, ବିଲାତି ବାଇଗଣ, ଶିମ୍ବ ଓ ବାଜରା ଆଦି ମୂଷା ନଷ୍ଟ କରୁଥିଲେ। ମୁଁ ତାକୁ ଦଶ ଦିନ ଯାଏଁ ବାନ୍ଧି ରଖିଲି।

ପ୍ରତିଦିନ ରାତିରେ ତାର ମା' ତାକୁ ଦୁଧ ପିଆଇବାକୁ ଆସୁଥିଲା । ତା ମା'କୁ ଦେଖିଲା ପରେ ପରେ ପ୍ରତିଥର ବିଲେଇ ଛୁଆଟି ବିକଳରେ କାନ୍ଦୁଥିଲା । ଅଗଣାକୁ ଲାଗିଥିବା କୋଠରୀ ଭିତରେ ଥାଇ ମୋତି କାନ୍ଦଣା ଶୁଣିଲା । ସେ ମନେ ମନେ ଭାବିନେଲା ଯେ ବିଲେଇ ଛୁଆଟା ଗୋଟେ ଡାଆଣି । ଦିନେ ରାତିରେ ଶୋଇଥିବା କେତେ ସେ ରଖିଥିବା ତାଟିଆରୁ ରୁଟି ନେଇ ମା' ବିଲେଇଟା ଖସି ପଳାଇଲା । ଯାପରେ ତାର ଡାଆଣି ବିଶ୍ୱାସଟି ଆହୁରି ବଢ଼ିଗଲା । ତା ସାଙ୍ଗକୁ, ବିଲେଇ ଛୁଆ ପ୍ରତି ଆମ ସମସ୍ତଙ୍କର ଆଦର ଓ ତାକୁ ଦଉଥିବା ଖାଇବା ଜିନିଷ ଯୋଗୁଁ ତାର ଈର୍ଷ୍ୟା ହେଲା । ଦିନକୁ ଦିନ ରାଗରେ ମୋତି ପାଚିଗଲା । ଯେତେବେଳେ ପାରେ ସେତେବେଳେ ସେ ଆମ କୋଠରୀ ସାମ୍ନାରେ ଛିଡ଼ା ହେଇ ବିଲେଇ ଛୁଆ ମୋ ଉପରେ ଘଣ୍ଟା ଘଣ୍ଟା ଧରି ଗାଳି ବର୍ଷିବାକୁ ଲାଗିଲା ।

ଦିନେ ସକାଳେ ବାସନ ମାଜି ସାରି କୋଠରୀକୁ ଫେରିବା ବେଳେ ମୁଁ ଗୋଟେ ଭୟଙ୍କର ଚିତ୍କାର ଶୁଣିଲି । ଗିଲ୍‌ଟି ବାସନ କେତେ ଖଣ୍ଡକୁ ପକାଇ ଦେଇ ମୁଁ ପାହାଚ ଆଡ଼କୁ ଝୁଣ୍ଟି ପଡ଼ି ଦୌଡ଼ିଗଲି । ମୋତି ସେଠି ବସିଥିଲା । ତା କୋଳରେ ବିଲେଇ ଛୁଆଟିକୁ ରଖି ତା ବେକରେ ହାତ ଦୁଇଟାକୁ ଚପି ରଖି ଗୋଟାପଣେ ମୋଡ଼ି ଦେବା ଉପରେ ଥିଲା । ମତେ ଦେଖି ସେ ତାକୁ ସଙ୍ଗେ ସଙ୍ଗେ ଛାଡ଼ି ଦେଲା । କିଛି ନ ଜାଣିଲା ପରି ଦାନ୍ତ ନିକୁଟି କହିଲା : "ମୁଁ ଏମିତି ଖାଲି ତାକୁ ଆଉଁସୁଁ ଥିଲି । ସୁନ୍ଦରିଆ ହେଇନି ?" ମୁଁ କ'ଣ କରିବି କିଛି ଜାଣି ପାରିଲିନି । ମୁଁ ତ ବିଲେଇ ଛୁଆଁଟିକୁ ମାରି ପାରି ନଥାନ୍ତି । ଯା ଭିତରେ ସେ ପୋଷା ମାନି ଯାଇଥିଲା । ଅପର ପକ୍ଷରେ ମୁଁ ତାକୁ ରଖିଲେ ମୋତି ମାରିଦେବାର ସମ୍ଭାବନା ରହିଥିଲା । ମୁଁ କିଛି ନ କରି ସେମିତି ଦିନ ଗଡ଼ି ଯିବାକୁ ଦେଲି । ଭାବିଲି, ମୋତି ଆପେ ଆପେ ନରମି ଯିବ ।

କିନ୍ତୁ ମୌସୁମୀ ଋତୁର ଗରମ ଓ ଗୁଳୁଗୁଳି ସାଙ୍ଗକୁ ବିଲେଇ ଉପରେ ଥିବା ତାର ରାଗ ତାକୁ ଆହୁରି ଉଗ୍ର କରିଦେଲା । ବେଳେବେଳେ ସେ ଗୋଟେଇ ରଖିଥିବା ଛିଣ୍ଡା କନା, ଖିରିପିନି, ଫିତା, ଶୁଖିଲା ଚଣା, ଛିଣ୍ଡା ଦଉଡ଼ି ଓ ବଙ୍କା ତେଢ଼ା କଣ୍ଟା ଆଦି ଯାଡ୍ରୁ ସ୍ୟାଡ୍ରୁ ଜିନିଷକୁ ଗଣ୍ଠିଲିରେ ବାନ୍ଧି ଗେଟ୍ ପର୍ଯ୍ୟନ୍ତ ଦମ୍ ଦମ୍ ଚାଲି ଯାଉଥିଲା । ଲୁହା ଗେଟ୍‌କୁ ଝଣଝଣେଇ ଦେଇ ଖୋଲି ଦେବାକୁ ରଡ଼ି ଛାଡୁଥିଲା । ସେ ଘରକୁ ଯିବାକୁ ବାହାରୁଥିଲା ! "ମତେ କେତେ ଦିନ ଆଉ ଏଠି ରଖିବ ଭାବିଛ କି ? ମୁଁ ମୋ ଗାଁକୁ ଯାଉଛି । ଆସ କହୁଛି, ଗେଟ୍ ଖୋଲିଦିଅ । ମୁଁ ଯାଉଛି !" ସେ ଚିତ୍କାର କରୁଥିଲା । ଦିନେ ରାତିରେ ସେ ସବୁଥର ପରି ପେଡ଼ି ପୁଟୁଳି ବାନ୍ଧି ଯିବାକୁ ସଜ ହେଲା । ତା ପ୍ରତିଦିନ ସକାଳେ ଚିଫ୍ ହେଡ୍ ୱାର୍ଡ଼ର ଆମର ଗଣତି କରି ସାରି

ଗଲାବେଳେ ସେ ତାଙ୍କ ପଛେ ପଛେ ଯିବାକୁ ଉଦ୍ୟତ ହେଲା । ଖସି ପଳେଇବାକୁ ଚେଷ୍ଟା କରୁଛି ଭାବି କାଳେ ତାକୁ ମାଡ଼ ପିଟ କରିବେ ଆଶଙ୍କାରେ ମୁଁ ତାକୁ ବାରଣ କଲି । ରାଗି ଯାଇ ସେ ମୁହଁ ବୁଲାଇ ମୋର କଚଟିକୁ ମୋଡ଼ି ଦେଲା । ଦୁର୍ଭାଗ୍ୟକୁ ୱାର୍ଡ଼ର୍ ଜଣକ ତାକୁ ଦେଖି ପକାଇଲା । ସେ ବୁଲି ପଡ଼ି ତାକୁ ବାଡ଼େଇବା ପାଇଁ ତାର ବାଡ଼ି ଉଠାଇଲା । ସେ ସଙ୍ଗେ ସଙ୍ଗେ ଦବି ଯାଇ ନରମି ଗଲା ଓ କାକୁତି ମିନତି କରିବାରେ ଲାଗି, "ନାଇଁ ଆଜ୍ଞା, ମତେ ମାର ନାହିଁ ।" କିଂତୁ ସେ ବାଡ଼େଇବା ଆରମ୍ଭ କରି ଦେଇଥିଲା । ଥରକୁ ଥର ସେ ତାକୁ ଝିଙ୍କି ଓଟାରି ଠେଲା ଠେଲି କରି ତା କୋଠି ଭିତରକୁ ଯିବାକୁ କହିଲା । ସେଇ କରୁଣ ଦୃଶ୍ୟ ଦେଖିବାକୁ ଭଲ ଲାଗୁ ନ ଥିଲା । କାନ୍ଦବୋବାଳି କରି ମୋତି ତାକୁ ନ ମାରିବାପାଇଁ ୱାର୍ଡ଼ର୍‌ର ଗୋଡ଼ ଧରୁଥିଲା । କିଂତୁ ଲୋକଟା ପାଗଳ ପ୍ରାୟ ହେଇଯାଇଥିଲା । ଶେଷରେ ଆମେ ହସ୍ତକ୍ଷେପ କରି ମାଡ଼ ବନ୍ଦ କଲୁ । ତେବେ ତା ଭିତରେ ମୋତିର ହାତ ଗୋଡ଼ ଓ ପିଠିରେ ସେ ଅତି କମ୍‌ରେ କୋଡ଼ିଏ ପାହାର ମାରି ସାରିଥିଲା । ସେ ଘୋଷାରି ହେଇ କୋଠିକୁ ଗଲା । ଲାତ ଖାଇଥିବା କୁକୁରଟିଏ ପରି ସେ ଘାଉଁ ଘାଉଁ ହେଉଥିଲା । ତାର ଦେହ ସାରା ଏମିତି ନୋଳା ବସି ଯାଇଥିଲା ଯେ ସେ ଦୁଇ ଦିନ ଯାଏଁ ଚଲବୁଲ କରି ପାରିଲା ନାହିଁ । ୱାର୍ଡ଼ର୍ ପାଟି ଶୁଣିଲାମାତ୍ରେ ସେ କୋଠରୀର ଗୋଟେ କୋଣରେ କମ୍ବଳ ଢାଙ୍କି ରହିଯାଉଥିଲା । ସାଙ୍ଗରେ କେହି ଜଣେ ନ ଯିବା ଯାଏଁ ସେ ପାଇଖାନା ଯିବାକୁ ମଧ୍ୟ ବାହାରୁ ନ ଥିଲା । "ବେଟୀ, ତାକୁ ଆଉ ମତେ ମାରିବାକୁ ଦବୁ ନାଇଁ"- ସେ ମତେ କହିବାରେ ଲାଗିଥିଲା । ମୁଁ ତାକୁ କଥା ଦେଲି ।

ସମଗ୍ର ଘଟଣାଟି ପାଇଁ ମୁଁ ନିଜକୁ ଦୋଷ ଦେଲି । ବିଲେଇଟାଏ ରଖି ତାକୁ ରଗେଇବାରେ, ସେ ମୋର କଚଟି ମୋଡ଼ିବାଟା ଦେଖିବାକୁ ୱାର୍ଡ଼ର୍‌କୁ ସୁଯୋଗ ଦେବାରେ ଓ ତା ଉପରେ ମାଡ଼କୁ ରୋକି ନ ପାରିବାରେ ମତେ ନିଜକୁ ଦୋଷୀ ଲାଗିଲା । ଲୋକଟାକୁ ଦେଖିଲା ମାତ୍ରେ ମୋର ମନଟା ଘୃଣାରେ ଭରି ଯାଉଥିଲା । ତେବେ ଏଥିରେ ତାର କୌଣସି ଗ୍ଲାନିବୋଧ ନ ଥିଲା । କାରଣ ଲାଠି ମାଡ଼ର ନିୟମ ହିଁ ସେ ଖାଲି ଜାଣିଥିଲା । ତାର ଦୃଷ୍ଟିରେ କଇଦୀମାନଙ୍କୁ ଆୟତ୍ତ କରିବାର ଏଇଟା ହିଁ ଗୋଟେ ମାତ୍ର ଉପାୟ । ୱାର୍ଡ଼ର୍ ଓ ମହିଳା ୱାର୍ଡ଼ର୍ ମାନଙ୍କ ଭିତରୁ କାହାକୁ ଜେଲ୍‌ର ନୀତି ନିୟମ ବିଷୟରେ ଜଣା ନ ଥିଲା । ସମରାଭ୍ୟାସ ପରି ଗୋଟେ ପ୍ରକାର ଉପର ଠାଉରିଆ ପ୍ରଶିକ୍ଷଣ ନେଇ ସେମାନେ କାମରେ ଯୋଗ ଦେଉଥିଲେ । ଉପରିସ୍ଥ କର୍ମଚାରୀମାନଙ୍କ ପର୍ଯ୍ୟନ୍ତ କିଛି କଥା ନ ନେଇ ସେମାନେ ଯେନ ତେନ ପ୍ରକାରେଣ କଇଦୀ ମାନଙ୍କୁ ଶାସନ କରି ରଖିଥିଲେ । ଏଥିରେ ସେମାନେ ଅବଲମ୍ବନ କରୁଥିବା

କୌଣସି ଉପାୟ ଉପରେ କେହି କେବେ ପ୍ରଶ୍ନ ଉଠାଉ ନ ଥିଲା ।

ସେଇ ସମୟରେ ଜେଲ୍ ଅଫିସ୍‌ରେ କାମ କରୁଥିବା ଚିଫ୍ ହେଡ୍ ୱାର୍ଡ୍‌ରଙ୍କ ଜଣେ ବଦ୍‌ମାସ ଚେଲା ପନ୍ଦର ଦିନ ପାଇଁ ଅନୁମତି ପାଇଁ ଛୁଟିରେ ଯାଇଥିଲା । ଏଗାର ମାସ ଭିତରେ ସେ ସଞ୍ଚୟ କରିଥିବା ନଅ ହଜାର ଟଙ୍କା ସାଙ୍ଗରେ ନେଇକରି ଗଲା । ମହିଳା ୱାର୍ଡ଼ର୍ ମାନେ ମାସକୁ ମାତ୍ର ଦୁଇ ଶହ ଟଙ୍କା ପାଉଥିଲେ । ଜେଲରଙ୍କ ଦରମା ମଧ୍ୟ ମାସିକ ହଜାରେ ଟଙ୍କାରୁ କମ୍ ଥିଲା । ଏଇ ଖବରଟା ମୋ ପାଖକୁ ଆସିଲାମାତ୍ରେ ମୋର ଅବସ୍ଥା ଜେଲ୍‌ର ତଥାକଥିତ ନୀତି ନିୟମ ସହିତ ଖାପ ଖୁଆଇ ପାରୁ ନଥିବା ବନ୍ଦୀମାନଙ୍କ ପରି ହେଲା । ବେମାର ପଡ଼ିଥିବା କଇଦୀ ମାନଙ୍କ ପାଇଁ ଖାଦ୍ୟ ଓ ଔଷଧ ଆଣି ଦଉଥିବା ଲୋକ ଭିତରୁ ଜଣକର ନାଁ ଥିଲା ରମେଶ । ମହିଳା ବନ୍ଦୀମାନେ ତାକୁ ଖୁବ୍ ଶ୍ରଦ୍ଧା କରୁଥିଲେ । ଅନ୍ୟମାନଙ୍କ ଠିକ୍ ବିପରୀତରେ ସେ ଡାକ୍ତର ଲେଖି ଦଉଥିବା ସବୁ ଔଷଧ ପତ୍ର ବନ୍ଦୀମାନଙ୍କୁ ଠିକ୍ ଠିକ୍‌ରେ ଦଉଥିଲା । କେହି ତାକୁ ଜାତି ପଚାରିଲେ ସେ କହେ : "ମୁଁ ତ ମଣିଷ ଜଣେ । ତମର ଆଉ କ'ଣ ଜାଣିବା ଦରକାର ?" ଦିନେ ସନ୍ଧ୍ୟାରେ ସେ ଆସି ମତେ କହିଲା, "ଦିଦି, ମୁଁ ଏଣିକି ଆସିବି ନାହିଁ । ଜେଲ୍ ବଗିଚାରେ କାମ କରିବାକୁ ଯାଉଛି ।" ତା ଆଖିରେ ଲୁହ ଆସିଗଲା । ମୁଁ ଜାଣିଥିଲି ଯେ ସେ ଅଳ୍ପ କିଛି ଦିନ ଭିତରେ ଖଲାସ ହେଇଯିବ । ଏଠୁ ଗଲା ପରେ ଜେଲ୍‌ରୁ ପାଇଥିବା ଅଭିଜ୍ଞତାକୁ ନେଇ ଗୋଟେ ପ୍ରାଥମିକ ଚିକିତ୍ସା କେନ୍ଦ୍ର ଖୋଲିବ । ଜେଲ୍ ବଗିଚାକୁ କ'ଣ ପାଇଁ କାମ କରିବାକୁ ଯାଉଛି ତାହା ମୁଁ ବୁଝି ପାରିଲି ନାହିଁ । କିନ୍ତୁ ଡ୍ୟୁଟିରେ ଥିବା ୱାର୍ଡ଼ର୍ ଜଣକ ଆମ ଉପରେ ନଜର ରଖିଥିବାରୁ ତାକୁ କିଛି ପଚାରି ପାରିଲି ନାହିଁ ।

ସେ ଯାହା ବି ହେଉ ଜେଲ୍‌ର ସବୁ ଭ୍ରଷ୍ଟାଚାରର ତଥ୍ୟ ଖୋଜି ବାହାର କରିବାକୁ ଆମକୁ ବେଶୀ ସମୟ ଲାଗୁ ନ ଥିଲା । ତା ପରଦିନ ଅନ୍ୟ କଇଦୀମାନଙ୍କ ଠାରୁ ଆମେ ଶୁଣିବାକୁ ପାଇଲୁ ଯେ ରମେଶର ଶତ୍ରୁ ଚିଫ୍ ହେଡ୍ ୱାର୍ଡ଼ର୍‌ଙ୍କୁ ଲାଞ୍ଚ ଦେଇ ଅନ୍ୟତ୍ର କାମ କରିବାକୁ ପଠାଇ ଦେଇଛନ୍ତି । କାରଣ ତାର ସଚ୍ଚୋଟପଣିଆ ଯୋଗୁଁ ସେମାନଙ୍କର ଦୁଇ ପଇସା ରୋଜଗାର ହେଇ ପାରୁ ନ ଥିଲା । ତାପରେ ଡାକ୍ତର ଯେତେବେଳେ ଆମ ୱାର୍ଡ଼୍‌କୁ ଆସିଲେ ଆମେ ରମେଶର ତରଫରୁ ଜେଲରଙ୍କ ସହିତ କଥାବାର୍ତ୍ତା କରିବାକୁ କହିଲୁ । ସେ କାନ୍ଧ ନଚାଇ ଖାଲି କହିଲେ, "ମୁଁ କ'ଣ କରିବି କହୁଛ ? ଭଲ କାମ କରୁଥିବାରୁ ମୁଁ ତାକୁ ହସ୍‌ପିଟାଲ୍‌ରେ ରଖିବାକୁ ଚାହେଁ । କିନ୍ତୁ ଏଇଟା ତ ଚିଫ୍ ହେଡ୍ ୱାର୍ଡ଼ର୍ ଓ ଜେଲର୍ ମାନେ ମିଶି କରିଛନ୍ତି । ମୁଁ କିଛି କହିଲେ ତ ସେମାନେ ଏଇ ବାହାନାରେ ମତେ ବି ବଦଳି କରି ଦେବେ ।" ଡାକ୍ତରଖାନାରୁ

ଆସୁଥିବା ଔଷଧ ଓ ଅନ୍ୟାନ୍ୟ ଜିନିଷକୁ ଗ୍ରହଣ ନ କରି ଆମେ ଗୋଟେ ପ୍ରକାର ପ୍ରତିବାଦ ଜଣାଇଲୁ । କିଂତୁ ଆମର ଔଷଧ ନେବା ବା ନ ନେବାରେ କାହାକୁ କିଛି ଫରକ ନ ପଡ଼ିବାରୁ ଆମେ ଅଗତ୍ୟା ସେଥିରୁ ଓହରି ଆସିଲୁ । ମୁଁ ଇଚ୍ଛାକରି ମଧ୍ୟ ରମେଶର ସପକ୍ଷରେ କିଛି କହି ପାରୁ ନ ଥିଲି । ମୁଁ ଜାଣୁଥିଲି ଯେ ତା ପାଇଁ ମୋର ଦରଜଟା କର୍ତ୍ତୃପକ୍ଷଙ୍କ ମନରେ ଅହେତୁକ ସନ୍ଦେହ ସୃଷ୍ଟି କରିବ । ସେମାନେ ରମେଶକୁ ନକ୍‌ସଲପନ୍ଥୀ ଗୋଷ୍ଠୀର ଭାବି ଦେଲେ ବିଚରାକୁ ବେଡ଼ି ପିନ୍ଧି ଜେଲ୍ ଜୀବନ କାଟିବାକୁ ପଡ଼ିବ ।

ତାର ଯିବା ଦିନ ଯାଏଁ ଆମେ ରମେଶକୁ ପୁନର୍ବାର ଦେଖି ନ ଥିଲୁ । ଗଲା ଦିନ ସେ ସାହସ ସଞ୍ଚୟ କରି ଆମକୁ ବିଦାୟ ଜଣାଇବାକୁ ଆସିଥିଲା । ଆମେ ତାର ପୁରା ନାଁ ଜାଣି ନ ଥିଲୁ । କ'ଣ ପାଇଁ ଜେଲ୍ ଆସିଥିଲା ତା ମଧ୍ୟ ଜାଣି ନଥିଲୁ । ଖାଲି ଏତିକି ଜାଣିଥିଲୁ ଯେ ସେ ଆମର ଜଣେ ପ୍ରିୟ ବନ୍ଧୁ । ଜେଲ୍‌ରେ ଟିକିଏ ହସ, ସହାନୁଭୂତିର ଦୃଷ୍ଟିଟିଏ ଓ ଦୁଇ ପଦ ମିଠା କଥାର ମୂଲ୍ୟ ବାହାର ଦୁନିଆଁ ଅପେକ୍ଷା ଅନେକ ବେଶୀ । ବାହାର ଦୁନିଆଁର ଅବାଧ ସମ୍ପର୍କ ରଖିବା ପାଇଁ ମଣିଷର ସ୍ୱାଧିନତା ଅନେକ ।

ରାଜକୁମାରୀ ଖଲାସ ହେଇ ଯିବା ପରେ ଓ ସୋମ୍‌ରୀ ସ୍ଥାନାନ୍ତରୀତ ହେଇଗଲା ପରେ ମୋ କୋଠରୀରେ ଆଉ ଦୁଇ ଜଣ ସ୍ତ୍ରୀଲୋକ ରହୁଥିଲେ । ସେମାନେ ହେଲେ ଦୁଲାଳୀ ଓ କୋର୍ମି । ଦୁଲାଳୀ ଜଣେ ହରିଜନ । ଜାମ୍‌ସେଦ୍‌ପୁରର ଅନତି ଦୂରରେ ଥିବା ଗୋଟିଏ ତମ୍ବା ଖଣିରେ ପାଇଖାନା ସଫା କରୁଥିଲା । ତା ଘର ସାମ୍ନାରେ ମାଡ଼ପିଟ ହେଉଥିବା କିଛି ଲୋକଙ୍କୁ ଅଟକାଇଲାବେଳେ ସେ ହତ୍ୟା ଅପରାଧରେ ଜଡ଼ିତ ହେଇ ଜେଲ୍ ଆସିଥିଲା । ବୟସ ପଇଁତିରିଶରୁ ବେଶୀ ହେବ ନାଇଁ । ଅଳ୍ପ ବୟସ୍କା ଜଣା ପଡୁଥିଲା । କିଂତୁ ସାତଟା ଛୁଆର ମା' ହେଇ ସାରିଥିଲା । ତାର ବଡ଼ ପୁଅଟା ବି ବିଭା ହେଇ ସାରିଥିଲା । ଦେଖିବାକୁ ବାଙ୍ଗରା ଥିଲେ ବି ସବୁବେଳେ କର୍ମଚଞ୍ଚଳ ଥିଲା । ତାକୁ ଦେଖିଲାମାତ୍ରେ ଜଣେ କର୍ମବ୍ୟସ୍ତ ଝାଡୁବାଲୀର କଥା ମୋର ମାନେ ପଡ଼ି ଯାଉଥିଲା । ତା କଥା ମତେ ଦିନେ କହୁଥିଲା । ହତଭାଗା ବାପର ଦଶଟା ଝିଅ ଭିତରୁ ସେ ଜଣେ । କାହାକୁ ବି "ଭଲ"ରେ ବିଭା ଦେଇ ପାରି ନ ଥିଲା ତା ବାପା । ଯିଏ ମାଗିଲା ତାକୁ ଝିଅ ଦେଇ ଦେଲା । ତା'ଠୁ ବେଶ୍ ବୟସ୍କ ଲୋକଟାକୁ ବୁଲାଳୀ ବାହା ହେଲା । ତାର ଆଗରୁ ଗୋଟେ ବାନ୍‌ଝ ସ୍ତ୍ରୀ ଥିଲା । ସୌଭାଗ୍ୟକୁ ଦୁଇ ସ୍ତ୍ରୀଙ୍କୁ ଲୋକଟା ଭଲ ବ୍ୟବହାର ଦେଖାଉଥିଲ । ଦୁଲାଳୀ ଗୋଟେ ମରଦଠାରୁ କୌଣସି ଗୁଣରେ ନିଜକୁ କମ୍ ଭାବୁ ନ ଥିଲା ଓ ଟିକିଏ ଏଣୁ ତେଣୁ କଥା

ସହୁ ନ ଥିଲା । ସେ ଓ ତାର ସ୍ୱାମୀ ଉଭୟେ ଖଣି ଜେଲ୍‌ରେ କ୍ୱାର୍ଟର୍ସ୍‌ରେ ରହି ବେଶ୍ ଭଲରେ ଚଳୁଥିଲେ । ତେବେ ସେଇ ଜାଗାରେ ଦୀର୍ଘ ପଚିଶ ବର୍ଷ କାମ କରି ମଧ୍ୟ ତାର ସ୍ୱାମୀକୁ ହଠାତ୍ ଚାକିରୀରୁ ବାହାର କରି ଦିଆଗଲା । ଏପରିକି ଗୋଟେ ଟଙ୍କା ମଧ୍ୟ କ୍ଷତି ପୂରଣ ଦିଆଗଲା ନାହିଁ ।

ପିଲାଦିନୁ ଅଛୁଆଁ ଭାବରେ ରହିବାରେ ଅଭ୍ୟସ୍ତ ହେଇ ଯାଇଥିବାରୁ ତା ହାତରନ୍ଧା ମୁଁ ଯେ ଖାଇବି ଏକଥା ଦୁଲାଲୀ ଆଦୌ ବିଶ୍ୱାସ କରି ପାରୁ ନ ଥିଲା । କେତେ ସପ୍ତାହ ଧରି ସେ ଚୂଲି ପାଖକୁ ଯିବାକୁ ମଧ୍ୟ ଅମଙ୍ଗ ହେଉଥିଲା । ତାକୁ ବୁଝାବୁଝି କରି କହିଲି ଯେ ମୋର ପଢ଼ାପଢ଼ି ଓ ସିଲେଇ କାମ କରିବାର ଅଛି । ତେଣୁ ତାକୁ ରନ୍ଧା କାମଟା କରିବାକୁ ପଡ଼ିବ । ଯାପରେ କ'ଣ କରିବ ଓ କେମିତି କରିବ ଆଦି ମଝିରେ ମଝିରେ ସେ ମତେ ପଚାରି ବସିଲା । ଦିନେ ତାକୁ ମୁଁ କହିଲି, "ବୁଝିଲୁ, ରନ୍ଧା ଜାଣିନୁ ବୋଲି ଏମିତି ଦେଖେଇ ହ ନା । ସାତଟା ଛୁଆ ତାହେଲେ ପାଳି ବଢ଼େଇଲୁ କେମିତି ? ତୁ ଯାହା ରାନ୍ଧି କି ଦେବୁ ମୁଁ ସବୁ ଖାଇବି ।" ତାପରେ ସେ ବେଶ୍ ଭଲ ରାନ୍ଧିଲା ।

ଆଉ ଦିନେ ଆମକୁ ଦହି ପାଣି ଦିଆଗଲା । ବର୍ଷକୁ ଥରେ ପର୍ବ ପର୍ବାଣିରେ ପ୍ରାୟ ଏଇଟା ଦିଆଯାଇଥାଏ । ମୁଁ କୌଣସି କାମରେ ବ୍ୟସ୍ତ ଥିବାରୁ ମୋ ଭାଗଟା ଦୁଲାଲୀକୁ ନେଇ ଆସିବାକୁ କହିଲି । ସେ ମନଦୁଃଖରେ ଫେରି ଆସିଲା । କାରଣ ଡ୍ୟୁଟିରେ ଥିବା ୱାର୍ଡ଼ର ତାକୁ କହିଲା, "ତୁ କ'ଣ ଭାବିଛୁ ମେହେନ୍ତର ଛୁଇଁଥିବା ଖାଦ୍ୟକୁ ଟିଲର୍ ଖାଇବ ?" ଯୋଗକୁ ସେ ଚାଲିଯାଇଥିଲା ନ ହେଲେ ତାକୁ ମୁଁ ସିଧା କହିଥାନ୍ତି : ଅନ୍ୟ କର୍ମଚାରୀ ମାନଙ୍କ ପରି ହରିଜନ ହାତର ଖାଇବାଟା ସେ ଗ୍ରହଣ କରି ନ ପାରେ । କିଂତୁ ସେମାନଙ୍କ ହାତରୁ ଖୁସିରେ ଲାଞ୍ଚ ପଇସା ନେଇଯିବ ।

ଜୀବନସାରା ଅନ୍ୟମାନଙ୍କର ଅଇଁଠା ଖାଇ ବଂଚିଥିବା ଦୁଲାଲୀ ଟିକିଏ ଜିନିଷ ସୁଦ୍ଧା ନଷ୍ଟ କରୁ ନ ଥିଲା । ଆମ ଥାଳିରେ ଯାହା ଟିକେ ବି ଛେପା ନାଡ଼ ରହିଯାଉଥିଲା, ସବୁତକ ସେ ସଫା କରି ଖାଇ ପକାଉଥିଲା । ଖାଦ୍ୟଟା ଯେମିତି ହେଉ ତାର ବଳି ଯାଏ । ସଢ଼ା ପଚା, ପୋଡ଼ା, ଗନ୍ଧିଆ ଯାହା ମିଳିଲା ସବୁ ଖାଏ । ଖାଲି ଦେହକୁ ସୁହାଇଲେ ହେଲା । ମଇଳା ପୋଚରୀ କାମ ପାଇଁ ମହିଳା ୱାର୍ଡ଼ର୍ ମାନେ ସବୁବେଳେ ଦୁଲାଲୀକୁ ଡାକୁଥିଲେ । କୌଣସି କାମ ପ୍ରତି ତାର ବିକାର ନ ଥିଲା । ବରଂ ସବୁ ଗୁହ ମୂତ କମ, ରକ୍ତ ପୂଜ ସାଲୁବାଲୁ ଲୁଗା ଧୋଇବା, ବାନ୍ତି ସଫା କରିବା ଓ ପାଇଖାନା ସଫା କରିବାଟା ତା ପାଇଁ ଏକ ସ୍ୱାଭାବିକ କାମ ବୋଲି ଭାବୁଥିଲା । ଯେଉଁମାନଙ୍କ ଘରେ ସେ କାମ କରୁଥିଲା ସେ ଆସିଲା ଘରେ ଘରଟାକୁ

ସେମାନେ "ଶୁଦ୍ଧ" କରୁଥିବାର କଥା ମତେ ଥରେ ସେ କହୁଥିଲା । ତେବେ ଆଶ୍ଚର୍ଯ୍ୟର ବିଷୟ ଯେ ମୁଁ ଭେଟିଥିବା ସବୁଠୁ ପରିଷ୍କାର ପରିଚ୍ଛନ୍ନ ଲୋକଙ୍କ ମଧ୍ୟରେ ଦୁଲାଲୀ ଅନ୍ୟତମ ଥିଲା । ଖାଲି ବାଲ୍‌ଟିଏ ପାଣି ଓ କନାରେ ଚଟାଣକୁ ପୋଛି ପୋଛି ଚକ୍ ମକ୍ କରି ଦେବାର ତାର ଅସାଧାରଣ ଦକ୍ଷତା ଥିଲା । ତେବେ ଗୋଟେ ଅସୁବିଧା ସେ ସହି ପାରୁ ନ ଥିଲା । ପ୍ରତିଦିନ ଭଲ କରି ଗାଧୋଇ ନ ପାରିଲେ ରାଗରେ ତାର ମୁଣ୍ଡକୁ ପିତ୍ତ ଚଢୁଥିଲା ।

କୋର୍ମି ଅଲଗା ପ୍ରକାରର ଥିଲା । ବରହି ଜାତିର ହିନ୍ଦୁ ରଇତ ଭାବରେ ମୋ ଅନୁମାନରେ ସାମାଜିକ ସିଡ଼ିରେ ମଧ୍ୟମ ସ୍ଥିତି ପାଇଥିଲା । ସେ ତାର ସାମାଜିକ ମର୍ଯ୍ୟାଦା ନେଇ ବେଶ୍ ସଚେତନ ଥିଲା । ଆମେ ଏକା ସାଙ୍ଗରେ ଖାଇ ବସିଲା ବେଲେ ସେ ବେଳେବେଳେ କହେ, "ବାହାରେ ମୁଁ ଏମିତି କେବେ କରିପାରି ନ ଥାନ୍ତି । ଆମେ କେବଳ ରାଜପୁତ ଓ ବ୍ରାହ୍ମଣ ହାତରୁ ଖାଉ ।" ଶିଳ୍ପାଞ୍ଚଳରେ ରହିଥିବାରୁ ଦୁଲାଲୀ ସପ୍ତାହକୁ ଅନେକ ଥର ସିନେମା ଯାଇଥିଲା । ଉଡ଼ାଜାହାଜ, ନଭଶ୍ଚୁମ୍ବୀ ପ୍ରାସାଦ ଓ ବିଭିନ୍ନ ପ୍ରକାରର କଳକବ୍‌ଜା ବିଷୟରେ ତାର ସମ୍ୟକ୍ ଧାରଣା ଥିଲା । କିଂତୁ କୋର୍ମି ତା ଭାଷାରେ କେବେ "ସିଲେମା" ଯାଇ ନ ଥିଲା କିମ୍ବା କେବେ ରେଳ ଧାରଣା ଓ ବସ୍‌ଟିଏ ସୁଦ୍ଧା ଦେଖି ନ ଥିଲା । ଦାରିଦ୍ର୍ୟ ଯୋଗୁଁ ସେ ସେଠାକାର ଜଣେ ଚାଷୀର ଜମିରେ ଓ ସରକାରୀ ରିଲିଫ୍ ଯୋଜନାରେ କାମ କରିବାକୁ ବାଧ୍ୟ ହେଇଥିଲା । ତାର ସାମାଜିକ ପୃଷ୍ଠଭୂମି ଅନୁସାରେ ସେ ସ୍ୱାଭାବିକ ଭାବରେ ସଂକୀର୍ଣ୍ଣ ମନା ଥିଲା । କଂତୁ ସେ ମଧ୍ୟ ହୃଦୟବାନ୍ ଓ ଭରସା ଯୋଗ୍ୟ ଥିଲା । ଟିକେ ମଠୁଆ ହେଲେ ହେଁ କାମରେ ନିଖୁଣ ଥିଲା ।

କୋର୍ମିର ଜୀବନଟା ବହୁତ କରୁଣ ଥିଲା । ସେ ଜନ୍ମ କରିଥିବା ପାଞ୍ଚଟା ଛୁଆ ଭିତରୁ କେବଳ ଜଣେ ମାତ୍ର ବଞ୍ଚିଲା । କୋଡ଼ିଏ ବର୍ଷ ନ ପୁରୁଣୁ ବିଧବା ହେଇଗଲା । ବିହାରର ସେଇ ଅଞ୍ଚଳରେ ପ୍ରଚଳିତ ନିୟମ ଅନୁସାରେ ତାର ଦିଅରର ଦ୍ୱିତୀୟ ସ୍ତ୍ରୀ ହେବାକୁ ପଡ଼ିଲା । ଇଚ୍ଛା ନ ଥିଲେ ମଧ୍ୟ ଏଥିରେ ତାର ଅନ୍ୟ କିଛି ଉପାୟ ନ ଥିଲା । ସେଠାକାର ଜଣେ ମହାଜନ ପାଖରୁ ତାର ସ୍ୱାମୀ ଟଙ୍କା କରଜ କରିଥିଲା । କରଜ ଶୁଝିବା ବାବଦରେ ମହାଜନ ତାକୁ ଗୋଟେ ବେଶ୍ୟାଳୟରେ ବିକ୍ରୀ କରି ଦେବାକୁ ଚାହିଁଲା । ତେଣୁ ଦିଅର ପାଖରେ ରହିବା ବ୍ୟତୀତ ତାର ଅନ୍ୟ ରାସ୍ତା ନ ଥିଲା । ଦେଖୁ ଦେଖୁ ସେ ପୁଣି ଗର୍ଭବତୀ ହେଲା । କିଂତୁ ତାର ଈର୍ଷ୍ୟାକାତର ସଉତୁଣୀର ଦାଉରେ ଓ ପୁଣି ଥରେ ମଲାଛୁଆ ଜନ୍ମ କରିବାର ଆଶଙ୍କାରେ ସେ ଭ୍ରୁଣ ହତ୍ୟା କରିବାର ଯୋଜନା କଲା । ତାର ସଉତୁଣୀ ପ୍ରତି ନିଜ ପ୍ରତିଦ୍ୱନ୍ଦୀ ଠାରୁ ମୁକ୍ତି ପାଇବାର ଖୁସିରେ

କଥାଟିକୁ ପୋଲିସରେ ଜଣାଇ ଦେଲା ଓ କୋର୍ମି ହତ୍ୟା ଅପରାଧରେ ଗିରଫ ହେଲା । ବେଳେବେଳେ ତାର ତଳି ପେଟରେ ଭୀଷଣ ଯନ୍ତ୍ରଣା ହୁଏ । ବୋଧହୁଏ ଅନଭିଜ୍ଞ ହାତରେ ହୋଇଥିବା ଗର୍ଭପାତ ଓ ଉପଯୁକ୍ତ ଡାକ୍ତରୀ ଚିକିତ୍ସାର ଅଭାବ ହିଁ ତାର କାରଣ । ମାନସିକ ସ୍ତରରେ ମଧ୍ୟ ସେ ସ୍ୱାଭାବିକ ନ ଥିଲା । ସେ ଯେଉଁ ପରିସ୍ଥିତିରେ ଗତି କରିଥିଲା, ଯା ଠାରୁ ଆଉ କଣଟା ବା ଭିନ୍ନ ହୋଇଥାନ୍ତା । ତେବେ ଜେଲ୍‌ରୁ ଆଉ କେବେ ଯିବାକୁ ଚାହୁଁ ନଥିଲା କୋର୍ମି । ଏକଥା ସେ ବେଶ୍ ଜୋର୍ ଦେଇ କହୁଥିଲା । ଅନ୍ତତଃ ଜେଲ୍‌ରେ ଥିଲେ ସେ ଆଉ ଗର୍ଭବତୀ ହେବ ନାହିଁ । ତା କଥା ଶୁଣି ସହାନୁଭୂତିରେ ମୋର ମନଭରି ଯାଉଥିଲା ।

ତାର ଅନ୍ୟାନ୍ୟ ଗୁଣ ବ୍ୟତୀତ ଗାଁ ଗହଳର କଥା କାହାଣୀର ଖଣି ଥିଲା । ତାର ସବୁ ଛୁଆମାନଙ୍କୁ ଡାଆଣୀ ମାରି ଖାଇ ଦେଇଥିବାର ଓ ତାର ଶାଶୁର ଭୂତ ତାର ସ୍ୱାମୀକୁ ବସନ୍ତ ରୋଗରେ ନେଇଯିବାର ସେ ବିଶ୍ୱାସ କରୁଥିଲା । ତାର "ଦେଶ"ର କେଇଟା ସ୍ତ୍ରୀଲୋକ କେମିତି ବୋଇତି କଖାରୁ, ହାତୀ ଛୁଆ, ସାପ ଆଦି ଜନ୍ମ କରିଥିବା କଥା ବେଶ୍ ଗମ୍ଭୀରତାର ସହିତ କହୁଥିଲା । ଏଥିରେ ମୁଁ ଓ ଦୁଲାଳୀ ହସି ହସି ବେଦମ୍ ହୋଇଯାଉଥିଲା ପରେ ସେ କହିଥିବା କଥାକୁ ଭାବି ମୁଁ ଜାଣି ପାରିଲି ଯେ ସେ ଅପରିପକ୍ୱ ଭ୍ରୂଣ ଓ ବିକଳାଙ୍ଗ ହୋଇ ଜନ୍ମ ହୋଇଥିବା ପିଲା ବିଷୟରେ କହୁଛି ।

ଗୋଟେ ଦିନ ଘଟିଥିବା ଘଟଣାରୁ ମୁଁ ଜାତି ପ୍ରଥା ବିଷୟରେ ନିଜର ଅଜ୍ଞତା ଜାଣିପାରିଲି । ଦିନେ ସକାଳେ କୋର୍ମି ପାଣି କଳ ପାଖରେ ଆଉ ଜଣେ ସ୍ତ୍ରୀଲୋକ ସହିତ କଳି କରୁଥିବା ବେଳେ ଦୁଲାଳୀ ମନା କରିବାକୁ ଗଲାରୁ ସେ ତା ଉପରେ ରାଗଟା ଝାଡ଼ିଲା । ଅନ୍ୟାୟରେ ଦି' ଚାରି ପଦ ଦୁଲାଳୀ କାହାଠୁ ଶୁଣିଲାବାଲା ନୁହଁ । କୋର୍ମିର ଚକା ମୁହଁରେ ସେ ସିଧା ଚଟକଣି ବସେଇ ଦେଲା । ତାର ପରିଣତିଟା ନାଟକୀୟ ରୂପ ଦେଲା । ମାଡ଼ଟା ତାକୁ କାଟୁ ନ ଥିଲେ ହେଁ କୋର୍ମି କାନ୍ଦିବାରେ ଲାଗିଲା । ସାରାଦିନ ସେ ସେମିତି ଅବୁଝା ହୋଇ କାନ୍ଦିଲା । ତା ତରଫରୁ କ୍ଷମା ମାଗି କୋର୍ମିକୁ ନ କାନ୍ଦିବା ପାଇଁ ବୁଝେଇ ଦେବାକୁ ଦୁଲାଳୀ ମତେ କହିଲା । ମୁଁ ଚେଷ୍ଟା କଲି । କିଂତୁ କିଛି ଫଳ ହେଲା ନାହିଁ । ଦୁଲାଳୀ ବୁଝାଇ ଦେଲାପରେ ଯାଇ ମୁଁ ତାର କାନ୍ଦିବାର କାରଣ ସଂପର୍କରେ ଜାଣି ପାରିଲି । ମାଡ଼ଟା ଯେ ତାକୁ ବାଧୁଥିଲା ତା ନୁହେଁ । ଉଚ୍ଚ ଜାତିର ହିନ୍ଦୁ ହୋଇ ହରିଜନ ହାତରୁ ମାଡ଼ ଖାଇଥିବାରୁ ସେ କାନ୍ଦୁଥିଲା । ତାର ସ୍ୱାଭିମାନକୁ ଏହା ଭୀଷଣ ଆଘାତ ଦେଇଛି । ମୁଁ ଆଶ୍ଚର୍ଯ୍ୟ ହୋଇଗଲି । ମୁଁ ଭାବିଥିଲି ଯେ କଦବା କେମିତି କୋର୍ମିର ଟୀକା ଟିପ୍ପଣୀ ବ୍ୟତୀତ ଆମେ ତିନି ଜଣ

ଜାତି ବାସନ୍ଦର ସ୍ତରକୁ ଅତିକ୍ରମ କରି ପାରିଛୁ । ଆମେ ରାନ୍ଧି ବାଢ଼ି ଏକାଠି ଖାଉଥିଲୁ । ପରସ୍ପରର ଲୁଗା ପିନ୍ଧୁଥିଲୁ । ଏକାଠି କମ୍ବଳ ଓ ବାସନ କୁସନ ବ୍ୟବହାର କରୁଥିଲୁ । କୋର୍ମିର ମନରେ ଜାତିଭାବ ଥିବାର ମୁଁ ଅନୁମାନ କରି ପାରି ନ ଥିଲି । ପରେ ସେ ଶାନ୍ତ ହେଲ । କିଂତୁ ସେଇଟା ଅନେକ ବୁଝା ସୁଝା କଲା ପରେ ଯାଇ । ତାର "ପାପ"ରେ ଦୋଷ ନ ଥାଇ ମଧ୍ୟ ଦୁଲାଳୀକୁ ନେହୁରା ହେଇ କ୍ଷମା ମାଗିବାକୁ ପଡ଼ିଲା ।

ଅନେକ ସ୍ତ୍ରୀଲୋକ ଧଳା ପାଉଁରୁଟି ଆଗରୁ କେବେ ଦେଖି ନ ଥିଲେ । ରୋଗୀମାନେ ଚଣା ଜାତୀୟ ଖାଦ୍ୟ ହଜମ କରି ପାରୁ ନ ଥିବାରୁ ତାଙ୍କ ପାଉଁରୁଟି ଦିଆଯାଉଥିଲା । ମାଟିଆ ରଙ୍ଗର ଅଧସେକା ସେଇ ଜେଲ୍ ପାଉଁରୁଟି ଖଟା ଲାଗୁଥିଲେ ହେଁ ତାଙ୍କ ପାଇଁ ମହର୍ଗ ଜିନିଷ ଥିଲା । ଥରେ କୋର୍ମିର ଦେହ ଖରାପ ହେବାରୁ ପାଞ୍ଚ ଦିନ ଯାଏଁ ଶୁଖିଲା ପାଉଁରୁଟି ଜଳଖିଆ ଦେବାକୁ ଡାକ୍ତର ଲେଖିଦେଲେ । ମୁଁ ଲକ୍ଷ୍ୟ କଲି ଯେ ସେ ପାଉଁରୁଟି ତକ ନ ଖାଇ ଖଣ୍ଡେ କନାରେ ଗୁଡ଼େଇ ସାଇତି ରଖୁଛି । ମୁଁ ତାକୁ କାରଣ ପଚାରିବାରୁ ସେ ପରବର୍ତ୍ତୀ କୋର୍ଟ-ତାରିଖରେ ତାକୁ ଦେଖିବାକୁ ତା ପୁଅ ଆସୁଥିବାରୁ ତା ପାଇଁ ରଖୁଥିବାର ସେ କହିଲା । ମୁଁ ତାର କୋର୍ଟ ତାରିଖ ଆସିବାକୁ ଆହୁରି ତିନି ସପ୍ତାହ ବାକି ଥିବାର କହିଲି । ସେତେବେଳକୁ ପାଉଁରୁଟି ଶୁଖି ପଥର ପରି ହେଇଯାଇଥିବ । ତାପରେ ବି ସେ କହିଲା ଯେ ଯେତେ ଶୁଖିଲେ ବି ସେ ପାଣିରେ ଭିଜାଇ ଖାଇବ । ଅନ୍ତତଃ ସବୁଦିନିଆ ଭାତ ରୁଟିରୁ କିଛିଟା ଅଲଗା ଖାଇବାକୁ ମିଳିବ । ତାକୁ ତ ଏଇଟା ମହାର୍ଘ ଜିନିଷ ମିଳିଗଲା ପରି ଲାଗିବ । ଆର ଥରକୁ କୋର୍ଟ ଗଲାବେଳେ ସେ ସବୁ ଶୁଖିଲା ପାଉଁରୁଟି ସହିତ ଅଳ୍ପ କିଛି ସଞ୍ଚିତ ପଇସା ନେଇଗଲା ଓ ପିଲାଟିକୁ ଜାମା କିଣିବା ପାଇଁ ଦେଲା ।

ମୋଠୁ ଆହୁରି ଆଗରୁ ହଜାରିବାଗ୍ ଜେଲ୍‌ରେ ଥିବା ଜଣେ ବନ୍ଦୀ ହେଲା ବିରସି । ଲୋଚକୋଚ ଚମରେ ବୁଢ଼ୀ ପରି ଦେଖା ଯାଉଥିବା ସ୍ତ୍ରୀ ଲୋକଟିଏ । ରାଜକୁମାରୀ ଜାତିର । ସେ ଟିକିଏ ଡରୁଆ ପ୍ରକୃତିର ଥିଲା । ତେଣୁ ଆମ ରାନ୍ଧିବା, ବଡ଼ ଖଣ୍ଡେ ସାବୁନ ଆଣି ପାରିବା ଓ ଦ୍ୱିତୀୟ ଥର ମାଗି ଖାଇବା ଆଦି ଦୌଡ଼ରେ ସେ ପଛରେ ପଡ଼ି ଯାଉଥିଲା । ସବୁବେଳେ ଧାଡ଼ିର ପଛରେ ଛିଡ଼ା ହେଉଥିଲା । ଗୋଟେ କମି ଗଣ୍ଡଗୋଳର ସମାଧାନକୁ ସ୍ୱାମୀ ସ୍ତ୍ରୀ ଦୁହେଁଯାକ ଚାରି ବର୍ଷ ଅପେକ୍ଷା କଲାପରେ ସେଇ ବର୍ଷ ମାର୍ଚ୍ଚ ମାସରେ ତାର ସ୍ୱାମୀ ମରିଗଲା । ନିଜର ବୋଲି ଦାବୀ କରୁଥିବା ଖଣ୍ଡେ ଜମିରେ ସେମାନେ ଧାନ କାଟୁଥିବା ଅଭିଯୋଗରେ ଗିରଫ ହେଇଥିଲେ ।

ସେଇ ଜମି ଖଣ୍ଡିକ ଆଉ ଜଣେ ଧନୀ ଚାଷୀ ନିଜର ଦାବୀ କରି ଏତଲା ଦେଇଥିଲା । ତାର "ବୁଢ଼ା"ର ମୃତ୍ୟୁପରେ ବିର୍‌ସିର ଅବସ୍ଥା ଆହୁରି ଶୋଚନୀୟ ହୋଇ ପଡ଼ିଲା । ସେ ତାର ସବୁ ରସଦ ସାମଗ୍ରୀକୁ ବିକି ଦେଇ ଦିନକୁ ରୁଟି ଦୁଇ ଖଣ୍ଡ ଖାଇ ଚଳୁଥିବାର ମୁଁ ଲକ୍ଷ୍ୟ କଲି । ତେଲ ଓ ସାବୁନ ବିକିବାରେ ସେ ଆଗତୁରା ବାହାରି ପଡ଼େ । ଅନ୍ୟ ସ୍ତ୍ରୀ ଲୋକମାନଙ୍କ ପରି ସେ ଖାଇବା ପିଇବା, ନୂଆ ଲୁଗା କିଣିବା ବା ଚୁଡ଼ି କି ନଖପାଲିସି କିଣିବାରେ ଗୋଟେ ପଇସା ସୁଦ୍ଧା ଖର୍ଚ୍ଚ କରୁ ନ ଥିଲା । ମୁଁ ଭାବିଲି ତାର ସ୍ୱାମୀକୁ ଝୁରି ଝୁରି ବା ଘରେ ଛାଡ଼ିକି ଆସିଥିବା ତାର ଝିଅର ଚିନ୍ତାରେ ସେ ଭଲ ଖାଇପାରୁ ନାହିଁ । ଦରଦାମ୍ ସବୁ ଏମିତି ହୁ ହୁ ବଢ଼ି ଚାଲିଥିଲା ଯେ ସଞ୍ଚୟ କରିବାର କିଛି ଅର୍ଥ ରହୁ ନ ଥିଲା । ଖଲାସ ହୋଇ ଗଲାବେଳକୁ ଯଦି ବା ସେ କିଛି ଟଙ୍କା ରଖିଥିବ ସେଇଟା କାହିଁରେ ହେବ ନାହିଁ । ଝିଅ ପାଇଁ ଅତି କମ୍‌ରେ ଖଣ୍ଡେ ଶାଢ଼ୀ କିଣି ପାରିବ ବୋଧହୁଏ । ମୁଁ ତାକୁ ବାରମ୍ବାର ଏ ବିଷୟରେ ପଚାରୁଥିବାରୁ ଗଲାବେଳେ ସେ ତାର ମିତବ୍ୟୟିତାର କାରଣ ମତେ ବୁଝାଇ ଦେଇଗଲା ।

ଗଲାବେଳେ ସେ କହିଲା ଯେ ତାର ଗୁଡ଼ାଏ ଖର୍ଚ୍ଚବାର୍ଚ୍ଚ ରହିଛି । ଏ ଯାଏଁ ହୋଇ ନ ଥିବା ତାର ସ୍ୱାମୀର ଶୁଦ୍ଧିକ୍ରୀୟା ପାଇଁ ତାକୁ ଟଙ୍କା ଦେବାକୁ ପଡ଼ିବ । ତାରି ଉପରେ ପୁଣି ଗୋଟେ ଛେଳି ବୋଦା ଦେବାକୁ ପଡ଼ିବ, ଗାଁ ବ୍ରାହ୍ମଣଙ୍କୁ ଭୁରି ଭୋଜନ ଦେଇ ଦକ୍ଷିଣା ଦେବାକୁ ହେବ, ଗାଁ ମୁଖିଆ ଓ ପଞ୍ଚାୟତକୁ ଟଙ୍କା ଦେବାକୁ ହେବ ତଥା ଜେଲ ଯାଇ ଜାତି ହରାଇ ଥିବାରୁ ପୁଣି ଥରେ ଜାତିରେ ମିଶିବା ପାଇଁ ବୋଧହୁଏ ଗାଁ ଭୋଜି ଦେବାକୁ ପଡ଼ିବ । ଏତକ କରି ନ ପାରିଲେ ସେ ଜାତିରୁ ବାସନ୍ଦ ହେବ । ଅନ୍ୟ କାହା ଘରକୁ ଯିବାକୁ ତାକୁ ଅନୁମତି ମିଳିବ ନାହିଁ କିମ୍ବା କେହି ତା ଘରକୁ ଆସି ପାରିବେ ନାହିଁ । ଅନ୍ୟମାନେ କୂଅରୁ ପାଣି ଆଣି ତା ବାଟ ମୁହଁରେ ରଖି ଦେଇଯିବେ । ବନ୍ଧ ଘାଟ ସବୁ ମନା ହେବ । ଏଇ ଅପମାନରୁ ରକ୍ଷା ପାଇବା ପାଇଁ ତାକୁ ପ୍ରାୟଶ୍ଚିତ କରିବାକୁ ହେବ । ସେଥିପାଇଁ ସେ ଭୋକରେ ରହି ପଇସା ସଞ୍ଚୁଥିଲା ।

ବିର୍‌ସିର କହାଣୀକୁ ଅନ୍ୟମାନେ ହଁ ମାରିଲେ । ଦେଖାଗଲା ଯେ ଗାଁକୁ ଫେରିଲା ପରେ ପୁଣି ଥରେ ଜାତିରେ ମିଶିବା ପାଇଁ ସବୁ ସ୍ତ୍ରୀଲୋକ କିଛି କିଛି ସଞ୍ଚୟ କରୁଛନ୍ତି । ସମାଜରେ ଜଣେ କଇଦୀ ପୁନର୍ବାସ ସମସ୍ୟା ଉପରେ ଏହା ଏକ ନୂଆଁ ଦିଗ !

ଅଗଷ୍ଟ ଆରମ୍ଭରେ, ଆମ ବିଚାରରେ ହେବାକୁ ଥିବା ସାତଟି ହାଜିରା ପରିପ୍ରେକ୍ଷୀରେ ଜାମ୍‌ସେଦ୍‌ପୁରକୁ ସ୍ଥାନାନ୍ତରିତ ହୋଇଥିବା ମୋର ସହ-ପ୍ରତିବାଦୀଙ୍କ

ସହିତ ପ୍ରଥମ ଥର ସାକ୍ଷାତ କରିବା ପାଇଁ ମତେ ଅଫିସ୍‌କୁ ନିଆଗଲା । ଆମର ମିଳିତ କେସ୍ ସହିତ ପୁଣି ଆମମାନଙ୍କ ଭିତରୁ ଅଲଗା କରି ଦଳବଦ୍ଧ ଭାବରେ ଓ ବ୍ୟକ୍ତିଗତ ଭାବରେ ମଧ୍ୟ ଅଭିଯୋଗ ମାନ ଦାୟର କରାଯାଇଥିଲା । ପ୍ରତିବାଦୀ ହିସାବରେ ଜବାବ ସୁଆଲର ବ୍ୟବସ୍ଥା କରିବାକୁ ସେମାନେ ଆମକୁ ପ୍ରତିଶ୍ରୁତି ଦେଲେ । ମୁଁ ଅତି ଶିଘ୍ର ତାଙ୍କ ପରେ ପରେ ଯିବି ବୋଲି ସୁପରିଟେଣ୍ଡେଣ୍ଟ୍ ମତେ କଥା ଦେଲେ । ୧୯୭୪ ଅଗଷ୍ଟ ମାସର ଶେଷ ରବିବାର ଦିନ "ବିଚାର ପାଇଁ" ପୁଣି ଥରେ ମତେ ହଜାରୀବାଗ୍‌ରୁ ଜାମ୍‌ସେଦ୍‌ପୁରକୁ ସ୍ଥାନାନ୍ତରିତ କରାଗଲା ।

୧୨

ଧାତିଙ୍ଗନା

ମୋ ଦୃଷ୍ଟିରେ ସେଥରକ ଯାତ୍ରାଟା ଉପଭୋଗ୍ୟ ଥିଲା । ମତେ ନେବା ଦାୟିତ୍ୱରେ ଥିବା ଯୁବ ପୋଲିସ୍ ଅଫିସର ଜଣକ ମତେ ଜିପ୍ ସାମ୍ନା ସିଟ୍‌ରେ ତାଙ୍କ ପାଖରେ ବସିବାକୁ ଦେଲେ । ଡ୍ରାଇଭର ଜଣକ ଦ୍ରୁତ ଗତିରେ ଗାଡ଼ି ଚଲାଉଥିଲେ । ମୌସୁମୀ ସନ୍ଧ୍ୟାରେ ଥଣ୍ଡା ପବନରେ ମୋର ଛାତି ଓ ମନ ପୁରି ଉଠି ପରିଷ୍କାର ହେଇଯାଉଥିଲା । ଅପର ପକ୍ଷେ ମୋର ସହ-ପ୍ରତିବାଦୀ ମାନଙ୍କର ଏମିତି ପ୍ରତିଟି ଯାତ୍ରା ଅତି ଯନ୍ତ୍ରଣା ପୂର୍ଣ୍ଣ ଥିଲା । ବେଡ଼ି ଶିକୁଳି ଓ ହାତ କଡ଼ି ସହିତ ଚାରି ଜଣଙ୍କୁ ଏକାସାଙ୍ଗରେ ଅଣ୍ଡାରେ ଦଉଡ଼ି ଭିଡ଼ି ନିଆଯାଉଥିଲା । ଏପରି ଅବସ୍ଥାରେ ସେମାନଙ୍କୁ ଦରକାର ହେଉଥିବା ଜାଗାରୁ ଆହୁରି ଅଧା କମ୍ ଜାଗାରେ କଷ୍ଟେ ମଷ୍ଟେ ବସିବାକୁ ପଡୁଥିଲା । ତାଙ୍କର ଜିନିଷପତ୍ର ତାଙ୍କ ଉପରକୁ ଫୋପାଡ଼ି ଦିଆଯାଉଥିଲା । ରାସ୍ତାରେ କାହାକୁ ବାନ୍ତିହେଲେ ସମସ୍ତଙ୍କ ଅବସ୍ଥା ଖରାପ ହେଇଯାଉଥିଲା ।

ବୀଣା ମତେ ଅପେକ୍ଷା କରିଥିଲା । କିଂତୁ ମୁଁ ପହଞ୍ଚିଲାବେଳକୁ ରାତି ହେଇଥିବାରୁ ମୁଁ ଖାଲି ଲୁହା ଜାଲି ଭିତରୁ ତାକୁ ସ୍ୱାଗତ ସମ୍ଭାଷଣ ଜଣାଇଲି । ଗୋଟିଏ କୋଠିରେ ଚାଳିଶ ଜଣ ସ୍ତ୍ରୀଲୋକ ଓ ପୁଞ୍ଜାଏ ପିଲାଛୁଆ ସହିତ ତାକୁ ବନ୍ଦ କରି ରଖାଯାଇଥିଲା । ତା ପରଦିନ ସେ ପନ୍ଦର ଦିନ ଆଗରୁ ସ୍ୱାଧିନତା ଦିବସରେ ପାଇଥିବା ମିଠା ଦୁଇଟି ଉପହାର ସ୍ୱରୂପ ଆଣି ଦେଲା । ସେ ଏବେ ସେଠିକାର "ମେଟିନୀ" । ଆଗ ଅପେକ୍ଷା ଆହୁରି ପତଳା ଓ ଗମ୍ଭୀର ଦେଖାଯାଉଥିଲା । ସେ ମୋର ହାତ ଧରି ଅନ୍ୟ ବନ୍ଦୀମାନଙ୍କୁ ଦେଖିବା ପାଇଁ ନେଇଗଲା । ମୁଁ ସଙ୍ଗେ ସଙ୍ଗେ ଲକ୍ଷ୍ୟ କଲି ଯେ ସେଇ କୁଟୁଣୀର ସମୟ ଅପେକ୍ଷା ଏବେ ସେଠିକାର ବାତାବରଣ ବେଶ୍ କୋହଳ ଥିଲା । ଯା ଭିତରେ ଦଶ ମାସ ବିତି ଯାଇଥିଲେ ହେଁ ଗୋଲାପୀ ବୁଢ଼ୀ ସେ ଯାଏଁ ସେଠି ଥିଲା । ହୀରାର ଟିକି ପୁଅକୁ ବର୍ଷେ ଉପର ହେଇଯାଇଥିଲା ।

କିଂତୁ ଛୁଆଟା ନିହାତି ଦୁର୍ବଳ ଓ ଧଡ଼ିଆ ଦେଖା ଯାଉଥିଲା । କେତେ ଦିନ ଆଗରୁ ହାଡ଼ଫୁଟିରେ ସେ ମରୁ ମରୁ ବଞ୍ଚିଗଲା ।

ଅଗଷ୍ଟ ୨୮ ତାରିଖରୁ ବିଚାର ଆରମ୍ଭ ହେବା କଥା । ସେଦିନ ସକାଳେ କୋର୍ଟକୁ ଯିବାପାଇଁ ମୁଁ ପ୍ରସ୍ତୁତ ହେଲି । ବିଚାରପତି ମହାଶୟ ଜେଲ୍ ଭିତରେ ବିଚାର କାର୍ଯ୍ୟ କରିବାକୁ ମନା କରିଥିବାରୁ ସେଠିକାର କୋର୍ଟକୁ ମତେ ନିଆଯିବ ବୋଲି ମୁଁ ଭାବୁଥିଲି । ଦଶଟା ବାଜିବା ପରେ ପରେ ଡେପୁଟି ହାଇକମିଶନରୁ ଆସିଥିବା ଜଣେ ସେକ୍ରେଟାରୀଙ୍କ ସହିତ ସାକ୍ଷାତ ପାଇଁ ମତେ ଅଫିସକୁ ଡକାଗଲା । କୋର୍ଟ ହାଜରା ତାରିଖ ଅକ୍‌ଟୋବର ତିନି ଯାଏଁ ଘୁଞ୍ଚି ଯାଇଥିବାର ଖବର ମତେ ଜଣା ହେଇ ନ ଥିବାର ଦେଖି ସେ ଟିକେ ଆଶ୍ଚର୍ଯ୍ୟ ହେଲେ । ମୋର ବିରୁଦ୍ଧରେ ଅଟକ ରହିଥିବା ପାଞ୍ଚଟି ମାମଲା ଓ ମୋର ସହ-ପ୍ରତିବାଦୀଙ୍କ ବିରୁଦ୍ଧରେ ରହିଥିବା ସବୁ ମାମଲା ଗୁଡ଼ିକୁ ଆମର ଓକିଲଙ୍କ ଅନୁରୋଧ କ୍ରମେ ଏକାଠି କରାଯାଉଥିଲା । ସବୁ ଯାକ ମାମଲାର ସେଇ ସମାନ ତାରିଖ, ସମାନ ସାକ୍ଷୀ ଓ ସମାନ ଅଭିଯୋଗ ରହିଥିବା ଦର୍ଶାଇ ସେ ଶିଘ୍ର କାମ ତୁଟାଇବାକୁ ଚେଷ୍ଟା କରୁଥିଲେ । ସେ ଗୁଡ଼ିକର ଏକତ୍ରୀକରଣ ପାଇଁ ସମୟ ଦରକାର ପଡୁଥିବାରୁ ଆମର ଶୁଣାଣିକୁ ସ୍ଥଗିତ ରଖାଗଲା ।

ଏମିତି ଗୁଜବ ଓ ବିଳମ୍ବ-ସହିତ ମୁଁ ଅଭ୍ୟସ୍ତ ଥିଲି । କିଂତୁ ଏଥରକ ମୁଁ ପ୍ରକୃତରେ ବିଶ୍ୱାସ କରିଥିଲି ଯେ ବିଚାରଟା ନିଶ୍ଚେ ହେବାକୁ ଯାଉଛି । ପୁଣି ଥରେ ସ୍ଥଗିତ ହେବାରୁ ମତେ ରାଗ ଓ ହତାଶ ଲାଗିଲା । ହଠାତ୍ ଅକ୍‌ଟୋବର ତିନି ଯାଏଁ ଥିବା ପାଞ୍ଚ ସପ୍ତାହ ଅପେକ୍ଷା କରିବାକୁ ମତେ ଖୁବ୍ ଲମ୍ବା ସମୟ ପରି ଲାଗିଲା । ବିରକ୍ତିଟା ଏତିକିରେ ସରି ନ ଥିଲା । ବିହାରର ସବୁଆଡ଼େ ଚାଲିଥିବା ଅନବରତ ଗଣ୍ଡଗୋଳ ଯୋଗୁଁ ମିଲିଟାରୀ ପୋଲିସ ତମ୍ବୁ ପକାଇ ବିଶେଷତଃ ନକ୍‌ସଲପନ୍ଥୀ ଥିବା ଜେଲ୍ ମାନଙ୍କ ପାଖରେ ରହୁଥିଲେ । ସୁରକ୍ଷା ଦୃଷ୍ଟିରୁ ଆମକୁ ପୁଣି ହଜାରୀବାଗ୍ ପଠାଇ ଦେବାକୁ ସ୍ଥିର କରାଗଲା । ବହିପତ୍ର ଓ ଜିନିଷ ଆଦିକୁ ଦୁଇଟି ମାଟିଆ ବେଗ୍‌ରେ ପୁରାଇବା, ପୋଲିସ୍ ଗାଡ଼ିରେ ଭର୍ତ୍ତି ହେଇ ପୁଣି ହଜାରୀବାଗ୍‌କୁ ଏତେ ବାଟ ଧକଡ଼ି ଚକଡ଼ି ହେଇ ଯିବା କଥା ଭାବି ମତେ ଅସହ୍ୟ ଲାଗୁଥିଲା । ମୁଁ ନ ଯିବା ପାଇଁ ମାନସିକ ପ୍ରସ୍ତୁତି କଲି । ଯେଉଁଦିନ ସକାଳେ ଆମେ ସ୍ଥାନାନ୍ତରିତ ହେବାର ଥିଲା, ମୁଁ ମହିଳା ୱାର୍ଡ଼ର୍‌କୁ ମିଛ କହିଦେଲି । କହିଲି, ଝାଡ଼ା ଓ ପେଟବଥା ଯୋଗୁଁ ମୁଁ ଆଦୌ ଉଠିପାରୁ ନାହିଁ । ମତେ ବେମାର ଲେଖିଦେବା ଛଡ଼ା ଡାକ୍ତରଙ୍କ ଆଉ ଗତ୍ୟନ୍ତର ନ ଥିଲା । ମୁଁ ଜାମ୍‌ସେଦ୍‌ପୁରରେ ରହିଗଲି ଓ ମୋର ସହପ୍ରତିବାଦୀମାନେ ହଜାରୀବାଗ୍ ଫେରିଗଲେ । ବୀଣା ସହିତ ବିତେଇବାକୁ ଟିକେ ଅଧିକ ସମୟ ପାଇଥିବାରୁ ମତେ

ଖୁସି ଲାଗିଲା । ମୋର ଅନୁପସ୍ଥିତି ଭିତରେ ବୀଣା ପଢ଼ାପଢ଼ିରେ କଠିଣ ପରିଶ୍ରମ କରି ଏବେ ନିର୍ଭୁଲ ଭାବରେ ପଢ଼ି ପାରୁଥିଲା ।

କିଛି ଦିନ ପରେ ମୁଁ ଜଣେ ଦୟାଶୀଳ ୱାର୍ଡ଼ର୍ ପାଖରୁ ଜାଣିଲି ଯେ ଆମେ କେସ୍‌ର ବିଚାର ପାଇଁ ପାଟନାରୁ ଜଣେ ସ୍ପେଶିଏଲ୍ ପବ୍ଲିକ୍ ପ୍ରୋସିକ୍ୟୁଟରଙ୍କୁ ପଠାଯାଇଥିଲା । କାରଣ "ଦୋଷ ସାବ୍ୟସ୍ତ କରିବାରେ" ତାଙ୍କର ବେଶ୍ ଖ୍ୟାତି ରହିଥିଲା । ଜେଲ୍ ଭିତରେ ବିଚାର କାର୍ଯ୍ୟ କରିବା ପାଇଁ ପାଟନାର ସରକାରୀ ପଦାଧିକାରୀ ମାନଙ୍କୁ ପ୍ରବର୍ତ୍ତାଇବାରେ ସେ ମାସେ ଧରି ଚେଷ୍ଟା ଚଳାଇଥିଲେ । ତାଙ୍କର ଅନୁରୋଧକୁ ଅନୁମତି ମିଳିଯିବ ଭାବି ଆମର କୋର୍ଟ ରୁମ୍‌ରେ ବିଦ୍ୟୁତ ପଙ୍ଖା ମାନ ପୁଣି ଥରେ ଲଗା ହେଲା । ସବୁ ମାମଲାର ଏକତ୍ରୀକରଣ ପାଇଁ ଦେଇଥିବା ବିଚାରପତିଙ୍କ ଆଦେଶକୁ ମଧ୍ୟ ସେ ବଦଳେଇ ଦେବା ପାଇଁ ଚେଷ୍ଟା କରୁଥିଲେ । ଯେତେ ବେଶୀ ହେଇପାରେ ସେ ସେତେ କେସ୍ ଚାହୁଁଥିଲେ । ଏ ସବୁରେ ଯେତିକି ଡେରି ହେବ ତାଙ୍କ ପାଇଁ ସେତିକି ଲାଭଜନକ ହେବ । ଆହୁରି ଗୁଡ଼ାଏ ଷଡଯନ୍ତ୍ରର ମୁକାବିଲା ପାଇଁ ପ୍ରସ୍ତୁତ ହେଇ ରହିବାକୁ ୱାର୍ଡ଼ର୍ ଜଣକ ମତେ କହିଲା । ଜେଲ୍ ଭିତରେ ବିଚାର ହେବା ପରିପ୍ରେକ୍ଷୀରେ ବିଚାରପତି ମାଗଣା ଯାତାୟତ ବ୍ୟବସ୍ଥାକୁ ଖାରଜ କରିଦେଇଥିବାରୁ ସ୍ପେଶିଏଲ୍ ପବ୍ଲିକ୍ ପ୍ରୋସିକ୍ୟୁଟର ଜଣକ ତାଙ୍କ ଉପରେ କ୍ଷୁବ୍‌ଧ ହେଲେ । ଆଉ ଜଣେ କେହି ମତେ କହିଲା ଯେ ଆମମାନଙ୍କୁ ଦୋଷୀ ସାବ୍ୟସ୍ତ କରିଦେଲେ ଏସ୍.ପି.ପି. ସେଠିକାର କେତେକ ଗଣ୍ୟମାଣ୍ୟ ଲୋକଙ୍କୁ ଭୂରିଭୋଜନ ଦେବାର ପ୍ରତିଶ୍ରୁତି ଦେଇଥିଲେ ।

ଅନ୍ୟାନ୍ୟ ଶକ୍ତି ଗୁଡ଼ିକ ମଧ୍ୟ କାମ କରୁଥିଲା । ଏଇ କେସ୍ ପ୍ରତି ଦୃଷ୍ଟି ଆକର୍ଷଣ କରିବା ପାଇଁ ମୋର ବନ୍ଧୁମାନଙ୍କର ଚେଷ୍ଟା ଗଣ ମାଧ୍ୟମକୁ ଉତ୍ସୁକ କଲା । ଆମର କୋର୍ଟ ଶୁଣାଣି ପାଇଁ ଜାମ୍‌ସେଦ୍‌ପୁରରେ ସମ୍ବାଦପତ୍ରର ପ୍ରତିନିଧିମାନେ ଉପସ୍ଥିତ ରହିଲେ । ସେଥି ସହିତ, ସେଇ ବର୍ଷ ସେପ୍‌ଟେମ୍ବର ମାସରେ କେବଳ ପଶ୍ଚିମ ବଙ୍ଗ ରାଜ୍ୟରେ ଥିବା ପନ୍ଦରରୁ କୋଡ଼ିଏ ହଜାର ରାଜନୈତିକ ବନ୍ଦୀ ମାନଙ୍କ ଉପରେ ଆମନେଷ୍ଟି ଇଣ୍ଟରନେସ୍‌ନାଲ୍ ଏକ ବିବରଣୀ ପ୍ରକାଶ କରିଥିଲା । ଭାରତ ସରକାର ସବୁ ଅଭିଯୋଗ ଗୁଡ଼ିକୁ ଭିତ୍ତିହୀନ ବୋଲି ଅସ୍ୱୀକାର କରିଥିଲେ ମଧ୍ୟ ଆମ୍‌ନେଷ୍ଟି ରିପୋର୍ଟ ଯୋଗୁଁ ଭାରତରେ ଥିବା ରାଜନୈତିକ ବନ୍ଦୀ ମାନଙ୍କ ଦୁର୍ଦ୍ଦଶା ପ୍ରତି ଆର୍ନ୍ତଜାତିକ ସ୍ତରରେ ପ୍ରଥମ ଥର ପାଇଁ ଦୃଷ୍ଟି ଆକର୍ଷଣ ହେଲା ।

ଅକ୍‌ଟୋବର ୩ ତାରିଖଟି ଅଗଷ୍ଟ ୨୮ର ପୁନରାବୃତ୍ତି ମାତ୍ର ଥିଲା । ଠିକ୍ ସେମିତି ମୁଁ କୋର୍ଟକୁ ଯିବାପାଇଁ ପ୍ରସ୍ତୁତ ହେଉଥିଲା ବେଳେ ସେହି ବ୍ରିଟିଶ୍

ପଦାଧିକାରୀ ଆସି ମତେ ଜଣାଇଲେ ଯେ ପୋଲିସ୍ ଅଧୀକ୍ଷକ ମୋ ସହିତ କୋର୍ଟରେ ଯିବାକୁ ପୋଲିସ୍ ଯୋଗାଇଦେବାରେ ନିଜର ଅସାମର୍ଥ୍ୟ ପ୍ରକାଶ କରିଛନ୍ତି । ଯେତେ ପୋଲିସ୍ ଥିଲେ ସେମାନେ ସମସ୍ତେ ବିହାରରେ ଚାଲିଥିବା ତିନିଦିନିଆ ସାଧାରଣ ଧର୍ମଘଟ ନିୟନ୍ତ୍ରଣ କାମରେ ଯାଇଥିଲେ । ଏସ୍.ପି.ପି. ସାହେବ "ସ୍ୱାଭାବିକ ଅବସ୍ଥା" ଫେରି ଆସିଲା ପର୍ଯ୍ୟନ୍ତ ଶୁଣାଣିକୁ ବନ୍ଦ ରଖିବା ପାଇଁ କହିଲେ । ତେବେ ସାରା ବିହାରରେ ଅବସ୍ଥା ଯାହା ହେଉନା କାହିଁକି ଜାମ୍‌ସେଦ୍‌ପୁରର ପରିସ୍ଥିତି ସମ୍ପୂର୍ଣ୍ଣ ସ୍ୱାଭାବିକ ହେବାର ଲକ୍ଷ୍ୟ କରି ବିଚାରପତି ଆମକୁ ଯେ କୌଣସି ମତେ ଅକ୍‌ଟୋବର ସାତ ତାରିଖରେ କୋର୍ଟରେ ହାଜିର ହେବାକୁ ନିର୍ଦ୍ଦେଶ ଦେଲେ ।

ତାପର ସୋମବାର ଦିନ ବାଇଶ ଜଣଙ୍କୁ ନେଇ ପାରୁଥିବା ଗୋଟେ ପୋଲିସ୍ ଭେନ୍‌ରେ କୋର୍ଟକୁ ଗଲୁ । ସେଥିରେ ଆମେ ଛବିଶ ଜଣ ଓ ଆମ ସାଙ୍ଗରେ ଯାଉଥିବା ପ୍ରାୟ ଗୋଟେ ଡଜନ ହେବ ସଶସ୍ତ୍ର ପୋଲିସ ଚଢ଼ି ବସିଲୁ । ଆମେ ଦଶଟାରେ ଗାଡ଼ିରେ ବସିଲୁ ଓ ଦୁଇଟା ତିରିଶ ପର୍ଯ୍ୟନ୍ତ କୋର୍ଟ ଯିବାକୁ ଅପେକ୍ଷା କଲୁ । ଅସହ୍ୟ ଗରମ । ପବନ ବି ବହୁ ନ ଥାଏ । ମଧ୍ୟାହ୍ନରେ ଆମ ଓକିଲ ଆସି କହିଲେ ଯେ ଏସ୍.ପି.ପି. ଆଉ ଗୋଟେ ପିଟିସନ୍ ଦାଖଲ କରିଛନ୍ତି । ବର୍ତ୍ତମାନର ବିଚାରପତିଙ୍କୁ ଉପରେ ତାଙ୍କର ଆସ୍ଥା ନ ଥିବାରୁ ସେ ସମଗ୍ର ବିଚାରଟିକୁ ଅନ୍ୟ ଗୋଟିଏ କୋର୍ଟକୁ ସ୍ଥାନାନ୍ତର କରିବା ପାଇଁ ଜିଲ୍ଲା ଜଜ୍‌ଙ୍କୁ ଲେଖିଛନ୍ତି । ବର୍ତ୍ତମାନର ବିଚାରପତିଙ୍କୁ ସେ "ନକ୍‌ସଲ୍‌ବାଦୀଙ୍କୁ ଉଦାର ମନୋବୃତ୍ତି" ରଖୁଥିବାର ଅଭିଯୋଗ କରିଥିଲେ ତାଙ୍କ ଅଭିଯୋଗର ଭିତ୍ତି ହେଲା: ଜଣେ କିଶୋର ବୟସ୍କ ପିଲାର ମାଙ୍କୁ ସହିତ କଥାବାର୍ତ୍ତା ହେବାପାଇଁ ଓ କୋର୍ଟରେ ତାକୁ ଖାଇବାଟା ଦେବା ପାଇଁ ବିଚାରପତି ଅନୁମତି ଦେଇଥିଲେ, ଓକିଲ ଯୋଗାଡ଼ କରି ପାରି ନ ଥିବା ଦୁଇ ଜଣ ବନ୍ଦୀଙ୍କୁ ବିଚାର ଆଇନ୍ ସହାୟତା ପ୍ରଦାନ କରିଥିଲେ, ଜଣେ ବ୍ରିଟିଶ୍ ପଦାଧିକାରୀଙ୍କୁ ସେ ବ୍ୟକ୍ତିଗତ ଭାବରେ ନିଜ ପ୍ରକୋଷ୍ଠ ଭେଟିଥିଲେ, ଇତ୍ୟାଦି ଇତ୍ୟାଦି । ଚାଇଁବସା ଜିଲ୍ଲା କୋର୍ଟରେ ଏଇ ଆବେଦନର ଶୁଣାଣି ହେବା ଯାଏଁ ବିଚାର କାର୍ଯ୍ୟ ସ୍ଥଗିତ ରଖିବାକୁ ହେଲା । ସେଦିନର କୋର୍ଟ ହାଜିରା କେବଳ ନାଁକୁ ମାତ୍ର ପାଞ୍ଚ ମିନିଟ୍ ପାଇଁ ହେଲା ।

ସ୍ୱାର୍ଥ ପ୍ରଣୋଦିତ ଉଦ୍ଦେଶ୍ୟ ରଖି ଏକାନ୍ତରେ ବ୍ରିଟିଶ୍ ପଦାଧିକରୀଙ୍କୁ ଦେଖା କରିଥିବାର ଅପପ୍ରଚାର ବିଦେଶ କାର୍ଯ୍ୟାଳୟକୁ ବ୍ୟଥିତ କଲା । କଲିକତାରୁ ଆସିଥିବା ସେକ୍ରେଟେରୀ ଜଣକ ବିଚାର କାର୍ଯ୍ୟ କେତେ ଦିନ ଚାଲିବ ତାହା କେବଳ ବୁଝିବା ପାଇଁ ଯାଇଥିଲେ । ସେଠି ସାକ୍ଷାତ ବେଳେ ପ୍ରୋସିକ୍ୟୁଟରଙ୍କ ସହକାରୀ ମଧ୍ୟ

ଉପସ୍ଥିତ ଥିଲେ । ତେବେ ମୁଁ ନିଶ୍ଚିତ ଯେ ବାଦୀ ପକ୍ଷରୁ ହେଇଥିବା ଏଇ ଚୂଡ଼ାନ୍ତ ପଦକ୍ଷେପ ହିଁ ମୋର ସମସ୍ୟାର ସମାଧାନର ଚେଷ୍ଟାକୁ ତ୍ୱରାନ୍ୱିତ କରିବାପାଇଁ ବିଦେଶ କାର୍ଯ୍ୟାଳୟକୁ ଉତ୍ସାହିତ କଲା ।

ଆମ ମାମଲାରେ ସଂପୃକ୍ତ ବିଚାରପତି ଜିଲ୍ଲା ଜଜ୍‌ଙ୍କ ପାଖରେ ଦେବାକୁ ଥିବା ନିଜର ବୟାନ ପ୍ରସ୍ତୁତ କଲେ । ଅଭିଯୋଗ ଗୁଡ଼ିକୁ ଅସ୍ୱୀକାର କରି ସେ ନକ୍ସଲପନ୍ଥୀମାନଙ୍କୁ ପ୍ରତି କୋହଳ ଭାବ ପ୍ରଦର୍ଶନ ପରିବର୍ତ୍ତେ ଆଇନ ଅନୁଯାୟୀ ମାମଲାର ଶିଘ୍ର ବିଚାର ପାଇଁ ଚେଷ୍ଟା କରୁଥିବାର ଦର୍ଶାଇଲେ । ପରିଚାଳନାକାରୀଙ୍କ ଫନ୍ଦି ଯୋଗୁଁ ପ୍ରତି ପର୍ଯ୍ୟାୟରେ ସେ ଅସୁବିଧାର ସମ୍ମୁଖୀନ ହେଉଥିବା କଥା ଜଣାଇଲେ । ଆହୁରି ମଧ୍ୟ ସେ ଅଭିଯୋଗ କଲେ ଯେ ଏଇ କେସ୍ ଯେ କୌଣସି ବିଚାରପତିଙ୍କ ଦାୟିତ୍ୱରେ ଥିଲେ ମଧ୍ୟ ସେ ସେଇ ଅସୁବିଧାର ସମ୍ମୁଖୀନ ହେଇଥାନ୍ତେ । କାରଣ ଅଧିକ ପରିମାଣରେ ଫି ଆଦାୟ କରିବା ଉଦ୍ଦେଶ୍ୟରେ ଏସ୍.ପି.ପି. ବିଚାର କାର୍ଯ୍ୟକୁ ପାରୁ ପର୍ଯ୍ୟନ୍ତ ଲମ୍ବାଇ ଚାଲିଥିଲେ । ରାଜ୍ୟର ସରକାରୀ ପ୍ରତିନିଧିଙ୍କ ବିରୁଦ୍ଧରେ ଜଣେ ବିଚାରପତିଙ୍କ ଦ୍ୱାରା ଆନୀତ ଏଇ ଅଭିଯୋଗଟି କିଛି କମ୍ କଥା ନ ଥିଲା ।

ପୂଜାଛୁଟି ପରେ ନଭେମ୍ବର ୨୭ ତାରିଖ ଯାଏଁ ଶୁଣାଣିକୁ ସ୍ଥଗିତ ରଖାଗଲା । ମତେ ପୁଣି ହଜାରୀବାଗ୍ ଫେରି ଯିବାକୁ ପଡ଼ିପାରେ ପରି ଲାଗିଲା । ସେଦିନ ଉପସ୍ଥିତ ଥିବା ବ୍ରିଟିଶ୍ ପଦାଧିକାରୀମାନ ମୋର ବିଚାରଟିକୁ ଆଉ ଡେରି ନ କରି ଶିଘ୍ର କରିଦେବା ପାଇଁ କେନ୍ଦ୍ର ସରକାରଙ୍କୁ ଅନୁରୋଧ କରିବାର ପ୍ରତିଶ୍ରୁତି ମତେ ଦେଲେ । କିଂତୁ ଜେଲ୍ ଅଫିସର ଜଣେ ମତେ ସେଥିରେ ଆଶା ନ ରଖିବା ପାଇଁ କହିଲେ । କାରଣ ଏସ୍.ପି.ପି. ଓ ତାଙ୍କର ସବୁ ସହକାରୀ ମାନେ ଭୂମିହାର ବ୍ରାହ୍ମଣ ଥିଲେ । ଜିଲ୍ଲା ଜଜ୍ ମଧ୍ୟ ସେଇ ଜାତିର ହେଇଥିବାରୁ ସେ ତାଙ୍କ କଥା ହିଁ ଶୁଣିବେ ।

ସନ୍ଧ୍ୟା ହେଲା ପରେ ସେଦିନ ରାତିରେ ହଜାରିବାଗ୍ ଫେରିବା ପାଇଁ ପ୍ରସ୍ତୁତ ହେବାକୁ ହେଡ୍ ୱାର୍ଡ଼ର୍ ଆସି କହିଲେ । ମୁଁ ରାଗିଗଲି । ଏମିତିରେ ସେମାନେ ମନଇଛା ତରବରରେ କାମ କରୁଥିଲେ । ଅଥଚ ବିଚାର କାମରେ ଅହେତୁକ ବିଳମ୍ବ କରିବା ପାଇଁ ପଛାଉ ନ ଥିଲେ । କେତେ ଦିନ ହେଲା ମୋର ଦେହ ଖରାପ ଥିଲା । ମୁଁ ମଧ୍ୟ ନିଜ ଦେହକୁ ଦେଖାଶୁଣା କରି ପାରୁ ନ ଥିଲି । ଏବେ ତେଲ ଡିବିରିର ଧିମା ଆଲୁଅରେ ବହିପତ୍ର ଓ ଲୁଗାପଟା ଖୋଜି ବାହାର କରିବାକୁ ମୋର ମନ ହେଉ ନ ଥିଲା । ସେଦିନ ହଜାରୀବାଗ୍ ମୁଁ ଯିବି ନାହିଁ ଭାବିଲି । ସେମାନଙ୍କୁ ଅପେକ୍ଷା କରିବାକୁ ପଡ଼ିବ । ଜଣେ ପରେ ଜଣେ ୱାର୍ଡ଼ର୍ ଓ ଅଫିସ୍ କର୍ମଚାରୀ ଆସି ମତେ ଯିବା ପାଇଁ ବୁଝାଇ ଦେଇଗଲେ । ସେମାନଙ୍କ କଥା ନ ଶୁଣି ତଳେ ଗଡ଼ି ଶୋଇବାର

ଛଳନା କଲି । ଶେଷରେ ସେମାନେ ପିଛା ଛାଡ଼ିଦେଲେ ଓ ମୋର ସହ-ପ୍ରତିବାଦୀମାନଙ୍କୁ ଜେଲ୍ କୋଠିକୁ ପଠାଇ ଦେଲେ । ତା ପରଦିନ ସକାଳେ ଆମେ ହଜାରୀବାଗ୍ ଗଲୁ ।

ତରବରରେ ଚାଲି ଆସିଥିବାରୁ ଆମେ ଆମର ଓକିଲଙ୍କ ସହିତ ପରାମର୍ଶ କରି ପାରିଲୁ ନାହିଁ । ଅକ୍‌ଟୋବର ମାସ ଶେଷରେ ସେ ହଜାରୀବାଗ୍ ଆସିଲେ । ପ୍ରଥମ ଥର ପାଇଁ ମତେ ତାଙ୍କ ସହିତ ଓ ମୋର ସାଥୀମାନଙ୍କ ସହିତ ନିର୍ବିଘ୍ନରେ ଦୀର୍ଘ ସମୟ ଧରି ଆଲୋଚନା କରିବାକୁ ଦିଆଗଲା । ସ୍ପେସିଏଲ୍ ବ୍ରାଞ୍ଚ୍ ପୋଲିସ୍ ଆମର କଥାବାର୍ତ୍ତା ଶୁଣିବା ପାଇଁ ଏଥର ସେଠି ନ ଥିଲେ । ଏଇ ଅସାଧାରଣ ସୁଯୋଗଟା ସେମାନଙ୍କର ସଦିଚ୍ଛାରୁ ମିଳି ନ ଥିଲା । କାରଣ ଏଇୟା ଥିଲା ଯେ ମିସା ଅଟକବନ୍ଦୀ ମାନଙ୍କ ଯୋଗୁଁ ଜେଲ୍‌ରେ ଅସମ୍ଭବ ଭିଡ଼ ହେଇଥିଲା । ସେଥିରେ ମୁଁ ଗିରଫ ହେଇ ଆସିଲାବେଳେ ବିହାରର ମୁଖ୍ୟମନ୍ତ୍ରୀ ଥିବା କର୍ପୂରୀ ଠାକୁର ମଧ୍ୟ ଅନ୍ତର୍ଭୁକ୍ତ ଥିଲେ । ବୋଧହୁଏ ରାଜନୈତିକ ବନ୍ଦୀମାନଙ୍କ ପ୍ରତି କୋହଳ ମନୋଭାବ ପ୍ରଦର୍ଶନ କରି ୱାର୍ଡ଼ର୍ ମାନେ ଠିକ୍ କରୁଥିଲେ । କାରଣ ଜୀବନର ଉତ୍‌ଥାନ ପତନରେ କିଏ ଯେ କ୍ଷମତାର ଗାଦିରେ କେତେବେଳେ ବସିଯିବ ତାର କିଛି ଠିକଣା ନ ଥିଲା ।

ଆମ ମାମଲା ବିଚାରରେ ଖର୍ଚ୍ଚ ହେଇଥିବା ସରକାରୀ ଟଙ୍କାର ଆକଳନ ଆମର ଓକିଲ କରିଥିଲେ । ଆମର ଜେଲ୍ ରହଣିର ସବୁ ଖର୍ଚ୍ଚକୁ ବାଦ୍ ଦେଇ ତାହା ପାଖାପାଖି ତିରିଶ୍ ହଜାର ଟଙ୍କା ହେଇ ସାରିଥିଲା । ତିନି ଜଣ ବାଦୀ ପକ୍ଷର ଓକିଲ ନିଯୁକ୍ତିରେ ପକ୍ଷପାତ ଓ ପ୍ରିୟା ପ୍ରୀତିତୋଷଣ କାରବାର ହେଇଥିବା ମଧ୍ୟ ସେ ଜାଣି ପାରିଲେ । ସରକାରୀ ଚାକିରୀରେ ସମସ୍ତଙ୍କର ପ୍ରଭାବଶାଳୀ ସଂପର୍କୀୟମାନେ ରହିଥିଲେ । ସ୍ଥାନାନ୍ତର ଆବେଦନ ସେମିତି ପଡ଼ି ରହିଥିଲା । କିଂତୁ ସେ ଆମକୁ ଦୃଢ଼ ପ୍ରତିଶ୍ରୁତି ଦେଇ କହିଲେ ଯେ ତାଙ୍କର ହସ୍ତଗତ ହେଇଥିବା ତଥ୍ୟ ଓ ଚେଷ୍ଟା ଯୋଗୁଁ ଏଣିକି ପରିସ୍ଥିତି ଆମ ସମକ୍ଷରେ ମୁହାଁଇବ ।

ମାର୍ଚ୍ଚ ମାସରେ ଆନ୍ଦୋଳନ ଆରମ୍ଭ ହେଲା ପରେ ପରେ ଜୟ ପ୍ରକାଶ ନାରାୟଣ ତାର ନେତୃତ୍ୱ ନେଲେ । ସେ ଜଣେ ପ୍ରମୁଖ ଗାନ୍ଧିବାଦୀ ନେତା ଓ ଏକଦା ସୋସାଲିଷ୍ଟ ପାର୍ଟିର ଥିଲେ ହେଁ କମ୍ୟୁନିଷ୍ଟ ବିରୋଧୀ । ଆନ୍ଦୋଳନଟି କ୍ରମଶଃ ଦକ୍ଷିଣ-ପନ୍ଥୀ ଦଳ ଗୁଡ଼ିକର ହାତ ମୁଠାକୁ ଚାଲି ଯାଉଥିଲା ଯେଉଁମାନେ କି ବ୍ୟବସ୍ଥାପକ ସଭା ଭଙ୍ଗ କରି ନୂତନ ନିର୍ବାଚନ ଦାବୀ କରିବାରେ ବେଶୀ ମନୋନିବେଶ କରୁଥିଲେ । ମୁଁ ନିଶ୍ଚିତ ଥିଲି ଯେ ତଦ୍ୱାରା ବେଶୀ କିଛି ଲାଭ ହେବ ନାହିଁ । ବରଂ ଆଉ ଗୋଟେ ଭ୍ରଷ୍ଟାଚାରୀ ସରକାର କ୍ଷମତାକୁ ଆସିବ । ଆନ୍ଦୋଳନକୁ ତଥାପି ବହୁତ ଜନ ସମର୍ଥନ

ମିଳୁଥିଲା । କିଂତୁ ଗୁଣାତ୍ମକ ଦୃଷ୍ଟିରୁ ତାହାର ଅଧୋଗତି ହେଇଥିବାର ମୁଁ ଅନୁଭବ କଲି । ସାମାଜିକ ବ୍ୟବସ୍ଥାରେ ଏକ ପ୍ରକୃତ ଦୀର୍ଘସ୍ଥାୟୀ ପରିବର୍ତ୍ତନ ପାଇଁ କୌଣସି ଲକ୍ଷ୍ୟଣୀୟ ପଦ୍ଧତି ଅନୁସରଣ କରାଯାଉ ନ ଥିଲା । କୌଣସି ସ୍ପଷ୍ଟ ଯୋଜନା ନ ଥାଇ ଉଭୟ ଦିଗରୁ ନିତିଦିନିଆ ସଂଗ୍ରାମ ଓ ତାର ମୁକାବିଲାରେ ସମୟର ଅପଚୟ ହେଉଥିଲା । ନାରାୟଣ ଉପସ୍ଥାପିତ କରିଥିବା "ସମ୍ପୂର୍ଣ୍ଣ ବିପ୍ଲବ" ଓ "ଶ୍ରେଣୀ ବିହୀନ ଗଣତନ୍ତ୍ର" କ୍ରମଶଃ ଅସ୍ପଷ୍ଟ ଓ ଉଦ୍ଭଟ ଜଣା ପଡ଼ିଲା ।

ନାରାୟଣଙ୍କ ମହିଳା ଅନୁଗାମୀ ମାନଙ୍କର ଭିଡ଼ରେ ଜେଲ୍‌ର ଫିମେଲ୍ ୱାର୍ଡ଼ରେ ଆଉ ଜାଗା ନ ଥିଲା । ଅପରାହ୍ଣରେ ସେମାନେ ଅକୃତ୍ରିମ ଗ୍ରାମ୍ୟ ଜୀବନର ଗାଥା ଗାଇ ନୃତ୍ୟ ପ୍ରଦର୍ଶନ କରୁଥିଲେ । ସେମାନଙ୍କ ବିଶ୍ୱାସରେ ଭାରତର ସମସ୍ୟାର ସମାଧାନ ପାଇଁ ତାହା ହିଁ ଏକମାତ୍ର ପନ୍ଥା । ଅନ୍ୟ ମଧ୍ୟବିତ୍ତ ବନ୍ଦୀମାନଙ୍କ ପରି ସେମାନଙ୍କର କିଛି ଛଳନା ନ ଥିଲା । ସେମାନଙ୍କ ଚାଲି ଚଳଣ ଅତି ସାଦାସିଧା ଥିଲା ଓ ଶ୍ରମକୁଣ୍ଠ ମଧ୍ୟ ନ ଥିଲେ । ସେମାନଙ୍କ ଭିତରୁ କେତେ ଜଣ ପରମ୍ପରା ଭାଙ୍ଗି ଅନ୍ୟ ଜାତିରେ ବିବାହ କରିଥିଲେ । ଏ ସବୁ ସତ୍ତ୍ୱେ ମୋର ଧାରଣା ହେଲା ଯେ, ଏଇ ଗୋଷ୍ଠୀର ଲୋକେ ନୂତନ ଚିନ୍ତାଧାରାକୁ ଗ୍ରହଣ କରୁଥିଲେ ସୁଦ୍ଧା ଦୁଃଖ କଷ୍ଟ ଭୋଗୁଥିବା ଅସଂଖ୍ୟ ଜନତାଙ୍କୁ ଆବୋରି ନେଇ ପାରିବେ ନାହିଁ ।

ଆନ୍ଦୋଳନ-ବନ୍ଦୀ ମାନଙ୍କ ଭିତରେ ଜଣେ କିମ୍ବା ଦୁଇ ଜଣ ବ୍ୟତିକ୍ରମ ରହିଥିଲେ । ତାଙ୍କ ଭିତରୁ ଜଣକୁ ଆମେ ଦାଦୀ ଡାକୁଥିଲୁ, ମାନେ ବୁଢ଼ୀମା । ସେ ଜଣେ ବ୍ରାହ୍ମଣ ଚାଷୁଣୀ-ବୁଢ଼ୀର ପାଟିରେ ଗୋଟେ ହେଲେ ଦାନ୍ତ ନ ଥିଲା । ଶ୍ରେଣୀ ଓ ଜାତିକୁ ନେଇ ମୁଁ ରଖିଥିବା ସମାନ୍ତରାଳ ଦୃଷ୍ଟିକୁ ତାର ଦାରିଦ୍ର୍ୟ ଭୁଲ ପ୍ରମାଣିତ କଲା । ଯଦିଓ ସାଧାରଣତଃ ଆଦିବାସୀ ଓ ହରିଜନ ମାନେ ଅଧିକାଂଶ ସାମାଜିକ ଅବିଚାରର ଶୀକାର ହେଉଥିଲେ, ତା ଭିତରେ ଜାତି ନିର୍ବିଶେଷରେ ଦରିଦ୍ର ଲୋକହିଁ ବେଶୀ ଥିଲେ । ସବୁ ଜାତିରେ ଗରୀବ ଲୋକ ଥିଲେ । ଦାଦୀ ବେଶ୍ ମେଳାପୀ ଓ ଉଦାର ଥିଲା । ସେଠିକାର ଜମିଦାରଙ୍କ କଥାରେ ସେ ଓ ତାର ଏକମାତ୍ର ପୁଅ ଆନ୍ଦୋଳନରେ ଯୋଗ ଦେଇଥିଲେ । ନିଜର କୌଣସି ଏକ କାରଣରୁ ଜମିବାର ସେମାନଙ୍କୁ ଆନ୍ଦୋଳନରେ ଅଂଶ ଗ୍ରହଣ କରିବା ପାଇଁ ବାଧ୍ୟ କରିଥିଲେ । ଜମିଦାର ଠାରୁ ସେମାନେ ଟଙ୍କା କରଜ ଆଣି ଥିବାରୁ ତାଙ୍କ କଥାକୁ ନାହିଁ କରିବାକୁ ତାଙ୍କର ଜୁ' ନ ଥିଲା । ସାଧାରଣ ଧର୍ମଘଟ ସମୟରେ 'ରେଳ ରୋକୋ' ଧାରଣାରେ ବସିଥିବା ଅଭିଯୋଗରେ ସେମାନଙ୍କୁ ଗିରଫ କରାଯାଇଥିଲା ।

ସେ ଜଣେ ବିଧବା । ଜମି ବାଡ଼ି ବି କିଛି ନ ଥିଲା । ତା ପୁଅ ରେଳ

ଲାଇନ୍‌ରେ କାମ କରି ମାସିକ ୧୦୫ ଟଙ୍କା ରୋଜଗାର କରୁଥିଲା । ସେତେବେଳେ ଚାଉଳ କେଜିର ଦାମ୍ ଚାରିଟଙ୍କା । ତା ରୋଜଗାରରେ ତା ସ୍ତ୍ରୀ, ମା, ଭଉଣୀ ଓ ସେ ନିଜେ ଚଳିବା ମୁସ୍କିଲ ଥିଲା । ତା ଉପରେ ପୁଣି ଭଉଣୀ ବାହାଘର ବେଳେ ଜମିଦାର ଠାରୁ କରିଥିବା କରଜ ଟଙ୍କା ଶୁଝିବାକୁ ପଡୁଥିଲା । ବ୍ରାହ୍ମଣ ସ୍ତ୍ରୀ ମାନେ କ୍ଷେତରେ କାମ କରି ପାରୁ ନ ଥିଲେ । ତେବେ ବେଳେ ବେଳେ ଧନୀ ଲୋକଙ୍କ ଘରେ ସେମାନେ ରନ୍ଧାବଢ଼ା ଆଦି ଘର କାମ କରୁଥିଲେ । ଦାଦୀକୁ ପ୍ରାୟ ଭୋକରେ ରହିବାକୁ ପଡୁଥିଲା ।

ସେ କହିଲା : "ଭୋକ ଭୁଲିବାକୁ ମୁଁ ହସ କଉତୁକରେ ଦିନ କାଟି ଦିଏ । ବେଶୀ ଭୋକ ଲାଗିଲେ ଲୁଣ ପାଣି ପିଇ ଭୋକ ଦାଉ ମାରିଦିଏ । ରାତିରେ ଆମର ଖାଇବା ମାନେ କେଇ ଖଣ୍ଡ ରୁଟି ଓ ଟିକେ ପାଣିଆ ଡାଲି ବା ଟିକିଏ ପରିବା ତରକାରୀ । ଆମେ କରିଥିବା ଚାରି ଖଣ୍ଡ ରୁଟିରୁ ମୋ ପୁଅ ଖାଏ ଦୁଇ ପଟ । ଆଉ ଦୁଇ ପଟ ଝିଅଙ୍କ ଭାଗରେ ପଡ଼େ । ମୋ ଅଲଗା ଭାଗ ନ ଥାଏ । ମୁଁ ସମସ୍ତଙ୍କ ଭାଗରୁ ଖଣ୍ଡେ ଲେଖାଏଁ ଖାଇ କାମ ଚଳେଇ ନିଏ ।" ତା ପୁଅ ସପ୍ତାହକୁ ପୁରା ସାତ ଦିନ ଖଟୁଥିଲା । ଖାଲି ଖାଇବା ପାଇଁ ତାକୁ ବର୍ଷକ ବାବନ ସପ୍ତାହ ଖଟିବାକୁ ପଡୁଥିଲା । ଅନ୍ୟ ଆନ୍ଦୋଳନ-ବନ୍ଦୀ ଅପେକ୍ଷା ଦାଦୀ ବେଶୀ ଦିନ ରହିଲା । ଶେଷରେ ଜମିଦାର ତାର ଜାମିନ ଯୋଗାଡ଼ କରି ଖଲାସ କରି ନେଲା । ଯା ଭିତରେ ସେମାନେ କରିଥିବା କରଜର ସୁଧ ବଢ଼ି ଯାଇଥିଲା ଓ ତା ଉପରେ ପୁଣି ଆହୁରି ଗୋଟେ କରଜର ବୋଝ ବୋହିବାକୁ ପଡ଼ିଲା ।

ନଭେମ୍ବରରେ ଛୁଟିରେ ଇଂଲଣ୍ଡ ଯାଇଥିବା ବ୍ରିଟିଶ୍ ପଦାଧିକାରୀଙ୍କୁ ଫେରି ଆସିଥିବାର ଦେଖି ମତେ ଖୁସି ଲାଗିଲା । କାରଣ ସେ ମୋର ବାପା ମା'ଙ୍କ ସହିତ ଦେଖା କରିବାର ପ୍ରତିଶ୍ରୁତି ଦେଇ ଯାଇଥିଲେ । ଘରୁ ପଠାଇଥିବା ଉପହାର ଜିନିଷମାନ ସେ ଆଣି ମତେ ଦେଲେ । ସେଥିରେ ମିଷ୍ଟାନ୍ନ, ଚକୋଲେଟ୍, ବିସ୍କୁଟ, ପ୍ରସାଧନ କ୍ରିମ୍ ଓ ସବୁଠୁ ବଡ଼ କଥା ମୋର ଅନ୍ତର୍ବାସ ଥିଲା । ଅନ୍ତର୍ବାସ କେତେ ଖଣ୍ଡ ମୋ ପାଇଁ କେତେ ଜରୁରୀ ତାହା ମୋ ମାଆ ଅନୁମାନ କରି ପଠାଇଥିଲେ । ଚକୋଲେଟ୍ ଓ ବିସ୍କୁଟ୍ ଅନ୍ୟମାନଙ୍କ ସହିତ ବାଣ୍ଟି କୁଣ୍ଟି ଖାଇ ଦେଲି । ମୋ ଭାଗତକ ମୁଁ ଛୋଟ ପିଲାଙ୍କ ପରି ରାଉ ରାଉ ହେଇ ଖାଇଗଲି । ମୋ ପରିକା ଆଉ କେଇ ଜଣ ସ୍ତ୍ରୀ ଲୋକ ମଧ୍ୟ ଅଜାଣତରେ ଟିକିଏ ବେଶୀ ପଡ଼ିଯାଇଥିବା ଭାଗଟିକୁ ଚାଟି ଚୁଟି ଖାଇ ଯାଉଥିଲେ । ଅନ୍ୟ ମାନେ ଠିକ୍ ଓଲଟା କରୁଥିଲେ । ପଚି ସଢ଼ି ଯିବା ଯାଏଁ ସେ ଗୁଡ଼ିକୁ ସାଇତି ରଖିଲେ । ପାକ ପ୍ରକ୍ରୀୟା ପାଇଁ ଉଭୟ ପଦ୍ଧତି କ୍ଷତି କାରକ ଥିଲା ।

ଟିକେ ଭଲ ଖାଇବାକୁ ମିଳୁଥିବା ଛୁଟି ଦିନ ବା ପର୍ବ ପର୍ବାଣି ଦିନ ପରେ ପ୍ରାୟ ସମସ୍ତଙ୍କୁ ଝାଡ଼ା ବାନ୍ତି ଧରୁଥିଲା ।

ସେଇ ମାସ ଶେଷକୁ ମତେ ପୁଣି ଜାମ୍‌ସେଦ୍‌ପୁର ନିଆଗଲା । କିଂତୁ ସ୍ଥାନାନ୍ତର ଆବେଦନର ଶୁଣାଣି ହେଇ ନ ଥିବାରୁ ଏଥରକ ମଧ୍ୟ ଫେବୃୟାରୀ ପହିଲା ଯାଏଁ ବିଚାର ସ୍ଥଗିତ ରହିଲା । ଦୀର୍ଘ ସ୍ଥଗିତା ଦେବା ଯୋଗୁଁ ମତେ ପୁଣି ସିଧା ହଜାରିବାଗ୍ ଫେରାଇ ଦିଆଯିବ ଭାବିଲି । ସତକୁ ସତ ତାପର ଦିନ ସକାଳେ ମତେ ଯିବାପାଇଁ ପ୍ରସ୍ତୁତ ହେବାକୁ ୱାର୍ଡ଼ର୍ କହିଗଲା । ମୁଁ ସେଇ ଦିନ ସାରା ଲୁଗାପଟା ବହିପତ୍ର ବାନ୍ଧି ବସି ରହିଲି । କିଂତୁ କିଛି ହେଲା ନାହିଁ । ତା ପରଦିନ ମଧ୍ୟ ସେଇ କଥା ହେଲା । ତୃତୀୟ ଦିନ ମୁଁ ଘଟଣା କ'ଣ ଜାଣି ପାରିଲି । ସହରର ସବୁ ପୋଲିସ୍ ଗାଡ଼ି ଅଚଳ ହେଇ ଯାଇଥିଲା । କଥାଟି କିଛି ନୂଆଁ ନୁହେଁ । ଦିନେ କୋର୍ଟ ବାହାରେ ପୋଲିସ୍ ଗାଡ଼ି ଅଚଳ ହେଇଗଲା ଓ ଆମକୁ ଗୋଟେ ଆର୍ମି ଗାଡ଼ିରେ ଜେଲ୍‌କୁ ଫେରିବାକୁ ପଡ଼ିଲା । ମୁଁ ଡ୍ରାଇଭରକୁ ସବୁବେଳେ ପୋଲିସ ଗାଡ଼ି ଖରାପ ହେଉଥିବାର କାରଣ ପଚାରିବାରୁ ସେ କହିଲା ଯେ ଜାମ୍‌ସେଦ୍‌ପୁରରେ କୌଣସି ମେକାନିକ୍ ଗାଡ଼ି ମରାମତି କରନ୍ତି ନାହିଁ । କାରଣ ସେମାନଙ୍କର କାମର ପାଉଣା ମିଳିବ ନାହିଁ ବୋଲି ତାଙ୍କୁ ଠିକ୍ ଜଣା । ପ୍ରାୟ ସବୁଥର ଜାମ୍‌ସେଦ୍‌ପୁରରୁ ହଜାରିବାଗ୍ ଗଲାବେଳେ ଗାଡ଼ି ଖରାପ ହେଉଥିବାରୁ ବହୁତ ବିଳମ୍ବ ହେଉଥିଲା ।

ଖ୍ରୀଷ୍ଟମାସର ଠିକ୍ ଆଗରୁ ଆମେ ହଜାରିବାଗ୍ ଫେରି ଆସିଲୁ । ଦୁଇ ଦିନ ପରେ ବ୍ରିଟିଶ୍ ପଦାଧିକାରୀ ଜଣେ ମତେ ଦେଖା କରିବାକୁ ଆସିଲେ । ପାଟନା ପୋଲିସ ମହା ଅଧୀକ୍ଷକ ମତେ ଖ୍ରୀଷ୍ଟମାସ୍ ପର୍ଯ୍ୟନ୍ତ ଜାମ୍‌ସେଦ୍‌ପୁରରେ ରହିବାକୁ କଥା ଦେଇଥିଲେ । ପରେ ଆସି ଦେଖିଲେ ଯେ ଦୁଇ ଦିନ ଆଗରୁ ମତେ ହଜାରିବାଗ୍ ପଠାଇ ଦିଆଯାଇଛି । ନିଜ ଅଧୀନରେ ଗୋଟେ କାର୍ ଥିବାରୁ ଓ ସମୟ ମଧ୍ୟ ଥିବାରୁ ସେ ହଜାରିବାଗ୍ ଚାଲି ଆସିଲେ । ଅମଳେନ୍ଦୁଙ୍କ ପରିବାର ବର୍ଗ ଓ ମୋର ସହ-ପ୍ରତିବାଦୀ ମାନଙ୍କୁ ଦେଖା କରିବାକୁ ଆସୁଥିବା ଲୋକଙ୍କ ଭାଗ୍ୟରେ ଏଇ ସୁବିଧା ନ ଥିଲା । ଏମିତି କେତେ ଥର ଜେଲ୍‌ରେ ମତେ ଭେଟି ନ ପାରି ଦୂର ବାଟ ଯୋଗୁଁ ସେମାନେ ବାଧ ହେଇ କଲିକତା ଫେରିଯାଉଥିଲେ । ଇଂଲଣ୍ଡରେ ଥିବା ମୋର ବନ୍ଧୁ ଓ ପରିବାର ବର୍ଗଙ୍କ ଅବସ୍ଥା ଆହୁରି ଦୟନୀୟ । ଆଗରୁ ଯାହାକିଛି ବି ଯୋଗାଯୋଗ ରହୁଥିଲା, ବାରମ୍ବାର ଏମିତି ଜେଲ୍ ପରିବର୍ତ୍ତନ ଯୋଗୁଁ ସେମାନେ ମୁଁ କୋଉଠି ଥିବି ଜାଣି ନପାରିବାରୁ ସେତକ ମଧ୍ୟ ବାଧାପ୍ରାପ୍ତ ହେଲା ।

୧୯୭୫ ଜାନୁୟାରୀ ତିନି ତାରିଖରେ ଜଣେ ଅଫିସ କର୍ମଚାରୀ ମତେ ଖବର

ଦେଲା ଯେ ଉତ୍ତର ବିହାରର ସମସ୍ତିପୁରଠାରେ କେନ୍ଦ୍ର ରେଳ ମନ୍ତ୍ରୀ ଏଲ୍.ଏନ୍. ମିଶ୍ରଙ୍କୁ ହତ୍ୟା କରାଯାଇଛି । ତା ମୁହଁରୁ ଖବର ଶୁଣୁଥିବା ବନ୍ଦୀମାନଙ୍କ ମୁହଁରେ ଟିକିଏ ଦୁଃଖର ଲେଶ ମାତ୍ର ଚିହ୍ନ ନ ଥିଲା । ରେଳ ଧର୍ମଘଟକୁ ନିର୍ଦ୍ଦୟ ଭାବରେ ଦମନ କରାଯାଇ ତାଙ୍କରି ନିର୍ଦ୍ଦେଶରେ ହିଁ ହଜାର ହଜାର ଲୋକଙ୍କୁ ଚାକିରୀରୁ ବାହାର କରି ବାସଚ୍ୟୁତ କରାଯାଇଥିଲା । ଆମର ଅନିଶ୍ଚିତ ସ୍ଥିତି ଉପରେ ଏଇ ହତ୍ୟାକାଣ୍ଡର ପ୍ରଭାବ ପଡ଼ିଲା । ସମ୍ବାଦ ପତ୍ରରେ ପ୍ରକାଶିତ ବିତରଣୀ ଅନୁସାରେ ଯେଉଁ ରେଳ ଷ୍ଟେସନରେ ମନ୍ତ୍ରୀଙ୍କୁ ହତ୍ୟା କରାଯାଇଥିଲା ସେଠି ସାତ ଶହ ସାଦା ପୋଷାକଧାରୀ କାର୍ଯ୍ୟରତ ପୋଲିସ୍ ଥିଲେ । ପୋଲିସ୍ ଅପାରଗତାର ଓ ବିଶେଷତଃ ଗୋଇନ୍ଦା ବିଭାଗର ତୀବ୍ର ସମାଲୋଚନା ହେଲା । ନିଜର ପାରିବା ପଣିଆକୁ ପ୍ରମାଣ କରିବା ପାଇଁ ଜେଲ୍‌ରେ ଅବସ୍ଥାପିତ ସ୍ପେସିଏଲ୍ ବ୍ରାଞ୍ଚ୍ ଲୋକ ହଠାତ୍ ପୁଣି ଥରେ ଜେଲ୍‌ରୁ ପଳାୟନ ରହସ୍ୟର “ଆବିଷ୍କାର” କରି ପକାଇଲେ । ପୁଣି ଥରେ ଅସ୍ତ୍ରଶସ୍ତ୍ର ଓ ବିସ୍ଫୋରକ ପାଇବା ଉଦ୍ଦେଶ୍ୟରେ ଖାନତଲାସି ନିଆଗଲା । କିଛି ମିଳିଲା ନାହିଁ । ତେବେ ମୋ ଦୃଷ୍ଟିରେ ସେମାନଙ୍କର “ଆମର ଚାକିରୀ ରଖ” ପ୍ରଚାରଟା ଅନ୍ତତଃ ସଫଳ ହେଲା । ଯେଉଁ “ଗୋଇନ୍ଦା ତଥ୍ୟ” ଯୋଗାଇବା ପାଇଁ ସେମାନେ ନିଯୁକ୍ତି ପାଇଥିଲେ, ସେତକ ଯେମିତି ପାଇ ବାହାରି ଆସିଲେ ।

୧୯୭୫ର ପହିଲାରେ ଗୋଟେ ଭିକାରୀ ଛୁଆର ରକ୍ଷଣା ବେକ୍ଷଣର ଦାୟିତ୍ୱ ଆମକୁ ଦିଆଗଲା । କେତେ ଜଣ କଇଦୀ ଅସ୍ଥାୟୀ ଚାନ୍ଦୱାରା ଜେଲ୍‌ର ଫାଟକ ପାଖରେ ତାକୁ ପାଇଥିଲେ । ଧୂଳିରେ ଘୁଷୁରି ଘୁଷୁରି ତାଟିଆ ଖଣ୍ଡେ ଧରି ଭିକ ମାଗୁଥିଲା । ସିଧା ହେଇ ଛିଡ଼ା ହେଇ ପାରୁ ନ ଥିଲ । ସେମାନେ ସୁପରିଟେଣ୍ଡେଣ୍ଟଙ୍କୁ ବୁଝାସୁଝା କରି ତାକୁ ଜେଲ୍ ଭିତରକୁ ନେଇ ଆସିଲେ । ତଦ୍ୱାରା ସେ ଭୋକ ଓପାସରେ ମରିବାରୁ ନିଶ୍ଚିତ ରୂପେ ରକ୍ଷା ପାଇ ଗଲା । ମୁଁ ତାକୁ ଯେତେବେଳେ ପ୍ରଥମ ଥର ଦେଖିଲି ସେ ଗୁରୁଣ୍ଡି ପାରୁଥିଲା । ପେଟଟା ବଡ଼ ହେଇଯାଇଥିବାରୁ ସେ ଭାରସାମ୍ୟ ରଖି ପାରୁ ନ ଥିଲା । ନିୟମିତ ଖିଆପିଆ କଲାପରେ ପେଟଟା ସେମିତି ବଢ଼ି ଯାଇଥିଲା । ଭାରି ପେଟ ବ୍ୟତୀତ ତାର ମୁଣ୍ଡଟା ମଧ୍ୟ ଅଦ୍ଭୁତ ଭାବରେ ବଡ଼ ଥିଲା । ଦେହର ବାକି ଅଂଶ ଖର୍ବକାୟ ଦେଖାଯାଉଥିଲା । ହାଡ଼ ଗୁଡ଼ିକ ପତଳା ଓ ଦୁର୍ବଳ ଲାଗୁଥିଲା । କ୍ଷୟିଷ୍ଣୁ ଦାନ୍ତ ଗୁଡ଼ିକ ହଳଦିଆ ପଡ଼ିଯାଇଥିଲା । ହୁଗୁଳା ଥିବା ଦୁଇଟି ଦୁଧ ଖିଆ ଦାନ୍ତରୁ ତାକୁ ପାଞ୍ଚ କି ଛଅ ବର୍ଷ ହେଇଥିବା ଲାଗୁଥିଲା । କିଂତୁ ସେ କଥା କହି ପାରୁ ନ ଥିଲା । କଥା କହିବାକୁ ଚେଷ୍ଟା କଲେ ବିକଟ ଶବ୍ଦ ଗୁଡ଼ା ବାହାରୁଥିଲା । ସମ୍ଭବତଃ ସେ କଥା ଶିଖିଲା ଭଳି ତା ସହିତ କେହି କଥା ହେଇ ନ

ଥିଲେ । ଅପର ପକ୍ଷେ ଆମେ ତାକୁ ଯାହା କହୁଥିଲୁ ସେ ସବୁ ବୁଝି ପାରୁ ଥିଲା । ଖାଦ୍ୟପେୟର ନିୟମିତତା ସହିତ କେବେ ଅଭ୍ୟସ୍ତ ନ ଥିବାରୁ ସେ କାହା ହାତରେ ଖାଦ୍ୟ ଦେଖିଲା ମାତ୍ରେ ପେଟ ପୁରିଥିଲେ ହେଁ ହାତ ବଢ଼ାଇ ଖାଇବାକୁ ମାଗୁଥିଲା । ତା ପାଇଁ ଯେ କୌଣସି ସମୟରେ ହେଉ ବା ଯେ କୌଣସି ପରିମାଣରେ ହେଉ ଖାଦ୍ୟ ମିଳିଲା ମାତ୍ରେ ତାହା ଖାଇବା କଥା । ତାର ପୁଷ୍ଟିହୀନତା ଯକୃତ ସମସ୍ୟା ଓ କୃମିରୋଗ ପାଇଁ ତାକୁ ଡାକ୍ତର ଦେଉଥିବା ଔଷଧକୁ ମଧ୍ୟ ଖାଦ୍ୟ ଭାବି ସେ ଭାରି ଆଗ୍ରହରେ ଖାଉଥିଲା ।

ତାର ଜୀବନ ସଂଘର୍ଷର ଫଳ ସ୍ୱରୂପ ସେ ବେଶ ଟାଣୁଆ, ଜିଦିଆ ଓ ବେଳେବେଳେ ଅମାନିଆ ହେଲା । କିଂତୁ ପ୍ରାୟ ଆମ କୋଳ ଉପରକୁ ଚଢ଼ି ଆସି ଆଗରୁ କେବେ ପାଇ ନ ଥିବା ସ୍ନେହର ଦାବୀରେ ଦେହରେ ଲଟକି ଯାଉଥିଲା । ତାକୁ କୁଣ୍ଢେଇ ଧରୁ ଧରୁ ମୋ ଆଖିରୁ ପାଣି ବହୁଥିଲା । ଧୀରେ ଧୀରେ ଆମେ ତାକୁ ସଫା ସୁତୁରା ହେବା ଓ ଦାନ୍ତ ଘଷିବା ଶିଖେଇଲୁ (ଏଇଟା ତାକୁ ଭାରି କଷ୍ଟ ଲାଗୁଥିଲା ଓ ସେ ଅମଙ୍ଗ ହେଉଥିଲା) । ଝାଡ଼ା ଲାଗିଲେ ଆମକୁ କହି ପାଇଖାନା ଯିବାକୁ ଶିଖେଇଲୁ । ତାହେଲେ ଯାଇ ଆମେ ତାର ତଳ ପଟକୁ ସଫା କରିଦେବୁ । ମୋର ଗାଳି ଗୁଲଜ ସତ୍ତ୍ୱେ ଅନ୍ୟ ସ୍ତ୍ରୀ ଲୋକମାନେ ତାକୁ "ଧାତିଙ୍ଗ୍‌ନା" ଡାକିଲେ- ଲୋଭୀ ପେଟୁ । ୟାର ମାନେ ସେମାନଙ୍କର ନିର୍ଦ୍ଦୟ ବା ଅଭଦ୍ର ବ୍ୟବହାର ନୁହେଁ । ବରଂ ଏଇଟା ତାଙ୍କର ରୋକ୍‌ଠୋକ୍ କହିବାର ଅଭ୍ୟାସ । ଥଟ୍ଟା ତାମସା ବା ସମାଲୋଚନାର ଉଦ୍ଦେଶ୍ୟ ନ ରଖି ସେମାନେ ଲୋକଙ୍କ ଚାଲି ଚଳଣକୁ ନେଇ ନାଁ ଦେଇ ଡାକୁଥିଲେ । ପ୍ରକାଶର ମା'କୁ ସେମାନେ "ଛୋଟୀ" ଓ ମୋତିକୁ "ବାୟାଣୀ" ଡାକୁଥିଲେ । କାରଣ ସେମାନେ ସେଇୟା ଥିଲେ । ମୁଁ ଧାତିଙ୍ଗ୍‌ନାକୁ ମୋର "ମନ୍ତ୍ରୀ ସାହେବ" ଡାକୁଥିଲି । କାରଣ ବିରୋଧାତ୍ମକ ଭାବରେ ତାର ବଡ଼ ପେଟ ଖଣ୍ଡକ ମତେ ପେଟୁ ସରକାରୀ ଅଫିସର ମାନଙ୍କୁ ସ୍ମରଣ କରାଇ ଦେଉଥିଲା । ତାର ଭବିଷ୍ୟତ ଅନିଶ୍ଚିତ । ତେବେ ଅନେକ ବନ୍ଦୀ ଖଲାସ ହେଇ ଗଲାବେଳେ ତାକୁ ସାଙ୍ଗରେ ନେଇ ଯିବାକୁ ଇଚ୍ଛା ପ୍ରକାଶ କରୁଥିଲେ । ସେମାନଙ୍କର ଘରେ ସେ ନିହାତି ଜଣେ ଚାକର ହେଇ ରହିବ - ଗୋଟେ ପ୍ରକାର ମାଗଣା ସେବା । କିଂତୁ ସେ ଅନ୍ତତଃ ଭୋଗ ଓପାସରୁ ରକ୍ଷା ପାଇଯିବ ।

ପରବର୍ତ୍ତୀ କୋର୍ଟ ହାଜିରା ପାଇଁ ଜାମ୍‌ସେଦ୍‌ପୁର ଗଲାବେଳେ ମୁଁ ବାଟରେ ଗୋଟେ ଦୁର୍ଘଟଣା ଦେଖିଲି । ଗୋଟେ କାର୍ ଦ୍ରୁତ ଗତିରେ ଯାଉ ଯାଉ ଆମ ଆଗରେ ଗୋଟେ ସାଇକେଲ୍ ଚଢ଼ାଳୀକୁ ପିଟି ଦେଲା ଓ ନ ଅଟକି ସିଧା ଚାଲିଗଲା । ଆମ

ସାଙ୍ଗରେ ଯାଉଥିବା ଯୁବ ଅଫିସର୍ ଜଣକ ପ୍ରଥମେ ଟିକିଏ କୁନ୍ଥୁ କୁନ୍ଥୁ ହେଲେ। କିଂତୁ ପରେ କର୍ତ୍ତବ୍ୟ ପାଳନ ଦୃଷ୍ଟିରୁ ଦୁର୍ଘଟଣା ଘଟାଇ ଚାଲିଯାଇଥିବା କାର୍‌ଟିର ପିଛା କରିବାକୁ ଡ୍ରାଇଭରକୁ କହିଲେ। କାର୍ ଅଟକି ଥିବା ଜାଗାରେ ଆମର ଜିପ୍ ଯାଇ ରହିଲା। ଦବିଲା ପରି ହେଲେ ମଧ୍ୟ ବେଶ୍ ସ୍ୱଭାବ ସୁଲଭ ଢଙ୍ଗରେ ପୋଲିସ୍ ଅଫିସର ଜଣକ ତା ପାଖକୁ ଗଲେ। କଳା ଚଷମା ପିନ୍ଧି ଥିବା ଓ ଧନାଢ୍ୟ ତଥା ଭୟଙ୍କର ଦିଶୁଥିବା ଚାରି ଜଣ ଡେଙ୍ଗା ଲୋକ କାର୍ ଭିତରୁ ବାହାରି ଆସିଲେ। ଧମକ ଦେଲା ପରି ଠାଣିରେ ତାଙ୍କ ସାମ୍ନାକୁ ଆସିଲେ। ସେ ପାଟି ଖୋଲିବା ଆଗରୁ ଲୋକ ଚାରିଟା ଜଣେଇ ଦେଲେ ଯେ ସାଇକେଲ୍ ଚଢ଼ାଳୀ ଜଣଙ୍କ ଯାଉ ଯାଉ "ତଳେ ପଡ଼ିଗଲା।" ସଙ୍ଗେ ସଙ୍ଗେ ପୋଲିସ୍ ଅଫିସର୍ ଜଣକ ପଛଘୁଞ୍ଚା ଦେଇ ଫେରି ଆସିଲେ ଓ ଗୁଣୁଗୁଣେଇ କହିଲେ, "ହଁ, ହଁ, ସେ ତଳେ ପଡ଼ିଗଲା, ମୁଁ ତାକୁ ଦେଖିଲି, ହଁ, ହଁ, ବୋଧହୁଏ ମାତାଲ ଥିଲା, ଏହି ଗାଉଁଲୀ ଲୋକ ଗୁଡ଼ା ପଶୁ ପରି ପିଅନ୍ତି....।" ପରିସ୍ଥିତିର ଚାପକୁ ବୁଝି ପାରି ଅନ୍ୟ ପୋଲିସ ମାନେ ତାଙ୍କ ସହିତ ସ୍ୱର ମିଳାଇଲେ, "ହଁ, ହଁ, ସେ ପଡ଼ିଗଲା, ମୁଁ ଦେଖିଲି...", "ମଦୁଆ..."। ରକ୍ତାକ୍ତ ଅବସ୍ଥାରେ ସାଇକେଲ୍ ଚଢ଼ାଳୀକୁ ତା ଭାଗ୍ୟ ଉପରେ ଛାଡ଼ି ଦିଆଗଲା। ଭଲ ହେଇ ଉଠିଥିବ ନ ହେଲେ ମରିଥିବ ଅଥବା ଆଉ ଗୋଟିଏ ଗାଡ଼ି ମାଡ଼ି ଯିବାଟାକୁ ସେଇଠି ପଡ଼ି ଅପେକ୍ଷା କରିଥିବ। ସେ ଗରୀବ, ତେଣୁ କଥାଟା କିଛି ନୁହେଁ। କାର୍ ଭିତରେ ଥିବା ଲୋକ ଓ ଧନୀ ଓ କ୍ଷମତାଶାଳୀ ହେଇଥିବାରୁ ଦୁର୍ଘଟଣା ଘଟାଇଥିବା ଅଭିଯୋଗରେ ଦଣ୍ଡିତ ହେଇ ପାରିବେ ନାହିଁ। ତା ଛଡ଼ା ଜଣେ ଗରୀବ, ଆହତ ଓ ଅସହାୟ ମଣିଷ ଠାରୁ ଜଣକର କାମଟା ବେଶୀ ଗୁରୁତ୍ୱପୂର୍ଣ୍ଣ...

ସେଥର ଏସ୍.ପି.ପି.ଙ୍କ ବିଚାରପତି ପରିବର୍ତ୍ତନ ପାଇଁ ଆବେଦନ ଆଶ୍ଚର୍ଯ୍ୟଜନକ ଭାବରେ କାଟ ଖାଇଲା। ତଥାପି ମାମଲାର ବିଚାର କାର୍ଯ୍ୟରେ ବିଶେଷ ଅଗ୍ରଗତି ହେଲା ନାହିଁ। ସବୁ ମକଦ୍ଦମାର ଏକତ୍ରୀକରଣ ବିରୁଦ୍ଧରେ ହେଇଥିବା ଆବେଦନରେ ଶୁଣାଣି ପାଟନା ହାଇକୋର୍ଟରେ ତଥାପି ହେଇ ନ ଥିଲା। ବିହାର ଆଇନ ସହାୟତା ପରିଷଦ ଓ ଆମର ଓକିଲଙ୍କ ସହିତ ପରାମର୍ଶ ପାଇଁ ଜାମ୍‌ସେଦ୍‌ପୁର ଠାରେ ଦଶ ଦିନ ରହିବା ପାଇଁ ଆମେ ଅନୁମତି ନେଲୁ। ବିନାମୂଲ୍ୟରେ ସେମାନେ ଆମକୁ ଆଇନ୍ ସହାୟତା ଦେବାକୁ ରାଜି ହେଲେ। ତାଙ୍କଠାରୁ ସେତିକି ସାହାଯ୍ୟ ପାଇ ନ ଥିଲେ ଏତେ ଜଟିଳ ଓ ଦୀର୍ଘସୂତ୍ରୀ ଆଇନ - କାର୍ଯ୍ୟ ବିବରଣୀର ଖର୍ଚ୍ଚ ବହନ କରିବାରେ ଆମର ବହୁତ ଅସୁବିଧା ହେଇଥାନ୍ତା। ଖାଲି ମୋର ଆଶଙ୍କା ଥିଲା ଯେ ଆମର ଏଇ ମକଦ୍ଦମାରେ ବେଶୀ ସମୟ ଦରକାର

ଥିବାରୁ ଆମର ଓକିଲ ଉଦୟ ମିଶ୍ରଙ୍କ ଅନ୍ୟ କେସ୍ ଗୁଡ଼ିକ ଅବହେଳା ହୋଇଯାଇପାରେ ।

ଦଶ ଦିନ ସରିଗଲା ପରେ ହଜାରିବାଗ ଯିବା ପାଇଁ ସେଇ ଚିରାଚରିତ ଗାଡ଼ି ସମସ୍ୟା ଦେଖା ଦେଲା । ଫଳରେ ରାଜ୍ୟ ପରିବହନ ନିଗମର ଗୋଟେ ବସ୍ ଅଣା ହେଲା । ଅଫିସରୁ ବାହାରି ଅଟକି ଥିବା ଗାଡ଼ିକୁ ଚଢ଼ିଲା ବେଳେ ମୋର ଜଣେ ସହ-ଅଭିଯୁକ୍ତର ମା'ଙ୍କୁ କାନ୍ଦୁଥିବାର ଦେଖିଲି । ପୁଅକୁ ଦେଖିବା ପାଇଁ କଲିକତାରୁ ଏତେ ବାଟ ଆସି ସକାଳୁ ଏ ଯାଏଁ ଅପେକ୍ଷା କଲାପରେ ସେଇ ବଙ୍ଗୀୟ ମହିଳା ଜଣଙ୍କୁ ପୁଅ ସହିତ ମାତ୍ର କେତେ ଗୋଟି ଶବ୍ଦ କଥା ହେବା ପାଇଁ ଅନୁମତି ଦିଆ ଯାଇଥିଲା । ସେଇଟା ପୁଣି ପୁଅ ବସ୍‌କୁ ଚଢୁ ଚଢୁ ଶେଷ ହୋଇଗଲା । ପୁଅର ଗୋଡ଼ରେ ଲୁହା କଡ଼ି ଦେଖି ସେ କାନ୍ଦୁଥିଲେ । ବସ୍‌ର ଝରକା ଭିତରୁ ସେ ମା'କୁ ପାଟି କରି କହିଲା, "ହାତରେ ଚୁଡ଼ି ପିନ୍ଧିଲେ ତ ତତେ ଖରାପ ଲାଗୁନି । ଏଇଟା ମୋ ଗୋଡ଼ରେ ଖଡ଼ୁ ପରିବା । ମତେ କାହିଁକି ଖରାପ ଲାଗିବ ଯେ?" ତାର ବୁଢ଼ୀ ମା'କୁ ଖୁସି କରାଇବାର ଚେଷ୍ଟାରେ ମୁଁ ଅଭିଭୂତ ହୋଇଗଲି । ଏପରି କି କୋର୍ଟରେ ମୋର ମୋକଦ୍ଦମାରେ ସଂପୃକ୍ତ ଲୋକ ମାନଙ୍କର ଖୁସି ମିଜାଜ ଦେଖି ହାଇ କମିଶନର ପଦାଧିକାର ମାନେ ମଧ୍ୟ ଆଶ୍ଚର୍ଯ୍ୟ ହୋଇଥିଲେ । ଦୁଃଖ ଯନ୍ତ୍ରଣାକୁ ଯେପରି ଭାବରେ ସେମାନେ ବହନ କରୁଥିଲେ ସେଥିପ୍ରତି ମୋର ପ୍ରଗାଢ଼ ସମ୍ମାନ ରହିଥିଲା ।

ସେଦିନର ଯାତ୍ରାଟି ସ୍ମରଣୀୟ । ସାମ୍ନା ସିଟ୍‌ରେ ମୁଁ ବସିଥିବା ଜାଗାରୁ ଛୋଟ ନାଗପୁରର ଗ୍ରାମ୍ୟପଟର ଦୃଶ୍ୟ ସ୍ପଷ୍ଟ ପ୍ରତୀୟମାନ ହେଉଥିଲା । ପାହାଡ଼ ମଝିରେ ଲମ୍ବି ଯାଇଥିବା ରାସ୍ତା ଓ ବିସ୍ତୃତ ଦିଗ୍‌ବଳୟର ଆକସ୍ମିକ ଦୃଶ୍ୟ ମତେ ଅତୀତର ମୁକ୍ତ ଜୀବନ ଓ ସ୍ୱାଧିନତାକୁ ମନେ ପକାଇ ଦେଉଥିଲା । ସୀମିତ ସମୟ ଭିତରେ ମୁଁ ବାହ୍ୟ ପୃଥିବୀକୁ ପାରୁ ପର୍ଯ୍ୟନ୍ତ ନିଜ ଭିତରେ ଧରି ରଖିବାକୁ ଚେଷ୍ଟା କଲି । ଫସଲ ଅମଳ ପରେ ଖୋଲା ଆକାଶ ଓ ସୂର୍ଯ୍ୟ ତଳେ ଉନ୍ମୁକ୍ତ କ୍ଷେତର କଡ଼େ କଡ଼େ ଆମ ଗାଡ଼ି ଗଲିଲା । କ୍ଷେତ ସବୁ ବୁଣା ବୁଣି ପାଇଁ ପରବର୍ତ୍ତୀ ବର୍ଷାର ଅପେକ୍ଷାରେ । ଫେବୃୟାରୀ ମାସରୁ ଗରମ ସହିତ ଧୂଳିଉଡ଼ା ଆରମ୍ଭ ହୋଇଯାଇଥିଲା । ଆମେ ପାରିହୋଇ ଯାଉଥିବା ନଦୀ ନାଳରେ ଗ୍ରୀଷ୍ମ ନ ଆସୁଣୁ ପାଣି ଶୁଖିଯାଇ ବାଲି ମାଡ଼ି ଯାଇଥିଲା । ଆକାଶ ରଙ୍ଗହୀନ । ସୂର୍ଯ୍ୟଟା ଚୁମ୍ବକୀୟ ଆଖି ପରି ଲାଗୁଥିଲା । ପିଲାମାନେ ଛୋଟ ଛୋଟ ଗାଡ଼ିଆରେ ମାଛ ଧରୁଥିଲେ । ବିଲ ଜଙ୍ଗଲରେ ଖେଳିବା ପାଇଁ ବେତ ନଳୀ ଓପାଡୁ ଥିଲେ । ଝାଟିମାଟିର କୁଡ଼ିଆ ଘର ପଛରେ ଛପି ରହିଥିବା ଦୁଃଖ ଓ ଯନ୍ତ୍ରଣା କଥା ମୁଁ ଭାବିଲି । କେବଳ ବଞ୍ଚି ରହିବା ବ୍ୟତୀତ ଜୀବନର ଅନ୍ୟ କିଛି ଅର୍ଥ ନ ଥିବା

ଲୋକଙ୍କ ପାଇଁ ସେଇ ଛୋଟିଆ ଅନ୍ଧାରୁଆ ଜାଗାଟା ହିଁ ଘର ବୋଲାଉଥିଲା । ମଝି ମଝିରେ ଆମେ ଇଟାରେ ତିଆରି ଘରର ପାଚିରୀ ଅତିକ୍ରମ କରୁଥିଲୁ । ଧନୀକ ଶ୍ରେଣୀରେ ଝିଅ ବୋହୂ ମାନଙ୍କୁ ପର୍ଦ୍ଦା ଆଢୁଆଳରେ ରଖିବାର ଉପାୟ । ଟ୍ରକ ଭର୍ତ୍ତି ବନ୍ଧୁକ, ବୈଦ୍ୟୁତିକ ଘେରା ପାଚିରୀ ଓ ସୈନ୍ୟ ଛାଉଣୀ ଦେଖି ମତେ ଲାଗୁଥିଲା ଯେ ଭାରତ ମଧ୍ୟ ବିଂଶ ଶତାବ୍ଦୀରେ ପଦାର୍ପଣ କରି ସାରିଛି । ବେଳେ ବେଳେ ଆମେ ଏମିତି ସହର ଦେଇ ଯାଉଥିଲୁ ଯେଉଁଠି ଚାରିଆଡ଼େ ନାଳ ନର୍ଦ୍ଦମା ବେଢ଼ି ରହିଥିଲା । ସହର ଉପରେ ଉଭୟ ମଧ୍ୟ ଯୁଗ ଓ ଆଧୁନିକ ଯୁଗର ଛାପ ପଡ଼ିଥିଲା । ରାସ୍ତା କଡ଼ରେ ଦୋକାନ, କଳ କାରଖାନା ଓ ଗେରେଜ ଆଦି ଧାଡ଼ି ବାନ୍ଧି ଲମ୍ବିଥିଲା । ଶେଷରେ ଆମେ ହଜାରିବାଗ୍‌ର ପାହାଡ଼, ବିସ୍ତୃତ ଉପତ୍ୟକା, କୋଇଲା ଖଣି ଓ ଜଙ୍ଗଲରେ ପହଞ୍ଚିଲୁ । ପାଖକୁ ଯାଇ ଗଛମାନଙ୍କୁ ଛୁଇଁବାକୁ ମୋର ଭାରି ଇଚ୍ଛା ହେଉଥିଲା । କ୍ଷଣିକ ପାଇଁ ମତେ ଗଛଠୁ ଅଲଗା ରଖିଥିବା ବନ୍ଧୁକ ଜଙ୍ଗଲ କଥା ମୁଁ ଭୁଲିଗଲି ।

ତାଲା ପଡ଼ିବା ଆଗରୁ ଆମେ ପହଞ୍ଚିଗଲୁ । ଏଗାର ଦିନ ବଦଳରେ ଏଗାର ବର୍ଷରୁ ଫେରିଲା ପରି ସ୍ତ୍ରୀ ପିଲାଛୁଆ ମତେ ସ୍ୱାଗତ କଲେ । ଗୋଟେ ଦୁଃଖଦ ସମ୍ବାଦ ସ୍ୱାଗତକୁ ନଷ୍ଟ କରି ଦେଲା : ପୁରୁଷ ବିଭାଗରେ ଥିବା ଗୋଟେ କୂଅରେ ପଡ଼ି ମୋର ବିଲେଇ ଛୁଆଟି ବୁଡ଼ି ମରି ଯାଇଥିଲା । ଏଇ ଥର ହିଁ ପ୍ରଥମ କରି ତାକୁ ହଜାରିବାଗ୍‌ରେ ଛାଡ଼ିଦେଇ ଜାମ୍‌ସେଦ୍‌ପୁର ଯାଇଥିଲି ।

ଦିନେ ସକାଳେ ନୂଆ କରି ଆମ ପାଇଖାନା ସଫା କରୁଥିବା ସାହସୀ ସ୍ୱଭାବର ଜଣେ ମେହେନ୍ତର କଇଦୀ ମତେ କହିଲା ଯେ ସେ ଓ ଅନ୍ୟ ଝାଡୁଦାର ମାନେ ଦିନକୁ ରୋଜଗାର କରୁଥିବା ଚାରି ଅଣା ପଇସା ଅଫିସ୍‌ରେ ଜମା ହେଉଥିଲା । ଜେଲ୍ ଛାଡ଼ି ଗଲାବେଳେ କଇଦୀ ମାନଙ୍କୁ ସେଇ ପଇସା ଦେବା କଥା । ତା ଆଗ ଦିନ ତାର ଜଣେ ସାଥୀ-କଇଦୀ ଆଉ ଗୋଟେ ଜେଲ୍‌କୁ ସ୍ଥାନାନ୍ତର ହେଇ ଗଲା । କିଂତୁ କାଗଜପତ୍ର ଠିକ୍ ନ ଥିବାର କହି ଜେଲର୍ ତାକୁ ତାର ପଇସା ଦେଲେ ନାହିଁ । ତୁଚ୍ଛାଟାରେ ନଅ ମାସ ଧରି ଏତେ ଖଟିଲା ବୋଲି ଲୋକଟା ପ୍ରତିବାଦ କଲାରୁ ଜେଲର୍ ଉତ୍ତର ଦେଲେ, "ଆଚ୍ଛା, ତୁ ସେଥିରେ କ'ଣ କରିବୁ ?" ତାର ମକଦ୍ଦମା ଲଢ଼ିବାରେ ଖର୍ଚ୍ଚ କରିବାକୁ ଆଶା ରଖିଥିବା ତାର ଏତେ ମେହେନତର ଫଳକୁ ଜେଲର୍ ସାହେବ ନିଜ ପକେଟରେ ପୁରାଇ ଦେଲେ ।

କର୍ତ୍ତୃପକ୍ଷଙ୍କ ବିରୁଦ୍ଧରେ ପାଟି ଖୋଲି ଅନ୍ୟ ବନ୍ଦୀ ମାନଙ୍କ ଯେଉଁ ଦଶା ହେଇଥିଲା, ଏଇ ମେହେନ୍ତର ଜଣକର ବି ସେଇୟା ହେଲା । ଦିନେ ସେ କୋର୍ଟକୁ ଗଲା ଓ ଅନ୍ୟ କଇଦୀ ତଥା ନକ୍‌ସଲ୍‌ପନ୍ଥୀ ବନ୍ଦୀମାନଙ୍କ ସହିତ ଜେଲ୍ ଓ ଆଇନ୍

ଭ୍ରଷ୍ଟାଚାର ବିରୁଦ୍ଧରେ ସ୍ଲୋଗାନ ଦେଲା । ତା ପରଦିନ ଅନ୍ୟ ଜଣେ ମେହେନ୍ତର ଆମ ପାଇଖାନା ସଫା କରିବାକୁ ଆସିଲା । ଆମେ ସେଇ ଲୋକଟା କଥା ପଚାରିବାରୁ ସେ ଖାଲି କହିଲା, "ତାକୁ ଖରାପ ଆଚରଣ ଦେଖାଯାଇଛି ।" ବାରମ୍ବାର ପଚାରିବାରୁ ସେ କହିଲା ଯେ ସେଇ ଲୋକଟା ଅନ୍ୟ ଜଣେ ବନ୍ଦୀର ଟଙ୍କା ଚୋରି କରିବାରୁ ତାକୁ ନିଃସଙ୍ଗ କାରାବାସରେ ରଖାଯାଇଛି । ମୁଁ ଏଇଟା ମନଗଢ଼ା କାହାଣୀ ବୋଲି ନିଶ୍ଚିତ ହେଲି । କୋର୍ଟରେ ଜେଲ୍ କର୍ମଚାରୀଙ୍କ ବିରୁଦ୍ଧରେ ସ୍ଲୋଗାନ ଦେଇଥିବାରୁ ତାକୁ ଏମିତି ଶାସ୍ତି ଦିଆଯାଇଥିଲା ।

ସେତେବେଳେ ସୁପରିଟେଣ୍ଡେଣ୍ଟ ପ୍ରାୟ ଅନୁପସ୍ଥିତ ରହୁଥିଲେ । ତାଙ୍କର ଅବସର ସମୟ ପାଖେଇ ଆସୁଥିଲା । କିନ୍ତୁ ଏମିତି ଲାଭଜନକ ପଦବୀ ଛାଡ଼ିବାକୁ ସେ କୁଣ୍ଠିତ ଥିଲେ । ତେଣୁ ଆଉ ଗୋଟିଏ ବର୍ଷ ଚାକିରୀ କାଳ ବଢ଼ାଇବା ପାଇଁ ସେ ତାଙ୍କ ଉପରିସ୍ଥ ପଦାଧିକାରୀ ମାନଙ୍କୁ ଫୁସୁଲାଉ ଥିଲେ । ପଦୋନ୍ନତି ପାଇବାକୁ ଦାବୀଦାର ଥିବା କର୍ମଚାରୀମାନେ ଏଥିରେ ପ୍ରତିବାଦ କଲେ ଓ ସେ ଏଇ ପଦବୀରେ ରହିବେ କି ନାହିଁ ତାହା ଚୁଡ଼ାନ୍ତ ହେବା ଯାଏଁ ଅନେକ ମାସ ଧରି ସେଇ ପଦବୀଟି ଖାଲି ପଡ଼ି ରହିଲା । ଗୋଟେ ପର୍ଯ୍ୟାୟରେ ବିହାରର ସେଇ ଅଞ୍ଚଳରେ ଚାରିଟି ଯାକ କେନ୍ଦ୍ରୀୟ ଜେଲ୍‌ରେ ସୁପରିଟେଣ୍ଡେଣ୍ଟ ନ ଥିଲେ । ଏଇ ପଦବୀ ଗୁଡ଼ିକୁ ପଦୋନ୍ନତିର ମାର୍ଗ ଅତି ସହଜ : ଇଚ୍ଛୁକ ପ୍ରାର୍ଥୀ ମାନେ ପକେଟ ଭର୍ତ୍ତି କରି ପାଟନା ଯାଉଥିଲେ ଓ ଠିକଣା ଜାଗା ମାନଙ୍କରେ ହାତ ଚିକଣ କରି ଏକ ଅନ୍ୟକୁ ହରାଇ ଦେଉଥିଲେ । ଜେଲ୍ କର୍ମଚାରୀ ମାନେ ଖୋଲା ଖୋଲି ଭାବରେ ଏଇ କଥାଟିକୁ ସ୍ୱୀକାର କରୁଥିଲେ । ଅବଶ୍ୟ କାହାରି ଉପରେ ରାଗ ନ ରଖି ଖାଲି ଥଟ୍ଟା ମଜାରେ ସେମାନେ ମତେ ଏ କଥା କହିଥିଲେ । ସେମାନଙ୍କ ଦୃଷ୍ଟିରେ ଏହା ହିଁ କାମ କରାଇବାର ଠିକଣା ଉପାୟ । ସେମାନଙ୍କୁ ଏହା ଭଲ ନ ଲାଗିଲେ ମଧ୍ୟ ଏଥି ସହିତ ସାଲିସ୍ କରି ରହିବାକୁ ପଡୁଥିଲା ।

ବାଲ୍‌କୋ ଜାଗାରେ ଆସିଥିବା ଗୁରୁବାରୀ ମେଟିନୀର ଟିକିଏ କୋହଳ ନୀତି ନିୟମ ଯୋଗୁଁ ମୁଁ ଏଥର ଆମ ୱାର୍ଡ଼କୁ ଆସୁଥିବା ପୁରୁଷ ବନ୍ଦୀମାନଙ୍କ ସହିତ କଥାବାର୍ତ୍ତା କରିବାକୁ ଅଧିକ ସୁଯୋଗ ପାଇଲି । ହଜାରିବାଗ୍‌କୁ ଆସିଲା ଦିନଠାରୁ ହରି ମୋର ସାପ୍ତାହିକୀ ରସଦ ଆଣି ଦେଉଥିଲା । କିଂତୁ ସେ ପାଖପାଖି କୋଡ଼ିଏ ବର୍ଷ ଜେଲ୍ ଭୋଗି ସାରିଥିବା ଖବର ବ୍ୟତୀତ ମୁଁ ତା ବିଷୟରେ ଅଧିକ କିଛି ଜାଣି ନ ଥିଲି । ଦିନେ ମୁଁ ତାକୁ ତାର ପରିବାର କଥା ପଚାରିଲି । ପ୍ରଥମେ ସେ ଟିକିଏ ସନ୍ଦେହ କଲା । କିଂତୁ ପରେ ପରେ ସବୁକଥା କହିବା ଆରମ୍ଭ କଲା । ଯେମିତିକି ସେ ତାର ମନକଥା କହିବା ପାଇଁ ଏତେ ଦିନ ଧରି କାହାକୁ ଅପେକ୍ଷା କରିଥିଲା । ସେ ଜଣେ

ମଧ୍ୟମ ସ୍ତରର ଚାଷୀ । ଯେତିକି ଜମିଥିଲା ସେଥିରେ ତାର ପରିବାର ଆରାମରେ ବର୍ଷ ସାରା ଚଳି କିଛି ବଳକା ମଧ୍ୟ ରହୁଥିଲା । ବର୍ଷେ ସେଠିକାର ମହାଜନ ଭଡ଼ାଟିଆ ଗୁଣ୍ଡା ଲଗାଇ ତାର ଜମିର ଫସଲ ନଷ୍ଟ କରିଦେଲା । କାରଣ ତାର ସୁନାଥାଳି ପରି ଜମିକୁ ଜୋର ଜବରଦସ୍ତି ମହାଜନ ତା ପାଖରେ ବନ୍ଧା ପକାଇବା ପାଇଁ ଚାହୁଁଥିଲା । ତା ପରେ ପରେ ଦିନେ ହରି ବିଲରୁ ଫେରି ଦେଖେ ତ ଘରେ ଖାଇବାକୁ କିଛି ନାହିଁ । ତାର ବୁଢ଼ୀ ମା ଅନ୍ୟମାନଙ୍କୁ ଖୁଆଇବା ପାଇଁ ନିଜେ ଭୋକରେ ରହି ରହିକା ଚେତା ହରାଇଲା । ସେଇଠି ଓ ସେଇକ୍ଷଣି ସେ ସ୍ଥିର କଲା ଯେ ତାର ଏଇ ଦୁର୍ଦ୍ଦଶା ପାଇଁ ଦାୟୀ ଲୋକଟାକୁ ସେ ମାରି ଦେବ । ବଡ଼ ପୁଅ ହିସାବରେ ପରିବାରର ପ୍ରତିଶୋଧ ନେବାଟା ତାର କର୍ତ୍ତବ୍ୟ ଥିଲା । ମହାଜନକୁ ମାରି ଦେଇ ସେ ପୋଲିସ୍ ପାଖରେ ଆତ୍ମ ସମର୍ପଣ କଲା ।

ହରି କହିଲା କି ସେ କରିଥିବା କାମ ପାଇଁ ତାର ତିଳେ ମାତ୍ର ପଶ୍ଚାତାପ ନାହିଁ । ରାସ୍ତାରୁ ଶତ୍ରୁ ହଟିଗଲା ପରେ ତାର ଭାଇମାନେ ଏବେ ସୁବିଧାରେ ନିଜ ଜମି ଚାଷ କରୁଛନ୍ତି । କିଂତୁ ଏଣେ ତାର ଖଲାସ ହେବା ସମୟ ପାଖେଇ ଆସୁଥିବାରୁ ନାନା ଆଶଙ୍କାରେ ତାର ମନ ଭରି ଯାଉଥିଲା । ଗାଁକୁ ଫେରିଲା ପରେ କ'ଣ ହେବ ତାହା ସେ ଘାରି ହେଉଥିଲା । ସେ କରିଥିବା ହତ୍ୟାର ପ୍ରତିଶୋଧରେ ତାକୁ ବି ହତ୍ୟା କରାଯାଇପାରେ- ତାର ଏଇ ଆଶଙ୍କାଟା ମୁଁ ଜାଣି ପାରୁଥିଲି । ଗ୍ରାମାଞ୍ଚଳରେ ଲୋକସ୍ମୃତି ଅନେକ ଦିନ ଧରି ରହିଥାଏ । ସରକାରୀ ଜେଲ୍‌ଖାନାରେ ଏତେ ବର୍ଷ କଟାଇ ସାରିଲା ପରେ ଗାଁ ପଞ୍ଚାୟତ ଯେ ଚୁପ ରହିଯିବ, ସେଥିରେ କିଛି ଠିକଣା ନାହିଁ ।

ଜାମ୍‌ସେଦ୍‌ପୁରକୁ ମୋର ପରବର୍ତ୍ତୀ ଯାତ୍ରା ତିନି ଦିନ ପାଇଁ ଥିଲା ଓ ଆଗ ଥର ପରି ଫସର ଫାଟିଲା । ହାଇକୋର୍ଟ ପିଟିସନ୍‌ର ମିମାଂସା ହେଇଥିଲେ ହେଁ ଜାମ୍‌ସେଦ୍‌ପୁରକୁ କାଗଜ ପତ୍ର ପହଞ୍ଚି ନଥିବାରୁ ଆମେ ବିଚାର କାର୍ଯ୍ୟରେ ଆଗେଇ ପାରୁ ନ ଥିଲୁ । କାମକୁ ତ୍ୱରାନ୍ୱିତ କରିବା ପାଇଁ ଆମର ଓକିଲ ବାଦୀ ପକ୍ଷ ସହିତ ଗୋଟେ ପ୍ରକାର ସାଲିସ୍ କଲେ । ଆଦୌ ବିଚାର ନ ହେବା ଅପେକ୍ଷା ଅଲଗା ଅଲଗା କରି ଗୁଡ଼ାଏ ମକଦ୍ଦମା ବିଚାର ହେବାଟା ବରଂ ଭଲ, ସେ କହିଲେ । ହାଇକୋର୍ଟରେ ଅମିମାଂସିତ ଫାଇଲର ଗଦା ଏତେ ବେଶୀ ଯେ ସେଇ ପିଟିସନ୍ ସହିତ ଲଢ଼େଇ କରି ବିଚାର କାର୍ଯ୍ୟକୁ ଆହୁରି ଡେରି କରିବାର ମାନେ କିଛି ହୁଏନା । କେତେଟା ମକଦ୍ଦମା ଥିଲା ସେଥିପ୍ରତି ମୋର ଖାତିର ନ ଥିଲା । ଖାଲି ଏତିକି ଯେ ଯେତେ ଶିଘ୍ର ବିଚାର କାମ ଆରମ୍ଭ ହେଲେ ମୁଁ ଅନ୍ତତଃ ଗୋଟେ ଜାଗାରେ ରହି ପାରିବି ।

ବିଚାର ତାରିଖ ପୁଣି ଥରେ ଧାର୍ଯ୍ୟ ହେଲା । ଏଥରକ ଥିଲା ଏପ୍ରିଲ ୨୮ ।

୧୩

ଶେଷ ସ୍ଥାନାନ୍ତର

ସେଇ ବର୍ଷ ଏ ସବୁ ବିଳମ୍ବ ସତ୍ତ୍ୱେ ମୋର ଧାରଣା ହେଲା ଯେ କିଛି ଗୋଟେ ହେଉଛି । ମୋର ସାରା ଜୀବନ ଜେଲ୍‌ରେ କଟିବାର ଛଳନା କରି ବାହାରକୁ ଏକଥା ଜଣାଉ ନ ଥିଲି । ପ୍ରକାଶ୍ୟରେ ସ୍ୱୀକାରୋକ୍ତି କରିବାର ସାହସ ନ ଥିଲେ ହେଁ ମନ ଭିତରେ ମୁକ୍ତିର ଆଶା ରଖୁଥିଲି । କୋର୍ଟ ସମନର ମଝିରେ ମିଳୁଥିବା ସମୟକୁ ପଢ଼ାପଢ଼ିରେ ବିନିଯୋଗ କରି ଆମ ମକଦ୍ଦମାର ଅନିଶ୍ଚିତତା ଓ ତତ୍‌ଜନିତ ମାନସିକ ଅଶାନ୍ତିକୁ ମୁଁ ମନ ଭିତରୁ ବାହାର କରିଦେଲି । ବେଳେବେଳେ ମୋର ସହ-ପ୍ରତିବାଦୀମାନେ ଇଂଲଣ୍ଡର ଲେବର ପାର୍ଟି ସରକାର, ଆୟାରଲାଣ୍ଡ ପ୍ରସଙ୍ଗ, ଜୀବନଧାରଣର ମାନ ଓ ଅନ୍ୟାନ୍ୟ ପ୍ରଶ୍ନ ପଚାରନ୍ତି । ସେମାନଙ୍କ ଜିଜ୍ଞାସା ମୋର ମାନସିକ ଶକ୍ତିକୁ ଉତ୍ସାହିତ କରେ ।

ଜେଲ୍ ଭିତରେ ଓ ବାହାରେ ଧାର୍ମିକ ପର୍ବ ପର୍ବାଣିର ପସରା ଜୀବନକୁ ଆଚ୍ଛନ୍ନ କରି ରଖିଥାଏ । ଆମର ଦୈନନ୍ଦିନ ଗତାନୁଗତିକତାର ବୋଝରୁ ମତେ ଏହା ଏକ ସୁଖର ବିରତି ପରି ଲାଗେ । ସେଥର ହିନ୍ଦୁ ବର୍ଷର ଶେଷରେ ଥିବା ବସନ୍ତ ଋତୁରେ ପଡୁଥିବା ହୋଲି ପର୍ବରେ ଗୋଟେ ଭୋଜିର ଆୟୋଜନ କରିବାକୁ କେତେ ଜଣ ସ୍ତ୍ରୀ ଲୋକ ପ୍ରସ୍ତାବ ଦେଲେ । ଛୋଟ ଛୋଟ ଦଳରେ ବିଭକ୍ତ ହେଇ ଅଲଗା କରି ରାନ୍ଧି ଖାଇବା ଅପେକ୍ଷା ୱାର୍ଡ଼ର ଠାରୁ ବଡ଼ ହାଣ୍ଡି ଓ ଚୂଲି ଆଣି ରାନ୍ଧିବା ପାଇଁ ସ୍ଥିର ହେଲା । ଅଳ୍ପ କେତେ ଜଣ ବନ୍ଦୀ ଭୋଜିରେ ମିଶିବାକୁ ଅନିଚ୍ଛୁକ ଥିଲେ । ଘରେ ସେମାନେ ପିଲାଛୁଆ ଛାଡ଼ିକି ଆସିଥିଲେ । ଛୁଆ ମାନେ ମୁଠିଏ ଖାଇବାକୁ ପାଇଥିବେ କି ନାହିଁ ସନ୍ଦେହ । ସେମାନେ ନିଜେ ସେଇ ଦିନଟାରେ ଭୋଜି ଭାତ ପାଇଁ ମନ ବଳାଇବେ କେମିତି ।

ଭୋଜିର ଦିନ ଧାର୍ଯ୍ୟ ହେଲା । ସେଦିନ କେହି କାହା ସହିତ କଳି କଜିଆ ନ

କରିବାକୁ ସ୍ଥିର କଲୁ । ନ ହେଲେ ଭୋଜିରୁ ପୁଣି କେତେ ଲୋକ ବାହାରି ଯିବେ । ଏ କଥାଟା କହିବା ସହଜ, କିଂତୁ କରିବା କଠିନ । ଗରମ ପବନ ସାଙ୍ଗକୁ ଟାଣ ଖରା ଦିନସାରା ଆମକୁ ଡହଳ ବିକଳ କରି ପକାଉଥାଏ । ଗରମ ପାଗ ପରି ସମସ୍ତଙ୍କର ଦିମାକ୍ ମଧ୍ୟ ଉପରକୁ ଚଢ଼ିଥାଏ । ଆମ ଅଗଣାରେ ଦୁଇଟି ଫୁଲ ଗଛ ଥିଲା । ଆଗ ଗଛ କଟାହେଇ ମଲା ପରେ ଅପେକ୍ଷାକୃତ ଅନୁକୂଳ ବାତାବରଣରେ ସୁପରିଟେଣ୍ଡେଣ୍ଟ୍ ଏଇ ଗଛ ଦୁଇଟି ଲଗାଇଥିଲେ । ଏପ୍ରିଲରେ ଫୁଟୁଥିବା ବଡ଼ ବଡ଼ ଲାଲ ଫୁଲକୁ ମତେ ଭାରି ଭଲ ଲାଗୁଥିଲା । କିଂତୁ ଅନ୍ୟ ସ୍ତ୍ରୀ ଲୋକମାନେ ତାକୁ ପସନ୍ଦ କରୁ ନ ଥିଲେ । ତାକୁ ସେମାନେ "ଝୋଗ୍ରେଲା ଫୁଲ୍" କହୁଥିଲେ । ଅର୍ଥାତ୍ ଝଗଡ଼ାଳୁ ଫୁଲ । ସେଇ ଗଛରେ ଫୁଲ ଫୁଟୁଥିବା ଯାଏଁ, ଯିଏ ସେଇ ଫୁଲ ଦେଖିବ ତାର ଅଶାନ୍ତି ହେବ ବୋଲି ସେମାନେ ଜୋର୍ ଦେଇ କହୁଥିଲେ । ମୁଁ ଭାବିଲି ଯେ ଗରମ ଦିନରେ ଫୁଟୁଥିବାରୁ ଯେତେକ ଅନିଷ୍ଟ କଥା ଯା ଉପରକୁ ସ୍ୱାଭାବିକ ଭାବରେ ଚାଲି ଯାଉଛି ।

ଗରମ ପବନରେ ଧୂଳି ଓ ଶୁଖିଲା ପତ୍ର ଉଡ଼ି ଆମ ଲୁହା ଜାଲି ପାଖରେ ଓ କୋଠି ଭିତରେ ଜମା ହେଉଥିଲା । ଦିନ ଦୁଇଟା ବେଳକୁ ସବୁଠୁ ଜୋର୍‌ଦାର୍ ପବନ ଦମକା ବହେ । କେତେ ମିନିଟ ଯାଏ ରୁମ୍ ସାରା ଧୂଳି ଭର୍ତ୍ତି ହେଇ ଆମର ଆଖି, ନାକ, ପାଟି ଓ କାନ ଭିତରକୁ ପଶି ଏକବାର୍ ରୁନ୍ଧି ପକାଏ । ଟିକିଏ ପବନ ଥମିଗଲା ପରେ ସକାଳେ ସଫା କରିଥିବା କୋଠିକୁ ଦେଖିଲେ ଯେମିତି ଲାଗେ ଯେ ଧୂଳି ଝଡ଼ଟାଏ ସେଠି ସଦ୍ୟ ବହି ଯାଇଛି । ଏଇ ସମୟରେ ଦୁଲାଳୀର କାମ ମୋର ବେଶୀ ପସନ୍ଦ । ପ୍ରତିଦିନ ସନ୍ଧ୍ୟାରେ ସେ ସବୁ କମ୍ବଳ ଭିଜାଇ ଶୁଖାଏ । ଲୁଗାପଟା ଓ ବହିପତ୍ରରୁ ସଫା କରି ଧୂଳି ଝାଡ଼େ । ବାଲ୍‌ଟିଏ ପାଣିରେ ସବୁ ଧୂଳି ତକ ପରିଷ୍କାର କରି ସଫା କରେ । ସେ ନ ଥିଲେ ମୁଁ ଏସବୁ କାମ କରିବାର ମାନସିକ ବଳ ପାଉ ନ ଥାନ୍ତି । ତଥାପି ପାଣି ଝରୁଥିବା ପାଣି କଳ ପାଖରେ ଛିଡ଼ା ହେଇ ବାଲଟି ଭର୍ତ୍ତି ହେବା ପର୍ଯ୍ୟନ୍ତ ଅପେକ୍ଷା କରିବାକୁ ମୋର ଧୈର୍ଯ୍ୟ ମଧ୍ୟ ନ ଥିଲା । ଏମିତି ଧୂଳି ପବନରେ ମତେ କ୍ଳାନ୍ତ ଓ ବିରକ୍ତ ଲାଗି ଯାଉଥିଲା । କୌଣସି କଥା ଠିକ୍‌ରେ ମୁଁ ଚିନ୍ତା ସୁଦ୍ଧା କରି ପାରୁ ନ ଥିଲି । ସନ୍ଧ୍ୟାରେ ସବୁ ଥମି ଗଲା ପରେ ମୋର ମୁଣ୍ଡ ବିନ୍ଧାରେ କପାଳଟା ଫାଟିଯିବ ପରି ଲାଗୁଥିଲା । ଅପର ପକ୍ଷେ ଦୁଲାଳୀ ପୁରାପୁରି ଠିକ୍ ଥିଲା । ସବୁ ପ୍ରକାର ପାଣି ପାଗରେ କଠିନ ପରିଶ୍ରମ ସହିତ ସେ ଅଭ୍ୟସ୍ତ ଥିଲା । ଚଟାପଟ୍ କାମ କରିପାରେ । ତାକୁ କେବେ ମୁଣ୍ଡ ବିନ୍ଧା ଧରିବାର ମୁଁ ଦେଖି ନାହିଁ ।

ଜାମ୍‌ସେଦ୍‌ପୁରରେ ଜଣେ ଖ୍ରୀଷ୍ଟିଆନ୍ ପାଦ୍ରୀ ମୋ ସହିତ ଦେଖା କରି ଗଲା ପରେ ମଝିରେ ମଝିରେ ମିଶନ ସ୍କୁଲ କଲେଜରୁ ଅନେକ ପାଦ୍ରୀ ଖ୍ରୀଷ୍ଟିଆନ୍

ସନ୍ୟାସିନୀ ମତେ ଦେଖା କରିବାକୁ ଆସିଲେ । ସେମାନେ ମୋର ସାହସ ପାଇଁ ଖୁବ୍ ପ୍ରଶଂସା କରୁଥିଲେ । ଉପହାର ମାନ ଅଜାଡ଼ି ପକାଉଥିଲେ । ଏଥିରେ ମୁଁ ଅପ୍ରତିଭ ମନେ କରୁଥିଲି । ତାଙ୍କୁ ମୁଁ କୌଣସି ପ୍ରକାରେ ସନ୍ତୋଷ କରି ପାରୁ ନ ଥିଲି । ସେମାନଙ୍କ ଓ ମୋ ଚିନ୍ତାଧାରା ଭିତରେ ଆକାଶ ପାତାଳ ଫରକ ଥିଲା । ସେମାନେ କରୁଥିବା କାମ ମଧ୍ୟ ଭାରତର ସମସ୍ୟା ଗୁଡ଼ିକ ସମାଧାନ ଦିଗରେ ଉପଯୁକ୍ତ ନୁହେଁ ବୋଲି ମୁଁ ବିଚାର କଲି । ତଥାପି ସେମାନଙ୍କର ଆନ୍ତରିକତାକୁ ମୁଁ ସମ୍ମାନ ଜଣାଇଲି । ମୋ ଜାଣିବାରେ ସେମାନଙ୍କ ସ୍କୁଲ ଗୁଡ଼ିକରେ ଇଂରାଜୀ କହୁଥିବା ଉଚ୍ଚ ବର୍ଗର ଲୋକଙ୍କୁ ଶିକ୍ଷାଦାନ କରାଯାଏ । ବର୍ଷ ବର୍ଷ ଧରି ଏପରି ଶିକ୍ଷାନୁଷ୍ଠାନର ପରିବେଶରେ ରହି ସେମାନେ ବାହାରର ଜନଜୀବନ ସହିତ ବିଚ୍ୟୁତ ହେଇ ପଡ଼ିଥିବେ । ସର୍ବୋପରି, ସାଧାରଣ ସ୍ତରରେ ବ୍ୟାପି ରହିଥିବା ଭ୍ରଷ୍ଟାଚାରରୁ ଊର୍ଦ୍ଧ୍ୱରେ ରହି ସେମାନେ ଯେ କାମ କରି ପାରିବେ, ଏହା ଅସମ୍ଭବ ମନେ ହୁଏ । ମୋ ପାଖରେ ଜଣେ ପାଦ୍ରୀ ଥରେ ସ୍ୱୀକାର କଲେ ଯେ ତାଙ୍କ ସ୍କୁଲକୁ ନିୟମିତ ଖାଦ୍ୟ ଯୋଗାଣ କରାଇବା ପାଇଁ ସେମାନଙ୍କୁ ସେଠାକାର ଅଫିସର ମାନଙ୍କର ପୁଅମାନଙ୍କୁ ବାଧହେଇ ସ୍କୁଲରେ ଭର୍ତ୍ତି କରିବାକୁ ପଡ଼ିଥାଏ ।

ଥରେ ଗରମ ଦିନଟାରେ ଦୁଇ ଜଣ ଖ୍ରୀଷ୍ଟିଆନ୍ ସନ୍ୟାସିନୀ ମାନଙ୍କ ସହିତ ସାକ୍ଷାତ କରିବାପାଇଁ ମତେ ଅଫିସକୁ ଡକାଗଲା । ଜଣେ ସ୍ୱିଜରଲାଣ୍ଡର । ଆଉ ଜଣେ ଅଷ୍ଟ୍ରିଆର । ସେମାନଙ୍କର ପରିଷ୍କାର ପରିଛନ୍ନ ଦିପ୍ତୀ ଭରା ମୁହଁ ପାରିପାର୍ଶ୍ୱିକ ବାତାବରଣ ସହିତ ଆଦୌ ମେଳ ହେଉ ନ ଥିଲା । ଅଫିସରେ ଅତୀତର ଗଣ୍ୟମାନ୍ୟ ବନ୍ଦୀ ମାନଙ୍କର ତୈଳ ଚିତ୍ର ତଳେ ବସି ସୁପରିଟେଣ୍ଡେଣ୍ଟଙ୍କ ସହଧର୍ମିଣୀଙ୍କ ଦ୍ୱାରା ପ୍ରଦତ୍ତ କଫି ପିଉ ପିଉ ଓ କେକ୍ ଖାଉ ଖାଉ ମତେ ଲାଗିଲା ମୁଁ ହଜାରିବାଗ୍ର ଧୂଳି ଉଡ଼ା ରାସ୍ତା ଓ ଶୁଖିଲା କ୍ଷେତଠାରୁ ହଜାର ହଜାର ମାଇଲ ଦୂରରେ ଅଛି, ଏଇ ପାଖରେ ନୁହେଁ । ମତେ ଲାଗିଲା ଯେମିତି ଝରକା ପାଖକୁ ଗଲେ ଗିରିମାଳାର ବିସ୍ତୃତି ଓ ବରଫାକୃତ ପର୍ବତ ଶିଖର ସବୁ ମୁଁ ଦେଖି ପାରିବି । ସେମାନେ ଭାରତରେ ଉଭୟେ ବିତେଇଥିବା ଷାଠିଏ ବର୍ଷ ଭିତରେ କୌଣସିଥିରେ ପ୍ରଭାବିତ ହେଲା ପରି ମୋର ମନେ ହେଲା ନାହିଁ । ସେମାନେ ମତେ ଉପହାର ଦେଇଥିବା ଅଲପାଇନ୍ ଫୁଲ ଓ ସ୍ୱିଜରଲାଣ୍ଡର ପର୍ଯ୍ୟଟନସ୍ଥଳୀ ଉପରେ ଲିଖିତ ବହି ମୋର ଏଇ ଧାରଣାକୁ ବଳବତ୍ତର କଲା । ସେମାନଙ୍କର ଆବେଗର ଅଭାବ ଓ ସଦାପ୍ରଫୁଲ୍ଲ ଚିତ୍ତ ବାସ୍ତବତାରୁ ବିଚ୍ୟୁତ ପରି ମୋର ମନେ ହେଲା । ତଥାପି ଦୟାର୍ଦ୍ର ହେଇ ମତେ ସାକ୍ଷାତ କରି ଆସିଥିବାରୁ ମୁଁ ତାଙ୍କ ପାଖରେ ଆନ୍ତରିକ ଭାବରେ କୃତଜ୍ଞ ହେଲି ।

ସେଦିନ ଅପରାହ୍ନରେ ଅଫିସରୁ ଫେରିଲା ବେଳେ ଏବେ ଆସିଥିବା ଧୋବା ଜାତିର ଜଣେ କଇଦୀ ସହିତ ଭେଟ ହେଲା । ସେ ମତେ ସନ୍ଦିଗ୍ଧ ଦୃଷ୍ଟିରେ ଚାହିଁଲା । ସବୁବେଳେ ଅନ୍ୟମାନଙ୍କର ଅଶୁଭ ଓ ଅମଙ୍ଗଳ ଉପରେ ଭବିଷ୍ୟତ ବାଣୀ କରୁଥିବାରୁ ତାକୁ କେହି ଭଲ ପାଉ ନ ଥିଲେ । କଥା କ'ଣ ବୁଝିବା ପାଇଁ ମୁଁ ତା ପାଖକୁ ଗଲି । କୋଣଟାରେ ପଲେ ମାଇକିନାଙ୍କ ଗହଣରେ ସେ ବସିଥାଏ । ମତେ ବସିବାକୁ ହାତ ଠାରି ଫିସ୍ ଫିସ୍ ହେଇ କହିଲା, "ଦିଦି, ତମେ ଗର୍ଭପାତ କରି ଜାଣିଛ କି ?" ମୁଁ ଶୂନ୍ୟରୁ ଖସି ପଡ଼ିଲି । ଅଦ୍ଭୁତ ଅନୁରୋଧ କରିବାର ମୁଁ ବହୁବାର ଜାଣିଛି । କିଂତୁ ଏଇ ଅଦ୍ଭୁତ କାମଟା ପ୍ରଥମ ଥର ପାଇଁ ଆସିଲା । ସେ ବିଷୟରେ ମୋର ଆଦୌ ଧାରଣା ନ ଥିବା କହି ତାକୁ କହିଲି । ତାପରେ ଗର୍ଭପାତ କାହା ପାଇଁ ଦରକାର ତାକୁ ପଚାରିଲି । ସେ ଆଲାମଣିକୁ ଦେଖାଇଲା । ପତଳା ହେଇ ରୋଗୀଣା ସ୍ତ୍ରୀଲୋକଟିଏ । ତାର ଦେହର ଶିଥିଳତା ଓ ପାଣ୍ଡୁର ତା ଦେଖି ସେ ଗର୍ଭବତୀ ହେଇଥିବାର ମୁଁ ସନ୍ଦେହ କରିଥିଲି । ଜଣେ ଜମିଦାର ଘର ଡକାୟତି କଲାବେଳେ ଆଲାମଣିର ସ୍ୱାମୀ ନିହତ ହେଇଥିଲା । ସେଇ ଘଟଣା ପରେ ସେ ଓ ତାର ସାଙ୍ଗ ରାଧାମଣି ଗିରଫ ହେଇ ଆସିଥିଲେ ।

ଧୋବଣୀ ଆଲାମଣି ବୁଝେଇ ଦେଲା ଯେ ଜେଲ୍‌ରୁ ଖଲାସ ହେଇ ଗଲା ପରେ ଗାଁରେ କେହି ଏଇଟା ତାର ସ୍ୱାମୀର ଛୁଆ ବୋଲି ବିଶ୍ୱାସ କରିବେ ନାହିଁ । ସେ ଜେଲ୍‌ରେ ଗର୍ଭବତୀ ହେଇଛି ଭାବିବେ ଓ ଗାଁରୁ ତାକୁ ତଡ଼ି ଦେବେ । ସାଧାରଣରେ ବିଶ୍ୱାସ କରାଯାଉଥିଲା ଯେ ଜେଲ୍‌ଟା ଗୋଟେ ପତିତ ଜାଗା ହେଇଥିବାରୁ ସେଠି ସ୍ତ୍ରୀଲୋକ ମାନେ ନିଜର ସତୀତ୍ୱ ରକ୍ଷା କରି ପାରନ୍ତି ନାହିଁ ଯଦିଓ ସେମିତି କିଛି ଘଟିଥିବାର କେବେ ମୋ ନଜରକୁ ଆସି ନଥିଲା । ଆଲାମଣି ଧୋବଣୀ କଥାରେ ଅତି ଶିଘ୍ର ପ୍ରଭାବିତ ହେଇଗଲା । ସର୍ବୋପରି ସେ ନିଜେ ଗର୍ଭଟା ରଖିବାକୁ ଚାହୁଁ ନ ଥିଲା । ତାର ସ୍ୱାମୀ ମଲା ପରେ ସେ ଛୁଆକୁ ପାଳିବ କେମିତି ତାକୁ ବୁଦ୍ଧି ବାଟ ଦେଖା ଯାଉ ନ ଥିଲା । ଘରେ ପୁଣି ଛୁଆ ଦୁଇଟା ଅଛନ୍ତି । ତେଣୁ ଗର୍ଭପାତକୁ ସେ ଏକମାତ୍ର ପନ୍ଥା ଭାବି ନେଲା । ମୁଁ ତାକୁ ସେଇ ଚିନ୍ତାଟା ମନରୁ କାଢ଼ିଦେବା ପାଇଁ କହିଲି । କାରଣ ଜେଲ୍‌ରେ ସେପରି କିଛି ଅସ୍ତ୍ରୋପଚାରରେ ସୁବିଧା ନ ଥିଲା । କିନ୍ତୁ ସେ ଛୁଆଟିକୁ ଜନ୍ମ ନ ଦେବାକୁ ସେ ମନ ସ୍ଥିର କରି ସାରିଥିଲା । ସେ ଖାଇବା ପିଇବା ବନ୍ଦ କରିଦେଲା । ଭାବିଲା ଦୁର୍ବଳତାରୁ ତାର ଗର୍ଭପାତ ହେଇଯିବ ।

ଆମର ବହୁ ଆକାଂକ୍ଷିତ ହୋଲି ପାଳନଟା ମହିଳା ବନ୍ଦୀ ମାନଙ୍କ ଭିତରେ ସଂପର୍କର ଏକ ନୂତନ ମୋଡ଼ ଆଣି ଦେଲା । ଧାର୍ଯ୍ୟ ଦିନର ପୂର୍ବ ରବିବାରରେ ଆମେ

ଓପାସ ରହି ଅଟା, ଗୁଡ଼, ତେଲ, ଆଳୁ ମସଲା ଆଦି ଜିନିଷ ସଂଗ୍ରହ କଲୁ । ସକାଳେ ଆଳୁ ତରକାରୀ ଓ ପୁରି ତିଆରି କରି ଆମେ ସମସ୍ତେ ଗଛତଳେ ଗୋଲେଇ କରି ବସି ଗଲୁ ଓ ଏକାଠି ଖାଇଲୁ । ମାସ ମାସ ଧରି ଆମେ ଖାଉଥିବା ଖାଦ୍ୟଠାରୁ ସେଦିନ ଖାଇବାଟା ବେଶୀ ସୁସ୍ୱାଦୁ ଥିଲା । କିଂତୁ ତା ଅପେକ୍ଷା ଆମେ ସମସ୍ତେ ଏକ ହୋଇ କିଛି ଗୋଟେ କରି ପାରିଥିବାର ସାମର୍ଥ୍ୟ ହିଁ ମତେ ବେଶୀ ଆତ୍ମସନ୍ତୋଷ ଦେଲା । ଅଳ୍ପ କେତେ ସମୟ ପାଇଁ ହେଲେ ମଧ୍ୟ ଜାତି ଭେଦ ଓ ନାନା କୁସଂସ୍କାରର ତାର ବାଡ଼ ଭାଙ୍ଗି ଆମେ କରି ପାରିଥିବା ଏଇ ସହଯୋଗ ଓ ସଂହତିର ବାତାବରଣ ମୋର ଜେଲ୍ ଅନୁଭୂତି ଭିତରେ ଅନନ୍ୟ ଥିଲା ।

ଏପ୍ରିଲ୍ ୨୮ତାରିଖରେ ଆମକୁ ଜାମ୍‌ସେଦ୍‌ପୁର ପଠାଯାଇ ପାରିଲା ନାହିଁ । କାରଣ ଜେଲ୍ ଭିତରରେ ଏକତାର ବିରୋଧାଭାଷ ସ୍ୱରୂପ ହଜାରିବାଗ୍‌ରେ ହିନ୍ଦୁ ମୁସଲମାନ ଦଙ୍ଗା ଚାଲିଥିଲା ଓ ତାକୁ ଦମନ କରିବା ପାଇଁ ସବୁ ପୋଲିସ୍ ନିୟୋଜିତ ଥିଲେ । ଏପ୍ରିଲଟା ସବୁବେଳେ ଗୋଟେ ଦଙ୍ଗା-ସମ୍ବେଦନ ମାସ । ହୋଲି ପର୍ବ ପରେ ପରେ ଗୋଟେ ମୁସଲମାନ ପର୍ବ ପଡ଼େ । ଧର୍ମାନ୍ଧ ମାନେ ଗଣ୍ଡଗୋଳ ଭିଆଇବା ପାଇଁ ଏଇ ସଂଯୋଗକୁ ଅପେକ୍ଷା କରିଥାନ୍ତି । ବହୁ ସଂଖ୍ୟାରେ ଗିରଫଦାରି ଚାଲିଲା । ଆମ ୱାର୍ଡ଼ର ଗୋଟିଏ ପାଖ ହିନ୍ଦୁ ଓ ଅନ୍ୟ ପାଖଟି ମୁସଲମାନ ବନ୍ଦୀରେ ଭର୍ତ୍ତି ହେଇଥାଏ । ଉଭୟେ ନିଜ ନିଜର ସ୍ଲୋଗାନ ଦେଉଥାନ୍ତି । ଆମର ବିଚାର କେତେ ଦିନ ଯାଏଁ ସ୍ଥଗିତ ହେଇଛି ତାହା ଜଣା ପଡ଼ି ନ ଥିଲା । ଏମିତି ଗରମ ଓ ଧୂଳିରେ ମୋତେ ଯିବାକୁ ପଡ଼ିବ ନାହିଁ ଭାବି ମୁଁ ଆଶ୍ୱସ୍ତ ହେଲି ।

ଜୟ ପ୍ରକାଶ ନାରାୟଣଙ୍କ ଆନ୍ଦୋଳନ ଟିକିଏ ଥମି ଯାଇଥିଲେ ହେଁ ସ୍କୁଲ ଶିକ୍ଷକ ଓ କାରଖାନା ଶ୍ରମିକମାନେ ଧର୍ମଘଟ କରି ଆନ୍ଦୋଳନ - ବନ୍ଦୀ ମାନଙ୍କର ଜାଗାକୁ ଆସିଲେ । ଦିନେ ସତର ବର୍ଷର ଝିଅକୁ ମୁଣ୍ଡ, କାନ୍ଧ, ପିଠି ଓ ଗୋଡ଼ରେ ଗୁଳିବିଦ୍ଧ ଅବସ୍ଥାରେ ଅଣା ହେଲା । ସେ ଜଣେ ଖଣି ଶ୍ରମିକ । ମିଶନ ସ୍କୁଲରୁ ମେଟ୍ରିକ୍ୟୁଲେସନ ପାସ୍ କରିଥିଲା । ତାକୁ ଅଧିକ ଶିକ୍ଷା ଦେବା ପାଇଁ ପରିବାରର ସାମର୍ଥ୍ୟ ନ ଥିବାରୁ ସେ ଯେଉଁ କାମ ପାଇଲା ସେଇଟା କଲା । କୋଇଲା ଖଣି ମୁହଁରେ ସ୍ତ୍ରୀଲୋକ କାମ କରିବାଟା ଅନେକ ଆଗରୁ ନିଷିଦ୍ଧ କରାଯାଇଥିଲା ତଥାପି ମଧ୍ୟ ସେମାନେ ମୁଣ୍ଡରେ ଓଜନିଆ କୋଇଲା ଟୋକେଇ ବୋହି ଖଣିରୁ ବୋଝେଇ ଟ୍ରକ୍ ପାଖକୁ ଯାଉଥିଲେ । ଏତେ ପତଳା ଝିଅଟିଏ ମୁଣ୍ଡରେ କୋଇଲା ବୋଝ କଥା ଭାବିଦେଲା କ୍ଷଣି ମୁଁ ସ୍ତବ୍ଧ ହେଇଗଲି । ଏତେ ବଳ କେଉଁଠୁ ପାଇଲା କେଜାଣି । ତାର କ୍ଷତ କେମିତି ହେଲା ମୁଁ ତାକୁ ପଚାରିଲି ।

ସେ କହିଲା ଯେ ତାର ଖଣିରେ ଶ୍ରମିକ ମାନେ 'ଅଫିସ' ୟୁନିଅନ ଉପରେ ଅସନ୍ତୁଷ୍ଟ ହେଇ ସେହିପରି ଏକ ବିକଳ୍ପ ସଂଘ ଗଢ଼ିଲେ । ଥରେ ଦୁଇ ଥର ପାରିଶ୍ରମିକ ବୃଦ୍ଧି ଓ ଉପଯୁକ୍ତ ଥଇଥାନ ଦାବୀରେ ଧର୍ମଘଟ କଲେ । ସେମାନେ ସବୁ ଏକ ବଖୁରିଆ ଟିଣ ଛାତ ଘରେ ରହୁଥିଲେ । ସେଠି ଉପଯୁକ୍ତ ଜଳ ଯୋଗାଣ ବ୍ୟବସ୍ଥା ମଧ୍ୟ ନ ଥିଲା । ଦିନକୁ ତାର ଆୟ ଥିଲା ଚାରି ଟଙ୍କା । ସେଥିରେ ଚାଉଳ କେଜିର ଦାମ୍ ତିନି ଟଙ୍କା ଉପରେ । ଦିନେ କଂଗ୍ରେସ ଦଳ ସମର୍ଥିତ 'ଅଫିସ୍' ୟୁନିଅନ୍ ଅନ୍ୟ ଦଳେ ଲୋକ ସହିତ ଆସି ଶ୍ରମିକ ମାନଙ୍କୁ ଘରୁ ବାହାରକୁ ଡାକିଲେ । ସେଠି ରାସ୍ତା ଉପରେ ଗୋଟେ ଲଢ଼େଇ ଚାଲିଲା ବେଳେ ପୋଲିସ୍ ଆସି ମୁକାବିଲା କଲା । ଶ୍ରମିକମାନଙ୍କର ଦ୍ୱାରା ଗଠିତ ସେଇ ବିକଳ୍ପ ସଙ୍ଘରେ ସାତ ଜଣ ସଭ୍ୟ ଗୁଳି ମାଡ଼ରେ ଆହତ ହେଲେ । ୟୁନିଅନ୍ ସଭ୍ୟ କେତେ ଜଣ ଗଣ୍ଡଗୋଳ ଭିଆଇବା ଅଭିଯୋଗରେ ଗିରଫ ହେଲେ ।

ମୋର ବିଚାର କାର୍ଯ୍ୟର ବିଳମ୍ବ ସହିତ ମୁଁ ଗୋଟେ ପ୍ରକାର ଅଭ୍ୟସ୍ତ ହେଇ ପଡ଼ିଥିଲି । ବେଳେ ବେଳେ ମୋର ବାପା ମା' କ'ଣ ଚିନ୍ତା କରୁଥିବେ ଭାବି ବ୍ୟସ୍ତ ହେଉଥିଲି । ପ୍ରତି କୋର୍ଟ ତାରିଖ ଦିନ ମୋର ବିଚାର ଆରମ୍ଭ ହେବ ବୋଲି ସେମାନେ ଆଶା କରୁଥିବେ । ମୋର ଆଖି ସାମ୍ନାରେ ସେମାନଙ୍କର ଆଶାୟୀ ଚିତ୍ର ଭାସି ଉଠିଲା । ସ୍ଥଗିତାଦେଶର ଏକ ଶହ ଏକ କାରଣ ସଂପର୍କରେ ସେମାନେ ଅବଗତ ହେବେ କିପରି ? ସେମାନଙ୍କ ଚିଠି ମୋରି ଚିନ୍ତାରେ ଭରିଯାଉଥିଲା । ବାରମ୍ବାର ସ୍ଥଗିତାଦେଶର ଚାପକୁ କାଳେ ମୁଁ ବରଦାସ୍ତ କରି ପାରିବି ନାହିଁ ବୋଲି ସେମାନେ ଆଶଙ୍କା କରୁଥିଲେ । ମୋର ଏତେ ବର୍ଷ କାରାବାସ ପରେ ମଧ୍ୟ ମୋର ବନ୍ଧୁ ଓ ପରିବାର ବର୍ଗ ମତେ ଛାଡ଼ି ଦେଇ ନ ଥିଲେ - ଏଇ କଥାଟା ଜେଲ୍ କର୍ମଚାରୀ ମାନଙ୍କ ଉପରେ ଯଥେଷ୍ଟ ପ୍ରଭାବ ପକାଇଥିଲା । ଯା ଦ୍ୱାରା ସେମାନେ ଭାବିଲେ ଯେ ମୁଁ ନିଶ୍ଚେ ଜଣେ ପ୍ରତିଷ୍ଠିତ ବ୍ୟକ୍ତି । ଥରେ ସ୍ପେଶିଏଲ୍ ବ୍ରାଞ୍ଚର ଜଣେ ଲୋକ ହାଇ କମିଶନ ପଦାଧିକାରୀଙ୍କୁ ମୁଁ ଏକ ପ୍ରଭାବଶାଳୀ ପରିବାରରୁ ଆସିଛି କି ବୋଲି ପଚାରିଥିଲେ । ତାର ଅର୍ଥ ଏଇ ଯେ - ସେଇୟା ନ ହେଲେ ଏତେ ଲୋକ ମୋ ପାଇଁ ମୁଣ୍ଡ ଖେଳାଉ ନ ଥାନ୍ତେ ।

ଦିନେ ମୁଁ The Timesରେ ପଢ଼ିଲି ଯେ ହାଲଡେନ୍ ସୋସାଇଟି ଅଫ୍ ଲୟରସ୍ (The Haldane Society of Lawyers) ମୋର ବିଳମ୍ବିତ ବିଚାରର ପ୍ରତିବାଦରେ ଶ୍ରୀମତୀ ଗାନ୍ଧୀଙ୍କୁ ଚିଠି ଲେଖିଛନ୍ତି । ତାପରେ ପରେ ବି.ବି.ସି. ୱାର୍ଲଡ଼୍ ସର୍ଭିସ୍‌ରେ ମୋର କାରାବାସ ସମ୍ବାଦ ପରିବେଷଣ କରାଯାଇଥିବାର ଚିଫ୍ ହେଡ୍

ୱାର୍ଡ୍ର୍ ମତେ କହିଲେ । ମୁଁ ଜାଣିଲି ଯେ ଶିଘ୍ର ହେଉ କି ବିଳମ୍ବରେ ହେଉ ମୋର ବନ୍ଧୁ ଓ ପରିବାର ବର୍ଗଙ୍କ ପ୍ରଚେଷ୍ଟା ଫଳପ୍ରସୂ ହେବ ଓ ମୋର ବିଚାର ଆରମ୍ଭ ହେବ । ସେ ଯାହାହେଉ, ମକଦ୍ଦମାର ଫଳାଫଳ ନେଇ ମୁଁ ସନ୍ଦିହାନ୍ ଥିଲି । ମୁଁ ଭାବିଲି ଯେ ବୋଧହୁଏ ଏତେ ଦିନ ଧରି ଦେଇଥିବା କାରାବାସ ଦଣ୍ଡକୁ ଯୁକ୍ତିଯୁକ୍ତି ବୋଲି ଦର୍ଶାଇବାକୁ ଯାଇ କର୍ତ୍ତୃପକ୍ଷ ମତେ ଦୋଷୀ ସାବ୍ୟସ୍ତ କରିବାରେ ଫନ୍ଦି ଫିକର କରି ପାରନ୍ତି । କୋଡ଼ିଏ ବର୍ଷ ଜେଲଦଣ୍ଡର ଧମକ ମୋତେ ଏକାଧିକବାର ଦିଆଯାଇଥିଲା ।

୧୯୭୫ ମେ ଦଶ ତାରିଖର ତା ପରଦିନ ସକାଳ ଆଠଟାରେ ଜାମ୍‌ସେଦ୍‌ପୁର ଯିବା ପାଇଁ ପ୍ରସ୍ତୁତ ହେବାକୁ ମତେ ଚିଫ୍ ହେଡ୍ ୱାର୍ଡ୍ର କହିଲେ । ଆରଦିନ ଦଶଟା ବେଳକୁ ମୁଁ ତଥାପି ଯିବାକୁ ଅପେକ୍ଷା କରି କମ୍ବଳଟା ଉପରେ ଗଡ଼ପଡ଼ ହେଉଥାଏ । ଛିଣ୍ଡା ମାଟିଆ ବେଗ୍ ଓ ମୋଟା କାଗଜ ପେଟିରେ ମୋର ଜିନିଷ ପତ୍ର ଭର୍ତ୍ତି ହେଇ ମୋ ପାଖରେ ଗଦା ହେଇଥାଏ । ଠିକ୍ ସେତିକି ବେଳେ ପିଲାମାନେ ଧାଇଁ ଆସି କହିଲେ : "ମାଉସୀ, ଆଲାମଣିର ଛୁଆ ଖସୁଛି ।" ଜେଲ୍ ଭିତରେ କୌଣସିଟିର ଗୋପନୀୟତା ରହୁ ନଥିବାରୁ ଛୋଟ ପିଲାମାନେ ମଧ୍ୟ କାହାର ମାସିକ ଋତୁସ୍ରାବ ହେଲା, କିଏ ଗର୍ଭବତୀ ହେଲା ଆଦି ଜାଣୁଥିଲେ । ଏବେ ସେମାନେ ଆଲାମଣିର ଗର୍ଭପାତର ପ୍ରତ୍ୟକ୍ଷଦର୍ଶୀ । ମୁଁ ହଲ୍ ଭିତରକୁ ଧାଇଁ ଗଲି । ସେଠି ଗୋଟେ କୋଣରେ ଗୋଡ଼ ଭାଙ୍ଗି ଓ ଗୋଇଠିକୁ ଚଟାଣରେ ଚାପି ରଖି ସେ ଗଁ ଗଁ ହେଉଥାଏ । ଭ୍ରୁଣଟିକୁ ଶିଘ୍ର ଖସାଇ ଦେବା ଚେଷ୍ଟାରେ ଜଣେ ସ୍ତ୍ରୀଲୋକ ତାର ପେଟ ଚିପୁଥାଏ ତ ଆଉ ଜଣେ କାନ୍ଧ ଘଷୁଥାଏ । ମୁହଁଟା ତାର ମଲା ପରି ଶେଥା ଦିଶୁଥାଏ । ଦେହରୁ ଗମ୍‌ଗମ୍ ଝାଳ ଫିଟୁଥାଏ । ତାକୁ ଏମିତି କଷ୍ଟ ପାଇବାର ଦେଖି ମୁଁ ସହି ପାରୁ ନ ଥିଲି । ମୁଁ ଖାଲି ଭିତର ବାହାର ହେଉଥାଏ । ତାକୁ ଛାଡ଼ି କରି ଯିବା ପାଇଁ ଇଚ୍ଛା ହେଉ ନଥାଏ । ଏଣେ ତାକୁ ଦେଖି ମୁଣ୍ଡ ବୁଲେଇ ବାନ୍ତି ଆସୁଥାଏ । ମୁଁ ତାର ମୁକୁଳା ବାଳ କେରାକୁ ବାନ୍ଧିବାକୁ ଗଲାବେଳେ ଅନ୍ୟ ଜଣେ ସ୍ତ୍ରୀ ଲୋକ ମତେ ମନା କଲା । ବାଳ ବାନ୍ଧି ଦେଲେ ଭ୍ରୁଣଟି ବି ପେଟ ଭିତରେ ବାନ୍ଧି ହେଇ ରହିଯିବ ଓ ଶିଘ୍ର ବାହାରିବ ନାହିଁ, ସେ କହିଲା । ପ୍ରାୟ ଘଣ୍ଟାଏ ପରେ ତିନି ମାସର ଭ୍ରୁଣଟି ବାହାରିଲା । ହଲ୍‌ର ଗୋଟିଏ ପାଖକୁ ତାକୁ ଗଡେଇ ଦିଆଗଲା । ମେହେନ୍ତର ଆସି ସଫା କରିବା ଯାଏଁ ସେଇଟା ସେଠି ସେମିତି ପଡ଼ି ରହିଥିଲା । ଆଲାମଣିର ଦେହ ସାରା ତେଲ ଘଷି ଓ କମ୍ବଳ ଘୋଡ଼େଇ ଏଇ କଷ୍ଟରୁ ଆରୋଗ୍ୟ ପାଇବା ପାଇଁ ବିଶ୍ରାମ କରିବାକୁ ଦିଆଗଲା । ଡାକ୍ତର ପହଞ୍ଚିଲା ବେଳକୁ ସବୁକିଛି ସରିଯାଇଥିଲା ।

ସେଦିନ ଅପରାହ୍ନ ତିନିଟା ବେଳକୁ ଆମେ ସମସ୍ତେ ହଲ୍ ଭିତରେ ଥିଲୁ । ଭଙ୍ଗା କବାଟରେ ପବନ ପିଟି ହେଇ ଲୁହା ଜାଲି ଭିତରକୁ ମେଞ୍ଚା ମେଞ୍ଚା ଧୂଳି ଓ ଛିଣ୍ଡା ଅଖା ସବୁ ଧସେଇ ଆଣୁଥାଏ । ହଲ୍‌ଟା ସାରା ଏଠି ସେଠି ବାଲି ପଡ଼ିଥାଏ । ପ୍ରକାଶର ମା' ସିଲେଇ କରିବା ଭଙ୍ଗୀରେ ବସିଥାଏ । ଛୋଟା ଗୋଡ଼କୁ ମଇଳା କମ୍ବଳ ଉପରେ ମେଲେଇ ବସି ଏଠୁ ସେଠୁ ଛିଣ୍ଡା କନା ସଂଗ୍ରହ କରି ସେଇଟାକୁ ସିଲେଇ କରୁଥାଏ । ତା ପାଖରେ ବିର୍‌ସି ବୁଢ଼ୀ ଖୋଲା ଛାତିରେ ବସି ଛିଣ୍ଡା ବ୍ଲାଉଜ ଉପରୁ ଉକୁଣୀ ବେଟୁଥାଏ । ଆହୁରି ତଳକୁ, ଦୁଲାଳୀ ଓ କୋର୍ମି ଶୋଇଥାନ୍ତି । ତାଙ୍କ ମୁଣ୍ଡ ଯାକ ଧୂଳି ଭର୍ତ୍ତି । ପଲ ପଲ ମାଛି ଗୋଡ଼ ଖଦଡ଼ ଜେଲ୍ ଶାଢ଼ୀ ଉପରେ ବସି ପଟା ପଟା କଳା ଦାଗ ଲାଗି ଯାଉଥାଏ । ପୁରୁଣା ତେଲ ଟିଣରେ ତିଆରି କୋଇଲା ଚୂଲିରେ ନିଆଁ ଧରାଇ ମୁଁ ସେଠି କୁଜେଇ ପଡ଼ି ବସିଥାଏ । ରାତିର ରୁଟି ସେକିବା ପାଇଁ ପବନରୁ ନିଆଁକୁ ଘୋଡ଼େଇ ରଖୁଥାଏ । କପାଳ ଓ ବେକ ତଳୁ ଝାଳ ନିଗିଡ଼ି ନୀଳ ରଙ୍ଗର ବ୍ଲାଉଜ୍ ଭିଜି ଯାଉଥାଏ । ମାଟିରେ ନିଜେ ଖେଳନା ତିଆରି କରି ଓ ଖରାରେ ଶୁଖାଇ ତାକୁ ପିଲା କେଇ ଜଣ ଖେଳୁଥାନ୍ତି । ଖେଳନା ଯାକ ଛୋଟ ଛୋଟ ହାଣ୍ଡି, ପଲମ, କଣ୍ଢେଇ ଓ ଜୀବଜନ୍ତୁ । ମେଟିନୀ ଗୁରୁବାରୀ ବୁଢ଼ୀ ଚଦର ଭିତରୁ ଘୁଙ୍ଗୁଡ଼ି ମାରୁଥାଏ । ଡ୍ୟୁଟିରେ ଥିବା ମହିଳା ୱାର୍ଡ଼ର ପଟା ଖଟ ଉପରେ ଶୋଇ ଆରାମରେ ତାର ନିତିଦିନିଆ ଘଷା ଖାଉଥାଏ । ବୁଧୁନୀର ଶାଶୁ ବସିରନ୍ "ବୁଢ଼ୀମା" କାଶରେ ଧଇଁ ସଇଁ ହେଉଥାଏ । ବୟସ ଓ ହାଡ଼ଭଙ୍ଗା ଖଟଣୀରେ ତାର ଦେହଟା ଜୀର୍ଣ୍ଣଶୀର୍ଣ୍ଣ ହେଇଯାଇଥାଏ । ଲାଗଲାଗ ତୃତୀୟ ଦିନ କଫରେ ରକ୍ତ ପଡ଼ିବାରୁ ଆତଙ୍କିତ ହେଇ ସାବିତ୍ରୀ ବିଶ୍ରାମ ନେଉଥାଏ । ମୋ ପାଖରେ ବସି ଶାନ୍ତି ନାମ୍ନୀ ଜଣେ ଯୁବତୀ କଇଦୀ ତାର ଜଣେ ପୁରୁଷ ବନ୍ଧୁ ପାଇଁ ରୁମାଲରେ ଫୁଲ ଫୁଟାଉଥାଏ । ତାର ବନ୍ଧୁ ଜଣକ ସେଠିକାର ଜଣେ କଇଦୀ । ଷ୍ଟୋର୍‌ରେ ଚିହ୍ନା ପରିଚିତ ଥିବାରୁ ସେ ଛୁଞ୍ଚି ସୂତା ଓ ରୁମାଲ ପାଇଁ କନା ଆଣି ଦେଇ ପାରିଥିଲା । ବାର ବର୍ଷର ସତ୍ୟ ଏକୁଟିଆ ବିରକ୍ତ ହେଇ ତାକୁ ଅନେଇ ବସିଥିଲା । ଶାନ୍ତିର ହାତ ତିଆରି କନ୍ଥାରେ ମୁଁ ଗଡ଼ିଥାଏ । ଲୁଗା ବୁଜୁଲିଟାକୁ ତକିଆ ପରି ମୋଡ଼ି ଦେଇ ସତ୍ୟ ମୋ ବେକ ତଳେ ରଖି ଦେଇଥାଏ । ସେନସର୍ ଅବରୋଧ ସମସ୍ୟାରେ ପଡ଼ିଥିବା ଆୟାରଲେଣ୍ଡ ଉପରେ ପ୍ରକାଶିତ ଖଣ୍ଡେ ଛୋଟ ଛାପା କାଗଜ ପଢୁଥାଏ । ବାହାର ଦୁନିଆଁର ଏ ମହାର୍ଘ ଜିନିଷଟିକୁ ମୁଁ ବିକଳରେ ପିଇଯାଉଥାଏ ଯେମିତି । ମୋ ଗୋଡ଼ ପାଖରେ ଆଣ୍ଠେଇ ପଡ଼ି ପ୍ରକାଶ ମୋ ପାଦରେ ତେଲ ଘଷୁଥାଏ ଓ ବଡ଼ମାନଙ୍କୁ ଅନୁକରଣ କରି ଆଙ୍ଗୁଠି ପବକୁ ଫୁଟାଉଥାଏ । ମୋ ବାଁ ପଟେ ଆଲାମଣି ଅସ୍ତବ୍ୟସ୍ତ ହେଇ ଗାଁ ଗାଁ

ହେଉଥାଏ । ତାର ପତଳା ଦେହରେ ଟିକେ ଉଷ୍ମତା ଆଣିବା ପାଇଁ ରାଧାମଣି ତାର କଚଟି ଓ ପାପୁଲିକୁ ଧୀରେ ଧୀରେ ଘଷୁଥାଏ । ଗରମରେ ଆମେ ସମସ୍ତେ ଅସ୍ତ ବ୍ୟସ୍ତ ହେଇଗଲା ବେଳକୁ ତାର ଦେହଟା ଥଣ୍ଡା ପଡ଼ିଯାଇଥାଏ । ଅତ୍ୟଧିକ କ୍ଲାନ୍ତି, ତେଲ ଓ ଝାଳରେ ତାର ବାଳ ଝାଳରେ ଓଦା ହେଇ ଅଲରା ହେଇଯାଇଥାଏ । ତାର ପତଳା କମ୍ବଳ ଭିତରୁ ଆଇଁସିଆ ଗତ ବାହାରୁଥାଏ । ହଲ୍‌ଟା ଯାକ ଧୂଳି ବିଛେଇ ପଡ଼ିଥାଏ ଓ ସୋରିଷ ତେଲ, ନଡ଼ିଆ ତେଲ, ଝାଳ, ମୂତ୍ର ଏବଂ ରୋଷେଇ ଗନ୍ଧରେ ଫାଟି ପଡୁଥାଏ ।

ଆଲାମଣିର କଷ୍ଟରେ ଆମେ ସେଦିନ ଅସ୍ୱାଭାବିକ ଭାବରେ ଚୁପ୍ ଚାପ୍ ଥିଲୁ । ଏପରିକି ପିଲାମାନେ ମଧ୍ୟ ଦୌଡ଼ାଦୌଡ଼ି କରୁ ନ ଥିଲେ । ସେମାନଙ୍କୁ ଉଡ଼େଇ ନେଲା ପରି ପବନ ବହିଲେ ବି ପାଟିତୁଣ୍ଡ କରୁ ନ ଥିଲେ । ସେଦିନର ଉତପ୍ତ ଅପରାହ୍ନଟା ଆମକୁ ଏକ ବିଚିତ୍ର ସ୍ୱାଧିନତା ଦେଲା । ଏତେ ଟାଣ ଖରାରେ କେହି ୱାର୍ଡ଼ର ଆମ ଗୋଠ ଭିତରକୁ ଆସିବେ ନାହିଁ ଜାଣି ଆମେ ଆଣ୍ଠୁ ଉପରକୁ ଲୁଗା ଟେକି ଅଯତ୍ନରେ ମନଇଚ୍ଛା ବସିଥିଲୁ । ଚାରିଟା ବେଳକୁ ଯୁବତୀ ସ୍ତ୍ରୀ ଲୋକମାନେ ବିଭିନ୍ନ ଢଙ୍ଗରେ ମୁଣ୍ଡ ବାନ୍ଧି, ମଥାରେ ସିନ୍ଦୁର ନାଇ ଆଖିରେ କଜଳ ଲଗାଇ ଓ ଶାଢ଼ୀ କୁଞ୍ଚେଇ ସାରା ଦିନର ମୁଖ୍ୟ ଘଟଣା ପାଇଁ ପ୍ରସ୍ତୁତ ହେଇଯିବେ - ସେତିକିବେଳେ ଠିକ୍ ସନ୍ଧ୍ୟା ଆଗରୁ କେତେ ଜଣ ପୁରୁଷ କଇଦୀ ରାତି ଓଳିର ଡାଲି ତରକାରୀ ଓ ରୋଗୀଙ୍କ ପାଇଁ ଔଷଧ ନେଇ ଆମେ ପରିସରକୁ ଆସିଯିବେ ।

ହଠାତ୍ ବାହାରର ଘଣ୍ଟିଟା ବାରମ୍ବାର ବାଜି ଉଠିଲା । ମହିଳା ୱାର୍ଡ଼ର୍ ଜଣକ ତରତର ହେଇ ଉଠି ବସିଲା ଓ ଖୋଲା ଛାତି ଓ ମୁଣ୍ଡକୁ ଶିଷ୍ଟାଚାର ଦୃଷ୍ଟିରୁ ଶାଢ଼ୀରେ ଘୋଡ଼େଇ ପକାଇଲା । ଗୁରୁବାରୀର ଖାସ୍ ଲୋକ ମନୁଆ ତାକୁ ହଲେଇ ଉଠେଇ ଦେଲା । ଆମର ଦ୍ୱିପ୍ରହର ଶାନ୍ତି ଭଙ୍ଗ କରିଥିବା ସେଇ ଜରୁରୀ ଖବର କ'ଣ ବୁଝିବା ପାଇଁ ନିଦ ମଳ ମଳ ହେଇ ମେଟିନୀ ଜଣକ ତାତିଲା ବାଲି ଉପରେ ଖାଲି ପାଦରେ ଗେଟ୍ ପର୍ଯ୍ୟନ୍ତ ଚାଲିଗଲା ।

"ମେରି ଟିଲରକୁ ଜାମ୍‌ସେଦ୍‌ପୁର ଯିବାକୁ ହେବ ।"

"କ'ଣ, ଏବେ ?"

"ହଁ, ଏଇ ସଙ୍ଗେ ସଙ୍ଗେ । ତାକୁ ଶିଘ୍ର ବାହାରିବାକୁ କହ ।"

ଗୁରୁବାରୀ ଧାଇଁ ଆସି ମତେ ଖବରଟି ଦେଲା । ମୁଁ ଚମକି ପଡ଼ିଲି । ମଧ୍ୟାହ୍ନରେ ଡ୍ୟୁଟିକୁ ଆସିଥିବା ମହିଳା ୱାର୍ଡର ମତେ କହି ସାରିଥିଲା ଯେ ମୋ ସାଙ୍ଗରେ ଆଜି ଜାମ୍‌ସେଦ୍‌ପୁର ଯିବା ପାଇଁ ଆଦୌ ପୋଲିସ୍ ମିଳୁ ନାହାନ୍ତି । ଆଉ

ଏବେ ପନ୍ଦର ମିନିଟ୍ ଭିତରେ ଯିବାପାଇଁ ପ୍ରସ୍ତୁତ ହେବାକୁ କୁହାଗଲା । ମୋର ଅଳ୍ପ କିଛି ଜିନିଷ ପତ୍ର ପୁଣି ଶିଘ୍ର ସଜଡ଼ା ହେଇଗଲା । ଶାନ୍ତି ମୋର ମୁଣ୍ଡ କୁଣ୍ଡାଇ ବେଶୀ ଗୁନ୍ଥି ଦେଲା । ଦୁଲାଳୀ ଓ କୋର୍ମି ମୋର ମାଟିଆ ବେଗକୁ ଦଉଡ଼ିରେ ଭିଡ଼ି ବାନ୍ଧି ଦେଲେ । ବୁଧୁନୀ ତାର ରାତି ଓଳିର ରୁଟି ନେଇ ଆସି ଗୋଟେ ଗିଲ୍‌ଟି ତାଟିଆରେ ମୋ ସାମ୍ନାରେ ରଖିଦେଲା ।

"ଏତକ ଖାଇ ପକା, ଦିଦି । ତମକୁ ଭାରି ଭୋକ ହେବ ।"

"ମୁଁ ଖାଇଦେଲେ ତୁ ରାତିରେ କ'ଣ ଖାଇବୁ ?"

"ନାଇଁ, ଦିଦି, ମୋ ପାଇଁ ଆହୁରି ଅଛି ଯେ । ଯେମିତି ହେଲେ ଏତକ ଖାଇପକା । ଏତେ ଦୂର ବାଟ ।"

ପିଲାମାନେ ମୋ ଚାରିପଟେ ଘେରି ଗଲେ । କିଏ ମୋର ଶାଢ଼ୀକୁ ସଜାଡୁଥିଲା ତ ଆଉ କିଏ ମୋର ହାତକୁ କୁନିକୁନି ଆଙ୍ଗୁଠିରେ ମୁଠେଇ ଧରୁ ଥିଲା ।

"ପୁଣି କେବେ ଫେରିବ ମାଉସୀ ?"

"ଓଃ, ଏଇ ଅଳ୍ପ କିଛି ଦିନ ଭିତରେ । ମତେ କେମିତି ସେମାନେ ନେବା ଆଣିବା କରୁଛନ୍ତି ଦେଖୁଛ କି । ମୁଁ ଠିକ୍ ଜାଣେ ଯେ ମୋର ବିଚାର ଏଥରକ ବି ଆରମ୍ଭ ହେବ ନାହିଁ । ଖୁବ୍ ଶୀଘ୍ର ତମ ସାଙ୍ଗରେ ଫେର୍ ଭେଟ ହେବ ।"

କିଂତୁ ଏଇଟା ଶେଷ ଥର ଥିଲା । ଆଜି ମୁଁ ସେମାନଙ୍କୁ ସବୁଦିନ ପାଇଁ ଛାଡ଼ି କରି ଯାଉଥିଲି ।

ହରି କେମିତି କରି ଷ୍ଟୋର୍‌ରୁ ମୋର ଯିବା ଖବର ଶୁଣିଲା । ମହିଳା ଓ୍ୱାର୍ଡ଼୍‌କୁ କିଛି ପଚାରିବା ବାହାନାରେ ସେ ଗେଟ୍‌ର ଫାଙ୍କ ବାଟକୁ ଆସିଲା ଓ ଦୋଦୋ ପାଞ୍ଚ ହେଇ ବେଲ୍ ଟିପିଲା । ହଲ୍ ଭିତରୁ ଆମେ ସମସ୍ତେ କାଠ ଜାଲି ଦେଇ ତାର ଧୂଳି ମଖା ମୁହଁକୁ ଚିହ୍ନି ପାରିଲୁ । ମତେ ବିଦାୟ ଜଣାଇବାକୁ ଆସିଛି ବୋଲି ସମସ୍ତେ ବୁଝି ଗଲେ । ମୁଁ ଏକୁଟିଆ ଗେଟ୍‌କୁ ଗଲି ।

"ଦିଦି, ମୁଁ ତମେ ଯାଉଛ ଶୁଣିଲି ।"

"ହଁ, ମୁଁ ପୁଣି ଯାଉଛି । ଯାଇ କରି ପ୍ରକୃତରେ କିଛି ଲାଭ ନାହିଁ । କିଂତୁ ମୋର ଯିବାର କଥା । ଖୋଲା ଜିପ୍‌ରେ ଏତେ ଗରମରେ ମୁଁ ମରିଯିବି । ସରକାର ମତେ ମାରିଲେ ଯାଇ ଛାଡ଼ିବ ଲାଗୁଛି । ତେବେ ଆମେ ସବୁ ପ୍ରକାର କଷ୍ଟ ସହିତ ଚଳି ଶିଖିବା ଉଚିତ୍, ନୁହେଁ କି ? ଅବଶ୍ୟ, ମୁଁ ଯିବାକୁ ମନା କରି ଦେଇ ପାରିଥାନ୍ତି । ଏଇଟା ଖାଲି ପୁଣି ଗୋଟେ ନିରର୍ଥକ ଯାତ୍ରା ମାତ୍ର ।"

"ନାଇଁ ଦିଦି, ତମେ ଅନ୍ୟ ମାନଙ୍କ ପାଇଁ ନିଶ୍ଚେ ଯାଅ । ତମେ ନ ଗଲେ,

ଆହୁରି ଡେରି ହେବ । ଅନ୍ୟ ମାନଙ୍କ ଭଲ ପାଇଁ ଜଣକୁ କିଛି ତ୍ୟାଗ କରିବାକୁ ପଡ଼ିବ ।"

ଅବଶ୍ୟ । ସେ ଜାଣିଥିଲା । କାରଣ ସେଥିପାଇଁ ତ ଜେଲ୍‌ରେ ଥିଲା ।

ସେଦିନ ମୁଁ ପୁଣି ଫେରି ଆସିବି ଭାବି ହରି, ଦୁଲାଲୀ, କୋର୍ମି ମୋର ପ୍ରିୟ ସାଥୀ ଓ ପିଲାମାନଙ୍କୁ ବିଦାୟ ଜଣାଇଲି । କିଂତୁ ଦୁଇ ମାସ ଭିତରେ ମୁଁ ଇଂଲଣ୍ଡ ଚାଲିଯିବି ଓ ସେମାନେ ସବୁ ମୋର ଚିନ୍ତନ, ସ୍ମୃତି, ଶୟନ ଓ ଦିବା ସ୍ୱପ୍ନରେ ହିଁ ରହିଯିବେ ।

୧୪

ଲଣ୍ଡନକୁ ଟିକଟ ଖଣ୍ଡେ

ବୀଣା ଓ ମୁଁ ପରସ୍ପରକୁ କିଛି ନା କିଛି ଉପାୟରେ ଚମକାଇ ନେବାକୁ ଭଲ ପାଉଥିଲୁ । ବିଶେଷ କରି ସେତିକିବେଳେ ମୁଁ ତା ସହିତ ଦେଖା କରିବାକୁ ଚାହୁଁଥିଲି । ମୋର ରେସନ ବିକ୍ରୀ କରି କୌଣସିମତେ ଚାରି ଟଙ୍କା ସଞ୍ଚୟ କରି ରଖିଥିଲି । ସେଥିରେ ନୂଆଁ କନା କିଣି ତା ପାଇଁ ଗୋଟେ ବ୍ଲାଉଜ୍ ତିଆରି କରିଥିଲି । ଲିଓନି ତା ପାଇଁ ମତେ ବଗିଚାରୁ କିଛି ଲଙ୍କା ମରିଚ, ରସୁଣ ଆଉ ଧନିଆଁ ପତ୍ର ଦେଇଥିଲା । ଆମକୁ ଭାତ ସହିତ ଦିଆଯାଉଥିବା ଡାଲି ଓ ଆଳୁ ତରକାରୀକୁ ବୀଣା କେବେ ଖାଉ ନ ଥିଲା । ଟିକେ ଲୁଣ ଆଉ ଗୋଟେ ଲଙ୍କା କିମ୍ବା ଟିକେ ଚଟଣିରେ ସେ ଭାତ ଖାଉଥିଲା ।

ମୋ ଅନୁପସ୍ଥିତିରେ ସେ ଗୋଟେ ବଢ଼ିଆ ମାଟି ଚୂଲି ତିଆରି କରିଥିଲା । ମୋ କୋଠରୀର ପଛପଟେ ଅଦରକାରୀ କୋଇଲାଗୁଣ୍ଡ ସବୁ ଗଦା ହେଉଥିଲା । ସେଇ ଗଦାରୁ ସିଏ ଛୋଟ ଛୋଟ ଗୋଳା ତିଆରି କଲା ଆଉ ତାକୁ ଖରାରେ ଶୁଖାଇଲା । ବେଶ୍ ବଢ଼ିଆ ଜାଳେଣି ରୂପେ ସେଇଟା ବ୍ୟବହୃତ ହେଇପାରିଲା । ପୁରୁଣା କାଠ ଆଉ ପୁରୁଣା ଫୋପଡ଼ା ଟିଣକୁ କାଟି ସେ ଚାଲୁଣି, ବେଲଣା, ଡଙ୍କି ଆଦି ରୋଷେଇ ଶାଳର ଘରକରଣା ଜିନିଷ ମାନ ତିଆରି କରିଥିଲା । ସକାଳେ ଦିଆଯାଉଥିବା ଗହମ ଆଉ ବାର୍ଲିରୁ ସେ ଅଳ୍ପ କିଛି ସଞ୍ଚି ରଖିଥିଲା । ଜେଲ୍ କର୍ମଚାରୀ ମାନଙ୍କ ପାଇଁ ମସଲା ପେଷିବା ପାଇଁ ଫିମେଲ୍ ୱାର୍ଡ଼ରେ ରଖାଯାଇଥିବା ଚକିରେ ସେ ତାକୁ ପେଷି ଗୁଣ୍ଡ କଲା । ବୀଣାର ଏଇ ସବୁ ପ୍ରସ୍ତୁତି ମୋରି ପାଇଁ ଥିଲା । ଆମର ଦୈନନ୍ଦିନ ଅରୁଚିକର ଖାଦ୍ୟରୁ ଅଲଗା ଗାଉଁଲି ସ୍ୱାଦର ଖାଇବା ସେ ତିଆରି କଲା ।

ତା'ର ପ୍ରତ୍ୟୁତ୍ପନ୍ନମତି ଦେଖି ମୁଁ ଆଶ୍ଚର୍ଯ୍ୟ ନହେଇ ରହି ପାରୁ ନ ଥିଲି । ମୁଁ ମୋର ଏଇ ଜିନିଷଟା କିମ୍ବା ସେଇ ଜିନିଷଟା ଦରକାର କହିଲେ ସେ ସଙ୍ଗେ ସଙ୍ଗେ

କିଛି କହୁ ନ ଥିଲା । ଥରେ ଥରେ ସିଏ କେତେ ଦିନ ଯାଏଁ ସେଇ ଜିନିଷର ନାଁ ମଧ୍ୟ ଧରୁ ନ ଥିଲା । ତାପରେ ହଠାତ୍ ଦିନେ ସେଇ ଜିନିଷଟା ଧରି ମୋ ସାମ୍ନାରେ ହାଜର ହୋଇଯାଉଥିଲା । ଏମିତି ଭାବରେ ଆମେ କାନ୍ଥରେ ଟାଙ୍ଗି ମୂଷା ଦାଉରୁ ଜିନିଷପତ୍ରକୁ ସୁରକ୍ଷିତ ରଖିବା ପାଇଁ କଣ୍ଟା ଓ ଖିଲ, ବଗିଚାରୁ ଚଢ଼େଇ ଘଉଡ଼ାଇବା ପାଇଁ ଉପକରଣ ତଥା ଆହୁରି ଅନେକ ଦରକାରୀ ଜିନିଷ ପାଇ ପାରୁଥିଲୁ । ମୋ କୋଠରୀର ଛାତ କଡ଼ରେ ଘରଚଟିଆ ବସା କରିଥିଲେ । ସେମାନେ ପକାଇଥିବା ପର ଗୋଛା, ସୂତା ଆଉ ଶୁଖିଲା ଘାସ ଇତ୍ୟାଦିକୁ ନିଖୁଣ ଭାବରେ ଗୁନ୍ଥି ସେ ମୋ ପାଇଁ ସୁନ୍ଦର ସୌଖିନ ଜିନିଷଟିଏ ତିଆରି କରିଦେଲ । ଆମେ ନୁହେଁ ଏତେ ପାଖାପାଖି ରହୁଥିଲେ ସୁଦ୍ଧା ସେ କୋଉଠୁ ଏ ସବୁ ଜିନିଷ ଆଣି ମତେ ଦିଏ ତାହା ମୁଁ ଜାଣି ପାରୁ ନ ଥିଲି । ସେଥିରେ ସେମିତି କିଛି ତାର ମନ୍ଦ ଉଦ୍ଦେଶ୍ୟ ନ ଥିଲା । ସବୁ ଜିନିଷକୁ କେମିତି କାମରେ ଆସିବ ସେଥିପ୍ରତି ତାର ନିଘା ଥିଲା । ପିଲାଦିନରୁ ସେ ନିଜର କାର୍ଯ୍ୟ କୁଶଳତା ଉପରେ ନିର୍ଭର କରି ଚଳି ଆସୁଥିବାରୁ ଏ ପ୍ରକାର ନିପୁଣତା ସ୍ୱାଭାବିକ ଭାବରେ ହାତକୁ ଆସିଥିଲା ।

ମେ ପନ୍ଦର ତାରିଖ ଗୁରୁବାର ଆସି ପହଞ୍ଚିଲା । କୋର୍ଟକୁ ଯିବାକୁ ପଡ଼ିବ ଭାବି ମୁଁ ଡରୁଥିଲି । କୋର୍ଟକୁ ଯିବା ମାନେ ଘଣ୍ଟା ଘଣ୍ଟା ଧରି ଶ୍ୱାସରୁଦ୍ଧ କରି ପକାଇଥିବା ପୋଲିସ୍ ଭେନ୍ ଭିତରେ ଅପେକ୍ଷା କରିବା । ଗ୍ରୀଷ୍ମଋତୁର ପ୍ରକୋପ ଅତି ମାତ୍ରାରେ ବଢ଼ି ଚାଲିଥିଲା । ଗରମ ଆଉ ଗୁଳୁଗୁଳି ଅସହ୍ୟ ହେଉଥିଲା । କୋର୍ଟକୁ ଯିବାକୁ ଅପେକ୍ଷା କରିବାକୁ ଉପଯୁକ୍ତ ଶୌଚାଳୟ ଥିବା ପବନମୁକ୍ତ କୋଠରୀ ତଥା ପିଇବା ପାଣି ଆମକୁ ଯୋଗାଇଦେବା ପାଇଁ ବିଚାରପତି ଆଦେଶ ଦେଇଥିବା ସତ୍ତ୍ୱେ ପୋଲିସ ଆମକୁ ଆଗ ପରି ସେଇ ଭେନ୍ ଭିତରେ ଅଣନିଶ୍ୱାସୀ କରି ରଖିଲା । ଡ୍ରାଇଭରର ପାଖ ସିଟ୍‌ରେ ଆମେ ଦୁଇ ଜଣ ମୋଡ଼ି ମାଡ଼ି ହେଇ ବସିଲୁ । ଝାଳରେ ଓଦା ହେଇ ଆମର ପିନ୍ଧା ଶାଢ଼ୀ ଦିହରେ ଲାଖି ଯାଇଥିଲା । ସାମ୍ନାରେ କାଚ ପରଦାରେ ସୂର୍ଯ୍ୟ କିରଣ ଦାଉ ଦାଉ ଜଳୁଥିଲା । ଭିତରକୁ ପବନ ଆସୁ ନ ଥିବାରୁ ଭୟଙ୍କର ମୁଣ୍ଡବିନ୍ଧା ଆରମ୍ଭ ହେଲା । ଗୋଡ଼ ସୁଦ୍ଧା ସିଧା କରିବାକୁ ଜାଗା ନ ଥାଏ । ଭେନ୍ ପାଖରେ ଜଗିଥିବା ପୋଲିସ୍ ଜଣକୁ ଗ୍ଲାସେ ପାଣି ପାଇଁ ବାରମ୍ବାର ନେହୁରା ହେବାକୁ ପଡୁଥାଏ । ଅବଶ୍ୟ ଗାଡ଼ିରେ ପଛପଟେ ବସିଥିବା ପୁରୁଷବନ୍ଦୀଙ୍କ ଅବସ୍ଥା ଯାଠାରୁ ଆହୁରି ଅନେକ ଗୁଣରେ ଖରାପ ଥିଲା ।

କୋର୍ଟକୁ ଯିବା ବେଳେ ତିନି ଶ୍ରେଣୀର ପୋଲିସ୍ ପ୍ରହରୀ ଆମ ସହିତ ରହୁଥିଲେ । କଳା ଟୋପୀ ପିନ୍ଧା ସଶସ୍ତ୍ର ଫୌଜ, ସବୁଜ ଟୋପୀରେ ମିଲିଟାରୀ

ପୋଲିସ୍ ଆଉ ଲାଲ ଟୋପୀ ପିନ୍ଧା ନିୟମିତ ପୋଲିସ । ଆମ ପରି ସେମାନେ ମଧ୍ୟ କୋର୍ଟର ଶୁଣାଣିରେ ବୋର ହେଉଥିଲେ । ତେବେ ସେମାନେ ଅନ୍ତତଃ ଖୋଲା ପବନରେ ଗଛ ତଳେ ନିଜ ରାଇଫଲ୍ ଉପରେ ଆଉଜି ଛିଡ଼ା ହେଇ ଗପସପ କରିପାରୁଥିଲେ । ମଝିରେ ମଝିରେ ଭେନ୍ ପାଖକୁ ଆସୁଥିବା ଉତ୍ସୁକ ଦେଖଣାହାରୀଙ୍କୁ ସେମାନେ ଘଉଡ଼ାଇ ହେଉଥିଲେ । ଜେଲ୍ କର୍ମଚାରୀ ମାନଙ୍କ ପରି ସେମାନେ ମଧ୍ୟ ତାଙ୍କର ଲୋଚକୋଚ ୟୁନିଫର୍ମ ସହିତ ବେକରେ କପଡ଼ା ଓ ରୁମାଲ ଗଣ୍ଠି ପକାଇ ବାନ୍ଧିଥିଲେ । କେତେ ଜଣ ବେଲ୍‌ଟ ପିନ୍ଧିଥିଲେ । ଆଉ କେତେ ଜଣ ଖାକି ପୋଷାକ ଉପରେ ନିଜର ସାର୍ଟ ସେମିତି ଛାଡ଼ି ଦେଇଥିଲେ । ପ୍ରାୟ କେହି ଖିଅର ହେଇ ନ ଥିଲେ କି ମୁଣ୍ଡବାଳ ମଧ୍ୟ କୁଣ୍ଡାଇ ନ ଥିଲେ ।

ସେଦିନର ଉନ୍ନତି ବେଶ୍ ଉତ୍ସାହଜନକ ଥିଲା : ଆମକୁ ଜାମ୍‌ସେଦ୍‌ପୁର ଠାରେ ରହିବାକୁ ବିଚାରପତି ଆଦେଶ ଦେଲେ । ସାକ୍ଷୀମାନଙ୍କୁ ଡକରା ହେଇଥିବାରୁ ଶୁଣାଣି କାମରେ ଆଉ ଅସୁବିଧା ହେବ ନାହିଁ । ଗୋଟେ ଜାଗାରେ ରହିବାର ଖୁସିରେ ମୁଁ ଉଲ୍ଲସିତ ହେଇଗଲି । ମୁଁ ନିଜେ ବହି ପତ୍ର ପଢ଼ି ପାରିବି ଓ ବୀଣାକୁ ପଢ଼ାରେ ଏଥର ପୁଣି ସାହାଯ୍ୟ କରି ପାରିବି । ଫେରି ଆସି ଆମେ ଜେଲ୍ କୋଠି ପାରୁ ପର୍ଯ୍ୟନ୍ତ ସଜାଇଲୁ । ଜଣେ ୱାର୍ଡ଼ର ପାଖରୁ ବୀଣା କିଛି ଧଉଳା ଚୂନ ଯୋଗାଡ଼ କରି ଆଣିଥିଲା । ତା ପରଦିନ ଆମେ ଜାଗାଟିର ଭିତରେ ଆଉ ବାହାରେ ଚୂନ ଲଗାଇଲୁ । ମୋ କେସ୍ ଦାୟିତ୍ୱରେ ଥିବା ରାଷ୍ଟ୍ରଦୂତ ନମ୍ର ଭାବରେ ମୋ ପାଇଁ ବହି ପତ୍ର ଓ ଲୁଗା ପଟା ରଖିବା ପାଇଁ ବିଭିନ୍ନ କିସମର ପ୍ଲାଷ୍ଟିକ୍ ବେଗ୍ ଆଣି ଦଉଥିଲେ । ବେଗ୍ ଉପରେ “Mothercare ଓ Selfridges” ପରି କେତେକ ଅସଙ୍ଗତ ଶବ୍ଦର ଛାପା ଥିଲେ ହେଁ ତାର ନୂଆ ରଙ୍ଗ ଚୂନ ଧଉଳା ଧଳା କାନ୍ଥକୁ ଆହୁରି ତୋଫା କରି ଦେଉଥାଏ । ବିଚାର ଆରମ୍ଭ ହେବାର ଆଶାରେ ମୋ ଚାରିପଟକୁ ସଜେଇବାରେ ମୁଁ ବେଶ୍ ଭଲ ଉତ୍ସାହର ସହିତ ଲାଗି ପଡ଼ିଲି । ଏଇଟା ମତେ ନିଜକୁ ବି ଅଜବ ଲାଗିଲା ।

ଦୁଇ ଦିନ ପରେ ଠିକ୍ ଦିନବେଳା ଖାଇ ସାରିଲା ପରେ ମତେ ଅଫିସକୁ ଡକା ହେଲା । ସମୟରେ ସମସ୍ତେ ବିଶ୍ରାମ ନିଅନ୍ତି । ଏମିତି ଅବେଳାରେ ସାଧାରଣତଃ କାହାକୁ ଡକା ହୁଏ ନାହିଁ । ଅପରାହ୍ନର ପ୍ରବଳ ଗରମ ଯୋଗୁଁ ଢିଲା କରିଥିବା ଶାଢ଼ୀଟାକୁ ପୁଣି ଗୁଡ଼େଇ ହେଇଗଲି । ମତେ ସିଧା ସୁପରିଟେଣ୍ଡେଣ୍ଟଙ୍କ ପାଖକୁ ନିଆଗଲା । ତାଙ୍କ ମୁହଁ ଦେଖି ମୁଁ ଜାଣି ପାରିଲି ଯେ କିଛି ଗୋଟେ ଗଡ଼ବଡ଼ ହେଇଛି । ସେ ଟେଲିଫୋନ ଆଡ଼କୁ ଇଙ୍ଗିତ କଲେ ଡେପୁଟୀ ହାଇକମିଶନ ସେଇକ୍ଷଣି ତାଙ୍କୁ

ଫୋନ୍ କରି ମେ' ୧୫ ତାରିଖ ଗୁରୁବାର ଦିନ ଘଟିଥିବା ମୋ ମା'ଙ୍କ ମୃତ୍ୟୁ ଖବର ଜଣାଇଥିଲେ । ଖବରଟି ମୋ ପାଇଁ ଏକ ଆକସ୍ମିକ ଧକ୍କା ହେଲେ ହେଁ ମୋର ପାଞ୍ଚ ବର୍ଷର ଜେଲ୍ ରହଣିରେ ସବୁବେଳେ ମୋ ମନ ଭିତରେ ଏଇ ଆଶଙ୍କାଟା ରହିଥିଲା । ମୋର ମା' ଜଣେ ହୃଦ୍‌ରୋଗୀ ହେଇଥିବାରୁ ଏତେ ମାନସିକ ଚାପ ସହି ପାରିବେ କି ନାହିଁ ସେଥି ନେଇ ମତେ ସବୁବେଳେ ଡର ଲାଗୁଥିଲା । ମୋର ସେଇ ଆତଙ୍କିତ ଓ ଭୟାର୍ତ୍ତ ମୂହୁର୍ତ୍ତଟି ଏବେ ଆସିଗଲା । ଜେଲ୍ ଅଫିସରଙ୍କ ସମ୍ମୁଖରେ କହିବାକୁ ଚାହୁଁ ନ ଥିବାରୁ ମୁଁ ସିଧା ମୋ କୋଠିକୁ ଫେରି ଆସିଲି ।

ମୁଁ ଫାଟକ ଦେଇ ଆସିଲାବେଳେ ବୀଣା ମତେ ଅଫିସକୁ ଡକରା ହେବାର କାରଣ ପଚାରି ପଚାରି ମୋ ପାଖକୁ ଆସିଲା । ତାକୁ କଥାଟା କହିବାକୁ ଆରମ୍ଭ କରୁ କରୁ ମୁଁ ଆଖିରୁ ଲୁହ ସମ୍ଭରଣ କରି ପାରିଲି ନାହିଁ । ଦିନେ କି ଦୁଇ ଦିନ ଆଗରୁ ମୁଁ ମୋ ମା'ଙ୍କର ଚିଠି ପାଇଥିଲି । ମୋ ପାଇଁ ସେ କେତେ ବ୍ୟସ୍ତ ଥିଲେ । ବିବ୍ରତ ନ ହେଇ ଆଶାବାଦୀ ହେବାକୁ ସେ ମତେ ଉତ୍ସାହିତ କରି ଲେଖିଥିଲେ । ଅଥଚ ନିଜ ଦେହ ଖରାପ ବିଷୟରେ ମତେ କିଛି ଜଣାଇ ନଥିଲେ । ଏବେ ସେ ଚାଲିଗଲେ । ବୀଣା ପାଣି କଳ ପାଖକୁ ଧୀରେ ମୋ ହାତ ଧରି ଦେଇଗଲା । କଂକ୍ରିଟ ଚଟାଣଟା ଉପରେ ବସେଇ ଦେଇ ମୋର ମୁଣ୍ଡ ଓ ଜଳି ଯାଉଥିବା ଅଙ୍ଗ ପ୍ରତ୍ୟଙ୍ଗ ଉପରେ ଥଣ୍ଡା ପାଣି ଢାଳି ଚାଲିଲା । କେତେ ସମୟ ଯାଏଁ ସେ ଆଦୌ କଥା କହିଲା ନାହିଁ । ତାପରେ ସେ ମତେ ଧୈର୍ଯ୍ୟ ଧରି ସାହସର ସହିତ ପରିସ୍ଥିତିକୁ ମୁକାବିଲା କରିବା ପାଇଁ କହିଲା । ମୋ ପରି କୋଟି କୋଟି ଲୋକ ଏମିତି ଯନ୍ତ୍ରଣା ଓ ନିର୍ଯ୍ୟାତନା ଭୋଗୁଥିବା କଥା ମୋର ମନେ ରଖିବା ଦରକାର । ମୁଁ ଏକୁଟିଆ ନ ଥିଲି । ଆହୁରି ମଧ୍ୟ ମୋର ମନେ ରଖିବା ଉଚିତ ଯେ ଯେଉଁମାନେ ଅନ୍ୟମାନଙ୍କ ପାଇଁ କିଛି କରିବାକୁ ଚାହାଁନ୍ତି ସେମାନଙ୍କ ପାଇଁ କିଛି ଭଲ କି ମନ୍ଦ ନ ଥାଏ, ବ୍ୟକ୍ତିଗତ ସୁଖ ବା ଦୁଃଖ ନ ଥାଏ, କିଛି କଠିଣ ବା ସହଜ ନ ଥାଏ । କୌଣସିଟି ପ୍ରତି ବିମୁଖ ନ ହେଇ ବିନା ଦ୍ୱିଧାରେ ସବୁକୁ ଗ୍ରହଣ କରିଦେବାକୁ ପଡ଼େ ।

ପ୍ରାରମ୍ଭିକ ଧକ୍କା ସମ୍ଭାଳି ନେଲାପରେ ପରେ ମୁଁ ନୈରାଶ୍ୟରେ ବୁଡ଼ି ଗଲି । ମୋର ନିର୍ଦ୍ଦୋଷ ବାପା ମା'ଙ୍କର ବ୍ୟଥା ଓ ଯନ୍ତ୍ରଣା ପାଇଁ ଯେଉଁମାନେ ଦାୟୀ ସେମାନଙ୍କୁ ସତେ ଘୃଣା ଲାଗିଲା । ହତାଶା ଓ ଅସହାୟତା ସହିତ ବିତୃଷ୍ଣାରେ ମୋର ମନ ଭରିଗଲା । ମୋ ମା'ଙ୍କର ମୃତ୍ୟୁ ଜନିତ ଯାତନା ସହିତ ମୋର କାରାବାସ ଦୁଶ୍ଚିନ୍ତା ମୋ ବାପାଙ୍କ ପାଇଁ କେତେ ଦୁର୍ବିସହ ହେଉଥିବ ସେଇ କଥା ଖାଲି ଭାବିବାରେ ଲାଗିଲି । ସେମାନଙ୍କୁ ମୁଁ ଗୋଟେ ଟେଲିଗ୍ରାମ୍ ସୁଦ୍ଧା ପଠାଇ ପାରୁ ନ

ଥିଲି । ଗୋଟେ ଘଣ୍ଟା ପାଇଁ ହେଉ ପଛେ ମୁଁ ମୋର ବାପା ଭଉଣୀଙ୍କୁ ଦେଖି ତାଙ୍କୁ ବୋଧ ଦେବା ପାଇଁ ଚାହୁଁଥିଲି । ମୁଁ ଜାଣୁଥିଲି ଯେ ଏଇ ଦୁଃଖଦ ଖବରକୁ ମୁଁ କିପରି ଗ୍ରହଣ କରିଥିବି ଭାବି ସେମାନେ ବ୍ୟସ୍ତ ହେଉଥିବେ । ବାପାଙ୍କୁ ଲେଖିଥିବା ମୋର ଚିଠି ଖଣ୍ଡିକ ସବୁଥର ପାଇଁ ପୋଲିସ୍ ଅଫିସ୍‌ରେ ଡାକରେ ଯିବା ଆଗରୁ ପନ୍ଦର ଦିନ ଯାଏଁ ପଡ଼ି ରହିଲା । ଅବସ୍ଥାକୁ ଆହୁରି ଶୋଚନୀୟ କରିବାକୁ ଯାଇ ମୋର ପରବର୍ତ୍ତୀ କୋର୍ଟ ହାଜିରା ତାରିଖ ମେ' ୨୯ରେ ମତେ ଭେଟିବାକୁ ଆସିଥିବା ବ୍ରିଟିଶ ହାଇକମିଶନ ପଦାଧିକାରୀଙ୍କ ସହିତ ସାକ୍ଷାତ କରିବାକୁ ପ୍ରଥମ ଥର ପାଇଁ ମତେ ଅନୁମତି ଦିଆଗଲା ନାହିଁ। ମୋର ମା' କେମିତି ଭାବରେ ମରିଗଲେ ତାହା ଜାଣିବାକୁ ଓ ମୋ ବାପାଙ୍କ ପାଖକୁ ଦୁଇ ପଦ ଖବର ପଠାଇବାକୁ ମୁଁ ବ୍ୟଗ୍ର ହେଉଥିଲି । କିଂତୁ ତାହା ଅପେକ୍ଷାରେ ରହିଲା । ମୋର ଜୀବନକୁ ନିୟନ୍ତ୍ରଣ କରୁଥିବା ଅଫିସର ମାନଙ୍କ ପାଖରେ କୌଣସି କଥା ମାନବିକ ଆବେଦନ ଜାଗରୁକ କରି ପାରିବ ନାହିଁ। ମୋର ସେଇୟା ଅନୁଭବ ହେଲା । ମୋର ଏମିତି ଦୁର୍ଦ୍ଦିନରେ ଯାହେଉ ମୋ ପାଖରେ ବୀଣା ଓ ଅନ୍ୟମାନେ ଥିଲେ ।

ହଜାରିବାଗ୍ ତଥା ଜାମ୍‌ସେଦ୍‌ପୁର ଉଭୟ ଜାଗାରେ ଛାରପୋକ ଓ ପୋକ ଜୋକଟା ସବୁବେଳେ ଗୋଟେ ସମସ୍ୟା ଥିଲା । ମୋ ବିଲେଇ ଛୁଆଟି ମରିଯିବାରୁ ମୂଷାଙ୍କ ସଂଖ୍ୟା ବହୁତ ବଢ଼ିଯାଇଥିଲା । ରାତିରେ ବେଳେବେଳେ ମୋ ଦେହ ଉପରେ ମୂଷା ଚଢ଼ିଯାଉଥିବାରୁ ମୁଁ ନିଦରୁ ଉଠି ପଡୁଥିଲି । ଥରେ ମୋର ବୁଢ଼ା ଆଙ୍ଗୁଠିକୁ କାମୁଡୁଥିବାର ଜାଣି ପାରିଲି । ଆଉ ଦିନେ ରାତିରେ ଟିଣର ଖଡ୍ ଖାଡ୍ ଶବ୍ଦରେ ମୋର ନିଦ ଭାଜିଗଲା । କେମିତି କରି ଚାରୋଟି ମୂଷା ମୋର ଗୁଡ଼ ଡବାର ଢାଙ୍କୁଣି ଖୋଲି ସବୁତକ ଗୁଡ଼ ଖାଇ ଦେଇଥିଲେ । ଯାହା ଜିନିଷ ହାବୁଡ଼ିଲା ସବୁତକ କାଟି କୁଟି ମୂଷାମାନେ ନଷ୍ଟ କରି ଦେଉଥିଲେ । ପ୍ରକାଣ୍ଡକାୟ ମୂଷାମାନଙ୍କୁ ନେଇ ମୁଁ ଅନେକ ଥର ଦୁଃସ୍ୱପ୍ନ ଦେଖୁଥିଲି । ଅଫିସ୍‌ରେ ମୁଁ ମୂଷାଧରା ଯନ୍ତ୍ର ମାଗିଲେ ମୋତେ ଆଡ଼ ପାଗଳା ଭାବି ହସୁଥିଲେ । ଜୁନ୍ ମାସ ମଧ୍ୟ ଭାଗକୁ ବ୍ରିଟିଶ୍ ହାଇ କମିଶନରୁ ମତେ ଭେଟିବାକୁ ଆସିଥିବା ପଦାଧିକାରୀଙ୍କୁ ମୋ ନିଜ ପଇସାରୁ ବଜାରରୁ ଗୋଟେ ମୂଷାଧରା ଯନ୍ତ୍ର କିଣି ଆଣିଦେବାକୁ ଅନୁରୋଧ କଲି । ଏମିତି ଅଦ୍ଭୁତ ଅନୁରୋଧ କୌଣସି କଇଦୀ ପାଖରୁ ସେ କେବେ ପାଇ ନ ଥିବେ । ଯାହା ବି ହେଉ ସେ କାମଟା କରିଦେଲେ । ଗୋଟିଏ ସପ୍ତାହ ଭିତରେ ମୁଁ ସତରଟି ବଡ଼ ବଡ଼ ମୂଷା ଧରିଲି ଓ ଗୁଡ଼ାଏ ମୂଷା ଆହୁରି ଥିଲେ ।

ଠିକ୍ ସେଇ ସମୟରେ ଜେଲ୍‌ରେ ଗୋଟେ ନୂଆ କାମ ହେଲା । ଆମର

ବନ୍ଦୀଗୃହରେ ବିଜୁଳି ବତୀ ଲଗା ଗଲା । ସୁପରିଟେଣ୍ଡେଣ୍ଟ୍ ତାଙ୍କର ଏଇ ସଫଳତାରେ ବଡ଼ ଗର୍ବ ଅନୁଭବ କରୁଥିଲେ । କଇଦୀମାନଙ୍କର ଅବସ୍ଥାକୁ ସୁଧୁରେଇବାରେ ଏଇଟା ଯେ କିଛି କାମରେ ଆସିବ ନାହିଁ ଏକଥା ତାଙ୍କ ମନକୁ ଜୁଟୁ ନ ଥିଲା । କିଛି ଦିନ ଆଗରୁ ଜେଲ୍‌ର ସାହେବ ଜେଲ୍ ଦାୟିତ୍ୱରେ ଥିବା ମନ୍ତ୍ରୀଙ୍କ ପାଖକୁ ଲେଖି ଜଣାଇଥିଲେ ଯେ କୋଠି ଭିତରେ କଇଦୀମାନେ ଅଣନିଶ୍ୱାସୀ ହେଇ ଯାଉଥିବାରୁ ରୋଗୀ ଓ ବୁଢ଼ାମାନଙ୍କୁ ବାରଣ୍ଡାରେ ଖାଇବାକୁ ଅନୁମତି ଦେଉଛନ୍ତି । ବିଜୁଳି ବତୀରେ ଆମର ଅବସ୍ଥା ଆହୁରି ଖରାପ ହେଲା । ୱାର୍ଡ଼ ମଝିରେ ସବୁ ବତୀର ଗୋଟେ ସୁଇଚ୍ ରହିଥିଲା ଓ ରାତିସାରା ସବୁ ବତୀ ଜଳୁଥିଲା । ବତୀର ଆଲୁଅ ଆଖି ଉପରେ ପଡ଼ିଲା ଓ ତଦ୍ଧ୍ୱାରା ଘର ଭିତରଟା ଆହୁରି ଗରମ ଲାଗିଲା । ତାଲା ପଡ଼ିଗଲା ପରେ ରାତ୍ରୀର ଅନ୍ଧକାର ଭିତରେ ମୁଁ ଖୋଜି ପାଉଥିବା ଶାନ୍ତ ବିଜନତା ମଧ୍ୟ ହଜିଗଲା ।

ଏଥର ଆମର ବିଚାର ଜୁନ୍ ୨୩ ତାରିଖରେ ଆରମ୍ଭ ହେବା କଥା ? ତା'ର ଅଳ୍ପ କିଛି ଦିନ ଆଗରୁ ଭୋଜପୁର ଜିଲ୍ଲାର ହଦିଆବାଦ ଗାଁକୁ ଗୋଟେ ଜମିଦାର ଦଳ ଗୁଣ୍ଡା ଲଗାଇ ଜାଳି ପୋଡ଼ି ଛାରଖାର କରି ଦେଇଥିବା ଖବର ସମ୍ବାଦ ପତ୍ରରେ ପ୍ରକାଶିତ ହେଇଥିଲା । ସେଠିକାର ହରିଜନ ଗ୍ରାମବାସୀ ମାନେ ନକ୍‌ସଲ୍‌ମାନଙ୍କୁ ଆଶ୍ରୟ ଦେଇଥିବାର ଆରୋପ କରି ତାର ପ୍ରତିଶୋଧରେ ଏପରି କାରାଗଲା । ନକ୍‌ସଲ୍‌ପନ୍ଥୀ ସନ୍ଦେହ କରାଯାଉଥିବା ଜଣେ ଗ୍ରାମବାସୀକୁ ଜମିଦାର ନ ପାଇବାରୁ ତାର ଚଉଦ ବର୍ଷର ପୁଅକୁ ଖଣ୍ଡ ଖଣ୍ଡ କରି ହାଣି ଦିଆଗଲା । ଖବର କାଗଜରେ ଅନେକ ଗୁଡ଼ିଏ ନାଁ ପ୍ରକାଶିତ ହେଇଥିଲେ ସୁଦ୍ଧା ଆକ୍ରମଣକାରୀଙ୍କ ଭିତରୁ କାହାକୁ ଗିରଫ କରାଗଲା ନାହିଁ ।

ବିଚାରର ଆରମ୍ଭଟା ଗୋଟେ ଶୀର୍ଷବିନ୍ଦୁରୁ ଅବରୋହଣ ପରି ହେଲା । ଏତେ ଦିନ ଧରି ଆମେ ଅପେକ୍ଷା କରିଥିବା ବଡ଼ ଘଟଣାଟି ବାସ୍ତବରେ ନିହାତି ନିରସ ଓ ବିରକ୍ତିକର ହେଲା । କାର୍ଯ୍ୟର ଧାରା ବିବରଣୀରେ ଆଦୌ ନାଟକୀୟତା ନ ଥିଲା ଓ ଆରମ୍ଭରୁ ହିଁ ତାର ଦୀର୍ଘସୂତ୍ରୀ ଲକ୍ଷଣ ଜଣା ପଡୁଥିଲା । ପ୍ରତ୍ୟେକ ସାକ୍ଷୀ କାଠଗଡ଼ାରେ ଆସିଲାକ୍ଷଣି ବିଚାରପତି ତାର ସବୁ ବୟାନକୁ ଆମୂଳଚୂଳ ବେଶ୍ ପରିଶ୍ରମ କରି ଲେଖୁଥିଲେ । ବାଦୀ ପକ୍ଷରୁ ପାଖାପାଖି ଶହେ ଜଣକର ସାକ୍ଷୀ ତାଲିକା ଦାଖଲ କରାଯାଇଥିଲା । ତା ଭିତରୁ କେବଳ ଜଣେ କି ଦୁଇ ଜଣ ପୋଲିସ ଥିଲେ । ପ୍ରତ୍ୟେକଙ୍କୁ ଅଲଗା କରି ଜେରା କରିବାର ଥିଲା ।

ସମଗ୍ର ଦୃଶ୍ୟଟା ମତେ କାଫ୍‌କା-ବର୍ଣ୍ଣନା ପରି ଲାଗିଲା : କୋର୍ଟର ଗଛରେ ଛିଡ଼ା ହେଇ କଳା ପୋଷାକ ପିନ୍ଧା ବିଚାରପତି ଓ କଳା ଗାଉନ୍ ସାଙ୍ଗକୁ ମଣ୍ଡଦିଆ

ଧଳା ସାର୍ଟ ପିନ୍ଧି ପେଙ୍ଗୁଇନ୍ ପରି ଦିଶୁଥିବା ଓକିଲ ମାନେ କ'ଣ କହୁଥିଲେ ମୁଁ କିଛି ବୁଝି ପାରୁ ନ ଥିଲି । ମୁଁ କାର୍ଯ୍ୟ ବିବରଣୀ କିଛି ଶୁଣାଯାଉ ନ ଥିବାର ଅଭିଯୋଗ କଲାରୁ ମୁଁ ଜାଣି ଶୁଣି ବିଚାରର କାର୍ଯ୍ୟରେ ବାଧା ସୃଷ୍ଟି କରି ବିଳମ୍ବ କରୁଛି ବୋଲି ବାଦୀ ପକ୍ଷରୁ ପାଲଟା ଅଭିଯୋଗ କରାଗଲା ! ପ୍ରତିବାଦର କିଛି ଅର୍ଥ ନ ଥିଲା । କୋର୍ଟ ସାମ୍ନାରେ ବିଚାରର କାର୍ଯ୍ୟର ଧାରା ବିବରଣୀ ସେମିତି ଅସ୍ପଷ୍ଟ ହୋଇ ଶୁଭୁଥିଲା । ସେଠି ପଡ଼ିଥିବା ଗୋଟେ ପୁରୁଣା ଗାଲିଚା ଉପରେ ବସି କେତେ ଜଣ ଉତ୍ସୁକ ପ୍ରତିବାଦୀ କ'ଣ ହେଉଛି ଜାଣିବା ପାଇଁ ଆଗକୁ ଝୁଙ୍କି ପଡ଼ି କାନ ଡେରି ଶୁଣୁଥିଲେ ।

ମୁଁ ପଛପଟେ ରହି ବାହାରୁ ଦୃଶ୍ୟଟିକୁ ଲକ୍ଷ୍ୟ କରୁଥିଲି । ତେଣେ ମୋର ଭାଗ୍ୟର ନିଷ୍ପତ୍ତି ନେଉଥିବା ଛାୟା ପରି ପ୍ରତିଛବି ମାନଙ୍କର ଖାଲି ଓଷ୍ଠଚାଳନା ମୁଁ ଦେଖି ପାରୁଥିଲି । ତାଙ୍କର କଣ୍ଠସ୍ୱର ଦୂରରୁ ଖସି ଆସୁଥିବା ଅସ୍ପଷ୍ଟ ପ୍ରତିଧ୍ୱନି ପରି ମତେ ଶୁଣାଯାଉଥିଲା । ସେ ସବୁ ଶୁଣିବାକୁ ଚେଷ୍ଟା କରୁଥିବା ଅଭିଯୁକ୍ତମାନଙ୍କ ଭିତରୁ କେତେ ଜଣ ଏଥରକ ଚଗଲା ସ୍କୁଲ ପିଲା ପରି ଧୈର୍ଯ୍ୟ ହରାଇ ଚଣା ଚୋବାଉ ଥିଲେ ଓ ଜାଣି ଶୁଣି ପରସ୍ପର ଦିହକୁ ଚେପା ଫିଙ୍ଗାଫିଙ୍ଗି ହେଉଥିଲେ । ଆଉ କେତେଜଣ ବସି ଢୁଲୋଉଥିଲେ । ଅନ୍ୟ ମାନେ ଖବରକାଗଜ ପଢୁଥିଲେ ଓ ଆଉ କିଏ ପାଖ ପିଲାର ପକେଟରୁ ରୁମାଲ ଚୁପ୍‌କିନା ଟାଣୁଥିଲା । ଜୀବନ ଓ ମୃତ୍ୟୁର ସିଦ୍ଧାନ୍ତ ନିଆଯାଉଥିଲା ବୋଲି ଆଦୌ ବିଶ୍ୱାସ ହେଉ ନ ଥିଲା । ଜାଗାଟା ଶ୍ରେଣୀ ଗୃହରେ ବସିବା ପରି ଲାଗୁଥିଲା । ଖାଲି ପାର୍ଥକ୍ୟ ଏତିକି ଯେ ସେଠି ମୋଠୁ ଅଳ୍ପ କିଛି ଦୂରତାରେ ସଶସ୍ତ୍ର ପୋଲିସ୍ ପ୍ରହରୀର ବେୟୋନେଟ୍ ଥୁଆ ହୋଇଥିଲା । ଯା ଭିତରେ ସଶସ୍ତ୍ର ପୋଲିସ୍‌ର ଉପସ୍ଥିତି ସହିତ ମୁଁ ଏମିତି ଅଭ୍ୟସ୍ତ ହୋଇ ଯାଇଥିଲି ଯେ ସେମାନଙ୍କୁ ମୁଁ ନ ଦେଖିଲା ପରି ରହୁଥିଲି । କିଂତୁ ପ୍ରତିଦିନର ଶୁଣାଣି ପରେ ପରେ ବିଚାରପତି ଜଣକ ତାଙ୍କର ପଦମର୍ଯ୍ୟାଦାସୂଚକ ପରିଚ୍ଛଦକୁ ସାଇଁ-ସାଇଁ ଘୁରାଇ କୋର୍ଟ ନ ଛାଡୁଣୁ ସେମାନେ ଆମକୁ ଦଉଡ଼ି ଓ ହାତକଡ଼ି ପିନ୍ଧାଇ ଭର୍ତ୍ତି କରି ଦେଉଥିଲେ । ସବୁ ପୁରୁଷମାନଙ୍କୁ ଗୋଟେ ଦଉଡ଼ିରେ ବାନ୍ଧି ଜେଲ୍‌କୁ ଘୋଷାରି ନେଉଥିଲେ ।

ଭାରତର ଅନ୍ୟ ପ୍ରାନ୍ତରେ ଏଇ କୋର୍ଟ କାର୍ଯ୍ୟର ଧାରା ବିବରଣୀର ସୁଦୂର ପ୍ରସାରୀ ଫଳ ଅନୁଭୂତ ହେଲା । ଆମର ବିଚାର ଆରମ୍ଭ ହେବାର ଟିକିଏ ଆଗରୁ ଆମର ପ୍ରଧାନମନ୍ତ୍ରୀ ଶ୍ରୀମତୀ ଗାନ୍ଧୀଙ୍କୁ ଦୁର୍ନୀତିପୂର୍ଣ୍ଣ ନିର୍ବାଚନ ଅପରାଧରେ ଏହ୍ଲାବାଦ ଉଚ୍ଚ ନ୍ୟାୟାଳୟ ଅଭିଯୁକ୍ତ କରିଥିଲା । ସରକାରକୁ ଏକ ପ୍ରଚଣ୍ଡ ଧକ୍‌କା ପରି ଗୁଜୁରାଟ ନିର୍ବାଚନରେ କଂଗ୍ରେସ ଦଳର ପରାଜୟ ଦିନ ହିଁ ତାଙ୍କୁ ଅଭିଯୁକ୍ତ

କରାଗଲା । ବିରୋଧୀ ଦଳ ତାଙ୍କର ଇସ୍ତଫା ଦାବୀକଲେ । କିଂତୁ ତାଙ୍କ ଆହ୍ୱାନକୁ ନ ଶୁଣି ୧୯୭୬ ଜୁନ୍ ୨୬ ତାରିଖରେ ଦେଶରେ ଜରୁରୀକାଳୀନ ପରିସ୍ଥିତି ଘୋଷଣା କରିଦେଲେ ଓ ବିରୋଧୀ ଦଳର ନେତା ତଥା କର୍ମୀମାନଙ୍କୁ ଗିରଫ କରିବାରେ ଲାଗି ପଡ଼ିଲେ । ଏପରିକି ମୋ ପାଖରେ ଏଇ ଖବର ପହଞ୍ଚିବା ଆଗରୁ ଜୁନ୍ ୨୬ ତାରିଖ ରାତିରେ ଜେଲ୍ ବାହାରେ ମୁଁ ବଡ଼ ବଡ଼ ଗାଡ଼ି ମାନ ଯାଉଥିବାର ଶୁଣିଥିଲି । ସବୁ ଥର ପରି ଆଶାବାଦୀ ହେଇ ମୁଁ ଭାବିନେଲି ଯେ ବୋଧହୁଏ ଅମଳେନ୍ଦୁ, କଳ୍ପନାକୁ ଓ ଅନ୍ୟମାନଙ୍କୁ ପୁଣି ଏଠିକି ଅଣା ହେଇଛି । ତା ପରଦିନ ସକାଳେ ମୁଁ ରାତିରେ ଟ୍ରକ୍‌ରେ ସରକାର ବିରୋଧୀ ଲୋକଙ୍କୁ ବୁହା ହେଉଥିବାର ଜାଣିଲି । ସେଦିନ, ଶେଷଥର ପାଇଁ ସମ୍ବାଦପତ୍ର ଗୁଡ଼ିକ ଗିରଫଦାରୀର ପୁଙ୍ଖାନୁପୁଙ୍ଖ ବିବରଣୀ ପ୍ରକାଶ କରି ପାରିଥିଲେ । ସେନ୍‌ସର ନିୟମ ଲାଗୁ ହେଇ ଗଲା ପରେ ସେଥିରେ ଏ ସବୁ ସମ୍ବାଦ ଅଙ୍କ ବାହାରି ବରଂ ପ୍ରଧାନମନ୍ତ୍ରୀଙ୍କ ପ୍ରଶସ୍ତିମୂଳକ ଭାଷଣ ସ୍ଥାନ ପାଇଲା ।

ଦୁଇ ଦିନ ପରେ ହଠାତ୍ ନକ୍‌ସଲ୍‌ପନ୍ଥୀ ୱାର୍ଡ଼ରେ ରାତିଅଧିଆ ଖାନ୍ ତଲାସ ଚାଲିଲା । ସେଦିନ ସକାଳେ କୋର୍ଟକୁ କାଗଜ କଲମ ନ ନେବା ପାଇଁ ମତେ କୁହାଗଲା । ମୁଁ ତାଙ୍କୁ ବୁଝେଇ ଦେଲି ଯେ ପୋଲିସ୍ ଗାଡ଼ିରେ ଘଣ୍ଟା ଘଣ୍ଟା ବସିବୋର୍ ହେଉଥିବାରୁ ମୁଁ ଗୋଲକଧନ୍ଦା ଖେଳିବା ପାଇଁ କାଗଜ କଲମ ନେବାକୁ ଚାହୁଁଛି । ଶେଷରେ ବହୁ କଷ୍ଟରେ ଜେଲର୍ ନରମିଲେ । ଏସବୁ ଯାକ ଜରୁରୀକାଳିନ ପରିସ୍ଥିତିର ଫଳ ହେଲେ ସୁଦ୍ଧା ସେମାନେ ଆମ ପ୍ରତି ସବୁବେଳେ କର୍ତ୍ତୃତ୍ୱ ଜାହିର କରୁଥିବା ଦମନକାରୀ ରୂପେ ରହି ଆସିଥିଲେ ଓ ଆମେ ମଧ୍ୟ ସେମାନଙ୍କ ଦମନଲୀଳା ସହିତ ଅନେକ ଆଗରୁ ଅଭ୍ୟସ୍ତ ହେଇଯାଇଥିଲୁ । ବିରୋଧୀ ଶକ୍ତି ମାନଙ୍କ ସହିତ ମୁକାବିଲା କରିବାକୁ ଯାଇ ଦେଶରେ ଜରୁରୀକାଳିନ ପରିସ୍ଥିତି ଘୋଷଣା କରିବାଟା ଶ୍ରୀମତୀ ଗାନ୍ଧୀଙ୍କ ସରକାରର ଦୁର୍ବଳତାର ସଙ୍କେତ ଥିଲା । ତେବେ ସବୁବେଳେ ପୃଥିବୀର ଦଳିତ ଶ୍ରେଣୀର ମଙ୍ଗଳ କରୁଥିବା ସୋଭିଏତ୍ ୟୁନିଅନ୍ ପରି ଦେଶ ଭାରତ ସରକାରଙ୍କ ପଦକ୍ଷେପକୁ ସର୍ବାଗ୍ରେ ସମର୍ଥନ ଘୋଷଣା କରିବାଟା ମତେ କ୍ଷୁବ୍‌ଧ, ସ୍ତବ୍‌ଧ ଓ ସନ୍ଦିଗ୍‌ଧ କରିପକାଇଲା ।

୧୯୭୩ରେ ଜାମ୍‌ସେଦ୍‌ପୁରକୁ ପ୍ରଥମ କରି ଆସିଲା ଦିନଠାରୁ ମୋର କୋଠିର ଛାତରେ ପାଣି ଗଳୁଥିବାର ଅସୁବିଧା ମୁଁ ବାରମ୍ବାର କର୍ତ୍ତୃପକ୍ଷଙ୍କୁ ଜଣାଇଥିଲି । ଟିକିଏ ବର୍ଷା ହେଲେ ମଧ୍ୟ ସିଧା ଛାତରୁ ପାଣି ଗଳୁଥିଲା । ମୋର ଅସୁବିଧାକୁ ପି.ଡ଼ବ୍ଲୁ.ଡ଼ିର ତଳ ଉପର କର୍ମଚାରୀମାନେ ଅତି କମ୍‌ରେ ଦଶ ବାର ଥର ଆସି ଦେଖି ଲେଖିନେଲେ । କାନ୍ଥ ଓ ଛାତର ମାପ ନେଇ କ'ଣ କରିବାକୁ ହେବ ସ୍ଥିର କରା

ଗଲା । ଶେଷରେ ଆମେ ନିଜେ ଗୋବର, ଆଲକାତରା ଓ ସିମେଣ୍ଟ ମିଶେଇ ଛାତର କଣା ଉପରେ ଛାପିଲୁ । ଏବେ ଯା ହେଉ ଜଣେ ମିସ୍ତ୍ରୀ ଓ ତିନି ଜଣ ମଜୁରିଆ ମରାମତି କାମ ପାଇଁ ହାଜର ହେଇଗଲେ । ଦୁର୍ଭାଗ୍ୟବଶତଃ ଏଇ ଉନ୍ନତିର କାରଣ ଶ୍ରୀମତୀ ଗାନ୍ଧୀଙ୍କ ଜରୁରୀ ପରିସ୍ଥିତି ବୋଲି ମୁଁ କହି ପାରୁନାହିଁ । କାରଣ କେତେ ସପ୍ତାହ ଆଗରୁ ଏଇଟା କରାହେବାର ଆୟୋଜନ ହେଇଥିଲା । ଦୁଇ ଜଣ ମୂଲିଆଣି ସେଠି କାମ କରିବା ଉପରେ ୱାର୍ଡ଼ର୍ ଆପତ୍ତି ଜଣାଇଲା । କିନ୍ତୁ ମିସ୍ତ୍ରୀ କହିଲା ଯେ ବାଲି ସିମେଣ୍ଟ ବୋହିବାକୁ କୌଣସି ମଜୁରିଆ ରାଜି ହେବେ ନାହିଁ । ତେଣୁ କାମ ପାଇଁ ମୂଲିଆଣି ଦୁଇ ଜଣ ସେଠି ନିହାତି ଦରକାର । ପରେ ଜାଣିବାକୁ ପାଇଲି ଯେ ସ୍ତ୍ରୀଲୋକ ଦୁଇ ଜଣ ଏତେ କଡ଼ା କାମ କରୁଥିଲେ ମଧ୍ୟ ମୂଲିଆଙ୍କ ଠାରୁ ଖୁବ୍ କମ୍ ପାରିଶ୍ରମିକ ପାଉଥିଲେ ।

ବିଚାର ଆରମ୍ଭ ହେବାର ଗୋଟେ ସପ୍ତାହ ପରେ ସହ-ଅଭିଯୁକ୍ତ ମାନଙ୍କ ଭିତରୁ ଜଣେ ଟାଇଫଏଡ଼ରେ ଆକ୍ରାନ୍ତ ହେଲା । ଦୁଇ ଦିନ ପାଇଁ ବିଚାର କାର୍ଯ୍ୟ ଅଟକିଗଲା ପରେ ସେ ନିଜ ଅନୁପସ୍ଥିତିରେ ଶୁଣାଣି ଚାଲୁ ରହୁ ବୋଲି ଦସ୍ତଖତ କଲା । ଯକୃତ କର୍କଟ ରୋଗରେ ପୀଡ଼ିତ ହେଇ ଆସନ୍ନ ମୃତ୍ୟୁ ମୁଖରେ ଥିବା ଜଣେ ପିଲାର ବାପାକୁ ସେ ଦେଖି ଯିବା ପାଇଁ ଦୁଇ ଦିନ ଛୁଟି ମାଗିଲା । ତାକୁ ମନା କରି ଦିଆଗଲା । ଦିନେ ଦୁଇ ଦିନ ପରେ ବୁଢ଼ା ବାପାଟିଏର ମୃତ୍ୟୁ ସମ୍ବାଦ ଟେଲିଗ୍ରାମରେ ତା ପାଖକୁ ଆସିଲା ।

୧୯୭୫ ଜୁଲାଇ ୪ ତାରିଖ ଶୁକ୍ରବାର ଦିନ ମୁଁ କୋର୍ଟକୁ ଗଲାବେଳେ ମୋର ଓକିଲଙ୍କ ସହିତ ଭେଟ ହେଲା । ଆମ ବିରୁଦ୍ଧରେ ଅଣାଯାଇଥିବା କେସ୍ ଉଠାଇ ନିଆଯାଉଥିବା କଥା ସେ ଫିସ୍ ଫିସ୍ ହେଇ କହିଲେ । "କେଉଁ କେସ୍ ?" ମୁଁ ପଚାରିଲି ବିସ୍ଫୋରକ ଏସିଡ୍ ରଖିଥିବା ଅଭିଯୋଗକୁ ବିଚାର ନ କରିବା ବିଷୟରେ ଆଗ ଦିନ ଆଲୋଚନା ହେଇଥିବାରୁ ମୁଁ ମନେ ମନେ ସେଇଟା ହେବ ଭାବିଲି । ମତେ ଆଶ୍ଚର୍ଯ୍ୟଚକିତ କରି ମି: ମିଶ୍ର କହିଲେ, "ସବୁ ଯାକ କେସ୍ ।" ମୋ ବିରୁଦ୍ଧରେ ଥିବା ସବୁ ଅଭିଯୋଗକୁ ପ୍ରତ୍ୟାହାର କରି ନେବାପାଇଁ ବାଦୀ ପକ୍ଷରୁ ଆବେଦନର ପ୍ରସ୍ତୁତି ଚାଲିଲା । ଘଟଣାର ଏଇ ନୂଆ ମୋଡ଼ ଯୋଗୁଁ ଶୁଣାଣିଟି ତା ପରଦିନ ସକାଳ ଯାଏଁ ସ୍ଥଗିତ ରହିଲା ।

ତା ପରଦିନ ଆବେଦନ ନିୟମାନୁସାରେ ଦାଖଲ ହେଲା । ବିଳମ୍ବଗତ କାରଣରୁ ("on the grounds of inexpediency") ମୋର ନାଁରେ ଥିବା ସବୁ ଅଭିଯୋଗ ଗୁଡ଼ିକୁ ପ୍ରତ୍ୟାହାର କରି ନିଆଯିବାପାଇଁ ବାଦୀ ପକ୍ଷରୁ ନିଷ୍ପତ୍ତି କରାଗଲା ।

ଖାସ୍ ଏଇ କାମ ପାଇଁ ଦିଲ୍ଲୀରୁ ସ୍ୱତନ୍ତ୍ର ଭାବରେ ଆସିଥିବା ଜଣେ ଓକିଲଙ୍କ ଦ୍ୱାରା ଲିଖିତ ଏଇ ଆବେଦନ ପତ୍ରରେ ଥିବା ଅଦ୍ଭୁତ ଶବ୍ଦ ସଂଯୋଜନାକୁ ସେଠି ଉପସ୍ଥିତ ଥିବା ହାଇ କମିଶନ ସେକ୍ରେଟେରୀ ମତେ ଦେଖାଇବା ଯାଏଁ ମୁଁ ଲକ୍ଷ୍ୟ କରି ନ ଥିଲି । ଆବେଦନଟି ତରବରିଆ ଭାବରେ ଲେଖାଯାଇଥିଲା । ବର୍ତ୍ତମାନ ମତେ ତ୍ୱରିତ ଭିତ୍ତିରେ ("grounds of expediency") ଖଲାସ କରାଯାଉଥିଲା । କାରଣ ମୋର ଅଧିକ କାଳ ଅଟକ ରହିବାଟା ଭାରତ ଓ ବ୍ରିଟେନ୍ ପରି ଦୁଇଟି ସାଧାରଣତନ୍ତ୍ର ଦେଶର ସୁସମ୍ପର୍କକୁ ପ୍ରଭାବିତ କରିବ । ବିଚାରପତି ମତ ଦେଲେ ଯେ ଏଇ କାରଣଟା ଯଥାର୍ଥ ନୁହେଁ । ସେ ଯାହା ହେଉ ସେ ପର୍ଯ୍ୟନ୍ତ ହେଇଥିବା ଶୁଣାଣିରେ ସେ ଏଇ ଆବେଦନକୁ ଖାରଜ କଲା ଭଳି ମୋ ବିରୁଦ୍ଧରେ କୌଣସି ପ୍ରମାଣ ପାଇ ନଥିଲେ । ସେ ମତେ କାଠଗଡ଼ାକୁ ଡାକିଲେ ଓ କହିଲେ : "ତମେ ସବୁଯାକ ଅଭିଯୋଗରୁ ନିର୍ଦ୍ଦୋଷରେ ଖଲାସ ହେଲ । ଏଥରକ ଯାଅ ଓ ଖୁସି ହୁଅ ।" ମୁଁ କହିଲି : "ବିନା ବିଚାରରେ ଜେଲ୍‌ରେ ଏତେ ଜଣ ଲୋକ ଅଟକ ଥିବା ସ୍ଥଳେ ମୁଁ ଖୁସି ହେବାଟା କିପରି ସମ୍ଭବ ?" ସେ ସହାନୁଭୂତିର ହସ ହସିଲେ । ବୋଧହୁଏ ସେ ବୁଝିପାରିଲେ ।

ଆଇନଜୀବୀ, ଅଭିଯୁକ୍ତ ଓ ସମ୍ବାଦପତ୍ରର ପ୍ରତିନିଧିମାନେ ମତେ ଅଭିନନ୍ଦନ ଜଣାଇବା ପାଇଁ ମୋ ଚାରିପଟେ ଘେରିଗଲେ । ପୋଲିସ ସେମାନଙ୍କୁ ନିବୃତ୍ତ ରଖିବାକୁ ଚେଷ୍ଟା କଲା । ସାମ୍ବାଦିକ ମାନେ ମତେ ମୋର ନିକଟ ଭବିଷ୍ୟତର ଯୋଜନା ବିଷୟରେ ପ୍ରଶ୍ନ ପଚାରିଲେ । "ଏଇଟା ତଥାପି ସରିନି ।" ମୁଁ କହିଲି । ସେମାନେ ହତ୍‌ବଡ଼େଇ ଗଲେ । କିଂତୁ ମୁଁ ଜାଣିଥିଲି ଯେ ଏତେ ବର୍ଷ ଅଟକ ବନ୍ଦୀ ହେଇରହିବା ପରେ ମଧ୍ୟ ଭାରତ ସରକାର ମତେ ବିନା ସର୍ତ୍ତରେ ବିଶେଷତଃ ଦେଶର ଇତିହାସର ଏଇ ଘଡ଼ିସନ୍ଧି ମୂହୁର୍ତ୍ତରେ କେବେ ଖଲାସ କରିବେ ନାହିଁ । ମୁଁ ଠିକ୍ କହିଥିଲି । ସବୁଥର ପରି ଅନ୍ୟ ଅଭିଯୁକ୍ତ ମାନଙ୍କ ସହିତ ମୁଁ ଜେଲ୍‌କୁ ଫେରିଲି । ଗେଟ୍‌ରେ ଗାଡ଼ିରୁ ନ ବାହାରିବା ପାଇଁ ମତେ କୁହାଗଲା । ମୋ ପାଖରେ ଛିଡ଼ା ହେଇଥିବା ମହିଳା ୱାର୍ଡ଼ର୍ ଜଣକ ନୀରବରେ କାନ୍ଦୁଥାଏ । ମୋତେ ନଜରରେ ରଖିବା ପାଇଁ ତାକୁ ସ୍ୱତନ୍ତ୍ର ଭାବରେ ନିଯୁକ୍ତି ଦିଆଯାଇଥିଲା । ତାର ଚାକିରୀଟା ଚାଲିଯିବାର ଦୁଃଖ ଓ ଚାରିଟା ପିଲାଙ୍କୁ ଖୁଆଇ ପିଆଇ ଦୁଇ ଅକ୍ଷର ପଢ଼େଇବା ଚିନ୍ତାରେ ସେ କାନ୍ଦୁଥିଲା । ଆଗକୁ ଥିବା ଅନିଶ୍ଚିତ ଭବିଷ୍ୟତ ଓ ଅଭାବ ଅନାଟନର ଚିନ୍ତା ଯୋଗୁଁ ମୋର ମୁକ୍ତିର ସୁଖଦ ଖବରଟା ତା ପାଇଁ ଦୁଃଖଦ ହେଇଗଲା । ପ୍ରକୃତରେ ତିନି ବର୍ଷ ଚାକିରୀ କଲାପରେ ସେ ନିଯୁକ୍ତିଟା ଚିରସ୍ଥାୟୀ ହେଇଯିବା କଥା । କିଂତୁ ଠିକ୍ ସମୟ ଆଗରୁ ତାକୁ ଦୁଇଦିନ ପାଇଁ ଛଟେଇ କରି ଦେଇ ପୁଣି ପୂର୍ବ ନିଯୁକ୍ତି ଦିଆଯାଉଥିବାରୁ ତାହା ହେଇ ପାରୁ ନ ଥିଲା । ସେଇ ଦୁଇ ଦିନ ତାର

ଋକିରୀରେ ଏକ ବିରତି ସମୟ ରୂପେ ଧରାଯାଉଥିଲା ଓ ସେଥିଯୋଗୁଁ ଋକିରୀ କାଳର କ୍ରମାନ୍ୱୟତା ରହି ପାରୁ ନ ଥିଲା । ତିନି ବର୍ଷରେ ଥରେ ଏଇ କୌଶଳ ପ୍ରୟୋଗ କରି କର୍ମଋରୀ ମାନଙ୍କୁ ଚିରସ୍ଥାୟୀ ହେବାର ସୁବିଧାରୁ ବଞ୍ଚିତ କରାଯାଉଥିଲା । ଆହୁରି ମଧ୍ୟ ଯା ଦ୍ୱାରା ବିନା ପୂର୍ବାପର ନୋଟିସରେ ଜଣକୁ ଋକିରୀରୁ ହଟାଇ ଦିଆଯାଇପାରୁଥିଲା ।

ଲୋକମାନେ ଜେଲ୍ ଭିତରକୁ ଋଲିଯିବା ପରେ ତିଖ ଟୋପି ଓ ଭାରି ବୁଟ୍ ଜୋତା ପିନ୍ଧିଥିବା ପୋଲିସ ଅଫିସର୍ ଜଣେ ମତେ ଗୋଟେ ନିର୍ବାସନ ଆଦେଶ ଆଣି ଧରାଇ ଦେଲେ । ସାତ ଦିନ ଭିତରେ ମତେ ଦେଶ ଛାଡ଼ି ଋଲିଯିବାକୁ ସେଥିରେ ନିର୍ଦ୍ଦେଶ ଦିଆଯାଇଥିଲା । ସେଇ ଆଦେଶରେ ଜୁନ୍ ୧୭ ତାରିଖର ଥିଲା ଓ ଭାରତ ସରକାରଙ୍କ ଯୁଗ୍ମ ସଚିବଙ୍କର ଦସ୍ତଖତ ଥିଲା । ମତେ ଜେଲ୍ ଭିତରକୁ ଯିବାକୁ କୁହାଗଲା । କଥାରେ ମୁଁ 'ଖଲାସ' ହେଇ ସାରିଥିଲି । କିଂତୁ ପୋଲିସ୍ ତାର ସବୁ ଆବଶ୍ୟକୀୟ ପ୍ରସ୍ତୁତି ଆୟୋଜନ କରି ସାରିଥିଲା । ମୋ ନାଁରେ ଆଉ ଗୋଟେ ଗିରଫ ପରୁଆନା ବାହାରିଲା । ଉପଯୁକ୍ତ ଆବଶ୍ୟକୀୟ ଦଲିଲ୍ ବିନା ଯାତ୍ରା କରିଥିବାର ଅଭିଯୋଗ ମୋ ନାଁରେ କରାଗଲା । ମୋର ଗିରଫ ହେବା ପରେ ପରେ ବ୍ୟାଜାପ୍ତ ହେଇଥିବା ପାସପୋର୍ଟ ସେ ପର୍ଯ୍ୟନ୍ତ ପୋଲିସ୍ ପାଖରେ ଥିଲା ।

ସେଠିକାର ପୋଲିସ୍ ଅଧିକ୍ଷକଙ୍କୁ ସାକ୍ଷାତ୍ କରି ସାରିଲା ବ୍ରିଟିଶ୍ ହାଇକମିଶନର ଉପଦେଷ୍ଟା ମତେ ଦେଖିବାକୁ ଆସିଲେ । ତାପର ଦିନ ପାଇଁ ଇଂଲଣ୍ଡକୁ ଗୋଟେ ବିମାନ ଟିକଟ କରାହୋଇଥିଲା । ତା ପରଦିନ ପାହାନ୍ତାରେ ମୋର କଲିକତା ଯିବାର କଥା । ସେ ଯାଏଁ ସେ ମୋ ସହିତ ଯିବେ ।

କୋଠିକୁ ଫେରି ଆସି ବୀଣା ସହିତ କଥାବାର୍ତ୍ତା କଲାବେଳେ ଅନ୍ୟ ସ୍ତ୍ରୀଲୋକମାନେ ଆମକୁ ଘେରିଗଲେ । ସେ ତାର ପାଠପଢ଼ାଟା ଋଲୁ ରଖିବା ପାଇଁ ଓ ଆଦୌ ମନଦୁଃଖ ନ କରିବା ପାଇଁ ମୁଁ ତାକୁ କହିଲି । ଦୂରରେ ଥିଲେ ସୁଦ୍ଧା ମୁଁ ତାକୁ ଭୁଲିବି ନାହିଁ । ମୁଁ ତାକୁ ଚିଠି ଲେଖିବି । ଆମର ପୁଣି କେବେ ଦିନେ ଦେଖା ବି ହେଇପାରେ, ସେ କଥା କିଏ ଜାଣେ ।

ସେଇ ରାତିରେ ମୁଁ ଶୋଇଲି ନାହିଁ । ମୋର ଟିପାଖାତା ଓ ଡାଏରୀ କାଳେ ବ୍ୟାଜାପ୍ତ ହେଇଯିବ ଭାବି ମୁଁ ବ୍ୟସ୍ତ ହେଉଥିଲି । ତାକୁ କେମିତି ଘେରାରେ ନେଇଯାଇ ହେବ ସେ କଥା ଚିନ୍ତା କଲି । ସେଗୁଡ଼ିକ ମୋଟା ଥିବାରୁ ଲୁଚେଇ ରଖି ହେଲା ନାହିଁ । ଶେଷରେ ମୋ ମୁଣ୍ଡକୁ ଗୋଟେ ବୁଦ୍ଧି ଜୁଟିଲା । ମୁଁ ମୋ ଲେଖାରେ ଥିବା ସରକାରଙ୍କ ଉପରେ ଟୀକା ଟୀପ୍ପଣୀର "ଭାରତୀୟ" ଶବ୍ଦକୁ ସବୁ ଜାଗାରେ "ବ୍ରିଟିଶ୍"ରେ ପରିବର୍ତ୍ତନ କରିଦେଲି । ତେଣୁ ଜଣେ ସାଧାରଣ ପାଠକ ମୁଁ ବ୍ରିଟିଶ

ସରକାର ଉପରେ ଲେଖିଥିବା ଭାବିବେ । ମୁଁ "ଶ୍ରୀମତୀ ଗାନ୍ଧୀଙ୍କ" ନାମକୁ "ଶ୍ରୀମତୀ ଥାଚର୍" ବା "ମହାରାଣୀ"ରେ ପରିବର୍ତ୍ତନ କରି ଦେଲି ଓ ପ୍ରତି ବହିର ଭିତର ମଲାଟ ପୃଷ୍ଠାରେ ଧାର୍ମିକ ଶିରୋନାମା ଲେଖିଦେଲି । ସ୍ପେସିଏଲ୍ ବ୍ରାଞ୍ଚ ଲୋକଙ୍କୁ ଏମିତିରେ ଆଡ଼େଇଯାଇ ହେବ ଭାବିଲି ।

ତା ପରଦିନ ଭୋର୍ ଚାରିଟା ବେଳକୁ ମହିଳା ୱାର୍ଡ଼ର ମତେ ଡାକିଲା । ଆହୁରି ଅନ୍ଧାର ହେଇଥାଏ । ମୋର ଗାଧୁଆ ସରି ନ ଥାଏ । ସେ ଫେରି ଆସି ଶିଘ୍ର ଲୁଗାପଟା ପିନ୍ଧି ବାହାରିବାକୁ କହିଲା । କାରଣ ମତେ କିଏ ଜଣେ ଦେଖା କରିବାକୁ ଆସିଥିଲା । ମୋର ଜଣେ ଦରଦୀ ୱାର୍ଡ଼ର୍ ତା ଆଗ ଦିନ ମତେ ଦେଇଥିବା ଗୋପନ ପ୍ରତିଶ୍ରୁତି ପୂରଣ କଲା । ସ୍ପେସିଏଲ୍ ବ୍ରାଞ୍ଚ୍ ପୋଲିସ୍ ଡ୍ୟୁଟିକୁ ଆସିବା ଆଗରୁ ମୋର ଜଣେ ସହ ଅଭିଯୁକ୍ତଙ୍କୁ ନିଦ ମଳ ମଳ ଅବସ୍ଥାରେ ସେ ନେଇ ଆସିଥିଲା । ପୋଲିସ୍ ଗାଡ଼ିରେ ଛାଡ଼ି ସେମାନେ ଚାଲି ଆସିଲା ପରେ ଘଟଣାର ପ୍ରକୃତ ଅବସ୍ଥା ବିଷୟରେ ତାଙ୍କୁ ଶେଷ ଥର ପାଇଁ କହିବାକୁ ମୁଁ ଚାହିଁଥିଲି । କାରଣ ମୁଁ ଜାଣିଥିଲିଯେ କର୍ତ୍ତୃପକ୍ଷ ତାଙ୍କୁ ସଠିକ୍ କଥା କହିବେ ନାହିଁ । ଆଉ ମୁଁ ସେମାନେ ଘଟଣାର ବିକୃତ ରୂପ ଜାଣନ୍ତୁ ବୋଲି ଚାହୁଁ ନ ଥିଲି । ମୁଁ ତାକୁ ମୋର ନିର୍ବାସନ ଖବର କହିଲାରୁ ସେ ସନ୍ତୁଷ୍ଟ ହସର ସହିତ କହିଲା, "ଆମକୁ ଭୁଲିବ ନାହିଁ ।" ତାପରେ ଯିବାକୁ ବୁଲି ପଡ଼ିଲା ବେଳେ ସେ ପୁଣି ପଛକୁ ଚାହିଁଲା, ହାତ ଉଠାଇ ସାଲ୍ୟୁଟ ମାରିଲା କହିଲା : "ଆମର ପୁଣି ଦେଖା ହେବ । ନିଶ୍ଚେ ଦେଖା ହେବ ।"

କେତୋଟି ମିନିଟ୍ ଭିତରେ ମତେ ବୀଣା, ହୀରା, ଗୋଲାପୀ ବୁଢ଼ୀ ଓ ଅନ୍ୟମାନଙ୍କୁ ବିଦାୟ ଜଣାଇବାକୁ ପଡ଼ିଲା । ପିଲାମାନେ ଚୁମା ନେବାକୁ ଆସିଲେ । ହୀରାର ପୁଅ ରାଜୁ, "ଦିଦି, ଦିଦି" କହୁଥାଏ । ୱାର୍ଡ଼ର୍ ଜଣକ ମତେ ଶିଘ୍ର ବାହାରିବାକୁ କହିଲା । "ଭାଙ୍ଗି ପଡ଼ ନାହିଁ । ତୋର ସ୍ୱାସ୍ଥ୍ୟର ଯତ୍ନ ନେବୁ ।" ବୀଣାକୁ ଖାଲି ମୁଁ ସେତିକି କହି ପାରିଲି । ଆମେ ଦୁହେଁ କାନ୍ଦୁଥିଲୁ ।

ସୁପରିଟେଣ୍ଡେଣ୍ଟ୍ ଓ ଜେଲ୍‌ର ମତେ ବିଦାୟ ଜଣାଇବା ପାଇଁ ଶିଘ୍ର ଉଠି ପଡ଼ିଥିଲେ । ସେ ପାଖ ଚା' ଦୋକାନରୁ ଚା' ମଗାଇଲେ । ସାଙ୍ଗରେ ଯିବାକୁ ପୋଲିସ୍ ରକ୍ଷୀ ଆସି ପହଞ୍ଚିଲେ । ବ୍ରିଟିଶ୍ ହାଇକମିଶନର ଉପଦେଷ୍ଟା ଅପେକ୍ଷା କରିଥିଲେ । ଆମକୁ ଷ୍ଟେସନ ନେଇଯିବାକୁ ଅପେକ୍ଷା କରିଥିବା ଟ୍ରକ୍‌ରେ ଆମେ ସମସ୍ତେ ଚଢ଼ିଲୁ । କେହି ମତେ ଜେରା କରିବାର ବା ଖାନ୍ ତଲାସି କରିବାର ଚେଷ୍ଟା କଲେ ନାହିଁ । ରେଳ ଷ୍ଟେସନରେ ବିହାରର ଗୃହ ବିଭାଗର ଯୁଗ୍ମ ସଚିବ ଓ ପୋଲିସ୍ ଅଧୀକ୍ଷକ ଅପେକ୍ଷା କରିଥିଲେ । ସେମାନେ ଆମକୁ କଲିକତା ଅଭିମୁଖେ ଯାଉଥିବା

ରେଳର ଶୀତତାପ ନିୟନ୍ତ୍ରିତ ପ୍ରଥମ ଶ୍ରେଣୀ ବଗିକୁ ନେଇଗଲେ । ପଶ୍ଚିମବଙ୍ଗର ମନୋରମ ଗ୍ରାମ୍ୟ ଦୃଶ୍ୟ ଅତିକ୍ରମ କରି ଆମେ ଦ୍ରୁତ ଗତିରେ ମାଡ଼ି ଚାଲିଲୁ । କ୍ଷେତରେ ଆଣ୍ଠୁଏ ଉଚ୍ଚର ଧାନ ଗଛ, କଦଳୀ ଗଛ, ବାଉଁଶ ବୁଦା ପୋଖରୀ, ଝାଟିମାଟିର କୁଡ଼ିଆ ଘର ଓ କଦବା କେମିତି ଛୋଟ ଗାଁଟିଏ ଓ ଛୋଟ ଷ୍ଟେସନଟିଏ ସାମ୍ନାରେ ସିନେମାରେ ଦୃଶ୍ୟ ପରି ପାରିହେଇ ଯାଉଥିଲା । ଏଇ ଦେଶକୁ ମୁଁ କେତେ ଭଲ ପାଇଥିଲି ସେ କଥା ଭାବୁଥିଲି । ଆମେ ଗପସପ କରି କଫି ପିଇଲୁ । ଆମ ସହିତ ଯାଉଥିବା ମହିଳା ପୋଲିସ୍ ଜଣକ ସାଙ୍ଗରେ ତାର ଟିକି ଝିଅଟିକୁ ନେଇ କରି ଯାଉଥିଲେ । ଦୁର୍ବଳ ଦେଖାଯାଉଥିବା ପତଳା ଝିଅଟିଏ । ସେ ପଚାରିଲା ଆଖିରେ ମତେ ଚାହୁଁଥାଏ । ଏ "ମେମ୍ ସାହେବ"ର ବା ସଶସ୍ତ୍ର ପ୍ରହରୀ କ'ଣ ଦରକାର ସେ କଥା ବୋଧହୁଏ ସେ ବୁଝି ପାରୁ ନ ଥାଏ ।

ହାଓ୍ୱଡ଼ା ଷ୍ଟେସନରେ ମତେ କଲିକତା ପୋଲିସ୍‌କୁ ହସ୍ତାନ୍ତର କରାଗଲା । ବ୍ରିଟିଶ୍ ଅଫିସ୍‌ର ଜଣକ ଏୟାର୍‌ପୋର୍ଟରେ ମତେ ପୁଣି ଭେଟି କହିବେ ଚାଲିଗଲେ । ତିନି ଜଣ ସାଦା ପୋଷାକଧାରୀ ପୋଲିସ୍ ଅଫିସର ଗହଣରେ ଗୋଟେ ସୁସଜ୍ଜିତ କାର୍‌ରେ ବସି କଲିକତାର ଅପରିଚ୍ଛନ୍ନ ଅସ୍ପଷ୍ଟ କୁଜ୍ ଝଟିକା ଦେଇ ଚାଲିଲୁ । ଅମଳେନ୍ଦୁ ଓ କଳ୍ପନା ମୋଠୁ ମାତ୍ର କେତେ ମାଇଲ୍ ଦୂରରେ । ସେମାନେ କ'ଣ ଜାଣଛନ୍ତି ଯେ ମୁଁ ଚାଲି ଯାଉଛି ? ଯିବା ପୂର୍ବରୁ ଅମଳେନ୍ଦୁ ଓ ତାଙ୍କର ପରିବାର ସହିତ ଦେଖା କରିବାକୁ ଅନୁମତି ଦେବାକୁ ବ୍ରିଟିଶ୍ ପଦାଧିକାରୀଙ୍କୁ ମୁଁ କହିଥିଲି । କିଂତୁ ଏଇ ଅନୁମତି ମିଳିବ ନାହିଁ ବୋଲି ସେ ନିଶ୍ଚିତ ଥିବା କଥା କହିଲେ । ମତେ ଗିରଫ କଲାବେଳେ ଅମଳେନ୍ଦୁ ଘରୁ ନେଇଥିବା ଘଣ୍ଟା ଓ ଟଙ୍କା ଫେରସ୍ତ ଦେବାକୁ ମୁଁ ପୋଲିସ୍‌କୁ କହିଲି । କିଂତୁ ସେମାନେ କେବଳ ମୋର ପାସପୋର୍ଟ ଫେରାଇଲେ । ମୁଁ କୁଆଡ଼େ ଏ କଥା ସେମାନଙ୍କୁ "ଆଗରୁ" କହିବାର ଥିଲା ସେମାନେ କହିଲେ । ଯେମିତିକି ହଠାତ୍ ଭାରତ ଛାଡ଼ି ଚାଲି ଯିବାପାଇଁ ସେମାନେ ମତେ ଆଗରୁ ସତର୍କ ବାଣୀ ଦେଇଥିଲେ ।

ଏୟାରପୋର୍ଟରେ ମତେ ଅତି ଭଦ୍ରତାର ସହିତ ଗୋଟେ ଆଭ୍ୟନ୍ତରୀଣ ଭି.ଆଇ.ପି. ସୁଟକୁ ନିଆଗଲା । ମୁଁ ଏଥରକ ଟିକେ ସହଜ ହେଇ ବିଶ୍ରାମ ନେବା କଥା । ପ୍ରାୟ ମଧ୍ୟ ରାତ୍ରୀ ବେଳକୁ ମୋର ବିମାନ ଉଡ଼ିବ ଏଯାଏଁ ମଧ୍ୟାହ୍ନ ସୁଦ୍ଧା ହେଇ ନ ଥିଲା । ମୁଁ ଏବେ ଆଉ ଜଣେ ବନ୍ଦୀ ନୁହେଁ, ବରଂ ଜଣେ ଅତିଥି ଏଇଟା ମତେ ମନେ ରଖିବାକୁ କହି ପୋଲିସ୍ ମାନେ ଚାଲିଗଲେ । ଫାନ୍ଦରେ ଗଡ଼ିଥିବା ଜଣେ ଅତିଥି : ସେମାନେ କବାଟ ତାଲା ପକାଇ କରି ଚାଲିଗଲେ । କିଛି ସମୟ ପରେ ଠକ୍

ଠକ୍ ହେଲା । ପୁଣି ପୋଲିସ୍ ଆସିଲେ । ସେମାନେ ଦୁଇ ଜଣ ସେଠି ବସି ପାରିବେ କି ବୋଲି ମତେ ପଚାରିଲେ । ମୁଁ ମନା କଲି । ତାଙ୍କ ସାମ୍ନାରେ ମୁଁ ଶୋଇ ବସି ପାରିବି ନାହିଁ । ସେମାନେ ପୁଣି ଚାଲିଗଲେ । ଦଶ ମିନିଟ୍ ପରେ ଏୟାରପୋର୍ଟର ଜଣେ ମହିଳା ପୋଲିସ୍ ଆସିଲା । ତାର ବୟସ କୋଡ଼ିଏରୁ ବେଶୀ ହେବ ନାହିଁ । ସେ ହଡ଼ବଡ଼େଇ ଯାଇ ହସି ପକାଇଲା ଓ ସୋଫାରେ ବସିଲା । ମୁଁ ଢୁଲେଇ ପଡ଼ିଲି । କିଂତୁ ଶୀତତାପନିୟନ୍ତ୍ରିତ କୋଠିରି ଥଣ୍ଡା ଯୋଗୁଁ ପୁଣି ଉଠି ପଡ଼ିଲି । ପରିଚାରକ ଜଣେ ମୋ ପାଇଁ କୁକୁଡ଼ା ମାଂସ ଓ ଆଇସ୍କ୍ରିମ୍ ଆଣି ଦେଲା । ଖିଆପିଆ କରିବା ପାଇଁ ସେମାନେ ମତେ ବାରମ୍ବାର କହୁଥାନ୍ତି । ମୁଁ ଯାହା ଚାହିଁଲେ ତାହା ଖାଇ ପାରିବି କହିଲେ । ଜଣେ ସାଦା ପୋଷାକଦାରୀ ପୋଲିସ୍ ଅଫିସର ବାରମ୍ବାର ଆସି ମୋ ସହିତ ବନ୍ଧୁତ୍ୱପୂର୍ଣ୍ଣ କଥାବାର୍ତ୍ତା କରିବାକୁ ଚେଷ୍ଟା କରୁଥାଏ । ଇଂଲଣ୍ଡରେ ଥିବା ତାର ସଂପର୍କୀୟ ମାନଙ୍କ ସହିତ ମୁଁ ଯୋଗାଯୋଗ କରିବି କି? ଲଣ୍ଡନରେ ଥିବା ମି: ଦାସଙ୍କୁ ମୁଁ ଜାଣିଛି କି? ଇତ୍ୟାଦି ।

ପରେ ସେଦିନ ଡେପୁଟି ହାଇ କମିଶନ୍ ନିଜେ ମତେ ଦେଖା କରିବାକୁ ଆସିଲେ । ସେ ବେଶ୍ ଭଦ୍ରତା ସହିତ କଥାବାର୍ତ୍ତା କଲେ । କିଂତୁ ଗୋଟେ କଥା ସେ ବାରମ୍ବାର ପଚାରୁଥିଲେ : ଭାରତକୁ ଫେରି ଆସିବା କଥା ମୁଁ ପୁଣି ଭାବୁଛି କି? ସେ ନାସ୍ତିବାଣୀ ହିଁ ଆଶା କରୁଥିଲେ । ପାଞ୍ଚ ବର୍ଷ କିଛି ସମୟ ନୁହଁ । ଦୁଇ ଜଣ ଉଚ୍ଚ ପଦସ୍ଥ ପୋଲିସ୍ ଅଧିକାରୀ ମୋଠୁ ବିଦାୟ ନେବାକୁ ଆସିଲେ । ଜଣେ ମତେ ଭାରତ ଫେରିବା ପାଇଁ ଅନ୍ତତଃ ବର୍ଷେ ଅପେକ୍ଷା କରିବାକୁ ଉପଦେଶ ଦେଲେ । ସେତେବେଳକୁ ଅମଳେନ୍ଦୁ ଜେଲ୍‌ରୁ ଖଲାସ ହୋଇ ସାରିଥିବେ, ସେ କହିଲେ ।

ସେଇ ସନ୍ଧ୍ୟାରେ ସେଠାକାର ଆଞ୍ଚଳିକ ରଏଟର୍ ପ୍ରତିନିଧି ଓ ଅନ୍ୟାନ୍ୟ ସାମ୍ବାଦିକ ମାନେ ମୋର ସାକ୍ଷାତ୍ କାର ନେବା ପାଇଁ ପହଞ୍ଚିଲେ । ମୋର ଆଦୌ ଆଗ୍ରହ ନ ଥିଲା । କିଂତୁ ସାଦା ପୋଷାକ ପିନ୍ଧା ଲୋକଟା ସହିତ ସେମାନେ ବୋଧହୁଏ କିଛି "ବ୍ୟବସ୍ଥା" କରିଥିଲେ । କାରଣ ସେ ମତେ ତାଙ୍କ ସହିତ କେତେ ମିନିଟ୍ ବସିବା ପାଇଁ ଗୋଟେ ପ୍ରକାର ବାଧ୍ୟ କଲା । ଲରେଲ୍ ଓ ହାର୍ଡି ପରି ଦିଶୁଥିବା ସେଇ ଲୋକଗୁଡ଼ା ଭିତରକୁ ଆସିଲେ । ପାଞ୍ଚ ବର୍ଷ ଜେଲ୍ କାଟିବା ପରେ ମୁଁ ମୋର ରାଜନୈତିକ ଦୃଷ୍ଟିଭଙ୍ଗୀ ପରିବର୍ତ୍ତନ କରିଛି କି? ନା । ମୁଁ ଏବେ ମଧ୍ୟ ଏକ ଉଗ୍ର ସାମାଜିକ ବିପ୍ଳବର ପ୍ରଚଣ୍ଡ ସମର୍ଥକ । ତା ହେଲେ? ମତେ ଜୋର୍ ଜବରଦସ୍ତି କଥା କହିବାକୁ ବାଧ୍ୟ ନ କରିବା ପାଇଁ ମୁଁ ତାଙ୍କୁ କହିଲି । ସାକ୍ଷାତକାରରୁ କିଛି ଲାଭ ନ ଦେଖି ସେମାନେ ଚାଲିଗଲେ । ଏତେ ଗୋପନୀୟତାର ଚକ୍ରବ୍ୟୂହ ଭେଦ କରି

ସେମାନେ ମୁଁ ଦମ୍ ଦମ୍ ବିମାନ ଘାଟିରେ ଥିବା କଥା କେମିତି ଜାଣି ପାରିଲେ ତାହା ମୁଁ ନିଜେ କେବେ ଜାଣି ପାରିଲି ନାହିଁ।

ଗୋଟେ ସୁଟକେସ୍ ନେଇ ବ୍ରିଟିଶ୍ ପଦାଧିକାରୀ ଜଣକ ଫେରି ଆସିଲେ। ମୋର ଜିନିଷ ପତ୍ର ସେ ଯାଏଁ ମାଟିଆ ବେଗ୍ ଭିତରେ ଥିଲା। ଦୟା ପରବଶ ହେଇ ସେ ମୋର ଭଉଣୀର ପିଲାମାନଙ୍କ ପାଇଁ କଛି ମିଷ୍ଟାନ୍ନ ହଳେ ଜୋତା ଓ ହଳେ ଟେନିସ୍ ମୋଜା ଆଣି ଦେଇଥିଲେ। ମୋର ପତଳା ଜୋତା ହଳକ ୟୁରୋପୀୟ ବାୟୁମଣ୍ଡଳରେ ଜୁଲାଇ ମାସରେ ମଧ୍ୟ କାମ ଦେବ ନାହିଁ ଭାବିଲି। ଶାଢ଼ୀଟା ବଦଳେଇ ମୋର ଏକମାତ୍ର ୟୁରୋପୀୟ ପୋଷାକ ପିନ୍ଧିଲି - ସେଇଟା ମୁଁ ନିଜେ ତିଆରି କରିଥିବା ପୁରୁଣା ଢିଲା ଟ୍ରାଉଜର୍ ହଳେ। ବ୍ରିଟିଶ୍ ହାଇକମିଶନଙ୍କ ଉପଦେଷ୍ଟାଙ୍କ ସ୍ତ୍ରୀ ଗୋଟେ ବଡ଼ ଫୁଲତୋଡ଼ା ନେଇକି ଆସିଲେ। ମୋରି ପାଇଁ ବୋଧହୁଏ ମୋ ଅପେକ୍ଷା ସେମାନେ ନିଜେ ବେଶୀ ଖୁସି ହେଉଥିଲେ। ମୁଁ ଅମଳେନ୍ଦୁ ଓ ତାଙ୍କ ପରିବାର କଥା ଭାବି ଚାଲିଥିଲି। ଯାଦୁକରୀ ଶକ୍ତିରେ ସେମାନେ ମୁଁ ଚାଲି ଯାଉଥିବାର ଜାଣି ପାରନ୍ତେ କି ଓ ମତେ ବିଦାୟ ଦେବାପାଇଁ ଏଠିକି ଚାଲି ଆସନ୍ତେ। ମୁଁ ପୁଣି ଖାଇଲି। ଏଥରକ ସାଦା ପରିବା ତରକାରୀ। ମୁଁ ଆଉ ମାଂସ ତରକାରୀ ଖାଇ ପାରି ନ ଥିଲି।

ମଧ୍ୟ ରାତ୍ରୀର ପାଖାପାଖି। ସେମାନେ ମତେ ଭି.ଆ.ପି. ପ୍ରସ୍ଥାନ ଦ୍ୱାରକୁ ନେଇଗଲେ। ବିହାରର ଗୃହ ବିଭାଗର ଯୁଗ୍ମ ସଚିବ ସାରା ଦିନ ମତେ ଦେଖା କରିବାକୁ ଆସିଥିବା ଅନ୍ୟାନ୍ୟ ଲୋକ ସହିତ ପୁଣି ସେଠି ଥିଲେ। ସେମାନେ ଧାଡ଼ିରେ ଛିଡ଼ା ହେଇ ମୋ ସହିତ ନମ୍ରତାର ସହିତ କର ମର୍ଦ୍ଦନ କଲେ ଓ ଶୁଭେଚ୍ଛା ମନାସି ଭଦ୍ରତାରେ ହସିଲେ। ଦୁଇ ଜଣ ସାଦା ପୋଷାକ ପିନ୍ଧା ପୋଲିସ୍ ମୋ ସହିତ ବିମାନ ପର୍ଯ୍ୟନ୍ତ ଗଲେ ଓ ପ୍ରବେଶ ଦ୍ୱାର ଭିତରକୁ ଯିବା ଯାଏଁ ସେଠି ଛିଡ଼ା ହୋଇ ରହିଲେ। ମତେ ଦିଆଯାଇଥିବା ଟିକଟ ଖଣ୍ଡିକ ଓ ବୋର୍ଡିଂ ପାସ୍ ଖଣ୍ଡିକ ମୁଠେଇ ଧରି ମୁଁ ବିମାନ ଉପରକୁ ଉଠିଲି।

ବିମାନଟି ବ୍ରିଟିଶ୍ ଏୟାର ୱେଜ୍‌ର। ଭଦ୍ରତାର ଆଉ ଏକ ଚିହ୍ନ? ଜଣେ ବିମାନ ପରିଚାରକ ମୋ କାନ ପାଖରେ ଫିସ୍ ଫିସ୍ ହେଇ କହୁଥିଲେ। ମୁଁ କିଛି ବ୍ରାଣ୍ଡି ନେବାକୁ ଚାହୁଁଛି କି? ନା, ମୁଁ ନେବି ନାହିଁ। କେତେ ବର୍ଷ ହେଲା ମୁଁ ମଦ୍ୟ ସ୍ପର୍ଶ ସୁଦ୍ଧା କରି ନାହିଁ। ଏବେ ତାହା ପିଇ ପାରିବି ଭଳି ମୋତେ ଲାଗୁ ନାହିଁ। ମଧ୍ୟ ରାତ୍ରୀ ଗଡ଼ି ଯାଇଥିଲା। ସେମାନେ ଚିକେନ୍ ରୋଷ୍ଟ୍ ଓ ବ୍ରସେଲ୍‌ଜ୍ ଗଜା ଖାଇବାକୁ ଦେଲେ। ସେଇଟା ଖାଇବା କଥା ଭାବିଲା କ୍ଷଣି ମତେ ବାନ୍ତି ଲାଗିଲା। ଅନ୍ୟ ଯାତ୍ରୀମାନେ ମତେ ଜାଣିଛନ୍ତି କି? ସମସ୍ତେ ମୋତେ ଚାହୁଁଛନ୍ତି କି? ନା। ଚଉଦ

ଘଣ୍ଟାର ଯାତ୍ରାଟା ନିହାତି ବିରକ୍ତିକର ଲାଗୁଥିଲା । ମୋ ପାଖରେ ବସିଥିବା ବଙ୍ଗାଳୀ ଡାକ୍ତର ଜଣକ ତାଙ୍କର ରୁଗ୍‌ଣ ବାପାଙ୍କୁ ଚିକିତ୍ସା ପାଇଁ ଇଂଲଣ୍ଡ ନେଇ ଯାଉଥିଲେ । ସେ ଭାରତରେ ମୋର ରହଣି ବିଷୟରେ ପଚାରିବାକୁ ଆରମ୍ଭ କଲେ । ମୁଁ ସେଠି କେତେ ଦିନ ଥିଲି ? କେଉଁଠି ? କ'ଣ କରୁଥିଲି ? ମୁଁ ସତ କଥାଟା କହିଲେ ସେ ଆଶ୍ଚର୍ଯ୍ୟ ହେଇଯିବେ, ମୁଁ ତାଙ୍କୁ କହିଲି । ମୁଁ କ'ଣ ମିସ୍ ଟିଲର୍ ? ସେ ଅନୁମାନ କରିଥିଲେ । ସମ୍ବାଦ ପତ୍ରରୁ ସେ ମୋ ବିଷୟରେ ପଢ଼ି ଜାଣିଥିଲେ ।

ପରିଚାରିକା ଜଣକ ଅନବରତ ଭାବରେ କମଳା ରସ, ଦେଶଜ ଜଳଖିଆ, କଫି, ଇଂଲିଶ ଜଳଖିଆ ଆଦି ଆଣି ଖୋଇବାରେ ଲାଗିଲା । ମୁଁ ତା'ର ଅଧା ମଧ୍ୟ ଖାଇ ପାରିଲି ନାହିଁ । ମୋର ସହଯାତ୍ରୀ ମାନେ ଚେଷ୍ଟେଇ ଚାଲିଥିଲେ । ଆଉ କିଛି କରିବା ପାଇଁ ବି ନ ଥିଲା । ଜଣେ ପରିଚାରକ କରମୁକ୍ତ ମଦ୍ୟ ଓ ତମାଖୁ ବିକିବାକୁ ଆରମ୍ଭ କଲା । ବ୍ରିଟିଶ୍ ପଦାଧିକାରୀ ଦେଇଥିବା ପାଞ୍ଚ ପାଉଣ୍ଡ ମୋ ପାଖରେ ଥାଏ । ମୁଁ ବି କିଛି କିଣି ପାରିବି । ତାପରେ ମଧ୍ୟ ମତେ କେହି ଦେଖିବାକୁ ଆସି ନ ଥିଲେ ହିଥ୍ରୋରୁ ଗାଡ଼ି ଭଡ଼ା ପାଇଁ କିଛି ପଇସା ବଳି ଯିବ । ଘାବରେଇ ଯାଇ ମୁଁ ଦୁଇ ଶହ ସିଗାରେଟ୍ ଓ ଅଧା ବୋତଲ ହ୍ୱିସ୍କି ମାଗିଲି । ପାଞ୍ଚ ବର୍ଷ ପରେ ଏଇଟା ମୋର ପ୍ରଥମ ସିଧାସଳଖ କିଣା ବିକା କାମ ଥିଲା ।

ଅମଳେନ୍ଦୁ କ'ଣ କରୁଥିବେ ? ସେ ଜାଣିଲେ କି ? ଲଣ୍ଡନରେ ସେମାନେ ମୁଁ ଆସୁଥିବାର ଜାଣିଛନ୍ତି କି ?

ହିଥ୍ରୋ । ଅନ୍ୟ ଯାତ୍ରୀ ମାନେ ଓହ୍ଲାଇବା ଯାଏଁ ମତେ ବିମାନରେ ବସି ରହିବାକୁ ପରିଚାରକ ଜଣକ ମତେ ଧୀରେ କହିଲା । ଦଶ ମିନିଟ୍ ପରେ ସେଠି ମୋ ବାପା ମତେ ଜାବୁଡ଼ି ଧରି କାନ୍ଦିବାରେ ଲାଗିଲେ । ମୋ ଭଉଣୀ ତା'ର ଦୁଇ ବର୍ଷର ଝିଅକୁ ନେଇକି ଆସିଥିଲା ଯାହାକୁ କି ମୁଁ ଆଦୌ ଦେଖି ନ ଥିଲି । ପାସ୍‌ପୋର୍ଟ ନିୟନ୍ତ୍ରଣ ଅଫିସକୁ ଆମେ ଗଲୁ । ପ୍ରେସ୍ ଫଟୋଗ୍ରାଫର ମାନେ ଆମକୁ ଘେରିଗଲେ । ସୁଇଚ୍ ଟିପା ଚାଲିଲା । କେମେରାର ଲାଇଟ୍ ଝଲସି ଉଠିଲା । ସେମାନେ କେତେ ଫଟୋ ରିଲ୍ ନଷ୍ଟ କରୁଛନ୍ତି ମୁଁ ସେ କଥା ଭାବୁଥିଲି । "ପ୍ଲିଜ୍ ଟିକେ ହସନ୍ତୁନା । ପିଲାଟିର ହାତ ଟିକେ ଧରନ୍ତୁ । ଆପଣଙ୍କ ବାପାଙ୍କୁ କୁଣ୍ଢେଇ ଧରନ୍ତୁ । ଭଉଣୀର କାନ୍ଧରେ ହାତ ପକାନ୍ତୁ । ବାସ୍ ସେତିକି ।"

ମୋ ପାସ୍‌ପୋର୍ଟ ତଥାପି ଠିକ୍ ଠାକ୍ ଥିବାର ଦେଖି ସମସ୍ତେ ଆଶ୍ଚର୍ଯ୍ୟ ହେଲେ । ମୁଁ ପ୍ରତିଷେଧକ ଟୀକା ନେଇଥିଲି କି ? ହଁ, ଅନେକ ଥର । କିଂତୁ ମୋ ପାଖରେ ସାର୍ଟିଫିକେଟ୍ ନ ଥିଲା । ଆଉ ଥରେ ପ୍ରତିଷେଧକ ଟୀକା ଆଉ ତା'ପରେ

ଗୋଟେ ରୁମ୍‌ରେ ସାମ୍ବାଦିକ ସମ୍ମିଳନୀର ଆୟୋଜନ କରାଯାଇଥିଲା । କେମେରା ଲାଇଟ୍ ଆଖିକୁ ଅନ୍ଧ କରି ଦେବ ପରା । ସମସ୍ତେ ବିରାଟକାୟ ଦେଖା ଯାଉଥିଲେ । କେହି ଜଣେ ମୋ ବେକ ତଳେ ମାଇକ୍ରୋଫୋନ୍‌ଟାକୁ ଝୁଲେଇ ରଖି ପ୍ରଶ୍ନ ପଚାରିବା ଆରମ୍ଭ କରିଦେଲା । କାର୍ଯ୍ୟକ୍ରମଟିକୁ ବେଶୀ ଲମ୍ବା ନ କରିବାପାଇଁ ବିଦେଶ ମନ୍ତ୍ରଣାଳୟର ଜଣେ ପଦାଧିକାରୀ ମୋ ବାପାଙ୍କ ହାତରେ ଖବର ପଠାଇଲେ । ବାପା ଆସି ମତେ କହିଲେ ।

ଶେଷରେ ଆମେ ବାହାରି ଆସିଲୁ । ବାପା ମତେ ତାଙ୍କ କାର୍ ପର୍ଯ୍ୟନ୍ତ ବାଟେଇ ନେଲେ । ଦେଖୁ ଦେଖୁ ଆମେ କରନ୍‌ୱାଲ୍ ରୋଡ୍‌ରେ ପହଞ୍ଚିଲୁ । ସେଓ, କଦଳୀ, ଲହୁଣୀ - ମୋର ମନ ଇଚ୍ଛା । କିଂତୁ ଭାରତରେ ଅନେକ ଥର ଝରକା ଫାଙ୍କରୁ ମୁଁ କଳ୍ପନା କରିଥିବା ସାବୁଜା ଇଂଲିଶ୍ କ୍ଷେତଟା ମତେ ହଳଦିଆ ଶୁଖିଲା ଫଟା ଭୂଇଁ ପରି ଦେଖାଗଲା ।

ଜେଲ୍‌ରୁ ଖଲାସ ହେବାର ଆଠ ମାସ ପରେ ମୁଁ ଲେଖି ବସୁଛି । ୧୯୭୫ ଜୁନ୍ ୨୩ ତାରିଖରେ ଆରମ୍ଭ ହେଇଥିବା ବିଚାର ଏକଦା ମୋର ସହ-ପ୍ରତିବାଦୀ ଥିବା ଲୋକଙ୍କ ପାଇଁ ଏବେ ସୁଦ୍ଧା ଲମ୍ବି ଚାଲିଛି । ଅମଲେନ୍ଦୁ, କଳ୍ପନା, ବୀଣା ଓ ଆହୁରି ହଜାର ହଜାର ସନ୍ଦିଗ୍ଧ ନକ୍‌ସଲ୍‌ପନ୍ଥୀ ମାନେ ସମସ୍ତେ ମୋ ଠାରୁ ଆହୁରି ଶୋଚନୀୟ ଅବସ୍ଥାରେ ଆଜି ଯାଏଁ ଜେଲ୍ ଭୋଗୁଛନ୍ତି । କେତେ ଜଣ ବିନା ବିଚାରରେ ସାତ ବର୍ଷ ହେଲା ଜେଲ୍ ଭୋଗି ଆସୁଛନ୍ତି । ୧୯୭୫ ଜୁନ୍ ୨୬ ତାରିଖରେ ଜରୁରୀକାଳୀନ ପରିସ୍ଥିତି ଘୋଷଣା ହେବା ପରେ ହଜାର ହଜାର ଲୋକ ଗିରଫ ହେଇ ଅଟକ ହେଇ ରହିଛନ୍ତି । ଅନେକ ଚାଷୀ ମୂଲିଆଙ୍କ ସହିତ ମୁଁ ମୋର ଜେଲ୍ ଜୀବନ ବିତେଇ ଥିଲି । ସେମାନଙ୍କ ପରି ଆଜି ମଧ୍ୟ ଅସଂଖ୍ୟ ଗରୀବ ଚାଷୀ ଓ ଶ୍ରମିକ ମାନେ ବିଚାର ଅପେକ୍ଷାରେ ଅନିର୍ଦ୍ଦିଷ୍ଟ କାଳ ଯାଏଁ ଜେଲ୍ ଭୋଗୁଛନ୍ତି । ଅଗଣିତ ପିଲାଙ୍କର ଶୈଶବ ଜେଲ୍‌ରେ କଟୁଛି ।

ଅମଲେନ୍ଦୁର ଅପରାଧ, କଳ୍ପନାର ଅପରାଧ ହେଉଛି ସେ ସମସ୍ତଙ୍କର ଅପରାଧ ଯେଉଁମାନେ ଭାରତର ସେ ଅସହ୍ୟ ସ୍ଥିତିକୁ ଦେଖି ଅବିଚଳିତ ଓ ନୀରବ ରହି ପାରନ୍ତି ନାହିଁ - ଯେଉଁଠି ଭିକ୍ଷା ଥାଳ ଧରି ଛୁଆଟାଏ ଧୂଳିରେ ରଙ୍ଗିବାକୁ ବାଧ୍ୟ ହୋଇଥାଏ । ଯୋଉଠି ଗୋଟେ ଗରୀବ ଝିଅକୁ କୌଣସି ଜଣେ ଧନ କୁବେରର ବିଳାସ ବ୍ୟସନ ପାଇଁ ବିକା ଯାଉଥାଏ, ଯେଉଁଠି ଜଣେ ବୃଦ୍ଧା ସ୍ତ୍ରୀକୁ ନିଜ ଗାଁର ଗଣ୍ୟମାନ୍ୟ ଲୋକଙ୍କ ସାମାଜିକ ସ୍ୱୀକୃତି କିଣିବାକୁ ଅଧା ପେଟ ଖାଇ ଜୀବନ ଯାପନ କରିବାକୁ ହୁଏ; ଯୋଉଠି ଅଗଣିତ ଲୋକ କେବଳ ଉପେକ୍ଷା ଓ ଅବହେଳା ଯୋଗୁଁ

ମୃତ୍ୟୁର ଶିକାର ହୁଅନ୍ତି, ଯୋଉଠି ଏକ ଦିଗରେ ଲାଭ-କେବଳ ଲାଭ ପାଇଁ ମହଜୁଦ୍ ଖୋରୀ ଚାଲିଥିଲାବେଳେ ଅନ୍ୟ ଦିଗରେ ଲୋକେ ଭୋକର ଜ୍ୱାଳାରେ ଛଟପଟ ହେଇ କୁକୁର ପରି ମରୁଥାନ୍ତି; ଯୋଉଠି ମେହେନତକାରୀଙ୍କ ଝାଳବୁହା ପରିଶ୍ରମର ଫଳ ଲୁଟେରା ଓ ସୁଧଖୋର ସାହୁକାର ହଡ଼ପ କରି ଯାଉଥାନ୍ତି, ଯୋଉଠି ଜଣେ ସାଧୁ, ସଚ୍ଚୋଟ ଇମାନଦାର ମଣିଷ ଅକଥନୀୟ ଦୁଃଖ ଭୋଗ କରୁଥିବ ଓ ଦୁଷ୍ଟ, ବେଇମାନ ମାନେ ନିରନ୍ତର ସମୃଦ୍ଧିର ପାହାଚ ଉଠୁଥିବେ; ଯୋଉଠି ନିୟମତଃ ଅନ୍ୟାୟ ଓ ଅପରାଧ ରୂପରେ କେବେ କେମିତି ନ୍ୟାୟ ମିଳେ ଓ ଯୋଉଠି ଲକ୍ଷ ଲକ୍ଷ ଲୋକ ନିଜର ସମସ୍ତ ଶାରୀରିକ ଓ ମାନସିକ ଶକ୍ତି ବ୍ୟୟ କରି ନିଜକୁ କୌଣସି ପ୍ରକାରେ କେବଳ ବଞ୍ଚାଇ ରଖିଥାନ୍ତି । ଏହା ହେଉଛି ସେମାନଙ୍କର, ସେ ସମସ୍ତଙ୍କର ମହା ଅପରାଧ ଯେଉଁମାନେ ଅନୁଭବ କରନ୍ତି ଯେ ଏ ବ୍ୟବସ୍ଥା, ଏ ପ୍ରଶାସନର ଆମୂଳ ପରିବର୍ତ୍ତନ ଅପରିହାର୍ଯ୍ୟ ଯାହା ଫଳରେ ଭାରତୀୟ ଜନଗଣଙ୍କ କାର୍ଯ୍ୟ କୁଶଳତା, ଯୋଗ୍ୟତା, ସୃଜନଶୀଳତା, ଗଠନାତ୍ମକତା, ନୈପୁଣ୍ୟ ଓ ଅଧ୍ୟବସାୟର ବିସ୍ତୃତ ବ୍ୟବହାର ହୋଇପାରିବ-ଯେପରିକି ସେମାନେ ଏକ ନୂଆଁ ଭାରତର, ପ୍ରକୃତ ଅର୍ଥରେ ସ୍ୱାଧୀନ ଓ ଏକ ଉତ୍ତମତର ଭାରତ ଗଠନ କରିପାରିବେ ।

ବର୍ତ୍ତମାନର ସରକାର ହେଉ ବା ଯେ କୌଣସି ଅନ୍ୟ ସରକାର ହେଉ, ଶାସନରେ ଚାଲିଥିବା ଅନ୍ୟାୟ ଅମାନବୀୟତା ବିରୁଦ୍ଧରେ ସକ୍ରୀୟ ଥିବା ବା ସ୍ୱର ଉତ୍ତୋଳନ କରୁଥିବା ଲୋକଙ୍କର କଣ୍ଠରୋଧ କରିବାକୁ, ଅନିଶ୍ଚିତ କାଳ ଯାଏଁ ଗାରଦରେ ଓ ହାଜତରେ ରଖିବା, ନାଗରିକ ଅଧିକାରରୁ ବଞ୍ଚିତ କରିବା, ଧମକ ଓ ଯାବତୀୟ ଯନ୍ତ୍ରଣା ଦେବା ବା ଏଭଳି କୌଣସି ନିଷେଧାତ୍ମକ ପଦକ୍ଷେପ ଗ୍ରହଣ କରିବା ଆଦି ପ୍ରକ୍ରୀୟା ଭାରତର ଯାବତୀୟ ସମସ୍ୟାର ସମାଧାନରେ କେବେହେଲେ ସହାୟକ ହେବ ନାହିଁ । ଯେତେ ଦିନ ଯାଏଁ କୌଣସି ସରକାର ସାଧାରଣ ଜନତା ପ୍ରତି ତିରସ୍କାର ଭାବ ରଖିଥିବ, ଯେତେ ଦିନ ଯାଏଁ ସେ ଏପରି ନିର୍ଦ୍ଦୟ ଦମନମୂଳକ ଶାସନ କରୁଥିବ, ଯୋଉଥିରେ କି ତାକୁ ଏଭଳି ଆଲୋଚନାରେ ସମୟ ବିନିଯୋଗ କରିବାକୁ ହେଉଥିବ ଯେ ଅମୁକ ଲୋକ ଅନାହାରରେ ମରିଛି ନା ପୁଷ୍ଟିହୀନତାରେ ମରିଛି ଏବଂଏ ଦିଟା ଭିତରେ ଫରକ କରିବାକୁ ପଡୁଥିବ, ସେତେ ଦିନ ଯାଏଁ ଭାରତର ଯନ୍ତ୍ରଣା ଲାଗି ରହିଥିବ, ତା'ର ଶେଷ ନାହିଁ ।

ମାର୍ଚ୍ଚ ୧୯୭୬

BLACK EAGLE BOOKS

www.blackeaglebooks.org
info@blackeaglebooks.org

Black Eagle Books, an independent publisher, was founded as a nonprofit organization in April, 2019. It is our mission to connect and engage the Indian diaspora and the world at large with the best of works of world literature published on a collaborative platform, with special emphasis on foregrounding Contemporary Classics and New Writing.

www.ingramcontent.com/pod-product-compliance
Lightning Source LLC
Chambersburg PA
CBHW050309110726
47899CB00007B/2176

* 9 7 8 1 6 4 5 6 0 6 4 1 3 *